Tonke Dennebaum

Freiheit, Glaube, Gemeinschaft

Tonke Dennebaum

Freiheit, Glaube, Gemeinschaft

Theologische Leitlinien der Christlichen Philosophie Edith Steins

HERDER

FREIBURG · BASEL · WIEN

© Verlag Herder GmbH, Freiburg im Breisgau 2018
Alle Rechte vorbehalten
www.herder.de
Umschlaggestaltung: Verlag Herder
Satz: Barbara Herrmann, Freiburg
Herstellung: CPI books GmbH, Leck
Printed in Germany
ISBN Print 978-3-451-38066-2
ISBN E-Book (PDF) 978-3-451-83066-2

Inhalt

Vorwort

Als Edith Stein im Oktober 1998 heiliggesprochen wurde, konnte ich wegen eines Studienaufenthalts in Rom ohne größeren Aufwand an der Feier teilnehmen. Schon die Texte der Papstmesse ließen erahnen, dass das Leben und Denken dieser Frau Fragen berührt, die für Theologie und Kirche bis heute zentral sind – etwa das Verhältnis von Altem und Neuem Bund, von Denken und Glauben oder die Stellung der Frau in Kirche und Gesellschaft. Ich besorgte mir daraufhin einen ganzen Stapel weiterführender Literatur – die allerdings, wie ich zugeben muss, ungelesen blieb, bis ich zwölf Jahre später von neuem darauf stieß. In der Zwischenzeit hatte sich in Sachen Edith Stein viel getan: Es gab eine rege internationale Forschungstätigkeit, die Originalität ihrer Schriften wurde viel stärker als früher diskutiert und die Edition der Gesamtausgabe war weit vorangeschritten. Die Frage nach dem *theologischen* Standpunkt Edith Steins wurde allerdings immer noch eher am Rand thematisiert. Als ich später von der Diözese Mainz zur Habilitation freigestellt wurde, bekam ich die Gelegenheit, diesem Anliegen nachzugehen. Die Katholisch-Theologische Fakultät der Johannes Gutenberg-Universität Mainz hat die vorliegende Arbeit im Juni 2017 als Habilitationsschrift anerkannt.

Die Abfassung einer größeren wissenschaftlichen Arbeit ist in aller Regel mit Höhen und Tiefen verbunden. Umso mehr möchte ich all jenen danken, die mich in den vergangenen Jahren unterstützt haben. Mein erster Dank gilt Karl Kardinal Lehmann, der die Abfassung dieser Arbeit erst möglich gemacht und immer gefördert hat. Ich danke allen, mit denen ich meine Thesen diskutieren konnte – besonders Prof. Dr. Hanna-Barbara Gerl-Falkovitz, Prof. Dr. Andreas Speer und den Dipl. theol. Cornelia Müller, Daniel Rothe und Wenling Yan. Ein besonderer Dank gilt den Korrektoren der Arbeit, PD Dr. theol. habil. Christoph Nebgen, Thomas Schuld M.A. und Dr. phil. lic. theol. Veit Straßner. Ich danke Prof. Dr. Alexander Loichinger, der das Erstgutachten verfasst und mich immer im genau richtigen Maß begleitet hat. Prof. Dr. Leonhard Hell danke ich für die Erstellung des Zweitgutachtens und Diözesanadministrator Dietmar Giebelmann für die unbürokratische Gewährung des Druckkostenzuschusses. Mein aufrichtiger Dank gilt den Ordenshäusern, in die ich mich immer wieder für Klausurphasen zurückziehen konnte, vor allem dem Kölner Karmel Maria vom Frie-

den, der Abtei Maria Laach sowie dem Hildegardishaus der Kreuz-
schwestern auf dem Binger Rochusberg. An diesen Orten ist mir sehr
deutlich geworden, dass das Verfassen einer Habilitationsschrift zwar
zuerst ein wissenschaftliches Projekt ist, dass sich über die Person Edith
Steins aber zugleich auch das Feld einer Spiritualität eröffnet, die ihre
eigene Prägekraft entfaltet.

Für alle freundschaftliche Unterstützung danke ich Pastoralreferent
Emanuel Straszewski sowie den Pfarrern Tobias Geeb, Erik Wehner,
Thomas Winter und Johannes Zepezauer.

Abschließend und vor allem aber danke ich meinen Eltern.

Mainz, im September 2017   *Tonke Dennebaum*

Einleitung

Wie sinnvoll ist es, eine Untersuchung über die Philosophie und Theologie Edith Steins mit einem längeren Kapitel über ihr Leben zu beginnen? Mancher Leser, dem der heuristische Wert einer solchen Hinführung nicht einleuchtet, mag geneigt sein, die entsprechenden Seiten zu überblättern und mit der Lektüre unmittelbar im systematischen Teil der Arbeit einzusteigen. Dem ließe sich entgegnen, dass eine erkenntnistheoretisch verantwortete Theologie, die die Wende zum Subjekt mitvollzieht, es nicht dabei belassen kann, eine bloß theoretische Axiomatik zu formulieren, sondern sich als Spiegel einer lebendigen Glaubensgeschichte begreifen muss. Nicht umsonst spricht Karl Rahner davon, dass Theozentrik und Anthropozentrik in Theologie und Glaube grundlegend aufeinander verwiesen sind.[1] Wenn es nun darum geht, theologische Leitlinien im Œuvre einer bestimmten Denkerin zu analysieren, gilt umso mehr, dass es kaum vorstellbar ist, valide Erkenntnisse außerhalb von Raum und Zeit zu gewinnen. Stattdessen bietet es sich an, den Entstehungskontext und *Sitz im Leben* der jeweiligen Überlegungen als deren ersten hermeneutischen Schlüssel aufzufassen. Im Fall Edith Steins liegt dies besonders nahe, hatte sie doch konsequent Anteil an den ideengeschichtlichen, gesellschaftlichen, kirchlichen und politischen Entwicklungen ihrer Zeit und war unmittelbar in diese verwoben. Zudem ist die Quellenlage gut, da neben den autobiographischen Texten Edith Steins auch Korrespondenzen in größerer Zahl auf uns gekommen sind.[2] Außerdem bieten verschiedene Publikationen einen unkomplizierten Zugang zu den Reflexionen von Zeitgenossen, die mit Edith Stein persönlich verbunden waren.[3]

In den Kapiteln zwei bis vier dieser Arbeit geht es dann auf verschiedenen Ebenen um die systematische Analyse der Religionsphilosophie

---

[1] Vgl. *K. Rahner*, Anthropologie und Theologie, in: *Ders.*, Sämtliche Werke, Bd. 30, Anstöße systematischer Theologie, bearbeitet v. *K. Kreutzer* u. *A. Raffelt* (Freiburg i. Br. 2009) 433–470, bes. 435.

[2] In den Bänden 2 bis 4 der Edith Stein Gesamtausgabe sind knapp 1.000 Briefe von und an Edith Stein ediert.

[3] So etwa in *W. Herbstrith* (Hg.), Edith Stein – eine große Glaubenszeugin. Leben. Neue Dokumente. Philosophie (Annweiler 1986), oder *dies.* (Hg.), Erinnere dich – vergiß es nicht. Edith Stein – christlich-jüdische Perspektiven (Annweiler 1990). Siehe auch die erweiterte englische Ausgabe Never Forget. Christian and Jewish Perspectives on Edith Stein (Wellesley 2012).

und Theologie Edith Steins. Dabei wird zunächst ihr Projekt einer *Christliche Philosophie*,[4] das sie in ihrem Hauptwerk *Endliches und ewiges Sein*[5] realisiert, dargestellt und diskutiert. In diesem Rahmen wird unter anderem geklärt, dass und warum es nicht angemessen wäre, Edith Steins Ansatz einfach als Synthese von Husserls Phänomenologie und der Philosophie des Thomas von Aquin zu interpretieren. Zu untersuchen ist auch die Bedeutung des *ver sacrum catholicum*, des zeitgenössischen Neuaufbruchs in Kirche und Theologie, für ihr Denken. Die Protagonisten dieser Bewegung waren an der Formulierung einer interdisziplinär gesprächsfähigen katholischen Philosophie und Theologie interessiert. Wie sich zeigen wird, hatte Edith Stein in einigen Fällen aktiv Anteil an den entsprechenden Debatten, in anderen ist sie in ihrer Meinungsbildung durch diese geprägt worden.

In Kapitel drei werden zwei zentrale Texte Edith Steins vorgestellt – zum einen die Schrift *Freiheit und Gnade*[6] aus der Frühphase ihres christlichen Denkens und zum anderen *Endliches und ewiges Sein*. Dabei geht es vor allem darum, die entscheidenden theologisch relevanten Inhalte der Christlichen Philosophie vorzustellen und die Argumentation Edith Steins im Detail nachzuvollziehen. Auf diese Weise wird die Vielschichtigkeit ihres Arbeitens exemplarisch deutlich.

Zugleich entsteht so ein solides Fundament, von dem aus im abschließenden vierten Kapitel die Leitbegriffe Freiheit, Glaube und Gemeinschaft in ihrer Bedeutung als religionsphilosophische und theologische Leitbegriffe des Denkens Edith Steins herausgearbeitet und diskutiert werden. Dieses systematische Kapitel bildet den Kern der vorliegenden Arbeit. Hier wird gezeigt, dass die drei genannten Topoi jeweils für sich genommen, aber ebenso auch in ihrer wechselseitigen inhaltlichen Verwiesenheit unabdingbar für das Verständnis des Gesamtwerkes Edith Steins sind. Inhaltlich geht es dabei nicht zuletzt um die Frage, wie Edith Stein sich theologisch hinsichtlich des Verhältnisses von Altem und

---

[4] Edith Stein verwendet diesen Ausdruck, anders als etwa Étienne Gilson oder Jacques Maritain, als feststehenden Begriff, was sich auch in der Orthographie widerspiegelt. Mit Ausnahme unmittelbarer Zitate, deren abweichende Rechtschreibung beibehalten wurde, wird der Terminus *Christliche Philosophie* daher im Folgenden durchgängig großgeschrieben.

[5] Vgl. *E. Stein*, Endliches und ewiges Sein. Versuch eines Aufstiegs zum Sinn des Seins, eingeführt u. bearbeitet v. *A. U. Müller* (Freiburg i. Br. 2006) = ESGA 11/12. Sigel: EES.

[6] Vgl. *dies.*, ‚Freiheit und Gnade' und weitere Beiträge zu Phänomenologie und Ontologie (1917–1937), bearbeitet u. eingeführt v. *B. Beckmann-Zöller* u. *H. R. Sepp* (Freiburg i. Br. 2014) = ESGA 9, 8–72. Sigel: FG.

Neuem Bund positioniert, etwa im Blick auf die Erlangung des Heils außerhalb der Kirche oder die heilsgeschichtliche Bedeutung des Judentums. Kritisches Potenzial birgt dann besonders die Rolle Edith Steins
im jüdisch-christlichen Gespräch unserer Tage und ihr Verständnis von
stellvertretendem Opfer und Sühne. Schließlich werden auch aufschluss-
reiche Bezüge zur Philosophie Martin Heideggers und Analogien zur jüdischen Dialogphilosophie diskutiert. Alles in allem sollen diese Exkurse
einen kritischen Einblick in die Intention und Zielrichtung der Philosophie und Theologie Edith Steins ermöglichen, Querverbindungen zum
zeitgenössischen Denken aufzeigen und die Mehrdimensionalität ihres
Ansatzes sichtbar machen. Nur unter der Maßgabe dieser Zusammenhänge ist die Hermeneutik des intellektuellen und geistlichen Zugangs
Edith Steins zum Verständnis der endlichen und ewigen Welt möglich
und kann für aktuelle Debatten fruchtbar gemacht werden.

Hingewiesen sei auch auf die allgemeine Quellenlage und den derzei-
tigen Stand der Forschung. Die im deutschen Sprachraum vorliegenden
Biographien Edith Steins beziehen sich derzeit noch vornehmlich auf die
älteren Edith Stein Werke (ESW, 18 Bände, 1950–1998) und nicht auf
die Edith Stein Gesamtausgabe (ESGA, 27 Bände, 2000–2014),[7] so dass
die bibliographischen Verweise dieser Literatur für den wissenschaftlichen Gebrauch nur auf Umwegen verwendbar sind. Zudem sind zahlreiche Texte und Briefe Edith Steins der Öffentlichkeit durch die ESGA erstmals überhaupt zugänglich geworden. Aus diesem Grund wurde das
einleitende Kapitel dieser Arbeit bewusst mit einem detailreichen Anmer-
kungsapparat versehen, der einen Beitrag dazu leisten soll, die autobiographischen Schriften der Neu-Edition systematisch zu erschließen. Ein
weiterer Punkt betrifft die Forschungsarbeit am Gesamtwerk Edith
Steins. Nicht nur die ESGA, sondern auch die Herausgabe mehrerer
fremdsprachiger Editionen haben dazu beigetragen, dass sich die internationale Forschungstätigkeit in den vergangenen Jahren deutlich intensiviert hat. Zudem macht schon ein erster Blick in die Rezeptionsgeschichte Edith Steins deutlich, dass der zunehmende Grad an
Bekanntheit, der mit dem Prozess ihrer kirchlichen Verehrung einherging, namentlich der Seligsprechung im Jahr 1987 und der Heiligsprechung im Jahr 1998, einen nicht geringen Einfluss auf die Zahl einschlä-
giger, auch fachwissenschaftlicher Veröffentlichungen gehabt hat.[8]

---

[7] Supplementbände zur Gesamtausgabe sind in Planung.
[8] Als erster Beitrag zur posthumen Rezeptionsgeschichte Edith Steins gilt ein Faszikel

Insbesondere dieser letzte Aspekt ist bemerkenswert. Nachdem die Literatur lange Zeit vorwiegend hagiographische Motive an die Person Edith Steins herangetragen hatte, ist zwischenzeitlich, auch durch die Gründung einer internationalen Forschungsgesellschaft, ihre Philosophie in den Fokus gerückt. Für die Theologie gilt dies derzeit nur mit Abstrichen. Hier besteht noch Aufholbedarf, obwohl vor allem in kleineren Studien bereits zahlreiche Vorarbeiten geleistet wurden und auch größere, philosophisch orientierte Arbeiten Aspekte diskutieren, die theologisch relevant sind. Die vorliegende Arbeit versucht nun, dem Desiderat der theologischen Reflexion des Werkes Edith Steins in zweifacher Weise nachzukommen: Durch die Formulierung eigener Thesen vor dem Hintergrund biographischer, philosophischer und theologischer Reflexion und durch die Konstruktion eines Rahmens, in den auch die Ergebnisse bereits vorliegender Studien eingefügt werden können. Einige der besonders relevanten Aufsätze und Thesen werden im Verlauf dieser Arbeit vorgestellt und diskutiert. Auf diese Weise sollte sich insgesamt ein schlüssiges Gesamtbild ergeben, das sich aus verschiedenen Quellen speist.

---

von *John J. Collins* aus dem Jahr 1943 in der philosophisch-theologischen Zeitschrift der New Yorker Fordham University. Collins berichtete damals über die Deportation Edith Steins, stellte aber auch ihr philosophisches Grundanliegen vor. Er empfahl sie – da er keine Kenntnis von ihrem Tod hatte – als Gesprächspartnerin für die Zeit des Wiederaufbaus Deutschlands. Der *Internationalen Edith-Stein-Bibliographie* (2012) – die keinen Anspruch auf Vollständigkeit erhebt – ist zu entnehmen, dass danach, in den Jahren unmittelbar nach Ende des Zweiten Weltkriegs, nur wenige Texte über Edith Stein publiziert wurden; von 1951 bis 1986 lag die Zahl der Veröffentlichungen dann bei durchschnittlich fünfzehn pro Jahr. Von 1987 an, dem Jahr der Seligsprechung, bis ins Jahr 1997 sind jeweils gut siebzig, und seit der Heiligsprechung jährlich im Mittel mehr als einhundert Titel erschienen. Auch die Edition der ESGA steht im Kontext der Kanonisierung. Vgl. *J. Collins*, The Fate of Edith Stein, in: Thought. Fordham University Quarterly, Bd. 18 (1943) 384; *F. Alfieri*, Die Rezeption Edith Steins. Internationale Edith-Stein-Bibliographie 1942–2012. Sondernummer des Edith Stein Jahrbuches (Würzburg 2012); *H.-B. Gerl-Falkovitz*, Resonanzen auf die Internationale Edith-Stein-Bibliographie von Francesco Alfieri OFM, in: ESJ, Bd. 19 (2013) 15–18; sowie *dies.*, Von der Werkausgabe zur Gesamtausgabe. Zur Entstehungsgeschichte der ESGA, in: ESJ, Bd. 16 (2010) 15–18.

„In allen ihren veröffentlichten Arbeiten führte Edith Stein ihre Untersuchungen leidenschaftlich, d. h. mit persönlicher Hingabe durch – diese Hingabe war die Achse ihres intellektuellen Lebens."[1]

Roman Ingarden über Edith Stein, 1971

1. Freiheit, Glaube und Gemeinschaft: Leitlinien einer Biographie

In einem Brief an Roman Ingarden weist Edith Stein darauf hin, wie eng die Verbindung zwischen ihren eigenen Erfahrungen und ihren Schriften sei: „Meine Arbeiten sind immer nur Niederschläge dessen, was mich im Leben beschäftigt hat, weil ich nun mal so konstruiert bin, daß ich reflektieren muß."[2] Diese Betrachtung findet ihren Widerhall unter anderem bei Alexandre Koyré und Alois Dempf, zwei philosophischen Weggefährten Edith Steins, die *Endliches und ewiges Sein* als deren „Biographie" bezeichnet haben.[3] Umgekehrt machte Hedwig Conrad-Martius, die Edith Stein seit Göttinger Studientagen und später als Gastgeberin des Bergzabener „Phänomenologenheims"[4] und Taufpatin besonders eng verbunden war, die Erfahrung, bestimmte Ausprägungen der Persönlichkeit ihrer Freundin[5] erst durch die Lektüre ihrer Werke verstanden zu haben.[6] Dieser Erkenntnisweg wird im Folgenden insofern aufgegriffen, als es hier nicht darum geht, der philosophisch-theologischen Analyse eine beliebige chronologisch-biographische Darstellung vorzuschalten. Stattdessen sind die

---

[1] R. *Ingarden*, Über die philosophischen Forschungen Edith Steins (ursprüngl. poln., 1971), in: W. *Herbstrith* (Hg.), Edith Stein – eine große Glaubenszeugin. Leben. Neue Dokumente. Philosophie (Annweiler 1986) 202–229, hier 204.

[2] E. *Stein*, Brief an R. Ingarden v. 15. 10. 1921, in: *Dies.*, Selbstbildnis in Briefen III. Briefe an Roman Ingarden, eingeleitet v. H.-B. *Gerl-Falkovitz*, unter Mitarbeit v. M. A. *Neyer* u. E. *Avé-Lallemant* (Freiburg i. Br. ²2005) = ESGA 4. Sigel: Briefe III, Br. 78, 143.

[3] W. *Herbstrith*, Der geistige Weg Edith Steins, in: *Dies.* (Hg.), Edith Stein – eine große Glaubenszeugin. Leben. Neue Dokumente. Philosophie (Annweiler 1986) 15–41, hier 37.

[4] E. *Stein*, Brief an R. Ingarden v. 30. 8. 1921, in: Briefe III, Br. 76, 139. Vgl. auch *dies.*, Brief an R. Ingarden v. 22. 9. 1921, in: Briefe III, Br. 77, 142.

[5] Hedwig Conrad-Martius über Edith Stein, in H. *Conrad-Martius*, Edith Stein, in: E. *Stein*, Briefe an Hedwig Conrad-Martius (München 1960) 59–83, hier 61.

[6] Vgl. ebd., 78–81.

hier aufgezeigten Aspekte des Lebens Edith Steins von Anfang an auf die
Inhalte ihres Denkens hingeordnet. Dies zeigt sich an der Auswahl der ge-
schilderten Begebenheiten ebenso wie an deren Strukturierung entlang der
zentralen religionsphilosophischen Topoi der Freiheit, des Glaubens und
der Gemeinschaft. Form und Inhalt dieses Kapitels werden auf diese Weise
konsequent durch das Denken Edith Steins bestimmt.

Die Verbindung von Philosophie und Biographie liegt noch aus anderen als den bisher genannten Gründen nahe. Diese haben mit der phänomenologischen Methode als solcher zu tun, der es zunächst um die Untersuchung der Dinge selbst, dann aber auch die Bewusstseinsanalyse geht.
Wenn Edith Stein betont, dass die Phänomenologie für eine *„schlichte,
sachgehorsame* und darin *demütige Erkenntnishaltung"*[7] steht, zielt sie
auf das Prinzip der ἐποχή (Zurückhalten) und phänomenologischen Reduktion ab, das den Untersuchungsgegenstand als solchen ganz in den
Mittelpunkt rückt und alle vorphilosophischen Urteile ausschaltet. Allerdings interpretiert der spätere Husserl diese objektive Epistemologie in
Richtung einer Transzendentalphänomenologie, die wieder verstärkt
kantisch-kritisch orientiert ist. Dabei machte er den Begriff der Konstitution stark, wonach sich die Gegenstände als Sinneinheiten für das Bewusstsein aufbauen und dieses die eigentliche Domäne unzweifelhafter
Gewissheit markiert.[8] Edith Stein folgt Husserl in dieser Auffassung – zumindest bis zu einem gewissen Punkt.[9] Damit spielt nun der erkenntnistheoretisch begründete Rekurs auf den methodischen Zweifel, der seit
Descartes' *Cogito, ergo sum* das Kennzeichen neuzeitlicher Philosophie
gewesen war, auch in der Phänomenologie wieder eine größere Rolle –
und mit ihm das fragende Subjekt selbst:

> „Denn überall – in dem ‚Leben' Augustins, in dem ‚ich denke' Descartes', im
> ‚Bewußt-sein' oder ‚Erleben' Husserls –, überall steckt ja ein *,ich bin'*. Es wird
> nicht daraus erschlossen, wie es die Formel ‚cogito, *ergo* sum' anzudeuten
> scheint, sondern es liegt unmittelbar darin [...]. Diese Gewißheit des eigenen
> Seins ist – in einem gewissen Sinne – die *ursprünglichste Erkenntnis*."[10]

---

[7] E. *Stein,* Die weltanschauliche Bedeutung der Phänomenologie, in: ESGA 9,
143–158, hier 156 f. Sigel: WBP.

[8] Vgl. *dies.,* Husserls transzendentale Phänomenologie, in: ESGA 9, 159–161, hier
160. Sigel: HTPhän.

[9] Vgl. hierzu ausführlich Kap. 2.1.4.

[10] EES, 41. Edith Stein verweist, indem sie den Bogen von Husserl bis zurück in die
spätantike christliche Philosophie spannt, auf Augustins Argument, die skeptische Position der akademischen Schule sei nicht tragfähig, da das eigene Leben sowohl im Wa-

Wenn Edith Stein betont: „Es gibt etwas, das uns [...] nahe ist, ja unentrinnbar nahe [...]: *die Tatsache des eigenen Seins*",[11] dann geht es ihr um zwei Dinge: Zum einen die Erkenntnis, dass die Gewissheit des eigenen Seins die erste Seinsaussage ist, die epistemisch als sicher gelten darf, und zum anderen, dass damit zugleich der ideale Ausgangspunkt einer jeden sachlichen Untersuchung benannt ist, die über das eigene Ich hinausgeht. In den Worten Ralph McInernys: „The world, for the phenomenologist, is always the ‚world for the subject'."[12]

Dahinter verbirgt sich mehr als nur eine wissenschaftstheoretische Überlegung. Was McInerny durch sein Wortspiel andeutet, hat die Historikerin Joyce Avrech Berkman luzide herausgearbeitet: Leben und Werk Edith Steins korrelieren in hohem Maße miteinander und tragen wechselseitig zum jeweiligen Verständnis bei.[13] Berkman ist überzeugt, dass ein dringendes Desiderat der exakten Analyse und Reflexion dieser Zusammenhänge besteht: „Between scholarship on Edith Stein's philosophical and theological works and on her first person narratives and reflections, an unsettling gap persists."[14] Beispielhaft erläutert sie eine Reihe von Konsonanzen, Dissonanzen und wechselseitigen Bezügen in der Relation von Biographie und Philosophie bei Edith Stein. Die vorliegende Arbeit greift diesen Ball insofern auf, als hier wichtige Lebensstationen Edith Steins unter den Vorzeichen der Freiheit, des Glaubens und der Gemeinschaft vorgestellt werden. Die Aufgabenstellung ist dabei nicht nur eine deskriptive, sondern auch eine analytische, denn Leben und Werk werden konsequent zueinander in Beziehung gesetzt, und es entsteht ein Bild jenes biographischen Fundaments, das einen sachgemäßen Zugang zu den Schlüsselbegriffen der Philosophie und Theologie Edith Steins erst möglich macht.[15]

---

chen als auch im Traum ein unwiderlegbarer Beweis der eigenen Existenz sei. Vgl. *Aurelius Augustinus*, De trinitate XV, 12 (Turnhout 2014) = CPL 329.

[11] EES, 40.

[12] *R. McInerny*, Edith Stein and Thomism, in: *J. Sullivan* (Hg.), Edith Stein. Teresian Culture (Washington 1987) 74–87, hier 83.

[13] Vgl. *J. A. Berkman*, The Blinking Eye/I: Edith Stein as Philosopher and Autobiographer, in: *M. Lebech* u. *J. H. Gurmin* (Hg.), Intersubjectivity, Humanity, Being. Edith Stein's Phenomenology and Christian Philosophy (Bern u. a. 2015) 21–55.

[14] Ebd., 21.

[15] Dass es bei der Zuordnung biographischer Begebenheiten zu einem der drei Leitbegriffe auch zu Überblendungen kommen kann, etwa, weil bestimmte Erfahrungen Edith Steins sowohl ihr freiheitliches Grundverständnis als auch den Bereich der Gemeinschaft und Freiheit tangieren, lässt sich dabei nicht ganz vermeiden. Dies schmälert aber nicht den Mehrwert der hier vorgenommenen Gliederung. An dieser Stelle sei zu-

Dabei darf nicht übersehen werden, dass die autobiographischen Schriften Edith Steins, etwa *Aus dem Leben einer jüdischen Familie*,[16] wie alle Texte dieser Gattung viel mehr als bloße Sammlungen historischer Fakten sind. Schon im Verlauf des Schreibprozesses fließen unterschiedliche Motivationen, Beweggründe, Erinnerungen und Gefühlslagen ineinander, werden Zusammenhänge vorausgesetzt, in den Vordergrund gerückt oder bewusst weggelassen, und schließlich rezipiert dann der heutige Leser die Texte vor seinem ganz eigenen Hintergrund und historischen Wissen. Michael Andrews weist auf diese, in gewisser Weise dialektische Vieldimensionalität hin, die im Hintergrund stets mitzudenken ist:

> „*Life in a Jewish Family* does not merely present a biographical history or a chronological listing of events that record the thoughts and beliefs of its author. Edith Stein's autobiography is at once her story and, at the same time, not her story. It is the story of an Other, of many others, of other others, of unkown others. Like Teresa of Avila's *Interior Castle*, Edith Stein's *Life in a Jewish Family* contains traces of what is both Jewish and Christian, Greek and Hebrew, same yet different. Edith Stein's text affirms the singularity of its author while also bringing into presence hidden others who make Edith Stein's singularity possible and, at the same time, make clear that all that is left, all that we have, is but what is left of a trace."[17]

---

dem auf die kritische These zum Zusammenhang von Biographie und wissenschaftlichem Œuvre verwiesen, die Bruce Ballard vertritt. Hintergrund ist die Kontroverse, ob und in welchem Umfang sich die Verbindungen Martin Heideggers zu Nationalsozialismus und Antisemitismus in dessen philosophischem Werk niederschlagen und Konsequenzen für die Beurteilung desselben haben. Zwischenzeitlich hat sich diese Debatte durch die Veröffentlichung der *Schwarzen Hefte* noch intensiviert. Ballard jedenfalls plädiert unter Verweis auf Noam Chomsky dafür, den Lebenswandel eines Denkers *nicht* als Schlüssel seines Werkes zu verstehen. Dies sei bei Heidegger ebenso wie bei Platon oder Thomas, aber auch bei Frege oder Gadamer anzuraten. Statt dem *argumentum ad hominem* das Wort zu reden, gelte: „Worte sind Taten." Auch der gegenteiligen Versuchung müsse man, so Ballard, widerstehen. Im Fall Edith Steins etwa sorge der bemerkenswerte Charakter und die Biographie der Autorin dafür, dass ihrer eher wenig originellen Philosophie mehr Wertschätzung entgegengebracht werde als angemessen sei: „[W]e should […] struggle to avoid the reverse *ad hominem* criticism, where the sterling character of a thinker draws us to make more of his or her philosophy than it might, at times, support." B. *Ballard*, The Difference for Philosophy: Edith Stein and Martin Heidegger, in: The Journal of Value Inquiry, Bd. 41 (2007) 95–105, hier 103.

[16] Vgl. *E. Stein*, Aus dem Leben einer jüdischen Familie und weitere autobiographische Beiträge, bearbeitet u. eingeleitet v. *M. A. Neyer*, unter Mitarbeit v. *H.-B. Gerl-Falkovitz* (Freiburg i. Br. ³2010) = ESGA 1. Sigel: LJF.

[17] *M. F. Andrews*, The Ethics of Keeping Secrets: Edith Stein and Philosophy as Autobiography, in: *A. Speer* u. *S. Regh* (Hg.), „Alles Wesentliche lässt sich nicht schreiben". Leben und Denken Edith Steins im Spiegel ihres Gesamtwerkes (Freiburg i. Br. 2016)

*„Ich kann mich in den Dienst einer Sache stellen, [...]
aber im Dienst eines Menschen stehen, kurz gesagt: ge-
horchen, das kann ich nicht.* "[18]

Edith Stein an Roman Ingarden, 1918

1.1. Freiheit

Die freiheitliche Dimension der Vita Edith Steins kann in der Retrospek-
tive nur annäherungsweise ergründet werden. Dennoch ist es möglich,
Rahmenbedingungen und Prozesse aufzuzeigen, die darauf hindeuten,
dass sie aufgrund ihrer kulturellen, familiären und ökonomischen Situiertheit über Möglichkeiten der Handlungsfreiheit und aufgrund ihrer
Bildung und psychischen Konstitution über Entscheidungsfreiheit verfügte, die sie auch einsetzte. Die Wege, die sie dabei einschlug, waren an ihren persönlichen Überzeugungen orientiert. In diesem Sinn können etwa
ihr Einsatz für Frauenrechte, die wiederholten Anläufe zur Habilitation
oder der Veröffentlichung ihrer Werke, aber auch ihr selbstbestimmter
Umgang mit dem Glauben als *freiheitliches Handeln* aufgefasst werden.
Gerade die Briefe Edith Steins lesen sich als Spiegel einer freiheitlich den-
kenden Persönlichkeit, die ihren Weg von der begabten Tochter jüdischer
Geschäftsleute zur meinungsstarken Denkerin und Karmelitin ging.[19]

381–401, hier 399: *„Aus dem Leben einer jüdischen Familie* ist mehr als nur eine biographisch angelegte Historie oder chronologische Aufzählung von Ereignissen, die die
Gedanken und Überzeugungen ihrer Autorin festhalten. Die Autobiographie Edith
Steins überliefert uns einerseits ihre Geschichte und, zugleich, nicht ihre Geschichte.
Es ist die Geschichte des Anderen, vieler anderer, weiterer anderer, unbekannter anderer. Ebenso wie Teresa von Ávilas *Seelenburg* enthält auch Edith Steins *Aus dem Leben
einer jüdischen Familie* Spuren, die jüdisch und zugleich christlich, griechisch und zugleich hebräisch, und dann aber auch ganz anders sind. Edith Steins Text lässt die Einzigartigkeit seiner Autorin erkennen und bringt zugleich all die verborgenen anderen in
Erinnerung, die die Einzigartigkeit Edith Steins erst möglich gemacht haben, und zugleich liegt auf der Hand, dass all das, was uns hinterlassen wurde, all das, worüber
wir heute verfügen, nur die Hinterlassenschaften einer Spur sind."
[18] E. Stein, Brief an R. Ingarden v. 19. 2. 1918, in: Briefe III, Br. 28, 73.
[19] Die folgenden Ausführungen legen zunächst einen sozialen Freiheitsbegriff zugrunde. Edith Steins philosophisch-theologische Reflexion der Freiheit wird in Kap. 4.1.
diskutiert.

1.1.1. Kindheit und Jugend

Edith Steins Vater verstarb im Sommer 1893 im Alter von 48 Jahren an den Folgen eines Hitzschlags. Damals war der älteste Sohn der Familie, Paul, 21 Jahre und Edith als jüngstes Kind noch keine zwei Jahre alt. Den Umständen und vielen Ratschlägen Dritter zum Trotz führte die Mutter Auguste Stein das Holzgeschäft ihres Mannes in Eigenregie weiter,[20] und zwar erfolgreich, so dass sich die finanziellen Verhältnisse, die zuvor schwierig gewesen waren, mit der Zeit deutlich besserten. Die Familie erwarb ein repräsentatives Wohnhaus in Breslau, und die beiden jüngsten Kinder Erna und Edith erhielten die Möglichkeit, eine akademische Ausbildung zu absolvieren.[21] Die Vermutung liegt nahe, dass der spätere Einsatz Edith Steins für die Frauenbewegung, vor allem die Berufstätigkeit von Frauen, aber auch die ihr selbst eigene Konsequenz im Bemühen, eigenständig wissenschaftlich arbeiten zu dürfen, dem Vorbild Auguste Steins zu verdanken ist. Wenn man der frühen These von M. Rainer Lepsius folgt, dass die Gesellschaft des Kaiserreichs und der Weimarer Republik im Wesentlichen durch vier Milieus geprägt war – das ostelbisch-konservative, das liberal-bürgerliche, das sozialistische und das katholische –, wäre die Familie Stein damals dem liberal-bürgerlichen Milieu zuzuordnen gewesen, was sich auch deutlich in Edith Steins politischen und gesellschaftlichen Überzeugungen widerspiegelt.[22]

---

[20] Vgl. LJF, 19 f.

[21] Dieses Haus in der Michaelisstraße 38, heute *ul. Nowowiejska*, hat die Familie Stein vermutlich im Jahr 1910 erworben. Bis 1939 blieb es in deren Besitz und wurde dann enteignet. Nach einer wechselvollen Geschichte kam die Immobilie im Jahr 1995 in das Eigentum der Breslauer *Towarzystwa im. Edyty Stein* (vgl. ebd., 33, Anm. 49). Es dient als Begegnungsstätte zur Förderung des christlich-jüdischen Dialogs und der deutsch-polnischen Verständigung. Vgl. ausführlich *S. Batzdorff*, Edith Stein – meine Tante. Das jüdische Erbe einer katholischen Heiligen (Würzburg 2000) 71–81.

[22] Vgl. *M. R. Lepsius*, Parteisystem und Sozialstruktur: zum Problem der Demokratisierung der deutschen Gesellschaft, in: *W. Abel* u. a. (Hg.), Wirtschaft, Geschichte und Wirtschaftsgeschichte (Stuttgart 1966) 371–393, hier 382–393. Als Milieu bezeichnet Lepsius „ein sozial-kulturelles Gebilde, das durch eine spezifische Zuordnung" von Dimensionen wie etwa Religion, regionale Tradition, wirtschaftliche Lage, kulturelle Orientierung und schichtspezifische Zusammensetzung „auf einen bestimmten Bevölkerungsteil bestimmt wird." Ebd., 383. Siehe auch *T. Breuer*, Widerstand oder Milieubehauptung? Deutscher Katholizismus und NS-Staat, in: *W. Pyta* (Hg.), Die Herausforderung der Diktaturen. Katholizismus in Deutschland und Italien 1918–1943/45 (Tübingen 2009) 223–231, hier 226 f.

Ihrer eigenen Erinnerung nach war sie ein Kind mit ausgeprägtem Willen und von „quecksilbriger Lebendigkeit":[23] Es müsse gewirkt haben, als mache sie „unbegreifliche, sprunghafte Umwandlungen"[24] durch. Für den Tag ihres sechsten Geburtstags im Herbst 1897 setzte sie erfolgreich durch, in die Breslauer Viktoriaschule eingeschult zu werden, obgleich das Schuljahr bereits zu Ostern begonnen hatte.[25] Später verhielt sie sich zu Hause – „so daß es in der ganzen Familie auffiel" – zunehmend „still und schweigsam" und entwickelte sich zu einer „übereifrigen Schülerin", die in ihren Aufsätzen verarbeitete, was sie innerlich bewegte.[26] Dessen ungeachtet verließ sie 14-jährig nach Abschluss der neunten Klasse vorzeitig die Schule und reiste nach Hamburg zu ihrer fünfzehn Jahre älteren Schwester Else, die mit dem Dermatologen Max Gordon verheiratet war. In Hamburg verabschiedete sie sich „aus freiem Entschluß"[27] von der religiösen Praxis ihrer Familie. Die gebuchte Rückfahrkarte nach Breslau nahm sie nicht in Anspruch und blieb ein knappes Jahr.[28]

Zurück in Breslau wurde „viel musiziert, auch etwas Sport getrieben, Tennis gespielt und gerudert",[29] man las Grillparzer, Hebbel, Ibsen und Shakespeare. Zur Vorbereitung auf die Aufnahme in die Obersekunda erhielt sie Privatunterricht, unter anderem von ihrem Cousin Richard Courant, der später Angewandte Mathematik in New York lehrte. Mit Ausnahme der jährlichen Sedanfeiern behielt sie ihre Gymnasialzeit in positiver Erinnerung. Das Pathos der patriotischen Lieder und vaterländischen Reden dieser Festivitäten erschien ihr „peinlich" und Frankreich gegenüber „unritterlich", der Nationalkonservativismus heroischer Gedichte „ein Blödsinn".[30] Es zeugt vom Selbstbewusstsein der Gymnasiastin,

---

[23] LJF, 47.
[24] Ebd.
[25] Vgl. ebd., 50 f. Die Angaben in der Autobiographie Edith Steins unterscheiden sich hier von denjenigen des Inaugural-Lebenslaufs, in dem der erste Schultag bereits auf *Ostern* 1897 datiert wird. (Vgl. Inaugural-Lebenslauf, in: LJF, 364.) Obwohl Edith Stein mit der Niederschrift ihrer Autobiographie erst mehr als ein Jahrzehnt nach der Abfassung des Lebenslaufs begonnen hat, ist aufgrund der detaillierten Schilderung der Umstände der Einschulung davon auszugehen, dass diese späteren Ausführungen korrekt sind. Zur Problematik der Historizität der autobiographischen Zeugnisse Edith Steins vgl. *J. A. Berkman*, The Blinking Eye/I, 39–42.
[26] Alle Zitate LJF, 51.
[27] Ebd., 109.
[28] Vgl. ebd., 65.
[29] Ebd., 111.
[30] Vgl. ebd., 126 f.

dass sie in ihrem letzten Schuljahr Mitschüler und Lehrer überzeugte, einen Ausflug zu unternehmen, um dieser Feierstunde zu entgehen. Allerdings war zur Bedingung gemacht worden, unterwegs des Festtages zu gedenken:

> „Unsere freundliche, noch junge Turnlehrerin ließ sich leicht von uns überreden. Die Sedanrede freilich übernahm sie nicht; dafür mußte ich Sorge tragen. Ich verfaßte eine Rede in Versen, die sich von den üblichen wesentlich unterschied. Unterwegs stellte sich heraus, daß jemand einen Bi-ba-bo dabei hatte – damals das Modespiel der großen Kinder. Den ließ ich mir geben und ließ ihn die Ansprache halten. Damit war unsere Pflicht erfüllt."[31]

Als Gymnasiastin und junge Studentin verstand Edith Stein sich als „radikale Frauenrechtlerin" und trat dem mehrheitlich von Sozialistinnen getragenen *Preußischen Landesverein für Frauenstimmrecht* bei, der die politische Gleichberechtigung der Frauen anstrebte.[32] Nach dem Abitur im März 1911 war in der Bierzeitung der Schülerinnen über sie zu lesen:

> „*Gleichheit der Frau und dem Manne / so rufet die Suffragette,*
> *Sicherlich sehen dereinst / im Ministerium wir sie.*"[33]

1.1.2. Studentin

Seit dem Wintersemester 1908/1909 waren Frauen an den preußischen Landesuniversitäten als ordentliche Studierende zugelassen.[34] Unmittelbar nach dem Abitur immatrikulierte sich Edith Stein zum Sommersemester 1911 in Breslau für die Fächer Germanistik, Geschichte, Philosophie und Psychologie und nahm „leidenschaftlich" am öffentlichen Geschehen Anteil.[35] Ihre politische Einstellung in dieser Zeit beschreibt sie als liberal und weit weg vom preußischen Konservativismus der schlesischen Landbevölkerung.[36]

---

[31] Ebd., 127 f.

[32] *E. Stein*, Brief an C. Kopf v. 8. 8. 1931, in: Briefe I, Br. 169, 188. Zur Position Edith Steins in der Frauenfrage vgl. ausführlich *H.-B. Gerl-Falkovitz*, Unerbittliches Licht. Versuche zur Philosophie und Mystik Edith Steins (Dresden 2015) 177–204.

[33] LJF, 135.

[34] Vgl. hierzu *H.-A. Koch*, Die Universität. Geschichte einer europäischen Institution (Darmstadt 2008) 192–200. Siehe hier bes. die Bekanntmachung des Erlasses vom 18. 8. 1908, ebd., 196.

[35] LJF, 145. Genauere Angaben zu den Studieninteressen Edith Steins finden sich ebd., 140.

[36] Vgl. ebd., 144. Edith Steins Abneigung gegen das nationalkonservative Preußentum

Derweil kostete sie die Möglichkeiten der akademischen Freiheit voll aus.[37] Da allerdings die Philosophie und Pädagogik, die sie in Breslau hörte, nur in Teilen dem entsprach, was sie sich erhofft hatte, schloss sie sich der *Pädagogischen Gruppe* an, einer Vereinigung, die die pädagogische Ausbildung der Universität kritisierte und in Eigeninitiative Fortbildungen und Exkursionen durchführte.[38] Die Philosophie William Sterns, die von der experimentellen Psychologie geprägt war, rief bei ihr „starke Bedenken"[39] hervor. Als Stern ihr eine Dissertation über die Entwicklung des kindlichen Denkens vorschlug, lehnte sie dies, so Ingarden, „mit Empörung"[40] ab:

> „Mein ganzes Psychologiestudium hatte mich ja nur zu der Einsicht geführt, daß diese Wissenschaft noch in den Kinderschuhen stecke, daß es ihr noch an dem notwendigen Fundament geklärter Grundbegriffe fehle und daß sie selbst nicht imstande sei, diese Grundbegriffe zu erarbeiten."[41]

Der zweite philosophische Lehrer Edith Steins in Breslau, Richard Hönigswald, war Neukantianer und ein „ausgesprochener Kritizist", dessen Dialektik seine Studentin als „ausgezeichnete Schulung im logischen Denken" geradezu „entzückte". Dennoch schien es ihr, als habe Hönigswalds Intellektualität „etwas Verführerisches":[42] Zwar seien seine Thesen stringent und einleuchtend, doch habe man sich des Eindrucks nicht erwehren können, als wären die eigentlichen Anliegen der Philosophie gar nicht zur Sprache gekommen.[43] Als dritter Philosoph lehrte Eugen Kühnemann in Breslau, der in erster Linie literaturhistorisch arbeitete. Edith Stein empfand ihn als pathetisch und in seiner „für alles bereitstehenden Begeisterung als ‚Schöngeist'".[44] Nach ihrem vierten Semester wechselte sie, die

---

blieb auch dann bestehen, als sie sich einer „positiven, der konservativen nahestehenden Staatsauffassung" zuwandte. Ebd., 146.

[37] Vgl. ebd., 142: „Ich litt damals unter meiner Freiheit keineswegs. Ich ließ es mir an der vollbesetzten Tafel wohl sein und schwamm seelenvergnügt wie ein Fisch im klaren Wasser und bei warmem Sonnenschein."

[38] Vgl. ebd., 147–152.

[39] Ebd., 152. Edith Stein hatte in Breslau hauptsächlich Psychologie studiert, war aber von William Stern von Anfang an „etwas enttäuscht". Vgl. ebd., 141.

[40] *R. Ingarden*, Über die philosophischen Forschungen Edith Steins, 217.

[41] LJF, 174.

[42] Alle Zitate ebd., 141.

[43] Vgl. ebd.

[44] Ebd. Allerdings legte Jahre später Philipp Witkop, einer der Prüfer Edith Steins im Rigorosum in Freiburg, ausgesprochenen Wert auf die Arbeiten Kühnemanns, so dass Edith Stein sich mit einiger Verzögerung doch noch mit dessen Thesen beschäftigen musste. Vgl. ebd., 336.

inzwischen auf Husserls *Logische Untersuchungen* gestoßen war, daher nach Göttingen.[45] Dazu war sie von Georg Moskiewicz und Richard Courant ermutigt worden. Ein Foto von Hedwig Conrad-Martius, das in einer Illustrierten abgedruckt wurde, weil sie für eine philosophische Arbeit bei Husserl ausgezeichnet worden war, dürfte ebenfalls zur Motivation beigetragen haben, den Studienort zu wechseln.[46]

Die Schule der Göttinger Phänomenologen erlebte damals ihre Blütezeit.[47] Edith Stein stellte sich bei Adolf Reinach und Husserl vor und wurde in die *Philosophische Gesellschaft* aufgenommen, den „engeren Kreis der eigentlichen Husserlschüler",[48] für die „die Philosophie das eigentliche Lebenselement"[49] war. Unter anderem lud die Gesellschaft Max Scheler zu Vorlesungsreihen ein. Nach Ende ihres ersten Göttinger Semesters erhielt Edith Stein das Angebot des Historikers Max Lehmann, eine Seminararbeit als Abschlussarbeit für das Staatsexamen zu überarbeiten. Stattdessen jedoch bat sie – auch auf Rat William Sterns hin – Husserl um ein Staatsexamens- und Dissertationsthema. Dieser zeigte sich verwundert über das frühe Ansinnen,[50] vereinbarte aber mit ihr eine Arbeit über die Phänomenologie der Einfühlung.

Ende Juni 1914 ereignete sich dann in Sarajewo das Attentat auf den österreichisch-ungarischen Thronfolger, das eine internationale Krise und schließlich die Kriegserklärungen nach sich zog, die zum Weltkrieg führten. Edith Stein unterbrach ihr Studium für eine Krankenpflegeausbildung, kehrte aber zum Wintersemester 1914/1915 nach Göttingen zurück,[51] um dort im November 1914 ihre Staatsexamensarbeit einzureichen[52] und zwei Monate später das Staatsexamen abzulegen. Unmittelbar

---

[45] *E. Husserl*, Logische Untersuchungen. Erster Band. Prolegomena zur reinen Logik, hg. v. *E. Holenstein* (Den Haag 1975) = Hua XVIII; und *E. Husserl*, Logische Untersuchungen. Zweiter Band. Untersuchungen zur Phänomenologie und Theorie der Erkenntnis, hg. v. *U. Panzer* (Den Haag 1994) = Hua XIX/1–2.

[46] Vgl. LJF, 170.

[47] Vgl. ebd., 189.

[48] Ebd., 203.

[49] Ebd., 205.

[50] Ebd., 218 f.

[51] In diesem Semester vertiefte sich die Freundschaft mit Pauline Reinach und Erika Gothe: „Trotz der lastenden Kriegssorgen ist wohl dieser Winter die glücklichste Zeit während meiner Göttinger Studienjahre gewesen. Die Freundschaft mit Pauline und Erika war tiefer und schöner als die alten Studienfreundschaften. Es war zum erstenmal, daß nicht ich der führende und umworbene Teil war, sondern daß ich in den andern etwas Besseres und Höheres sah als ich selbst war." Ebd., 252.

[52] Vgl. ebd., 254.

danach vereinbarte sie mit Husserl die Weiterarbeit am Thema der Einfühlung,[53] absolvierte allerdings zunächst einen Dienst als Krankenschwester in einem Lazarett in Mährisch-Weißkirchen.[54] Einige Monate nach ihrer Rückkehr von diesem Einsatz begann sie, wiederum den Kriegsumständen geschuldet, ein Referendariat an der Viktoriaschule in Breslau.[55] Eine ihrer damaligen Schülerinnen erinnert sich, dass Edith Stein eine „sehr stille, sachliche Lehrerin" war, innerlich jedoch bemerkenswert „weit und frei".[56]

Im Frühjahr 1916 sandte sie Husserl, der inzwischen einem Ruf nach Freiburg gefolgt war,[57] das Manuskript ihrer Arbeit zu und nutzte die darauf folgenden Sommerferien, um das Rigorosum abzulegen. Noch vor der Prüfung – Husserl hatte signalisiert, die Arbeit sei ausgezeichnet – bot sie ihm an, den Schuldienst zu quittieren und als seine Privatassistentin nach Freiburg zu kommen. Husserl akzeptierte diese Offerte, wie Edith Stein schreibt, „in freudigster Überraschung".[58] Ihre Arbeit wurde mit der Bestnote bewertet, und im Oktober 1916 begann ihr Dienst in Freiburg.[59] Sie war damit die bis dahin erste Frau als Assistentin an einer philosophischen Fakultät in Deutschland, wenn auch in einem privaten Arbeitsverhältnis.[60]

---

[53] Ebd., 260 f.

[54] Von Anfang April bis August 1915.

[55] Von Februar bis Ende September 1916.

[56] Vgl. A. *Wittig*, in: W. *Herbstrith* (Hg.), Edith Stein – eine große Glaubenszeugin. Leben. Neue Dokumente. Philosophie (Annweiler 1986) 175.

[57] Zu den Umständen der Berufung Husserls nach Freiburg vgl. A. *MacIntyre*, Edith Stein. A Philosophical prologue (London 2006) 73.

[58] Vgl. LJF, 340.

[59] Zum Problem der Einfühlung. Von der eingereichten Dissertationsschrift in sieben Kapiteln wurden nur die Teile II bis IV gedruckt. Heute in: ESGA 5, eingeführt u. bearbeitet v. M. A. *Sondermann* (Freiburg i. Br. ²2010), Sigel: PE. Der übrige Text gilt als verschollen. Vgl. auch E. *Husserl*, Gutachten zur Dissertation Edith Steins v. 29. 7. 1916, in: Briefe I, Br. 1, 19.

[60] Dabei war ihre Besoldung ausgesprochen niedrig, so dass sie weiterhin von zu Hause aus finanziell unterstützt werden musste: „Ich habe […] meiner Mutter unterbreitet, daß ich mit Beschäftigung für immer versorgt wäre und daß mir nur eine lebenslängliche Rente dazu fehlte. Ich erhielt umgehend Antwort, ich sollte mir um diesen Punkt keine Sorge machen. Also ist das Schreckgespenst der Rückkehr an die Schule aus meinem Dasein verbannt." E. *Stein*, Brief an R. Ingarden v. 5. 1. 1917, in: Briefe III, Br. 1, 32. Zur Frage der Besoldung vgl. auch LJF, 339 f.

1.1.3. Assistentin Husserls und erste Habilitationsversuche

Edith Steins Hauptaufgabe bei Husserl bestand darin, unveröffentlichte Manuskripte zu systematisieren und zu redigieren, um sie für eine spätere Drucklegung vorzubereiten. Darüber hinaus war sie ab dem Sommersemester 1917 mit der Leitung philosophischer Übungen an der Universität betraut, an welchen, so Husserl, „nicht nur philosophische Anfänger, sondern auch Fortgeschrittene theilnahmen".[61] Edith Stein gegenüber hatte er angedeutet, dass es nun gelte, „hier zu werden, was Reinach in Göttingen war",[62] allerdings mit dem entscheidenden Unterschied: „Habilitieren darf ich mich nicht [...], weil man doch ‚aus Prinzip' dagegen ist."[63]

Inhaltlich arbeitete Edith Stein zunächst an dem späteren zweiten Band von Husserls *Ideen zu einer reinen Phänomenologie und phänomenologischen Philosophie* und dann an seinen *Vorlesungen zur Phänomenologie des inneren Zeitbewußtseins*.[64] Da Husserl sich jedoch kaum für seine älteren Texte interessierte, gestaltete sich die Arbeit schwierig. Während Edith Stein in ihrer Korrespondenz mit Roman Ingarden zunächst noch ironisch-fröhlich auf die Optimierbarkeit des Arbeitsverhältnisses hinwies („Etwas Gedankenaustausch wäre [...] sehr ersprießlich."[65]), wurden ihre Anmerkungen bald drängender („Ich wünsche mir brennend, mit dem Meister meine bisherige Ausarbeitung durchzusprechen."[66]). Trotz ihrer an sich erfolgreichen Tätigkeit gewann Edith Stein mit der Zeit den Eindruck, von Husserl als „Mitarbeiterin an der Sache" nicht eingebunden zu sein.[67] Zudem war die

---

[61] *E. Husserl*, Empfehlungsschreiben an E. Stein v. 6. 2. 1919, in: Briefe I, Br. 16, 39.

[62] *E. Stein*, Brief an R. Ingarden v. 9. 2. 1917, in: Briefe III, Br. 9, 46.

[63] Ebd.

[64] Vgl. *E. Husserl*, Ideen zu einer reinen Phänomenologie und phänomenologischen Philosophie. Zweites Buch. Phänomenologische Untersuchungen zur Konstitution, hg. v. M. Biemel (Den Haag 1952) = Hua IV. Das Manuskript wurde erst 1952 aus Husserls Nachlass veröffentlicht. Siehe auch *E. Husserl*, Zur Phänomenologie des inneren Zeitbewußtseins, hg. v. R. Boehm (Den Haag 1966) = Hua X. Dieser Text wurde vollständig von Edith Stein bearbeitet, aber erst 1928 von Martin Heidegger herausgegeben. Dieser wies in den editorischen Angaben nur am Rande auf ihre redaktionelle Tätigkeit hin. Neuere Ausgaben stellen ihren Beitrag hingegen ausführlich dar. Vgl. etwa *R. Bernet*, Editorischer Bericht, in: *E. Husserl*, Zur Phänomenologie des inneren Zeitbewußtseins, hg. v. R. Bernet (Hamburg 2013) LXXI f.

[65] *E. Stein*, Brief an R. Ingarden v. 28. 1. 1917, in: Briefe III, Br. 3, 36.

[66] *Dies.*, Brief an R. Ingarden v. 20. 3. 1917, in: Briefe III, Br. 12, 50.

[67] *Dies.*, Brief an R. Ingarden v. 19. 2. 1918, in: Briefe III, Br. 28, 73. Allerdings sei hier auch an die Kritik erinnert, die später von Ingarden und anderen vorgebracht wurde.

Engführung auf ein Aufgabenschema, das keinen Raum für eigenes und freies Arbeiten ließ, auf Dauer nicht mit ihren eigenen Vorstellungen in Einklang zu bringen.[68]

Im Februar 1918, knapp eineinhalb Jahre nach Beginn ihrer Tätigkeit, kündigte sie ihre Stellung bei Husserl auf.[69] Ihren Schilderungen ist zu entnehmen, dass das Scheitern der Zusammenarbeit vor allem auf drei Gründe zurückzuführen ist, die eng miteinander verbunden sind:[70] (1) Husserls Arbeitsauftrag, Texte bis zur Druckreife zu redigieren, war, da er die Inhalte nicht ausreichend mit Edith Stein diskutierte, kaum umzusetzen. (2) Edith Stein sah daher keinen Sinn in ihrer Tätigkeit und sich selbst in ihrem ambitionierten Arbeitsethos angefragt. (3) Schließlich war Husserl nicht bereit, Edith Stein parallel mit eigenständiger Arbeit zu betrauen. Alles in allem waren die wechselseitigen Erwartungen, mit denen die Zusammenarbeit begonnen hatte, von Beginn an widersprüchlich. Zudem, so deutet Peter Andras Varga an, habe Husserl die Auffassung Edith Steins, dass es legitim sei, im Zweifel auch einen kritischen Standpunkt zur Philosophie des Lehrers einzunehmen und durchzutragen, wohl nur partiell geteilt. Besonders in der Frage des Idealismus lagen die Differenzen auf der Hand, und dies, obwohl Husserl, wie Varga betont, zunächst „von der Annahme einer weitgehenden sachlichen Übereinstim-

---

Demnach habe Edith Stein in unzulässiger Weise in Husserls Manuskripte eingegriffen und ihre Kompetenzen überschritten. Neuere Forschungen führen diese Kritik allerdings primär auf den Anspruch der späteren historisch-kritischen Husserlforschung zurück, der konträr zum seinerzeit durchaus legitimen Ansatz Edith Steins stehe, „ihrem perfektionistischen und publikationsscheuen Meister zu weiteren Veröffentlichungen zu verhelfen, vielleicht auch um einem drohenden Bruch der Phänomenologischen Bewegung entgegenzuwirken." P. A. *Varga*, Edith Stein als Assistentin von Edmund Husserl: Versuch einer Bilanz im Spiegel von Husserls Verhältnis zu seinen Assistenten. Mit einem unveröffentlichten Brief Edmund Husserls über Edith Stein im Anhang, in: A. *Speer* u. S. *Regh*, „Alles Wesentliche lässt sich nicht schreiben". Leben und Denken Edith Steins im Spiegel ihres Gesamtwerkes (Freiburg i. Br. 2016) 111–133, hier 117.

[68] Eine launisch formulierte Notiz Edith Steins vom Januar 1917 lässt erahnen, dass Husserl die Zusammenarbeit mit Edith Stein positiv wertete und dennoch nicht beabsichtigte, ihr weitere Perspektiven zu eröffnen: „Die neueste Prognose des Meisters für das Werden der Ideen: ich muss zunächst so lang bei ihm bleiben, bis ich heirate; dann darf ich nur einen Mann nehmen, der ebenfalls sein Assistent wird und die Kinder desgleichen. Höchst infaust!" E. *Stein*, Brief an R. Ingarden v. 28. 1. 1917, in: Briefe III, Br. 3, 36.

[69] Vgl. *dies.*, Brief an R. Ingarden v. 28. 2. 1918, in: Briefe III, Br. 29, 74.

[70] Vgl. hierzu besonders *dies.*, Brief an R. Ingarden v. 19. 2. 1918, in: Briefe III, Br. 28, 72 f., sowie Briefe III, Br. 3, 6, 10, 12, 20 und 29.

mung zwischen seinen philosophischen Positionen und den Gedanken seiner jungen Assistentin" ausgegangen war.[71]

Dass Husserl dem Wunsch Edith Steins, zu habilitieren, nicht nachkam, ist davon allerdings wohl unabhängig zu betrachten. Es scheint dabei auch weniger um einen Mangel an Qualifikation seitens der Assistentin als um grundsätzliche Überlegungen Husserls zur Rolle der Frau an der Universität gegangen zu sein.[72] Jedenfalls berief er sich in dem Empfehlungsschreiben, das er ihr im Februar 1919 ausstellte, noch ganz auf *formale* Rahmenbedingungen und ließ seine Assistentin über seine eigentlichen Beweggründe im Unklaren:

> „Fräulein Dr. Stein hat in der Philosophie eine weite und tiefe Bildung ge
> wonnen, und ihre Fähigkeiten für selbständige wissenschaftliche Forschung
> und Lehre sind außer Frage. Sollte die akademische Laufbahn für Damen er
> öffnet werden, so könnte ich sie an allererster Stelle u. aufs wärmste für die
> Zulassung zur Habilitation empfehlen."[73]

---

[71] *P. A. Varga*, Edith Stein als Assistentin Edmund Husserls, 115. An dieser Stelle sei auf die These Antonio Calcagnos verwiesen, dass die von Edith Stein bearbeiteten Husserl-Texte durchaus einen eigenständigen Beitrag ihrerseits enthalten, dieser jedoch weder von Husserl noch seinen späteren Assistenten und auch Edith Stein selbst nicht als solcher erkannt worden sei: „Edith Stein was not only Husserl's secretary and editor; rather, her assistantship became one of ‚collaboration' with Husserl, a collaboration that was given full recognition neither by Husserl nor by his later assistants. In essence [...] Stein's assistantship was much like that of Husserl's other assistants such as Landgrebe and Fink – characterized not only by editing but by philosophical dialogue." (*A. Calcagno*, Assistant and/or Collaborator? Edith Stein's Relationship to Edmund Husserl's Ideen II, in: *J. A. Berkman* [Hg.], Contemplating Edith Stein [Notre Dame 2006] 243–270, hier 244.) Peter Varga hingegen betont schärfer die Differenzen zwischen dem Verhältnis Husserls zu Edith Stein einerseits und dem zu Heidegger und Fink andererseits. Ein echtes συμφιλοσοφεῖν habe Husserl nur mit letzteren gepflegt – auch, weil Edith Stein in einigen Fragen eine kritische Position bezogen habe. Heidegger hingegen habe es bewusst vermieden, seine Differenzen mit Husserl in den Vordergrund zu rücken. Vgl. *P. A. Varga*, (s. o.) 127–132.

[72] Seine ablehnende Haltung in der Frage der Frauenhabilitation hatte Husserl schon 1907 in einer Rückmeldung auf eine Umfrage des Kultusministeriums schriftlich zu Protokoll gegeben. Auch die Entscheidung, Edith Steins Dissertation nicht im Jahrbuch für Phänomenologie zu veröffentlichen, wird vor diesem Hintergrund gedeutet. Vgl. *T. Wobbe*, „Sollte die akademische Laufbahn für Damen geöffnet werden ..." Edmund Husserl und Edith Stein, in: ESJ, Bd. 2, Das Weibliche (1996) 361–374, hier 370, sowie *A. U. Müller* u. *M. A. Neyer*, Edith Stein. Das Leben einer ungewöhnlichen Frau (Düsseldorf 2002) 107–109, oder *C. Feldmann*, Edith Stein (Hamburg 2004) 38 f. Erst die späteren Schriften Edith Steins sind dann im Jahrbuch erschienen. Vgl. *E. Stein*, Brief an H. Conrad-Martius v. 23. 3. 1933, in: Briefe I, Br. 249, 275.

[73] *E. Husserl*, Empfehlungsschreiben an E. Stein v. 6. 2. 1919, in: Briefe I, Br. 16, 39. Nur eine Woche nach Abfassung dieses Schreibens wurde am 13. 2. 1919 mit der Ana-

Die von Husserl hier im Konjunktiv angedeutete Revision der Zugangs-
voraussetzungen zur Habilitation wurde bereits sechs Monate später
Realität, als die Weimarer Nationalversammlung in der neuen Verfassung festschrieb, dass Männern und Frauen „grundsätzlich dieselben
staatsbürgerlichen Rechte und Pflichten" zukommen.[74]

In dieser Zeit setzte Edith Stein sich auch politisch – und zwar wiederum aus einer freiheitlich-liberalen Grundhaltung heraus – für das im
Entstehen begriffene demokratische Staatswesen ein: „Wer sein Volk lieb
hat, der will natürlich mithelfen, ihm eine neue Lebensform zu schaffen."[75] Inhaltlich ging es ihr vor allem um das Frauenwahlrecht und die
Motivierung der Frauen zur politischen Teilhabe, so dass sie der *Deutschen Demokratischen Partei* beitrat, deren Ziele in weiten Teilen mit ihren eigenen korrespondierten.[76] So sah sich die DDP einem sozial orientierten Liberalismus, der Rechtsstaatlichkeit und dem Parlamentarismus
verpflichtet. Außenpolitisch stand die Partei für eine Revision der Ver-
träge von Versailles und Saint-Germain-en-Laye. Nachdem Edith Stein
sich anfänglich intensiv in innerparteilichen Prozessen engagiert hatte,[77]

---

tomin Adele Hartmann an der Universität München erstmals in Deutschland einer
Frau die Venia Legendi erteilt. Vgl. *E. Boedeker* u. *M. Meyer-Plath*, 50 Jahre Habilitation von Frauen in Deutschland. Eine Dokumentation über den Zeitraum von 1920 –
1970 (Göttingen 1974) 93 f.

[74] Vgl. Art. 109 der Weimarer Reichsverfassung, Die Verfassung des Deutschen Reichs
vom 11. August 1919, in: *E. R. Huber* (Hg.), Dokumente zur deutschen Verfassungsgeschichte, Bd. 4, Deutsche Verfassungsdokumente 1919–1933 (Stuttgart u. a. 1991)
167 f.

[75] *E. Stein*, Brief an R. Ingarden v. 30. 11. 1918, in: Briefe III, Br. 60, 114. Dass Edith
Stein unter den Gegebenheiten eines demokratischen Deutschlands auch die Öffnung
des akademischen status quo in der Geschlechterfrage erwartete, liegt auf der Hand.
Im Dezember 1918, wenige Wochen nach Ende des Weltkriegs, schreibt sie: „Ich [*will*]
versuchen, eine Habilitationsschrift zu machen. In dem ‚neuen Deutschland' – ‚falls es
ist' – wird ja die Habilitation keine prinzipielle Schwierigkeit mehr machen." *E. Stein*,
Brief an R. Ingarden v. 27. 12. 1918, in: Briefe III, Br. 63, 119.

[76] Vgl. ebd. Auch Edith Steins Schwester Erna sowie Dorothea Biberstein, Ernas spätere Schwiegermutter, waren Mitglied der DDP. Ernas Bräutigam Hans votierte bei den
Wahlen zur verfassunggebenden Weimarer Nationalversammlung im Jahr 1919 ebenfalls liberal – trotz seiner Verbundenheit mit der Monarchie –, weil er „weiter rechts
[…] als Jude auf keine Sympathie rechnen" konnte. (Vgl. LJF, 180.) Die DDP erhielt
damals 18 % der Wählerstimmen und bildete gemeinsam mit SPD und Zentrum eine
Koalitionsregierung.

[77] So verfasste Edith Stein für die DDP Flugblätter, besuchte Parteiveranstaltungen
und traf Absprachen mit anderen Parteimitgliedern ihrer Generation, um noch in der
Gründungsphase Einfluss auf die inhaltliche Ausrichtung der Partei nehmen zu können. Offensichtlich rechnete sie auch damit, in den örtlichen Parteivorstand gewählt

stieg sie jedoch relativ bald wieder aus dem Politikbetrieb aus – wegen der in ihren Augen brachialen Methoden der Auseinandersetzung:

> „Die Politik habe ich satt bis zum Ekel. Es fehlt mir das übliche Handwerkszeug dazu völlig: ein robustes Gewissen und ein dickes Fell."[78]

Indes war es offensichtlich, dass Husserl seine abschlägige Antwort auf Edith Steins Ansinnen der Habilitation nicht revidieren würde.[79] Ungeachtet dessen hatte diese sich seit dem Frühjahr 1918, wenn auch ohne Anstellung, der wissenschaftlichen Arbeit gewidmet und vollendete im Oktober des folgenden Jahres die beiden Abhandlungen *Psychische Kausalität* und *Individuum und Gemeinschaft,* die sie als *Beiträge zur philosophischen Begründung der Psychologie und Geisteswissenschaften* zusammenfasste und als Habilitationsprojekt betrieb.[80]

> „Ob aus der Habilitation etwas wird, ist allerdings noch sehr die Frage. Husserl hat es a limine abgelehnt, es in Freiburg durchzusetzen bzw. durchsetzen zu können. Auf Frau Reinachs Drängen habe ich im letzten Semester in Göttingen unterhandelt und habe auch die Absicht, nächsten Monat dort einzureichen. Der Erfolg ist aber noch sehr zweifelhaft, da die Stimmung in der Fakultät sehr gespalten [...] ist. Außerdem habe ich noch Kiel in Erwägung gezogen."[81]

Die Frage nach den Motiven, die Husserl für seine Haltung hatte, und nach der Rolle, die er hinsichtlich des Verfahrens in Göttingen spielte, ist kontrovers diskutiert worden und eröffnet Raum für Spekulation. Inzwischen ist jedoch ein Dokument in den Blick gekommen, das neues Licht auf die Ereignisse wirft: ein Schreiben Husserls, mit dem er sich im Sommersemester 1919 an den Göttinger Philosophen Georg Misch wandte und auf das dieser einige Wochen später antwortete. Der – für sich genommen etwas kryptische – Antwortbrief Mischs war seit langem bekannt, der Brief Husserls hingegen wurde erst im Jahr 2016 veröffent-

---

zu werden. Vgl. *E. Stein*, Brief an R. Ingarden v. 30. 11. 1918, in: Briefe III, Br. 60, 114, sowie *dies.*, Brief an R. Ingarden v. 10. 12. 1918, in: Briefe III, Br. 62, 118 f.

[78] *Dies.*, Brief an R. Ingarden v. 27. 12. 1918, in: Briefe III, Br. 63, 119. Die Hintergründe der hier angedeuteten Umstände sind nicht bekannt.

[79] Edith Stein interpretierte die ablehnende Haltung Husserls als unwiderruflich und zog in dieser Sache weitere Anfragen an ihn nicht in Betracht. Vgl. *dies.*, Brief an R. Ingarden v. 11. 11. 1919, in: Briefe III, Br. 66, 125.

[80] Erstmals veröffentlicht in JPPF 5, Halle (1922) 1–283, heute ESGA 6: Beiträge zur philosophischen Begründung der Psychologie und der Geisteswissenschaften, eingeführt u. bearbeitet v. *B. Beckmann-Zöller* (Freiburg i. Br. 2010), Sigel: Beiträge.

[81] *E. Stein*, Brief an R. Ingarden v. 16. 9. 1919, in: Briefe III, Br. 65, 123.

licht. Husserl schreibt hier nicht nur, dass Edith Stein, die er als „wert-
volle Persönlichkeit" bezeichnet, in ihrem Anliegen der Habilitation in
Göttingen ein „gütiges Entgegenkommen"[82] verdiene, sondern fährt fort:

> „Daß ich ihr [*nicht*] eine Meldung zur Habilitation in Freiburg anraten konn-
> te[,] hat, im Vertrauen gesagt, darin seinen Grund, daß in unserer philos. Fa-
> kultät [...] bereits 3 Dozenten jüdischer Abstammung sind, und ich nicht er-
> warten kann, daß sie [*die Fakultät*] die Habilitation eines w[ei]t[er]en 4ten
> genehmigen würde. An sich hätte ich mir zur Unterstützung meiner Lehrthä-
> tigkeit eine so wertvolle phänomenologische Hilfskraft sehr gewünscht. Frl[.]
> Stein hat sich auch als Leiterin eigener philosophischer Übungen sehr be-
> währt."[83]

Husserl unterstützte das Anliegen Edith Steins also stärker als bisher angenommen, sah aber im universitären Antisemitismus – und möglicherweise, so Varga, weniger in der Frauenfrage – ein entscheidendes Hindernis auf dem Weg zur Habilitation. Wie ernst er die Problematik nahm
und wohl auch für sich selbst empfand, lässt sich erahnen, wenn man bedenkt, dass er, der ebenso wie seine Frau einer jüdischen Familie ent-
stammte und evangelisch getauft war, „oft extrem assimilierende Verhal-
tensmuster [...], die sogar [...] Zeitgenossen irritierten",[84] an den Tag
legte. Offensichtlich waren die Vorbehalte in Göttingen allerdings nicht
geringer als in Freiburg. Jedenfalls lehnte Georg Misch in seiner Antwort
an Husserl dessen Bitte, Edith Stein zu fördern, harsch ab und nannte
hierfür zwei Gründe: „(1.) Das ‚Überwiegen von Philosophie-Docenten
jüdischer Abstammung', und (2.) die ‚Schwierigkeit, eine weibliche Habilitation durchzusetzen'."[85]

Offiziell wurde Edith Steins Antrag von der Göttinger Fakultät mit der
Begründung abgelehnt, dass der „Zulassung einer Dame zur Habilitation
[...] immer noch Schwierigkeiten" begegneten.[86] Gegen diesen Bescheid –

---

[82] *E. Husserl*, Brief an G. Misch v. 29. 5. 1919, in: *P. A. Varga*, Edith Stein als Assistentin Husserls, 132.

[83] Ebd., 132 f.

[84] Vgl. *P. A. Varga*, Edith Stein als Assistentin Husserls, 124.

[85] Ebd., 122. Dessen ungeachtet legt Varga dar, dass die Rolle Husserls bei Edith Steins
Göttinger Habilitationsversuch über jeden Verdacht erhaben sei. Die These, dass dies
auch für „sein Engagement für ihre Habilitation im Allgemeinen" (ebd., 127) gelte,
ist jedoch nicht wirklich stichhaltig. Husserls prinzipiell kritische Haltung zur Habilitation von Frauen ist – nicht zuletzt durch die Korrespondenzen Edith Steins – zu gut
dokumentiert, als dass man dem Fehlen eines diesbezüglichen Hinweises in dem Schreiben an Misch einen allgemeinen Stellenwert beimessen könnte.

[86] *E. Hermann*, Brief an E. Stein v. 29. 10. 1919, in: Briefe I, Anhang an Br. 26, 51.
Vgl. auch *E. Stein*, Brief an R. Ingarden v. 11. 11. 1919, in: Briefe III, Br. 66, 124: „In-

von den darüber hinausgehenden Zweifeln, die ihre Herkunft betrafen, auch von dem Briefwechsel Husserls und Mischs, hatte Edith Stein keine Kenntnis – legte sie Beschwerde beim preußischen Kultusminister Konrad Haenisch ein und bat um eine „prinzipielle Klärung der Frage".[87] Haenisch pflichtete daraufhin ihrer Rechtsauffassung bei und ordnete einen Runderlass für die preußischen Universitäten an.[88] Dies kam einem „Nasenstüber für die Göttinger Herren"[89] gleich, hatte aber letztlich keine Konsequenzen für Edith Steins Habilitationsgesuch.

Die Aussichten auf eine akademische Karriere waren also aus verschiedenen Gründen ungünstig. Was auf die beiden ersten Anläufe zur Habilitation in Freiburg und Göttingen folgte, liest sich retrospektiv wie ein Lehrstück freiheitlichen Bestrebens, eine sachlich unbegründete Entscheidung auch auf lange Sicht nicht hinzunehmen. So bemühte Edith Stein sich noch um Möglichkeiten der Habilitation an den Fakultäten in Hamburg (1919) und Kiel (1920) und verhandelte zehn Jahre später über eine Berufung nach Breslau sowie ein weiteres Mal nach Freiburg (jeweils 1931). Nach dem Scheitern ihres Vorhabens in Kiel[90] hatte Edith Stein die Habilitationsversuche jedoch zunächst „gründlich satt".[91] Dennoch hielt sie im Sommersemester 1920 vor rund 30 Hörern in ihrer Breslauer Wohnung mit „eigener venia legendi" private Vorlesungen „zur Einführung in die Philosophie auf phänomenologischer Grundlage".[92]

Dieses Angebot führte sie im Wintersemester weiter, verlegte dann aber ihren Wohnsitz mehr und mehr ins pfälzische Bergzabern, wo Ernst Conrad und Hedwig Conrad-Martius einen großen Haushalt führten,

---

dessen ist meine Arbeit in Göttingen vorschriftsmäßig eingereicht und sehr unvorschriftsmäßig ohne Prüfung abgewiesen worden. Die ganze Komödie kann ich Ihnen nicht schildern." Vgl. auch *dies.*, Brief an R. Ingarden v. 15. 3. 1920, in: Briefe III, Br. 67, 127, und *dies.*, Brief an F. Kaufmann v. 8. 11. 1919, in: Briefe I, Br. 24, 47.

[87] *Dies.*, Brief an K. Haenisch v. 12. 12. 1919, in: Briefe I, Br. 26, 51.

[88] Vgl. *K. Haenisch*, Brief an E. Stein v. 21. 2. 1920, in: Briefe I, Br. 30, 56. Die Initiative Edith Steins und die daraus resultierende Klarstellung durch den Minister gilt als Meilenstein der Geschichte der Gleichberechtigung von Frauen an den preußischen Universitäten. (Vgl. *E. Boedeker* u. *M. Meyer-Plath*, 50 Jahre Habilitation von Frauen in Deutschland, 3–6.) Zurückhaltender beurteilt dies Hiltrud Häntzschel. Vgl. *H. Häntzschel*, Zur Geschichte der Habilitation von Frauen in Deutschland, in: *Dies.* u. H. Bußmann (Hg.), Bedrohlich gescheit. Ein Jahrhundert Frauen und Wissenschaft in Bayern (München 1997) 84–104, hier 86 f.

[89] *E. Stein*, Brief an F. Kaufmann v. 31. 5. 1920, in: Briefe I, Br. 32, 59.

[90] Vgl. *dies.*, Brief an R. Ingarden v. 15. 3. 1920, in: Briefe III, Br. 67, 127.

[91] *Dies.*, Brief an R. Ingarden v. 30. 4. 1920, in: Briefe III, Br. 68, 128.

[92] Beide Zitate ebd.

der sich zum Mittelpunkt eines philosophischen Freundeskreises entwickelte.[93] Die Jahre in Bergzabern und die Freundschaft mit den Conrads waren für Edith Stein in mehrfacher, auch religiöser Hinsicht bedeutsam. Neben der Mithilfe bei der Obsternte verfasste sie zwei
größere Schriften, *Eine Untersuchung über den Staat* sowie *Freiheit und
Gnade*.[94] Außerdem übersetzte sie erstmals – gemeinsam mit
Conrad-Martius – ein Werk ins Deutsche.[95] Edith Stein machte auch in
dieser Zeit offensichtlich den Eindruck einer selbstbewussten und meinungsstarken Frau, so dass sie von Ernst Conrad, der gerne mit dem
Namen Αὐτός gerufen wurde, den superlativischen Spitznamen
Αὐτωτάτη erhielt.[96] Ihr Verhältnis zu Husserl („Freiburg ist noch ein
dunkler Punkt."[97]) hellte sich im Lauf der Zeit auf und war dann bis zu
dessen Tod ausgesprochen herzlich.[98] Die Verbindung zu Malvine Husserl endete erst mit dem Tod Edith Steins.

---

[93] Zu diesem Kreis gehörten u. a. Alfred von Sybel, Jean Hering, Alexandre Koyré und
Hans Lipps. Vgl. *dies.*, Brief an R. Ingarden v. 30. 9. 1922, in: Briefe III, Br. 83, 150. Im
August 1921 schreibt Edith Stein: „Ich war von Ende Mai bis Anfang August da und
bin nur abgereist, weil Familienverhältnisse meine Anwesenheit in Breslau nötig mach-
ten. Sobald hier alles erledigt ist, gehe ich zu Conrads zurück – auf unbegrenzte Zeit."
Dies., Brief an R. Ingarden v. 30. 8. 1921, in: Briefe III, Br. 76, 139.

[94] Vgl. *dies.*, Eine Untersuchung über den Staat, eingeleitet u. bearbeitet v. *I. Riedel-
Spangenberger* (Freiburg i. Br. 2006) = ESGA 7. Sigel: US, erstmals veröffentlicht in
JPPF 7 (Halle 1925) 1–123; sowie FG, posthum in ESW VI unter dem irrtümlichen Titel *Die ontische Struktur der Person und ihre erkenntnistheoretische Problematik* veröffentlicht.

[95] Dabei handelte es sich um Alexandre Koyrés Band *Essai sur l'idée de Dieu et les
preuves de son existence chez Descartes*, dt. *Descartes und die Scholastik*, veröffentlicht im Jahr 1923 im Bonner Verlag Cohen, heute ESGA 25: Übersetzungen V. *Alexandre Koyré*, Descartes und die Scholastik, eingeführt u. bearbeitet v. *H.-B. Gerl-Falkovitz* (Freiburg i. Br. 2005). Vgl. *E. Stein*, Brief an R. Ingarden v. 30. 9. 1922, in: Briefe
III, Br. 83, 150 f., bes. Anm. 2. Vgl. auch *A. U. Müller* u. *M. A. Neyer*, Edith Stein, 155.

[96] Allerdings merkt Edith Stein an, dass dieser Rufname („die äußerst Selbstbewuss-
te") nur ihr äußeres Erscheinungsbild bezeichne: „Innerlich bin ich ganz klein und un-
terschreibe jede Kritik unbesehen." *E. Stein*, Brief an R. Ingarden v. 13. 12. 1921, in:
Briefe III, Br. 80, 147.

[97] *Dies.*, Brief an R. Ingarden v. 22. 9. 1921, in: Briefe III, Br. 77, 142.

[98] Vgl. z. B. *dies.*, Brief an R. Ingarden v. 11. 11. 1921, in: Briefe III, Br. 79, 145: „Von
Husserl kam [...] eine tief beeindruckte und sehr nette Karte. Wir [*E. Stein und H. Conrad-Martius*] haben ihm gestern gemeinsam einen ganz langen und liebevollen Brief geschrieben und ihn eingeladen, uns einmal zu besuchen."

1.1.4. Speyerer Jahre

Vermittelt durch den späteren Speyerer Generalvikar Joseph Schwind trat Edith Stein im Frühjahr 1923 in den Schuldienst des dortigen Dominikanerinnenklosters St. Magdalena ein, wo sie am Lehrerinnenseminar und mit einigen Stunden am Mädchenlyzeum die Fächer Deutsch und Geschichte unterrichtete.[99] Maria Herrmann beschreibt den Beginn dieser Speyerer Tätigkeit drastisch als „Tal der Demut",[100] da der Schuldienst ohne Frage weit weg von dem akademischen Arbeitsfeld war, das Edith Stein eigentlich angestrebt hatte. Es ist daher auch wenig überraschend, dass ihr Unterricht an beiden Einrichtungen vielen Berichten zufolge sehr konzentriert verlief und offenbar alle Vor- und Nachteile eines klassischen universitären Lehrstils in sich vereinte.[101] Tatsächlich fremdelte Edith Stein in Speyer vergleichsweise lange mit dem Lehrerberuf;[102] in der klösterlichen Umgebung und in der Stadt hingegen fühlte sie sich wohl.

Ungeachtet dieses nicht ganz einfachen Hintergrunds zeigte sich auch in Speyer bald, wie hoch Edith Stein den Wert der Freiheit des Denkens und einer modernen, selbstbewussten Frauenbildung ansetzte. Über den Lehrplan hinaus vermittelte sie ihren Schülerinnen ein Gespür dafür, wie notwendig eine gute Allgemein- und politische Bildung gerade für Mädchen und junge Frauen ist.[103] Maria Herrmann betont, dass Edith Stein „mit Elan [...] alle Bestrebungen nach mehr Freiheit für die Schülerinnen"[104] unterstützte und es etwa gegen Widerstände durchsetzte, dass die Seminaristinnen Lessings *Nathan der Weise* im Stadttheater sehen

---

[99] Als „kleine Nebenbeschäftigung" bot Edith Stein auch einen Philosophiekurs für die Mitglieder des Kollegiums an. Außerdem gab sie einzelnen Schwestern Lateinstunden. Vgl. *dies.*, Brief an R. Ingarden v. 5. 2. 1924, in: Briefe III, Br. 84, 152. Vgl. auch *A. U. Müller* u. *M. A. Neyer*, Edith Stein, 160–163, sowie ausführlich *M. A. Herrmann*, Edith Stein. Ihre Jahre in Speyer (Illertissen 2012).

[100] Ebd., 59.

[101] Vgl. ebd., 74–81, bes. 75.

[102] „Ich will Ihnen verraten, daß ich mich als Lehrerin nicht allzu ernst nehme und immer noch lächeln muß, wenn ich dies irgendwo als meinen Beruf hinzuschreiben habe." *E. Stein*, Brief an F. Kaufmann v. 13. 9. 1925, in: Briefe III, Br. 45, 72. Vgl. *M. A. Herrmann*, Edith Stein, 59 f. und 77.

[103] Eine ehemalige Schülerin berichtet, „daß Edith Stein auch Dinge zur Sprache brachte, auf welche die offizielle Ausbildung zu wenig einging, z. B. legte sie großen Wert auf politische Bildung und auf die Klärung anderer Probleme der Gegenwart und des öffentlichen Lebens." *E. Stein*, Brief an E. Herrmann v. 25. 9. 1930, in: Briefe I, Br. 106, Anm. 3, 130.

[104] *M. A. Herrmann*, Edith Stein, 88.

konnten. In einem Brief an eine junge Dominikanerin erinnert Edith Stein
kurz nach ihrem Abschied aus Speyer an ihre Zeit als Frauenrechtlerin
und betont die bleibende Bedeutung der Frage der Frau in Kirche und
Gesellschaft.[105] Dass die katholische Frauenbewegung, wie von dritter
Seite kritisiert werde, teils übertriebene Forderungen stelle, entschuldigt
sie als „Kinderkrankheiten", die außerhalb der Kirche „vor 20–30 J[ah-
ren] durchgemacht wurden."[106] In diesem Kontext unterstützt sie auch
nachdrücklich das Plädoyer der Schweizer Juristin Hildegard Vérène
Borsinger für eine deutliche Stärkung der Stellung der Frau im Bereich
des kirchlichen Rechts.[107] Dabei definiert Edith Stein auch ihr persönliches Verständnis von Katholizität:

> „Es ist viel mehr vom *echt* katholischen d. h. freien und weiten Standpunkt
> möglich, als man durchschnittlich meint. Vérène Borsingers Diss[ertation]
> halte ich als Feststellung verschütteter Tatsachen für wertvoll und würde es
> begrüßen, wenn sie weiter in dieser Richtung arbeiten könnte."[108]

Für eigenständige wissenschaftliche Arbeit fand Edith Stein damals keine
Zeit, doch übersetzte sie auf Bitten Erich Przywaras, der durch Dietrich
von Hildebrand von ihr gehört hatte, *The Idea of a University* sowie
Frühe Briefe und Texte John Henry Newmans.[109] In der Folge dieser Zu-

---

[105] Vgl. *E. Stein*, Brief an C. Kopf v. 8. 8. 1931, in: Briefe I, Br. 169, 188. Allerdings
stellt Edith Stein auch klar, dass ihr jugendlicher Eifer inzwischen einem nüchterneren
Blick gewichen sei: „Jetzt suche ich, weil ich muß, nach rein sachlichen Lösungen."
Ebd. Vgl. auch *H.-B. Gerl-Falkovitz*, Unerbittliches Licht, 194–204.
[106] *E. Stein*, Brief an C. Kopf v. 8. 8. 1931, in: Briefe I, Br. 169, 188.
[107] *H. V. Borsinger*, Rechtsstellung der Frau in der katholischen Kirche (Leipzig 1930).
Borsinger leitet anhand frühchristlicher Quellen die These ab, „daß im Urchristentum
ein kirchliches Frauenamt bestand." (Ebd., 20.) Hinsichtlich der kirchenhistorischen
Entwicklung konstatiert sie „auf der ganzen Linie eine rückläufige Bewegung in bezug
auf Frauenrechte", die „in diametralem Gegensatz" zum Fortschritt stehe, der im Bereich des profanen Rechts zu verzeichnen sei. Borsingers Fazit: „Es ist zu hoffen, daß
die Kirche, in ihrer Anpassungsfähigkeit, auch in dieser Beziehung den veränderten
Zeitverhältnissen Rechnung trage." Ebd., 75.
[108] *E. Stein*, Brief an C. Kopf v. 8. 8. 1931, in: Briefe I, Br. 169, 188. Edith Stein vertrat
damals auch in Erziehungsfragen explizit moderne Auffassungen, etwa hinsichtlich der
Sexualerziehung von Mädchen, der Bedeutung einer gediegenen Lebenserfahrung von
Ordensfrauen vor dem Klostereintritt („Sonst ist die Gefahr groß, daß die Mädchen
sich sagen: die Schwestern haben keine Ahnung von der Welt.") oder der vorbildhaften
Pädagogik an Ordensschulen im Rheinland, die „seit Jahrzehnten voll-akademisch
ausgebildete Klosterfrauen" einsetzen. Vgl. *dies.*, Brief an C. Brenzing v. 18. 10. 1932,
in: Briefe I, Br. 225, 248; *dies.*, Brief an C. Kopf v. 20. 10. 1932, in: Briefe I, Br. 226,
249, und *dies.*, Brief an C. Kopf v. 11. 6. 1933, in: Briefe I, Br. 260, 289.
[109] Vgl. hierzu *M. A. Herrmann*, Edith Stein, 91. Den ersten Band übersetzte Edith

sammenarbeit übernahm Przywara mehr und mehr die Rolle eines Bera-
ters Edith Steins in theologischen Fragen; auf seine Initiative hin wandte
sie sich auch wieder der wissenschaftlichen Arbeit zu.[110] Dabei war ihm
wie auch ihr an einer konstruktiven „Auseinandersetzung zwischen der
traditionellen katholischen und der modernen Philosophie", insbesondere der Phänomenologie, gelegen.[111] Zu Ostern 1925, zwei Jahre nach
Beginn ihrer Tätigkeit in Speyer, reduzierte Edith Stein daher bereits wieder ihr Deputat, um für die Übertragung der *Quaestiones disputatae de
veritate* des Thomas von Aquin frei zu sein.[112] Dabei ging es ihr, wie
Francesco Tommasi betont, nicht nur um eine bloße Übersetzung, sondern um „den Versuch […], den ursprünglichen Sinn des lateinischen
Textes mit der Terminologie der modernen deutschen philosophischen
Tradition wiederzugeben".[113] Entsprechend vielstimmig und kontrovers
fiel nach der Fertigstellung der monumentalen Arbeit die Reaktion der
Fachwelt aus. Martin Grabmann steuerte ein zustimmendes Geleitwort
bei,[114] und Johannes Sauter lobte das „mutige und wohlgelungene Unter-

---

Stein in den Jahren 1923 und 1924, veröffentlicht wurde er erst in ESGA 21, Übersetzungen I. *J. H. Newman*, Die Idee der Universität, Einführung u. Bearbeitung v. *H.-B. Gerl-Falkovitz* (Freiburg i. Br. 2004). Sigel: Newman I. Der zweite Band, übersetzt in den Jahren 1924 und 1925, erschien 1928 mit einem Geleitwort des letzten damals noch lebenden Freundes Newmans, Francis Bacchus, im Theatinerverlag, heute in ESGA 22, Übersetzungen II. *J. H. Newman*, Briefe und Texte zur ersten Lebenshälfte (1801–1846), Einführung u. Bearbeitung v. *H.-B. Gerl-Falkovitz* (Freiburg i. Br. ²2009). Sigel: Newman II.

[110] Vgl. *A. U. Müller* u. *M. A. Neyer*, Edith Stein, 171 f.

[111] *E. Stein*, Brief an R. Ingarden v. 8. 8. 1925, in: Briefe III, Br. 89, 158.

[112] Vgl. ebd. Die Übersetzung erfolgte in den Jahren 1925 bis 1928 und wurde unter dem Titel Des hl. Thomas von Aquino Untersuchungen über die Wahrheit im Verlag Otto Borgmeyer (Breslau) veröffentlicht: Bd. 1 1931, Bd. 2 1932, das dt.-lat. Wörterverzeichnis 1934, heute in: *Dies.*, Übersetzungen III. Des Heiligen Thomas von Aquino Untersuchungen über die Wahrheit. Quaestiones disputatae de veritate, Bd. 1, eingeführt u. bearbeitet v. *A. Speer* u. *F. V. Tommasi* (Freiburg i. Br. 2008) = ESGA 23. Sigel: De veritate I, sowie *dies.*, Übersetzungen IV. Des Heiligen Thomas von Aquino Untersuchungen über die Wahrheit. Quaestiones disputatae de veritate, Bd. 2, eingeführt u. bearbeitet v. *A. Speer* u. *F. V. Tommasi* (Freiburg i. Br. 2008) = ESGA 24. Sigel: De veritate II.

[113] *F. V. Tommasi*, „… verschiedene Sprachen redeten …" Ein Dialog zwischen Phänomenologie und mittelalterlicher Scholastik im Werk Edith Steins, in: *B. Beckmann-Zöller* u. *H.-B. Gerl-Falkovitz* (Hg.), Edith Stein. Themen – Kontexte – Materialien (Dresden 2015) 115–140, hier 120.

[114] Heute in: De veritate II, 921–927. Grabmann bescheinigte Edith Stein, „die Sprache der Gegenwartsphilosophie" zu verstehen und in der scholastischen Gedankenwelt „gründlich zuhause" zu sein. Mit ihrer Übertragung habe sie, „ohne die Eigenart der

nehmen", welches „das große erkenntnistheoretische Hauptwerk des Thomas unserem Denken näher[*bringt*]".[115] Noch weiter ging Przywara, der hymnisch kommentierte, dass „die schlichte Klarheit des Lateins des Aquinaten fast unmittelbar durchschimmert" und es „der Übertragerin" gelungen sei, den scholastischen Text in eine „heutige, lebendige Philosophie" zu überführen: „Es ist überall Thomas und nur Thomas, aber so, daß er Aug' in Aug' zu Husserl und Scheler und Heidegger steht."[116] Josef Pieper hingegen kritisierte scharf, dass „die Übersetzerin [...] den Kern gerade des grundlegenden ersten Artikels durchaus verfehlt hat, und zwar nicht nur in ihren Erläuterungen, sondern in der Übersetzung selbst."[117] Noch drastischer formulierte Laurentius Siemer in einem persönlichen Schreiben an die Autorin:

> „Sie kennen den Thomismus nicht. [...] Ich habe manchmal lächeln müssen, wie ich Ihren Artikel las. In Ihrer Übersetzung ist es nicht viel anders; man sieht fast auf jeder Seite, daß Ihnen das Gesamtsystem nicht aufgegangen ist. Sie tragen völlig unthomistische Gedanken in thomistische Sätze hinein."[118]

Von dieser Kritik ließ Edith Stein sich allerdings nicht beirren,[119] nicht zuletzt, weil ihr der Grund für die so unterschiedliche Bewertung ihrer Arbeit durch die Rezensenten klar war: Während Przywara den Text ausdrücklich als „Übertragung" würdigte, die die „Grundrisse eines wirklichen ‚Thomas von Aquin deutsch', d. h. in der Lebendigkeit heutigen Philosophierens"[120] aufzeigt, kritisierten die klassischen Thomisten gerade diese Eigenständigkeit.

---

thomistischen Terminologie zu verwischen, der Philosophie des hl. Thomas ein modernes Sprachgewand verliehen". Ebd., 926.

[115] *J. Sauter,* Rez. Thomas von Aquino, Untersuchungen über die Wahrheit. Ins Deutsche übertragen von Edith Stein, in: Blätter für Deutsche Philosophie, Bd. 8 (Berlin 1934) 80 f.

[116] *E. Przywara,* Thomas von Aquin deutsch, in: Stimmen der Zeit, Bd. 121 (1931) 385 f., hier 385. Vgl. auch *ders.,* Edith Stein. I. Zu ihrem zehnten Todestag, 1951, in: *Ders.,* In und Gegen. Stellungnahmen zur Zeit (Nürnberg 1955) 61–67, hier 63.

[117] *J. Pieper,* Wahrheit der Dinge. Eine Untersuchung zur Anthropologie des Hochmittelalters (München 1947) 126, Anm. 48.

[118] *L. Siemer,* Brief an E. Stein v. 3. 11. 1934, in: Briefe II, Br. 344, 65.

[119] So reagierte sie auf die Vorwürfe Siemers gleichzeitig demütig und abgeklärt, indem sie auf die Sachverständigen verwies, die das Manuskript für gut befunden hatten. Dabei ließ sie anklingen, dass es sich bei diesen eben nicht um „Thomisten der Schule" handele. Vgl. *E. Stein,* Brief an L. Siemer v. 4. 11. 1934, in: Briefe II, Br. 345, 66.

[120] *E. Przywara,* Thomas von Aquin deutsch, 386.

Ungeachtet der kritischen Wortmeldungen blieb Edith Stein ihrem Thema treu und widmete in den folgenden Jahren mehrere teils große Werke der Verbindung von scholastischem Denken und Phänomenologie: Den wichtigen Aufsatz *Husserls Phänomenologie und die Philosophie des hl. Thomas von Aquino*,[121] den als Habilitationsschrift konzipierten Band *Potenz und Akt*,[122] den kleinen Beitrag *Die weltanschauliche Bedeutung der Phänomenologie*[123] und schließlich *Endliches und ewiges Sein*.[124]

1.1.5. Vortragsreisen und erneute Habilitationsvorhaben

Seit dem Jahr 1926 war Edith Stein als Vortragsrednerin im In- und benachbarten Ausland – unter anderem in Salzburg, Wien, Zürich und Paris – zunehmend gefragt, wobei sie zu verschiedenen philosophischen und pädagogischen Themen sprach, oft mit einem Schwerpunkt auf Fragen der Frau.[125] Da sie auch hier ein sehr freies Wort führte und Thesen und Herangehensweisen, die sie als sachgemäß erkannt hatte, konsequent verfolgte, entwickelten sich im Nachgang der Veranstaltungen teils bemerkenswerte Kontroversen. So sprach Edith Stein bei den Salzburger Hochschulwochen des Jahres 1930 über *Das Ethos der Frauenberufe* und plädierte für die Berufstätigkeit von Frauen,[126] was erwartungsgemäß unterschiedliche Reaktionen hervorrief; unter anderem übte

---

[121] Im Jahr 1929, heute in ESGA 9, 119–142, Sigel HTh. Edith Stein verfasste diesen Beitrag ursprünglich in Dialogform unter dem Titel Was ist Philosophie? Ein Gespräch zwischen Edmund Husserl und Thomas von Aquino, ebd., 91–118.

[122] Verfasst 1931, erstmals veröffentlicht in ESGA 10: Potenz und Akt. Studien zu einer Philosophie des Seins, eingeführt u. bearbeitet v. *H. R. Sepp* (Freiburg i. Br. 2005). Sigel: PA.

[123] Im Jahr 1930/1931, heute WBP.

[124] Einschließlich der Anhänge 1935 bis Januar 1937 verfasst, erstmals veröffentlicht in ESW II (1950), heute EES.

[125] Allein im Oktober 1931 hielt Edith Stein auf Einladung des katholischen Akademikerverbands fünfzehn Vorträge im Rahmen einer „Vortragsreise durch das rheinischwestfälische Industriegebiet". Przywara berichtet, es sei ihm damals gelungen, „Vortragsreisen für sie einzurichten." Vgl. *E. Stein*, Brief an A. Jaegerschmid v. 28. 6. 1931, in: Briefe I, Br. 163, bes. Anm. 13, 181 f., sowie *E. Przywara*, Edith Stein. I. Zu ihrem zehnten Todestag, 64. Eine Übersicht über die Inhalte der wichtigsten Vorträge findet sich in *A. U. Müller* u. *M. A. Neyer*, Edith Stein, 175–205.

[126] Heute in ESGA 13: Die Frau. Fragestellungen und Reflexionen, eingeleitet v. *S. Binggeli*, bearbeitet v. *M. A. Neyer* (Freiburg i. Br. [4]2010) 16–29. Sigel: F.

Walter Dirks in der *Rhein-Mainischen Volkszeitung* heftige Kritik an den Ausführungen.[127] Auch ein Grundlagenreferat zur Rolle der Frau, das sie im selben Jahr vor der zentralen Bildungskommission des Katholischen Deutschen Frauenbundes hielt, wurde lebhaft diskutiert.[128]

Auf die Empfehlung Przywaras hin hatte Edith Stein erstmals im Jahr 1928 die Kar- und Ostertage in der Abtei Beuron verbracht, wo sie Erzabt Raphael Walzer kennenlernte, der ihr ein wichtiger geistlicher Begleiter wurde[129] und sie bald zu einem neuen Anlauf in Richtung Habilitation ermutigte. Die Möglichkeit hierzu eröffnete sich, als Edith Stein im Januar 1931 in Freiburg mit Martin Heidegger zusammentraf, welcher Martin Honecker als Betreuer der Arbeit ins Spiel brachte. Dieser beantragte für Edith Stein ein Habilitationsstipendium,[130] was der inzwischen emeritierte Edmund Husserl mit „großer Überraschung und Freude"[131] zur Kenntnis nahm. Direkt nach ihrer Rückkehr aus Freiburg begann Edith Stein mit der Ausarbeitung von *Potenz und Akt*,[132] kurz darauf nahm sie Abschied von St. Magdalena:

---

[127] Der Auffassung von Dirks zufolge hatte Edith Stein nicht ausreichend dargestellt, dass die Berufsausübung von Frauen zu einer „Versklavung der Frau [*führen könne*], die in tausend Formen heute Tatsache ist". Auf den Rezensenten des *Pfälzer Boten*, Emil Vierneisel, machte die Rede hingegen „den unvergeßlichsten Eindruck [...] bei den Kursen der Salzburger Tagung", da sie „sich von dem Pathos der Frauenbewegung frei hielt und die Vortragende selbst ihre Gedanken spürbar und sichtlich verkörperte." Zur Kritik von Dirks vgl. *E. Stein*, Brief an A. Jaegerschmid v. Ende Juli/August 1930, in: Briefe I, Br. 98, Anm. 3, 125, zu der von Vierneisel Kölner Selig- und Heiligsprechungsprozeß der Dienerin Gottes Sr. Teresia Benedicta a Cruce (Köln 1962) 90. Bei der Tagung handelte es sich um die Herbsttagung des katholischen Akademikerverbands. Im Verlauf der Konferenz wurde der Beschluss zur Durchführung der Hochschulwochen gefasst, die dann ab dem darauf folgenden Jahr 1931 stattfanden.

[128] Vgl. *E. Stein*, Grundlagen der Frauenbildung, in: F, 30–43. Die Kritiker monierten, dass der von Edith Stein gewählte thematische Zugang, die Verbindung der thomistischen Lehre zur Seele der Frau mit phänomenologischen Überlegungen, nicht den Erwartungen der Zuhörerinnen entsprochen habe. Vgl. hierzu *G. Krabbel*, Rundbrief v. 24. 11. 1930, in: Briefe I, Br. 116, 138. Siehe auch *E. Stein*, Brief an O. Küchenhoff v. 7. 12. 1930, in: Briefe I, Br. 120, 142, und *dies.*, Brief an C. Kopf v. 11. 10. 1932, in: Briefe I, Br. 223, 244 f.

[129] Vgl. *K. Oost*, IN CARITATE DEI – Raphael Walzer und Edith Stein, in: *J. Kaffanke* u. *K. Oost* (Hg.), „Wie der Vorhof des Himmels". Edith Stein in Beuron (Beuron ²2009) 19–44.

[130] Vgl. *E. Stein*, Brief an H. Finke v. 26. 1. 1931, in: Briefe I, Br. 139, 158 f., sowie *dies.*, Brief an A. Jaegerschmid v. 26. 1. 1931, in: Briefe I, Br. 140, 160 f.

[131] Vgl. ebd., 161.

[132] Vgl. *dies.*, Brief an A. Jaegerschmid v. 28. 4. 1931, in: Briefe I, Br. 150, 167.

„Der hl. Thomas ist nicht mehr zufrieden mit den abgesparten Stunden, er will mich ganz."[133]

Dennoch kam sie der Habilitation nicht näher: Der Stipendienantrag wurde abschlägig beschieden, und somit war die *conditio sine qua non* der Freiburger Fakultät nicht erfüllt. Auch ein mehrstündiges Treffen Honeckers mit Edith Stein und Husserl brachte keine Abhilfe. Heidegger arbeitete noch das Manuskript von *Potenz und Akt* durch und besprach es „in einer sehr anregenden und fruchtbaren Weise"[134] mit Edith Stein. Unabhängig davon hatte man ihr an anderer Stelle signalisiert, dass Aussicht auf eine Dozentur an einer der im Aufbau befindlichen pädagogischen Akademien Preußens bestünde,[135] doch auch diese Hoffnung scheiterte an der Finanznot der öffentlichen Hand, die die Gründung der Akademien gar nicht erst zuließ.[136] Im Sommer 1931 trat der katholische Breslauer Systematiker Joseph Koch mit dem Vorschlag der Habilitation an Edith Stein heran.[137] Die zuständigen Ordinarien sprachen ihr „die Habilitationsfähigkeit auf Grund der früheren Leistungen und auch der neuen Arbeit" zu – doch „auf Grund der allgemeinen Wirtschaftslage" wurde auch dieses Verfahren negativ beschieden.[138] Zeitgleich war eine Stipendienanfrage bei der Görresgesellschaft anhängig,[139] deren Vorsitzender mit dem Katholischen Deutschen Frauenbund über eine Förderung Edith Steins verhandelte.[140] Dies erübrigte sich, als Edith Stein

---

[133] *Dies.*, Brief an C. Kopf v. 28. 3. 1931, in: Briefe I, Br. 146, 164. Vgl. auch *dies.*, Brief an A. Jaegerschmid v. 28. 4. 1931, in: Briefe I, Br. 150, 167, sowie *dies.*, Brief an H. Finke v. 6. 1. 1931, in: Briefe I, Br. 130, 151, und *dies.*, Brief an H. Finke v. 26. 1. 1931, in: Briefe I, Br. 139, 159. Als Edith Stein gut zwei Jahre später in den Karmel eintrat, stellte die Schule ihr nachträglich ein Zeugnis aus, in dem es heißt, dass sie „in ihrer Lebensführung [...] ihren Schülerinnen ein leuchtendes Vorbild" gewesen sei: „Den Junglehrerinnen war sie für ihre berufliche Fortbildung eine vorzügliche Führerin." *M. A. Herrmann*, Edith Stein, 88.

[134] *E. Stein*, Brief an R. Ingarden v. 25. 12. 1931, in: Briefe III, Br. 152, 226.

[135] Vgl. hierzu *dies.*, Brief an H. Finke v. 6. 1. 1931, in: Briefe I, Br. 130, 151, *dies.*, Brief an R. Ingarden v. 14. 6. 1931, in: Briefe III, Br. 150, 223, sowie *dies.*, Brief an C. Brenzing v. 23. 12. 1931, in: Briefe I, Br. 183, 201.

[136] Vgl. *dies.*, Brief an R. Ingarden v. 29. 11. 1931, in: Briefe III, Br. 151, 224.

[137] Vgl. *dies.*, Brief an A. Jaegerschmid v. 28. 6. 1931, in: Briefe I, Br. 163, 180 f., und *dies.*, Brief an R. Ingarden v. 14. 6. 1931, in: Briefe III, Br. 150, 223.

[138] *Dies.*, Brief an R. Ingarden v. 29. 11. 1931, in: Briefe III, Br. 151, 224.

[139] Vgl. *dies.*, Brief an H. Finke v. 6. 1. 1931, in: Briefe I, Br. 130, 151.

[140] Vgl. *H. Finke*, Brief an M. Schlüter-Hermkes v. 20. 1. 1931, in: Briefe I, Br. 136, 156 f.; *M. Schlüter-Hermkes*, Brief an H. Finke v. 22. 1. 1931, in: Briefe I, Br. 138, 158; *E. Stein*, Brief an H. Finke v. 26. 1. 1931, in: Briefe I, Br. 139, 158 f.; *H. Finke*, Brief an E. Stein v. 3. 2. 1931, in: Briefe I, Br. 141, 162; *ders.*, Brief an M. Schlüter-Hermkes v.

schließlich im März 1932 an das *Deutsche Institut für wissenschaftliche Pädagogik* in Münster berufen wurde, „der katholischen Zentralstelle [*der Pädagogik*] für ganz Deutschland."[141]

1.1.6. NS-Zeit und Brief an Pius XI.

Indes veränderte sich die politische Lage. Am 30. Januar 1933 erhielt Adolf Hitler seine Ernennungsurkunde zum Reichskanzler, und spätestens mit den Wahlen Anfang März wurde der Antisemitismus zu einem Teil der Staatsdoktrin. Später erinnerte sich eine Zeugin, Edith Stein habe schon drei Jahre zuvor, als die französische Armee aus der Pfalz abgezogen und deutsche Truppen einmarschiert waren, das umjubelte Geschehen düster kommentiert: „Jetzt setzt erst eine Judenverfolgung ein, und dann eine Kirchenverfolgung."[142] Nach der Machtübernahme der Nationalsozialisten entschloss sie sich daher, die Rassenideologie an prominenter Stelle anzuklagen:

> „Ich hatte in den letzten Wochen immerfort überlegt, ob ich nicht in der Judenfrage etwas tun könnte. Schließlich hatte ich den Plan gefaßt, nach Rom zu fahren und den Heiligen Vater in Privataudienz um eine Enzyklika zu bitten."[143]

---

3. 2. 1931, in: Briefe I, Br. 142, 162; *E. Stein,* Brief an H. Finke v. 6. 5. 1931, in: Briefe I, Br. 152, 169 f., und *H. Finke,* Brief an E. Stein v. 19. 5. 1931, in: Briefe I, Br. 154, 171.

[141] *E. Stein,* Brief an R. Ingarden v. 9. 3. 1932, in: Briefe III, Br. 153, 227. Vgl. auch *dies.,* Brief an R. Ingarden v. 29. 11. 1931, in: Briefe III, Br. 151, 224, sowie die Studie von *M. Müller,* Das Deutsche Institut für wissenschaftliche Pädagogik 1922–1980. Von der katholischen Pädagogik zur Pädagogik von Katholiken (Paderborn u. a. 2014), bes. 215–222. Zuletzt war Edith Stein noch durch Ellen Sommer-von Seckendorff für ein dreijähriges *Research Fellowship*-Programm am Newnham College, Cambridge, vorgeschlagen worden. Dieses Angebot hatte sie ausgeschlagen und ihrerseits Hedwig Conrad-Martius als Kandidatin benannt. Vgl. *E. Stein,* Brief an R. Ingarden v. 11. 12. 1932, in: Briefe III, Br. 155, Anm. 5, 231.

[142] Vgl. hierzu *U. v. Bodman,* in: *W. Herbstrith* (Hg.), Edith Stein – eine große Glaubenszeugin. Leben. Neue Dokumente. Philosophie (Annweiler 1986) 155. Wie sehr Edith Stein die Argumentationsmuster der Nationalsozialisten durchschaute, lässt folgende Episode erkennen: Als der Münsteraner Philosoph Heinrich Scholz, grundsätzlich ein Gegner des Antisemitismus, während eines gemeinsamen Abendessens im Wintersemester 1932/1933 einschränkend auf die „wirklich zersetzende jüdische Gesellschaft" Berlins hinwies, soll Edith Stein heftig widersprochen haben: „Das darf man nicht sagen. Heute darf man so etwas nicht sagen." *B. Schwarz,* Erinnerungen an Edith Stein, in: *W. Herbstrith* (Hg.), Edith Stein – eine große Glaubenszeugin. Leben. Neue Dokumente. Philosophie (Annweiler 1986) 165–170, hier 169.

[143] *E. Stein,* Ein Beitrag zur Chronik des Kölner Karmel, in: LJF, 347.

Wegen des Heiligen Jahres, das die Kirche 1933 beging, war jedoch an eine Privataudienz bei Papst Pius XI. nicht zu denken. Edith Stein setzte daher ein Schreiben auf, das sie durch Erzabt Walzer an Kardinalstaatssekretär Pacelli überbringen ließ, der es dem Papst vermutlich am 20. April 1933 persönlich vorlegte.[144] Die Umstände der Entstehung des Briefes sind in der Forschung gut dokumentiert.[145] Das Schreiben belegt nicht nur die couragierte Reaktion Edith Steins, sondern vor allem, wie früh und wie präzise sie die politische Entwicklung und ihre Folgen analysierte. Das freiheitlich-liberale Selbstverständnis der inzwischen tief religiösen Edith Stein stand dem der politisch engagierten Studentin offenkundig in nichts nach:[146]

> „Seit Wochen sehen wir in Deutschland Taten geschehen, die jeder Gerechtigkeit und Menschlichkeit – von Nächstenliebe gar nicht zu reden – Hohn sprechen. Jahre hindurch haben die nationalsozialistischen Führer den Judenhass gepredigt. Nachdem sie jetzt die Regierungsgewalt in ihre Hände gebracht und ihre Anhängerschaft – darunter nachweislich verbrecherische Elemente – bewaffnet hatten, ist diese Saat des Hasses aufgegangen."[147]

Die Antwort aus Rom auf den Brandbrief Edith Steins erschöpfte sich jedoch in einer knappen Eingangsbestätigung.[148] Erst mit der Enzyklika

---

[144] Ebd., 348 f., sowie *H. Wolf*, Papst und Teufel. Die Archive des Vatikan und das Dritte Reich (München 2008) 214.

[145] Der Brief galt lange als unauffindbar. Erst am 15. Februar 2003, am Tag der Freigabe der Archivalien der Jahrgänge 1922 bis 1939 des Vatikanischen Geheimarchivs, wurde er veröffentlicht, in Spanien erstaunlicherweise unmittelbar in einem eigenen Büchlein. Vgl. hierzu *M. A. Neyer*, Der Brief Edith Steins an Pius XI., in: ESJ, Bd. 10 (2004) 11–29. Siehe auch *H. Wolf*, Papst und Teufel, 205–216. Zur Rezeption des Briefs vgl. außerdem *J. Köhler*, Edith Stein. Ein Opfer des Nationalsozialismus, in: *W. Herbstrith* (Hg.), Edith Stein – eine große Glaubenszeugin. Leben. Neue Dokumente. Philosophie (Annweiler 1986) 85–107; *J. Nota*, Edith Stein und der Entwurf für eine Enzyklika gegen Rassismus und Antisemitismus, in: Ebd., 108–125; *K. Oost*, „Die Verantwortung fällt auch auf die, die schweigen", in: *J. Kaffanke* u. *K. Oost* (Hg.), „Wie der Vorhof des Himmels", 181–191; *K. Repgen*, Hitlers „Machtergreifung", die christlichen Kirchen, die Judenfrage und Edith Steins Eingabe an Pius XI. vom [9.] April 1933, in: ESJ, Bd. 10 (2004) 31–68, und *J. Schwarte*, Die katholische Kirche und der Rassismus der Nationalsozialisten – konkretisiert am Enzyklika-Projekt Pius' XI. gegen den Rassismus, in: Ebd., 69–98.

[146] Edith Stein spricht davon, dass es ihrer „Natur entsprach, einen solchen äußeren Schritt [*der Protestnote bei Papst Pius XI.*] zu unternehmen." *E. Stein*, Ein Beitrag zur Chronik des Kölner Karmel, in: LJF, 347.

[147] *E. Stein*, Brief an Papst Pius XI., in: *M. A. Neyer*, Der Brief Edith Steins an Pius XI., 18.

[148] Vgl. den Faksimileabdruck des römischen Schreibens in: Ebd., 22.

Mit brennender Sorge – nach einem zunächst zurückhaltenden Entwurf Kardinal Faulhabers von Pacelli überarbeitet und verschärft[149] – ließ der Papst am Palmsonntag 1937 „eine Generalverurteilung sowohl der nationalsozialistischen Herrschaftspraxis als auch ihrer weltanschaulichen Grundlagen"[150] von den Kanzeln verlesen. Den von Edith Stein angeprangerten „Vernichtungskampf gegen das jüdische Blut"[151] erwähnt die Enzyklika allerdings nicht.

Nach Inkrafttreten des *Gesetzes zur Wiederherstellung des Berufsbeamtentums* im April 1933 kündigte Edith Stein – obwohl nicht unmittelbar vom Gesetzestext betroffen – ihren Vertrag beim Institut auf.[152] Einzelne Kollegen wie Hans Brunnengräber, Peter Wust, Bernhard Rosenmöller oder die Bibliothekshelferin Margarete Günther blieben ihr auch nach diesem Schritt noch längere Zeit freundschaftlich verbunden.[153] Im Sommer widmete Edith Stein sich dann der Abfassung der autobiographischen Familiengeschichte *Aus dem Leben einer jüdischen Familie* – um eine Antwort auf das „erschreckende Zerrbild" der antisemitischen Schmähungen des jüdischen Lebens in Deutschland zu liefern.[154] Rachel

---

[149] Vgl. hierzu Enzyklika ‚Mit brennender Sorge': Entwurf Faulhabers und endgültiger Text, in: *D. Albrecht*, Der Notenwechsel zwischen dem Heiligen Stuhl und der Deutschen Reichsregierung I. Von der Ratifizierung des Reichskonkordats bis zur Enzyklika ‚Mit brennender Sorge' (Mainz 1965) 404–443.

[150] *T. Brechenmacher*, Die Enzyklika „Mit brennender Sorge" als Höhe- und Wendepunkt der päpstlichen Politik gegenüber dem nationalsozialistischen Deutschland, in: *W. Pyta, C. Kretschmann, G. Ignesti* u. *T. Di Maio* (Hg.), Die Herausforderung der Diktaturen. Katholizismus in Deutschland und Italien 1918–1943/1945 (Tübingen 2009) 271–300, hier 272.

[151] *M. A. Neyer*, Der Brief Edith Steins an Pius XI., 19.

[152] Noch am 5. April hatte Edith Stein an Hedwig Conrad-Martius geschrieben: „Mir persönlich wird von allen Seiten versichert, daß ich für meine Stellung nichts zu fürchten habe. Und ich habe gerade in dieser letzten Zeit sehr viel Freundliches erfahren, was einem natürlich sehr wohl tut." *E. Stein*, Brief an H. Conrad-Martius v. 5. 4. 1933, in: Briefe I, Br. 250, 276 f. Vgl. auch *dies.*, Ein Beitrag zur Chronik des Kölner Karmel, in: LJF, 349 f., sowie *J. Schröteler*, Brief an E. Stein v. 28. 4. 1933, in: Briefe I, Br. 253, 281. In einem Brief an ihren in Südamerika lebenden Neffen Werner Gordon schreibt Edith Stein: „Es war mein freier Entschluß, daß ich fortging." *E. Stein*, Brief an W. Gordon v. 4. 8. 1933, in: Briefe I, Br. 270, 300.

[153] Vgl. hierzu *M. Müller*, Das Deutsche Institut für wissenschaftliche Pädagogik 1922–1980, 221.

[154] LJF, 3. Neben diesem zentralen Motiv für die Niederschrift einer Autobiographie – von Edith Stein im Vorwort derselben klar herausgestellt – lassen sich weitere Aussageintentionen herausarbeiten. So liest sich die Schrift über längere Passagen als Hommage an Auguste Stein, aber auch als Zeugnis des zeitgenössischen Diskurses der Geschlechterrollen. Auf einer Metaebene wird deutlich, wie sehr Edith Stein auf die

Brenner bezeichnet die Schrift daher als „antidote to anti-Jewish Propaganda" und Beitrag zum Widerstand gegen die zunehmende kulturelle Hegemonie des Nationalsozialismus.[155]

1.1.7. Karmelitin und Wissenschaftlerin

Nach ihrem Ausscheiden aus dem Institut verfolgte Edith Stein endgültig das Vorhaben, Karmelitin zu werden. In den vorangegangenen Jahren hatten der inzwischen verstorbene Joseph Schwind sowie Erich Przywara und Raphael Walzer unter Hinweis auf ihr öffentliches Wirken als katholischer Intellektueller von diesem Schritt abgeraten. Nun jedoch lehnte Edith Stein das Angebot einer Schulstelle in Südamerika ab, das ihr im Frühsommer 1933 offeriert wurde,[156] und trat am 14. Oktober in den Karmel Köln-Lindenthal ein.[157] Dort durfte sie bereits während ihres Noviziats wieder wissenschaftlich arbeiten.[158] Außerdem gewährte man ihr Freiräume bei der Besuchsregelung: „Während der Postulantenzeit sollte man eigentlich noch keine Besuche bekommen. Es sind aber doch schon einige dagewesen."[159] Diese Möglichkeit, Kontakte nach außen aufrechtzuerhalten, war Edith Stein wichtig:

Bedeutung des Prinzips der Einfühlung für das Zusammenleben von Menschen und Völkern setzte. Vgl. hierzu *J. A. Berkman*, The Blinking Eye/I, 28–33 und 52.

[155] Vgl. *R. F. Brenner*, Writing as Resistance. Four Women Confronting the Holocaust. Edith Stein, Simone Weil, Anne Frank, Etty Hillesum (University Park 1997) 124. Allerdings wurde die Familiengeschichte, an der Edith Stein auch nach ihrem Eintritt in den Kölner Karmel und später noch einmal in Echt weiterarbeitete, damals nicht veröffentlicht. Erst 1965 wurde eine erste – aus Rücksicht auf noch lebende Angehörige stark gekürzte – Textfassung publiziert, zwanzig Jahre später erschien das Werk in voller Länge. Vgl. *M. A. Neyer*, Einführung, in: LJF, IX-XIV.

[156] Auch wenn Edith Stein es später anders wiedergab, plädierte ihre Mutter damals für eine Auswanderung der Tochter nach Südamerika und gegen den Eintritt in den Karmel. Vgl. *E. Stein*, Brief an M. Günther v. 18. 9. 1933, in: Briefe I, Br. 282, 312, sowie die fünf Jahre später verfassten Aufzeichnungen in *dies.*, Ein Beitrag zur Chronik des Kölner Karmel, in: LJF, 351.

[157] *Dies.*, Brief an G. v. le Fort v. 17. 10. 1933, in: Briefe II, Br. 290, 4.

[158] Vgl. *dies.*, Brief an R. Kantorowicz v. 4. 10. 1934, in: Briefe II, Br. 341, 62: „Die Tagesordnung des Karmel lässt sehr wenig Zeit für wissenschaftliche Arbeit. Daß mir schon im Noviziat die Möglichkeit gegeben wird, ist eine Ausnahme."

[159] *Dies.*, Brief an H. Conrad-Martius v. 31. 10. 1933, in: Briefe II, Br. 294, 9 f. Im Januar 1934 schreibt Edith Stein: „Es sind schon mancherlei Leute in unserem Sprechzimmer gewesen, seit ich hier bin. An Epiphanie der gute P. Petrus Jans aus Neuburg; er

„Die meisten Schwestern betrachten es als eine Buße, wenn sie ins Sprechzimmer gerufen werden. Es ist ja auch immer wie ein Übergang in eine
fremde Welt [...]. Aber ich empfinde diesen Frieden [*des Lebens im Karmel*]
immer noch täglich als ein übergroßes Gnadengeschenk, das einem gar nicht
für einen allein gegeben sein kann; und wenn jemand abgehetzt und zerschlagen zu uns kommt und dann etwas Ruhe und Trost mitnimmt, so macht mich
das sehr glücklich."[160]

Die anhaltende Publikationstätigkeit Edith Steins wurde außerhalb des
Konvents bald so aufgefasst, dass sie „noch mit dem ‚diesseitigen Leben'
in Verbindung"[161] stehe. Offiziell wurde sie wenige Wochen nach Ablegung der ersten Profess im April 1935 von Provinzial Theodor Rauch beauftragt, ihre wissenschaftliche Arbeit fortzuführen. Von anderen Auf-
gaben wurde sie zu diesem Zweck befreit,[162] so dass sie nun „fast alle
Zeit außer den Gebetsstunden"[163] auf die Arbeit an *Endliches und ewiges
Sein* verwenden konnte. Lediglich einen Antrag auf Dispens von der
Abendrekreation der Schwestern lehnte der Provinzial ab – unter Hinweis auf die Regel *„Primum vivere – modo carmelitico; deinde philoso-
phare."*[164] Der Subtext zahlreicher Briefe legt den Schluss nahe, dass
Edith Stein diese Jahre, die gleichermaßen von der karmelitischen Spiri-

---

blieb sogar über Nacht, weil ich seine Hilfe in einer Seelsorgeangelegenheit brauchte."
Dies., Brief an A. Jaegerschmid v. 11. 1. 1934, in: Briefe II, Br. 302, 19.

[160] Ebd.

[161] *H. V. Borsinger*, Brief an E. Stein v. 26. 11. 1934, in: Briefe II, Br. 347, 68. In erster
Linie handelte es sich hierbei um kleinere geistliche Texte. Vgl. hierzu auch *T. R. Posselt*, Edith Stein. Eine große Frau unseres Jahrhunderts (Freiburg i. Br. 1957) 128 f.,
sowie *E. Stein*, Brief an R. Kantorowicz v. 4. 10. 1934, in: Briefe II, Br. 341, 62.

[162] Vgl. *dies.*, Brief an H. Conrad-Martius v. 21. 5. 1935, in: Briefe II, Br. 391, 116:
„In den letzten Tagen war unser P. Provinzial bei uns und hat mir aufgetragen, die Arbeit über Akt und Potenz für den Druck fertig zu machen." Etwas Unklarheit herrschte
zwischenzeitlich in der Literatur in der Frage des Beginns der wissenschaftlichen Tätigkeit Edith Steins im Karmel. Teresia Renata Posselt hatte die Beauftragung durch Theodor Rauch irrtümlich mit dem Fest der Einkleidung im April 1934 statt der Profess, die
ein Jahr später stattfand, in Verbindung gebracht. (Vgl. *T. R. Posselt*, Edith Stein, 128.)
Maria Amata Neyer korrigierte dies später dahingehend, dass Edith Stein erst als Professe *wissenschaftlich*, vorher aber bereits *schriftlich* gearbeitet habe. (Vgl. *M. A. Neyer*, Teresia Renata Posselt ocd, 470 f.) Tatsächlich hatte Posselt ihrerseits bereits während Edith Steins Noviziat den Wunsch geäußert, dass sie *Potenz und Akt* druckfertig
mache. (Vgl. *E. Stein*, Brief an H. Conrad-Martius v. 15. 12. 1934, in: Briefe II, Br.
353, 75.) Edith Stein selbst hat auch die schriftlichen Arbeiten, die sie während ihres
Noviziats verfasste, als „wissenschaftlich" betrachtet (vgl. Anm. 166).

[163] *Dies.*, Brief an A. Jaegerschmid v. 2. 11. 1935, in: Briefe II, Br. 425, 154.

[164] *T. Rauch*, Brief an E. Stein v. 10. 9. 1935, in: Briefe II, Br. 413, 141. Theodor
Rauch fügte im Blick auf die Observanz der Ordensregel an: „Sehen Sie, liebe Schwes-

tualität wie der Wissenschaft geprägt waren, als ausgesprochen „froh und glücklich" erlebte.[165] Noch im März 1937, wenige Monate nach der Vollendung von *Endliches und ewiges Sein,* schrieb sie an ihre Nichte Susanne Biberstein, dass das Kloster eine Welt sei, „wo man von all den wüsten Kämpfen draußen gar nichts merkt."[166]

Eindrucksvoll ist ihr Einsatz für die Publikation ihres Hauptwerkes. Ursprünglich war die Veröffentlichung bei Anton Pustet in Salzburg vorgesehen,[167] doch wurde die Vereinbarung im Spätjahr 1937 wegen „äußerer Ereignisse"[168] aufgekündigt. Daraufhin zeigte sich der nach Wien emigrierte Verlag Jakob Hegner „nicht abgeneigt",[169] das Manuskript zu drucken, doch wurde auch dieser Plan – vermutlich wegen des *Anschlusses* Österreichs an Deutschland im März 1938 – nicht realisiert.[170] Im August des gleichen Jahres ging das Werk bei Otto Borgmeyer in Breslau, einem „reichsdeutschen Verlag",[171] in Druck, so dass Edith Stein am Silvesterabend 1938 bei ihrer nächtlichen Ausreise in die Niederlande „ein vollständiges und durchkorrigiertes Exemplar"[172] des ersten von zwei Bänden mitnehmen konnte. *Endliches und ewiges Sein* schien ihr damals ihr „Abschiedsgeschenk an Deutschland"[173] zu sein. Anfang 1939 wurde jedoch überlegt, die weitere Drucklegung ins Ausland zu verlagern,[174] und im Mai machte Borgmeyer den Vorschlag, alle Bemer-

---

ter Benedicta, wir müssen den Eindruck vermeiden, als ob Sie zu viele Ausnahmen zugebilligt erhalten würden."

[165] Diese Beobachtung bestätigt Teresia Renata Posselt: „Eine Dame, die sie gut kannte, schreibt von jener Zeit: ‚Später konnte ich Schwester Benedicta öfter im Karmel besuchen und man merkte jedesmal, daß sie sehr froh und glücklich war, froher und heiterer als ich sie in der Welt gesehen habe." *T. R. Posselt,* Edith Stein, 139.

[166] *E. Stein,* Brief an S. Biberstein v. 5. 3. 1937, in: Briefe II, Br. 503, 239.

[167] Vgl. *L. Soukup,* Brief an E. Stein v. 27. 5. 1935, in: Briefe II, Br. 394, 120 f.

[168] *E. Stein,* Brief an H. Hirschler v. 19. 10. 1937, in: Briefe II, Br. 527, 267. Vgl. auch *dies.,* Brief an H. Conrad-Martius v. 17. 1. 1938, in: Briefe II, Br. 539, 281.

[169] *Dies.,* Brief an P. Brüning v. 9. 11. 1937, in: Briefe II, Br. 529, 270.

[170] Vgl. *dies.,* Brief an H. Conrad-Martius v. 17. 1. 1938, in: Briefe II, Br. 539, 281. Jakob Hegner emigrierte in der Folge ein weiteres Mal, nach Großbritannien.

[171] *Dies.,* Brief an M. Farber v. 4. 4. 40, in: Briefe II, Br. 664, 431.

[172] Vgl. *dies.,* Brief an W. Warnach v. 14. 1. 1939, in: Briefe II, Br. 592, 335, und *dies.,* Brief an P. Brüning v. 3. 1. 1939, in: Briefe II, Br. 586, 329.

[173] *Dies.,* Brief an P. Brüning v. 9. 12. 1938, in: Briefe II, Br. 580, 324.

[174] Vgl. hierzu den Kommentar Raphael Walzers: „Traurig genug, daß man selbst zu solchen Auswegen Zuflucht nehmen muß. So etwas Ähnliches dürfte wohl noch nie in der Weltgeschichte vorgekommen sein." *R. Walzer,* Brief an E. Stein v. 12. 4. 1939, in: Briefe II, Br. 611, 364. Vgl. auch *O. Borgmeyer,* Brief an E. Stein v. 3. 5. 1939, in: Briefe II, Br. 618, 372.

kungen, die Rückschlüsse auf die jüdische Herkunft Edith Steins erlaub-
ten, aus dem Buch zu entfernen und die fertigen Druckplatten – 60 Bögen
mit einem Gesamtgewicht von 3.000 Kilogramm[175] – an einen hollän-
dischen Verlag zu verkaufen.[176] Es folgten ergebnislose Verhandlungen
mit Verlagen in den Niederlanden,[177] der Schweiz,[178] Belgien[179] und den
USA.[180] Unter anderem setzte sich Marvin Farber, Vorsitzender der ame-
rikanischen Phänomenologischen Gesellschaft, für die Veröffentlichung
ein.[181] Offenkundig durfte Edith Steins Hauptwerk in Deutschland wegen der jüdischen Abstammung der Autorin nicht veröffentlicht werden,
und in den USA fand sich kein Verleger, weil es in deutsch verfasst war.[182]
Dennoch schrieb Malvine Husserl nur Wochen vor dem Tod Edith Steins,
dass es „sehr hoffnungsvolle"[183] neue Bemühungen um einen Verleger
gebe.

Unmittelbar nach Kriegsende wurde das Anliegen der Veröffentlichung von Fritz Kaufmann aufgegriffen,[184] doch kehrte das Manuskript
erst 1947 nach Köln zurück. Im gleichen Jahr begannen Romaeus Leu-
ven und Lucy Gelber, die Unterlagen zu sichten; drei Jahre später erschien das Werk schließlich bei Herder.[185]

Auch im Hinblick auf die *Kreuzeswissenschaft* ist zu erkennen, wie
sehr Edith Stein an der Publikation ihrer Arbeit gelegen war:[186] Noch
am 5. August 1942, als sie in Westerbork inhaftiert die Deportation erwartete, wandte sie sich mit dem einzigen Wunsch an die Priorin des Echter Karmel, das Manuskript in Sicherheit zu bringen.[187]

---

[175] *E. Stein*, Brief an M. Husserl v. 29. 2. 1940, in: Briefe II, Br. 659, 421.
[176] Vgl. *O. Borgmeyer*, Brief an E. Stein v. 3. 5. 1939, in: Briefe II, Br. 618, 372.
[177] Siehe z. B. *F. Otten*, Brief an E. Stein v. 12. 5. 1939, in: Briefe II, Br. 620, 373.
[178] Siehe z. B. *O. Borgmeyer*, Brief an E. Stein v. 22. 6. 1939, in: Briefe II, Br. 629, 385.
[179] Siehe z. B. *E. Stein*, Brief an M. Husserl v. 29. 2. 1940, in: Briefe II, Br. 659, 420 f.
[180] Siehe *dies.*, Brief an M. Farber v. 4. 4. 1940, in: Briefe II, Br. 664, 431 f., sowie *M. Farber*, Brief an E. Stein v. 9. 5. 1940, in: Briefe II, Br. 672, 443 f.
[181] Vgl. ebd.
[182] „This far it was not possible to interest catholic scholars in printing her book, because it is in German." *M. Farber*, Brief an M. Husserl, zitiert nach: *M. Husserl*, Brief
an E. Stein v. 2. 7. 1941, in: Briefe II, Br. 698, 485.
[183] *M. Husserl*, Brief an E. Stein v. 8. 7. 1942, in: Briefe II, Br. 750, 552.
[184] Vgl. *F. Kaufmann*, Brief an M. Farber, Antwort auf ein Schreiben vom 9. 9. 1945,
in: Briefe II, Br. 781, bes. 587.
[185] Vgl. *A. U. Müller*, Einführung, in: EES, XV f.
[186] *E. Stein*, Kreuzeswissenschaft. Studie über Johannes vom Kreuz, bearbeitet u. eingeleitet v. *U. Dobhan* (Freiburg i. Br. ³2007) = ESGA 18. Sigel: KW.
[187] Vgl. *E. Stein*, Brief an A. Engelmann v. 5. 8. 1942, in: Briefe II, Br. 767, 574.

1.1.8. Ausreisepläne

Im Glauben Edith Steins kommt der Theologie des Opfers, die in dem – historisch nicht wirklich valide prüfbaren – Wort „Komm, wir gehen für unser Volk." kulminiert, eine besondere Bedeutung zu.[188] Da hier jedoch das Thema der Freiheitlichkeit im Leben Edith Steins verhandelt wird, ist es umso wichtiger, an dieser Stelle ihren Einsatz für die Bewahrung ihrer Freiheit und die Vermeidung der Deportation herauszuarbeiten.

Obwohl im Karmel vor dem alltäglichen Antisemitismus NS-Deutschlands weitgehend sicher, war Edith Stein durch ihre Korrespondenzen gut über die Situation der Juden im Land informiert. Bereits im Oktober 1933 hatte sie Kenntnis davon, dass Bekannte ins Ausland „aufgebrochen" seien oder sich „in der Vorbereitung zum Aufbruch" befänden.[189] Zwei Jahre später emigrierten die ersten Verwandten in die USA, „einer rüstet sich für Palästina".[190] Spätestens im Herbst 1937 entschied Edith Stein, dass sie für den Fall einer notwendig werdenden Ausreise nach Palästina gehen wolle: „Ich möchte nirgends anders hin [...]. Es ist mir immer ein sehr lieber Gedanke, daß es dort mehrere Klöster unseres Ordens gibt."[191]

---

[188] Nur eine einzige Zeugin, Marike Delsing, gab an, gehört zu haben, dass Edith Stein diesen Satz bei ihrer Verhaftung durch zwei Schutzpolizisten am Abend des 2. August 1942 zu ihrer Schwester Rosa gesagt habe. (Vgl. *A. U. Müller* u. *M. A. Neyer*, Edith Stein, 279, Anm. 26.) Auch vor dem Hintergrund des etwas unklaren Inhalts ist es ratsam, auf eine allzu tiefgehende Exegese dieser Aussage zu verzichten. Stattdessen sollten in Fragen der Opfertheologie vor allem die schriftlich niedergelegten Äußerungen Edith Steins zu Rate gezogen werden. Seit allerdings Papst Johannes Paul II. in der Homilie zur Seligsprechung genau diese Worte aufgegriffen hat, sind sie aus der hagiographischen Rezeption nicht mehr wegzudenken. Vgl. *Johannes Paul II.*, Homilie bei der Seligsprechung von Edith Stein im Stadion Köln-Müngersdorf, in: *Sekretariat der Deutschen Bischofskonferenz* (Hg.), Predigten und Ansprachen von Papst Johannes Paul II. bei seinem zweiten Pastoralbesuch in Deutschland sowie Begrüßungsworte und Reden, die an den Heiligen Vater gerichtet wurden. 30. April bis 4. Mai 1987 (Bonn 1987) = Verlautbarungen des Apostolischen Stuhls 77, 25–32, hier 27.
[189] *E. Stein*, Brief an F. Kaufmann v. 17. 10. 1933, in: Briefe II, Br. 291, 6.
[190] *Dies.*, Brief an H. Conrad-Martius v. 17. 11. 1935, in: Briefe II, Br. 430, 158.
[191] *Dies.*, Brief an H. Hirschler v. 19. 10. 1937, in: Briefe II, Br. 527, 267. Der Wunsch Edith Steins, gegebenenfalls nach Palästina zu emigrieren, steht vermutlich auch im Zusammenhang mit ihrer Verehrung des Propheten Elias. Gerade in späteren Jahren fühlte sie sich diesem sehr verbunden. Vgl. *dies.*, Über Geschichte und Geist des Karmel, in: *Dies.*, Geistliche Texte I, eingeführt u. bearbeitet v. *U. Dobhan* (Freiburg i. Br. 2009) = ESGA 19. Sigel: GT I, 127–139, hier bes. 128–132.

Dieses Vorhaben wurde jedoch, offensichtlich aufgrund von Fehlein-schätzungen ihrer Ordensoberen, nie in Angriff genommen.[192] Nach der Reichspogromnacht, als kein Zweifel mehr an der Notwendigkeit be-stand, dass Sicherheitsvorkehrungen getroffen werden mussten, waren die Oberen dann der Auffassung, dass ein Wechsel nach Echt, unmittel-bar hinter der deutsch-niederländischen Grenze gelegen, in ausreichen-dem Maß Sicherheit gewährleiste.[193] Nach der erfolgten Ausreise deutete Edith Stein diskret an, dort nicht in völliger Sicherheit zu sein: „Sicher ist es Gottes Wille, der mich hergeführt hat. Und das ist der sicherste Hafen des Friedens."[194] Nach Kriegsbeginn kommentierte Rosa Stein: „Wir sind sehr dicht an der deutschen Grenze und leben immer in Span-nung."[195] Spätestens seit dem Jahreswechsel 1941/1942 strebte Edith Stein schließlich die Emigration in die Schweiz aus den inzwischen von deutschen Truppen besetzten Niederlanden an.[196] Im Juli 1942 erklärte sich das Schweizer Kloster Seedorf bereit, Rosa Stein aufzunehmen,[197] und der Karmel Le Pâquier lud Edith Stein ein.[198] Damals bestand aller-dings kaum noch Hoffnung, dass „Nichtariern" die Ausreise gestattet würde. Als die Schwestern am 2. August verhaftet wurden, hinterließ Edith Stein dennoch folgende Nachricht für die Priorin: „Schweizer Kon-sulat [...] möge sorgen, daß wir möglichst bald über die Grenze kom-

---

[192] „Edith Stein selbst hatte schon öfter von einer Umsiedlung in einen Auslandskar-mel gesprochen. Aber die Mitschwestern, besonders Renata Posselt selbst, hielten das für übertrieben und baten Edith Stein, nicht mehr über Auswanderung zu sprechen. Erst die unselige ‚Kristallnacht' mit ihren Pogromen führte zu einer Entscheidung: Edith Stein bestand nun auf Umsiedlung." M. A. *Neyer*, Teresia Renata Posselt ocd. Ein Beitrag zur Chronik des Kölner Karmel (2. Teil), in: ESJ, Bd. 9, Menschen, die su-chen (2003) 447–487, hier 473.

[193] Zur Ausreise Edith Steins nach Echt vgl. W. *Herbstrith*, Edith Stein im Kölner und Echter Karmel in der Zeit der Judenverfolgung, in: ESJ, Bd. 3, Das Judentum (1997) 407–410.

[194] E. *Stein*, Brief an P. Brüning v. 17. 2. 1939, in: Briefe II, Br. 601, 349.

[195] R. *Stein*, Brief an Fam. G. Stein v. 28. 2. 1940, in: Briefe II, Br. 658, 419.

[196] E. *Stein*, Brief an H. V. Borsinger v. 31. 12. 1941, in: Briefe II, Br. 723, 515. Ein Schreiben des damaligen Provinzvikars der Karmeliten lässt den Schluss zu, dass Edith Stein zu dieser Zeit eine Emigration in die USA bevorzugt hätte. Daran war aber nicht mehr zu denken. (Vgl. A. *Hennekens*, Brief an A. Engelmann v. 28. 12. 1941, in: Briefe II, Br. 721, 513.) Die letzten Berichte über geglückte Ausreisen hatte Edith Stein im Fe-bruar 1939 erhalten. Vgl. R. *Stein*, Brief an E. Stein v. 12. 2. 1939, in: Briefe II, Br. 600, 346 f., sowie S. u. E. *Biberstein*, Brief an E. Stein v. 27. 2. 1939, in: Briefe II, Br. 605, 354–356.

[197] *Kloster Seedorf*, Brief an E. Stein v. 23. 7. 1942, in: Briefe II, Br. 756, 561.

[198] *Karmel Le Pâquier*, Brief an E. Stein v. 25. 7. 1942, in: Briefe II, Br. 758, 564.

men."[199] Ausgerechnet am darauffolgenden Tag wurde jedoch zunächst die amtliche Ablehnung eines sechs Monate zuvor gestellten Antrags auf Einreise in die Schweiz unterzeichnet.[200] Eine positive Antwort der Schweizer Behörden auf das letzte Gesuch der Priorin erreichte den Karmel einen Monat nach dem Tod Edith und Rosa Steins in Auschwitz.[201]

---

[199] *E. Stein*, Brief an A. Engelmann v. 2. 8. 1942, in: Briefe II, Br. 762, 569.

[200] *Eidgenössische Fremdenpolizei*, Brief an E. Stein v. 3. 8. 1942, in: Briefe II, Br. 763, 569 f.

[201] Vgl. *Schweizerisches Konsulat*, Brief an E. Stein v. 9. 9. 1942, in: Briefe II, Br. 776, 583, und *Schweizerisches Konsulat*, Brief an R. Stein v. 9. 9. 1942, in: Briefe II, Br. 777, 583 f.

„[I]ch glaube sogar, je tiefer jemand in Gott hineingezogen wird, desto mehr muß er auch in diesem Sinne ‚aus sich herausgehen‘, d. h. in die Welt hinein, um das göttliche Leben in sie hineinzutragen.“ [202]

Edith Stein, Brief an Callista Kopf, 1928

1.2. Glaube

Die Entwicklung der religiösen Vita Edith Steins – von der Tochter aus jüdischem Haus zur Karmelitin – ist oft und aus verschiedenen Blickwinkeln dargestellt und interpretiert worden.[203] Eine ausführliche Studie ist hier also weder notwendig noch wäre sie möglich. Stattdessen sollen primär zwei Motive in den Blick kommen: Edith Steins Wiederentdeckung ihrer jüdischen Wurzeln in der Zeit ihrer Konversion und die lebensweltliche Umsetzung des thomasischen Ansatzes einer wechselseitigen Verwiesenheit der philosophisch-theologischen Wissenschaft und des Glaubens. Beide Themenbereiche lassen erkennen, dass die Konvertitin Edith Stein ihren Glauben weniger exklusiv und abgrenzend als vielmehr inklusiv, im Sinn eines die Lebensbereiche verbindenden Elements verstanden hat. Auch rückblickend hat sie ihr Leben vor der Konversion nicht als in gewisser Weise abgeschlossene *Zeit vor der Taufe* interpretiert, sondern

---

[202] *E. Stein*, Brief an C. Kopf v. 12. 2. 1928, in: Briefe I, Br. 60, 86.
[203] Siehe z. B. *V. R. Azcuy*, „Sancta Discretio“ und Virgo Benedicta. Der Einfluß der benediktinischen Spiritualität auf Edith Stein, in: *B. Beckmann-Zöller* u. *H.-B. Gerl-Falkovitz* (Hg.), Edith Stein. Themen – Kontexte – Materialien (Dresden 2015) 205–214; *S. Binggeli*, Die Bedeutung der Hl. Schrift für Edith Stein. Auch im Blick auf unveröffentlichte Texte, in: Ebd., 215–228; *U. Dobhan*, Edith Stein – die Karmelitin, in: ESJ, Bd. 12 (2006) 75–123; *ders.*, Vom „radikalen Unglauben“ zum „wahren Glauben“, in: ESJ, Bd. 15 (2009) 53–84; *F. J. Sancho Fermín*, Loslassen – Edith Steins Weg von der Philosophie zur karmelitischen Mystik. Eine historische Untersuchung (Stuttgart 2007); *U. Ferrer*, Von der Vernunft zum Glauben bei Edith Stein, in: ESJ, Bd. 8, Das Mönchtum (2002) 352–361; *W. Herbstrith*, Edith Stein (Sr. Teresia Benedicta a Cruce) und die Spiritualität des Karmel, in: *L. Elders* (Hg.), Edith Stein. Leben. Philosophie. Vollendung (München 1991) 111–122; *J. Kaffanke* u. *K. Oost* (Hg.), „Wie der Vorhof des Himmels“. Edith Stein in Beuron (Beuron ²2009); *M. Petermeier*, Die religiöse Entwicklung Edith Steins, in: *B. Beckmann-Zöller* u. *H.-B. Gerl-Falkovitz* (Hg.), Edith Stein, 176–192, und *F. Schandl*, Die Begegnung mit Christus. Auf dem Weg zum Karmel, in: *L. Elders* (Hg.), Edith Stein, 55–93.

brachte das, was sie früher geprägt hatte – in religiös-kultureller Hinsicht das Judentum, intellektuell die Phänomenologie –, in ihren christlichen Glauben ein.[204]

1.2.1. Jüdische Herkunft

Teresia Renata Posselt, zur Zeit des Eintritts Edith Steins in den Karmel Subpriorin und Novizenmeisterin sowie später Priorin in Köln, beschreibt in ihrer – lange als offiziös geltenden – Edith Stein-Biographie aus dem Jahr 1948 die Einrichtung des Hauses in der Breslauer Michaelisstraße:

„Durch große alte Stiche, Szenen aus der Geschichte Israels darstellend, durch das schöne Schnitzwerk an Schränken und Truhen, das nur biblische Motive aufwies, fühlte man sich in das alte Testament zurückversetzt. [...] Alles schien grundsätzlich auf einen religiösen Ton gestimmt, so daß man glauben konnte, man befinde sich im Haus eines frommen Rabbiners. Auch die Riesenräume der Wohngemächer [...] trugen an ihrer Einrichtung diesen einheitlich israelitischen Stempel. Sie ließen sich am besten mit gewissen Interieurbildern Rembrandts vergleichen. Es war eben das Heim und das Reich der Frau Auguste Stein, geb. Courant, in dem nur ihre Weltanschauung, ihr Geschmack, ihr Geist regierte. Frau Stein war Jüdin und es war ihr Stolz, es ganz zu sein. In der Beobachtung des israelitischen Ritus war sie ein untadeliges Vorbild.“[205]

Susanne Batzdorff, Nichte Edith Steins, hat diese Darstellung ins Reich der Phantasie verwiesen. Mit der seinerzeitigen Realität des Breslauer Familiensitzes habe sie wenig zu tun.[206] Aus welchem Grund, so muss nachgefragt werden, hat Posselt dann diese klischeehafte Schilderung in die Biographie ihrer früheren Novizin aufgenommen? Offenkundig ging es ihr nicht um eine realistische Beschreibung des Wohnhauses der Familie Stein. Wahrscheinlicher ist, dass sie die Gegensätze von jüdischer Kindheit und dem späteren Ordensleben Edith Steins literarisch überhöhen wollte.[207] Deren eigener Narrativ weist jedoch in eine andere Richtung.

---

[204] Bereits den Zeitgenossen Edith Steins erschien deren Vita eindrucksvoll. Pointiert und zugleich naiv spiegelt ihr dies eine Mitschwester noch wenige Wochen vor der Deportation: „Gott sorgt für seine Kinder, E. Lb. [*Euer Lieben*] Lebensbeschreibung wird immer interessanter.“ *Kölner Karmel*, Brief an Karmel Echt v. 13. 7. 1942, in: Briefe II, Br. 751, 554.

[205] *T. R. Posselt*, Edith Stein, 7 f.

[206] Vgl. *S. Batzdorff*, Edith Stein – meine Tante, bes. 71–81.

[207] Vgl. ebd., 76. Insbesondere in der hagiographisch orientierten Edith Stein-Literatur war dieser Ansatz verbreitet. Exemplarisch sei hier verwiesen auf *R. Courtois*, Edith

So schildert Edith Stein, wenn sie in ihrer Autobiographie das „jüdische Menschentum"[208] in den Blick nimmt, ganz bewusst dessen Normalität und Bürgerlichkeit. Damit deutet sie zugleich an, dass die Antwort auf die Frage einer jüdischen Freundin, „Wenn ich nur wüßte, wie Hitler zu seinem furchtbaren Judenhaß gekommen ist!",[209] nicht in der jüdischen Lebensweise, sondern allein in der Rassenideologie der Nationalsozialisten und deren Geringschätzung des Wertes und der Würde menschlichen Lebens zu suchen ist. Dabei schildert sie auch die religiöse Erziehung, die ihrer Mutter Auguste Stein in ihrer Kindheit im oberschlesischen Lublinitz zuteilgeworden war:

> „Es wurde etwas Hebräisch gelernt, aber zu wenig, um später selbständig übersetzen und mit Verständnis beten zu können. Die Gebote wurden gelernt, Teile aus der Hl. Schrift gelesen, manche Psalmen (deutsch) auswendig gelernt."[210]

In das Bild dieses gelebten, aber nicht orthodoxen Judentums fügen sich die Erinnerungen Edith Steins an die Feier der hohen Festtage in ihrem Elternhaus ein.[211] Offensichtlich nahm Auguste Stein die häuslichen Rituale der Religion wichtiger als manche ihrer Verwandten – „die liberalen älteren Geschwister" der Mutter haben die Traditionen nur noch „abgehandelt".[212] Allerdings war auch Auguste Stein weder „mit Talmudlehren vertraut" noch sprach sie bei den Mahlzeiten hebräische Gebete.[213] Dennoch war es von der Welt des dergestalt religiös geprägten Alltags ein weiter Weg zur entschiedenen Religionslosigkeit, die Edith Stein später als Jugendliche bei ihrer Schwester Else in Hamburg erlebte: „Max und Else [waren] völlig ungläubig, Religion gab es in diesem Hause überhaupt nicht. Hier habe ich mir auch das Beten ganz bewußt und aus freiem Entschluß abgewöhnt."[214]

In der Literatur wird gelegentlich diskutiert, ob aus dieser autobiographischen Notiz abgeleitet werden kann, dass die weltanschauliche Neuorientierung der jungen Edith Stein durch das Etikett *atheistisch* adäquat ab-

---

Stein (1891–1943) [sic]. Fille d'Israël, in: *F. Lelotte*, Convertis du XXe siècle, Bd. 1 (Paris u. a. 1958) 39–54.
[208] Vgl. LJF, 3.
[209] Ebd., 2.
[210] Ebd., 8.
[211] Ebd., 43–46.
[212] Ebd., 43.
[213] *S. Batzdorff*, Edith Stein – meine Tante, 76.
[214] LJF, 109.

gebildet werde. Aus heutiger Perspektive lässt sich dies kaum noch abschließend beantworten, doch bleibt festzuhalten, dass Edith Stein sich
„bewußt" von der religiösen Praxis ihrer Familie gelöst und ihre damalige
Haltung später als die eines „ungläubigen Menschen mit einem hoch-
gespannten ethischen Idealismus"[215] beschrieben hat. Johannes Hirschmann, mit dem Edith Stein in ihrer Echter Zeit ihre Forschungen zu Dionysius Areopagita diskutiert hatte und der ihr in diesen Jahren auch
persönlich zu einem geistlichen Begleiter geworden war, merkt hierzu an:

> „Wie leicht sagen wir oft von einem Menschen, er habe seinen Glauben ‚ver-
> loren'. Wie oft ist es – war es auch bei ihr vielleicht? – nur eine bestimmte
> Gestalt des Glaubens, die verlorenging, deren Verlust aber in Gottes Führung
> die Vorbereitung einer tieferen, echteren und wahreren Gestalt unseres Glau-
> bens sein kann."[216]

1.2.2. Hinwendung zum Christentum

In der Gymnasialzeit war nur eine der Mitschülerinnen Edith Steins katholischen Glaubens, und mit dieser hatte sie „über religiöse Dinge […]
nie gesprochen".[217] Nach dem Abitur führte ihr täglicher Weg zur Universität dann über die Breslauer Dominsel. Die Architektur der dortigen
Gotteshäuser bewunderte sie, „in die schönen Kirchen aber ging ich nicht
hinein, vor allem nicht, wenn Gottesdienst darin war. Ich hatte ja dort
nichts zu suchen und hätte es taktlos gefunden, andere in ihrer Andacht
zu stören."[218] Als Edith Stein später in Göttingen Vorlesungen bei Scheler
hörte, erlebte sie diesen ganz erfüllt von „katholischen Ideen", für die er
„mit allem Glanz seines Geistes und seiner Sprachgewalt zu werben verstand."[219] Letztlich, so Edith Stein, war dies die „erste Berührung mit
dieser mir bis dahin völlig unbekannten Welt" – allerdings nur auf intellektueller Ebene: „Sie führte mich noch nicht zum Glauben."[220]

---

[215] Ebd., 151.
[216] *J. Hirschmann*, Schwester Theresia Benedicta vom Heiligen Kreuz. Meditation auf
dem 86. Katholikentag in Berlin 1980, in: Hirschberg. Monatsschrift des Bundes Neudeutschland, Bd. 34 (1981) 124–126, hier 124.
[217] LJF, 119.
[218] Ebd., 159.
[219] Ebd., 211. Vgl. auch *E. Stein*, Brief an J. H. Nota v. 29. 11. 1941, in: Briefe II, Br.
718, 507–510.
[220] Beide Zitate LJF, 211.

Die Unbefangenheit Edith Steins in religiösen Fragen zeigt sich auch im Blick auf alltägliche Begebenheiten. Zu Weihnachten 1915 etwa folgte die damals 24-Jährige dem Vorschlag einer Freundin, die Mitternachtsmesse in der Göttinger Pfarrkirche St. Michael zu besuchen: „Sie hatte das wohl in München öfters getan. Mir war es noch ganz fremd [...]." Das Vorhaben scheiterte jedoch, da die Studentinnen die Kirche „fest verrammelt" vorfanden.[221] Als innerlich bewegendes Erlebnis erwies sich schließlich eine Begebenheit vom Sommer des Jahres 1916. Damals machte Edith Stein mit Pauline Reinach einen Stadtspaziergang durch Frankfurt am Main:

> „Wir traten für einige Minuten in den Dom, und [...] [da] kam eine Frau mit ihrem Marktkorb herein und kniete zu kurzem Gebet in einer Bank nieder. Das war für mich etwas ganz Neues. In die Synagogen und in die protestantischen Kirchen, die ich besucht hatte, ging man nur zum Gottesdienst. Hier aber kam jemand mitten aus den Werktagsgeschäften in die menschenleere Kirche wie zu einem vertrauten Gespräch. Das habe ich nie vergessen können."[222]

Wenn Edith Stein Jahre später betont, dass „Religion nicht etwas für [...] einige Feierstunden", sondern „Wurzel und Grund allen Lebens"[223] ist, darf dies als Ergebnis eines sich entwickelnden Religionsverständnisses aufgefasst werden, für das die Beterin in Frankfurt stellvertretend steht. Das intellektuelle Fragen nach dem Glauben hatte Edith Stein mit der Zeit auch persönlich religiös sensibilisiert. Gleichzeitig gewann der Glaube in ihrem Umfeld an Bedeutung. So hatte Adolf Reinach, ihr verehrter Lehrer und Freund, im April 1916 gemeinsam mit seiner Frau Anne in der evangelischen Kirche St. Albani in Göttingen das Taufsakrament empfangen. Ein halbes Jahr später berichtete er Edith Stein während seines Weihnachtsurlaubs als Soldat, dass er „jetzt ganz von religiösen Fragen in Anspruch genommen" sei. Er kündigte an, seine Arbeit „nach dem Kriege in erster Linie diesem Gebiet" widmen zu wollen.[224] Dazu sollte es jedoch nicht kommen. Reinach starb im November 1917

---

[221] Beide Zitate ebd., 316. Wie wenig Edith Stein damals mit der Glaubenspraxis des Katholizismus vertraut war, geht auch aus den Erinnerungen einer ihrer Schülerinnen aus der Breslauer Referendariatszeit hervor: „Bei einem Schiller-Gedicht kam das Wort Monstranz vor. Da fragte sie mich, was das wäre. Ich sagte, das strahlenförmige Kultgerät, in dem das Allerheiligste ausgestellt wird. Sie darauf: Was ist das Allerheiligste bei Euch. Ich: die geweihte Hostie. Sie hat nichts weiter gefragt." A. *Wittig*, in: W. *Herbstrith* (Hg.), Edtih Stein – eine große Glaubenszeugin, 175.
[222] LJF, 331 f.
[223] E. *Stein*, Brief an C. Kopf v. 12. 2. 1928, in: Briefe I, Br. 60, 86.
[224] Beide Zitate *dies.*, Brief an F. Kaufmann v. 12. 1. 1917, in: Briefe I, Br. 4, 22.

an der Front in Flandern. Edith Stein betrauerte ihn sehr; umso eindrücklicher war es ihr, Anne Reinach als vom Glauben getröstete Witwe zu erleben.[225] Später ließ diese ihr die Texte ihres verstorbenen Mannes zukommen, die er im Krieg, teilweise während der Gefechtspausen,
verfasst hatte, und die von seiner Gewissheit des Geborgenseins im Glauben zeugen.[226]

1.2.3. „Wer die Wahrheit sucht, sucht Gott."[227]

Wann genau Edith Stein erstmals von den Karmelheiligen Teresa von
Ávila und Johannes vom Kreuz gehört hat, lässt sich nicht einwandfrei
rekonstruieren. Möglicherweise war dies im Jahr 1918 der Fall, als Edmund Husserl mit großem Interesse Rudolf Ottos Buch *Das Heilige* las
und aller Wahrscheinlichkeit nach mit Edith Stein darüber ins Gespräch
kam.[228] Drei Jahre später, im Sommer 1921, folgte in Bergzabern im
Hause der Eheleute Conrad Edith Steins hagiographisch gelegentlich etwas überstrapazierte, dennoch aber bedeutsame Lektüre der Autobiographie Teresas von Ávila. Schon Ende Mai, anlässlich eines Besuchs in Göttingen bei Anne und Pauline Reinach, hatte sie das Buch aus der
Hausbibliothek der beiden auswählen dürfen.[229] Im Jahr 1933, kurz vor
ihrem Eintritt in den Karmel, schrieb sie rückblickend:

---

[225] Roman Ingarden, der die religiöse Wende Edith Steins kritisch begleitete, kommentiert die damalige Situation: „Was für einen schrecklichen Eindruck hat Reinachs Tod
auf sie gemacht! Ich bin der Meinung, daß es der Anfang gewisser Wandlungen war, die
sich in ihr später vollzogen." (*R. Ingarden*, Über die philosophischen Forschungen
Edith Steins, 208.) John Oesterreicher interpretiert diese Situation hingegen kreuzes-
theologisch. Vgl. *J. Oesterreicher*, Walls are Crumbling. Seven Jewish Philosophers
Discover Christ (New York 1952) 335. Vgl. auch *U. Dobhan*, Vom „radikalen Unglauben" zum „wahren Glauben", 69 f., bes. Anm. 67.
[226] Edith Stein plädierte damals dafür, Reinachs religionsphilosophische Notizen –
„sehr schöne Sachen" – zu veröffentlichen. *E. Stein*, Brief an F. Kaufmann v.
9. 3. 1918, in: Briefe I, Br. 6, 25 f.
[227] *Dies.*, Brief an A. Jaegerschmid v. 23. 3. 1938, in: Briefe II, Br. 542, 285.
[228] Zu den damaligen Umständen vgl. ausführlich *U. Dobhan*, Vom „radikalen Unglauben" zum „wahren Glauben", 70–72. Vgl. auch *R. Otto*, Das Heilige. Über das
Irrationale in der Idee des Göttlichen und sein Verhältnis zum Rationalen (Breslau
1917, erw. Neuausgabe München 2014).
[229] Vgl. *U. Dobhan*, Vom „radikalen Unglauben" zum „wahren Glauben", 79–83.

„Seit fast 12 Jahren war der Karmel mein Ziel. Seit mir im Sommer 1921 das ‚Leben' unserer hl. Mutter Teresia in die Hände gefallen war und meinem langen Suchen nach dem wahren Glauben ein Ende gemacht hatte."[230]

Eine Antwort auf die Frage, warum es gerade eine Schrift Teresas von Ávila war, die Edith Stein in den Bann zog, findet sich bei Ulrich Dobhan:

„Ein wichtiger Grund ist, daß sie in Teresa einer *Frau* begegnete, die sich gerade in ihrer *Vida* als ein sehr wahrhaftiger Mensch erweist, ja zur ‚WAHRHEIT' sogar Du sagen kann."[231]

Wenn man dieser These folgt, vereinte sich für Edith Stein in der teresianischen Spiritualität das Ziel der philosophischen Suche nach Wahrheit mit der ersehnten existenziellen Heimat im christlichen Glauben.[232] Wenn Edith Stein in den Vorlesungen Schelers die Erfahrung gemacht hatte, dass „die Schranken der rationalistischen Vorurteile, in denen ich aufgewachsen war, ohne es zu wissen, fielen",[233] und sie in ihrer Zeit als Assistentin Husserls realisierte, dass es „unmöglich" sei, „eine Lehre von der Person abzuschließen" oder „zu verstehen, was Geschichte ist", ohne „auf Gottesfragen einzugehen", bildete die Karmelspiritualität mit ihrer Betonung des anbetenden und betrachtenden Gebets die geistliche Antwort auf ein zur Gewissheit gewordenes intellektuelles Fragen.[234] Es war damals gerade ein gutes halbes Jahr her, dass Edith Stein die scherzhafte Frage von Hans Lipps, „Gehören Sie auch zu diesem Klub in München, der alle Tage in die Messe geht?" beinahe mit „*Leider* nein." beant-

---

[230] *E. Stein*, Ein Beitrag zur Chronik des Kölner Karmel, in: LJF, 350. Die Lektüre der *Vida* Teresas gab vermutlich den Ausschlag, dass Edith Stein sich katholisch taufen ließ und nicht wie Anne und Adolf Reinach oder Hedwig Conrad-Martius evangelisch wurde. Vgl. ebd., 350 f., Anm. 20.

[231] *U. Dobhan*, Vom „radikalen Unglauben" zum „wahren Glauben", 83.

[232] Zwei Jahre nach ihrer Taufe stellte Edith Stein diesen Zusammenhang auch bei John Henry Newman fest: „Sein ganzes Leben ist nur ein Suchen nach der religiösen Wahrheit gewesen und hat ihn mit unausweichlicher Notwendigkeit zur katholischen Kirche geführt." *E. Stein*, Brief an R. Ingarden v. 19. 6. 1924, in: Briefe III, Br. 85, 153.

[233] LJF, 211.

[234] Alle Zitate *E. Stein*, Brief an R. Ingarden v. 20. 2. 1917, in: Briefe III, Br. 9, 47. Den Gedanken der Verbindung von Gottesfrage und Geschichtsverständnis greift Edith Stein später noch einmal auf: „Übrigens rücken Religion und Geschichte für mich immer näher zusammen, und es will mir scheinen, daß die mittelalterlichen Chronisten, die die Weltgeschichte zwischen Sündenfall und Weltgericht einspannten, kundiger waren als die modernen Spezialisten, denen über wissenschaftlich einwandfrei festgestellten Tatsachen der Sinn für Geschichte abhanden gekommen ist." *Dies.*, Brief an R. Ingarden v. 19. 2. 1918, in: Briefe III, Br. 28, 72.

wortet hätte.[235] Dobhans Hinweis, für Edith Stein sei es wichtig gewesen, in Teresa einer geistlichen *Frau* zu begegnen, findet sich in abgewandelter Form auch bei der US-amerikanischen Rabbinerin Nancy Fuchs-Kreimer wieder. Der Kanon geistlicher jüdischer Literatur, so deutet sie an, weise keine Autorin vergleichbaren Ranges wie Teresa auf. Unter Verweis auf die Biographie Franz Rosenzweigs stellt Fuchs-Kreimer fest, dass sich das orthodoxe Judentum in Deutschland nach der Jahrhundertwende zwar für philosophisch gebildete und spirituell suchende *Männer* als attraktiver geistig-geistlicher Raum dargestellt habe, die Situation für Frauen jedoch ungleich schwieriger gewesen sei.[236]

1.2.4. Jüdische Kontinuität in christlicher Existenz

Der Empfang der Taufe markiert in der Glaubensgeschichte Edith Steins keinen Schlussstrich, sondern eine Rückbesinnung auf ihr religiöses Erbe.[237] Weitgehend einig sind sich die Interpreten dabei in der Auffassung,

---

[235] LJF, 330. Lipps spielte damit auf Dietrich von Hildebrand und Siegfried Hamburger an, die zum Katholizismus konvertiert waren.

[236] Vgl. N. *Fuchs-Kreimer*, Sister Edith Stein. A Rabbi reacts, in: W. *Herbstrith* (Hg.), Never Forget. Christian and Jewish Perspectives on Edith Stein (Wellesley 2012) 173–178, hier 176 f., ursprünglich in: Lilith Magazine 16 (4/1991).

[237] Der Bedeutung dieses biographischen Faktums entspricht die Zahl der Arbeiten, die Leben und Denken Edith Steins in christlich-jüdischer Perspektive thematisieren oder ihr Schicksal zum Anlass zu nehmen, um einen Diskurs über das Verhältnis von Christentum und Judentum zu führen. So trägt bereits der dritte Band des Edith Stein Jahrbuchs den Titel *Das Judentum* (1997). Vgl. außerdem etwa E. L. *Antus*, St. Edith Stein. What Kind of Jewish-Catholic Symbol?, in: eScholarship@BC (Boston 2008) 1–14; S. *Batzdorff*, Edith Stein – meine Tante; B. *Becker-Jákli*, Das jüdische Köln. Geschichte und Gegenwart (Köln 2012); M. *Böckel*, Edith Stein und das Judentum (Ramstein ²1991); S. *Borden*, Edith Stein (London – New York 2003) 135–143; W. *Herbstrith* (Hg.), Erinnere dich – vergiß es nicht. Edith Stein – Christlich-jüdische Perspektiven; W. *Homolka*, Edith Stein aus jüdischer Sicht. Überlegungen zu den Bedingungen des jüdisch-christlichen Dialogs, in: ESJ, Bd. 11 (2005) 143–148; H.-B. *Gerl-Falkovitz*, R. *Kaufmann* u. H. R. *Sepp* (Hg.), Europa und seine Anderen: Emmanuel Levinas, Edith Stein, Józef Tischner (Dresden 2010); R. *Kempner*, Edith Stein und Anne Frank. Zwei von Hunderttausend. Die Enthüllungen über die NS-Verbrechen in Holland vor dem Schwurgericht in München (Freiburg i. Br. 1968); J. *Menzel* (Hg.), Breslauer Juden 1850–1945 (Sankt Augustin 1990); A. *Mohr* u. E. *Prégardier,* Passion im August (2.–9. August 1942). Edith Stein und Gefährtinnen: Weg in Tod und Auferstehung (Annweiler 1995); B. *Molter*, Edith Stein. Martyre juive de confession chrétienne (Paris 1998); C. *Rastoin*, Edith Stein et le Mystère d'Israël (Genf 1998); dies., Edith Stein (1891–1942). Enquête sur la Source (Paris 2008); F. *Schandl*, „Ich sah aus meinem

dass hier die ungebrochene Loyalität und innere Verbundenheit Edith Steins zu ihren jüdischen Wurzeln zum Ausdruck kommt.[238] Gleichwohl ist der Gedanke einer Neuentdeckung jüdischer Identität ausgerechnet im Prozess der Zuwendung zum Christentum aus der Perspektive jüdischer Betrachter nicht unproblematisch und mit ein Grund für die Divergenzen, die in der christlichen und jüdischen Rezeption Edith Steins immer wieder eine Rolle spielen.[239] Papst Johannes Paul II. versuchte dieser Problematik zu begegnen, indem er mit versöhnlichem Gestus von Edith Stein als einer „herausragenden Tochter Israels und zugleich Tochter des Karmels"[240] sprach. Klar ist: Die Persönlichkeit und das Leben Edith Steins bis hin zu ihrem Tod als Opfer der Shoa bieten einerseits den Anlass und die Grundlage eines vielfach konstruktiven christlich-jüdischen Gesprächs, führen aber andererseits auch unmittelbar auf ein sensibles religionstheologisches Terrain, um das es immer wieder zu ringen gilt.[241] Die Analyse der religionsphilosophischen und theologischen Überzeugungen Edith Steins, die im weiteren Verlauf dieser Arbeit intendiert ist, dient nicht zuletzt dem Ziel, einen Beitrag zur weiteren Klärung dieser Fragen zu liefern.

Für Edith Stein selbst war es jedenfalls in hohem Maße bedeutsam, in der gelebten christlichen Spiritualität wichtige Anknüpfungspunkte an ihren ererbten Glauben entdecken zu können. Beim Empfang der Initiationssakramente macht sie dies deutlich, indem sie ihre Taufe im Jahr 1922 auf den 1. Januar, den Festtag der Beschneidung des Herrn (*Circumcisio Domini*), und die Firmung auf den 2. Februar, das Fest der Darstellung des Herrn (*Praesentatio Iesu in Templo*), terminiert. Beide Tage

---

Volk die Kirche wachsen!" Jüdische Bezüge und Strukturen in Leben und Werk Edith Steins (1891–1942) (Sinzig 1990); *J.-F. Thomas*, Simone Weil et Edith Stein. Malheur et souffrance (Namur 1992), und *R. Wimmer*: Vier jüdische Philosophinnen. Rosa Luxemburg, Simone Weil, Edith Stein, Hannah Arendt (Tübingen ³1995).

[238] Vgl. *R. F. Brenner*, Writing as Resistance, 59.

[239] Vgl. z. B. *N. Fuchs-Kreimer*, Sister Edith Stein, 174: „I felt abandoned and betrayed. Her baptism in particular – in an era of such extreme Jewish vulnerability – feels almost like an act of treachery."

[240] *Johannes Paul II.*, Homilie bei der Seligsprechung von Edith Stein im Stadion Köln-Müngersdorf, 32.

[241] Beispielhaft sei hier auf die Arbeiten John Oesterreichers verwiesen, der später an der Entstehung der Konzilserklärung *Nostra aetate* beteiligt war. Im Blick auf Edith Stein stand für ihn außer Frage: „Baptism and Eucharist, faith and prayer, had made her a true Israelite, and carmel in particular, which has Elias for its spiritual ancestor and for its motto his words: ,With zeal to be zealous for the Lord, God of hosts.'" *J. Oesterreicher*, Walls are crumbling, 351.

des kirchlichen Festkalenders akzentuieren die jüdische Herkunft Jesu
Christi. Entgegen der gerade in der NS-Zeit wieder verstärkt vertretenen
These, dass das Christentum als Religion des Neuen Bundes den Glauben
des Alten Bundes nicht vollende, sondern vielmehr ablöse, das Volk Israel
mithin *enterbt* sei und die Texte des Alten Testaments ihre Bedeutung
verloren hätten, bekennt Edith Stein sich klar zu einer bleibenden heilsgeschichtlichen Kontinuität. Insbesondere ab 1933 legt sie verstärkt Wert
auf das jüdische Fundament des christlichen Glaubens. Johannes Hirschmann erinnert sich:

> „Sie war diesem Volk aufs Innigste verbunden. Sie hat mir gesagt: ‚Sie ahnen
> nicht, was es für mich bedeutet, wenn ich morgens in die Kapelle komme und
> im Blick auf den Tabernakel und auf das Bild Mariens mir sage: Sie waren
> unseres Blutes.'"[242]

Ähnlich aufschlussreich ist ein Bericht von Daniel Feuling, der sich auf ein
Gespräch Edith Steins mit Alexandre Koyré am Rande der Arbeitstagung
der *Societé Thomiste* im Jahr 1933 bezieht, bei dem die beiden, „von Juden und Jüdischen [*sic*] redend, einfach ‚wir' sagten".[243] Feuling empfand
die Szene offenbar als so markant, dass er den Eindruck gewann, das Verhältnis Edith Steins zum Judentum sei das einer *lebendigen Blutsgemein-
schaft:* „Wie einst im hl. Paulus, der mit Stolz und Nachdruck sein:
Hebraei sunt – et ego! Sie sind Hebräer – ich bin es auch! sprach."[244] Hedwig Conrad-Martius greift die von Feuling überlieferte Begebenheit auf
und ordnet sie in den Kontext der Erfahrungen ein, die sie selbst mit Edith
Stein gemacht hatte. Dabei charakterisiert sie deren Liebe zu ihren Angehörigen mit dem Begriff des *blutmäßig Metaphysischen:*[245]

> „Jude sein, heißt nicht nur, einem bestimmten Volk, einer bestimmten Nation
> angehören. Es heißt, einem Volk blutmäßig angehören, auf dem […] Gottes
> Hand ruht und je und je geruht hat. Einem Volk, das sich der lebendige Gott
> zu Seinem Volk gemacht und geprägt hat."[246]

---

[242] *J. Hirschmann*, Schwester Theresia Benedicta vom Heiligen Kreuz, 125.

[243] *D. Feuling*, Einige Erinnerungen an Sr. Benedikta Edith Stein, in: *J. Kaffanke* u. K.
Oost (Hg.), „Wie der Vorhof des Himmels", 234–238, hier 235. Vgl. auch *H. Conrad-
Martius*, Edith Stein, 69.

[244] Vgl. ebd. Siehe auch 2 Kor 11,22. Eigene Hervorhebung.

[245] Vgl. *H. Conrad-Martius*, Edith Stein, 71.

[246] Ebd. Der Ansatz der bleibenden Erwähltheit des jüdischen Volkes, der sich hier andeutet, ist von der katholischen Theologie allerdings erst viel später eingeholt worden.
Hinzu kommt die gesellschaftliche Distanz, die zu Beginn des zwanzigsten Jahrhunderts zwischen den katholischen Milieus und dem Judentum bestand. Erinnert sei an
Kenneth Woodwards Hinweis, dass unter den gut einhundert Zeugen, die im Rahmen

Auch Erich Przywara betont, dass wichtige geistliche und auch politisch-gesellschaftliche Überzeugungen und Akzentsetzungen Edith Steins auf ihre jüdische Herkunft zurückzuführen seien. So glaubt er in ihrer christlichen Spiritualität, etwa des Ordenslebens, eine spezifisch jüdische „Gesetzes-Strenge und Propheten-Strenge des Alten Bundes"[247] erkennen zu können. Selbst Edith Steins Verehrung der großen Karmelheiligen Teresa von Ávila und Johannes vom Kreuz sei, so Przywara, im Laufe der Zeit zugunsten der Gestalt des Propheten Elias, dem die Gründung des Karmelordens legendarisch zugeschrieben wird, in den Hintergrund getreten. Es liegt nahe, dass Edith Stein hier die Verbindung alttestamentlichen Prophetentums und christologischer Erfüllung in besonderer Weise gegeben sah. Vor diesem Hintergrund – ihrer geistig-geistlichen Verwobenheit sowohl mit dem christlichen Glauben als auch der jüdischen Tradition ihrer Familie – bezeichnet Przywara Edith Stein als „Karmeliterin gleichsam von Geblüt".[248] In gewisser Weise spiegelt sich dies auch in der, wie er weiter schreibt, „geradezu flammenden" Anteilnahme Edith Steins an den „zionistischen Versuchen in Palästina"[249] – womit nicht zuletzt ein Hinweis vorliegt, dass sie auch über ein Jahrzehnt nach ihrer Konversion und der Hinwendung zu einem Leben, das nun stark von der Frömmigkeit geprägt war, weiterhin in politischen Kategorien dachte.

Die bleibende Verbundenheit Edith Steins mit dem Judentum – die nicht mit einem besonderen Interesse für judaistische Fragestellungen und einer entsprechenden Expertise zu verwechseln ist – spiegelt sich auch in theologischen Überzeugungen wider, die der auf uns gekom-

---

von Edith Steins Seligsprechungsprozess gehört wurden, auch drei kritische Stimmen waren – darunter eine Schwester des Kölner Karmel, die zu Protokoll gab, Schwester Teresia Benedicta habe „ständig die Juden verteidigt und damit ihre Mitschwestern belästigt". („Sister Benedicta constantly defended the Jews and molested the other sisters [...].") Letztlich fällt diese Aussage wohl eher auf die Zeugin selbst zurück. Gleichwohl handelt es sich um ein wichtiges Indiz für die These, dass Edith Stein mit ihrer konsequenten theologischen, menschlichen und politischen Parteinahme für jüdische Belange vielfach auf Widerstände gestoßen ist. Vgl. K. L. Woodward, Making Saints. How the Catholic Church Determines Who Becomes a Saint, Who Doesn't, and Why (New York 1996) 138.

[247] E. Przywara, Edith Stein. I. Zu ihrem zehnten Todestag, 62. Es wäre lohnend, die hier angedeuteten Überlegungen Przywaras genauer – und auch kritisch – zu analysieren, insbesondere im Blick auf die Gegenüberstellung christlicher und jüdischer Stereotype.

[248] Ebd., 66. In eine ähnliche Richtung zielt Przywaras Metapher, Edith Stein sei „dem Geiste nach" eine Spanierin – gehöre also der Heimat Teresas von Ávila und Johannes' vom Kreuz an, in der sich „Orient und Occident begegnen und durchschlingen." Ebd.

[249] Ebd.

menen Korrespondenz zu entnehmen sind. So war Edith Stein lange vor der Verabschiedung der Erklärung *Nostra aetate* der Auffassung, dass jüdische Gläubige nicht trotz, sondern wegen ihres Glaubens Anteil am göttlichen Erlösungsgeschehen haben können. Nach dem Tod ihrer Mutter im Jahr 1936 schreibt sie der Oberin der Dorstener Ursulinen, Petra Brüning:

> „Das ‚Scimus, quoniam diligentibus Deum …‘ wird gewiß auch meiner lieben Mutter zugute kommen, denn sie hat ‚ihren‘ lieben Gott (wie sie oft mit Nachdruck sagte) wirklich lieb gehabt und im Vertrauen auf Ihn viel Schweres getragen und viel Gutes getan."[250]

Zwei Jahre später gedenkt sie des evangelisch getauften Edmund Husserl, der schwer erkrankt und dem Tode nahe war. Dabei formuliert sie eine Art Glaubensbekenntnis:

> „Um meinen lieben Meister habe ich keine Sorge. Es hat mir immer sehr fern gelegen zu denken, daß Gottes Barmherzigkeit sich an die Grenzen der sichtbaren Kirche binde. Gott ist die Wahrheit. Wer die Wahrheit sucht, der sucht Gott, ob es ihm klar ist oder nicht."[251]

Diese Überlegungen werden dadurch verstärkt, dass Edith Stein an anderer Stelle Nachrichten widerspricht, die von angeblichen Konversionen Auguste Steins und Edmund Husserls berichten. Edith Steins eschatologische Hoffnung für ihre Verstorbenen, das deutet sich hier erstmals an, fußt letztlich auf einer religionstheologisch inklusivistischen Soteriologie, die auf Gerüchte über mögliche Bekehrungen nicht angewiesen ist.[252]

1.2.5. Warum der Karmel?

Indem Edith Stein mit ihrer Taufe den Namen *Edith Teresa Hedwig* annahm, zu Ehren Teresas von Ávila und ihrer Taufpatin Hedwig Conrad-Martius – und damit auch der Patronin Schlesiens und Breslaus –, machte sie deutlich, dass ihr die Lektüre der Lebensbeschreibung der heiligen Teresa mehr als nur ein letzter Anstoß zum Empfang der Taufe gewesen ist. Sie war entschlossen, ihre christliche Existenz im Zeichen der tere-

---

[250] *E. Stein,* Brief an P. Brüning v. 13. 9. 1936, in: Briefe II, Br. 476, 208 f. Vgl. Röm 8,28: „Wir wissen, daß Gott bei denen, die ihn lieben, alles zum Guten führt."

[251] *E. Stein,* Brief an A. Jaegerschmid v. 23. 3. 1938, in: Briefe II, Br. 542, 285.

[252] Vgl. Kap. 4.2.4., sowie *T. Dennebaum,* Gottes Heil und „die Grenzen der sichtbaren Kirche". Soteriologische Erwägungen Edith Steins als Antizipation von Nostra aetate, in: ESJ, Bd. 22 (2016) 94–111.

sianischen Spiritualität zu leben[253] und davon überzeugt, dass es ihr Ziel sein müsse, „sich selbst ganz zu vergessen, um ganz in Gott"[254] sein zu können. Erst später fand sie zu einem weiter gefassten Verständnis des Christseins:

> „In der Zeit unmittelbar vor und noch eine ganze Weile nach meiner Konversion habe ich nämlich gemeint, ein religiöses Leben führen heiße, alles Irdische aufgeben und nur im Gedanken an göttliche Dinge leben. Allmählich habe ich aber einsehen gelernt, daß in dieser Welt anderes von uns verlangt wird und daß selbst im beschaulichsten Leben die Verbindung mit der Welt nicht durchschnitten werden darf; ich glaube sogar, je tiefer jemand in Gott hineingezogen wird, desto mehr muß er auch in diesem Sinne ‚aus sich herausgehen', d. h. in die Welt hinein, um das göttliche Leben in sie hineinzutragen."[255]

Francisco J. S. Fermín erinnert daran, dass Edith Stein in ihrer Speyerer Zeit eine „Hingabe an Gott", ein „Sich-Gott-Überlassen"[256] realisiert habe, das sich im Gebet und der Hinwendung zur Eucharistie konkretisierte: „Das Gebet hat für Edith Stein denselben Sinn und Wert wie für die Mutter ihrer Konversion, Teresa von Ávila. Das Gebet ist die freundschaftliche Begegnung mit Christus, die Teilnahme an seinem Leben. Aber es gibt einen besonderen Aspekt [...]: das Gebet als Sühneopfer."[257] Zum Verständnis dieser spezifischen Form der Kreuzesnachfolge, die sich im Ordensnamen *Teresia Benedicta a Cruce* spiegelt und die für die heutige Theologie nur mühsam nachzuvollziehen ist, bedarf es der Einordnung in einen größeren theologisch-systematischen wie auch religiös-biographischen Gesamtzusammenhang.[258] Allerdings betont Fermín, dass es nicht angemessen wäre, in der „Berufung zum Leiden mit Christus"[259] das zentrale Motiv Edith Steins zum Eintritt in den Orden zu sehen. Vielmehr fördere die Analyse ihrer geistlichen Texte als Grundmotiv das visionäre Bild der eschatologischen Hochzeit zutage:

---

[253] Vgl. F. J. *Sancho Fermín*, Loslassen, 73.

[254] Ebd., 74.

[255] E. *Stein*, Brief an C. Kopf v. 12. 2. 1928, in: Briefe I, Br. 60, 86. Vgl. Anm. 210. Diese Erkenntnis ist auch vor dem Hintergrund der inneren Zerrissenheit zu lesen, die Teresa von Ávila erfahren hat. So beschreibt sie in ihrer Autobiographie ihre Not, ihr auf Kontemplation ausgerichtetes Ordensleben mit einem eher apostolischen Wirken in Einklang zu bringen.

[256] F. J. *Sancho Fermín*, Loslassen, 75.

[257] Ebd., 76. Vgl. hierzu auch U. *Dobhan*, Edith Stein – die Karmelitin, 100 f.

[258] Vgl. hierzu bes. Kap. 1.3.5. und Kap. 4.3.1.

[259] E. *Stein*, Brief an A. Lichtenberger v. 26. 12. 1932, in: Briefe I, Br. 234, 258.

„Es gibt einen Ruf zu engerer Nachfolge, der eindringlicher in die Seele hi-
neintönt und eine klare Antwort fordert. Das ist der Ruf zum Ordensleben,
und die Antwort sind die hl. Gelübde. Wen der Heiland herausruft aus allen
natürlichen Bindungen [...], um Ihm allein anzuhangen, bei dem tritt auch
die bräutliche Verbundenheit mit dem Herrn stärker hervor [...]. Es ist wie
ein Werben des Herrn um eine Seele, wenn in ihr der Zug zum Ordensleben
erwacht. Und wenn sie sich Ihm weiht durch die hl. Gelübde [...], ist es wie
eine Vorwegnahme der himmlischen Hochzeitsfeier."[260]

In diesen Kontext gehört auch Edith Steins Verehrung der Thérèse von
Lisieux: „In ihr sieht sie die ultima ratio, die Grundlage aller Hingabe
gespiegelt: die Gottesliebe."[261] Im Frühjahr 1933, in der Zeit der letzten
Entscheidungsfindung zum Eintritt in den Orden, schreibt Edith Stein
über Thérèse:

„Mein Eindruck war [...] der, daß hier ein Menschenleben einzig allein von
der Gottesliebe bis ins Letzte durchgeformt ist. Etwas Größeres kenne ich
nicht, und davon möchte ich soviel wie möglich in mein Leben hinein[neh-
men] und in das aller, die mir nahestehen."[262]

---

[260] Dies., Hochzeit des Lammes, in: Dies., Geistliche Texte II, bearbeitet v. S. Binggeli
unter Mitarbeit v. U. Dobhan u. M. A. Neyer (Freiburg i. Br. 2007) = ESGA 20. Sigel:
GT II, 135–142, hier 138.
[261] F. J. Sancho Fermín, Loslassen, 88.
[262] E. Stein, Brief an A. Jaegerschmid v. 17. 3. 1933, in: Briefe I, Br. 248, 275.

> *„Die Frage nach der […] Verständigung zwischen den Menschen hat sie am meisten bewegt, also die Frage nach der Möglichkeit der Schaffung einer menschlichen Gemeinschaft, welche nicht nur theoretisch, sondern auch für ihr Leben, in gewisser Weise für sie selbst sehr nötig war.“* [263]

Roman Ingarden über Edith Stein, 1971

1.3. Gemeinschaft

Edith Steins Briefe an Roman Ingarden weisen eine große Varianz an Gemütslagen auf. Aus einigen spricht Edith Steins Liebe zu Ingarden, manche sind im Ton ironisch und witzig, andere nüchtern und sachlich. Angesichts dieser sich im Lauf der Zeit stark wandelnden Tonlage fällt umso mehr auf, dass Edith Stein über einen Zeitraum von zwölf Jahren hinweg in ihrer Korrespondenz mit Ingarden dreimal in sehr ähnlicher Weise literarische Darstellungen kommentiert, die das gelingende Gemeinschaftsleben spezifischer Gruppen thematisieren. Teilweise gleichen sich diese Anmerkungen bis in den Wortlaut hinein. So schreibt Edith Stein im Januar 1917:

> „[M]it den polnischen Bauern [*Die Bauern,* Roman v. Władysław Reymont] bin ich bald fertig und muß sagen, daß sie mir als Ganzes einen starken Eindruck machen. Besondern Reiz hat es für mich, wie das ganze Dorf als eine Lebenseinheit erfaßt und hingestellt ist. So machen mir denn die Stellen am meisten Freude, wo etwas von der ‚Volksseele‘ zum Ausdruck kommt: die Feste, Kirchgang, das Unternehmen gegen den Gutshof, die Hilfsaktion der Nachbardörfer usw.“[264]

18 Monate später äußert sie sich zu dem Roman *Lódz,* ebenfalls aus der Feder Reymonts. Bei der Lektüre imponierte ihr auch dieses Mal „die Kraft, mit der die ganze Stadt als ein einziges lebendiges Wesen gepackt und hingestellt ist“.[265] Weitere elf Jahre später, Edith Stein unterrichtet inzwischen in Speyer und ist eine gefragte Vortragsrednerin, kommentiert sie einen weiteren Roman:

---

[263] R. *Ingarden,* Über die philosophischen Forschungen Edith Steins, 220.
[264] E. *Stein,* Brief an R. Ingarden v. 5. u. 12. 1. 1917, in: Briefe III, Br. 1, 32.
[265] *Dies.,* Brief an R. Ingarden v. 2. 6. 1918, in: Briefe III, Br. 35, 84.

„Ich habe in diesen Ferien [...] Ihren ‚Lord Jim' [*Roman v. Joseph Conrad*], um ihn endlich kennen zu lernen, hierher mitgenommen [...], und habe große Freude daran. Es sind prachtvolle Typen. Und dann bewundere ich – ähnlich wie bei Reymont – die Kraft, mit der eine geschlossene sociale Welt vor einen hingestellt wird."[266]

Die Grundlagen und Möglichkeiten gemeinschaftlichen Lebens faszinierten Edith Stein allerdings nicht nur im Roman. In einer ganzen Reihe ihrer Werke, die vorwiegend von der Spätphase des Ersten Weltkriegs an bis in die beginnenden zwanziger Jahre des vergangenen Jahrhunderts hinein entstanden sind, untersucht sie Aspekte dieser Thematik, beginnend mit ihrer Dissertation *Zum Problem der Einfühlung* (1916) über die Abhandlungen *Individuum und Gemeinschaft*[267] (1918/1919), *Freiheit und Gnade* (1921) sowie *Eine Untersuchung über den Staat* (1920/1924) bis hin zu *Endliches und ewiges Sein* (1935/1937). Die Fragen, die hier behandelt werden, gehen Edith Stein offenkundig existenziell nahe; die Suche nach philosophisch und religionsphilosophisch fundierten Antworten ist ihr ein echtes persönliches Anliegen. Im Folgenden werden die wichtigsten biographischen Linien, die von der besonderen Bedeutung gemeinschaftlichen Lebens in der Vita Edith Steins zeugen, zumindest im Ansatz skizziert.

1.3.1. Familie

„Am 12. Oktober 1891 wurde ich, Edith Stein, Tochter des verstorbenen Kaufmanns Siegfried Stein und seiner Frau Auguste, geb. Courant, in Breslau geboren. Ich bin preußische Staatsangehörige und Jüdin."[268] In wenigen Worten deutet Edith Stein in dem Lebenslauf, der ihrer Dissertation beigefügt ist, den familiären Hintergrund an, der ihre Kindheit und Jugend prägte. Der Vater Edith Steins stammte aus dem schlesischen Gleiwitz und war in der Holzhandlung seiner Mutter tätig gewesen, bis er, einige Jahre nach der Hochzeit, einen eigenen Holz- und Kohlehandel in Lublinitz eröffnete.[269] Diese Phase der Familiengeschichte wird von Edith Stein als „beständiger Kampf mit wirtschaftlicher Not"[270] be-

---

[266] *Dies.*, Brief an R. Ingarden v. 12. 8. 1929, in: Briefe III, Br. 128, 203.
[267] Beiträge, 110–262.
[268] *E. Stein*, Inaugural-Lebenslauf, in: LJF, 364.
[269] Vgl. LJF, 16 f.
[270] Ebd., 16.

schrieben. Als die Familie im Frühjahr 1890 in das 140 Kilometer westlich gelegene Breslau umzog, hatte die Mutter bereits zehn Kinder geboren, von denen vier früh verstarben.[271] In Breslau kam als elftes und letztes Kind Edith zur Welt, die gemeinsam mit ihrer knapp zwei Jahre älteren Schwester Erna in einigem Abstand zu den übrigen Geschwistern „nachgeboren"[272] war. Dass Edith Stein dieser großen Familie auch dann treu blieb, als sie sich durch Konversion und Ordenseintritt in gewisser Weise innerlich und äußerlich von ihr entfernte, ist bereits erörtert worden. In gewisser Weise realisierte sie so das idealtypische Bild, das Gertrud von le Fort zeichnet:

> „Der Konvertit [...] ist ja nicht [...] ein Mensch, welcher die schmerzliche konfessionelle Trennung ausdrücklich betont, sondern im Gegenteil einer, der sie überwunden hat: sein eigentliches Erlebnis ist nicht das eines anderen Glaubens, zu dem er ,übertritt', sondern sein Erlebnis ist das der Einheit des Glaubens, die ihn überflutet. [...] Der Konvertit stellt die lebendige Vereinigung der getrennten Liebe dar, er ist gleichsam die Brücke, die zwei Ufer berührt und verbindet."[273]

Schon vor der Aufnahme in den Orden hatte Edith Stein sich erbeten, weiterhin wöchentlich Briefe an die Familie, besonders die Mutter, schreiben zu dürfen.[274] Auch als die Verwandten unter NS-Repressionen zu leiden hatten und drei der Geschwister sowie fast alle Nichten und

---

[271] Vgl. hierzu ebd., 17 f.

[272] Ebd., 29.

[273] *G. v. le Fort*, Zum 70. Geburtstag von Karl Muth, in: *Dies.*, Aufzeichnungen und Erinnerungen (Köln u. a. ³1956) 87–91, hier 89 und 91. Gertrud von le Fort und Edith Stein waren befreundet und kannten sich vermutlich seit dem Jahr 1932. Le Fort, selbst Konvertitin, hat in dem hier zitierten Text die Konversion von der evangelischen zur katholischen Kirche vor Augen: „Es ist das Erlebnis des Kindes, welches innewird, daß sein eigenstes religiöses Besitztum [...] auch im Schoße der Mutterkirche erhalten und geborgen bleibt." (Ebd., 89.) Edith Stein empfand die apostrophierte „Einheit des Glaubens" aber offenkundig auch in ihrem eigenen Fall.

[274] Vgl. *E. Stein*, Brief an H. Biberstein v. 27. 10. 1938, in: Briefe II, Br. 571, 316, Anm. 5. Wie sehr Edith Stein es gewohnt war, regelmäßig nach Breslau zu schreiben, geht aus einer Nachfrage ihrer Schwester Rosa aus dem Jahr 1923 hervor: „Von Dir hörten wir fast 14 Tage nichts, woran liegt das?" (*R. Stein*, Brief an E. Stein v. 19. 9. 1923, in: Briefe I, Br. 41, 69.) Zwei Jahre nach ihrem Eintritt in den Orden entgegnete Edith Stein einer ehemaligen Schülerin, die gemutmaßt hatte, dass man den Briefverkehr im Kölner Karmel stark reglementiere: „Es ist mir noch nie verboten worden, Dir zu schreiben. Aber ich habe allgemein die Weisung, mich auf das Notwendigste zu beschränken. [...] Außerdem ist es einfach praktisch undurchführbar, alle Briefe zu beantworten, die an mich kommen." *E. Stein*, Brief an E. Dursy v. 14. 6. 1935, in: Briefe II, Br. 396, 122.

Neffen ins Ausland emigrierten, hielt sie den Briefkontakt, nun in die verschiedenen Denominationen, aufrecht. Offenkundig war Edith Stein der Auffassung, dass die Pflege ihrer familiären Beziehungen, für eine kontemplative Ordensfrau dieser Zeit ungewöhnlich, völlig legitim sei. In diesem Kontext ist auch ihre Interpretation der Ausführungen Teresas von Ávila zur Tradition der Ordensnamen zu sehen:

> „Unsere hl. Mutter [...] faßte die Ablegung des Familiennamens so auf, daß man seiner ganzen Vergangenheit entsagt; es sollte auch jede Versuchung zum Adelsstolz und zur Betonung sozialer Unterschiede dadurch beseitigt werden. Der tiefste Sinn ist wohl doch der, daß wir eine persönliche Berufung haben, im Sinn bestimmter Geheimnisse zu leben."[275]

Edith Stein deutete also die Tatsache, dass sie im Karmel den Namen Teresia Benedicta a Cruce angenommen hatte, weniger als Zeichen der Loslösung von ihrem früheren Leben als im Sinn eines Bekenntnisses zur mystischen Annäherung an das Kreuzgeheimnis. Dies ist konsonant mit einem Hinweis Hedwig Conrad-Martius', die betont:

> „Die tiefe Anhänglichkeit Edith Steins an ihre leiblichen Verwandten, die kindliche Liebe zu ihrer Mutter [...] sind bekannt. Nicht alle konvertierten Juden bleiben gefühlsmäßig ihren Angehörigen so engstens verbunden, gerade auch dann nicht, wenn die Konversion im echten Sinne völliger Hingabe geschah."[276]

Die Verbundenheit Edith Steins mit ihrer Familie zeigt sich auch an anderer Stelle, etwa, trotz der begrenzten gemeinsamen Zeit, in der Verehrung, die die Nichten und Neffen ihrer Tante gegenüber empfanden. Susanne Batzdorff merkt an, man habe den Eindruck gewinnen können, „als stünde unsere große Liebe zu ihr in umgekehrtem Verhältnis zu der Zeitspanne, die sie mit uns verbrachte."[277] Andererseits sind auch eine Reihe familiärer Schwierigkeiten und Sorgen bekannt. So bedeutete die

---

[275] *Dies.*, Brief an P. Brüning v. 14. 12. 1934, in: Briefe II, Br. 352, 74.

[276] *H. Conrad-Martius*, Edith Stein, 70 f.

[277] *S. Batzdorff*, Edith Stein – meine Tante, 99. Amüsant lesen sich in diesem Zusammenhang die Erinnerungen Ernst Ludwig Bibersteins: „Tante Edith [war] für mich – und ich glaube, auch für die anderen Nichten und Neffen – so etwas wie die gute Fee aus einem Märchen, die sie uns erzählte oder vorlas, wenn sie zu Besuch nach Breslau kam. [...] Zu der Breslauer Familie wollte sie [...] gar nicht passen, bei aller Liebe und Anhänglichkeit, die sie an jene band. Denn irgendwie schien mir dort immer eine aschgraue Werktagsstimmung zu herrschen [...]. Man nahm, wie mein Vater das beschrieb, an allem das erforderliche Ärgernis. Das traf nun auf Tante Edith ganz und gar nicht zu." *E. L. Biberstein*, in: *W. Herbstrith* (Hg.), Edith Stein – eine große Glaubenszeugin. Leben. Neue Dokumente. Philosophie (Annweiler 1986) 130.

religiöse und räumliche Distanz zwischen Edith Stein und ihrer Mutter eine schwere Belastung.[278] Jahre später wurde die geplante posthume Veröffentlichung der Autobiographie *Aus dem Leben einer jüdischen Familie* zum Auslöser familieninterner Kritik. Edith Stein hatte auch schwierige Charakterzüge und Beziehungsprobleme einzelner Angehöriger ungeschönt dargestellt.[279] Dessen ungeachtet liegt es – gerade vor dem Hintergrund der guten autobiographischen Quellenlage – nahe, dass ein unmittelbarer Bezug zwischen Edith Steins persönlichem, auch familiärem, Erleben und ihrer wissenschaftlichen Reflexion des Phänomens der Gemeinschaft besteht.[280]

1.3.2. Weltkrieg und Dienst im Lazarett

Dies zeigt sich besonders im Hinblick auf die Erfahrungen Edith Steins während des Ersten Weltkriegs. Als sich abzeichnete, dass der Friede dem „Sturm" des Kriegs weichen würde, befürchtete sie einerseits eine „entsetzliche Vernichtung", freute sich aber gleichzeitig „herzlich"[281] über Adolf Reinachs Aussage, er *müsse* nicht, sondern er *dürfe* als Soldat am Krieg teilnehmen. Wenn Roman Ingarden betont, dass Edith Stein eine „deutsche Patriotin und in der deutschen Kultur ganz und restlos verwurzelt"[282] gewesen ist, wird deutlich, wie sehr das Bewusstsein der Zugehörigkeit zum Deutschen Reich die Identität der Studentin damals bestimmte:

> „Sie brauchte […] die Gemeinschaft der Nation, als deren Glied sie sich fühlte. Den ganzen Krieg erlebte sie in einer merkwürdigen Einstellung, als ob sie allein einen Kampf gegen etwas führen würde. Sie wollte dienen."[283]

---

[278] Vgl. hierzu etwa *E. Stein*, Ein Beitrag zur Chronik des Kölner Karmel, in: LJF, 358–361, sowie *dies.*, Brief an H. Hirschler v. 19. 10. 1937, in: Briefe II, Br. 527, 267: „Ich hatte sie [*meine Mutter*] seit meinem Eintritt in den Orden (Okt. 33) nicht mehr gesehen. Das war das Schwerste in meinem Ordensleben."

[279] Vgl. *M. A. Neyer*, Einführung, in: LJF, XIV. Siehe hierzu auch Anm. 163.

[280] Vgl. hierzu etwa *M. D'Ambra*, Persona e comunità, in: *A. Ales Bello* u. *A. M. Pezzella* (Hg.), Edith Stein. Comunità e mondo della vita. Società – Diritto – Religione (Rom 2008) 29–62, hier 31: „Una lettura attenta di queste opere rivela il legame profondo fra gli avvenimenti, da cui è segnata la vita di Edith, e la sua riflessione teorica sulla persona e la comunità." Siehe zum selben Thema ausführlich ebd., 31–37.

[281] Alle Zitate LJF, 240 f.

[282] *R. Ingarden*, Über die philosophischen Forschungen Edith Steins, 206.

[283] Ebd., 220.

Auch ihre Herkunftsfamilie war patriotisch eingestellt – bei der Volks-
abstimmung, die drei Jahre nach Ende des verlorenen Kriegs über den
Verbleib Oberschlesiens im Deutschen Reich entschied, kam die gesamte
Großfamilie mütterlicherseits zusammen, um für die Beibehaltung des
Status quo zu optieren. Als das Abstimmungsergebnis dann die Eingliede-
derung nach Polen zur Folge hatte, verkaufte die Familie Grundstücke
und Besitz und zog nach Berlin und den deutsch gebliebenen Teil Oberschlesiens.[284] Dennoch steckte im Elternhaus Edith Steins nicht der Patriotismus allein, sondern auch das Judentum den Rahmen ab, innerhalb
dessen sich die Individuen verorteten und einem größeren Ganzen verbunden fühlten. Nachdem Edith Stein sich damals jedoch schon lange
nicht mehr als religiös verstand, hatte der Patriotismus für sie eine im-
mense Bedeutung erlangt.[285] Entsprechend enthusiastisch kommentierte
sie die frühen Erfolge der deutschen Truppen, die im Spätsommer 1914
die Marne überschritten:

> „Indessen verfolgten wir im Siegesjubel den Vormarsch unserer Armeen in
> Frankreich, bezeichneten sie mit bunten Stecknadelköpfen auf unsern Land-
> karten und warteten auf den Tag, wo ‚wir' in Paris einrücken könnten. Es
> war wie eine glanzvollere Wiederholung des Feldzugs von 1870."[286]

Die schweren Kämpfe, die der Invasion auf dem Fuße folgten, wie auch
die sich verändernde Lage im Reich, kommentierte Edith Stein entsprechend als „unfaßlich", „niederdrückend" und „beklemmend".[287] Der
Krieg erschien ihr nun als „eine große Saugpumpe […], die alle Kraft
aus dem Lande herausholte."[288] Dennoch blieb sie weiterhin patriotisch
gesinnt. So zog sie sich diplomatisch aus der Affäre, als ihr die Prüfer im
mündlichen Staatsexamen im Januar 1915 die Gelegenheit zur Hinterfra-
gung des preußischen Militarismus gaben. Sie lehnte es ab, den Vorwurf

---

[284] Vgl. LJF, 12. Allerdings ist das Gewicht, mit dem sich Edith Stein in ihrer Autobiographie dem Patriotismus der Familien Stein und Courant widmet, auch im Kontext
ihrer erklärten Intention zu lesen, die Lebensrealität jener deutschen Juden darzustellen, die gerade nicht dem Typus des *Großkapitalisten*, *schnoddrigen Literaten* oder *so-
zialistischen Revolutionärs* (vgl. ebd., 3) entsprachen. Vgl. auch *J. A. Berkman*, The
Blinking Eye/I, 33.
[285] Vgl. *M. D'Ambra*, Persona e comunitá, 38: „Sin dai primi anni di studio, la Stein
avrà la coscienza di appartenere ad una *porzione di umanità ben determinata*, porta-
trice di una certa *storia*: quella del popolo tedesco. La sua passione per la storia e per la
cultura di questo popolo appaiono subito evidenti."
[286] EES, 245.
[287] Vgl. ebd., 245 f.
[288] Ebd., 245.

der gegnerischen Kriegsparteien aufzugreifen, dass die deutsche Militär-
politik hauptsächlich für die Eskalation der politischen Lage und den
Beginn des Kriegs gewesen sei. Hingegen sei es sachlich völlig richtig,
von einem Militarismus *in dem Sinn* zu sprechen, dass „ein stehendes
Heer in Friedenszeiten gehalten werde."[289] Damit bewahrte sie Distanz
zu nationalistischen Strömungen. Über den Mathematiker und Rektor
der Breslauer Universität, Carl Runge, schreibt sie: „Ein gütiger und ed-
ler Mensch, Patriot, aber kein Nationalist".[290]

Bald nach Kriegsbeginn hatte Edith Stein, wie schon angedeutet, an
Schulungen zur Krankenpflege teilgenommen und sich für den Lazarett-
einsatz zur Verfügung gestellt.[291] Nach dem bestandenen Examen leistete
sie fünf Monate lang Sanitätsdienst in Mährisch-Weißkirchen, etwa 250
Kilometer südlich von Breslau. Die Erfahrungen dieser Zeit, erst auf einer Typhusstation und später in einer chirurgischen Abteilung, erwiesen
sich als prägend.[292] Alasdair MacIntyre kommentiert dies wie folgt:

> „Edith Stein's time as a nurse was important to her in a variety of ways. She
> encountered a far wider range of types of human being, drawn from different
> social classes, then she had met before. [...] Gradually she became less naïve.
> [...] When Stein had chosen empathy as the subject for her dissertation, it
> had been because Husserl had so far not given an account of it [...]. But
> now at Mährisch-Weisskirchen, the questions [...] did had become questions
> of daily practical import."[293]

---

[289] Ebd., 259.

[290] Ebd., 248. Auch im weiteren Verlauf des Krieges blieb Edith Stein dieser Auffassung treu. So übte sie Kritik an den politischen Bemerkungen des Leiters der Referen-
darausbildung, die sie im Jahr 1916 in Breslau absolvierte: „Ich war in vielem ganz
anderer Ansicht als Dr. Jantzen. Es trat bei manchen seiner Äußerungen ein Nationalismus zutage, den ich nicht teilen konnte, obwohl ich sehr vaterländisch gesinnt war."
Ebd., 324.

[291] Ebd., 242–245.

[292] Entsprechend ausführlich beschreibt Edith Stein die Erfahrung des Lazarettdienstes
in ihrer Autobiographie. Vgl. EES, 262–303. Im Dezember 1916 deutete sie gar an, für
den Fall, dass die *Entente* ein von der deutschen Regierung unterbreitetes Friedens-
angebot nicht akzeptiere, in einer Munitionsfabrik arbeiten zu wollen. Zu diesem Einsatz kam es dann aber nicht, obwohl die Friedensinitiative bekanntermaßen keinen Erfolg hatte. Vgl. *E. Stein*, Brief an F. Kaufmann v. 13. 12. 1916, in: Briefe I, Br. 3, 20.
Vgl. auch *C. Rastoin*, Edith Stein (1891–1942), 73–84.

[293] *A. MacIntyre*, Edith Stein, 71. „Für Edith Stein war ihre Zeit als Krankenschwester
in verschiedener Hinsicht bedeutsam. Sie begegnete weit unterschiedlicheren Menschen als je zuvor, aus verschiedenen sozialen Schichten. [...] Mehr und mehr verlor
sie ihre Naivität. [...] Als Stein sich im Blick auf ihre Dissertation für das Thema der
Empathie entschieden hatte, war der Grund hierfür gewesen, dass Husserl diesem

Es war daher nur konsequent, dass Edith Stein im weiteren Verlauf der Kriegsjahre nicht nur ihre Dissertation zur Einfühlungsfrage verfasste, sondern ab Februar 1918 die Arbeit an den *Beiträgen zur philosophischen Begründung der Psychologie und der Geisteswissenschaften* begann, die eine ausführliche Studie über die Begriffe Individuum, Gesellschaft und Gemeinschaft beinhalten.[294]

1.3.3. Krisen

Das Interesse Edith Steins an Konzepten gemeinschaftlichen und gesellschaftlichen Lebens, sei es in der Literatur, Philosophie oder Theologie, von ihrer Herkunftsfamilie über den Staat und Formen der politischen Teilhabe bis hin zur Lebensform religiöser Orden, entsprang einem Grundbedürfnis, dessen Kehrseite eine Reihe von Krisen ist, auf die sie in ihren autobiographischen Texten und Briefen verschiedentlich eingeht.[295] So geriet sie im Jahr 1912 – als junge Studentin in einer Phase „ständige[r] Anspannung" und vom „Gefühl eines hochgesteigerten Lebens" erfüllt – wegen eines versehentlich offenstehenden Gashahns in Lebensgefahr und konnte nur mühsam aus einer Betäubung geweckt werden. Aus „einem Zustand süßer, traumloser Ruhe" erwacht, war ihr erster Gedanke: „Wie schade! Warum hat man mich nicht für immer in dieser tiefen Ruhe gelassen?"[296] Später spricht Edith Stein im Blick auf diese Episode und weitere Ereignisse im Sommer desselben Jahres von „Depressionen".[297] Bezeichnenderweise spielt auch hier eine literarische Darstellung eine wichtige Rolle: *Hermann Poperts* völkisch geprägter

---

Aspekt bis dahin keine Beachtung geschenkt hatte […]. Jetzt in Mährisch-Weisskirchen jedoch wurden ihr diese Fragen […] zu Fragen von täglicher praktischer Bedeutung."
[294] Vgl. hierzu *B. Beckmann-Zöller*, Einführung, in: Beiträge, IX-XI. Umgekehrt fragt Rachel Brenner, ob Edith Steins spätere Erfahrung mit der NS-Rassenideologie, die den Juden die Humanität absprach, zur Konsequenz hatte, dass sie ihre Analysen retrospektiv in anderem Licht sah. Vgl. *R. F. Brenner*, Edith Stein's Concept of Empathy and the Problem of the Holocaust Witness: War Diaries of Polish Warsaw Writers, in: *M. Lebech* u. *J. H. Gurmin* (Hg.), Intersubjectivity, Humanity, Being. Edith Stein's Phenomenology and Christian Philosophy (Bern u. a. 2015) 57–82.
[295] Vgl. *A. v. Renteln*, Moments in Edith Stein's Years of Crisis, 1918–1922, in: *J. A. Berkman* (Hg.), Contemplating Edith Stein, 134–148, bes. 140–145: Kap. The Value of Community.
[296] Alle Zitate LJF, 168.
[297] Ebd., 169.

Roman *Helmut Harringa,* der Alkoholexzesse im Studentenmilieu thematisiert. Offensichtlich hatte die Lektüre dieses Buchs eine drastische Wirkung auf Edith Stein:

> „Das erfüllte mich mit solchem Ekel, daß ich mich wochenlang nicht davon erholen konnte. Ich hatte alles Vertrauen zu den Menschen verloren, unter denen ich mich täglich bewegte, ging herum wie unter dem Druck einer schweren Last und konnte nicht wieder froh werden."[298]

Später machte sie, die sich in Breslau und Göttingen schnell studentischen Gruppierungen angeschlossen hatte,[299] die Erfahrung, dass sie Lern- und Lebenskrisen gemeinschaftlich, mit der Hilfe von Kommilitonen und ihr nahestehender Dozenten überwinden konnte.[300] Allerdings liegt die Vermutung nahe, dass diese Phasen der Frustration nicht nur durch Studienbelastung und Leistungsdruck verursacht wurden, sondern auch durch grundlegendere Fragen, die sich Bahn brachen.[301] Endgültig zutage trat dies im Winter 1917/1918, als Edith Stein die Nachricht vom Tod Adolf Reinachs erhalten hatte. Tief getroffen geriet sie in „eine lange vorbereitete Krisis".[302] Offenkundig war der Schmerz über Reinachs Tod „der Tropfen, der das Faß zum Überlaufen"[303] brachte. Dazu beigetragen, dass es ihr „damals ganz erbärmlich schlecht ging",[304] hatte auch die Erfahrung des Kriegstodes gleich mehrerer ihrer Kommilitonen[305]

---

[298] Ebd., 168.

[299] Der *Pädagogischen Gruppe* und der *Philosophischen Gesellschaft.*

[300] Siehe LJF, 169, 236 und 252. So geriet Edith Stein im Wintersemester 1913/1914 in Göttingen in eine Krise, in deren Verlauf sie Versagensängste ausbildete und Suizidgedanken hatte: „Ich konnte nicht mehr über die Straße gehen, ohne zu wünschen, daß ein Wagen über mich hinwegführe. Und wenn ich einen Ausflug machte, dann hoffte ich, daß ich abstürzen und nicht lebendig zurückkommen würde." (Ebd., 227.) Adolf Reinach stand ihr damals bei und wies ihr einen Ausweg aus der Situation. (Vgl. ebd., 229–232.) Allerdings dauerte es Jahre, bis die Schlafstörungen dieser Zeit endgültig überwunden waren. Vgl. ebd., 226.

[301] Vgl. hierzu ausführlich *A. v. Renteln,* Moments in Edith Stein's Years of Crisis.

[302] *E. Stein,* Brief an R. Ingarden v. 13. 12. 1925, in: Briefe III, Br. 96, 168.

[303] *A. U. Müller* u. *M. A. Neyer,* Edith Stein, 117. Vgl. ausführlich ebd., 116–120, sowie *A. v. Renteln,* Moments in Edith Stein's Years of Crisis, 135–140. Nachdem Edith Stein die drückendste Phase der Krise durchstanden hatte, schrieb sie: „Man muß wohl mal die eigene Ohnmacht recht nachdrücklich zu Gemüte geführt bekommen, um von dem grenzenlosen naiven Vertrauen auf sein Wollen und Können, wie ich es früher besaß, geheilt zu werden." *E. Stein,* Brief an R. Ingarden v. 12. 2. 1918, in: Briefe III, Br. 27, 71.

[304] *Dies.,* Brief an F. Kaufmann v. 13. 9. 1925, in: Briefe I, Br. 45, 73.

[305] „Der Jugendübermut ist zum Teufel. Neulich sah ich in meinem Bücherschrank eine ganze Reihe Dissertationen von Breslauer Studienfreunden, die nun sämtlich tot

und die damit in ihrer ganzen Brutalität erkannte Realität des Weltkriegs, aber ebenso die als ziellos empfundene Arbeit bei Husserl[306] und natürlich die unerwiderte Liebe Edith Steins zu Roman Ingarden.[307] Alles in allem sah sie sich angesichts der dramatischen Ereignisse und Entwicklungen vor die entscheidende Frage der Werte oder – noch grundsätzlicher – nach dem Sinn des Lebens gestellt. Wie elementar ihre innere Bedrängnis damals war, lässt sich anhand eines Briefes erahnen, den sie an Fritz Kaufmann sandte, als dieser später selbst schwierige Zeiten durchlebte. Edith Stein erkundigt sich darin sehr direkt, ob „es sich nur um eine Depression handelt", die vorübergehend das Arbeiten unmöglich mache, oder eine tiefere Problematik zugrunde liege: „Sollten Ihnen aber ähnliche Erwägungen wie mir auch schon gekommen sein, so wäre es doch wohl an der Zeit, ihnen ernstlich ins Auge zu sehen."[308] Dass sie selbst diese Auseinandersetzung nicht nur existenziell und religiös, sondern auch philosophisch-analytisch anging, belegen die bereits genannten Schriften und Studien, die sie damals erarbeitete und in denen sie die Frage der überindividuellen Konstitution des Menschseins in den Mittelpunkt rückt.

Ausgerechnet als Edith Stein Jahre später nach Münster berufen wurde und das lang ersehnte Ziel einer adäquaten akademischen Anstellung erreichte, traten die melancholischen Züge ihres Wesens wieder stärker zutage. Die Gründe auch dieser Krise waren vielfältig: Edith Stein musste in ihrer neuen Tätigkeit mit äußerem und innerem Druck umgehen, gleichzeitig war ihr Selbstvertrauen durch das jahrelang erfolglose

---

sind. Dann kommt man sich vor, als ob man einer längst ausgestorbenen Generation angehörte, und fragt sich erstaunt, wieso man eigentlich noch lebt." *Dies.*, Brief an R. Ingarden v. 6. 7. 1917, in: Briefe III, Br. 20, 62.

[306] „Mir ist alles furchtbar gleichgültig. Ich zwinge mich nur zu arbeiten, weil ich vorläufig nichts Besseres zu tun weiß. Das einfachste Mittel, sich mit dieser erbärmlichen Welt abzufinden, wäre ja, sich von ihr zu verabschieden. Ich habe nur die Überzeugung, daß man es sich nicht so leicht machen darf." *Dies.*, Brief an R. Ingarden v. 6. 10. 1918, in: Briefe III, Br. 51, 104.

[307] Vgl. *H.-B. Gerl*, Unerbittliches Licht. Edith Stein. Philosophie – Mystik – Leben (Mainz 1991) 51–53. Drei Jahre später blieb eine weitere, mehr als nur freundschaftliche Hinwendung Edith Steins zu einem Kommilitonen, Hans Lipps, einseitig. (Vgl. *A. v. Renteln*, Moments in Edith Stein's Years of Crisis, 141 f.) Hedwig Conrad-Martius geht davon aus, dass diese wiederholten Enttäuschungen zu dem innerlichen Prozess Edith Steins, der in die Taufe und später den Eintritt in den Karmel mündete, beigetragen haben – wenn auch nicht im Sinne eines vollgültigen Grundes. Vgl. *H.-B. Gerl*, Unerbittliches Licht (1991) 53 f.

[308] *E. Stein*, Brief an F. Kaufmann v. 3. 10. 1919, in: Briefe I, Br. 22, 1919.

Streben nach einer Dozentenstelle und kritische Anfragen von dritter Seite nachhaltig geschwächt worden.[309] Die Sorge, „eigentlich überall den Anschluß verloren"[310] zu haben, steigerte sich zur vermeintlichen Erkenntnis der „völligen Unzulänglichkeit"[311] und „gräßlichen Unwissenheit".[312] Nur Wochen nach diesen selbstkritischen Einschätzungen – die von dritter Seite allerdings nicht geteilt wurden und auch im Gegensatz zu ihrer erfolgreichen Vortragstätigkeit standen[313] – gab sie aufgrund der politischen Umstände ihre Arbeit in Münster auf.

1.3.4. Speyer, Beuron, Köln

Die Krise, die Edith Stein nach dem Tod Reinachs durchlebte und die „mit manchen Wandlungen noch Jahre"[314] andauerte, war nach Auffassung sowohl Roman Ingardens als auch Hedwig Conrad-Martius' ein wichtiger Auslöser für ihre mehr und mehr personal-existenzielle Auseinandersetzung mit dem Glauben.[315] Neben der Taufe bedeutete auch Edith Steins Hinwendung zum Ordensleben einen Meilenstein auf diesem Weg, und es liest sich wie ein befreites Aufatmen, wenn sie an Fronleichnam 1924, ein Jahr nach Antritt ihrer Stelle als Lehrerin in St. Magdalena, schreibt: „Das Leben habe ich erst lieben gelernt, seit ich weiß, wofür ich lebe."[316]

Zur Prägung Edith Steins durch die dominikanische, benediktinische und karmelitische Spiritualität in Speyer, Beuron und Köln ist von berufener Seite bereits ausführlich gearbeitet worden. An dieser Stelle geht es

---

[309] „[I]ch habe mich schon oft gefragt, ob ich mit der philosophischen Arbeit nicht überhaupt über meine eigenen Möglichkeiten hinausgehe. Ich glaube, dieser Zweifel steckt in mir, seit Lipps einmal [...] eine solch radikale Kritik [...] übte und Frau Reinach mir gleichzeitig klarzumachen suchte, daß die Mängel meiner Arbeit [...] in sehr viel tiefer liegenden persönlichen Mängeln begründet seien." E. *Stein*, Brief an H. Conrad-Martius v. 24. 2. 1933, in: Briefe I, Br. 245, 271.

[310] *Dies.*, Brief an H. Conrad-Martius v. 13. 11. 1932, in: Briefe I, Br. 230, 254.

[311] *Dies.*, Brief an P. Brüning v. 12. 2. 1933, in: Briefe I, Br. 243, 268.

[312] *Dies.*, Brief an H. Conrad-Martius v. 24. 2. 1933, in: Briefe I, Br. 245, 270.

[313] So wurde Edith Stein im Februar 1933 als Ehrenmitglied in die französische *Société Thomiste* aufgenommen, nachdem sie im Vorjahr an einer Tagung der Gesellschaft teilgenommen hatte. Vgl. T. *Deman*, Brief an E. Stein v. 10. 2. 1933, in: Briefe I, Br. 242, 265–268.

[314] E. *Stein*, Brief an F. Kaufmann v. 13. 9. 1925, in: Briefe I, Br. 45, 73.

[315] Vgl. hierzu Anm. 233 und 315.

[316] E. *Stein*, Brief an R. Ingarden v. 19. 6. 1924, in: Briefe III, Br. 85, 154.

daher lediglich um einen streiflichtartigen Fokus auf ein Spezifikum der Ordensberufung Edith Steins, das sich auch in ihrer Religionsphilosophie wiederfindet, nämlich das Streben nach einer idealen Gemeinschaft, deren geistliches Fundament der Glaube ist. Diesem Ziel fühlte Edith Stein sich schon in Speyer verpflichtet:[317]

> „Nun lebe ich schon das dritte Jahr hinter den schützenden Klostermauern, dem Herzen nach [...] als eine rechte Klosterfrau, wenn ich auch keinen Schleier trage und nicht durch Gelübde und Klausur gebunden bin und auch vorderhand nicht daran denken darf, diese Bindung einzugehen."[318]

Dass es Edith Stein – die in Speyer in beruflicher Hinsicht abgesichert, aber weit entfernt vom Ziel einer primär akademischen Tätigkeit war – nicht nur um das Gefühl einer äußeren Beheimatung,[319] sondern um eine wirkliche geistliche Lebensgemeinschaft ging, lässt sich aus einem ihrer späteren Schreiben an Petra Brüning ableiten: „Es bedeutet soviel für mich, daß Sie die Zugehörigkeit zum ‚Corpus monasticum' bei mir spüren und das Kleid als unwesentlich ansehen."[320] Edith Stein versteht unter der klösterlichen Lebensweise also offensichtlich mehr als nur einen von bestimmten Regeln geformten *modus vivendi;* es geht ihr um die lebensweltliche Annäherung an einen christlich-anthropologisch fundierten Gemeinschaftsbegriff.[321]

---

[317] Vgl. hierzu ausführlich *M. A. Herrmann,* Edith Stein. Ihre Jahre in Speyer.

[318] *E. Stein,* Brief an F. Kaufmann v. 13. 9. 1925, in: Briefe I, Br. 45, 73.

[319] Vgl. hierzu *dies.,* Brief an R. Ingarden v. 5. 2. 1924, in: Briefe III, Br. 84, 152: „Mein Zimmerchen ist ganz winzig, aber ich bin noch nirgends so gern gewesen. [...] Und jedesmal, wenn ich zurückkomme und von weitem die Speyerer Domtürme sehe und dann das kleine spitze Türmchen unserer Klosterkirche, dann werde ich ganz unsagbar froh."

[320] *Dies.,* Brief an P. Brüning v. 12. 2. 1933, in: Briefe I, Br. 243, 268. Wie sehr Edith Stein sich in Speyer in die klösterliche Umgebung hineingab, wurde auch von den Dominikanerinnen registriert: „Edith Stein horchte sofort und intensiv den klösterlichen Lebensstil und Lebensrhythmus ab. Sie war ganz Offenheit, ganz Bereitschaft zu empfangen, zu lernen, teilzunehmen, soweit sie teilnehmen konnte. Es war ein großer innerer Prozess." *M. A. Herrmann,* Edith Stein. Ihre Speyerer Jahre, 48 f.

[321] Dessen Bedeutung für Edith Stein beschreibt Jacinta Turolo Garcia wie folgt: „Per lei non è possibile vedere la dimensione sociale, valore educativo primordiale, senza la visione cristiana dell'uomo, chiamato all'unione con Dio, fondamento di ogni comunità umana. La comunità è necessaria: senza di essa non si può raggiungere il fine ultimo dell'essere umano." *J. Turolo Garcia,* Comunità religiosa e formazione della persona, in: *A. Ales Bello* u. *A. M. Pezzella* (Hg.), Edith Stein. Comunità e mondo della vita, 119–130, hier 121.

Wie bereits erwähnt, verbrachte Edith Stein fünf Jahre nach Beginn
ihrer Tätigkeit in St. Magdalena erstmals die Kar- und Ostertage in der
Abtei Beuron, die sie bald als weitere geistliche Heimat erlebte. Sie ge-
noss die „Ruhe der Liturgie",[322] und mit der Zeit wurde ihr Beuron zu
einem regelrechten Sehnsuchtsort: Ich „habe da in der Abtei das Urbild
von Bahrs ‚Himmel auf Erden' gefunden".[323] Hermann Bahr, österrei-
chischer Schriftsteller, hatte in der erwähnten kleinen Schrift eine Lanze
für die irdisch-immanente Existenz des Menschen gebrochen und diese
Seinsweise als Abbild der himmlischen Ewigkeit beschrieben.[324] Auch
Edith Stein ging es, wie auch Raphael Walzer betont, in Beuron nicht
um die Erfahrung einer äußerlichen liturgischen Ästhetik, sondern darum, „vor dem Mönchschor [...] die große betende Kirche" zu erkennen
und „der Ecclesia orans anzugehören".[325] Wenn diese Einschätzung zutrifft, hat Edith Stein, auch vor dem Hintergrund ihrer „liturgischen
und dogmatischen Kenntnisse", die Beuroner Liturgie nicht nur schau-
end und bewundernd verfolgt, sondern sich selbst als Teil des gottes-
dienstlichen Geschehens verstanden.[326] Sie scheint in Beuron das erfah-

---

[322] *E. Stein*, Brief an A. Jaegerschmid v. 28. 3. 1930, in: Briefe I, Br. 86, 113.

[323] *Dies.*, Brief an R. Ingarden v. 13. 5. 1928, in: Briefe III, Br. 122, 196. Vgl. *H. Bahr*,
Himmel auf Erden (München 1928). Zum Sehnsuchtsort Beuron siehe auch *E. Stein*, Ein
Beitrag zur Chronik des Kölner Karmel, in: LJF, 353: „Ich betrachtete Beuron wie den
Vorhof des Himmels." Vgl. auch *dies.*, Brief an R. Ingarden v. 28. 4. 1930, in: Briefe
III, Br. 136, 211, und *dies.*, Brief an C. Brenzing v. 18. 1. 1931, in: Briefe I, Br. 134, 154.

[324] Von Zeitgenossen wurde Bahr wegen seiner im Lauf der Jahre wechselnden Überzeugungen mit dem wandlungsfähigen Meeresgott Proteus verglichen. (Vgl. *E. Przywara*, Hermann Bahr, in: *Ders.*, Ringen der Gegenwart. Gesammelte Aufsätze
1922–1927, Bd. 1 [Augsburg 1929] 155–163, hier 155.) Die Schrift Himmel auf Erden, die in Bahrs vom Katholizismus geprägter Spätphase entstand, ist formal als Dialog zwischen einem erfolgreichen Altphilologen und einem Benediktinerabt aufgebaut.
Dabei stellt der Gräzist fest: „Diesseits ist ein Komplement des Jenseits und wir hätten
also dafür zu sorgen, daß es sich dieser Bestimmung würdig zeigt." Geradezu emotional schließt der Abt: „Soll mir noch einmal einer über dieses Jammertal zetern und mir
unser liebes Diesseits schmähen! Weg Nörgler, weg Pietist, der sich erdreistet, das
Reich zu bekritteln, über das unser Herr Jesu Christ selber als König zu herrschen nicht
verschmäht!" *H. Bahr*, Himmel auf Erden, 44 f.

[325] Beide Zitate *R. Walzer*, Stellungnahme zu Edith Stein, in: *J. Kaffanke* u. *K. Oost*
(Hg.), „Wie der Vorhof des Himmels", 228–233, hier 229.

[326] Ebd. In diesem Kontext sei darauf hingewiesen, dass Edith Stein sich Jahre später
sehr von den Ausführungen Erik Petersons in dessen Buch von den Engeln angetan
zeigte, wonach das himmlische Jerusalem und die Ekklesia durch die Liturgie, den
Kult, miteinander verbunden seien. Demnach sei zu konstatieren, „daß, wie die profane Ekklesia der Antike eine Institution der Polis ist, so die christliche Ekklesia eine
Institution der Himmelsstadt, des himmlischen Jerusalems sei." (*E. Peterson*, Von den

ren zu haben, was Erich Przywara als „Psychogramm" der liturgischen Bewegung bezeichnet hat: „Wille zur Form gegenüber freiwachsendem Leben, Wille zur Gemeinschaft gegenüber einseitigem Individualismus, Wille zur in Gott ruhenden, selbstwertigen vita contemplativa gegenüber der Verzwecklichung einer übersteigerten vita activa."[327]

Jedenfalls steht außer Frage, dass Edith Stein – sei es aufgrund theologischer Expertise oder eines eher sensitiven Gespürs – die Beuroner Liturgie sehr schätzte. Da sie sich dort in das offizielle kirchliche Gebet selbst mit hineingenommen fühlte, war es nur folgerichtig, dass sie hier auch die kirchlichen Hochfeste regelmäßig mitfeierte.[328]

Zumindest am Rande sei in diesem Kontext auch auf eine sowohl geistliche als auch soziale Frage hingewiesen, die bis zu ihrer späteren Neuregelung durch das Konzil das gemeinschaftliche Leben vieler Ordenskonvente, darunter auch der Abtei Beuron, geprägt hat: die Unterscheidung der Laienbrüder und -schwestern von den Chormönchen und -schwestern.[329] Raphael Walzer hielt dieses System, das auch in Fragen der Spiritualität für eine deutliche Separierung innerhalb der Konvente sorgte, nicht nur für angemessen, sondern übte sogar Kritik an der seiner

---

Engeln, in: *Ders.*, Ausgewählte Schriften, Bd. 1, Theologische Traktate, mit einer Einleitung von *B. Nichtweiß* [Würzburg 1994] 195–243, hier 198.) Edith Stein bezeichnet Petersons Analyse als „unübertrefflich" (GT I, 48). Es handele sich um „wohl das Entscheidende und Tiefste", das zum Verhältnis von himmlischer und irdischer Liturgie zu sagen sei. *E. Stein*, Brief an P. Brüning v. 16. 7. 1935, in: Briefe II, Br. 402, 131.

[327] *E. Przywara*, Gottgeheimnis der Welt. Drei Vorträge über die geistige Krisis der Gegenwart (München 1923) 32. Vgl. *H.-B. Gerl-Falkovitz*, Deutsche Geistesgeschichte 1910–1930: der Hintergrund von Edith Stein, in: ESJ, Bd. 20 (2014) 67–91, hier 80 f.

[328] Hinsichtlich des Liturgieverständnisses Edith Steins, besonders auch im Blick auf die Liturgische Bewegung, vgl. *M. A. Neyer*, Edith Stein und das Beten der Kirche. Gedanken zu ihrer Seligsprechung am 1. Mai 1987, in: *J. Kaffanke* u. *K. Oost* (Hg.), „Wie der Vorhof des Himmels", 130–150. Neyer spricht von einem „‚angeborenen' Zugang" (ebd., 138) Edith Steins zur Liturgie, der nicht zuletzt durch das Erleben des jüdischen Jahresfestkreises in ihrem Elternhaus, aber auch ihre Liebe zu klassischen Bühnen- und Orchesterspielen angelegt und begründet sei. (Vgl. ebd., 138 f.) Edith Stein verstehe das „ganz persönliche Gebet, das in tiefster Stille auf Erden geschieht, ebenso als ein Mithineingenommen-sein in das Gebet des Himmels wie die erhabenste Liturgie." Ebd., 147. Vgl. auch *K. Oost*, Edith Stein und Beuron, in: ESJ, Bd. 12 (2006) 57–74, hier 63. Zu dieser Thematik vgl. ebenso *H.-B. Gerl-Falkovitz*, Deutsche Geistesgeschichte 1910–1930, 78 f.

[329] Vgl. hierzu Dekret über die zeitgemäße Erneuerung des Ordenslebens „Perfectae caritatis", in: *K. Rahner* u. *H. Vorgrimler* (Hg.), Kleines Konzilskompendium (Freiburg i. Br. [25]1994) Art 15.

Ansicht nach inkonsequenten Praxis, die in den karmelitischen Gemeinschaften in dieser Sache üblich war. Walzer sprach von „einer Art religiöser Gleichschaltung",[330] die letztlich auf Idealvorstellungen Teresas von
Ávila zurückgehe. Zwar kannte der Karmel das Institut der Laienschwestern durchaus, aber nur in engem Rahmen und als Zugeständnis Teresas
vor dem Hintergrund ganz praktischer Fragen im Leben der klausurier-
ten Gemeinschaften.[331] Als sich im Jahr 1933 abzeichnete, dass Edith
Stein nun tatsächlich in den Karmel eintreten würde, war Walzer besorgt,
wie das Zusammenleben einer so intellektuellen Frau mit akademisch
nicht gebildeten Oberen und Mitschwestern gelingen könne.[332] Edith
Stein selbst jedoch teilte diese Befürchtungen nicht und stellte im Gegenteil die Sinnhaftigkeit der Aufspaltung der Konvente infrage. Zu sehr wi-
dersprach die grundständige Unterscheidung zwischen den Ordensleuten
ihrem Leitbild eines geistlich fundierten Zusammenlebens.

17 Jahre später wandte sich in Echt eine der dortigen Laienschwestern in der Frage ihres Status hilfesuchend an Edith Stein. Diese setzte
sich für sie ein und kritisierte die Situation deutlich. Das Problem der
Laienschwestern, so ihre Überzeugung, sei nicht befriedigend gelöst und
wirke sich in der Praxis „schlimm" aus.[333] Wie sehr Edith Stein mit dieser Parteinahme für das Anliegen der Laienschwestern und der Betonung
des Ideals von stärker kommunitär strukturierten Konventen von der seinerzeit üblichen Sicht der Dinge abwich, lässt sich daran ermessen, dass
die Echter Priorin genau diese Einstellung später „beinahe als Hindernis
für die Seligsprechung betrachtet"[334] hätte. Raphael Walzer hingegen
schloss sich retrospektiv der Sichtweise Edith Steins an:

---

[330] *R. Walzer,* Stellungnahme zu Edith Stein, 231.
[331] Vgl. *E. Stein,* Brief an P. Brüning v. 26. 4. 1940, in: Briefe II, Br. 670, Anm. 9, 440 f.
Siehe auch *M. A. Neyer,* Teresia Renata Posselt ocd, 475–477.
[332] Vgl. *R. Walzer,* Stellungnahme zu Edith Stein, 231 f. In der Tat lässt sich Konflikt-
potential erahnen, wenn Teresia Renata Posselt in ihrer Edith Stein-Biographie berichtet: „,Kann sie auch gut nähen?' war die bezeichnende Frage einer älteren Schwester,
aus der man auf den Maßstab der Bewertung der neuen Postulantin schließen kann.
Ach, Edith konnte sehr schlecht nähen und nicht nur das: sie war in allen häuslichen
Arbeiten so umständlich und ungeschickt, daß es ein Jammer war, ihr dabei zuzusehen.
Wie viele Verdemütigungen erwuchsen ihr aus diesem Unvermögen." *T. R. Posselt,*
Edith Stein, 113.
[333] Vgl. *E. Stein,* Brief an P. Brüning v. 26. 4. 1940, in: Briefe II, Br. 670, 440. Siehe
auch *dies.,* Brief an A. Stadtmüller v. 30. 3. 1940, in: Briefe II, Br. 661, 428; *D. Leister,*
Brief an E. Stein v. 25. 4. 1940, in: Briefe II, Br. 669, 436–438, und *P. Brüning,* Brief an
E. Stein v. 3. 5. 1940, in: Briefe II, Br. 671, 441–443.
[334] *M. A. Neyer,* Teresia Renata Posselt ocd, 476.

„Heute wünschte ich nichts dringender als die Rückkehr zu *einer* religiösen Familie ohne Zweiklassensystem von Chormönchen und Laienbrüdern, Chorfrauen und Laienschwestern."[335]

Der Vollständigkeit halber sei angemerkt, dass Edith Stein sich nicht unreflektiert und nur von Idealen beseelt der Gemeinschaft des Kölner Karmel ein- und den Weisungen der Oberen untergeordnet hatte. Vor ihrem Eintritt in die Klausur legte sie mehrere Wochen lang – sozusagen testweise – „alle auftauchenden Fragen" der Priorin vor: „Ihre Entscheidung war immer so, wie ich sie auch von mir aus getroffen hätte. Diese innere Übereinstimmung machte mich sehr froh."[336]

Damit kommt die Frage in den Blick, ob Edith Stein in ihrer Zeit als Ordensfrau tatsächlich ihr Idealbild vom Leben in einer religiös geprägten Gemeinschaft realisieren konnte. Dabei soll es hier vor allem um die Kölner Jahre Edith Steins gehen, also jene Zeit, in der die äußere Gefahrenlage noch nicht so drängend war wie später. Zunächst liegt auf der Hand, dass der Klostereintritt in mehrfacher Hinsicht einen Einschnitt für die Beziehungen bedeutete, in denen Edith Stein bis dahin gelebt hatte. Umso wichtiger war es ihr, dass sie, wie schon erwähnt, die Korrespondenz mit ihren Angehörigen fortführen und im Sprechzimmer Besuch empfangen konnte. Offensichtlich war es ihr auch eine echte Freude, dass sie beim Fest ihrer Einkleidung von vielen früheren Weggefährten begleitet wurde.[337] Hinzu kommt die in ihren Briefen deutlich spürbare Vorfreude auf eine mögliche Versetzung in einen damals in der Gründungsphase befindlichen Karmel bei Breslau. Schon vor Beginn des Postulats hatte Edith Stein diesen Wunsch geäußert, dessen Realisierung man ihr auch in Aussicht gestellt hatte, so dass sie die Chance für gegeben hielt, die Ordensberufung mit der Nähe zu ihrer Familie in Einklang bringen zu können.[338] Als das Vorhaben dessen ungeachtet später abschlägig be-

---

[335] R. *Walzer*, Stellungnahme zu Edith Stein, 231. Vgl. auch K. *Seifert*, Edith Stein – die „Virgo sapiens" von Beuron. 1928–1933, in: ESJ, Bd. 20 (2014) 14–26, hier 18.

[336] E. *Stein*, Ein Beitrag zur Chronik des Kölner Karmel, in: LJF, 356.

[337] Vgl. E. *Stein*, Brief an R. Ingarden v. 5. 5. 1934, in: Briefe III, Br. 160, 236: „Ich war so froh um jeden, der hier war und sich mit mir freute. Und das waren viele."

[338] Vgl. *dies.*, Brief an H. Conrad-Martius v. 20. 6. 1933, in: Briefe I, Br. 262, 291: „Allerdings werde ich vielleicht nicht sehr lange in Köln sein. Denn es wird von dort eine Neugründung in Breslau geplant, und ich habe darum gebeten, daß man meine Versetzung in diese Neugründung von vornherein vorsehen möge." Siehe auch *dies.*, Brief an N. Courant v. 9. 9. 1933, in: Briefe I, Br. 279, 309: „Es wird eben jetzt die Gründung eines Tochterklosters dieses Kölner Hauses vor den Toren von Breslau vorbereitet, und ich werde wohl bald in dieses neue Haus übernommen werden. Meiner

schieden wurde – immerhin mit der stichhaltigen Begründung, Edith
Stein solle wieder wissenschaftlich arbeiten, was im Kontext einer Neugründung kaum möglich sei –, haderte sie noch Jahre später damit.[339]

Ein Stichwort, das Edith Stein häufig verwendet, um das Leben im
Kloster zu charakterisieren, ist der *Friede,* oft auch die *Liebe,* die den
„Geist des Karmel" ausmache und im Kölner Haus „ganz lebendig" sei.[340]
Diese beiden Zuschreibungen lassen erahnen, dass Edith Stein den klösterlichen Frieden nicht als sich selbst genügende Stille betrachtete, deren Wert
vor allem darin liegt, der Welt – die im Deutschland des Jahres 1933 in der
Tat Schlimmes befürchten ließ – zu entfliehen, sondern dass sie den Frieden des Karmel als einen Raum betrachtete, in dem sich das von ihr erhoffte kommunikative Geschehen ereignen konnte. Die Kommunikation,
um die es Edith Stein dabei ging, ist eine dreifache:

(1) Zunächst handelt es sich um das unmittelbare Gebet, das Gott
und Mensch miteinander verbindet, und das Teresa von Ávila in der *Seelenburg* in seinen verschiedenen Stufen bis hin zum sich frei hingebenden
Hineinsenken, der liebenden mystischen Vereinigung des Menschen mit
Gott, beschreibt.[341] Nicht umsonst betont Edith Stein mit Blick auf das

---

Familie wegen wäre mir das sehr lieb." Wenige Tage später schrieb Edith Stein von
Breslau aus, wo sie wegen des geplanten Ordenseintritts eine Auseinandersetzung mit
ihrer Mutter gehabt hatte: „Ich habe alle Aussicht, schon im nächsten Jahr von Köln
hierher versetzt zu werden. So besteht die Hoffnung, daß ich meiner Familie in den
kommenden, sicher noch sehr schweren Jahren aus nächster Nähe werde beistehen
können." *Dies.,* Brief an P. Brüning v. 17. 9. 1933, in: Briefe I, Br. 281, 311.
[339] *Dies.,* Brief an E. Dursy v. 14. 6. 1935, in: Briefe II, Br. 396, 123: „Du hast nicht zu
befürchten, daß ich bald hier fortkäme. Unser Hochw P. Provinzial hat wenig Neigung,
mich nach Schlesien zu schicken, weil er gern will, daß ich wissenschaftlich arbeite
[…]. Außerdem steht das Haus noch nicht." Noch im November 1937 ließ Edith Stein
einer befreundeten Dominikanerin ausrichten, „daß niemand mehr daran denkt, mich
in den schlesischen Karmel zu versetzen." (*Dies.,* Brief an U. v. Bodman v.
16. 11. 1937, in: Briefe II, Br. 531, 272.) Die Initiative, Edith Stein entgegen ihrem
Wunsch nicht nach Breslau übersiedeln zu lassen, war, wie Maria Amata Neyer später
klarstellte, von der dortigen Vikarin des Karmel, Elisabeth zu Stolberg-Stolberg ausgegangen, die „fürchtete, daß häufige Besuche der Verwandten die Aufmerksamkeit
der argwöhnischen Nachbarschaft auf die jüdische Familie lenken könnten." M. A.
Neyer, Teresia Renata Posselt ocd, 471.
[340] *E. Stein,* Brief an P. Brüning v. 26. 7. 1933, in: Briefe I, Br. 264, 294. Siehe auch
dies., Brief an M. Günther v. 31. 7. 1933, in: Briefe I, Br. 266, 296 f.: „Einen tiefen
Frieden und eine grenzenlose Liebe – das habe ich hier gefunden." Siehe auch *dies.,*
Brief an A. Lichtenberger v. 26. 7. 1933, in: Briefe I, Br. 265, 296: „So kann ich […]
Dir recht viel von dem tiefen Klosterfrieden schicken, in dem ich hier lebe."
[341] Vgl. die Einführung Edith Steins in die *Seelenburg,* in: LJF, 501–525.

Leben im Karmel: „Von unsern 2 Stunden Betrachtung würde wohl keine echte Karmeliterin etwas hergeben. Das ist für uns der Brunnen des Lebens."[342] Diese erste Form der Kommunikation steht für Edith Stein im Mittelpunkt der karmelitischen Spiritualität. Sie betrifft die einzelne Ordensfrau, und damit jene „kleine Schar von Menschen", die „die Gnade der Berufung" erfahren hat, und deren Aufgabe es ist, „zu lieben und zu dienen": „Wir haben sie [*die Welt*] nicht verlassen, weil wir sie für wertlos hielten, sondern um für Gott frei zu sein."[343]

(2) Der zweite Aspekt der klösterlichen Kommunikation wirkt vor dem Hintergrund der vorkonziliaren, äußerlich sehr auf Abgrenzung bedachten Lebensordnung des Karmel – „unsere Klausur ist freilich streng: es darf niemand hinaus und herein, und im Sprechzimmer ist ein doppeltes Gitter" – auf den ersten Blick paradox.[344] Dennoch verbindet das Gebet nicht nur den einzelnen Beter und Gott, sondern auch die Betenden untereinander und darüber hinaus alle Menschen, derer im Gebet gedacht wird. Edith Stein erkennt hierin – ebenso wie in der Vereinigung des Einzelnen mit Gott – ein Proprium karmelitischen Lebens: „Wer in den Karmel geht, ist für die Seinen nicht verloren, sondern erst eigentlich gewonnen; denn es ist ja unser Beruf, für alle vor Gott zu stehen."[345] Das für die Ekklesiologie Edith Steins so wichtige Wort aus *Freiheit und Gnade*, „dieses: ‚Einer für alle und alle für einen' macht die Kirche aus",[346] hat hier sein *fundamentum in re*.[347] Am eindrücklichsten formuliert Edith Stein die Bedeutung dieser geistlichen Form der Kommunikation in einem Text, den sie für den 14. September 1939, den Tag des Festes der Kreuzerhöhung, für die Priorin des Echter Karmel zur Gelübdeerneuerung der Schwestern ver-

---

[342] *E. Stein*, Brief an A. Jaegerschmid v. 21. 11. 1933, in: Briefe II, Br. 297, 14.

[343] Alle Zitate *dies.*, Brief an R. Ingarden v. Sommer 1937, in: Briefe III, Br. 161, 237 f.

[344] *Dies.*, Brief an F. Kaufmann v. 14. 5. 1934, in: Briefe II, Br. 318, 35.

[345] Ebd.

[346] FG, 37 f.

[347] Wie sehr die hier in (1) und (2) untergliederten Aspekte geistlicher Kommunikation aufeinander verwiesen sind und welche Bedeutung Edith Stein ihnen beimaß, betont sie in dem Text *Das Gebet der Kirche*. Vgl. GT I, 44–58, hier 54: „Was gab dieser Ordensfrau [*Teresa*], die seit Jahrzehnten in einer Klosterzelle dem Gebet lebte, das glühende Verlangen, etwas für die Sache der Kirche zu wirken, und den scharfen Blick für die Not und die Erfordernisse ihrer Zeit? Eben daß sie im Gebet lebte, daß sie sich vom Herrn immer tiefer hineinziehen ließ ins Innere ihrer ‚Seelenburg', bis in jenes verborgene Gemach, wo er zu ihr sprechen konnte, ‚es sei nun Zeit, daß sie fortan sich seiner Angelegenheiten als der ihrigen annehme, er dagegen werde für die ihren Sorge tragen.'"

fasste. Keine zwei Wochen zuvor hatte mit dem Überfall Hitler-Deutschlands auf Polen der Krieg begonnen:

> „Die Welt steht in Flammen. [...] Hörst du das Stöhnen der Verwundeten auf den Schlachtfeldern im Westen und Osten? Du bist kein Arzt und keine Schwester und kannst die Wunden nicht verbinden. Du bist eingeschlossen in deiner Zelle und kannst nicht zu ihnen gelangen. Hörst du den Angstruf der Sterbenden? Du möchtest Priester sein und ihnen beistehen. [...] Nicht hier oder da kannst du helfen wie der Arzt, die Krankenschwester, der Priester. An allen Fronten, an allen Stätten des Jammers kannst du sein in der Kraft des Kreuzes, überallhin trägt dich deine erbarmende Liebe [...].“[348]

(3) Schließlich findet auch im Karmel, dessen Konvente in der Regel nicht mehr als 21 Schwestern umfassen, eine unmittelbare zwischenmenschliche Kommunikation statt, die das Zusammenleben der Ordensleute zu einem gemeinschaftlichen macht. Dabei deutet die aufgeschlossene Haltung Edith Steins in Fragen der Korrespondenz und der Nutzung des Sprechzimmers darauf hin, dass sie den Raum der direkten Kommunikation nicht auf den Kreis der Ordensfrauen beschränkt sah. Im Gegenteil fühlte sie sich vor dem Hintergrund ihrer durch die klösterliche Lebensform privilegierten Möglichkeiten und Freiräume der Spiritualität dazu verpflichtet, das, was sie selbst erfuhr, im Gespräch nach außen weiterzugeben. Entsprechend schien ihr die Einschätzung, die gelegentlich von dritter Seite rückgemeldet wurde, das klösterliche Leben realisiere sich in Abgeschlossenheit und Einsamkeit, geradezu absurd zu sein:

> „Über die Frage, wie ich mich an die Einsamkeit gewöhnt hätte, mußte ich ein wenig lächeln. Ich bin die meiste Zeit meines Lebens viel einsamer gewesen als hier. Ich vermisse nichts, was draußen ist, und habe alles, was ich draußen vermißte [...].“[349]

Insgesamt fügen sich die drei Modi klösterlich-spiritueller Kommunikation, die Edith Stein darstellt, zu einer Art Idealbild gemeinschaftlichen Lebens zusammen und zu einem Abbild dessen, was ihre religionsphilosophischen Schriften phänomenologisch und analytisch beschreiben. Ob sie

---

[348] Dies., Kreuzerhöhung. Ave Crux, Spes unica! 14. September 1939, in: GT II, 118–122, hier: 121.

[349] Dies., Brief an K. Schwind v. 11. 2. 1935, in: Briefe II, Br. 370, 93. Vgl. auch dies., Brief an W. Gordon vom 30. 9. 1935, in: Briefe II, Br. 419, 148: „Du schreibst, Du seist mindestens so abgeschlossen von der Welt wie ich. Jedenfalls ist Deine Abgeschlossenheit eine sehr viel schmerzlichere. Unsere Mauern halten uns sehr viel Schlimmes fern und schließen alles in sich, was man nötig hat, um glücklich zu sein – glücklich in unserm Sinn, nicht, was man draußen durchschnittlich darunter versteht.“

dieses Ideal auch in der Spätphase ihrer Zeit im Kölner Karmel sowie in Echt noch in dieser Form erfahren hat, ist fraglich. Die Gründe hierfür haben nicht zuletzt mit dem sich zuspitzenden Antisemitismus in Europa zu tun. Auch wenn Edith Stein lange Zeit nur mittelbar von dieser Entwicklung betroffen war, wurde ihr Leben davon mitbestimmt. Eine zusätzliche Belastung bestand darin, dass ihre Mitschwestern und Oberen die Tragweite der Ereignisse nicht richtig einordneten und zum Teil das nötige Feingefühl vermissen ließen.[350] Wenn Edith Stein im April 1939 auf das *Bürgerrecht* eines jeden *im Himmel* rekurriert, lässt sich jedenfalls erahnen, wie sehr ihre irdische Not angewachsen war:

> „Es ist gut, daran zu denken, daß wir unser Bürgerrecht im Himmel haben und die Heiligen des Himmels zu Mitbürgern und Hausgenossen. Dann trägt man leicht an den Dingen, quae sunt super terram."[351]

1.3.5. Königin Esther

Wenige Tage, bevor die Ereignisse der Reichspogromnacht die Oberen des Kölner Karmel bewogen, die Ausreise Edith Steins aus dem Deutschen Reich zu forcieren,[352] ging sie in einem Brief an Petra Brüning auf die dramatische Lage ihrer Verwandten ein, die bis dahin noch in Schlesien geblieben waren. Weiter schrieb sie:

> „Ich vertraue, daß die Mutter aus der Ewigkeit für sie sorgt. Und darauf, daß der Herr mein Leben für alle angenommen hat. Ich muß immer wieder an die Königin Esther denken, die gerade darum aus ihrem Volk herausgenommen wurde, um für das Volk vor dem König zu stehen. Ich bin eine sehr arme und

---

[350] Maria Amata Neyer betont in diesem Kontext, Edith Stein sei überzeugt gewesen, dass Teresia Renata Posselt – seit Januar 1936 Priorin des Kölner Karmel – die Gefahr, die vom NS-Regime ausging, falsch eingeschätzt habe und „zu naiv, zu optimistisch" gewesen sei. Schon während ihres Noviziats habe Edith Stein die Sorge geäußert: „Man wird mich sicher auch hier nicht heausholen." (*M. A. Neyer,* Teresia Renata Posselt ocd, 473 f.) Renata Posselt selbst zitiert eine der Mitschwestern Edith Steins mit den Worten: „Sie vertrug es schwer, wenn etwas über Juden gesagt wurde, was sie in Schatten stellte. Dann erklärte sie fast alles für Verleumdung und meinte: ‚Geradeso wie man den Jesuiten alles Mögliche andichtet, so ist das auch bei den Juden der Fall.'" *T. R. Posselt,* Edith Stein, 163. Vgl. hierzu auch Anm. 254 sowie *S. Batzdorff,* Edith Stein – meine Tante, 107.
[351] *E. Stein,* Brief an W. Warnach v. 14. 4. 1939, in: Briefe II, Br. 613, 366. Vgl. auch Eph 2,19.
[352] Vgl. hierzu die Darstellung in: *T. R. Posselt,* Edith Stein, 159 f.

ohnmächtige kleine Esther, aber der König, der mich erwählt hat, ist unendlich groß und barmherzig."[353]

Wie ist dieser Hinweis auf die Königin Esther zu verstehen?[354] Immerhin ist die Andeutung so bemerkenswert, dass sie in der Literatur als „biblische Chiffre für das Leben und das Schicksal Edith Steins"[355] bezeichnet wird. Edith Stein selbst liefert in der Sache keine weiteren Erklärungen, und so besteht hier in der Tat die Notwendigkeit zur Interpretation.[356] Das Buch Esther berichtet von einer jüdischen Waise, die von ihrem Onkel Mordechai aufgezogen wird, und die der persische König Artaxerxes ihrer Schönheit wegen zur Frau nimmt. Esther setzt ihr Leben ein, um den vom König gebilligten Plan seines Ministers Haman zu vereiteln, alle Juden im Land töten zu lassen. Entgegen des Hofzeremoniells, dessen Übertretung gewöhnlich die Todesstrafe nach sich zieht, tritt Esther vor Artaxerxes hin und erwirkt von ihm die Rücknahme des mörderischen Erlasses. Der von Haman per Los (*Pur*) bestimmte Tag des Pogroms wird daraufhin zum Tag seiner eigenen Hinrichtung bestimmt. Das Judentum feiert zur Erinnerung an die Rettungstat Esthers bis heute das Purimfest.[357] Dabei gilt, so der Heidelberger Judaist Daniel Krochmalnik, Haman in der jüdischen Tradition „als Typus des Judenvernichters und Esther als die tatkräftige Frau, die die Not wendet."[358] Wenn Edith Stein, deren autobiographische Aufzeichnungen keinen Hinweis darauf enthalten, dass dieses

---

[353] *E. Stein*, Brief an P. Brüning v. 31. 10. 1938, in: Briefe II, Br. 573, 318.

[354] Im Folgenden wird durchgängig die von Edith Stein verwendete Schreibweise des Namens Esther verwendet.

[355] *D. Krochmalnik*, Edith Stein. Der Weg einer Jüdin zum Katholizismus, in: *W. Herbstrith* (Hg.), Erinnere dich – vergiß es nicht. Edith Stein – christlich-jüdische Perspektiven (Annweiler 1990) 83–105, hier 97.

[356] So betont Dana Greene im Blick auf die Selbst-Identifizierung Edith Steins mit Esther: „Her self-understanding is neither definitive nor complete; the biographer must recognize it for what it is – another artifact to be interpreted." *D. K. Greene*, In Search of Edith Stein. Beyond Hagiography, in: *J. A. Berkman* (Hg.), Contemplating Edith Stein, 48–58, hier 54.

[357] Der Festtag wird vier Wochen vor Pessach in ausgelassener und teils karnevalistischer Atmosphäre begangen; so schreibt der Babylonische Talmud vor, der Mensch sei „verpflichtet, sich am Purimfest zu berauschen, bis er nicht mehr unterscheidet zwischen [...] Haman und [...] Mordechai." Zitiert nach *E. L. Ehrmann*, Von Trauer zur Freude. Leitfäden und Texte zu den jüdischen Festen, hg. v. *P. v. d. Osten-Sacken* u. *C. Z. Rozwaski* (Berlin 2012) 565. Bezüglich der verschiedenen Purimtraditionen vgl. ausführlich ebd., 539–553.

[358] *D. Krochmalnik*, Edith Stein, 98. Die Erinnerung daran war während der NS-Herrschaft vielen Juden, aber auch einigen Nationalsozialisten geläufig. So kommentierte der frühere Gauleiter von Franken, Julius Streicher, der in den Nürnberger Prozessen

Fest für ihre Familie eine besondere Bedeutung gehabt hätte,[359] sich nun selbst als Esther bezeichnet, lässt sich dies im Sinne Joyce Avrech Berkmans deuten:

> „As a risk-taking and ambitious woman, she naturally was attracted to the figure of Esther, and [...] her Esther identification strengthened her Jewishness."[360]

Edith Stein erkennt und schätzt demnach in der Person der Esther den Typus der starken, selbstbewussten Frau, die sich mit aller Kraft und dem ihr zur Verfügung stehenden Einfluss für ihr Volk einsetzt. Dieser Deutung entspricht, dass Daniel Krochmalnik den Brief Edith Steins an Papst Pius XI. vom April 1933 als ihre „erste, einer jüdischen Esther würdige Initiative"[361] bezeichnet und in den Mittelpunkt seiner Argumentation rückt.[362] Nachdem das Schreiben Edith Steins keinen unmittelbaren Erfolg gezeitigt habe und sie mithin „diplomatisch gescheitert"[363] sei, habe sie sich, so Krochmalnik, „als Esther" neben der Abfassung ihrer Autobiographie „vor allen Dingen im Gebet an den König im Himmel gewandt".[364] Diesen karmelitisch-diskreten Modus des Protests gegen die Judenverfolgung kommentiert Krochmalnik konsterniert: „Ein wenig mehr Öffentlichkeit wäre sicher hilfreich gewesen."[365]

Es ist allerdings fraglich, ob der Kern der Esther-Rezeption Edith Steins auf diese Weise tatsächlich adäquat auszuloten ist. Erstmals taucht Esther im Opus Edith Steins in der Münsteraner Vorlesung über *Probleme der neueren Mädchenbildung* (1932) auf, und zwar sehr am Rande

---

zum Tod verurteilt wurde, seinen letzten Gang mit den Worten: „Dies ist mein Purim-Fest 1946." Zitiert nach ebd., 104.

[359] Dies liegt auch insofern nahe, als viele liberale Juden Westeuropas das Purimfest während der Jahrzehnte um die Wende vom neunzehnten zum zwanzigsten Jahrhundert nicht sonderlich geschätzt haben. Vgl. M. *Heidhues*, Edith Stein und das Buch Esther: Eine *jüdische* oder eine *katholische* Esther, in: ESJ, Bd. 21 (2015) 74–85, hier 79 f. Die Hinweise auf familiäre Purimfeiern im Hause Stein in A. *MacIntyre*, Edith Stein, 10, und J. A. *Berkman*, The German-Jewish Symbiosis in Flux. Edith Stein's Complex National/Ethnic Identity, in: *Dies.* (Hg.), Contemplating Edith Stein, 170–198, hier 187, sind hingegen nicht zu verifizieren.

[360] Ebd., 189. „Als risikofreudige und ambitionierte Frau fühlte sie sich ganz selbstverständlich von der Figur der Esther angezogen; und [...] zugleich stärkte ihre Esther-Identifikation ihr Jüdischsein."

[361] D. *Krochmalnik*, Edith Stein, 98.

[362] Vgl. ebd., 98–102.

[363] Ebd., 102.

[364] Ebd., 103.

[365] Ebd., 104.

als alttestamentliches Beispiel einer Frau, die ähnlich wie Judith im Hinblick auf das traditionelle weibliche Rollenschema, aber auch die Erlösungsordnung, „einen Sonderberuf"[366] innehatte und damit als Vorbild Marias zu betrachten sei. Daneben ist der erwähnte Brief an Petra Brüning vom Oktober 1938 das erste überlieferte Zeugnis einer Erwähnung der biblischen Esther durch Edith Stein – in einer Zeit, in der die Bedrängnis vieler Juden sehr einschneidend war. Für den 13. Juni 1940 arbeitete Edith Stein dann, nun in Echt, ein Offizium zu Ehren der Jungfrau Maria, Königin des Friedens (*Officium B.M.V. Pacis Reginae*) aus, für das sie sowohl in der ersten Vesper als auch der ersten Nokturn der Matutin Lesungen aus dem Buch Esther vorsah.[367] Als entscheidendes Schriftstück mit Esther-Bezug liegt dann die *Nächtliche Zwiesprache* vor, ein kleines Theaterstück, das Edith Stein anlässlich des Namenstags der Echter Priorin Antonia Engelmann am 13. Juni 1941 verfasst hat, und in dem die Priorin einen fiktiven Dialog mit der Königin Esther führt.[368]

Bereits diese Chronologie deutet darauf hin, dass Esther von Edith Stein wohl kaum, wie die jüdischen Autoren Berkman und Krochmalnik vermuten, in erster Linie als *starke Frau in schweren Zeiten* stilisiert wird, in deren Rolle sie sich nun wiederfindet. Die politische Situation der Jahre 1938 bis 1941 lässt diese Deutung nicht mehr zu. Im Gegenteil imponiert es Edith Stein, dass die Bibel in der Person Esthers eine Frau vorstellt, der es gelingt – in Zeiten des Erdulden-Müssens von außen auf sie kommender Geschehnisse und der Hilflosigkeit angesichts der gewalttätigen Macht anderer –, auf eine ihr eigene Weise die Verhältnisse umzukehren, Handlungsmacht zu gewinnen und wieder Subjekt ihres Tuns zu werden. Dies ist ihr möglich, indem sie ihr Leben für ihren Oheim und ihr Volk in die Waagschale wirft. Esther gewinnt, wie Marianne Heimbach-Steins betont, ihre „Macht aus der Ohnmacht, nicht aus der Selbstgewissheit der Machtfülle."[369] Auch Edith Stein geht es nicht um eine äußere, sondern eine innere, geistliche Umkehrung der Situation. Mit Esther ist sie

---

[366] F, 179.

[367] Vgl. GT II, 363 und 366–369.

[368] Vgl. ebd., 238–244.

[369] *M. Heimbach-Steins*, Subjekt werden – Handlungsmacht gewinnen. Eine Glosse zu Est 4,13–14, in: *S. Feder* u. *A. Nutt* (Hg.), Esters unbekannte Seiten. Theologische Perspektiven auf ein vergessenes biblisches Buch (Ostfildern 2012) 189–192, hier 191. Vgl. auch *M. Heidhues*, Edith Stein und das Buch Esther, 76.

> „verbunden in der Hoffnung auf ‚Hilfe und Rettung‘, die nicht vom König,
> nicht aus den Machtspielen der Mächtigen, sondern von ‚anderswoher‘
> kommen – Gott ist im Spiel, auf der Seite des Lebens.“[370]

Erinnert sei auch an die in der christlichen Esther-Tradition verbreitete
Analogie der mutigen Entscheidung Esthers – „Ich will zum König gehen,
obwohl es gegen das Gesetz verstößt. Wenn ich umkomme, komme ich
eben um.“[371] – mit dem *Fiat!* Marias.[372] Indem Esther sich vor dem König demütigt, gelingt es ihr, die bis dahin bloß passive Opfer-Rolle zu verlassen und das Heft des Handelns in die Hand zu nehmen. Edith Steins
Esther-Adaption gewinnt daher mit gutem Grund nicht schon 1933, sondern erst 1938, wenige Tage vor der Reichspogromnacht, an Relevanz
und ist nur im Kontext ihres religiösen Verständnisses von geistlicher
Stellvertretung und Opfer zu verstehen. Es handelt sich um eine Art *ultima ratio* im Glauben, die keine Alternative zum nach Freiheit streben-
den äußeren Handeln markiert – dies würde allen Denkmustern Edith
Steins zuwiderlaufen –, sondern die erst dann an Bedeutung gewinnt,
wenn kaum noch Möglichkeiten äußerer Handlungsfreiheit bestehen.
Diese Prägung der Esther deutet Edith Stein in der *Nächtlichen Zwiesprache* an, wenn sie der Protagonistin die Worte in den Mund legt:

> „O fürchte nichts! Die nächtlich sich dir naht,
> Ist eine Flehende, hat andere Waffen nicht
> Als aufgehobne Hände.“[373]

Den Kampf gegen den „and‘ren Haman“[374] – ein unmissverständlicher
Hinweis auf die Person Hitlers – *konnte* Edith Stein damals nur noch
geistlich führen, quasi flehend, mit zu Gott erhobenen Händen. Das Vertrauen, das sie in die Kraft des Gebets setzte, sollte dabei nicht unter-
schätzt werden. Schon im Jahr 1936 hatte sie in dem Aufsatz *Das Gebet
der Kirche* auf ihr Verständnis der Wirkmacht des Gebets hingewiesen.[375]
Unter Bezug auf die geistliche Offensive, mit der Teresa von Ávila auf die

---

[370] M. *Heimbach-Steins*, Subjekt werden – Handlungsmacht gewinnen, 190.

[371] Est 4,16.

[372] Vgl. Lk 1,38. Siehe hierzu M. *Heidhues*, Edith Stein und das Buch Esther, 81.

[373] GT II, 239. Die Figur der Priorin greift diese Worte Esthers später noch einmal auf:
„Du setztest für dein Volk aufs Spiel das Leben? / Und hattest damals wohl schon keine
Waffe, / Als die zum Flehen aufgehob’nen Hände? / So bist Du *Esther* wohl, die Königin?“ Ebd., 240. Edith Stein spielt damit auf das flehende Gebet Esthers in Est 4,17k-z
an.

[374] GT II, 241.

[375] Zum Text *Das Gebet der Kirche* vgl. Anm. 355.

(Glaubens-)Not ihrer Zeit reagiert hatte,[376] betont Edith Stein die Notwendigkeit des Gebets im Einsatz gegen Ungerechtigkeit und äußere Mächte. Dabei spielt sie offen auf die Situation im nationalsozialistischen Deutschland an:

> „Die offizielle Geschichtsschreibung schweigt von diesen unsichtbaren und unberechenbaren Mächten. Aber das Vertrauen des gläubigen Volkes und das lange prüfende und vorsichtig abwägende Urteil der Kirche kennen sie. Und unsere Zeit sieht sich mehr und mehr dahin gedrängt, wenn alles andere versagt, von diesen verborgenen Quellen die letzte Rettung zu erhoffen."[377]

Genau dieses Denken ist es, auf dessen Grundlage Edith Stein später die Figur der Esther interpretiert. Es liegt auf der Hand, dass sie damit die Herangehensweise der jüdischen Esther-Rezeption deutlich variiert und christologisch wendet. Die Gründe für diese hermeneutischen Differenzen können hier nicht im Detail erörtert werden, gehen aber zu einem gewissen Teil auf die Abweichungen zurück, die den hebräischen Text, der von jüdischer und auch evangelischer Seite als maßgeblich erachtet wird, von der im katholischen Bereich verwendeten Septuaginta-Fassung des Estherbuches unterscheiden.[378] So kommt die hebräische Variante ganz ohne die Erwähnung Gottes aus, während die Septuaginta nicht nur von Gott spricht, sondern auch „das bewegende Gebet Esthers"[379] enthält, das Edith Stein so angesprochen hat und das sie ihrerseits in der *Nächtlichen Zwiesprache* anklingen ließ.[380] Die spezifische christologische Ausformung hingegen – Edith Stein erbittet von Christus, dem König, die Rettung der Juden – ist im Kontext ihres Verständnisses der Menschheit als universalem mystischen Leib Christi zu verstehen, das sie in *Endliches und ewiges Sein* ausführt. Dies wird an anderer Stelle

---

[376] Teresa selbst knüpft in diesem Kontext an das Bild des Kampfes und Krieges an, der allerdings auf rein geistliche Weise ausgefochten wird. Vgl. GT I, 53 f.

[377] Ebd., 54 f.

[378] Vgl. *H. M. Wahl,* Das Buch Esther. Übersetzung und Kommentar (Berlin 2009) VIII und 3–7. Siehe auch *M. Heidhues,* Edith Stein und das Buch Esther, 74–76 und 80–83.

[379] Ebd., 81.

[380] Heute ist dieses Gebet am liturgischen Gedenktag Edith Steins als Lesung innerhalb der Eucharistiefeier vorgesehen. In diesem Zusammenhang sei darauf hingewiesen, dass sich auch die jüdische Esther-Rezeption verschiedener Epochen vom fehlenden Gottesbezug des Buches irritiert gezeigt hat. Vgl. etwa *J. Magonet,* The God who Hides: Some Jewish Responses to the Book of Esther, in: European Judaism, Bd. 47 (1/2014) 109–116, oder *E. L. Ehrmann,* Von Trauer zur Freude, 529 f.

noch ausführlich zu erörtern sein.[381] Die besondere Wertschätzung, die
Edith Stein in ihren letzten Lebensjahren der Esther entgegenbringt, hat
aber unabhängig davon ein doppeltes Fundament: ihre ungebrochene
Solidarität mit der Gemeinschaft des jüdischen Volkes und ihren in der
christlichen Anthropologie verorteten religionsphilosophischen Begriff
von Gemeinschaft.

In jedem Fall liegt Hanna-Barbara Gerl-Falkovitz richtig, wenn sie im
Blick auf die biblische Esther feststellt: „Diese Gestalt begleitet Edith
Stein zeichenhaft bis zum Ende."[382]

Fazit

Die postulierten Kernthemen der Religionsphilosophie Edith Steins –
Freiheit, Glaube und Gemeinschaft – haben das Leben der Denkerin in
verschiedensten Facetten bestimmt. Die drei Topoi lassen sich bei Edith
Stein jeweils von spezifischen Prägungen vom Kindes- und Jugendalter
an fortschreiben und finden sich über ihre gesamte Biographie hin konsonant und integral angelegt. Umso bedeutsamer ist es hervorzuheben,
dass es sich gerade nicht einfach um milieuspezifische oder -typische
Werte handelt, die in gewisser Weise ererbt und von außen vorgegeben
wären und die im Laufe der Jahre lediglich hätten reflektiert und vertieft
werden müssen. Dazu ist weder das Leben Edith Steins noch die Zeitgeschichte, in die sie sich hineingestellt sah, linear genug verlaufen. Im
Gegenteil war Edith Stein immer wieder genötigt, nicht zuletzt durch persönliche Krisen, weitreichende Entscheidungen zu treffen, Überzeugungen neu zu begründen und auch gegen Widerstände durchzutragen. Genau daran macht sich die Modernität der Person Edith Stein fest, die sich,
anders als viele Zeitgenossen, in ausgesprochen pluralen Kontexten bewegte. Insbesondere der Glaube hatte in der Welt der Jugendlichen und
jungen Erwachsenen Edith Stein den Status *einer* Option *unter anderen*.
Ebenso stand sie mehrfach vor der Herausforderung, ihre Ideale der Freiheit und der Gemeinschaftlichkeit menschlichen Lebens jeweils neu aus-
zubuchstabieren und sich dabei anfragen zu lassen. Gerade dadurch gewinnt ihre Geschichte für die heutige Rezeption enorm an Relevanz.

---

[381] Vgl. Kap. 3.2.4.2. und Kap. 4.2.4.
[382] *H.-B. Gerl*, Unerbittliches Licht (1991) 32.

Dennoch ist es natürlich nicht von der Hand zu weisen, dass sich auch das Leben und Denken Edith Steins in einem zeitgeschichtlichen Kontext abgespielt hat, der von besonderen Spezifika, in diesem Fall der ersten Jahrzehnte des zwanzigsten Jahrhunderts, geprägt war: ihr persönlicher Hintergrund einer – nach vielen Rückschlägen – schließlich wirtschaftlich erfolgreichen, bildungsbeflissenen jüdischen Familie, ihre prominente Einbettung in den Prozess der Neuorientierung der zeitgenössischen Philosophie, die ernüchternde und vieles infrage stellende Erfahrung des Ersten Weltkriegs, die politische Betätigung im Kontext der jungen Demokratie der Weimarer Republik, die epochale Aufbruchbewegung in bestimmten Teilen des Katholizismus – etwa einer an philosophischer Dialogfähigkeit interessierten Gruppe innerhalb des Thomismus oder der Liturgischen Bewegung bis hin zur sehr persönlichen Frage nach dem Zueinander von Altem und Neuem Bund –, die Schrecken des Nationalsozialismus und schließlich der besondere Einfluss der katholischen Ordenstraditionen und -spiritualitäten der Dominikaner, Benediktiner und des Karmel auf Edith Stein. Die Vielfalt und historische Dichte dieser Entwicklungen und Rahmenbedingungen, von denen Edith Stein in unterschiedlicher, aber immer existenzieller Weise betroffen war, belegt eindrücklich, wie notwendig der hier beschrittene Weg war, vor der Analyse ihrer religionsphilosophischen Schriften deren Sitz im Leben herauszuarbeiten. Zugleich macht die Verschiedenartigkeit der angedeuteten Kontexte deutlich, dass Edith Stein für den heutigen Beobachter mehr als nur eine Person der Geschichte ihrer Zeit ist. Dies gilt nicht nur, weil einige der genannten Ereignisse und Prozesse auf die ein oder andere Art Konsequenzen bis in die Gegenwart hinein haben. Vielmehr deutet sich in deren Pluralität das Paradigma der Moderne an, in das Edith Stein hineingestellt war. Dies macht ihr Fragen und Denken für unsere Zeit bedeutsam und angesichts des bemerkenswerten Dreiklangs von Freiheit, Glaube und Gemeinschaft geradezu obligat.

Ganz offenkundig war es Edith Stein ein echtes persönliches Anliegen, die drei Leitgedanken, deren Genese und lebensweltliche Verwobenheit hier aufgezeigt wurde, zu einem religionsphilosophisch tragfähigen Ansatz zusammenzuführen. Vor diesem Hintergrund gilt es, die Religionsphilosophie und Theologie Edith Steins systematisch aufzurollen und zu befragen, möglicherweise auch zu *hinter*fragen.

„Der Weg geht vom Glauben zum Schauen, nicht umgekehrt. Wer [...] durch dies enge Pförtchen [...] hindurchgeht, der gelangt doch schon in diesem Leben zu immer hellerer Klarheit und erfährt die Berechtigung des credo ut intelligam."[1]

Edith Stein an Roman Ingarden, 1927

2. Christliche Philosophie bei Edith Stein

„Es sind *die* Fragen, die mich interessieren."[2] Im Februar 1917, gut zehn Jahre, nachdem Edith Stein sich vom Glauben ihrer Herkunft losgesagt hatte, schreibt sie, wie sehr die „Gottesfragen" für sie wieder bedeutsam geworden sind. Mehr und mehr war sie, die kurz zuvor ihren Dienst als Husserls Assistentin angetreten hatte, zu der Einsicht gelangt, dass es nicht möglich sei, zu philosophieren, ohne auf „religiöse Probleme" einzugehen.[3] Gleichzeitig stand hinter der intellektuellen Thematisierung der Religion zunehmend die persönliche Frage nach der Bedeutung des Gottesglaubens. Bis Edith Stein allerdings in Bergzabern die Taufe empfing, sollten noch fünf Jahre vergehen.[4]

Der geistliche Prozess, der sie schließlich bewog, die Initiationssakramente zu erbitten, trat nicht an die Stelle des philosophisch-analytischen Fragens, sondern ergänzte dieses. Edith Stein blieb als Christin Philoso-

---

[1] *E. Stein*, Brief an R. Ingarden v. 20. 11. 1927, in: Briefe III, Br. 117, 191.

[2] *Dies.*, Brief an R. Ingarden v. 20. 2. 1917, in: Briefe III, Br. 9, 47.

[3] Beide Zitate ebd., 46 f.

[4] Wenige Wochen vor ihrer Taufe deutet Edith Stein an, wie wichtig ihr in den von persönlichen Krisen geprägten Jahren die existenzielle Auseinandersetzung mit dem Glauben geworden sei: „Ich stehe vor dem Übertritt zur katholischen Kirche. Was mich dazu geführt hat, darüber habe ich Ihnen nichts geschrieben. Und all das läßt sich auch schwer sagen und schreiben gar nicht. Jedenfalls habe ich in den letzten Jahren sehr viel mehr gelebt als philosophiert." (*Dies.*, Brief an R. Ingarden v. 15. 10. 1921, in: Briefe III, Br. 78, 143.) Sechs Jahre später stellt sie klar: „Vielleicht habe ich bei der Darstellung meines Weges das Intellektuelle zu schlecht wegkommen lassen. In der jahrelangen Vorbereitungszeit *[auf die Taufe hin]* hat es sicher stark mitgewirkt. Doch bewußtermaßen entscheidend war das reale Geschehen in mir (bitte: reales Geschehen, nicht ‚Gefühl')[,] Hand in Hand mit dem konkreten Bild echten Christenlebens in sprechenden Zeugnissen (Augustinus, Franziskus, Teresa)." *Dies.*, Brief an R. Ingarden v. 8. 11. 1927, in: Briefe III, Br. 115, 189.

phin und suchte schon vor ihrer Taufe und dann verstärkt und systematisch in den Jahren danach die Auseinandersetzung mit katholischer Philosophie und Theologie. Dabei erlebte sie, die sich als Phänomenologin
in gewisser Weise einer Avantgarde zugehörig fühlte und überzeugt war,
dass es notwendig sei, den disparaten Positionen des Neukantianismus,
Psychologismus, Historismus und Materialismus eine tragfähige Alternative entgegenzustellen, die Begegnung mit der katholischen Philosophie
zunächst als eine dialektische. Dies lässt sich bereits erahnen, wenn sie
die damals schon traditionsreiche Kulturzeitschrift *Stimmen der Zeit* im
Sommer 1918 etwas spöttisch als „katholisches Blättchen" bezeichnet.[5]
Ganz anders sieben Jahre später: Nun bekräftigt Edith Stein die Expertise
Erich Przywaras in Sachen moderner Philosophie mit dem Hinweis: „Er
hat das Referat über Philosophie in den ‚Stimmen der Zeit'."[6] Die eigentliche Herausforderung auf dem Weg zu einer dezidiert christlich, genauer
gesagt katholisch geprägten Philosophie war aber natürlich inhaltlicher
Natur. So betonte Edith Stein zwar, dass ihr der „präzise, durchgebildete
Begriffsapparat" der Scholastik imponiere, doch klagt sie gleichzeitig:
„Dafür fehlt freilich meist die unmittelbare Berührung mit den Sachen,
die uns Lebensluft ist, der Begriffsapparat sperrt einen so leicht gegen
die Aufnahme von Neuem ab."[7] Vor dem Hintergrund der phänomenologischen Maxime „Zu den Sachen selbst!"[8] ist zu ermessen, wie sehr
diese Kritik den Kern dessen berührt, was der Philosophin Edith Stein
als essentiell für das Denken ihrer Zeit galt.

Von nicht unerheblicher Bedeutung wird auch die kulturelle Diffe-
renzerfahrung gewesen sein, die Edith Stein im Zusammentreffen mit
dem zeitgenössischen Katholizismus gemacht haben dürfte. So weist Sarah Borden auf die Bedingungen kirchlichen Lebens im frühen 20. Jahrhundert hin:[9] Erst im Jahr 1887 hatte Papst Leo XIII. den Kulturkampf,
der das kirchliche Leben erst in Otto von Bismarcks Preußen und dann
im ganzen Kaiserreich tief geprägt hatte, offiziell für beendet erklärt.
Seither lähmte vielerorts die Auseinandersetzung um den Modernismus
den intellektuellen Diskurs im Bereich der Kirche, und auch die Struktur
des Milieukatholizismus beförderte eher ein geschlossenes Denken als

---

[5] *Dies.*, Brief an R. Ingarden v. 25. 7. 1918, in: Briefe III, Br. 41, 93.
[6] *Dies.*, Brief an R. Ingarden v. 8. 8. 1925, in: Briefe III, Br. 89, 158.
[7] *Dies.*, Brief an R. Ingarden v. 1. 8. 1922, in: Briefe III, Br. 82, 149.
[8] Vgl. etwa M. *Heidegger*, Sein und Zeit (Frankfurt a. M. 1976) = HeiGA 2, § 7. Siehe
auch Hua XIX/2, 535 und 600.
[9] Vgl. *S. Borden*, Edith Stein, 90 f.

den Austausch mit der Philosophie der Gegenwart. Peter Wust hat diese
Situation retrospektiv eindrücklich geschildert:

> „Die deutschen Katholiken wandern [...] ins Ghetto ab, und zwar in ein
> lange noch nicht deutlich genug geschildertes Ghetto. Langsam zwar, sehr
> langsam vollzieht sich dieser Prozeß, aber er vollzieht sich mit immer schär-
> fer hervortretender Bestimmtheit und Unerbittlichkeit. In der Spanne von
> etwa 1870 bis 1910 erst erreicht er seinen Höhepunkt."[10]

Die Katholiken hätten sich in Deutschland, so Wust weiter, als Bürger
zweiter Klasse empfunden, der Katholizismus sei in seiner intellektuellen
Entwicklung für Jahrzehnte „auf sich selbst zurückgeworfen und gleichsam zu einer geistigen Inzucht verurteilt" gewesen.[11] Gleichzeitig zeigt
der Blick auf das damalige gesellschaftliche Umfeld, etwa die Polemiken
Ernst Haeckels, Wilhelm Bölsches und anderer Vorkämpfer des materia-
listischen Monismus, dass die Selbstreferenzialität theologischer Debatten auch eine Abwehrreaktion auf die konfrontative Grundstimmung
im Konzert der konkurrierenden weltanschaulichen Auffassungen war –
oder durch diese zumindest verstärkt wurde. Umso dramatischer war in
ihrer Konsequenz die defensive Grundhaltung und Ängstlichkeit des akademischen Katholizismus, der „damals selbst so halb und halb an die
geistige Inferiorität, die der Gegner als den schlimmsten Vorwurf in Um-
lauf gesetzt hat",[12] glaubte. Vor diesem Hintergrund war es ebenso wichtig wie wegweisend, dass Edith Stein in den auf ihre Taufe folgenden Jahren in Erich Przywara einen „zeitweiligen Mentor"[13] hatte, der intensiv
und meinungsstark über die grundlegenden Fragen arbeitete, vor die sich
der Katholizismus, aber auch die Gesellschaft als Ganzes nach der Katastrophe des Ersten Weltkriegs gestellt sah.[14] Dabei ging es Przywara nicht
nur um die Anamnese des Zusammenbruchs der Wertesysteme, vielmehr
zählte er zu den Protagonisten der als *ver sacrum catholicum*[15] – katho-

---

[10] P. *Wust*, Die Rückkehr des deutschen Katholizismus aus dem Exil, in: *K. Hoeber*
(Hg.), Die Rückkehr aus dem Exil. Dokumente der Beurteilung des deutschen Katholizismus der Gegenwart (Düsseldorf 1926) 16–35, hier 18.
[11] Ebd., 19.
[12] Ebd., 20.
[13] *H.-B. Gerl-Falkovitz*, Deutsche Geistesgeschichte 1910–1930, 69. Dieser Beitrag
ist maßgeblich für die nachfolgenden Ausführungen. Vgl. auch *dies.*, Unerbittliches
Licht, 82–111.
[14] Vgl. hierzu die Beiträge in *E. Przywara*, Ringen der Gegenwart. Gesammelte Aufsätze 1922–1927, 2 Bde. (Augsburg 1929).
[15] Vgl. z.B. *ders.*, Katholisches Schweigen, in: Ebd., Bd. 1, 85–88. Siehe auch *H.-B.
Gerl-Falkovitz*, Deutsche Geistesgeschichte 1910–1930, 74.

lischer Frühling – apostrophierten Erneuerungsbewegung innerhalb der Kirche in Deutschland. Im kirchlichen Leben war diese Aufbruchstimmung nicht zuletzt im Umfeld der katholischen Jugendbewegung, der Liturgischen Bewegung und der Akademikerbewegung sichtbar. Erst im Kontext dieser Entwicklung sei es, so Pryzwara, gelungen, zur „Form einer positiven Wertung des ‚Katholischen' als eines schöpferischen Faktors des allgemeinen Geisteslebens" zurückzufinden, bei der „an Stelle des alten Entweder-Oder zwischen Katholizismus der Reaktion und Katholizismus der Angleichung ein Katholizismus des positiven Schaffens aus dem Eigenen zu treten begann."[16]

Edith Stein war davon in mehrfacher Hinsicht berührt. Sie stand durch ihre Nähe zu Beuron nicht nur in Kontakt zur Liturgischen Bewegung, sondern erlebte auch den *intellektuellen* Aufbruch, der in der Akademikerbewegung zum Ausdruck kam, als einen solchen. Peter Wust prägte für diese geistige Erneuerungsbewegung, die ihr Zentrum in Maria Laach hatte, das große Wort von der „Rückkehr des deutschen Katholizismus aus dem Exil".[17] In dieser Phase also, in der es galt, das katholische Denken aus seinem Rückzugsraum zu befreien, erfolgte die Annäherung Edith Steins an die katholische Theologie und Philosophie. Ihre Tätigkeit als Übersetzerin John Henry Newmans und des Thomas von Aquin wurde ihr dabei zur Schule, die ihr das Studium des Katholischen ermöglichte. Besonders die Übertragung der *Quaestiones disputatae de veritate* war ihr persönlich ein Laboratorium, das ihr die Gelegenheit gab, einen eigenen Beitrag zum *ver sacrum catholicum* zu leisten. Die Richtung, in der eine zeitgemäße christlich-katholische Philosophie zu denken wäre, hatte ihr jedoch bereits Newman vorgegeben, dessen „Vereinigung von natürlich-kultivierter Haltung mit der Gnade – im Unterschied zu weltloser Heiligkeit auf der einen oder historistischer Skepsis auf der anderen Seite" – Edith Stein als bestechend empfunden hatte.[18]

Angesichts der Expertise der Husserl-Schülerin war es naheliegend, dass sowohl Pryzwara als auch Walzer sie für geeignet hielten, Phänome-

---

[16] *E. Pryzwara*, Vorwort, in: *Ders.*, Ringen der Gegenwart, Bd. 1, VII. Hinsichtlich der katholischen Bewegungen vgl. den Überblick in *H.-B. Gerl-Falkovitz*, Deutsche Geistesgeschichte 1910–1930, 74–81.

[17] Vgl. Anm. 400.

[18] *H.-B. Gerl-Falkovitz*, Deutsche Geistesgeschichte 1910–1930, 85. Vgl. auch ausführlich *dies.*, „His Whole Life Consisted of a Search for Religious Truth". Edith Stein in Conversation with John Henry Newman, in: *J. A. Berkman* (Hg.), Contemplating Edith Stein (Notre Dame 2006) 149–169.

nologie und katholische Philosophie konstruktiv ins Gespräch zu bringen. Gerade der Neuthomismus, der sich als katholische Schulphilosophie in den Grenzen eines sehr eng gezogenen Korsetts bewegte, hatte
eine solche Öffnung dringend nötig. Außerdem war Przywara der Auffassung, dass insbesondere Konvertiten geeignet seien, zur Dynamisie-
rung des katholischen Denkens beizutragen. In einer Studie über die
Konvertitenfrage betont er, dass schon der Apostel Paulus – ebenso wie
später Augustinus – als „immer neu und unangenehm bohrender „Sta-
chel'" agiert und die Positionen der „geruhsamen Altgläubigkeit"[19] infrage gestellt habe. Der ererbte und anerzogene Glaube zeichne sich allzu
oft durch „mißtrauische ängstliche Zurückhaltung" aus, während die
Neubekehrten vielfach „kluge Bescheidenheit" und „glühende Christus-
begeisterung"[20] miteinander verbänden. Und in der Tat war die Aufgabe,
die Edith Stein zugedacht war, keine, für die sie von ihren Mentoren extrinsisch hätte motiviert werden müssen. Im Gegenteil:

> „Es besuchte mich [...] H. Pater Przywara S.J. aus München, mit dem ich
> durch die Newman-Übersetzung, die er herausgibt, brieflich in Verbindung
> gekommen war. [...] In unserm Briefwechsel hatte sich bereits gezeigt, daß
> wir beide dasselbe Desiderat als gegenwärtig dringende Aufgabe betrachten:
> nämlich eine Auseinandersetzung zwischen der traditionellen katholischen
> und der modernen Philosophie (wobei ihm auch die Phänomenologie das
> Wichtigste ist)."[21]

Im Folgenden soll es zunächst darum gehen, Edith Steins Verständnis des
Verhältnisses von scholastischer, vor allem thomasischer Philosophie und
der Phänomenologie näher zu bestimmen. In einem zweiten Schritt kann
dann der Begriff der *Christlichen Philosophie* beleuchtet werden, einerseits als bedeutsamer, in der Ideengeschichte verschieden definierter *terminus technicus* und andererseits in der Interpretation Edith Steins.

---

[19] E. *Przywara*, Konvertiten, in: *Ders.*, Ringen der Gegenwart. Gesammelte Aufsätze
1922–1927, Bd. 1 (Augsburg 1929) 146–154, hier 147.
[20] Alle Zitate ebd., 146.
[21] E. *Stein*, Brief an R. Ingarden v. 8. 8. 1925, in: Briefe III, Br. 89, 158.

„[M]eine eigentliche Aufgabe [...] scheint [zu sein]: die Auseinandersetzung zwischen scholastischer und moderner Philosophie."[22]

Edith Stein an Heinrich Finke, 1931

2.1. Zweifache Prägung: Husserl und Thomas von Aquin

Edith Stein ist vermutlich erstmals in Adolf Reinachs *Übungen für Fortgeschrittene* im Wintersemester 1913/1914 und Sommersemester 1914 mit Texten des Thomas von Aquin in Berührung gekommen.[23] Danach dauerte es allerdings noch einige Jahre, bis Thomas auch in ihren eigenen Schriften auftauchte, und zwar in einem kurzen Exkurs zur Sakramententheologie in *Freiheit und Gnade*.[24] In den darauf folgenden Jahren blieb er für Edith Stein zunächst weiterhin im Hintergrund, da sie sich vorerst John Henry Newman zuwandte, dessen Schriften damals im deutschen Katholizismus auf großes Interesse stießen. Wenn man den Einfluss Newmans auf die Theologie der darauffolgenden Jahrzehnte in Rechnung stellt, etwa bei Söhngen oder Fries, aber auch Rahner, von Balthasar, Congar oder de Lubac, wird deutlich, was es bedeutete, dass Edith Stein sich schon bald nach ihrer Taufe mit dessen Denken auseinandersetzte:[25] Ihr wurde unmittelbar eine Alternative zu den Engfüh-

---

[22] *Dies.*, Brief an H. Finke v. 6. 1. 1931, in: Briefe I, Br. 130, 151.

[23] Vgl. *H. R. Sepp*, Einführung der Bearbeiter, in: ESGA 9, XVIII. Reinach thematisierte in der Übung *Über das Wesen der Bewegung* u. a. Thomas' Thesen zum Kontinuum.

[24] Vgl. *B. Beckmann-Zöller*, Einführung der Bearbeiter, in: ESGA 9, LX, sowie FG, 54–56.

[25] Vgl. *G. L. Müller*, John Henry Newman (Augsburg 2010) 16 f. Siehe auch *G. Rombold*, John Henry Newman (1801–1890), in: *E. Coreth, W. M. Neidl* u. *G. Pfligersdorffer* (Hg.), Christliche Philosophie im katholischen Denken des 19. und 20. Jahrhunderts, Bd. 1, Neue Ansätze im 19. Jahrhundert (Graz u. a. 1987) 698–728, bes. 724–726. Zur Zeit Edith Steins war das Interesse an Newman so ausgeprägt, dass sich zeitweilig drei Verlage gleichzeitig um die Edierung seines Werkes bemühten. Im Kontext des Modernismusstreits verlief die Rezeption allerdings auch kontrovers. Edith Stein – und Przywara, in dessen Auftrag sie tätig war – arbeitete mit dem Münchener Theatinerverlag zusammen. Vgl. hierzu *H.-B. Gerl-Falkovitz*, „Sein ganzes Leben ist nur ein Suchen nach der religiösen Wahrheit gewesen". Edith Stein im Gespräch mit John Henry Newman. Einführung, in: Newman II, XII-XVI.

rungen des Schulthomismus eröffnet.[26] Besonders wichtig war ihr, dass
aus Newmans Œuvre die „unbedingte Verpflichtung [...] auf die Wahrheit" sprach, „die den gesamten Lebensentwurf zu begründen" ver-
mochte.[27] Es hat also einen besonderen Reiz, dass sich „die neugetaufte
Konvertitin" mit dem Werk des „großen englischen Konvertiten" beschäftigte, und zwar auch mit seinen autobiographischen Texten.[28] Vom
Frühsommer des Jahres 1925 an richtete Edith Stein ihren Fokus dann
ganz auf Thomas von Aquin.[29]

2.1.1. Getrennte philosophische Welten

Die Begegnung mit den *Quaestiones disputatae de veritate* war für Edith
Stein zu Beginn ein offensichtlich „im höchsten Maße irritierendes Erlebnis".[30] Darüber gibt die Vorbemerkung Aufschluss, die sie ihrer Übersetzung der ersten *Quaestio* voranstellt, und in der sie ihre problematische
Situation als Übersetzerin thematisiert. Demnach stehe eine moderne
Lektüre des Aquinaten vor der Schwierigkeit, dass die erkenntnistheoretischen Perspektiven neuzeitlicher und scholastischer Philosophie
grundverschieden sind:

> „Wenn man von der modernen Erkenntnislehre herkommt, ist es außer-
> ordentlich schwierig, auch nur zu einem schlichten Verständnis, geschweige
> denn zur kritischen Würdigung der thomistischen Erkenntnislehre zu gelan-
> gen. Die Fragen, die für den modernen Erkenntnistheoretiker im Mittelpunkt
> stehen – etwa die phänomenologische ‚Was ist Erkenntnis ihrem Wesen
> nach?' oder die Kantianische ‚Wie ist Erkenntnis möglich?' – werden gar
> nicht ex professo gestellt, man muß sich mühsam aus zerstreuten Bemerkun-
> gen eine Antwort darauf zusammensuchen – wenn überhaupt eine Antwort
> möglich ist. Andererseits werden Dinge behandelt, die ganz außerhalb des
> Gesichtskreises des modernen Philosophen liegen und auf den ersten Blick
> belanglos für die zentralen Fragen scheinen [...]."[31]

---

[26] Vgl. ebd., XXVI.

[27] Ebd., XXVI f.

[28] *Dies.*, Einführung, in: Newman I, XI. Edith Stein hat unter anderem Newmans autobiographische Aufzeichnungen der Jahre 1801–1832 übersetzt. Vgl. Newman II,
17–92.

[29] Vgl. *E. Stein*, Brief an R. Ingarden v. 8. 8. 1925, in: Briefe III, Br. 89, 158, sowie
dies., Brief an F. Kaufmann v. 13. 9. 1925, in: Briefe I, Br. 45, 73.

[30] *A. Speer*, Edith Stein und Thomas von Aquin: ‚meeting of the minds', in: ESJ, Bd. 14
(2008) 112.

[31] *E. Stein*, Vorbemerkung, in: De veritate I, 3.

Der erste Eindruck, den Edith Stein im unmittelbaren Kontakt mit Thomas gewonnen hatte, war also ein problematischer. Es sprach einiges dafür, dass die Phänomenologie Husserls und das mittelalterliche Denken, diese „beiden philosophischen Welten",[32] sowohl im Ansatz als auch in der Zielrichtung so grundverschieden waren, dass man kaum vom einen an das andere anknüpfen konnte. Eine ähnliche Interpretation scheint der ideengeschichtliche Überblick nahezulegen, den Edith Stein in *Endliches und ewiges Sein* liefert. Ganz knapp skizziert sie die unterschiedlichen Grundabsichten des griechischen, mittelalterlichen und modernen Denkens: Die griechische Philosophie habe die Frage nach dem Sein gestellt und im Rahmen der „natürlichen Gegebenheit der geschaffenen Welt"[33] zu beantworten gesucht; das Mittelalter habe die Seinsfrage im Mittelpunkt belassen, aber im Kontext der „Welt der Offenbarungstatsachen"[34] behandelt; die moderne Philosophie schließlich stelle statt der Seins- die Erkenntnisfrage. Die „Spaltung der Philosophie in zwei Heerlager, die getrennt marschierten",[35] war damit am Ende scheinbar unausweichlich – nämlich in

> „die ‚moderne' Philosophie und die katholische Schulphilosophie, die sich selbst als die philosophia perennis betrachtete, von Außenstehenden aber wie eine Privatangelegenheit der theologischen Fakultäten, der Priesterseminare und Ordenskollegien angesehen wurde. Die ‚philosophia perennis' erschien wie ein starres Begriffssystem, das als toter Besitz von Geschlecht zu Geschlecht weitergegeben wurde."[36]

Diese Analyse lässt an Deutlichkeit nichts zu wünschen übrig.[37] Zugleich stellt Edith Stein die entscheidende Frage:

---

[32] EES, 3.

[33] Ebd., 12.

[34] Ebd., 13.

[35] Ebd.

[36] Ebd.

[37] Schon im Mai 1924 hatte Edith Stein in einem Aufsatz in der *Neuen Pfälzischen Landes-Zeitung* betont: „Die Philosophie der Neuzeit scheidet sich in zwei große Lager: in die *katholische* Philosophie, die die großen Traditionen der Scholastik, vor allem des *Hl. Thomas*, fortsetzt, und in die Philosophie, die sich mit Nachdruck die moderne nennt, die mit der Renaissance einsetzt, in *Kant* gipfelt und heute in eine ganze Reihe verschiedener Interpretationen und Weiterführungen der Kantischen Lehre zersplittert ist. Diese beiden Lager haben sich bis vor wenigen Jahren nicht viel umeinander gekümmert. Der Nicht-Katholik pflegte die Scholastik, der durchschnittliche katholische Student Kant nicht zu studieren." *Dies.*, Was ist Phänomenologie?, in: ESGA 9, 85 – 90. Sigel: WPhän, hier 85.

„Ist es da nicht ein vergebliches Beginnen, eine Verständigung anbahnen zu wollen? Scheint es nicht, als gäbe es nur 2 Wege: entweder dem Heiligen auf seinen Boden zu folgen und die modernen Fragen ganz fallen zu lassen oder diesen Fragen nach unserer Weise nachzugehen, ohne uns um diese fernliegenden Untersuchungen zu kümmern?"[38]

Letztlich aber war sie überzeugt, dass es weder zielführend noch notwendig sei, die „doppelte Buchführung in Sachen der Philosophie"[39] fortzuschreiben. „Wenn nur ein Kern von Wahrheit hier und dort ist, so muß es auch eine Brücke geben."[40] Edith Stein strebte einen konstruktiven Diskurs von Moderne und Scholastik an. Es ging ihr darum, die in sich geschlossene Systematik des schulthomistischen Denkens zu überwinden und das christliche Weltbild der katholischen Philosophie mit der phänomenologischen Methode zu verbinden. Auf diese Weise sollte es möglich sein, eine Philosophie zu formulieren, die ausdrücklich auch auf Fragen des Glaubens eingeht und diese durchdenkt, und die zugleich anschlussfähig an das zeitgenössische Denken ist und den Herausforderungen der neuzeitlichen Erkenntnistheorie genügt.

2.1.2. Brückenschlag von der Scholastik zur Phänomenologie

Ihre Thomas-Studien hatte Edith Stein begonnen, um jenen Denker kennenzulernen, der in der katholisch geprägten Philosophie und Theologie schon seit Mitte des neunzehnten Jahrhunderts eine regelrechte Renaissance erlebt hatte. Zur Zeit Edith Steins prägte der Thomismus den Diskurs im Bereich der Kirche maßgeblich mit.[41] Papst Leo XIII. hatte diese Entwicklung durch die Enzyklika *Aeterni Patris* (1879) befördert, in welcher er Thomas als „Fürst und Meister"[42] aller Lehrer der Scholastik (*„inter scholasticos Doctores omnium princeps et magister"*[43]) bezeichnete und wärmstens zum Studium anempfahl. Insbesondere betonte er

---

[38] *Dies.,* Vorbemerkung, in: De veritate I, 3 f.

[39] WPhän, 85.

[40] *E. Stein,* Vorbemerkung, in: De veritate I, 4.

[41] Vgl. *V. Leppin,* Thomas von Aquin (Münster 2009) 106–108. Vgl. auch *D. Berger,* In der Schule des hl. Thomas von Aquin. Studien zur Geschichte des Thomismus (Bonn 2005).

[42] *H. Denzinger,* Enchiridion symbolorum definitionum et declarationum de rebus fidei et morum. Kompendium der Glaubensbekenntnisse und kirchlichen Lehrentscheidungen, lat.-dt., hg. v. *P. Hünermann* (Freiburg i. Br. [37]1991) 3139. Sigel: DH.

[43] Ebd.

die Bedeutung der Lehre des Thomas von Aquin zum Verhältnis von Glaube und Vernunft.[44] Edith Stein nimmt in *Endliches und ewiges Sein* unmittelbar Bezug auf diese Enzyklika.[45] Ihren erwähnten Anlaufschwierigkeiten bei der Thomas-Lektüre zum Trotz – Andreas Speer spricht von einer Zeit „mitunter extrinsisch motivierter Exerzitien"[46] – gewann sie zügig einen eigenständigen und „bisweilen virtuosen"[47] Zugang zu den Texten.[48] Dabei wich ihr Ansatz, wie Speer und Tommasi betonen, deutlich von dem des Schulthomismus ab:

> „Die Auswahl der rezipierten Forschungsliteratur bestätigt Edith Steins klare Positionierung gegen einen Thomismus neuscholastischer Provenienz und zugunsten einer Vermittlung von thomasischem und neuzeitlichem Denken, die in einer historisch-kritischen Thomas-Forschung fundiert ist."[49]

Ein erster Hinweis auf die Stichhaltigkeit der These, dass ein Brückenschlag von der Scholastik zur Phänomenologie – und umgekehrt – möglich sei, ist dem ideengeschichtlichen Kontext zu entnehmen, der Husserl zur Entwicklung der phänomenologischen Methode bewogen hatte. Bereits im frühen neunzehnten Jahrhundert war der Erfolg und die Ausdifferenzierung der empirisch arbeitenden Einzelwissenschaften so augenfällig geworden, dass es aus philosophischer Perspektive notwendig zu

---

[44] Die Enzyklika spricht von der „goldenen Weisheit" (*aurea sapientia*) des Aquinaten, die es zu rezipieren gelte. Allerdings heißt es einschränkend: „Die Weisheit des heiligen Thomas sagen Wir: denn wenn etwas von den scholastischen Lehrern entweder mit zu großer Spitzfindigkeit erörtert oder zu wenig überlegt gelehrt wurde, wenn etwas mit den Forschungsergebnissen der späteren Zeit weniger im Einklang steht oder schließlich in irgendeiner Weise nicht wahrscheinlich ist, so beabsichtigen Wir keineswegs, daß dies unserer Zeit zur Nachahmung vorgelegt werde." DH 3141. Vgl. hierzu ausführlich R. *Aubert*, Die Enzyklika „Aeterni Patris" und die weiteren päpstlichen Stellungnahmen zur christlichen Philosophie, in: E. *Coreth*, W. *Neidl* u. G. *Pfligersdorffer* (Hg.), Christliche Philosophie im katholischen Denken des 19. und 20. Jahrhunderts, Bd. 2, Rückgriff auf scholastisches Erbe (Graz u. a. 1988) 310–332. Zur Bedeutung von Aeterni Patris siehe auch D. *Berger,* In der Schule des hl. Thomas von Aquin, 127–139.
[45] Vgl. EES, 20, Anm. 28.
[46] A. *Speer* u. F. V. *Tommasi,* Vorwort der Bearbeiter, in: E. *Stein,* Miscellanea thomistica. Übersetzungen – Abbreviationen – Exzerpte aus Werken des Thomas von Aquin und der Forschungsliteratur, hg. v. A. *Speer* u. F. V. *Tommasi,* unter Mitarbeit v. M. *Hauer* u. S. *Regh* (Freiburg i. Br. 2013) = ESGA 27. Sigel: MTh, XIII.
[47] A. *Speer,* Edith Stein und Thomas von Aquin: ‚meeting of the minds', 124.
[48] Speer betont, Edith Stein habe sich „äußerst zielsicher" (ebd., 118) in das thomasische Werk eingearbeitet, so dass ein „an Dynamik gewinnender ‚zweiter Anfang' ihres Philosophierens" möglich geworden sei. Ebd., 115.
[49] Ders. u. F. V. *Tommasi,* Vorwort der Bearbeiter, in: MTh, XVIII.

sein schien, eine grundlegende Kritik der Erfahrung der Wirklichkeit zu
leisten. Mit diesem Anspruch waren schon die Kantianer der ersten Ge-
neration angetreten.[50] Einige Jahrzehnte später, im letzten Drittel des
Jahrhunderts, als die zwischenzeitlich prägende Romantik und der späte
Idealismus an Einfluss verloren, kam Kants kritische Transzendentalphi-
losophie von neuem und verstärkt in den Blick, diesmal im Kontext der
neukantianischen Bewegung, zu der etwa Paul Natorp, Hermann Cohen,
Ernst Cassirer oder Heinrich Rickert zählen.[51] Auch jetzt ging es darum,
Antworten auf den Siegeszug der Einzelwissenschaften zu geben, deren
Errungenschaften sich auf die „Erarbeitung jeweils spezieller Methoden
und spezieller thematischer Abgrenzungen"[52] gründeten. Nach Auffassung der Kantianer bedurfte es dringend einer „Wissenschaft, die sich –
über das bloße Buchstabieren auf einzelnen Gebieten hinaus – mit dem
Problem der Lesbarkeit der Welt schlechthin beschäftigte."[53] Eine solche
Grundlagenwissenschaft schien ihnen nur unter Rückgriff auf Kant möglich zu sein, genauer gesagt auf Prinzipien, „die das Kantische Denken
zusammenhängend machen". Es ging also „um das Prinzipielle bei
Kant – [...] um den qualitativ *ganzen* Kant." Dieses Ganze bestand für
die Neukantianer „im Kritizismus und in der kritischen Methode unter
bewußter Ausblendung von Kants eigener Frage nach der Möglichkeit
der Metaphysik."[54] Zugleich erwuchs dem Neukantianismus eine Konkurrenz durch den Psychologismus, der die Logik als „Kunstlehre vom
richtigen Denken" verstand und ihre objektive Gültigkeit und Stringenz
infrage stellte, indem er sie auf „die durch empirisch-psychologische
Analyse gewonnenen realen Gesetze unseres Denkens" reduzierte.[55]
Während etwa Cohen den Psychologismus vom kantischen Standpunkt

---

[50] Vgl. *E. W. Orth*, Die Einheit des Neukantianismus, in: *Ders.* u. *H. Holzhey* (Hg.),
Neukantianismus. Perspektiven und Probleme (Würzburg 1994) 13–30.

[51] Vgl. *H.-L. Nastansky* u. *R. Welter*, Neukantianismus, in: *J. Mittelstraß* (Hg.), Enzyklopädie Philosophie und Wissenschaftstheorie, Bd. 2 (Stuttgart – Weimar 1995)
989 f., hier 989.

[52] *E. W. Orth*, Die Einheit des Neukantianismus, 20.

[53] Ebd.

[54] Alle Zitate *R. Malter*, Grundlinien neukantianischer Kantinterpretation, in: *E. W.
Orth* u. *H. Holzhey* (Hg.), Neukantianismus. Perspektiven und Probleme (Würzburg
1994) 44–58, hier 46. Zum Begriff des Kritizismus siehe auch *W. Flach*, Kritizistische
oder dialektische Methode. Analyse und Bewertung, in: *D. Pätzold* u. *C. Krijnen* (Hg.),
Der Neukantianismus und das Erbe des deutschen Idealismus: die philosophische Methode (Würzburg 2002) 9–20.

[55] *W. Stegmüller*, Hauptströmungen der Gegenwartsphilosophie, Bd. 1 (Stuttgart
⁴1969) 49. Zu den verschiedenen Ausprägungen psychologistischen Denkens vgl. aus-

aus hinterfragte,[56] stand umgekehrt der spätere Niedergang der Marburger neukantianischen Schule im unmittelbaren Zusammenhang mit dem Aufstieg des psychologistischen Ansatzes.[57]

Die Situation der Philosophie war also – zumindest auf diesem Feld – einigermaßen prekär. Auf der einen Seite stand der Erfolg der Naturwissenschaften, der vielfach mit einem empiristischen Materialismus einherging oder im angelsächsischen Sprachraum mit dem populären Pragmatismus William James', auf der anderen Seite stand die kritizistische, an Kant orientierte Philosophie, die genau darauf Antwort geben wollte, aber stark auf erkenntnistheoretische Debatten konzentriert war. Hinzu kam die grundsätzliche Anfrage des Psychologismus an die Möglichkeit und Reichweite einer objektiven Logik. Zwar gab es Ansätze zur Lösung dieser Engführungen, etwa den Vorschlag Wilhelm Diltheys, zwischen naturwissenschaftlichem *Erklären* und geisteswissenschaftlichem *Verstehen* zu unterscheiden und Kriterien einer sachgemäßen Hermeneutik zu entwickeln,[58] doch befand sich dessen ungeachtet die Philosophie in den Augen vieler Zeitgenossen in einem historischen Zustand der Schwäche.[59]

Auch der junge Husserl nahm diese Situation wahr und wandte sich aus genau diesem Grund zunächst gar nicht der Philosophie, sondern der Mathematik zu. Erst die Klarheit des Denkens Franz Brentanos brachte ihn überhaupt zur Philosophie, zugleich aber erhob er gegen dessen deskriptiven Standpunkt den Vorwurf des Psychologismus.[60]

---

führlich *M. Rath*, Der Psychologismusstreit in der deutschen Philosophie (Freiburg i. Br. – München 1994).

[56] Vgl. hierzu *K. W. Zeidler*, Das Problem der Psychologie im System Cohens (mit Blick auf P. Natorp), in: *W. Marx* u. *E. W. Orth* (Hg.), Hermann Cohen und die Erkenntnistheorie (Würzburg 2001) 135–146.

[57] Vgl. *U. Sieg*, Aufstieg und Niedergang des Marburger Neukantianismus. Die Geschichte einer philosophischen Schulgemeinschaft (Würzburg 1994) 357–470. Nicht zuletzt vor dem Hintergrund dieser und ähnlicher Entwicklungen schlägt Helmut Holzhey vor, „den historiographischen Term ,Neukantianismus' auf die Philosophie der 1918 zu Ende gegangenen Kulturepoche zu beschränken". Vgl. *G. Funke*, Akzente der Neukantianismus-Diskussion, in: *E. W. Orth* u. *H. Holzhey* (Hg.), Neukantianismus. Perspektiven und Probleme (Würzburg 1994) 59–68, hier 61.

[58] Vgl. *W. Dilthey*, Grundlegung der Wissenschaften vom Menschen, der Gesellschaft und der Geschichte. Ausarbeitungen und Entwürfe zum zweiten Band der Einleitung in die Geisteswissenschaften (ca. 1870–1895), hg. v. *K. Gründer* u. *F. Rodi*, Ges. Schriften, Bd. 19 (Göttingen ²1997). Vgl. hierzu auch die Beiträge in *C. Damböck* u. *H.-U. Lessing* (Hg.), Dilthey als Wissenschaftsphilosoph (Freiburg i. Br. 2016).

[59] Vgl. *W. Stegmüller*, Hauptströmungen der Gegenwartsphilosophie, Bd. 1, XXX f.

[60] Vgl. hierzu *E. Tiefensee*, Philosophie und Religion bei Franz Brentano (1838–1917)

Husserl seinerseits strebte die Formulierung einer Methode an, auf deren Basis sich eine valide Erkenntnistheorie entwickeln ließ, die es erlaubte, die Fragestellungen formaler und materialer Ontologie wieder in den Blick zu nehmen. Eine solche Methode legte er mit den *Logischen Untersuchungen* (1900/1901) vor, in der er gleich mehrere phänomenologische Schlüsselbegriffe in die Debatte einführte. Dabei wandte er sich unmittelbar gegen den Psychologismus, den er als skeptischen Relativismus verwarf,[61] und formulierte die Idee einer reinen Logik im Sinn einer theoretischen Disziplin.[62] Bei der Analyse des Bewusstseins, die für Husserls weiteres Denken grundlegend ist, ging es ihm nicht um Fragen der Sinnesphysiologie oder der Neurologie, sondern ausschließlich um die Erkenntnistheorie: Was bedeutet es überhaupt, bewusst zu sein?[63] Damit rückt der Begriff der *Intentionalität* in den Blick. Husserl konzentriert sich bei der Wesensanalyse des Bewusstseins auf jene „Gruppe von Erlebnissen, die alle dadurch bestimmt sind, Bewußtsein *von* etwas zu sein, also durch ihr Gerichtetsein auf einen Gegenstand."[64] Dieses Gerichtetsein bezeichnet er als Intentionalität. Dabei gilt ihm ein Gegenstand, der in *der* Weise anschaulich gegeben ist, in der er intendiert wird, als evident. Dieser Evidenzbegriff ist intersubjektiv gültig und damit durchaus offen für Kritik, gleichzeitig aber davor gefeit, in einen erkenntnistheoretischen Skeptizismus abzugleiten.[65] Und Husserl ging noch weiter. Er vertrat die These, dass es möglich sei, *eidetische* Einsichten zu gewinnen und eine unmittelbare Wesensschau zu realisieren.[66] Beginnend mit dem Jahr 1905 vollzog er dann eine transzendentale Wende, die mit dem ersten Band der *Ideen zu einer reinen Phänomenologie und phänomenologischen Philoso-*

(Tübingen – Basel 1998) 19–25. Reinhard Kamitz definiert Brentanos Psychologismus als jene Position, „derzufolge die deskriptive Psychologie eine unerläßliche Grundlage für jede wissenschaftliche Philosophie und insbesondere auch für jede philosophische Bedeutungsanalyse darstellt." R. *Kamitz*, Franz Brentano (1838–1917), in: E. *Coreth*, W. M. *Neidl* u. G. *Pfligersdorffer* (Hg.), Christliche Philosophie im katholischen Denken des 19. und 20. Jahrhunderts, Bd. 1, Neue Ansätze im 19. Jahrhundert (Graz u. a. 1987) 384–408, hier 399 f.
[61] Vgl. Hua XVIII, §§ 17–51. Vgl. auch *D. Zahavi*, Husserls Phänomenologie (Tübingen 2009) 6–12.
[62] Hua XVIII, §§ 62–72.
[63] Vgl. *D. Zahavi*, Husserls Phänomenologie, 12.
[64] Ebd., 13.
[65] Vgl. ebd., 33.
[66] Vgl. ebd., 38.

phie[67] im Jahr 1913 und besonders den *Méditations Cartésiennes*[68] (1929) ihren Höhepunkt erreichte. Um ein wirklich tragfähiges Fundament zum Aufbau der Wissenschaften gewährleisten zu können, schien ihm nun die strikte Anwendung des bereits erwähnten Prinzips der ἐποχή, das im Grundsatz schon der antiken Skepsis bekannt war, unabdingbar zu sein. Unter ἐποχή verstand er die systematische Einklammerung, Ausschaltung und Urteilsenthaltung vorphilosophischer Haltungen. Am Ende dieses Prozesses bestehe die Möglichkeit des phänomenologischen Zugriffs auf die zu untersuchenden Objekte. Die ἐποχή ist damit eine Vorstufe der phänomenologischen Reduktion, die auf ihr aufbaut.[69] Die transzendentalphilosophisch-idealistische und wieder stärker an Kant orientierte Ausrichtung der Phänomenologie[70] zeigt sich dabei unter anderem in der Interpretation der ἐποχή als „universaler Enthaltung von der natürlichen Betätigung des Erfahrungsglaubens". Damit entfernt sich der Fokus der phänomenologischen Wesensschau vom Erfahrungsobjekt als solchem und verlagert sich „auf das erfahrende Leben, als worin die Welt für mich Sinn und Sein (schlichte Wirklichkeit) hat". Die „*transzendentale* Subjektivität" erweist sich dabei „als das meditierende ego". Im Mittelpunkt des Interesses steht das Bewusstsein. Dieses ist für Husserl die „absolute und letzte Voraussetzung [...] für alles, was überhaupt ist".[71]

Welche Perspektiven bestehen vor diesem Hintergrund für das Anliegen, einen Bogen von der scholastischen zur phänomenologischen Philosophie zu schlagen? Die idealistische Phänomenologie jedenfalls scheint dafür wenig Anknüpfungspunkte zu bieten. Allerdings besteht durchaus eine gewisse Nähe zwischen dem Thomismus und der frühen Phänomenologie der *Logischen Untersuchungen,* und zwar vor allem in epistemologischer Hinsicht. So war es kein Zufall, dass es im Jahr 1910

---

[67] E. *Husserl,* Ideen zu einer reinen Phänomenologie und phänomenologischen Philosophie. Erstes Buch. Allgemeine Einführung in die reine Phänomenologie, hg. v. *K. Schuhmann* (Den Haag 1976) = Hua III/1. Vgl. auch Hua III/2, IV f.

[68] E. *Husserl,* Cartesianische Meditationen und Pariser Vorträge, hg. v. *S. Strasser* (Den Haag ²1963) = Hua I.

[69] Vgl. *H. R. Sepp,* Art. Epoché, in: *H. Vetter* (Hg.), Wörterbuch der phänomenologischen Grundbegriffe (Hamburg 2004) 145–151, hier 145.

[70] Vgl. *ders.,* Edith Steins Position in der Idealismus-Realismus-Debatte, in: *B. Beckmann-Zöller* u. *H.-B. Gerl-Falkovitz* (Hg.), Edith Stein. Themen – Kontexte – Materialien (Dresden 2015) 17–27, hier 17, sowie ausführlich *D. Zahavi,* Husserls Phänomenologie (Tübingen 2009) 6–81.

[71] Alle Zitate Hua I, 189. Vgl. auch *H. R. Sepp,* Art. Epoché, 146.

ausgerechnet ein Neuscholastiker war, der Belgier Léon Noël, der als erster Philosoph des französischen Sprachraums Husserl rezipierte und die
Originalität seines Denkens betonte.[72] Zwei Jahrzehnte später, Noël
war inzwischen Präsident des *Institut Supérieur de Philosophie* in Louvain, sollte Edith Stein ihn in Juvisy-sur-Orge bei Paris im Rahmen der
ersten *Journées d'Études* der französischen *Société Thomiste* kennenlernen. Im Jahr 1910 jedenfalls zeigte Noël sich von Husserls Kritik des Psychologismus und seinem erkenntnistheoretischen Realismus höchst angetan und rückte ihn in die Nähe des neothomistischen Ansatzes.[73] Husserl
schien ihm der wichtigste Protagonist („peut-être le principal protagonis-
te"[74]) einer neuen Bewegung zu sein, die sich vom Psychologismus ab-
und einem logischen Objektivismus zuwandte.

Auch nach Husserls transzendentalphilosophischer Wende wurde die
Diskussion über das Verhältnis von Phänomenologie und Scholastik wei-
tergeführt. Schließlich fand im September 1932 die erwähnte Tagung im
Verlagshaus der erst wenige Jahre zuvor gegründeten *Éditions du Cerf*
statt, die ganz der phänomenologischen Bewegung gewidmet war, und
an der – neben Edith Stein – unter anderem Étienne Gilson, Alexandre
Koyré, Jacques Maritain und Gottlieb Söhngen sowie die Dominikaner
Pierre Mandonnet, Thomas Deman und Marie-Dominique Roland-Gos-
selin teilnahmen.[75] In der Eröffnungsansprache der Konferenz erläuterte
Maritain, wie die Phänomenologie aus Sicht des Thomismus zu betrachten sei:

---

[72] Vgl. *L. Noël*, Les frontières de la logique, in: Revue néo-scolastique de philosophie,
Bd. 17 (1910) 211–233. Siehe auch *G. Van Riet*, L'épistémologie de Mgr Léon Noël,
in: Revue Philosophique de Louvain, Troisième série, Bd. 52 (1954) 349–415, hier
360.

[73] Vgl. hierzu *A. Mazzù*, The Development of Phenomenology in Belgium and the Netherlands, in: *A.-T. Tymieniecka* (Hg.), Phenomenology World-Wide. Foundations, Expanding Dynamics, Life-Engagement: A Guide for Research and Study (Dordrecht
2002) 265–274, hier 266.

[74] *L. Noël,* Les frontières de la logique, 226.

[75] Vgl. *Société Thomiste* (Hg.), La Phénoménologie. Juvisy, 12 septembre 1932 (Tournai 1932) = Journées d'Études de la Société Thomiste, Bd. I, 9–10. Nach Abschluss der
Tagung besuchte Edith Stein gemeinsam mit Daniel Feuling, Bernhard Rosenmöller
und Gottlieb Söhngen die Eheleute Raïssa und Jacques Maritain privat in deren Wohnsitz in Meudon bei Paris. Als J. Maritain im Jahr 1961 in New York den Preis der dortigen *Edith Stein Guild* annahm, erinnerte er an diese Begegnung: „Raïssa and I never
forgot this visit, nor the ardor, intelligence and purity which illuminated Edith Stein's
face. Our hearts were attached to her." *J. Maritain,* At the Edith Stein Guild, in: *J. et R.
Maritain,* Œuvres complètes, Vol. XII (Fribourg – Paris 1992) 1212–1215, hier 1214.

„Il y a lieu de l'étudier avec une sympathie et un discernement dont des philosophes thomistes sentent d'autant mieux la nécessité que, d'une part, les points de contact entre thomisme et phénoménologie sont fréquents, quelque chose de la scolastique ayant, quoique dans un autre esprit, passé par Brentano dans les origines du mouvement phénoménologique, et que, d'autre part, ce qu'ils peuvent reprocher à la phénoménologie, ou à telle ou telle forme de la phénoménologie, a une certaine parenté avec les critiques qu'ils ont à adresser à certains membres de l'antique famille scolastique."[76]

Maritain führt hier einen intrinsischen und einen extrinsischen Grund für die Nähe von Scholastik und Phänomenologie an: die Bedeutung Brentanos für die Ursprünge von Husserls Philosophie und die kritischen Anwürfe, die von dritter Seite gleichermaßen an beide philosophischen Systeme gerichtet wurden. Der Hinweis auf Brentano ist insofern berechtigt, als dessen Denken einen dezidiert katholischen Ursprung hat.[77] Auch Edith Stein nimmt darauf Bezug, etwa in dem bereits erwähnten Beitrag für die *Neue Pfälzische Landeszeitung,* in dem sie daran erinnert, dass Husserl, der zunächst bei dem Mathematiker Karl Weierstraß promoviert und eine „gewisse Geringschätzung für die Philosophie"[78] seiner Zeit empfunden hatte, weil dieser die logische Präzision abzugehen schien, erst als Hörer und dann Schüler Brentanos für philosophische Fragen sensibel geworden war. Konsequenterweise wandte er sich mit seiner *Philosophie der Arithmetik* zunächst der Betrachtung mathematischer Grundbegriffe zu. Brentano selbst war nach dem Studium von Philosophie und Theologie 1864 in Würzburg zum Priester geweiht worden, habilitierte sich ebendort mit einer Arbeit über *Die Psychologie des Aristoteles, insbesondere seine Lehre vom nous poietikos* und verfasste später im Auftrag des Mainzer Bischofs Wilhelm Emmanuel von Ketteler ein kritisches Gutachten über das Vorhaben des Konzils, die päpstliche Infal-

---

[76] *J. Maritain,* in: *Société Thomiste* (Hg.), La Phénoménologie, 11. „Es ist ein wohlwollendes und differenziertes Studium angebracht, dessen Notwendigkeit die Thomisten umso mehr erkennen, als die Berührungspunkte zwischen Thomismus und Phänomenologie vielfältig sind; zum einen ist einiges aus der Scholastik – wenn auch in anderem Geiste – über Brentano in die Ursprünge der phänomenologischen Bewegung gelangt, zum anderen haben die Kritikpunkte, die sie der Phänomenologie vorwerfen, oder zumindest der ein oder anderen Ausprägung derselben, eine gewisse Ähnlichkeit mit denen, die man an einige Mitglieder der alten Familie der Scholastiker richtet."
[77] Vgl. ausführlich *R. Kamitz,* Franz Brentano, 384–408. Siehe auch *F. V. Tommasi,* „... verschiedene Sprachen redeten ...", 122.
[78] WPhän, 86.

libilität zu definieren.[79] Im neuscholastischen Denken war er damals fest verankert. In Folge einer Glaubenskrise und aus Protest gegen den späteren Konzilsbeschluss legte Brentano sein Priesteramt nieder und trat von der ihm inzwischen zugesprochenen Professur zurück. Erst Jahre später, als er in Wien lehrte, zählte Husserl zu seinen Schülern.

Der Einfluss der Scholastik auf Brentano und damit auch auf Husserl lässt sich gut an dem bereits erwähnten Begriff der *Intentionalität* aufzeigen.[80] Brentano hatte diesen unter bewusstem Rückgriff auf den Terminus *intentio* verwendet, der in der mittelalterlichen Scholastik, auch bei Thomas, unter Verweis auf Avicenna und andere arabische Philosophen gebraucht wird, um „die Eigentümlichkeit psychischer Phänomene gegenüber physischen Vorgängen zu beschreiben".[81] Husserl hat diesen Gedanken dann zu einem Grundbegriff der Phänomenologie fortentwickelt, indem er ihn als „die Eigenheit von Erlebnissen, ‚Bewußtsein von etwas zu sein'", definierte.[82] Jedes explizite *cogito* sei das

> „Wahrnehmen von etwas, etwa einem Dinge [...]. In jedem aktuellen cogito richtet sich ein von dem reinen Ich ausstrahlender ‚Blick' auf den ‚Gegenstand' des jeweiligen Bewußtseinskorrelats, auf das Ding, den Sachverhalt usw. und vollzieht das sehr verschiedenartige Bewußtsein von ihm."[83]

Die Querverbindung von scholastischer *intentio* und phänomenologischer *Intentionalität* der Wahrnehmung ist unstrittig, und zwar ausdrücklich, obwohl in der Sache auch wesentliche Unterschiede bestehen.

---

[79] Vgl. *K. Schatz*, Kirchenbild und päpstliche Infallibilität bei den deutschsprachigen Minoritätsbischöfen auf dem I. Vatikanum (Rom 1975) 129 f.

[80] Vgl. hierzu ausführlich *M. Antonelli*, Seiendes, Bewußtsein, Intentionalität im Frühwerk von Franz Brentano (Freiburg i. Br. – München 2001) 363–417.

[81] *C. F. Gethmann*, Art. Intentionalität, in: *J. Mittelstraß* (Hg.), Enzyklopädie Philosophie und Wissenschaftstheorie, Bd. 2 (Stuttgart – Weimar ²1995) 259–264, hier 259. Antonelli erinnert daran, dass Brentanos Intentionalitätsgedanke ursprünglich zwei unterschiedliche, komplementäre Thesen in sich vereinigt: „Zum einen ist dies die *ontologische These*, nach der es ‚intentionale Gegenstände' gibt, die einen besonderen ontologischen Status besitzen; zum anderen ist dies die *psychologische These*, nach der der Gegenstandsbezug das Wesensmerkmal des psychischen Phänomens im Unterschied zum physischen darstellt." *M. Antonelli*, Seiendes, Bewußtsein, Intentionalität im Frühwerk von Franz Brentano, 369.

[82] Hua III/1, 188. Vgl. *H. Spiegelberg*, „Intention" und „Intentionalität" in der Scholastik, bei Brentano und Husserl, in: Studia Philosophica. Jahrbuch der Schweizerischen Philosophischen Gesellschaft, Bd. 19 (1969) 189–216. Spiegelberg liefert auch eine detaillierte Darstellung der terminologischen Fortschreibung des Begriffs der Intentionalität.

[83] Hua III/1, 188.

Arno Anzenbacher hat die Differenzen aufgezeigt, die sich schon in den Ansätzen Brentanos und Husserls auftun: Letzterer rückte von Anfang an genau das in den Vordergrund, „was Brentano mit Intentionalität gar nicht meinte, nämlich die Beziehung auf das transzendente Objekt."[84] Aus der Perspektive Husserls war Brentano bei einem kurzschlüssigen Realismus stehengeblieben, da dessen Intentionalitätsbegriff noch einen klaren Immanenzcharakter hatte. Für Husserl hingegen zielt die *intentio* nicht einfach auf einen immanenten Gegenstand, sondern auf ein *Noema*, das ein „zwar korrelativ-unselbständiges, aber doch wesentlich transzendentes Moment des Aktes" ist.[85] Das Wesen der immanenten Inhalte im Sinn Husserls ist also noetisch reell, aber gerade nicht gegenständlich oder naturalistisch zu verstehen.[86]

Und dennoch: Auch wenn die Divergenzen im Detail unübersehbar sind, stehen die entscheidenden Komponenten, die die Intentionalität im Sinn Husserls prägen, „in einer deutlichen Affinität zu den klassischen aristotelisch-thomasischen Analysen."[87]

Edith Stein liegt also völlig richtig, wenn sie „gewisse Verbindungsfäden zwischen der *philosophia perennis* und dem allermodernsten, scheinbar ganz ahnenlosen Zweig der Philosophie"[88] konstatiert. In der Tat war es ja die vom „Geist der Scholastik"[89] geprägte strenge Wissenschaftlichkeit Brentanos, die Husserl bewogen hatte, sich der Philosophie zuzuwenden. Er sah „sehr nahe Zusammenhänge"[90] zwischen den Gesetzmäßigkeiten der formalen Mathematik und der formalen Logik. Letztere betrachtete er als ein „Gebiet objektiv bestehender Wahrheiten" und als formales „Grundgerüst aller objektiven Wahrheit und Wissenschaft."[91]

Damit ist die Frage, warum die Phänomenologie, wie Maritain andeutete, in ihrer „radikalen Abkehr vom kritischen Idealismus kantischer und neukantianischer Prägung" als eine „neue Scholastik"[92] kritisiert wurde, beantwortet. Die zunächst als *extrinsisch* und *intrinsisch* bezeichneten

---

[84] A. *Anzenbacher*, Die Intentionalität bei Thomas von Aquin und Edmund Husserl (Wien – München 1972) 22.

[85] Ebd.

[86] Vgl. hierzu ausführlich ebd., 21–24.

[87] Ebd., 153. Vgl. Anzenbachers komparatistische Analyse der genannten Komponenten – von *Noesis* und *Noema* bis zu *Eidos* und *universale*, in ebd., 153–180.

[88] WPhän, 86.

[89] Ebd.

[90] WBP, 148.

[91] Ebd.

[92] Beide Zitate LJF, 200.

Hinweise, die Maritain in dieser Sache angeführt hat – einerseits die Bedeutung Brentanos für das Entstehen der Phänomenologie und andererseits die ähnlich lautende Kritik von dritter Seite an *beiden* Ansätzen – erweisen sich im Grunde als die zwei Seiten derselben Medaille.

2.1.3. Husserl und Thomas im Gespräch

In der Festschrift zu Edmund Husserls siebzigstem Geburtstag im Jahr 1929 hat Edith Stein einen Text mit dem Titel *Husserls Phänomenologie und die Philosophie des hl. Thomas von Aquino. Versuch einer Gegenüberstellung* veröffentlicht, der einen ausgesprochen guten Zugang zu ihrem eigenen Denken liefert. Der Aufsatz bildet den Auftakt ihrer langjährigen Auseinandersetzung mit diesem Thema und ist insofern „weichenstellend sowohl für Steins eigene Arbeit als auch [...] ihre Rezeption".[93] Inhaltlich ist der Text vor allem deshalb wichtig, weil der wissenschaftliche Zugang, den Edith Stein hier in der Frage der Zuordnung von Thomas und Husserl wählt, bis heute im Vergleich mit anderen Ansätzen als der „aus vielen Gründen wohl [...] interessanteste"[94] gilt. Nicht zuletzt liest sich der Beitrag als Paradebeispiel der Maxime Edith Steins, philosophische Modelle nicht um ihrer selbst oder ihrer Autorität im akademischen Diskurs willen zu rezipieren, sondern allein wegen ihrer Lösungskompetenz im Blick auf relevante Fragen. Schon als Studentin in Breslau hatte Edith Stein gezeigt, dass es ihr um die Sache und nicht um ein Denken in den Schemata bestimmter Schulen ging. Dies war auch vielen ihrer Weggefährten klar, und so gilt die Analyse Hedwig Conrad-Martius' zu *Endliches und ewiges Sein* auch für Edith Steins Beitrag in Husserls Festgabe:

> „Ich glaube, es ist nicht richtig, zu sagen, daß das Ganze eine Synthese zwischen Thomas und Husserl sei. Wenigstens nicht in dem Sinne, als ob die einzelnen Ausführungen mit der *Absicht* auf eine solche Synthese hin geschrieben seien. Überall steht die Sache selbst, um die es ihr thematisch gerade geht, im Vordergrunde. Immer ist es, wie Wust so schön sagt, ein Maßnehmen an den maßgebenden Dingen."[95]

---

[93] *B. Beckmann-Zöller*, Einführung der Bearbeiter, in: ESGA 9, LV.
[94] *F. V. Tommasi*, „... verschiedene Sprachen redeten ...", 116.
[95] *H. Conrad-Martius*, Edith Stein, 68 f. Josef Stallmach diskutiert die entsprechenden Überlegungen Edith Steins unter dem Stichwort der Wahrheit. Vgl. *J. Stallmach*, Edith

Diese Beobachtung deckt sich mit dem Eindruck, den Edith Stein ihrerseits von Thomas von Aquin hatte: „[N]ie hat er etwas, was seiner eigenen Einsicht zugänglich war, auf bloße menschliche Autorität hin angenommen."[96] Man darf davon ausgehen, dass diese Erkenntnis einer der Schlüssel zu Edith Steins Thomas-Rezeption ist. Der Aquinat war, obwohl er sich in seinen Schriften durchgängig auf die Thesen anderer Philosophen und Theologen bezieht und diese diskutiert, kein autoritätsgläubiger Denker, sondern gab in der Abwägung der Argumente der Schlüssigkeit der Beweisführung immer den Vorzug vor der Autorität der jeweiligen Autoren. In diesem Sinn verbot es sich auch für die Thomas-Rezipientin Edith Stein, seine Positionen einfach in einem wortwörtlichen Sinn zu übernehmen und in die moderne Diskussion einzuspeisen. Sie interpretierte Thomas auch nicht – was aus historischer und ideengeschichtlicher Perspektive der sauberste Weg wäre – konsequent vor dem Hintergrund des geistigen Horizonts seiner Zeit, sondern griff seine Argumentation stattdessen auf, um dann

> „Fragen, die Thomas sich nicht stellte, und die evtl. in seiner Zeit gar nicht gestellt werden konnten, in seinem Geist zu beantworten. Das ist wohl auch der Grund, warum man heute wieder nach seinen Schriften greift."[97]

Damit werden sowohl die teilweise geradezu euphorischen Reaktionen der Befürworter einer erneuerten Thomas-Lektüre als auch die Polemiken der Schulthomisten verständlich, die später als Reaktion auf Edith Steins Übertragung der *Quaestiones disputatae* zu vernehmen waren. Zugleich deutet sich an, dass die Lösungen, die Edith Stein in der Husserl-Festschrift vorschlägt, nicht nur den Vorgaben ihres Lehrers und denen der mittelalterlichen Philosophie geschuldet sind, sondern Kernpunkte ihrer persönlichen Überzeugung markieren. Obwohl sie in ihrem Text eine lehrreiche Einführung in die Methoden und Ziele des thomasischen und des Husserl'schen Denkens gibt, liefert sie also vor allem eine Skizze der methodischen Leitlinien ihrer Christlichen Philosophie. Im Folgenden geht es daher vor allem um die Frage, wie Edith Stein die beiden Meister liest und welche Rückschlüsse dies im Blick auf das spezifisch christliche Moment ihres eigenen Ansatzes zulässt. Die umgekehrte Frage, ob die Interpretation Edith Steins dem Denken des Aquinaten und

---

Stein – von Husserl zu Thomas von Aquin, in: *W. Herbstrith* (Hg.), Denken im Dialog. Zur Philosophie Edith Steins (Tübingen 1991) 42–56.
[96] HTh, 128.
[97] Ebd.

Husserls jeweils im Detail gerecht wird, ist ein Thema der entsprechenden fachphilosophischen Diskussion, deren Ergebnisse, soweit sie hier von Belang sind, jeweils knapp angedeutet werden.[98]

Edith Stein hatte ihren Beitrag zur Festgabe ursprünglich in Form eines szenisch aufbereiteten fiktiven Dialogs zwischen den Protagonisten Husserl und Thomas gefasst.[99] Diese dramaturgische Einbettung findet heute wie damals Zustimmung – Andreas Speer spricht von einer „charmanten Rahmenerzählung", Erich Przywara von einem „künstlerisch wertvollen Gespräch", das dem „eindringlichsten" Text Edith Steins zum Verhältnis von mittelalterlicher Philosophie und Phänomenologie seine Gestalt gebe.[100] Auf Drängen Martin Heideggers, der die Festschrift damals edierte, arbeitete Edith Stein ihren Beitrag jedoch – Przywara zufolge „leider"[101] – in die Form traditioneller philosophischer Prosa um. Inhaltlich unterscheiden sich die beiden Fassungen nicht, und so wird

---

[98] Vgl. hierzu neben den bereits genannten Beiträgen etwa *J. Bell*, Thomas von Aquin und die Anfänge der Phänomenologie, in: ESJ, Bd. 18 (2012) 62–80; *S. Borden Sharkey*, Edith Stein and Thomas Aquinas on Being and Essence, in: American Catholic Philosophical Quarterly, Bd. 82/1 (2008) 87–103; *L. Elders*, Edith Stein und Thomas von Aquin, in: *Ders.* (Hg.), Edith Stein. Leben. Philosophie. Vollendung (Würzburg 1991) 253–271; *P. Freienstein*, Sinn verstehen. Die Philosophie Edith Steins (London 2007), bes. 73–75; *G. Gleeson*, Exemplars and Essences. Thomas Aquinas and Edith Stein, in: *M. Lebech* u. *J. H. Gurmin* (Hg.), Intersubjectivity, Humanity, Being. Edith Stein's Phenomenology and Christian Philosophy (Bern u. a. 2015) 289–308; und *A. Speer*, Edith Steins Thomas-Lektüren, in: *Ders.* u. *S. Regh* (Hg.), „Alles Wesentliche lässt sich nicht schreiben". Leben und Denken Edith Steins im Spiegel ihres Gesamtwerkes (Freiburg i. Br. 2016) 40–62.

[99] Vgl. die von Edith Stein beschriebene Eingangsszenerie, die die Autorin auf den späten Abend von Husserls Geburtstag datiert. Der Ort des Geschehens ist sein Freiburger Studierzimmer. Im Eröffnungsmonolog legt Edith Stein ihrem Lehrer folgende Worte in den Mund: „Die lieben Leutchen haben es herzlich gut gemeint mit ihren Glückwunschbesuchen; und gewiß, ich hätte keinen missen mögen. Aber nach einem solchen Tage ist es schwer, zur Ruhe zu kommen, und ich habe doch immer auf gute Nachtruhe gehalten. Wahrhaftig, nach all dem Geplauder wünschte ich mir jetzt ein ordentliches, philosophisches Gespräch, damit im Kopf wieder alles in die richtigen Bahnen käme." *E. Stein*, Was ist Philosophie? Ein Gespräch zwischen Edmund Husserl und Thomas von Aquino, in: ESGA 9, 91–118. Sigel: WPh, hier 91.

[100] Vgl. *A. Speer*, Edith Stein und Thomas von Aquin: ‚meeting of the minds', 119, sowie *E. Przywara*, Edith Stein. I. Zu ihrem zehnten Todestag, 63. Zwischenzeitlich hat das Beispiel Edith Steins andere Autoren ermutigt, Beiträge in ähnlicher Form zu verfassen. Vgl. etwa *F. Gaboriau*, Thomas von Aquin im Gespräch mit Jacques Maritain. Überlegungen zu J. Maritains Philosophie im Licht seines Meisters, in: *T. Licht* u. *B. Ritzler* (Hg.), Jacques Maritain. Philosophie und Politik aus katholischem Glauben (Karlsruhe 2002) 85–103.

[101] *E. Przywara*, Edith Stein. I. Zu ihrem zehnten Todestag, 63.

hier dann auch der damals publizierte Text als maßgeblich betrachtet. Thematisch ist er in sechs Bereiche gegliedert, die im Folgenden vorgestellt werden:

(1) *Philosophie als strenge Wissenschaft.* An der Wende vom neunzehnten zum zwanzigsten Jahrhundert war immer deutlicher geworden, wie sehr die Notwendigkeit bestand, Philosophie als logisch klar strukturierte Wissenschaft zu betreiben. Dieses Anliegen wurde zwar verschiedentlich auch als „Modeschlagwort"[102] aufgegriffen, für Brentano und Husserl war es jedoch entscheidend. Beiden ging es um den Beleg, „daß Philosophie etwas anderes sein könne als ein schöngeistiges Gerede".[103] Edith Stein identifiziert die mathematisch-wissenschaftliche Strenge Brentanos als „scholastisches Erbgut", das „durch verborgene Kanäle" auf Husserl eingewirkt habe. Obwohl letzterer unmittelbar eher Descartes oder Hume rezipiert hatte, bestehe „in dem einen Punkt [...] völlige Übereinstimmung" mit Thomas.[104]

(2) *Natürliche und übernatürliche Vernunft.* Die Frage der Zuordnung von *Glaube und Wissen* ist grundlegend für die Kontroverse zwischen säkularer und religiös grundierter Philosophie. Zugleich geht es hier unmittelbar um die Grenzen und Bedingungen menschlicher Erkenntnis und damit um einen Themenkomplex, der eng mit dem Namen Immanuel Kants verbunden ist. Allerdings betont auch Husserl den „notwendig bruchstückhaften Charakter aller menschlichen Philosophie",[105] und schon Thomas war der Auffassung, dass es unmöglich sei, mittels der natürlichen Vernunft – *in statu viae* – zu endgültiger Erkenntnis zu gelangen. Daran anknüpfend fragt Edith Stein, ob es zur Bestimmung der Grenzen der autonomen Vernunft nicht eines „archimedischen Punkt[es] außerhalb ihrer selbst"[106] bedürfe, der vom Glauben her zu bestimmen sei:

> „Philosophie will Wahrheit in möglichst weitem Umfang und von möglichst großer Gewißheit. Wenn der Glaube Wahrheiten erschließt, die auf anderm Wege nicht zu erreichen sind, so kann die Philosophie auf diese Glaubenswahrheiten nicht verzichten, ohne einmal ihren universellen Wahrheitsanspruch preiszugeben [...]. So ergibt sich eine *materiale Abhängigkeit der Philosophie vom Glauben.*"[107]

---

[102] HTh, 120.
[103] Ebd., 119.
[104] Alle Zitate ebd., 120.
[105] Ebd., 122.
[106] Ebd., 123.
[107] Ebd., 124.

Vor dem Hintergrund der Offenbarungskritik der Aufklärung drängt sich hier die Frage nach der *analysis fidei* auf, genauer nach der *certitudo credibilitatis* und der *certitudo fidei*. Wenn der Glaube Wahrheiten erschließen soll, die dem Menschen im Rahmen einer reinen Philosophie verwehrt bleiben, die Offenbarung also zum letzten Kriterium der Wahrheitsfindung wird, stellt sich wie von selbst die Anschlussfrage, auf welche Weise denn ihrerseits die Echtheit der vermeintlichen Glaubensgewissheit verbürgt werden kann. Die schulthomistische Lösung des Problems läge im Verweis auf die klassischen Gottesbeweise. Edith Stein jedoch hält diese für nicht stichhaltig und daher für ungeeignet, die Gültigkeit der Glaubenssätze im Sinn notwendiger Wahrheiten zu begründen.[108] Allerdings liefert sie in dieser Frage auch keine andere, alternative Antwort. Stattdessen argumentiert sie von der Glaubensüberzeugung des Einzelnen her:

> „Man kann nur darauf hinweisen, daß für den Gläubigen die Glaubenswahrheiten eine solche Gewißheit haben, daß alle andere Gewißheit dadurch relativiert wird [...]. Die spezifische Glaubensgewißheit ist ein Geschenk der Gnade. Verstand und Wille haben die theoretischen und praktischen Konsequenzen daraus zu ziehen."[109]

Edith Stein führt hier also eine subjektiv erfahrbare Gewissheit ins Feld, die im Denken des religiös geprägten Philosophen die Abhängigkeit der Philosophie vom Glauben begründet. Für den Ansatz der Christlichen Philosophie ist dies entscheidend. Gleichzeitig öffnet sich hier der Raum für kritische Fragen, nicht zuletzt vor dem Hintergrund des thomasischen Ansatzes, dass die Philosophie präzise von den Glaubensüberzeugungen abzugrenzen sei.[110] Die Position Edith Steins unterscheidet sich aber nicht nur von der des Aquinaten. Ein „entscheidender Differenzpunkt"[111] liegt hier natürlich auch im Blick auf die Phänomenologie vor.

(3) *Kritische und dogmatische Philosophie.* Eine auf den Glauben gegründete Philosophie hat, so Edith Stein, „von vornherein die absolute Gewißheit, die man braucht, um ein tragfähiges Gebäude zu errichten".[112] Eine kritische Epistemologie im Sinn der neuzeitlichen Erkenntniskritik

---

[108] So bezeichnet sie die thomasische Lösung des Problems („Gott, der uns die Offenbarung gibt, bürgt uns für ihre Wahrheit.") als *circulus vitiosus*. Weiter stellt sie fest: „Der Rekurs auf die Gottesbeweise würde auch nicht helfen." Ebd., 125.
[109] Ebd., 126.
[110] Vgl. hierzu Kap. 2.2.2.
[111] HTh, 123.
[112] Ebd., 126.

sei in diesem Kontext daher nicht notwendig oder bleibe zumindest „*cura posterior*".[113] Ganz anders die moderne Philosophie, für die die Erkenntniskritik eine Grunddisziplin sei.[114] Husserl strebte, wie schon gesagt, „die Sicherung einer absolut zuverlässigen Methode"[115] an, die die Fehlerquellen des Erkenntnisprozesses ausschaltet, indem sie auf alle Ergebnisse mittelbaren Denkens verzichtet und eine Methode reiner Wesensforschung etabliert. Damit dachte er den methodischen Zweifel Descartes' und die Vernunftkritik Kants radikal weiter. Die „Sphäre des transzendental gereinigten Bewußtseins" wird dabei zum Forschungsgebiet von Husserls „prima philosophia".[116] Zuletzt hatte er die Methode der Wesensforschung immer weiter präzisiert, um aus dem Bewusstsein „einen Bereich echter Immanenz herauszugrenzen, d. h. eine Erkenntnis, die mit ihrem Gegenstand absolut eins und darum gegen jeden Zweifel gesichert wäre."[117] Wenn dies gelänge, könnte die angestrebte Einheit von *Noesis* und *Noema, Intentio* und *Intentum, Weg* und *Ziel* der Erkenntnis Wirklichkeit werden.

Thomas hätte ein solches Fernziel der Philosophie als unerreichbares Ideal bezeichnet. Die Erkenntnisfähigkeit des Menschen hielt er vor allem hinsichtlich der letzten Dinge für beschränkt. Der Weg seines Philosophierens war daher ein anderer: Ihm kam es, wie Edith Stein betont, „auf das Was an, nicht auf das *Wie*"[118] – und genau dies bezeichnet die Phänomenologie als *dogmatisch*. Thomas verfolgte jeden Weg, der ihm zur Wahrheit zu führen schien, und stützte sich dabei auch – allerdings nie unkritisch – auf *auctoritates*.[119]

---

[113] Ebd., 127. Leo Elders stellt dies in Frage: Auch Thomas habe methodisch präzise argumentiert – etwa in der Unterscheidung von natürlicher Ordnung und Glaubenssätzen –, sei aber von der Zuverlässigkeit der Sinneserkenntnis ausgegangen. (Vgl. *L. Elders*, Edith Stein und Thomas von Aquin, 260.) Dieser Hinweis liefert allerdings keinen triftigen Einwand gegen die Ausführungen Edith Steins, geht es ihr doch gerade darum, dass Thomas – auch aufgrund seines religiösen Weltbilds – davon ausgehen konnte, dass eine grundsätzliche Infragestellung sinnlicher Eindrücke wenig zielführend ist.

[114] WPhän, 85.

[115] HTh, 126.

[116] Ebd.

[117] Ebd., 126 f.

[118] Ebd., 127.

[119] Vgl. *F. V. Tommasi*, „... verschiedene Sprachen redeten ...", 124. Tommasi liest diesen knappen Hinweis als Kurzbeschreibung des Stein'schen Verständnisses der scholastischen Methode.

Gerade im Blick auf die Epistemologie fällt auf, wie konsequent Edith Stein ihre moderne Thomaslektüre zur Anwendung bringt, ohne die Kärrnerarbeit des ins Detail gehenden Studiums zu scheuen.[120] Thomas habe, so Edith Stein, formale, logische und sachliche Mittel in ihrer ganzen Breite eingesetzt und die seinerzeit neuesten Erkenntnisse rezipiert. Damals ging es um Aristoteles und andere griechische und arabische Autoren. Dabei zeigt der Vergleich der Epochen, so die Überzeugung Edith Steins, dass die Philosophie des zwanzigsten Jahrhunderts ihre Erfüllung *cum grano salis* auch in Überlegungen finden könne, die schon Thomas angestellt hatte.[121]

(4) *Theozentrische und egozentrische Philosophie.* Die „völlig verschiedene"[122] erkenntnistheoretische Orientierung von mittelalterlicher Philosophie und Transzendentalphänomenologie hat noch weitergehende Konsequenzen. So gelte für Thomas:

> „Die erste Wahrheit, das Prinzip und Kriterium aller Wahrheit, ist Gott selbst – [...] das erste philosophische Axiom. Alle Wahrheit, deren wir habhaft werden können, geht von Gott aus. Daraus ergibt sich die Aufgabe der ersten Philosophie: Sie muß Gott zum Gegenstand haben."[123]

Der Mensch ergründet demnach das Sein Gottes und seiner selbst immer ausgehend von der Grundüberzeugung, dass Gott der personale Grund der Existenz des Kosmos ist. Die Erkenntnislehre erweist sich hier als „Teil einer allgemeinen Seinslehre".[124] Die Transzendentalphänomenologie hingegen folge der genau gegenläufigen Grundfrage, wie sich für ein Bewusstsein, das man in Immanenz erforschen kann, die Welt aufbaut.[125] Die Erkenntnisfrage steht hier am Beginn des Philosophierens und wird mit der Problematik der Konstitution verknüpft, also der Darstellung der inneren, äußeren und auch religiösen Welt *für das Bewusstsein.* Damit gehe aber, so Edith Stein, der philosophische Realismus verloren; das

---

[120] Vgl. HTh, 128: „[W]er längere Zeit mit diesem klaren und scharfen, stillen und besonnenen Geist in seiner Welt lebt, dem wird es immer öfter begegnen, daß er in schwierigen theoretischen Fragen [...] leicht und sicher die richtige Entscheidung findet; und [...] so entdeckt er, daß Thomas mit irgendeiner seiner ‚Haarspaltereien' die Grundlage dafür geschaffen hat."

[121] Ebd.: „Es ist eine Zeit, die sich mit methodischen Erwägungen nicht mehr zufrieden gibt. Die Menschen sind haltlos und suchen nach einem Halt. Sie wollen greifbare, inhaltliche Wahrheit, die sich im Leben bewährt, sie wollen eine ‚Lebensphilosophie'. Das finden sie bei Thomas."

[122] Ebd., 129.

[123] Ebd.

[124] Ebd.

[125] Vgl. ebd., 130.

große Projekt Husserls, „eine von aller Subjektrelativität freie Wahrheit und Wirklichkeit" zu sichern, sei so nicht zu realisieren.[126] Mehr noch: Die transzendentalphilosophische Konstitutionsanalyse stelle konsequenterweise auch Gott selbst infrage und stehe daher „im Widerspruch zum Glauben".[127] Der Gegensatz von transzendentaler Subjektivität und scholastischer Theozentrik markiere eine entscheidende Trennlinie zwischen beiden philosophischen Systemen.

Edith Stein, die wie Adolf Reinach von der realistischen Phänomenologie der *Logischen Untersuchungen* geprägt war, empfand dies als schmerzlich.[128] Allerdings kann der von ihr unterstellte Gegensatz von Theo- und Egozentrik bei Thomas und Husserl nur unter der Prämisse ihrer eigenen Thomas-Interpretation aufrecht erhalten werden. So merkt Andreas Speer an, dass der Befund einer radikalen Theozentrik deutlich über das thomasische Verständnis von Philosophie hinausgeht.[129] Weder begreife der Aquinat Gott als erste Wahrheit im Sinn eines philosophischen Basisaxioms noch habe seine Philosophie Gott zum Gegenstand. Edith Steins Deutung erinnere vielmehr an Bonaventura oder neuere augustinische Lesarten des Thomas von Aquin, etwa bei Charles Boyer.[130]

---

[126] Vgl. ebd.: „Der Weg der transzendentalen Phänomenologie hat dahin geführt, das Subjekt als Ausgangs- und Mittelpunkt der philosophischen Forschung zu setzen. Alles andere ist subjektbezogen. Die Welt, die sich in Akten des Subjekts aufbaut, bleibt immer eine Welt für das Subjekt."

[127] Ebd.

[128] So lesen sich jedenfalls ihre entsprechenden Ausführungen. Demnach sah Husserl sich ausgerechnet wegen der anhaltenden Kontroversen mit denjenigen seiner Schüler, die sich dem Realismus verpflichtet sahen, genötigt, seine idealistischen Analysen „zu vertiefen und zu verschärfen". (Ebd., 131.) Wo genau der Standpunkt Edith Steins in der Idealismus-Realismus-Debatte zu verorten ist, wird allerdings noch zu klären sein. Vgl. hierzu Kap. 2.1.4.

[129] Vgl. Andreas Speer: „Bezüglich der materialen und formalen Abhängigkeit der Philosophie vom Glauben und ihrer theozentrischen Fundierung erweitert sie [*Edith Stein*] den philosophischen Erkenntnisanspruch in eine Richtung, die Thomas selbst nicht mehr der Philosophie, sondern der Theologie zuordnen würde." A. *Speer*, Edith Stein und Thomas von Aquin: ‚meeting of the minds‘, 120.

[130] Vgl. ausführlich ebd., 120 f. Siehe auch C. *Boyer*, Essais sur la doctrine de saint Augustin (Paris ²1932) 138–165. Boyer beruft sich bei der an Augustinus orientierten Thomas-Interpretation – etwa in der Frage der Erkennbarkeit Gottes – seinerseits auf Neuscholastiker wie Albert Lepidi oder Matteo Liberatore: „‚Selon saint Augustin, Dieu et les autres vérités intelligibles nous sont connus par le moyen des créatures.‘ Et les créatures ne servent pas seulement à expliciter une connaissance déjà possédée, mais à l'acquérir par une démonstration. Écoutons enfin Liberatore: ‚Je dis que saint Augustin et saint Thomas, sur ce point spécial de l'origine des idées, comme généralement sur

Marco Paolinelli hingegen legt Wert darauf, dass Edith Stein dessen ungeachtet in zweifacher Weise mit Thomas *konform* geht: So sei sie einerseits der Auffassung, dass Christliche Philosophie nicht fideistisch gedacht werden könne, dass es also gelte, zwischen Argumenten, die sich
auf die Ratio und solchen, die sich auf Inhalte der Offenbarung stützen,
zu unterscheiden, und andererseits, dass eine reine Philosophie allein
nicht in der Lage wäre, Antwort auf die großen Fragen des Lebens zu geben.[131] Was die *Husserl-Lektüre* Edith Steins in dieser Sache angeht –
und hier vor allem den Vorwurf der Egozentrik –, so hat sich Angela
Ales Bello kritisch zu Wort gemeldet. In Husserls Phänomenologie, so
Ales Bello, sei „die Frage nach Gott und nach einem Urgrund und Prinzip
aller Dinge […] stark gegenwärtig". Edith Steins Kritik in dieser Sache
lasse sich daher „im Grund nicht" durchhalten.[132] Davon unbenommen
bleibt, dass Husserl grundsätzlich großen Wert auf die Unabhängigkeit
philosophischer Erwägungen von Glaubensüberzeugungen gelegt hat.
Nicht zuletzt nennt er die Phänomenologie einen „a-theistischen"[133]
Weg – allerdings ist das nur als Hinweis in methodischer Hinsicht zu verstehen. Eine spezifische ontologische oder weltanschauliche Positionierung lässt sich daraus nicht ableiten.

Jedenfalls dürfte die Differenz von philosophischer Theo- und Egozentrik für die Entwicklung des persönlichen Standpunkts Edith Steins
sehr wichtig gewesen sein. Schon hier deutet sich ihre erklärte Absicht
an, einen philosophischen Zugang zum Verständnis der Welt zu formulieren, der Glaubensinhalte integral berücksichtigt, ohne dabei die Unterscheidbarkeit von Philosophie und Theologie aufzuheben.[134]

---

les autres, se trouvent en grande harmonie et la seule différence qui soit entre eux, est
que le second développe et perfectionne les sentiments du premier.'" Ebd., 142.
[131] Vgl. hierzu M. *Paolinelli*, Antropologia e ‚metafisica cristiana' in Edith Stein, in:
Rivista di filosofia neo-scolastica, Bd. 93 (2001) 580–615, hier 614. Vgl. auch R.
McInerny, Edith Stein and Thomism, 83: „It seems to me churlish to say that she is
mixing up diverse things, that this is an eclectic potpourri. After all, her first guide in
Thomas was the *Quaestiones disputatae de veritate.*"
[132] Beide Zitate A. *Ales Bello*, Philosophie und Offenbarung bei Edith Stein, in: ESJ,
Bd. 22 (2016) 113–126, hier 116. Vgl. auch ausführlich *dies.*, Edmund Husserl. Pensare Dio – Credere in Dio (Padova 2005).
[133] *Dies.*, Philosophie und Offenbarung bei Edith Stein, 117. Vgl. E. *Husserl*, Ms.
trans. A VII 9, Horizont (1933) 21.
[134] So misst etwa Francesco Tommasi dem Perspektivwechsel von der Ego- zur Theozentrik entscheidende Bedeutung für die weltanschaulich-religiöse Biographie Edith
Steins bei: „Der Unterschied zwischen einer theozentrischen und egozentrischen Philosophie kann auch wahrscheinlich ohne Übertreibung als der Schlüssel gelten, um

(5) *Ontologie und Metaphysik.* In einem weiteren Feld der Methodik sind Phänomenologie und Scholastik einander durchaus ähnlich, nämlich in der Unterscheidung von wesenhaften und akzidentiellen Eigenschaften der Dinge. Die Tatsache, dass es für Husserls Wesensanalyse grundlegend ist, das Wesen der Sachen von den Fakten abzugrenzen – es kommt ihm auf die *Eidetik* an, nicht die *Empirie* –, hat Stimmen auf den Plan gerufen, die die Phänomenologie als eine „Erneuerung der Scholastik"[135] bezeichnet haben. Und in der Tat sei man, so Edith Stein, „oft erstaunt, wie weit die Übereinstimmung in der Methode der Einzelanalyse geht".[136] Gleichzeitig verweist sie auf die *Grenzen* einer solchen harmonisierenden Interpretation. Vor allem bestünden gravierende Unterschiede in der Zielperspektive, deretwegen die Verfahren eingesetzt würden. Husserl gehe es um die formale Ontologie, etwa eine reine Logik, reine Mathematik etc., die als Voraussetzung aller positiv-wissenschaftlichen Überlegungen zu verstehen ist und ganz von jeder Empirie absieht. Und selbst die materiale Ontologie der Wesensanalyse kommt ohne das einzelne, faktisch existierende Objekt aus. Thomas hingegen habe die Unterscheidung wesenhafter und akzidentieller Eigenschaften nicht mit „der prinzipiellen Schärfe" Husserls betrieben, und zudem sei ihm sehr an einer traditionellen Metaphysik gelegen gewesen, also daran, „ein möglichst umfassendes Bild *dieser* Welt zu gewinnen".[137] Anders als die Phänomenologie diskutiere er nie bloß *„mögliche* Erkenntnistypen",[138] sondern betrachte die Daseinsthesis als gegeben. Dies habe vor allem Konsequenzen für Fragestellungen, die mit dem religiösen Weltbild verbunden sind – etwa der Eschatologie: (a) Während die Scholastik diese Fragen selbstverständlich thematisiert und ihre Inhalte als ontologisch gegeben betrachtet, (b) haben die meisten philosophischen Schulen der Moderne weder ein Interesse daran noch verfügten sie über die entsprechenden analytischen Zugänge, (c) wohingegen die Phänomenologie derartige Gegenstände zwar diskutiert, die Untersuchungen aber als reine Möglichkeitsbetrachtungen vornimmt. Insgesamt warnt Edith Stein daher vor einer

---

den Weg der Steinschen Bekehrung zu verstehen." *F. V. Tommasi,* „... verschiedene Sprachen redeten ...", 125.

[135] HTh, 132.

[136] Ebd.

[137] Ebd., 131. Der Hinweis auf *„diese* Welt" ist im Sinn der Unterscheidung von faktisch *bestehender* und theoretisch *möglicher* Welt zu verstehen. Es geht also nicht um die religiöse Unterscheidung von irdischer und himmlischer Welt.

[138] Ebd., 132.

Gleichsetzung der phänomenologischen und scholastischen Unterscheidung von Wesen und Faktum. Diese „allgemeinen Ausdrücke", so betont sie, sind letztlich „kaum etwas anderes [...] als kurze Bezeichnungen für eine Fülle schwierigster ontologischer Probleme."[139]

(6) *Intuition.* Abschließend nimmt Edith Stein sich ausführlich der Frage der phänomenologischen Intuition und Wesensschau an, die aus unterschiedlichen Gründen für Kontroversen sorgte und als „Stein des Anstoßes"[140] galt. Während etwa Positivisten und Kantianer kaum „ein spöttisches Lächeln"[141] für diesen Gedanken übrig hätten, polemisierten die Neuscholastiker, dass der Phänomenologie hier die Klarheit der *philosophia perennis* fehle:

> „Hier logische Bearbeitung und Auswertung sinnlicher Erfahrung (wenn wir uns auf das Gebiet natürlicher Erkenntnis beschränken), dort ein angeblich unmittelbares Erschauen ewiger Wahrheiten, wie es nach scholastischer Auffassung [...] Gott allein vorbehalten ist."[142]

Was aber versteht nun Husserl *selbst* unter der intuitiven Wesensschau? Edith Stein nimmt dem Begriff alles metaphysische, indem sie klarmacht, dass es dabei um die „mühevolle intellektuelle Erarbeitung" von Einsichten und ein „Verfahren schärfster, in die Tiefe dringender Analyse eines gegebenen Materials"[143] gehe. Weiter zählt sie drei Aspekte der scholastischen Erkenntnistheorie auf, die entgegen der landläufigen Auffassung völlig mit dem Gedanken der Intuition übereinstimmten:

a) *Alle Erkenntnis beginnt mit den Sinnen.* Zwar scheint diese These der Überzeugung Husserls zu widersprechen, dass die Wesenseinsicht keiner spezifischen Erfahrungsgrundlage bedürfe, doch sei damit, so Edith Stein, nur gemeint, dass es bei der Wesensanalyse „nicht auf *dies* tatsächlich existierende Ding ankommt".[144] Grundsätzlich aber seien beide Auffassungen kongruent.

---

[139] Ebd.

[140] Ebd., 133.

[141] Ebd., 134.

[142] Ebd., 133. Zur neuscholastischen Diskussion von Husserls Intuitionsbegriff vgl. auch *R. Kremer,* Gloses thomistes sur la phénoménologie, in: *Société Thomiste* (Hg.), La Phénoménologie, 64–69.

[143] Beide Zitate HTh, 134. Thomas Rolf definiert die Intuition der eidetischen Phänomenologie als „Vermögen der Wesensanschauung [...], die im Gegensatz zur individuellen Anschauung von den empirischen Zufälligkeiten eines Gegenstandes abstrahiert und den Gegenstand in seiner reinen Wesensallgemeinheit erfaßt." *T. Rolf,* Intuition, in: *H. Vetter* (Hg.), Wörterbuch der phänomenologischen Begriffe, 299 f., hier 299.

[144] HTh, 135.

b) *Alle natürliche menschliche Erkenntnis wird durch intellektuelle Bearbeitung sinnlichen Materials gewonnen.* Auch dieser thomasische Leitsatz stehe mit dem Intuitionsbegriff in Einklang. Obwohl die phänomenologische Wesensschau nicht auf dem Weg eines induktiven Erkenntnisprozesses zu realisieren ist, sei das Verfahren der Abstraktion wichtig – also das Absehen „von dem, was dem Ding bloß ,zufällig' zukommt".[145]

Husserls Intuition grenze sich nicht von der Denkleistung als solcher, sondern dem üblichen „logischen Schlußverfahren"[146] ab:

> „Wenn Thomas es als die eigentliche Aufgabe des Intellekts bezeichnet hat: *intus legere* – im Innern der Dinge zu lesen, so kann das der Phänomenologe als eine treffende Umschreibung dessen gelten lassen, was er unter Intuition versteht. So dürften beide darin einverstanden sein, daß die Wesens*schau* nicht im Gegensatz zum Denken steht [...]."[147]

c) *Ist die Intuition eher passiver oder aktiver Natur?* Thomas versteht den *intellectus agens* als Verstandes*aktion,* und das angesprochene *intus legere* als Verstandes*einsicht.* Wenn die Phänomenologie nun den letztgenannten, passiven Modus des Verstehens unterstreicht, geschieht dies aus einer Stoßrichtung gegen die konstruierte Erkenntnissuche der zeitgenössischen modernen Philosophie. Dabei weiß sie sich, so Edith Stein, mit der Scholastik einig. Beiden gehe es um die Abwehr des Subjektivismus und darum, „daß jenes Einsehen, das ein passives Empfangen ist, die eigentlichste Leistung des Verstandes ist [...]."[148] Die drei Merkmale scholastischer Erkenntnis bilden der Auffassung Edith Steins nach also keinen Kontrapunkt zum Modell der Wesensschau, sondern finden sich im Gegenteil dort spiegelbildlich wieder.

Anschließend an diese Diskussion wendet Edith Stein sich dem Begriff der *Unmittelbarkeit* zu, der für die phänomenologische Intuition ausgesprochen wichtig ist, während die Scholastiker ihn erst in der seligen Schau Gottes, der *visio beatifica,* für realisierbar hielten. Ohne die Analyse Edith Steins hier im Detail nachzuzeichnen,[149] sei darauf verwiesen, dass sie auch in diesem Fall den Gegensatz auflöst, der auf den ersten Blick besteht, indem sie ein gemeinsames Grundanliegen von Husserl und Thomas herausarbeitet. So kennt auch Thomas mit dem *intellectus principiorum* den Gedanken der unmittelbaren Einsicht in bestimmte

---

[145] Ebd.
[146] Ebd., 136.
[147] Ebd.
[148] Ebd.
[149] Vgl. ebd., 136–141.

Grundwahrheiten, wenn auch nur im Blick auf formal-logische Prinzipien. Hinzu kommt, dass ihm die allgemeine Erkenntnis *des Guten* ein unmittelbares Apriori der praktischen Erkenntnis zu sein scheint. Die phänomenologische Auffassung, „daß wir es in der Philosophie [*mittels der Intuition*] mit einer offenen Vielheit von ‚Axiomen' zu tun haben",[150] lässt sich damit zwar nicht einholen, doch gelingt es Edith Stein zumindest *grundsätzlich,* die Kompatibilität der Begriffe *mittelbare* und *unmittelbare* Erkenntnis bei Thomas und Husserl aufzuzeigen.

Alles in allem belegen die Argumente Edith Steins in ihrer hier vorgestellten Studie die These der erkenntnistheoretischen Vereinbarkeit von Phänomenologie und Scholastik. Dass sie dabei in einzelnen Aspekten sowohl Husserl als auch Thomas überzeichnet, ist nicht von der Hand zu weisen. Andererseits gelingt es ihr so, die für sie persönlich wichtigen methodischen Leitmotive herauszuarbeiten, die die Grundlage ihrer Christlichen Philosophie bilden. Im Folgenden wird dem noch weiter nachgegangen, um zum Kern der Christlichen Philosophie vorzustoßen.

2.1.4. Von der Idealismus-Realismus-Frage zur *analogia entis*

Ein wichtiges Grundprinzip der Christlichen Philosophie ist die *analogia entis.* Francesco Tommasi stützt sich bei der Untersuchung derselben nicht nur auf Edith Steins Beitrag in der Husserl-Festschrift, sondern legt alle ihre diesbezüglich relevanten Arbeiten bis hin zu *Potenz und Akt* und *Endliches und ewiges Sein* zugrunde.[151] Bevor hier jedoch die Analogie als solche diskutiert werden kann, gilt es, die Position Edith Steins in der Frage der phänomenologischen Konstitution und der so genannten Idealismus-Realismus-Debatte zu beleuchten. Dabei geht es nicht um Quisquilien der phänomenologischen Diskussion, sondern um Grundlagenfragen, deren Beantwortung entscheidende Konsequenzen für die Möglichkeit der Formulierung einer Christlichen Philosophie unter Einbeziehung der phänomenologischen Methode hat.

Ausgangspunkt der Überlegungen ist die Feststellung Tommasis, dass Edith Stein die *Kontinuität* zwischen den *Logischen Untersuchungen* und den *Ideen I* unterstreicht und „eine Untersuchung der Welt entsprechend

---

[150] Ebd., 138.
[151] Vgl. *F. V. Tommasi,* L'analogia della persona in Edith Stein (Pisa – Rom 2012), sowie *ders.,* „… verschiedene Sprachen redeten …".

der Husserl'schen Ontologie fort[setzt], die im Hintergrund das konstitutive Verfahren und deshalb die transzendentale und rein funktionale Methode aufweist".[152] Wie ist dieser Hinweis zu verstehen? Verschiedentlich
wurde bereits darauf hingewiesen, dass Husserl ähnlich wie Descartes
eine Zweifelsbetrachtung anstellt, mittels derer er alle Täuschungen, Irrtümer, Träume etc. ausschließt, die den Erkenntnisvorgang verzerren
könnten. Dabei bleibt er, wie Edith Stein betont, „nicht bei der Tatsache
eines einzelnen *cogito*" stehen, das alles weitere Denken zu legitimieren
hätte, sondern begreift das gesamte Feld des Bewusstseins als „ein Gebiet
unzweifelhafter Gewißheit".[153] Das bewusste Ichleben wird in Gänze
zum Thema phänomenologischer Forschung – einschließlich der für das
Bewusstsein geltenden Gesetzmäßigkeiten und der sich aneinanderrei-
henden Akte und Aktzusammenhänge. Sukzessive arbeitet die Phäno-
nologie auf diese Weise heraus, wie sich für das Ich eine gegenständliche
Welt aufbaut:

> „Diesen Aufbau der Welt für das Ich, das in seinen Akten lebt und sie reflek-
> tierend erforschen kann, nennt Husserl *Konstitution*. In der Untersuchung
> dessen, was er das *transzendentale Bewußtsein* nennt, d. h. jener Sphäre un-
> bezweifelbaren Seins, das die radikale Zweifelsbetrachtung aufgedeckt hat,
> sieht er die Aufgabe der *transzendentalen Phänomenologie*, in ihr selbst die
> philosophische Grundwissenschaft."[154]

Hier wird die Frage des Idealismus relevant, also jene „Auffassung, die
eine Abhängigkeit der Welt von einem erkennenden Bewußtsein annimmt."[155] Kommt die Phänomenologie damit ihrem Anspruch, *zu den
Sachen selbst* vorzudringen, noch nach, oder führt die Konstitutionsanalyse dazu, dass sie den Zugang zur dinglichen Welt verliert? Letzteres

---

[152] Ebd., 130 f. Vgl. auch ebd., 116 und 128. Siehe auch E. *Stein*, Diskussionsbeiträge
anläßlich der „Journées d'Études de la Société Thomiste", Juvisy (1932), in: ESGA 9,
162–167. Sigel: Juvisy, hier 163: „Husserl selbst kam während der Arbeit an den *Logischen Untersuchungen* zu der Überzeugung, daß er in der ausgebildeten Methode *die*
universelle Methode zum Aufbau einer Philosophie als strenger Wissenschaft gefunden
habe. Sie in ihrer universellen Bedeutung darzustellen und letztlich zu begründen, war
die Aufgabe der *Ideen zu einer reinen Phänomenologie und phänomenologischen Philosophie*. Das Suchen nach einem absolut sicheren Ausgangspunkt des Philosophierens
führte zu der modifizierten Cartesianischen Zweifelsbetrachtung, zur transzendentalen
Reduktion, zur Entdeckung des transzendentalen Bewußtseins als eines Feldes für umfassende Untersuchungen."
[153] Beide Zitate WBP, 151.
[154] Ebd., 151 f.
[155] WPhän, 89.

scheint sich immerhin anzudeuten, und so zitiert Edith Stein Husserl pa-
raphrasierend mit den Worten „Streichen wir das Bewußtsein, so streichen wir die Welt."[156] Damit nähert sich ihr Lehrer offenkundig wieder
einem kritischen Kantianismus an, der kaum noch Aussagen über die empirisch erfahrbare reale Welt macht. In einem Beitrag aus dem Jahr 1924
betont Edith Stein daher, dass der Idealismus im Kontrast zur katholischen Philosophie stehe, „für die die Seinsselbständigkeit der Welt fest-
steht."[157] In der Tat kritisierten prominente Vertreter der *philosophia
perennis,* so etwa Joseph Geyser, der Husserls Phänomenologie differenziert diskutiert hat, den idealistischen Konstitutionsbegriff.[158] Aber nicht
nur das: Die inhaltliche Diskrepanz zwischen Husserls Transzendentalphänomenologie und den Auffassungen seiner Schüler aus Göttinger
Tagen schien ebenfalls gravierend und unüberbrückbar zu sein.[159] Für
Edith Stein war klar: „Der Idealismus ist [...] eine persönliche, metaphysische Grundüberzeugung, kein einwandfreies Ergebnis phänomenologischer Forschung."[160]

---

[156] Ebd. Vgl. auch die ebd. (Anm. 10) angeführte Belegstelle der Paraphrase in Hua
III/1, 104.

[157] WPhän, 89.

[158] Vgl. hierzu *J. Geyser,* Neue und alte Wege der Philosophie. Eine Erörterung der
Grundlagen der Erkenntnis im Hinblick auf Edmund Husserls Versuch ihrer Neubegründung (Münster 1916). Geyser betont die Notwendigkeit einer realistischen Erkenntnistheorie: „Entscheidend ist, daß unser Denken nicht in freiem Entschluß zur
gedanklichen Konstitution der Natur schreitet. Es folgt dabei vielmehr ganz bestimmten Notwendigkeiten, die aus dem objektiven Inhalt der Erfahrungsdaten stammen."
(Ebd., 194.) An anderer Stelle hebt er hervor: „Die Natur kann nicht [...] bloß im Denken und der Wissenschaft existieren, weil das Ziel der Naturerkenntnis, wie aus ihrer
logischen Abhängigkeit von der sinnlichen Erfahrung hervorgeht, nur darin bestehen
kann, ein im Ganzen der Empfindungsgegebenheiten der menschlichen Individuen
von sich Kunde gebendes, von der Wahrnehmung und dem Denken unabhängiges
Sein und Geschehen zu erfassen und mit den Mitteln des Geistes nachzubilden." (Ebd.,
206.) Damit aber, so Geyser, sei Husserls Phänomenologie ihr *Wesensfundament* ent-
zogen. Vgl. ebd., 216.

[159] So berichtete die damals in Bergzabern ansässige Edith Stein im Herbst 1922 von
den Eindrücken, die Jean Hering und Alexandre Koyré von einem Freiburg-Aufenthalt
mitgenommen hatten: „Es soll sehr lebhafter Betrieb da sein, viele sehr interessierte
Leute. Aber alles orthodoxe ,Transcendentalphänomenologen', wer nicht auf dem Boden des Idealismus steht, gilt als ,Reinach-Phänomenologe' (Reinach-Schüler sind nach
der Freiburger Historie auch Pfänder, Daubert etc.) und eigentlich nicht mehr zugehörig. Der Meister erzählt, daß er vor Freiburg niemals wirkliche Schüler gehabt hat."
E. Stein, Brief an R. Ingarden v. 30. 9. 1922, in: Briefe III, Br. 83, 150 f.

[160] WPhän, 89.

Wie passt dies mit dem oben zitierten Hinweis Francesco Tommasis zusammen, Edith Stein erkenne eine Kontinuität zwischen den *Logischen Untersuchungen* und den *Ideen I,* ja, sie werde „oft viel zu schnell"[161] mit jenen ihrer Göttinger Kollegen in Verbindung gebracht, die die Phänomenologie strikt realistisch deuteten? In der Tat beschließt Edith Stein den oben erwähnten Aufsatz aus dem Jahr 1924 mit dem Hinweis, „daß jene metaphysische Überzeugung [*Husserls Idealismus*] nur in wenigen Abschnitten hervortritt und den Hauptbestand seines Werkes nicht berührt".[162] Darüber hinaus hebt sie zu einem bemerkenswerten Eulogion an, das gleichermaßen den *Logischen Untersuchungen* wie den *Ideen* gewidmet ist.[163] Entscheidend in dieser Frage ist dann aber ein Text, der sieben Jahre später entstand, also *nach* Husserls berühmten Pariser Vorträgen, aus denen die *Cartesianischen Meditationen* hervorgingen: Edith Steins *Exkurs über den transzendentalen Idealismus,* der sich in *Potenz und Akt* findet.[164] Darin folgt sie einerseits dem Ansatz der Konstitution und betont andererseits die Unabhängigkeit der Existenz der äußeren Welt vom konstituierenden Ich. Hans Rainer Sepp fasst dies wie folgt zusammen:

> „Der spezifische Versuch Steins, die Seinsunabhängigkeit der dinglichen Welt vom Bewußtsein aufzuzeigen, besteht darin, diesen Aufweis vom Standpunkt des konstituierenden Bewußtseins selbst aus zu führen. Eine besondere Rolle fällt hierbei der Analyse der Leiblichkeit zu […]. Demzufolge lehnt sie [*Edith Stein*] sich an Husserls Konstitutionstheorie des Bewußtseins an, ohne die Seinsthese mitzumachen, die Welt relativ auf Bewußtsein sein läßt."[165]

Selbst den Begriff des Idealismus lehnt Edith Stein nicht rundweg ab, interpretiert ihn aber in der von Sepp angedeuteten Weise. Dabei argumentiert sie – und damit wäre die unmittelbare Relevanz dieser Debatte für das Vorhaben einer Christlichen Philosophie aufgezeigt – pointiert von der religiösen Überzeugung der Existenz eines Schöpfergottes her:

> „Freilich behauptet der transzendentale Idealismus keine Abhängigkeit der dinglichen Welt von einem bestimmten, individuellen Subjekt (wie der Solip-

---

[161] *F. V. Tommasi,* „… verschiedene Sprachen redeten …", 116.

[162] WPhän, 90.

[163] Vgl. ebd.: „[W]er mit wahrhaft philosophischem Sinn auch nur eine der ‚logischen Untersuchungen' oder ein Kapitel der *Ideen* durcharbeitet, der wird sich dem Eindruck nicht entziehen können, daß er eines jener klassischen Meisterwerke in der Hand hat, mit denen eine neue Epoche in der Geschichte der Philosophie beginnt."

[164] Vgl. PA, 235–247.

[165] *H. R. Sepp,* Edith Steins Position in der Idealismus-Realismus-Debatte, 26 f.

sismus), sondern nur die Relativität einer so gearteten Welt auf Individuen
von einer gewissen Struktur, durch deren intentionales Leben sie konstituiert
werden kann. Das andere Subjekt kann ich zwar auch nicht mit unbezweifel-
barer Gewißheit als daseiend setzen, aber *falls* es ist, bedarf es keines andern,
um sein Dasein zu erweisen. Ein materielles Ding [...] kann sein Dasein nicht
für sich selbst erweisen, sondern bedarf dazu eines andern, eines geistigen
Subjekts [...]. Darum ist es wohl richtig zu sagen, daß die Welt, wie sie uns
erscheint, um sich in solchen Erscheinungsverläufen auszuweisen, auf Sub-
jekte unseres Typus angewiesen ist. Aber es ist nicht unsinnig zu sagen, daß
ihr Sein nicht gleichbedeutend sei mit einem so gearteten Erscheinen, daß
eine andere Art, um sie zu wissen, denkbar sei und ein Dasein der materiellen
Welt vor Gott, ehe es lebendige Geschöpfe gab, in deren Sinne sie fallen
konnte. Und das Geschaffensein bedeutet: aus Gott herausgestellt sein und
ein anderes Sein als das im göttlichen Geist haben."[166]

Francesco Tommasi ist der Auffassung, dass Edith Steins maßvolle Interpretation des reinen Ich in seiner Bedeutung für das Verständnis der dinglichen Welt nicht zuletzt auf den Einfluss Martin Heideggers zurück-
geht.[167] Zu Recht erkenne Edith Stein bei Husserl eine „gleichzeitige
Transzendentalität und Empirizität des Ichs", aus der sich eine „Äquivo-
zität zwischen Idealismus und Realismus in der Phänomenologie" ergebe.[168] Für die hier relevante Fragestellung ist besonders der zweite Teil
des oben zitierten Abschnitts wichtig, in dem Edith Stein die materielle
Welt als *geschaffene,* aus Gott herausgestellte Welt beschreibt. Der Gedanke der Konstitution, des Angewiesenseins der materiellen Dinge auf
ein geistiges Subjekt, das ihr Dasein erweist, führt hier nicht mehr ausschließlich und unmittelbar zum Menschen, sondern zuerst und grundlegend zu Gott. Damit gelingt Edith Stein ein Doppeltes: Mit der gleich-
zeitigen Betonung von Transzendentalität und Empirizität erfüllt sie

---

166 PA, 245 f.
167 Vgl. F. V. *Tommasi,* „... verschiedene Sprachen redeten ...", 131. Dies bezieht sich
natürlich nicht auf die religiöse Konnotation des Zitats.
168 Beide Zitate ebd. Vgl. hierzu auch *H. R. Sepp,* Edith Steins Position in der Idealismus-Realismus-Debatte. Hier betont Sepp abschließend: „Stein zeigt, daß in einer Beibehaltung der Forschungsperspektive auf das reine Bewußtsein, jedoch unter Ausklam-
merung der von Husserl implizit ausgesprochenen Seinsthese, die phänomenologischen
Befunde durchaus anders gedeutet werden können, und zwar so, daß sie im Erfassen
der Dingwelt ein Sein bekunden, das gerade nicht relativ auf Bewußtsein ist. Steins spezifischer Beitrag zur Idealismus-Realismus-Problematik besteht folglich darin, im Ansatz die Möglichkeit gezeigt zu haben, wie von Husserls Transzendentalphänomenologie aus deren Begrenzung in der Selbstdefinition eines Idealismus und der darin implizit
ausgesprochenen Seinsthesis aufgehoben werden kann, ohne die Idee der konstitutiven
Phänomenologie selbst preiszugeben." Ebd., 27.

zunächst die *conditio sine qua non* des Zusammendenkens von Phänomenologie und Scholastik, nämlich die Vereinbarkeit des Konstitutions-
gedankens mit dem Glauben an die Existenz Gottes, der ja gerade nicht
unter erkenntnistheoretischem Vorbehalt formuliert wird. Darüber hinaus zeigt sie auf, dass der transzendentalphänomenologische Idealismus
und der Glaube an Gott *nicht nur nicht inkommensurabel* sind, sondern
konstruktiv und konsonant in Bezug zueinander gesetzt werden können,
da alles Seiende sein Sein von Anfang an im göttlichen Geist habe und
von diesem auch wahrgenommen werde.[169] Der Beitrag Edith Steins zur
Idealismus-Realismus-Debatte ist damit zugleich ein Argument zur These
der Vereinbarkeit von Phänomenologie und Glaube. Wie wichtig diese
Erkenntnis ist, lässt sich vor dem Hintergrund einer Bemerkung Léon
Noëls erahnen, der, wie oben angesprochen, in Abwehr des psychologistischen Relativismus schon früh die *Logischen Untersuchungen* rezipiert
hatte – nicht ahnend, dass Husserl *selbst* dem Bewusstsein später eine
entscheidende Rolle zuweisen würde. Im Jahr 1910 war Noël noch der
festen Überzeugung gewesen: „[L]a théorie de la connaissance est un cha-
pitre de psychologie, et le subjectivisme triomphe."[170] Umso bedeutsamer war es, dass Edith Stein den Konstitutionsgedanken Husserls für
die christlich geprägte Philosophie geöffnet hat.[171]

Damit kann nun erneut die Frage nach dem zentralen Prinzip gestellt
werden, das Phänomenologie und Scholastik miteinander verbindet und
für das Francesco Tommasi die *analogia entis* vorschlägt.[172] Er verweist
hierfür auf die Kongruenz des thomasischen Verständnisses der Potenzialität und Aktualität allen Seins und der phänomenologischen Wesensanalyse. Pointiert – und deutlich markanter als in der Festgabe zu Husserls
Geburtstag – betont Edith Stein im Jahr 1932 bei der Tagung der *Société
Thomiste* dieses verbindende Moment:

---

[169] Vgl. hierzu Tommasi: „Im Steinschen Werk ist also die Existenz nicht nur und zuerst eine Vollkommenheit, nicht ein Etwas, das transzendent und unabhängig vom Subjekt gefaßt werden kann, sondern es scheint, daß dieser Sinn von Sein nur durch die
Rede von der ‚Schöpfung' wiedergewonnen wird." *F. V. Tommasi*, „… verschiedene
Sprachen redeten …", 136.

[170] *L. Noël*, Les frontières de la logique, 229. „[D]ie Theorie des Bewusstseins ist ein
Kapitel der Psychologie, und der Subjektivismus triumphiert."

[171] Damit widerlegen die neueren Forschungsergebnisse die These Josef Stallmachs aus
dem Jahr 1991, die Phänomenologie sei „für Edith Stein offenbar nur eine Zwischen-
station gewesen, die aber einen nicht geringen prägenden Einfluß auf ihren Geist aus-
geübt hat." *J. Stallmach*, Edith Stein – von Husserl zu Thomas von Aquin, 46.

[172] Vgl. hierzu auch Kap. 3.2.1.2.

„Die stärkste Gemeinsamkeit zwischen Phänomenologie und Thomismus scheint mir in der objektiven Wesensanalyse zu liegen. Das Verfahren der eidetischen Reduktion, die von dem faktischen Dasein und allem Akzidentiellen absieht, um die Essenz sichtbar zu machen, scheint mir – thomistisch betrachtet – durch die Trennung von Essenz und Existenz in allem Geschöpflichen gerechtfertigt."[173]

Hinzu kommt, dass Edith Stein, wie besonders in *Endliches und ewiges Sein* deutlich wird, die Richtung des phänomenologischen Verfahrens – „von außen nach innen in die Tiefe des Subjekts und dann die Wende zum Sein aufgrund der subjektiven Konstitution" – modifiziert. Bei ihr nimmt das Denken von „der Grenze des Ichs" seinen Ausgang und gelangt „durch die Entdeckung des wesenhaften und realen Seins zum Gewinn der Transzendenz und der Trinität; hieraus wird dann wiederum die Realität analysiert".[174] Die Grundlage dieses geänderten Zugangs zum Verständnis der Welt ist die fundamentale Seinssicherheit, die aus der Theozentrik der Christlichen Philosophie folgt. Der Erkenntnisprozess kann so seinen Ausgang beim eigenen Sein nehmen und mittels der *analogia entis* zur Transzendenz hin ausgreifen. Damit bestätigt sich, was Edith Stein schon in der Husserl-Festschrift hervorgehoben hat. Die menschliche Erkenntnis bedarf – als Voraussetzung *und* im Blick auf ihre Vollendung – eines archimedischen Punktes, der außerhalb des Ich und der natürlichen Vernunft liegt. Dies ist auch für das thomasische Verständnis der *analogia entis* essentiell. Demnach wird „das Sein mehrdeutig ausgesagt [...], aber immer in Bezug auf einen einzigen Sinn."[175] Dass Edith Stein diese Lektion bei Thomas gelernt hatte, steht außer Frage. So deutete sie Ende des Jahres 1927, als sie intensiv mit der Übertragung der *Quaestiones disputatae* beschäftigt war, Roman Ingarden gegenüber an:

„Der Weg geht vom Glauben zum Schauen, nicht umgekehrt. Wer zu stolz ist, durch dies enge Pförtchen zu gehen, der kommt nicht hinein. Wer aber

---

[173] Juvisy, 165. Zwar hat Thomas eben diese Differenzierung von Essenz und Existenz erkenntnistheoretisch in anderer Intention vollzogen als Husserl das Prinzip der eidetischen Reduktion, doch stellt Edith Stein die grundsätzliche Parallelität der beiden Ansätze nun nicht mehr in Frage: „So gehören Substanz, Potenz und Akt zusammen. Das, was in allen Akten sich betätigt, ist die *eine* Substanz [...]. Wir verstehen auf Grund der bisherigen Analyse unter Substanz ein Etwas, dessen Sein sich über eine Dauer erstreckt und das das, was es ist, in gewissen Auswirkungen betätigt [...]." PA, 15.

[174] Alle Zitate *F. V. Tommasi*, „... verschiedene Sprachen redeten ...", 134.

[175] Ebd., 126.

hindurchgeht, der gelangt doch schon in diesem Leben zu immer hellerer Klarheit und erfährt die Berechtigung des credo ut intelligam."[176]

Die berühmte Sentenz Anselms von Canterbury beschreibt die grundlegende Umkehrung, der auch Edith Stein folgt. Am Beginn ihrer Christlichen Philosophie steht der Wechsel vom ego- zum theozentrischen Denken. Demnach ist im gläubigen Vertrauen auf die Existenz Gottes aller philosophischer Skeptizismus und Relativismus bereits in seine Schranken verwiesen. Man kann daher, wie es Tommasi unter Verweis auf Przywara macht, von einer *katholischen Metaphysik des Geschöpfes* sprechen.[177] Das phänomenologische Prinzip der eidetischen Reduktion bis hin zur Wesensschau lässt sich dann vom Akt-Potenz-Denken des Thomas von Aquin her verstehen, und die *analogia entis* wird zum zentralen Prinzip von Philosophie und Theologie. Sämtliche ontologischen „Stufen der Realität – von der reinen Materialität, die nur Potenz ist, bis hin zu Gott, der reiner Akt ist und nur im aktiven Sinn Potenz besitzt",[178] können so abgebildet werden – unter dem Vorbehalt der immer größeren Unähnlichkeit und damit unter Vermeidung der Gefahr einer intellektualistischen oder rationalistischen Vereinnahmung Gottes.[179]

---

[176] *E. Stein*, Brief an R. Ingarden v. 20. 11. 1927, in: Briefe III, Br. 117, 191. Vgl. Anm. 391.

[177] Vgl. hierzu *F. V. Tommasi*, „… verschiedene Sprachen redeten …", 132. Es liegt auch nahe, in der wichtigsten Schrift Erich Przywaras, der *Analogia entis*, mit Tommasi „die erste und bedeutendste Quelle des Steinschen Neuthomismus" zu erkennen. Ebd.

[178] Ebd., 129.

[179] Tommasi deutet im Fall Edith Steins auf die *potenzierte* Unähnlichkeit ihrer analogen Gottesrede hin: Vom Standpunkt des konstituierten Ich aus ist schon die intersubjektive Rede zweier Menschen als analog aufzufassen. Umso mehr gilt dies für die menschliche Rede von Gott. Der Vorbehalt der *umso größeren Unähnlichkeit* besteht sowohl im transzendentalphänomenologischen als auch im theologischen Sinn. Vgl. ebd., 136 f. Zur Analogie in der thomasischen Gottesrede vgl. ausführlich *R. te Velde*, Die Gottesnamen. Thomas' Analyse des Sprechens über Gott unter besonderer Berücksichtigung der Analogie (S.th. I, q. 13), in: *A. Speer* (Hg.), Thomas von Aquin: Die *Summa theologiae*. Werkinterpretationen (Berlin 2005) 51–76.

> *„Bei dem einen steht die Metaphysik auf, bei dem andern*
> *zwischen den Zeilen. Jeder [...] Philosoph hat seine ei-*
> *gene [...]. Sie hängt aufs engste – und legitimer Weise –*
> *zusammen mit dem Glauben."*[180]

Edith Stein an Roman Ingarden, 1921

2.2. Christliche Philosophie

Ihrem Hauptwerk *Endliches und ewiges Sein* stellt Edith Stein ein einleitendes Kapitel voran, in dem sie in vier Paragraphen den Rahmen absteckt, innerhalb dessen die Abhandlung zu verstehen ist. Dabei führt sie kurz in die Akt- und Potenzlehre des Thomas von Aquin ein, gibt einen kursorischen Überblick über den Wandel der Seinsfrage im Verlauf der Ideengeschichte und spricht die Schwierigkeiten des sprachlichen Ausdrucks in der Verständigung von mittelalterlicher und neuzeitlicher Philosophie an. Den weitaus umfangreichsten Teil der Einführung widmet sie jedoch der Frage nach „Sinn und Möglichkeit einer ‚Christlichen Philosophie'".[181] Damit knüpft sie an ihre Husserl- und Thomas-Rezeption an, der hier zuletzt nachgegangen wurde, und deren Ergebnis insofern eine *christliche* Methodik ist, als sie die subjektorientierte Perspektive neuzeitlicher Philosophie beibehält, aber theozentrisch wendet und damit von vornherein realistisch grundiert. *Theozentrisch* bedeutet hier also nicht, dass Gott im Zentrum der Philosophie stünde und es deren erste Aufgabe wäre, sein Wesen zu ergründen, sondern dass die Existenz Gottes als Fundament allen Seins vorausgesetzt wird und gleichzeitig mittels der *analogia entis* den Zielpunkt der Philosophie bildet. Der Ansatzpunkt des Denkens bleibt für Edith Stein aber das Subjekt und die Welt, die sich ihm darbietet. Wenn nun in *Endliches und ewiges Sein* ausdrücklich der Begriff der Christlichen Philosophie ins Spiel gebracht wird, stellt Edith Stein ihr Anliegen jenseits der genannten Überlegungen in den Kontext einer seinerzeit aktuellen Debatte. Dabei geht es vor allem um die Frage, ob

---

[180] *E. Stein*, Brief an R. Ingarden v. 13. 12. 1921, in: Briefe III, Br. 80, 146. Hintergrund des Zitats war Ingardens kritische Reaktion auf die *Metaphysischen Gespräche* Hedwig Conrad-Martius', die Edith Stein ihm zugesandt hatte.
[181] EES, 20–36.

und wie eine christliche Prägung der Philosophie mit dem neuzeitlich-auf-geklärten Verständnis autonomer Wissenschaften in Einklang zu bringen ist.[182] Schon der Schleiermacher-Schüler Heinrich Ritter, der im Jahr 1858 eine ausführliche Studie über die Legitimität des Begriffs der Christlichen Philosophie vorgelegt hatte und zu dem Ergebnis gekommen war, dass diese Bezeichnung völlig gerechtfertigt sei, sah den entscheidenden Ein-wand gegen das Modell in der Auffassung gegeben,

> „daß die Philosophie, um sich getreu zu bleiben, Freiheit ihrer Forschungen verlangen müsse, Freiheit von allen Vorschriften, welche irgend eine Macht der Natur oder der Menschen, des Stats [sic] oder der Kirche ihr geben könnte [...]. Eine solche Freiheit habe sie als Wissenschaft in Anspruch zu nehmen [...]. So hätte sie denn auch jeden Beinamen zu verschmähn, welcher ihr von dem Einflusse religiöser Beweggründe gegeben werden könnte, als eine Verunreinigung ihres wissenschaftlichen Charakters bezeichnend."[183]

Weiter führt Ritter aus, man hielte es zu Recht für „abgeschmackt", „von einer christlichen Mathematik oder einer christlichen Physik"[184] zu sprechen. Es liege daher auf den ersten Blick nahe, ein entsprechendes Ansinnen auch im Fall der Philosophie als nicht statthaft zu bescheiden, insbesondere da diese ja „ihrem Wesen nach [...] auf die letzten Gründe alles wissenschaftlichen Denkens vorzudringen" habe und von einem Zweifel ausgehe, „welcher nichts für entschieden halte, bis die wissen-schaftliche Vernunft ihr Endurtheil abgegeben habe".[185] Diese von Ritter formulierten Einwände haben Gewicht, und so war das Projekt einer Christlichen Philosophie auch unter Neuscholastikern alles andere als unumstritten. So hatte im Jahr 1868 der Übersetzer von Joseph Kleutgens *Philosophie der Vorzeit,* Constant Sierp, im Vorwort zur französischen Ausgabe des Werkes seinen Standpunkt unmissverständlich klargemacht:

> „Au fond, il n'y a pas de philosophie chrétienne, mais seulement une philoso-phie vraie qui s'accorde pleinement avec la religion chrétienne dont elle est toutefois parfaitement distincte."[186]

---

[182] Vgl. *H. Schmidinger,* Der Streit um die christliche Philosophie in seinem Zusam-menhang, in: *E. Coreth, W. Neidl* u. *G. Pfligersdorffer* (Hg.), Christliche Philosophie im katholischen Denken des 19. und 20. Jahrhunderts, Bd. 3, Moderne Strömungen im 20. Jahrhundert (Graz u. a. 1990) 23–48, hier 24.

[183] *H. Ritter,* Die christliche Philosophie nach ihrem Begriff, ihren äußern Verhältnis-sen und in ihrer Geschichte bis auf die neuesten Zeiten, Bd. 1 (Göttingen 1858) 3 f.

[184] Ebd., 4.

[185] Ebd.

[186] *C. Sierp,* Avant-propos du traducteur, in: *J. Kleutgen,* La philosophie scolastique exposée et défendue, Bd. 1 (Paris 1868) VIII. „Letztlich gibt es keine christliche Phi-

Nach der Wende vom neunzehnten zum zwanzigsten Jahrhundert war es nicht zuletzt Max Weber, dessen Maxime der Werturteilsfreiheit und Objektivität der Wissenschaften gegen den Ansatz einer Christlichen Philosophie in Stellung gebracht wurde.[187] Zwar kritisierte Weber ausdrücklich „nicht [...] das Eintreten für die eigenen Ideale",[188] dafür aber umso schärfer die Vermischung von Wissenschaft und Werten. Dabei ging es ihm nicht etwa um Gesinnungslosigkeit, sondern – was er streng davon unterschied – um wissenschaftliche Objektivität.

Bereits hier deutet sich an, dass es zu kurz gegriffen wäre, die Diskussion über die Christliche Philosophie als eine rein innerwissenschaftliche zu betrachten. Zu Recht arbeitet Heinrich Schmidinger den geistesgeschichtlichen Horizont der Kontroverse heraus, nämlich jene allgemein-kulturelle Frage, die „das Verhältnis des christlichen Glaubens zu einer Welt, die sich scheinbar völlig autonomisiert und emanzipiert",[189] zum Inhalt hat. Weder dieser Rahmen noch die Diskussion um die Christliche Philosophie als solche können hier umfänglich dargestellt werden, und so mag es genügen, das unmittelbare Umfeld anzudeuten, in dem der Beitrag Edith Steins zu verorten ist. Dabei ist zu bedenken, dass Endliches und ewiges Sein, wie bereits angeklungen, wegen der damaligen politischen Situation nicht publiziert werden konnte und der Kairos der wissenschaftlichen Diskussion bereits Geschichte war, als die posthume Drucklegung des Werkes schließlich im Jahr 1950 erfolgte.[190] Die Abfassung von Endliches und ewiges Sein jedoch fiel genau in die Zeit

---

losophie, sondern nur eine wahre Philosophie, die vollständig mit der christlichen Religion übereinstimmt, von dieser aber dennoch vollkommen unterschieden ist." Vgl. hierzu É. Gilson, Der Geist der mittelalterlichen Philosophie, übers. v. R. Schmücker (Wien 1950) 10.

[187] Eine empirische Wissenschaft vermöge, so Weber, „niemanden zu lehren, was er soll, sondern nur, was er kann und – unter Umständen – was er will." (M. Weber, Die ‚Objektivität' sozialwissenschaftlicher und sozialpolitischer Erkenntnis, in: Ders., Gesammelte Aufsätze zur Wissenschaftslehre [Tübingen 7 1988] 146–214, hier 151.) Werturteile seien daher im wissenschaftlichen Kontext „grundsätzlich abzulehnen". Ebd., 149.

[188] Ebd., 157.

[189] H. Schmidinger, Der Streit um die christliche Philosophie in seinem Zusammenhang, 26. Vgl. ausführlich ebd., 26–30.

[190] Vgl. Kap. 1.1.7. Vgl. hierzu wiederum Schmidinger: „Der Ausbruch des Zweiten Weltkrieges ließ die international geführte Debatte über die ‚christliche Philosophie' zunehmend verstummen. Was während des Krieges und in den darauffolgenden Jahren zu diesem Thema weiter beigetragen wurde, blieb ohne nennenswertes Echo." Ebd., 38.

der „großen Auseinandersetzungen"[191] um die Christliche Philosophie in den zwanziger und dreißiger Jahren des vergangenen Jahrhunderts. Als wichtigste Befürworter dieses programmatischen Begriffs seien Étienne Gilson und Jacques Maritain genannt. Für eine eher skeptische Position standen auf katholischer Seite unter anderem Pierre Mandonnet und Marie-Dominique Chenu; die wohl drastischste Kritik äußerte Émile Bréhier.

Der Mediävist Gilson war durch seine Studien auf den Begriff der Christlichen Philosophie gestoßen; seine Bücher *Le Thomisme* (1919) und *La Philosophie de Saint Bonaventure* (1924) können als Beginn der seinerzeitigen Debatte gelten. Sicher ist, dass Edith Stein zumindest das erste dieser Werke ausführlich rezipiert hat. Dies belegen ihre auf uns gekommenen Exzerpte und Notizen.[192] Gilson hatte herausgearbeitet, wie sehr die Philosophie mit der Person des jeweiligen Philosophen selbst verknüpft ist, und dass dessen Persönlichkeit und auch Glaube unweigerlich Einfluss auf sein Denken haben:

> „Une philosophie est d'abord un philosophe et cette évidence ne change pas quand le philosophe est d'abord un théologien. On ne comprend pas vraiment le thomisme tant qu'on n'y sent pas la présence de saint Thomas lui-même, ou plutôt de frère Thomas avant qu'il ne fût devenu un saint fêté au calendrier, bref de l'homme avec son tempérament, son caractère, ses sentiments, ses goûts et jusqu'à ses passions."[193]

In *L'esprit de la philosophie médiévale* (1932) fasst Gilson diese Erkenntnis pointiert in einer – rhetorisch gemeinten – Frage zusammen: „Mag sein, daß *Philosophie*, abstrakt genommen, keine Religion hat; aber ist es wirklich gleichgültig – die Frage ist dann um so dringlicher – ob die *Philosophen* Religion haben?"[194] Gilsons inzwischen als klassisch geltende These zur *philosophie chrétienne* stammt aus dem Jahr 1931, als

---

[191] Ebd., 30.

[192] Vgl. hierzu MTh, 246–250.

[193] *É. Gilson*, Le Thomisme. Introduction à la Philosophie de Saint Thomas d'Aquin (Paris ⁶1965) 35 f. „Eine Philosophie ist zunächst ein Philosoph, und an dieser offenkundigen Einsicht ändert sich auch dann nichts, wenn der Philosoph ein Theologe ist. Man versteht den Thomismus nicht wirklich, wenn man darin nicht die Präsenz des heiligen Thomas selbst spürt, oder vielmehr des Ordensbruders Thomas, bevor er zum gefeierten Heiligen im [*Fest*-]Kalender [*der Kirche*] wurde, kurz des Menschen mit seinem Temperament, seinem Charakter, seinen Gefühlen, seinen Geschmäckern und bis hin zu seinen Leidenschaften." Gilson räumt dieser These großen Raum ein. Vgl. den mit *Le Philosophe e le Croyant* überschriebenen Abschnitt der Einführung der sechsten Auflage seines Werkes (ebd., 35–45).

[194] *É. Gilson*, Der Geist der mittelalterlichen Philosophie, 44.

er an einem Treffen der *Société française de philosophie* an der Sorbonne
teilnahm.[195] Dabei beschrieb er die Christliche Philosophie, wie Schmidinger betont, in erster Linie als „ein historisches Faktum".[196] Die Philosophie habe in verschiedensten Epochen Begriffe und Zusammenhänge
in Anspruch genommen, die nicht genuin philosophischen Ursprungs waren, sondern der Offenbarung entstammten – etwa den Gedanken der
creatio ex nihilo oder die abendländische Freiheitstheorie. Auf diese
Weise hätten sich im Verlauf der Geschichte Denkmuster ausgeprägt,
die in der europäischen Philosophie als allgemeingültig anerkannt wurden und keineswegs auf eine spezifische Gruppe ausdrücklich christlich
orientierter Denker beschränkt gewesen seien.[197] Dabei stieß Gilson im
Blick auf das Mittelalter nicht auf einen scholastischen *modus philoso-
phandi* im Sinn eines einheitlich schulmäßigen Denkens, sondern auf
eine Vielzahl philosophischer Modelle, deren Verschiedenheit kaum
durch den Aristotelismus überdeckt wurde, den alle auf die ein oder andere Weise rezipierten. Als wirklich einigendes Moment dieser Vielstim-
migkeit erweise sich hingegen, so Gilson, der christliche Geist („l'esprit
chrétien"[198]), der alle großen Denker des Mittelalters – von Anselm
über Thomas und Bonaventura bis hin zu Johannes Duns Scotus oder
Wilhelm von Ockham – geprägt habe:

> „Ce qu'elles avaient d'unité leur venait, quant à la forme, de la technique
> aristotélicienne dont toutes faisaient usage, mais, quant au fond doctrinal,
> de la religion plutôt que de la philosophie. Une formule oubliée s'offrit d'elle-
> même pour en parler; l'esprit de la philosophie médiévale était celui de la
> ,philosophie chrétienne'."[199]

---

[195] Vgl. La Notion de Philosophie Chrétienne. Comptes Rendus des Séances. Séance
du 21 mars 1931, in: Bulletin de la Société française de Philosophie, Bd. 31 (1931)
37–93. Hinsichtlich der nachfolgenden Zusammenfassung der Position Gilsons vgl.
H. Schmidinger, Der Streit um die christliche Philosophie in seinem Zusammenhang,
30 f. Siehe auch *A. Maurer,* Étienne Gilson (1884–1978), in: *E. Coreth, W. Neidl* u.
G. Pfligersdorffer (Hg.), Christliche Philosophie im katholischen Denken des 19. und
20. Jahrhunderts, Bd. 2, Rückgriff auf scholastisches Erbe (Graz u. a. 1988) 519–545.
[196] *H. Schmidinger,* Der Streit um die christliche Philosophie in seinem Zusammenhang, 31.
[197] Vgl. hierzu *É. Gilson,* in: La Notion de Philosophie Chrétienne, bes. 37–49.
[198] *Ders.,* Le philosophe et la théologie (Paris 2005) 160.
[199] Ebd. „Was sie an Einheit besaßen, kam ihnen, was die Form anlangt, von der aristotelischen Methodik her, die sie alle anwendeten, was jedoch den tieferen Inhalt betrifft, so kam er ihnen mehr von der Religion als von der Philosophie zu. Ein bereits
vergessener Begriff bietet sich hier von selbst an, um dies fassen zu können, nämlich:

Vor diesem Hintergrund fasst Schmidinger die Position Gilsons wie folgt zusammen: „Inhalte der Offenbarung können integrierende Bestandteile der Philosophie werden, ohne daß diese deshalb aufhören muß, Philosophie zu sein. Offenbarung bedeutet nicht Einschränkung, sondern Eröffnung und Erweiterung von Philosophie."[200]

An der oben erwähnten Séance der *Société française de philosophie* im März 1931 hatte auch Jacques Maritain teilgenommen und dabei in der Sache – wenn auch nicht in allen Details – klar für Gilsons These Partei ergriffen:

> „Je désire marquer tout de suite mon accord avec M. Gilson sur l'essentiel du débat. Pour ma part, j'accepte pleinement, sinon toutes les expressions dont il s'est servi, du moins la manière dont il envisage le problème et en indique la solution, et le remarquable état de la question qu'il a dressé au point de vue historique."[201]

Edith Stein wiederum entwickelte in *Endliches und ewiges Sein* ihren Standpunkt zur Frage der Christlichen Philosophie vor allem im Anschluss an Maritains im Jahr 1933 erschienenes Buch *De la Philosophie chrétienne*.[202] Dem soll im Folgenden genauer nachgegangen werden. Zur Veranschaulichung der Bandbreite der zeitgenössischen Debatte sei hier jedoch noch auf den Diskussionsbeitrag Émile Bréhiers verwiesen, der wiederum von Léon Brunschvicg und anderen rezipiert wurde.[203]

---

der Geist der mittelalterlichen Philosophie war derjenige der ‚christlichen Philosophie'". (Übers.: A. *Maurer*, Étienne Gilson, 530.)

[200] H. *Schmidinger*, Der Streit um die christliche Philosophie in seinem Zusammenhang, 31 f.

[201] J. *Maritain*, in: La notion de philosophie chrétienne, 59. „Ich möchte gleich betonen, dass ich in den wesentlichen Punkten der Debatte mit M. Gilson übereinstimme. Zwar akzeptiere ich für meinen Teil nicht jede der Formulierungen, deren er sich bedient, aber sehr wohl in vollem Umfang die Art und Weise, mit der er das Problem betrachtet und eine Lösung andeutet, sowie den bemerkenswerten Sachstand, den er in historischer Perspektive aufgezeigt hat." Später betonte Maritain seinen Konsens mit Gilson, der der „Debatte jüngst einen kraftvollen Impuls gegeben" habe, beinahe noch pointierter: „Ein für allemal wollen wir hier unsere vollständige Übereinstimmung mit ihm zum Ausdruck bringen." *Ders.*, Von der christlichen Philosophie, übers. u. eingeleitet v. B. *Schwarz* (Salzburg – Leipzig 1935) 42 f.

[202] Edith Stein arbeitete mit der hier zitierten deutschen Übersetzung des Werkes. Nachdem Gilson als Historiker argumentiert hatte, verfolgte Maritain das Anliegen, „die Grundelemente für eine Lösung der Frage in systematischer Hinsicht zusammenzufügen." Ebd., 43.

[203] Auch Edith Stein hatte von der Position Bréhiers Kenntnis, allerdings wohl nur vermittels der entsprechenden Bezugnahmen Maritains. Vgl. hierzu MTh, 264.

Bréhier, von Hause aus Philosophiehistoriker, hatte die Rolle des Christentums im Verlauf der Ideengeschichte schon in seiner *Histoire de la philosophie* (1928) kritisch aufgegriffen[204] und formulierte schließlich in seinem Aufsatz *Y a-t-il une Philosophie chrétienne?* (1931) pointiert seine grundlegenden Anfragen.[205] Anders als Gilson schätzte er die Bedeutung des Glaubens sowohl im Blick auf das Denken einzelner Autoren und Epochen als auch in der historischen Gesamtschau eher gering ein. Die These der Existenz spezifisch christlicher Philosophien halte einer genaueren Untersuchung selbst im Blick auf jene Epochen, die äußerlich eng mit dem Glauben verbunden waren, nicht stand:

> „Nous ne l'avons [*la philosophie chrétienne*], en définitive, rencontrée ni chez saint Augustin, que sépare avec décision le Verbe fait chair de la raison des philosophes, ni chez saint Thomas, qui ne laisse à la raison qu'une existence précaire, ni chez les rationalistes du xviiᵉ siècle, dont la doctrine, tendant vers la religion naturelle, perd tout contact avec le christianisme, ni chez les philosophes du xixᵉ siècle, où l'on voit la philosophie chrétienne s'infléchir rapidement en un humanisme."[206]

Im Gegenteil war Bréhier überzeugt, dass die Religion dort, wo sie die Philosophie tatsächlich mitgeprägt habe, einen negativen und schädli-

---

[204] Darin betont Bréhier unter anderem, dass Thomas der Philosophie gleich in mehrfacher Hinsicht die Aufgabe einer Dienerin des Glaubens („servante de la foi") zugewiesen habe: Die Theologie gebrauche die Philosophie als Hilfswissenschaft, sie verquicke Glaubenssätze mit rationalen Argumenten, vor allem aber erkläre sie die Philosophie für unfähig, Hinweise zu erörtern, die gegen den Glauben sprächen: „La théologie la domine en la déclarant incapable de prouver tout ce qui serait contraire à la foi." Damit werde von vornherein ein Abhängigkeitsverhältnis konstruiert, das eine wechselseitige Kontrolle von Philosophie und Theologie konterkariere: „Une hiérarchie de ce genre rend inutile *a priori* tout effort d'ajustement réciproque [...]." *É. Bréhier*, Histoire de la philosophie, Tome I: L'antiquité et le Moyen age, Fascicule 3: Le Moyen age et la Renaissance (Paris ⁶1950) 662.

[205] „Notre question est [...] vaste; nous nous demandons quelle est la vocation intellectuelle du christianisme, quelle est sa part positive dans le développement de la pensée philosophique." *É. Bréhier*, Y a-t-il une Philosophie chrétienne?, in: Revue de Métaphysique et de Morale, Bd. 38 (1931) 134.

[206] Ebd., 161. „Wir sind ihr [*der Christlichen Philosophie*] definitiv weder beim heiligen Augustinus begegnet, der exakt zwischen dem fleischgewordenen Wort und der Vernunft der Philosophie unterscheidet, noch beim heiligen Thomas, der der Vernunft nur eine Randexistenz zubilligt, noch bei den Rationalisten des 17. Jahrhunderts, deren Lehre einer natürlichen Religion den Kontakt zum Christentum verliert, noch bei den Philosophen des 19. Jahrhunderts, bei denen zu beobachten ist, wie die christliche Philosophie sich zügig in einen Humanismus verwandelt."

chen Einfluss ausübte. So sei etwa hinsichtlich des Thomismus eine brisante Paradoxie zweier Prinzipien festzustellen:

> „Le thomisme nous présente […] cet étonnant paradoxe de maintenir ensemble la vieille formule médiévale: *philosophia ancilla theologiae* et la formule hellénique de l'autonomie de la raison; la foi exerce sa censure sur la philosophie, mai ne lui fournit aucune aide positive, aucune impulsion."[207]

Letztlich, das wird hier deutlich, hält Bréhier den Begriff der *philosophie chrétienne* für eine *contradictio in adiecto*. Die Prinzipien der autonomen Vernunft und der christlichen Doktrin seien nicht miteinander in Einklang zu bringen. Für Bréhier steht daher fest – und damit greift er auf eine Formulierung zurück, die schon Heinrich Ritter gebrauchte: „[O]n ne peut pas plus parler d'une philosophie chrétienne que d'une mathématique chrétienne ou d'une physique chrétienne."[208]

Dieser Einschätzung ist unmittelbar widersprochen worden. Maritain etwa war der Auffassung, dass die These Bréhiers „sicherlich nicht die Antwort [ist], die die Geschichte erteilt."[209] Vor allem in der Darstellung der thomistischen Philosophie weise Bréhiers Studie eklatante Schwächen auf. Thomas räume der Vernunft einen viel höheren Stellenwert ein, als Bréhier zugestehe. Diese Ansicht entspricht im Übrigen auch dem Stand der heutigen Thomas-Forschung.[210] Weiter kritisierte Maritain, bei Bréhiers Vorwurf der Zensur der Ratio durch den Glauben schwinge die Behauptung mit, dass die Rezeption von Glaubensinhalten im philosophischen Diskurs im Habitus „naiver Willkürlichkeit"[211] geschehe, was von der Sache her keineswegs gedeckt sei.

Die Diskussion zwischen Bréhier und Maritain kann hier nicht weiter verfolgt werden, doch liegt es auf der Hand, dass es diese und ähnliche Kontroversen waren, die Edith Stein dazu veranlassten, in *Endliches und ewiges Sein* der Diskussion der entsprechenden Fragen Raum zu ge-

---

[207] Ebd., 144. „Der Thomismus präsentiert uns […] das erstaunliche Paradoxon, sowohl die überlieferte mittelalterliche Formulierung: *philosophia ancilla theologiae*, als auch das hellenistische Verständnis der Autonomie der Vernunft aufrecht zu erhalten; der Glaube übt seine Zensur auf die Philosophie aus, aber er ist ihr in keiner Weise eine positive Hilfe, er gibt keinerlei Impulse."

[208] Ebd., 162. „Es ist nicht möglich, in einem höheren Maß von einer christlichen Philosophie zu sprechen als man von einer christlichen Mathematik oder christlichen Physik sprechen könnte."

[209] *J. Maritain*, Von der christlichen Philosophie, 44.

[210] Vgl. hierzu etwa *A. Zimmermann*, Glaube und Wissen (S.th. II-II, qq. 1–9), in: *A. Speer* (Hg.), Thomas von Aquin: Die *Summa theologiae*, 271–297, bes. 296.

[211] *J. Maritain*, Von der christlichen Philosophie, 47.

ben. Dabei ging es ihr vor allem um die Klärung des Verhältnisses von Glaube und Wissen, Theologie und Philosophie. Damit verbunden war die Frage nach der Legitimität einer Christlichen Philosophie, die sich nun im Kontext des modernen Denkens des zwanzigsten Jahrhunderts zu bewähren hat. Wie kann ein solcher Ansatz über eine theologische Binnenkommunikation hinaus sprachfähig sein? Ist ein solches Vorhaben überhaupt sinnvoll, wo es doch schon lange kein gemeinsames weltanschauliches Fundament mehr gibt, das Philosophen und Philosophien miteinander in Beziehung setzt?

Im Nachklang der Analyse von Edith Steins Verständnis der Christlichen Philosophie wird die Frage nach dem von ihr zugrundegelegten und vorausgesetzten Offenbarungsbegriff zu stellen sein. Ebenso werden zumindest einige Schlaglichter jener Diskussion benannt werden, die sich gerade in jüngerer Zeit mit dem Anliegen Edith Steins verbindet.

2.2.1. Natur und Zustand der Philosophie: Maritain und Gilson

In einer inzwischen viel zitierten Fußnote, die Edith Stein in der Einleitung zu *Endliches und ewiges Sein* setzt, unterscheidet sie drei Bedeutungsebenen des Begriffs der *Christlichen Philosophie*:[212] (1) Zur Zeit der Kirchenväter bezeichnete man das Christentum selbst als Philosophie; der Glaube galt als Erfüllung dessen, was die griechischen Denker angestrebt hatten. Christliche Philosophie in diesem Sinn war daher nicht von Theologie zu unterscheiden.[213] (2) Über die Epochen hinweg gab es immer wieder Anläufe, neben der natürlichen Vernunft auch den Glauben als Erkenntnisquelle der Philosophie zu verstehen. In der Regel rief dieses Ansinnen kritische Reaktionen hervor. Nicht zuletzt der Thomismus versteht die Philosophie als rein natürliche Wissenschaft. (3) Mit Étienne Gilson und Jacques Maritain bezeichnen zur Zeit Edith Steins zwei Protagonisten der damals ausgesprochen „fruchtbaren"[214] neuscholastischen Forschung die mittelalterliche Philosophie als eine christliche, obwohl diese ja „natürliche Wissenschaft sein will und sich streng gegen

---

[212] EES, 20, Anm. 28.
[213] Erst seit der Barockscholastik des ausgehenden sechzehnten Jahrhunderts markiert die *philosophia christiana* einen eigenständigen Bereich der Philosophie, der gegenüber der Theologie abgegrenzt wird. Vgl. H. *Schmidinger*, Der Streit um die christliche Philosophie in seinem Zusammenhang, 23.
[214] F. V. *Tommasi*, „... verschiedene Sprachen redeten ...", 119.

die Theologie abgrenzt".[215] Edith Stein folgt diesem Ansatz. Sie hält es für evident, dass sich das mittelalterliche Denken „im Schatten" der Glaubenslehre entwickelt und Themen angesprochen habe, die besonders für die Theologie relevant waren.[216] Auch Thomas, der die erkenntnistheoretische Divergenz von natürlichem Wissen und Glauben immer hervorgehoben hatte, habe nie daran gezweifelt, dass Philosophie und Theologie nicht „getrennt nebeneinander stehen, als gingen sie einander nichts an".[217]

Wie kann dieses Zueinander von Glaube und Philosophie logisch konsistent dargestellt werden? Der Lösungsvorschlag Maritains besteht darin, zwischen *Natur* und *Zustand* der Philosophie zu unterscheiden.[218] Anders als bei den „exakten ‚Wissenschaften'" wie etwa der Mathematik oder Logik, für die eine derartige Differenzierung „von ziemlich geringer Bedeutung" wäre, komme ihr „in der Sphäre der Weisheit" – zu der die Philosophie zähle – eine hohe Relevanz zu.[219] Die Philosophie, so Maritain, sei ihrer Natur nach unabhängig von Glaube und Theologie, „ganz und gar rational, kein einziges aus dem Glauben hervorgehendes Argument findet Eingang in ihre Struktur, sie steht innerlich nur von der Vernunft und den vernunftgemäßen Kriterien in Abhängigkeit".[220] Allerdings: Dieses Ideal verwirkliche sich in seiner „geschichtlichen Tatsächlichkeit" jeweils im Denken von Personen, die ihrerseits im Kontext der „Bindungen, die für Dasein und Ausübung der Philosophie im Konkreten gegeben sind", stehen:[221]

> „Sobald die Frage nicht mehr um die Philosophie, in sich selbst genommen, geht, sondern um die Art und Weise, wie das menschliche Subjekt philosophiert, und um die verschiedenen, im konkreten Verlauf der Geschichte ans

---

[215] EES, 20, Anm. 28. Hinsichtlich der Stein'schen Rezeption der Thesen Maritains liegen außer den unmittelbaren Bezügen in ihren Werken auch ihre entsprechenden Arbeitsnotizen vor. Ebenso wie im Fall der Gilson-Exzerpte sind diese in der ESGA ediert. Vgl. MTh, 264–269.

[216] EES, 21. Edith Stein beschreibt die Verbindung von Philosophie und Theologie wie folgt: „Es gibt zwei Wege zur Wahrheit, und wenn die natürliche Vernunft nicht bis zur höchsten und letzten Wahrheit gelangen kann, so doch bis zu einer Stufe, von der aus schon die Ausschließung bestimmter Irrtümer und der Nachweis eines Zusammenstimmens der natürlich beweisbaren und der Glaubenswahrheit möglich ist." Ebd.

[217] Ebd.

[218] Vgl. hierzu *J. Maritain*, Von der christlichen Philosophie, 55–89. Siehe auch EES, 22–25.

[219] Alle Zitate *J. Maritain*, Von der christlichen Philosophie, 57 f.

[220] Ebd., 61.

[221] Beide Zitate ebd., 56.

Tageslicht getretenen Philosophien, genügt die Betrachtung des Wesens nicht
mehr, sondern es wird die des Zustandes unerläßlich."[222]

Edith Stein hält diese These für überzeugend, und so unterscheidet auch
sie zwischen der *Wissenschaft als Idee,* die die Inhalte eines Sachgebiets
vollendet repräsentiere, und dem *Zustand* derselben – samt seiner „Irrtümer, Umwege und Entstellungen der Wahrheit".[223] Dabei geht sie besonders auf den thomasischen Gedanken ein, echte Philosophie leiste
ein *perfectum opus rationis,* eine vollkommene Vernunftleistung. Demnach begnügt sich die Philosophie „nicht mit einer vorläufigen Klärung,
sondern ihr Ziel ist *letzte* Klarheit; sie will λόγον δφδόναι (Rechenschaft
geben) bis auf die letzten erreichbaren Gründe."[224] Im Kontext irdischer
Weisheit – *in via* – bleibe allerdings auch dieses Ideal „Stückwerk".[225]
Seine Erfüllung könne es erst bei Gott finden, *in patria.*

   Dennoch leiten sich aus der Zielvorstellung des *perfectum opus rationis* unmittelbar Konsequenzen ab. Für Maritain war klar: „Man philosophiert mit seiner ganzen Seele (und nicht nur mit der ratio), so wie man
(nicht nur mit den Beinen, sondern auch) mit Herz und Lungen läuft."[226]
Der Philosoph wisse um die begrenzte Reichweite rationaler Erkenntnis,
besonders im Blick auf letzte Wahrheiten, bringe aber als christlicher
Denker eine „objektive Mitgift" in den Diskurs ein, die „von sich aus in
das Gebiet der Philosophie gehört, de facto aber von den Philosophen
nicht ausdrücklich zur Gegebenheit gebracht"[227] und erst durch die Offenbarung in den Fokus gerückt werde. Maritain führt hierfür beispielhaft die Vorstellung Gottes als des schlechthin Seienden, den Begriff der
Erschaffung oder das Verständnis der Natur als eines für Vollendung offenen Bereichs an. Dabei unterscheidet er klar zwischen christlich geprägter *Philosophie* und *Theologie.* Das berühmte Diktum Gilsons, „révélation génératrice de raison"[228] – „Offenbarung als Erzeugerin von

---

222 Ebd., 64. Hier wird deutlich, dass Maritain mit der Rede von Natur und Zustand
der Philosophie an die thomasische Unterscheidung von Substanz und Akzidenz respektive dem wesenhaften Sein der Dinge und den diesem Wesen entsprechenden Akten
anknüpft.
223 EES, 24.
224 Ebd., 27.
225 Ebd., 28.
226 *J. Maritain,* Von der christlichen Philosophie, 64 f.
227 Ebd., 66.
228 *É. Gilson,* in: La notion de philosophie chrétienne, 39. Gilson betont allerdings,
dass die alleinige Differenz zwischen wesenhaft reiner Philosophie und christlichem
Glauben der Komplexität der historischen Realität der Ideengeschichte nicht gerecht

Vernunft", gelte, so Maritain, in „voller Kraft genommen […] nur für die
Theologie, die sich ja auf den gesamten Offenbarungsinhalt erstreckt und
ihn von Gott her gesehen erforscht."[229] Die Mitgift der Christlichen Philosophie beziehe sich hingegen ausschließlich auf

> „die in der Offenbarung enthaltenen oder mit ihr verbundenen Bestandteile
> der *natürlichen* Ordnung. Sind diese einmal in den Gesichtskreis der Philoso-
> phie getreten, dann werden sie von der Philosophie nach der dieser eigenen
> Ordnung, nämlich nach einer von unten aufsteigenden Ordnung (und nicht
> ‚von Gott her gesehen') erforscht."[230]

Diese Unterscheidung sei „von einer außerordentlichen *faktischen* Wich-
tigkeit".[231] Und tatsächlich: Auch wenn beispielsweise eine sachliche
Nähe zwischen der aristotelischen Herleitung der Notwendigkeit eines
unbewegten Bewegers und der thomasischen Argumentation der *quinque
viae* besteht, hat doch letztere im Licht der christlichen Glaubensüberzeugung eine ganz eigene Bedeutung. Maritain nennt weitere Kennzeichen Christlicher Philosophie, etwa eine realistische Epistemologie, wie
sie Augustinus in der Auseinandersetzung mit dem Skeptizismus herausgearbeitet hatte,[232] oder die enge Verbindung von Theologie und Philosophie. Den von Bréhier kritisierten Begriff der Philosophie als *ancilla theologiae*[233] verwendet er nicht, verweist aber auf die Impulse, die die
Philosophie durch den Diskurs theologischer Themen erhalte. In der Sache hält er daran fest, dass „der Glaube die Philosophie führe und ihr die
Richtung weise ‚wie ein Leitstern' (*‚veluti stella rectrix'),* ohne dadurch
ihre Selbständigkeit zu verletzen."[234]

---

werde. Dennoch gelte: „Les deux ordres restent distincts, bien que la relation qui les
unit soit intrinsèque." Ebd.

[229] *J. Maritain*, Von der christlichen Philosophie, 68.

[230] Ebd.

[231] Ebd., 70.

[232] Ähnliches gilt für Thomas. Zum thomasischen Verständnis der Relevanz des Glaubens in der Frage erkenntnistheoretischer Gewissheit vgl. *A. Zimmermann*, Glaube
und Wissen, bes. 290–297.

[233] Gegen die These „aliae scientiae […] videntur esse certiores sacra doctrina" wendet
Thomas ein: „Sed contra est quod aliae scientiae dicuntur ancillae huius, Prov. 9: ‚Misit
ancillas suas vocare ad arcem.'" *Thomas v. Aquin*, Die deutsche Thomas-Ausgabe.
Vollständige, ungekürzte dt.-lat. Ausgabe der Summa theologica, übers. u. kommentiert v. Dominikanern u. Benediktinern Deutschlands u. Österreichs, hg. v. Katholischen Akademikerverband (Salzburg – Leipzig / Graz – Wien – Köln 1934 ff.). Sigel:
Summa theologiae I q 1 a 5.

[234] Vgl. *J. Maritain*, Von der christlichen Philosophie, 82. Eigene Hervorhebung.

Davon unberührt ist die *doppelte* Sinnspitze des *ancilla*-Bildes zu beachten, derzufolge die Verbindung theologischen und philosophischen Fragens *beiden* Disziplinen zum Vorteil gereicht. So betont Volker Leppin, dass die genannte Metapher auch die Notwendigkeit der theologischen Rezeption philosophischer Gelehrsamkeit zum Ausdruck bringe.[235] Auch Albert Zimmermann verweist auf das „Streben [*des Glaubenden*] nach vernunftgeleiteter Erkenntnis".[236]

Maritain allerdings richtet den Fokus primär auf die Konsequenzen, die die Einbeziehung theologischer Sätze für die Philosophie hat und zitiert einen Hinweis Gabriel Marcels, der an eine These Edith Steins erinnert:

> Man kann „sagen, daß eine Philosophie, die christlich ist, außer- und oberhalb der gesamten philosophischen Ordnung ‚ihren ontologischen Angelpunkt besitzt, in einem einzigartigen Faktum, zu dem es nichts Vergleichbares gibt: in der Menschwerdung Christi'."[237]

Im Blick auf die *Person* des christlichen Philosophen betont Maritain, wieder auf Marcel verweisend: Eine wirklich Christliche Philosophie ist nur da möglich, wo der „Skandal", dass „die Gültigkeit des Offenbarungsgutes jenseits aller Erfahrbarkeit liegt", nicht nur hingenommen, sondern „mit einer überwältigten Dankbarkeit ohne jeden Vorbehalt in die Arme geschlossen"[238] wird.

Bei genauerem Hinsehen zeigt sich nun, dass Maritain und Edith Stein den Begriff der Christlichen Philosophie nicht ganz deckungsgleich interpretieren. Während Maritain epistemologisch strikt und thomistisch

---

[235] Dies habe, so Leppin, Konsequenzen für die Theologie als solche: „Es geht also um die Integration der Philosophie in die Theologie, und diese Integration bedeutet keineswegs nur Herrschaft der Theologie über ihre Mägde, sondern sie bedeutet langfristig auch eine Umformung der Theologie, die auch ihr Selbstverständnis betrifft." *V. Leppin*, Thomas von Aquin, 29.

[236] *A. Zimmermann*, Glaube und Wissen, 287.

[237] *J. Maritain*, Von der christlichen Philosophie, 74 f. Vgl. auch *G. Marcel*, L'Esprit de la Philosophie Médiévale, par E. Gilson, in: La Nouvelle Revue des Jeunes, Bd. 4 (1932) 312: „Une philosophie chrétienne me paraît se définir par ce fait qu'elle trouve son point d'amorçage ontologique dans un fait *unique*, j'entends sans analogue possible, qui est l'Incarnation." Bezüglich der entsprechenden Position Edith Steins vgl. HTh, 123, und Kap. 2.1.3., Abschnitt (2).

[238] Alle Zitate *J. Maritain*, Von der christlichen Philosophie, 74. Damit greift Maritain den Vorwurf Bréhiers, die Grundprinzipien von Glaube und Vernunft stünden im Widerspruch zueinander, offensiv auf. Die Differenzierung zwischen Natur und Zustand ermöglicht es ihm, die Öffnung der Philosophie zum Glauben hin zu legitimieren. Bréhiers Ansatz wäre demnach rationalistisch und gründete auf der Fehleinschätzung, dass das Ideal einer reinen Philosophie in die Realität extrapoliert werden könne.

konsequent von der Aufgabenteilung der Philosophie und der Theologie her argumentiert, denkt Edith Stein zuerst vom Anliegen des *perfectum opus rationis* her, aus dem die Verpflichtung erwachse, *keine der zur Verfügung stehenden Erkenntnisquellen ungenutzt zu lassen.*[239] Die feine thomistische Differenzierung zwischen Glaubenssätzen, die mittels natürlicher Vernunft einzuholen sind, und rein theologischen Aussagen spielt für sie daher keine besondere Rolle. Dies ist insofern konsequent, als Edith Steins Christliche Philosophie theozentrisch orientiert ist. Die Existenz Gottes gilt damit denjenigen Philosophen, die die Glaubensgewissheit als „Geschenk der Gnade"[240] bereits empfangen haben, als erstes philosophisches Axiom und Fundament des Denkens.[241] Wenn Edith Stein betont – wie etwa in der Husserl-Festschrift –, dass die Erkenntnislehre nicht an erster Stelle stehe, sondern „Teil einer allgemeinen Seinslehre"[242] sei, hat all das, was über das Sein in Erkenntnis zu bringen ist, sei es mittels der Ratio oder der Offenbarung, einen Vorrang vor der Epistemologie. Und so hebt sie den heuristischen Wert religiöser Überzeugungen hervor:

> „Die Grundwahrheiten unseres Glaubens – von der Schöpfung, vom Sündenfall, von der Erlösung und Vollendung – zeigen alles Seiende in einem Licht, wonach es unmöglich erscheint, daß eine reine Philosophie, d. h. eine Philosophie aus bloß natürlicher Vernunft, imstande sein sollte, sich selbst zu vollenden, d. h. ein ‚perfectum opus rationis' zu leisten. Sie bedarf der Ergänzung von der Theologie her, ohne dadurch Theologie zu werden."[243]

Die Integration von Glaubensinhalten in den philosophischen Diskurs ist demnach notwendig, da diese einen Diskussionsbeitrag *sui generis* zu leisten imstande sind. Dabei geht Edith Stein in *Endliches und ewiges Sein* neben den gerade genannten *articuli fidei* auch auf den trinitarischen

---

[239] „Wenn der Philosoph seinem Ziel, das Seiende aus seinen letzten Gründen zu verstehen, nicht untreu werden will, so wird er durch seinen Glauben genötigt, seine Betrachtungen über den Bereich dessen hinaus, was ihm natürlicherweise zugänglich ist, auszudehnen." EES, 29.

[240] HTh, 126. Vgl. Anm. 499.

[241] Vgl. Kap. 2.1.3., besonders die Abschnitte (4) und (2). Auf die Kritik Andreas Speers, Edith Stein gehe damit über das thomasische Verständnis von Philosophie hinaus, ist bereits hingewiesen worden. Auch Ralph McInerny hebt dies hervor. Das Denken Edith Steins sei ganz von dem Ziel her zu lesen, das sie anstrebte: der einen Wahrheit so nahe wie möglich zu kommen. Vgl. *R. McInerny*, Edith Stein and Thomism, 84 f.

[242] HTh, 129. Vgl. Anm. 514.

[243] EES, 30.

Gottesbegriff, die Inkarnation Gottes in Jesus Christus, die Eucharistie-
lehre und auch die Angelologie ein.[244] Obwohl sie damit in materialer
Hinsicht über Maritain hinausgeht,[245] bleibt sie seinem Ansatz hinsichtlich der rationalen Standards der Debatte verbunden und zitiert ihn:

> „‚Die religiösen Tatsachen oder die definierten Dogmen‘, sagt Malebranche,
> ‚sind meine Erfahrungen …‘ (nachdem ich sie als gültig erkannt habe), ‚ge-
> brauche ich meinen Geist‘ (ihnen gegenüber) ‚in derselben Weise wie jene,
> die Physik studieren‘“.[246]

Allerdings geht Edith Stein nicht auf Maritains Kritik ein, Malebranche
begehe den Fehler, „Philosophie und Theologie ineinanderzuschie-
ben“.[247] Wichtiger ist es ihr aufzuzeigen, wie der einzelne Philosoph seine
Glaubensüberzeugung in den Diskurs einbringen kann. Dem liegt die
Auffassung zugrunde, dass der Glaubensvollzug, *fides qua creditur,* impliziert, Gott Glauben zu schenken (*credere Deo*) und damit auch, an
Gott zu glauben (*credere Deum*), also überzeugt zu sein, „daß Gott *ist*
und *Gott* ist“.[248] Dies aber bedeute, „‚zu Gott hin glauben‘ (*credere in
Deum*), Gott zustreben.“[249]

Damit ist festzuhalten: Edith Stein denkt ihr Modell der Christlichen
Philosophie aus der Perspektive des gläubigen Philosophen und vom Ziel
des *perfectum opus rationis* her. Es handelt sich ausdrücklich *nicht* um
eine reine Vernunftphilosophie, sondern eine gläubige Philosophie, deren
„vornehmste Aufgabe“ es ist, „Wegbereiterin des Glaubens zu sein“.[250]
Ralph McInerny bezeichnet dies mit den Worten des Johannes a Sancto
Thoma als *philosophandum in fide.*[251]

Um das Verständnis von Edith Steins Modell der Christlichen Philosophie weiter zu vertiefen, muss nun noch einmal der Ansatz Étienne
Gilsons in den Blick kommen. Dieser hatte, wie gesagt, die mittelalterliche Philosophie nicht als eine einheitliche beschrieben, sondern im Plural

---

[244] Vgl. ebd., 30 f. sowie 323–352.
[245] Vgl. hierzu etwa ebd., 30: „Was Maritain für das menschliche Handeln ausgeführt
hat: daß es so genommen werden müsse, wie es auf Grund des Sündenfalles und der
Erlösung tatsächlich sei, und daß sich die Moral darum nicht als *reine* Philosophie voll-
enden lasse, sondern nur in Abhängigkeit von der Theologie […], das scheint mir […]
von allem Seienden und von der gesamten Philosophie zu gelten.“
[246] *J. Maritain,* Von der christlichen Philosophie, 72 f., sowie EES, 29 f.
[247] *J. Maritain,* Von der christlichen Philosophie, 73.
[248] EES, 34.
[249] Ebd., 35. Eigene Hervorhebung.
[250] Ebd.
[251] Vgl. *R. McInerny,* Edith Stein and Thomism, 84.

von *Philosophien* gesprochen, die durch die Rezeption des Aristoteles und den *l'esprit chrétien* geeint seien. Armand Maurer spricht im Blick auf diese These von *philosophischem Pluralismus*.[252] Als Spiegel dieser Pluralität könnte man die Offenheit verstehen, die sich durch das Œuvre des Thomas von Aquin zieht, der kein geschlossenes philosophisches System, sondern, wie McInerny betont, eine Philosophie des Lebens anstrebte, in der er nüchtern Antwort auf die großen Fragen des Seins zu geben suchte. Dies entspricht auch dem Thomas-Verständnis Edith Steins.[253] Gilson jedoch verbindet mit dem Begriff der Christlichen Philosophie durchaus die Vorstellung einer abgegrenzten Systematik – obwohl seine grundständige Definition mit dem Anliegen Edith Steins übereinstimmt:

> „Christlich nenne ich [...] jede Philosophie, die zwar die Ordnung der Offenbarung und die Ordnung der Vernunft formell auseinanderhält, trotzdem aber die christliche Offenbarung als unentbehrliche Helferin der Vernunft betrachtet."[254]

Weiter ist Gilson der Auffassung, dass jene Modelle, die dem Gattungsbegriff *Christliche Philosophie* zuzuordnen sind, folgende gemeinsame Merkmale aufweisen:

(1) Unter der Vielzahl philosophischer Probleme werden nur jene thematisiert, die dem Ziel der Weisheit dienen, nämlich der Erkenntnis Gottes und des Menschen. Der christliche Philosoph trifft hier also eine Auslese. Zwar habe etwa das Interesse des Thomas von Aquin und anderer *der gesamten Philosophie* gegolten, doch seien auch sie „nur in einem verhältnismäßig engen Bezirk schöpferisch gewesen."[255]

(2) Indem durch den Einfluss der Offenbarung „die eitle Neugierde"[256] aus dem Denken verbannt werde, ergebe sich für die Christliche Philosophie die Möglichkeit, zu einem *Abschluss* zu kommen. Christliche Philosophie habe immer „eine stark systematische Tendenz".[257]

---

[252] Vgl. *A. Maurer,* Étienne Gilson, 530, sowie *É. Gilson,* Le philosophe et la théologie, 159 f.

[253] Vgl. *R. McInerny,* Edith Stein and Thomism, 77: Edith Stein „rejects the notion that Thomas has produced a system; what we seek and find in him is a philosophy of life, one that answers the big questions, but in a sober rather than a heightened style."

[254] *É. Gilson,* Der Geist der mittelalterlichen Philosophie, 40.

[255] Ebd., 41. Im Blick auf die religiös begründete Auswahl philosophischer Themen führt Gilson als Beispiel aus der Patristik unter anderem den „Eklektizismus auf Glaubensgrundlage" an, der bei Laktanz festzustellen sei. Vgl. ebd., 34.

[256] Ebd., 42.

[257] Ebd.

(3) Schließlich eröffne die Offenbarung dem christlichen Denker auch Einsicht in Fragen der natürlichen Philosophie und begegne so der *debilitas rationis,* der Schwäche des menschlichen Erkenntnisvermögens.[258] Gilson verweist auf das Beispiel des Skeptizismus und die Problematik der Überwindung des systematischen Zweifels und der Erlangung echter Evidenz. Damit spielt er auf die von vielen Zeitgenossen in der Tat als prekär empfundene Lage der Philosophie an, die ausgiebig erkenntnistheoretische, aber kaum ontologische Fragen in den Blick nahm. Der Glaube, so Gilson, nimmt den Menschen hier „gewissermaßen an die Hand [...] und begleitet ihn so weit, wie er vor Irrtum geschützt werden muss."[259]

Diese dreifache Charakterisierung Christlicher Philosophie entspricht nun weder in der pejorativen Deutung der *debilitas rationis* noch in dem Ziel einer geschlossenen christlich-philosophischen Systematik dem Verständnis Edith Steins. Diese hatte im Gegenteil in der Geschlossenheit der Neuscholastik ihrer Zeit immer ein Problem gesehen, da die Selbstbeschränkung auf ureigenste, durch die Offenbarung inspirierte Themen eine Sprachlosigkeit im Diskurs mit säkularen Philosophien zur Folge hatte. Während Gilson den heiligen Thomas für seine weit ausgreifende Behandlung philosophischer Fragen diskret glaubt rügen zu müssen, ist es genau diese Offenheit in der Suche nach Wahrheit, die Edith Stein schätzt. Es war ihr wichtig, dass Thomas – in den Worten Angela Ales Bellos – „da un lato rende libero chi ricerca di accettare i suggerimenti provenienti da diverse fonti e dall'altro non lo chiude nell'adesione ad un sistema."[260] Nicht zuletzt besteht hier eine Parallele zu Husserl, der sich ebenfalls durch seine Bereitschaft zur (zumindest hypothetischen) Analyse verschiedenster Fragen von vielen zeitgenössischen Philosophen unterschied. Auch in der Frage der *debilitas rationis* spielt die phänomenologische Ausbildung Edith Steins eine Rolle. Zwar ist sie sich der beschränkten Reichweite rationaler Erkenntnis bewusst und nimmt mit ihrer theozentrischen Philosophie selbst einen klaren Standpunkt ein, doch würde sie der These der fundamentalen Schwäche der Vernunft so wohl kaum zustimmen.[261] Anders als Gilson ist Edith Stein nicht *prinzipiell*

---

[258] Vgl. hierzu ebd., 43.

[259] Ebd., 43 f.

[260] Demnach ist Thomas „einerseits offen, in der Forschung Anregungen zu akzeptieren, die verschiedensten Quellen entstammen, andererseits schließt er sie nicht zu einem System zusammen." A. *Ales Bello,* Introduzione, in: *Dies.* (Hg.), Edith Stein. La ricerca della verità. Dalla fenomenologia alla filosofia cristiana (Rom 1993) 23.

[261] So betont Ales Bello, dass Edith Steins Zurückhaltung bei der Formulierung einer

daran interessiert, Inhalte der Offenbarung philosophisch zu diskutieren, sondern schlägt diesen Weg nur insofern ein, als er dem Ziel der Formulierung eines *perfectum opus rationis* dienlich ist. Es geht ihr ausschließlich darum, neue Quellen der Erkenntnis zu erschließen und Impulse in die Debatte hineinzugeben, die von heuristischem Wert sind, aber ohne Zuhilfenahme der Offenbarung keinen Eingang in die Argumentation finden würden.[262]

Damit wurden einige wichtige Unterschiede im Ansatz Gilsons und Edith Steins herausgearbeitet. Dabei ist zu bedenken, dass letztere ihr Modell nicht zielgerichtet in Abgrenzung zu anderen Autoren formuliert – auf Gilson etwa verweist sie in *Endliches und ewiges Sein* nur ein einziges Mal.[263] Für sie selbst ist vor allem entscheidend, dass der Ansatz der Christlichen Philosophie den Rahmen des Diskurses für religiöse *und* nichtreligiöse Denker absteckt:

„Es besteht für den Ungläubigen kein sachlicher Grund, gegen die Ergebnisse ihres natürlichen Verfahrens mißtrauisch zu sein […]. Es bleibt ihm selbst unbenommen, den Maßstab der Vernunft in aller Strenge zu handhaben und alles abzulehnen, was ihm nicht genügt. Es steht ferner bei ihm, ob er weiter mitgehen und auch die Ergebnisse zur Kenntnis nehmen will, die mit Hilfe der Offenbarung gewonnen sind. Er wird die verwendeten Glaubenswahrheiten nicht als ‚Sätze' (Thesen) annehmen wie der Gläubige, sondern nur als ‚Ansätze' (Hypothesen)."[264]

---

philosophischen Systematik auf ihr Festhalten an Prinzipien der Phänomenologie zurückzuführen sei: „Si vede qui in azione la mentalità fenomenologica dell'Autrice secondo la quale nell'esercizio filosofico non si tratta di aderire alla dottrina di un pensatore – come accade nella posizione neoscolastica di Gilson, si potrebbe aggiungere – ma di riferirsi primariamente alla questione che si vuole esaminare e di accettare l'aiuto di chi ha già speculato, se queste serve veramente a chiarire la cosa che si sta indagando." A. *Ales Bello*, Introduzione, 22 f.

[262] Vgl. hierzu ebd., 41 (vgl. EES, 20, Anm. 28).

[263] Dazu passt, dass auch das Exzerpt zu *L'esprit de la philosophie médiévale*, das sich in den Notizen Edith Steins findet, sehr knapp gehalten ist und zudem nur unter Vorbehalt zugeordnet werden kann (vgl. MTh, 244–246). Anders sieht es mit Gilsons *Le Thomisme* aus, dessen Thesen Edith Stein umfänglich zur Kenntnis nimmt (vgl. ebd., 246–250). Bemerkenswert ist hier nicht zuletzt ihre Notiz über den *Geist des Thomismus*: „Er will ein rationales Bild des Universums geben. Zentralbegriff: der des Seins. Es findet sich in den Geschöpfen unvollkommen: ein Werden, das das Sein zu erlangen […] strebt, Gegensatz von Potenz und Akt. Herstammen muß es von einem vollkommenen, über diesen Gegenständen stehenden, zu dem es im Verhältnis der Analogie steht." Ebd., 250.

[264] EES, 36.

Ausdrücklich unterstreicht Fritz Kaufmann das Gelingen dieses Modells. So gelte im Blick auf die „erfrischenden" und „scharfsinnigen" Erkenntnisse, die Edith Stein in *Endliches und ewiges Sein* herausarbeitete:

> „[T]hey will be illuminating also to those who cannot subscribe to its specific Catholic conclusions. This is so because, in the whole work, the tenets of faith are never premises of the analysis, even though the religious position provides a vantage-point from which to see things which otherwise might have passed unnoticed and brings to light possibilities which only faith can truly realize and embrace."[265]

Gleichzeitig legen die Prinzipien der Christlichen Philosophie im Umkehrschluss nahe, dass Edith Stein mit *Endliches und ewiges Sein,* ihrem „Grundriß einer Seinslehre",[266] auch die Leitlinien einer theologischen Lehre der Ordnung der Schöpfung nachzeichnet und diese mittels der *analogia entis* in Bezug zum Schöpfer selbst setzt. Diese theologische Seite der Christlichen Philosophie steht in der vorliegenden Arbeit im Fokus. Es liegt nahe, dass die Originalität Edith Steins auch in diesem theologischen Feld zum Ausdruck kommt, da sie ja keine klassische Glaubenslehre (re-)formuliert, sondern auswählt, Schwerpunkte setzt und ein spezifisches religionsphilosophisches Programm verfolgt.

2.2.2. Offenbarungsbegriff und *analysis fidei*

Christliche Philosophie ist für Edith Stein also etwas anderes und deutlich mehr als nur die Geisteshaltung christlicher Philosophen. Es ist ein Modell, das das methodische Fundament liefert, um dem Ideal des *perfectum opus rationis* nahezukommen und „die Gesamtheit dessen, was natürliche Vernunft und Offenbarung uns zugänglich machen, zu einer Einheit zusammenzufassen."[267] Dieser Zielvorgabe sind historisch gesehen die mittelalterlichen Denker mit ihren großen *Summen* am nächsten gekommen.

---

[265] *F. Kaufmann,* Rez. Edith Stein, Endliches und ewiges Sein, in: Philosophy and Phenomenological Research, Bd. 12 (1952) 572–577, hier 577. „Sie leuchten auch jenen ein, die die spezifisch katholischen Schlussfolgerungen nicht unterschreiben können. Dies ist der Fall, da an keiner Stelle des gesamten Werkes die Grundsätze des Glaubens als Prämissen der Analyse als solcher dienen, auch wenn die religiöse Position zu einem Standpunkt verhilft, von dem aus Dinge in den Blick kommen, die andernfalls möglicherweise unbeachtet geblieben wären respektive Überlegungen ans Licht kommen, die nur der Glaube wirklich realisieren und erfassen kann."
[266] EES, 5.
[267] Ebd., 33.

In der Betonung des *perfectum opus rationis* erkennt Angela Ales Bello „eine persönliche Note" Edith Steins und eine ihr eigene Originalität.[268] Von Beginn an sei ihr Motiv, sich der Philosophie zuzuwenden, die „radikale Suche nach dem Sinn der Wirklichkeit"[269] gewesen. Allerdings habe sich erst im Lauf des Studiums und der darauffolgenden Jahre ihr Verständnis der Wirklichkeit geweitet, so dass sie offen war „für eine letzte Begründung und Rechtfertigung aller Dinge und unserer selbst, die sich auf Gott hin erstreckt."[270] Die Einsicht, dass philosophisches Denken nie unabhängig von der weltanschaulichen Überzeugung des Philosophen erfolgt und in Wechselwirkung mit dieser steht, wird dabei nicht nur zur Kenntnis genommen, sondern als Stärke verstanden.[271] Die Voraussetzung, um hieraus ein Modell Christlicher Philosophie zu entwickeln, ist die Überzeugung, dass die Erkenntnisse der reinen Vernunft und der Offenbarung konstruktiv miteinander in Beziehung, ja in *Harmonie*[272] zueinander stehen. Angela Ales Bello spricht daher von einer „theologia *sui generis*",[273] auf der das Ideal des *perfectum opus rationis* ruhe.

„Über das Sinnenhafte holt sich die Philosophie bei den Naturwissenschaften Auskunft, wie sollte sie sich über das Göttliche nicht beim Glauben und bei der Theologie Auskunft holen?",[274] zitiert Edith Stein Jacques Maritain. Damit kommt endgültig die Frage nach dem Offenbarungsbegriff in den Blick, den sie ihren Überlegungen zugrundelegt. Aus der Perspektive einer modernen *analysis fidei* wäre nicht zuletzt nach den Kriterien zu fragen, auf deren Grundlage zwischen einer Glaubenslehre, der Eingang in die Philosophie gewährt wird, und beliebigen privaten religiösen Überzeugungen unterschieden werden kann. Diese fundamentaltheologische Fragestellung spielt bei Edith Stein zwar aus

---

[268] Beide Zitate A. *Ales Bello,* Philosophie und Offenbarung bei Edith Stein, 117.

[269] Ebd., 113.

[270] Ebd.

[271] Vgl. hierzu Ralph McInernys Anmerkung über den Sinn des Philosophierens: „[O]ne should see one's philosophical or theological work as integral to one's Christian vocation. But nothing is easier than to do philosophy in a way that makes it clear that we have become forgetful of the essential reason for doing it at all. In its classical beginnings, philosophy was the pursuit of wisdom, and wisdom in turn was defined as such knowledge as men can attain of the divine. The study of philosophy was not a cultural adornment, the fifty drachma course that assured success in Athens. *Lebensphilosophie* and philosophy were the same thing." R. *McInerny,* Edith Stein and Thomism, 81.

[272] Vgl. A. *Ales Bello,* Philosophie und Offenbarung bei Edith Stein, 123–126.

[273] Ebd., 126.

[274] *J. Maritain,* Von der christlichen Philosophie, 72, und EES, 29.

Gründen, die noch zu erläutern sind, keine große Rolle. Doch auch jenseits dessen lohnt die Untersuchung ihres Offenbarungsverständnisses, das im Folgenden in dreifacher Hinsicht vorgestellt werden soll:

(1) Glaubensinhalte, die Teil des philosophischen Diskurses sein sollen, müssen zunächst satzhaft in Dogmen gefasst sein, und als solche greift Edith Stein sie auf.[275] Wie selbstverständlich spricht sie von „Glaubenswahrheit", „Glaubenslehre" oder der übernatürlichen „Welt der Offenbarungstatsachen".[276] Allerdings steht der Begriff der Offenbarung bei Edith Stein offenkundig nicht nur für von außen auf den Menschen kommende, sprachlich formulierbare Glaubenslehren. Zwar spricht sie nicht unmittelbar von der *Selbstoffenbarung Gottes,* doch spielt sie der Sache nach auf diese an, wenn sie in *Endliches und ewiges Sein* in einem Exkurs über den ersten Vers des Johannesprologs nach der weiteren Bedeutung des göttlichen Λόγος fragt:

> „Es kann auch *Wort* genannt werden, weil es der Inhalt dessen ist, was Gott spricht, der Gehalt der Offenbarung, also *sprachlicher Sinn*, noch ursprünglicher: weil der Vater sich darin ausspricht und es durch sein Sprechen hervorbringt. [...] Das wirkliche (= aktuelle) Sein des Geistes ist *Leben* und ist *lebendiges Verstehen.*"[277]

Daraus folgt, dass das Fürwahrhalten von Offenbarungstatsachen grundlegend anders zu verstehen ist als das Fürwahrhalten einer beliebigen logischen Schlussfolgerung oder philosophischen Erkenntnis. Schon in *Freiheit und Gnade* beschreibt Edith Stein den religiösen Akt als Zusammenspiel von *Erkenntnis, Liebe und Tat,* wobei der Ausdruck *Erkenntnis* hier gerade nicht im bloß kognitiven Sinn, sondern „als ein Berührtwerden von der Hand Gottes"[278] zu verstehen ist. Damit ist umgekehrt klar, dass Offenbarungen die Offenheit des Gläubigen voraussetzen, dass sie

---

[275] Vgl. FG, 69: „Was durch Offenbarung zugänglich geworden ist, kann [...] in einem Satz ausgesprochen werden. Es wird zum *Dogma.* [...] Das Dogma ist [...] ein Satz, der ‚Glauben' verlangt."

[276] Zum Begriff der Glaubenswahrheit vgl. EES, 21, zur Glaubenslehre ebd., 303, zur Welt der Offenbarungstatsachen ebd., 13, sowie ebd., 30 f.

[277] Ebd., 101. Der Begriff der Selbstoffenbarung taucht in *Freiheit und Gnade* gar nicht und in *Endliches und ewiges Sein* nur einmal auf, und zwar im Anhang zur Existenzialphilosophie Heideggers. Dabei verwendet Edith Stein ihn allerdings nicht im theologischen, sondern im phänomenologischen Sinn: „Ein Ding hat kein Seinsverständnis und kann nicht über sein Sein reden. Aber es ist und hat einen *Sinn*, der sich in seiner äußeren Erscheinung und durch sie ausspricht. Und diese Selbstoffenbarung gehört zum Sinn des dinglichen Seins." Ebd., 482.

[278] Beide Zitate FG, 66.

ohne Glauben „stumm" bleiben – „man ,schenkt ihnen keinen Glauben'".[279] Daher steht außer Frage: „[Z]ur gläubigen Annahme der göttlichen Offenbarung gehört sinngemäß schon liebende Zuwendung."[280]

Vor diesem Hintergrund ist eine erste Einordnung des Offenbarungsbegriffs Edith Steins möglich. Offenkundig geht sie zunächst von einem
instruktionstheoretischen Verständnis aus: „Offenbarungen sind die
Worte, die der Herr durch den Mund seiner Propheten spricht [...]."[281]
Eine Reihe von Belegstellen deuten aber darauf hin, dass Edith Stein den
Prozess der *instructio* in einem ursprünglichen und differenzierten Sinn
versteht, der sich, so die Definition Max Secklers, grundsätzlich dadurch
auszeichnet, dass „die Selbstbezeugung Gottes als personalhaft-lebendige
Erstwahrheit (*veritas prima*) im Geist und in der Geschichte des Menschen noch dynamisch als ein vieldimensionales Sprach- und Wahrheits-
geschehen zu denken"[282] ist. Diese Vitalität wird spürbar, wenn Edith
Stein das „immer wieder aus einem geheimen Urquell" aufspringende
„Wunder des Lebens" als „geheimnisvolle Offenbarung des Herrn alles
Lebens"[283] interpretiert. An anderer Stelle spricht sie von der „doppelten
sichtbaren *Offenbarung des Logos: im menschgewordenen Wort* und in
der *geschaffenen Welt*."[284] Damit ordnet sie dem Offenbarungsbegriff
nicht nur satzhafte Glaubenslehren, sondern auch ein lebendiges Heilsgeschehen zu. Von einer doktrinalistischen Verengung des instruktionstheoretischen Modells, wie es in der neuthomistischen Schultheologie
vielfach üblich war und für das die Tugend des Glaubens „im gehor-
samen Fürwahrhalten von uneinsichtigen *veritates revelatae*"[285] besteht,
war Edith Stein damit weit entfernt.[286] Im Gegenteil darf unterstellt werden, dass sie die Offenbarung zumindest in einem weiten Sinn als Selbst-

---

[279] Beide Zitate ebd., 67.
[280] EES, 386.
[281] FG, 68.
[282] *M. Seckler*, Der Begriff der Offenbarung, in: *W. Kern, H. J. Pottmeyer, M. Seckler*
(Hg.), Handbuch der Fundamentaltheologie, Bd. 2, Traktat Offenbarung (Tübingen –
Basel [2]2000) 41–61, hier 46. Eigene Hervorhebung.
[283] Beide Zitate EES, 229.
[284] Ebd., 112.
[285] *M. Seckler*, Der Begriff der Offenbarung, 46.
[286] Allerdings findet sich genau dieser Gedanke noch in *Freiheit und Gnade:* „Auch die
Offenbarung kann uneinsichtig bleiben und es kann nur gefordert sein, daß man sich
schlicht daran hält. So geht es der großen Masse der Gläubigen, die nur ,wie in einem
Spiegel in einem dunklen Wort' erkennen, nicht aber ,von Angesicht zu Angesicht'."
FG, 68.

mitteilung Gottes versteht. Der enormen Reichweite dieser Interpretation, die dann später im Zweiten Vatikanum zum Leitmotiv der Offen-
barungskonstitution *Dei Verbum* wurde, geht sie aber nicht nach.

(2) Weder die Offenbarungskritik der Aufklärung – etwa bei John
Locke – noch die Frage nach einer *analysis fidei,* die die Glaubwürdigkeit
der Offenbarung aufweisen könnte, scheinen das Interesse Edith Steins
besonders geweckt zu haben.[287] Vor dem Hintergrund des Anspruchs
der Christlichen Philosophie, Wegbereiterin eines *perfectum opus rationis* zu sein, mag dies verwundern. Allerdings hält Edith Stein die systematische Untersuchung der Offenbarungsinhalte für das ureigenste Proprium des *theologischen* Denkens.[288] Die Frage, wie ein Glaubenssatz
beschaffen sein muss, damit er als solcher anerkannt wird, reicht sie daher an das kirchliche Magisterium weiter und greift dabei auf die Terminologie des (Pseudo-)Dionysius Areopagita zurück, für den Theologie
von Gott ergriffenes Reden ist. Demnach stehe „der letzte Richterspruch
über die Wahrheit sowohl theologischer als philosophischer Sätze *der
Theologie* – in ihrer höchsten Bedeutung als Sprechen Gottes durch das
kirchliche Lehramt – zu[…]".[289]Dennoch benennt Edith Stein ein not-
wendiges Charakteristikum, das allen Offenbarungstatsachen zu eigen
sei. Zwar seien die Glaubenssätze „der natürlichen Erfahrung und Vernunft unzugänglich",[290] doch gelte:

> „Was uns die Offenbarung mitteilt, ist nicht ein schlechthin Unverständli-
> ches, sondern ein verständlicher Sinn: nicht aus natürlichen Tatsachen zu be-
> greifen und zu beweisen; überhaupt nicht zu ‚begreifen' […]; aber in sich
> selbst verständlich und für uns verständlich in dem Maße, wie uns Licht ge-
> geben wird […]."[291]

---

[287] Vgl. hierzu Lockes zentrales Argument der Offenbarungskritik: „Whatever God
hath [*sic*] revealed is certainly true: no doubt can be made of it. This is the proper object
of faith: but whether it be a *divine* revelation or no, reason must judge […]. There can
be no evidence that any traditional revelation is of divine original, in the words we re-
ceive it, and in the sense we understand it, so clear and so certain as that of the princi-
ples of reason." *J. Locke,* An Essay Concerning Human Understanding, Bd. 2, hg. v. *A.
C. Fraser* (New York 1959) IV, 18, § 10, 425. Zum Begriff und der Problematik der
analysis fidei vgl. ausführlich *A. Loichinger,* Ist der Glaube vernünftig? Zur Frage
nach der Rationalität in Philosophie und Theologie, Bd. 1 (Neuried 1999) 415–442.
[288] Demnach obliegt es der Theologie, „die Offenbarungstatsachen als solche festzustellen und ihren eigenen Sinn und Zusammenhang herauszuarbeiten". EES, 30.
[289] Ebd., 33. Eigene Hervorhebung.
[290] Ebd., 29.
[291] Ebd., 30. Vgl. auch ebd., 31.

Letztlich deutet Edith Stein hier die Gültigkeit der Prinzipien der Konsistenz und Kohärenz an – im Blick auf die Glaubensaussagen als solche und ihren Ort im Kontext dessen, was der Mensch mittels der Vernunft über das Sein der Welt zu erkennen imstande ist. Diesen Aspekt des Offenbarungsverständnisses Edith Steins hebt auch Angela Ales Bello hervor, wenn sie, wie erwähnt, das Verhältnis von Philosophie und Offenbarung als ein *harmonisches* bezeichnet. Dabei geht es nicht nur um unmittelbar logische und kognitive Fragen wie die Widerspruchsfreiheit von Offenbarungstatsachen und philosophischer Erkenntnis oder die wechselseitige Relevanz von Philosophie und Theologie bei der Klärung der je eigenen Position. Vielmehr ist die fundamentale Verwiesenheit von Glaube und Vernunft bei Edith Stein auf einer ganz anderen Ebene grundgelegt, und zwar der Anthropologie. In *Endliches und ewiges Sein* spricht sie vom so genannten *Personkern,* der die zweifache Funktion hat, „den Menschen in seiner autonomen Individualität zu identifizieren und Sitz der Gegenwart des Göttlichen in uns zu sein."[292] Dies lässt sich im Zusammenhang mit Edith Steins augustinischer Betonung der Innerlichkeit lesen, die einen eigenen Zugang zur Transzendenz Gottes eröffnet.[293]

Was bedeutet dies für die Frage der *analysis fidei?* Versteht Edith Stein die logischen Prinzipien der Konsistenz und Kohärenz im Sinn einer *conditio sine qua non* als negatives Ausschlusskriterium in der Frage, ob einem religiösen Satz legitimerweise zugesprochen wird, göttlichen Ursprungs zu sein? Mitnichten. Zwar ließe sich der oben zitierte Hinweis grundsätzlich in diese Richtung extrapolieren, doch stellt Edith Stein selbst sich diese Frage nicht. Im Gegenteil argumentiert sie, wie bereits gezeigt, ganz von der Warte dessen, der im Sinn Gabriel Marcels den *Skandal* der rationalen Uneinholbarkeit der Offenbarung ohne Vorbehalt akzeptiert. Das Wagnis der personalen Gottesbeziehung – oder, um mit Kierkegaard zu sprechen, der Sprung in den Glauben – wird von Edith Stein immer vorausgesetzt, wenn es um die Option geht, eine Christliche Philosophie zu formulieren und ein *perfectum opus rationis* anzustreben.[294] Dessen ungeachtet ist sie

---

[292] A. *Ales Bello,* Philosophie und Offenbarung bei Edith Stein, 124.
[293] Vgl. ebd., 125.
[294] Nur aus dieser Perspektive ist zu verstehen, warum Edith Stein betont, „daß für den gläubigen Philosophen die offenbarte Wahrheit ein Maßstab ist, dem er seine eigene Einsicht unterzuordnen hat: er gibt eine vermeintliche Entdeckung preis, sobald er selbst erkennt oder durch den Ausspruch der Kirche darauf hingewiesen wird, daß sie mit der Glaubenslehre unvereinbar sei." EES, 30 f.

davon überzeugt, dass der Glaube an Gott rational verantwortet und plausibel begründet werden kann.[295]

(3) Eine Facette des gereiften Offenbarungsverständnisses, das uns *in den späteren Werken* Edith Steins begegnet, hängt mit ihrer Rezeption des bereits erwähnten Dionysius Areopagita zusammen. Vermutlich hat Edith Stein sich, durch die umfängliche Dionysius-Rezeption des Thomas von Aquin in *De veritate* motiviert, erstmals im Kontext ihrer Studien für *Potenz und Akt* wissenschaftlich eigenständig mit den Schriften dieses Kirchenvaters beschäftigt und sich damit in jene Tradition der Dionysiusforschung eingereiht, die mit der Wende vom neunzehnten zum zwanzigsten Jahrhundert eingesetzt hatte.[296] Der Ansatz des Dionysius ist aus heutiger Sicht auch insofern bemerkenswert, als es ihm – entgegen der seinerzeit üblichen wechselseitigen Polemiken von christlich-orthodoxen, heterodoxen und nicht-christlichen Autoren – um die Vermittlung von christlichem und nichtchristlichem, besonders platonischem Denken ging.[297] Wann genau Edith Stein mit welchen Teilen des *Corpus Dionysiacum* in Berührung gekommen ist, lässt sich heute nicht mehr zweifelsfrei rekonstruieren. Sicher ist, dass sie in *Endliches und ewiges Sein* unter Bezug auf Dionysius die Frage der Engellehre behandelt und dann im Jahr 1940 die Studie *Wege der Gotteserkenntnis. Die Symbolische Theologie des Areopagiten und ihre sachlichen Voraussetzungen*[298] verfasst hat. Außerdem legte sie mit ihrer Übersetzung fast des gesamten überlieferten dionysischen Opus die seit langer Zeit erste und umfangreichste Arbeit dieser Art vor.[299]

Dionysius meint, wenn er von Theologie spricht, die Heilige Schrift. Gott selbst ist demnach der „Ur-Theologe",[300] die Verfasser der bib-

---

[295] Vgl. Kap. 2.2.3.
[296] Vgl. V. *Ranff*, Pseudo-Dionysius Areopagita im Werk Edith Steins, in: A. *Speer* u. S. *Regh* (Hg.), „Alles Wesentliche lässt sich nicht schreiben". Leben und Denken Edith Steins im Spiegel ihres Gesamtwerkes (Freiburg i. Br. 2016) 19–39, hier bes. 26. Ebd., 21–25, findet sich ein tabellarischer Überblick zur thomasischen Dionysius-Rezeption in *De veritate*. Vgl. auch V. *Ranff*, Einführung, in: E. *Stein*, Wege der Gotteserkenntnis. Studie zu Dionysius Areopagita und Übersetzung seiner Werke, bearbeitet u. eingeleitet v. B. *Beckmann* u. V. *Ranff* (Freiburg i. Br. ²2007) = ESGA 17. Sigel: WGE, 78–84. Zum selben Thema siehe auch H.-B. *Gerl-Falkovitz*, Unerbittliches Licht, 220–235.
[297] Vgl. hierzu ausführlich B. R. *Suchla*, Dionysius Areopagita. Leben – Werk – Wirkung (Freiburg i. Br. 2008) 36–51.
[298] WGE, 22–76.
[299] Diese Übersetzungstätigkeit könnte in den Jahren 1935 bis 1937 – parallel zur Arbeit an *Endliches und ewiges Sein* – oder erst in den Jahren bis 1940 erfolgt sein. Vgl. V. *Ranff*, Einführung, in: WGE, 83 f.
[300] WGE, 27.

lischen Schriften die Theologen: „Sie *sprechen von Gott,* weil sie *von Gott ergriffen* sind, oder *Gott spricht durch sie.*"[301] Damit wird allerdings weder eine dem Hörer unmittelbar einleuchtende noch eine im engeren Wortsinn verbalinspirierte Rede von Gott impliziert. Stattdessen spricht Dionysius von einer *Symbolischen Theologie,* die in auslegungsbedürftiger Bildersprache die göttlichen Geheimnisse ins Wort bringt.[302] Jede weitergehende Erkenntnis Gottes erweise sich als schwierig:

> „Gott wird nur erkannt, indem Er sich offenbart; und die Geister, denen Er sich offenbart, geben die Offenbarung weiter. Erkennen und Künden gehören zusammen. Aber je höher die Erkenntnis ist, desto dunkler und geheimnisvoller ist sie, desto weniger ist es möglich, sie in Worte zu fassen. Der Aufstieg zu Gott ist ein Aufstieg ins Dunkel und Schweigen."[303]

Dies schließt teilweise an das an, was bisher schon über das Offenbarungsverständnis Edith Steins gesagt wurde. Die Symbolische Theologie setzt voraus, „daß es zunächst zu einer personalen Begegnung gekommen sein muß, damit Erkenntnis möglich wird."[304] Und noch ein weiterer Aspekt spricht für eine zunehmende Absetzbewegung Edith Steins vom instruktionstheoretischen Offenbarungsmodell: Für Dionysius ist nur „am Fuß des Berges"[305] der Gotteserkenntnis eine positive Theologie möglich. Der Aufstieg selbst jedoch erfolgt seiner Auffassung nach zunehmend im Dunkeln und Schweigen und verlangt eine negative Theologie, bis schließlich eine mystische Theologie Raum greifen kann.[306] Deutlich sichtbar wird hier ein personal-existenzieller Glaubensweg beschrieben, der sowohl in Richtung der Theologie des Augustinus als auch der Mystik Teresas von Ávila anschlussfähig ist.

Der Einfluss des Areopagiten auf das Offenbarungsverständnis Edith Steins ist schon in *Endliches und ewiges Sein* verschiedentlich zu erkennen. Dabei stellt sie einen allzu kontingenten und rationalisierenden Of-

---

[301] Ebd.

[302] Vgl. ebd., 30. Zum Begriff der Symbolischen Theologie vgl. auch *B. R. Suchla,* Dionysius Areopagita, 116–118. Edith Stein betont, es sei denkbar, dass dem inspirierten Schriftsteller gar keine unmittelbare Offenbarung zukomme. In diesem Fall wisse er sich von Gottes Geist getrieben, etwas zu schreiben, und eventuell auch, wie dies auszudrücken sei, aber nicht, *was* er mitzuteilen habe. Er schreibe dann Ereignisse nieder, „um die er aus Erfahrung weiß, oder sittliche Wahrheiten, die er mit dem natürlichen Verstande einsieht." WGE, 46.

[303] Ebd., 27.

[304] *B. Beckmann,* Einführung, in: Ebd., 18.

[305] WGE, 27.

[306] Vgl. ebd., 29.

fenbarungsbegriff infrage und betont, wie begrenzt die Möglichkeit ist,
dem Ideal des *perfectum opus rationis* nahe zu kommen – zumindest *in
via*, im Erkenntnisstreben des Menschen:

> „Was aus der Zusammenschau von Glaubenswahrheit und philosophischer
> Erkenntnis stammt, das trägt den Stempel der doppelten Erkenntnisquelle,
> und der Glaube ist ein ‚dunkles Licht‘. Er gibt uns etwas zu verstehen, aber
> nur, um uns auf etwas hinzuweisen, was für uns unfaßlich bleibt."[307]

Wenn zunächst aufgezeigt wurde, dass Edith Stein ihrer Christlichen Philosophie einen instruktionstheoretischen Offenbarungsbegriff zugrunde
legt, so muss dies angesichts ihrer späteren Dionysius-Rezeption um einen wichtigen Aspekt erweitert und damit modifiziert werden. Eine Ver-
lagerung der Schwerpunkte wird vor allem in der Langzeitperspektive
deutlich – von *Freiheit und Gnade* über *Endliches und ewiges Sein* bis
hin zur Dionysius-Studie. Aber schon 1930 hatte Edith Stein betont,
dass der Mensch keine vollkommene Einsicht in das Ziel seiner eigenen
Existenz habe: „Klar und vollständig" werde dieses Ziel nur von „Gott
allein" geschaut.[308] Dem Sein des Ewigen wiederum könne sich der
Mensch nur in Bildern annähern,

> „die es jedes unvollkommen, jedes von einer andern Seite darstellen: in den
> Geschöpfen. Am vollkommensten in dem vollkommensten aller Geschöpfe,
> in Gottes Sohn, und im Wort der Offenbarung, das uns von Gott kündet.
> Wir sollen von diesem Bild soviel in uns aufnehmen, wie wir nur können
> [...]."[309]

Ebenso wie auch in der Art, in der Edith Stein auf die Thesen Dionysius'
zugreift, ist auch hier zu erkennen, dass sie mehr und mehr eine Offenheit
für ein *epiphanisches* Offenbarungsmodell entwickelt hat. Max Seckler
verwendet diesen Begriff zur Bezeichnung folgender Überzeugung: „Die
Heilige Schrift ist kein geoffenbartes, sondern ein inspiriertes Buch. Als

---

[307] EES, 32. Vgl. auch ebd., 33 f.: „[A]uch die Theologie ist kein geschlossenes und je
abschließbares Gedankengebilde. [...] Gott teilt sich dem Menschengeist mit in dem
Maß und in der Weise, wie es Seiner Weisheit entspricht. [...] Die vollendete Erfüllung
dessen, worauf die Philosophie, als Streben nach Weisheit, abzielt, ist allein die göttliche Weisheit selbst, die einfache Schau, mit der Gott sich selbst und alles Geschaffene
umfaßt."
[308] *E. Stein*, Zur Idee der Bildung, in: Bildung und Entfaltung der Individualität. Beiträge zum christlichen Erziehungsauftrag, eingeleitet v. *B. Beckmann-Zöller*, bearbeitet
v. *ders.* u. *M. A. Neyer* (Freiburg i. Br. ²2001) = ESGA 16. Sigel: BEI, 35–49, hier 49.
[309] Ebd.

inspiriertes Buch ist sie ein Buch der Offenbarungen, vor allem aber das Grundbuch der Offenbarung im christlichen Sinn."[310]

2.2.3. Fallbeispiel: Argumente für die rationale Plausibilität des Gottesglaubens

Nachdem bisher die theoretischen Grundlagen der Christlichen Philosophie analysiert wurden, soll jetzt anhand eines Fallbeispiels dargestellt werden, wie Edith Stein dieses Projekt in die Tat umsetzt. Hierfür eignen sich besonders die Argumente, die sie in *Endliches und ewiges Sein* zur Begründung der Plausibilität des Gottesglaubens anführt. Dabei geht es ausdrücklich nicht um *Gottesbeweise* im Sinn logisch zwingender Nachweise der Existenz Gottes, sondern darum, ausgehend von phänomenologischen Erwägungen, die zunächst für sich stehen, Gründe für die Rationalität der Überzeugung zu liefern, dass Gott existiert. Die nachfolgenden Ausführungen stützen sich unter anderem auf einschlägige Studien Francesco Valerio Tommasis, Sarah Bordens und Walter Redmonds.[311]

Wie oben gezeigt, ist die Christliche Philosophie Edith Steins eng mit dem Prinzip der Analogie verbunden. Francesco Tommasi bezeichnet letzteres als „architrave della sua sintesi teorica" – als *Architrav* der philosophischen Synthese Edith Steins.[312] Ihr *fundamentum in re* hat die *analogia entis* in den Kategorien von Potenz und Akt, die sich auf schlechthin alles Sein beziehen, so dass sich auf diese Weise auch das Verhältnis von Kontingentem und Absolutem darstellen lässt.[313] Was dies konkret bedeuten kann, zeigt sich im zweiten Kapitel von *Endliches und ewiges Sein,* in dem Edith Stein sich zunächst dem inneren Zeitbewusstsein des Menschen zuwendet:[314]

---

[310] *M. Seckler,* Der Begriff der Offenbarung, 44 f. Zu Edith Steins Lektüre der Heiligen Schrift im Sinn eines *Wortes der Offenbarung* vgl. *S. Binggeli,* Die Bedeutung der Hl. Schrift für Edith Stein, 217 f.

[311] Vgl. *F. V. Tommasi,* L'Analogia della Persona in Edith Stein; *S. Borden,* Edith Stein; *W. Redmond,* Edith Stein's Ontological Argument, in: *M. Lebech* u. *J. H. Gurmin* (Hg.), Intersubjectivity, Humanity, Being. Edith Stein's Phenomenology and Christian Philosophy (Bern u. a. 2015) 247–268.

[312] *F. V. Tommasi,* L'Analogia della Persona in Edith Stein, 77: „Stein rivenga proprio il principio dell'analogia quale architrave della sua sintesi teorica."

[313] Vgl. ebd., 69.

[314] Vgl. Kap. II, § 3. Das eigene Sein als aktuelles und potenzielles; Zeitlichkeit, in: EES, 43–47.

„Mein gegenwärtiges Sein enthält die *Möglichkeit* zu künftigem aktuellem
Sein und setzt eine Möglichkeit in meinem früheren Sein voraus. Mein gegenwärtiges Sein ist aktuelles und potenzielles Sein, wirkliches und mögliches
zugleich".[315]

Anknüpfend an die Phänomenologie des Zeitbegriffs bei Hedwig Conrad-Martius unterscheidet Edith Stein zwischen dem „Bild einer von
dauerndem Sein erfüllten Vergangenheit und Zukunft, einer *Daseins-
breite,*" und der „faktisch punktuellen Aktualität" des Seins, die „auf
Messers Schneide" steht.[316] Diese „passierende Gegenwart" sei letztlich
der „Angelpunkt der Zeit" im Ichleben des Menschen.[317] Als reine Aktualität ist diese punktuelle Gegenwart offensichtlich nicht zu verstehen, da sie, wie oben zitiert, aktuelles und potenzielles Sein zugleich
ist. Edith Stein ist überzeugt, dass sich hierin andeutet, dass das Wesen
des Menschen *in seinem Tun* zur höchsten Seinsentfaltung kommt,
während das Sein Gottes, der ja nach thomasischer Auffassung *actus
purus* ist, *sein Wesen sei*. Gott ist „unwandelbar in höchster Seinsentfaltung [...]: Gott ist ‚Der ist'".[318] Die „Gebrochenheit und Gespalten-
heit des geschöpflichen Seins",[319] die sich konkret anhand der Phänomenologie des Zeitbewusstseins darstellen lässt, sieht sich damit der
vollkommenen Einheit göttlichen Seins gegenüber.

Diese Erkenntnis vertieft Edith Stein im Folgenden anhand einer
Reihe weiterer phänomenologischer Untersuchungen, etwa zur Bedeutung und Seinsweise von Erlebniseinheiten im menschlichen Zeitbewusstsein oder der Seinsweisen des reinen Ich. Anschließend greift sie
den grundgelegten Argumentationsstrang wieder auf, um die Ergebnisse
zu interpretieren, die die phänomenologische Analyse zutage gefördert
hat, und entsprechende Schlüsse abzuleiten.[320] Dabei verweist sie ausdrücklich auf Martin Heideggers Existenzphilosophie, indem sie das lebendige Sein als ein *unentrinnbar daseiendes, ins Dasein geworfenes* beschreibt.[321] Die Existenz des Kontingenten, so Edith Stein, stehe damit im

---

[315] Ebd., 43.
[316] Alle Zitate EES, 44. Vgl. auch *H. Conrad-Martius,* Die Zeit (München 1954), ursprünglich veröffentlicht in: Philosophischer Anzeiger, Bd. 2 (1927/1928) 144–182
und 346–390.
[317] EES, 45.
[318] Ebd., 46.
[319] Ebd.
[320] Vgl. Kap. II, § 7. *Das Sein des Ich und das ewige Sein,* in: Ebd., 57–61.
[321] Vgl. ebd., 56.

äußersten „Gegensatz zur Selbstherrlichkeit und Selbstverständlichkeit eines *Seins aus sich selbst*".[322] Bei der Frage nach dem *Woher* des Seienden komme daher unweigerlich die Idee der *Fülle des Seins* in den Blick, eines Seins in wandelloser Gegenwart. Vor dem Hintergrund des Akt-Potenz-Schemas gelte dies umso mehr, als das menschliche Sein „auch in sich selbst *Grade der Annäherung an die Seinsfülle*"[323] kenne. Die Idee des reinen Aktes werde auf diese Weise für das endliche Ich „zum *Maß* seines eigenen Seins".[324] Und wieder adaptiert Edith Stein die Terminologie Heideggers, indem sie nun den Begriff der *Angst* aufgreift. Anders als Heidegger insinuiere, sei die Angst jedoch keineswegs „das beherrschende Lebensgefühl" des Menschen. Im Gegenteil verfüge der Mensch trotz der Flüchtigkeit seines Seins über eine erstaunliche Seinssicherheit – und dies, so Edith Stein, nicht nur aus „Täuschung und Selbsttäuschung":[325]

> „Ich weiß mich gehalten und habe darin Ruhe und Sicherheit – nicht die selbstgewisse Sicherheit des Mannes, der in eigener Kraft auf festem Boden steht, aber die süße und selige Sicherheit des Kindes, das von einem starken Arm getragen wird [...]."[326]

Damit deutet Edith Stein, die bis zu diesem Punkt ausschließlich philosophische Argumente vorgebracht hat, auf das spezifisch religiöse Moment gläubigen Vertrauens hin. Es gebe *zwei Wege*, „in meinem Sein auf ein anderes, das nicht meines ist, sondern Halt und Grund meines in sich haltlosen und grundlosen Seins"[327] zu stoßen: den unmittelbaren des Glaubens an den sich offenbarenden Schöpfergott und den des schlussfolgernden Denkens, etwa mittels des dritten Gottesbeweises des Thomas von Aquin oder der Argumente Hedwig Conrad-Martius' für die notwendige Existenz eines Ewigen. Allerdings bleibt Edith Stein nicht bei diesen „Beweisen" stehen, sondern macht in gewisser Weise einen Schritt von Thomas von Aquin zurück zu Augustinus. Die Seinssicherheit des Menschen, die Erfahrung des Verankertseins in einem tieferen Grund, sei, so betont sie, nur „ein sehr dunkles Erspüren" und „kaum ‚Erkenntnis' zu nennen".[328] Mit Augustinus hebt sie hervor:

---

[322] Ebd., 56 f.
[323] Ebd., 58.
[324] Ebd., 59.
[325] Beide Zitate ebd.
[326] Ebd., 59 f.
[327] Ebd., 60.
[328] Ebd., 61.

„Wer aber meint, es könne dem Menschen, der noch dieses sterbliche Leben führt, begegnen, daß er [...] die strahlende Heiterkeit des Lichtes der Unwandelbaren [sic] Wahrheit erreichte und mit einem Geist, der Gewöhnung dieses Lebens völlig entfremdet, ihr beständig und unbeugsam anhangen – der hat nicht verstanden, was er sucht, noch wer (er ist, der) sucht."[329]

Dieses *nec quid quaerat nec quis quaerat intellegit* ist entscheidend. Angesichts der Größe Gottes *kann* es sich demnach bei den beiden von Edith Stein ins Feld geführten Wegen des Erkennens nur um beschränkte, dem begrenzten geistigen Vermögen des Menschen angepasste Pfade handeln. Weder die Begriffe des schlussfolgernden Denkens, die das Sein des Schöpfergottes für den Menschen in eine allem Begrifflichen eigene Ferne rücken, noch der dunkle Weg des Glaubens, der immerhin den Gott der persönlichen Nähe anschaut, vermögen es, so Edith Stein, den Unfasslichen zu fassen. Erkenntnis Gottes sei nur insoweit möglich, als Gott dem Menschen entgegenkomme und sich als der offenbare, als der er sich dem Mose gezeigt habe – als „Ich bin der ‚Ich-bin-da'."[330]

Damit wird deutlich, dass Edith Stein die zeitgenössische Kritik an einem allzu sehr auf die *ratio* vertrauenden Verständnis der *analogia entis* insofern teilt, als sie einen dritten Weg vorschlägt, der den entscheidenden Impuls des Analogiegedankens aufgreift, sich aber weigert, diesen als Grundmotiv einer in sich geschlossenen Systematik zu verstehen. In diesem Kontext erinnert Francesco Tommasi an die scharfe Kritik Karl Barths an der *analogia entis,* die der fundamentalen ontologischen Differenz zwischen Gott und dem geschaffenen Kosmos nicht gerecht werde.[331] Der Ansatz Edith Steins erweist sich vor diesem Hintergrund als

---

[329] Ebd. (in der formalen Zitationsweise entsprechend des Augustinuszitats geringfügig modifiziert). Vgl. *Aurelius Augustinus, De consensu evangelistarum IV, 10, par. 20, pag. 416 (Turnhout 2014) = CPL 273:* „Quisquis autem arbitratur homini vitam istam mortalem adhuc agenti posse contingere, ut dimoto adque discusso omni nubilo phantasiarum corporalium adque carnalium serenissima incommutabilis veritatis luce potiatur et mente penitus a consuetudine vitae huius alienata illi constanter et indeclinabiliter haereat, nec quid quaerat nec quis quaerat intellegit."
[330] Ex 3,14. Vgl. EES, 61.
[331] Vgl. hierzu Francesco Tommasi: „Sviluppando la linea del commento luterano alla *Epistola ai romani* di Paolo, Barth arrivò a definire l'*analogia entis* come ‚l'invenzione dell'Anticristo', paventando il rischio che, nel momento in cui la relazione tra creatore e creatura venga impostata a livello ontologico, la grazia si riduca ad un elemento naturale. L'analogia tra Dio e uomo può darsi secondo lui a livello teorico solo mediante la Scrittura; per parlare del creatore si possono usare solo le parole rivelate." *F. V. Tommasi, L'Analogia della Persona in Edith Stein,* 76. Die Ablehnung des Analogieprinzips durch Barth ist in der Tat an Deutlichkeit kaum zu überbieten: „Ich halte die *analogia*

maßvoll, da er die religionsphilosophisch plausible, intrinsische Verbindung von Schöpfer und Schöpfung ernst nimmt, aber gleichzeitig um die Grenzen aller weitergehenden Spekulation weiß.

An dieser Stelle kann ein erstes Zwischenfazit gezogen werden. Dabei geht es weniger um die inhaltliche Aussage des hier gewählten Fallbeispiels als den methodischen Rahmen der Christlichen Philosophie. Ausgehend von der Konstitutionsanalyse und unter Einschluss aktueller Beiträge der philosophischen Debatte – im hier vorgestellten Fall also Martin Heideggers und Hedwig Conrad-Martius' – kommen dabei ausdrücklich Inhalte des Glaubens zur Sprache. Die Durchführung dieses Programms zeugt von der Originalität und Ausgewogenheit des Denkens Edith Steins:

> „Si noti come la considerazione precedentemente esposta del vissuto religioso di fiducia, l'indagine fenomenologica della coscienza interna del tempo, i termini heideggeriani e le categorie aristoteliche e tomiste di potenza ed atto siano chiamate in causa in una mossa teorica originale. L'analogia dell'essere, letta temporalmente, diviene una analogia della persona."[332]

Dabei betont Edith Stein, indem sie die augustinische Theologie rezipiert und auf das Analogie-Prinzip anwendet, die je größere Unähnlichkeit, derer jedes menschliche Gott-Denken gewahr sein muss.[333] Die Architrav-Funktion der *analogia entis* für die Christliche Philosophie bleibt auf diese Weise aber ungeschmälert erhalten.[334] Unabhängig davon fällt

---

entis für die Erfindung des Antichrist und denke, daß man ihretwegen nicht katholisch werden kann." *K. Barth*, Kirchliche Dogmatik, Bd. I, 1 (Zürich [8]1964) VIII. Vgl. zu dieser Debatte ausführlich *E. Mechels*, Analogie bei Erich Przywara und Karl Barth. Das Verhältnis von Offenbarungstheologie und Metaphysik (Neukirchen-Vluyn 1974).

[332] *F. V. Tommasi*, L'Analogia della Persona in Edith Stein, 89. „In den gerade vorgestellten Überlegungen zeigt sich, wie lebendiges religiöses Vertrauen, die phänomenologische Untersuchung des inneren Zeitbewusstseins, die spezifische Terminologie der Philosophie Heideggers sowie die aristotelisch-thomistischen Kategorien Potenz und Akt auf neue Weise philosophisch zueinander in Bezug gesetzt werden. Unter Maßgabe eines temporalen Verständnisses wird so aus der Analogie des Wesens eine Analogie der Person."

[333] Vgl. die Formulierung des IV. Laterankonzils: „Quia inter creatorem et creaturam non potest tanta similitudo notari, quin inter eos maior sit dissimilitudo notanda." – „Denn zwischen dem Schöpfer und dem Geschöpf kann man keine so große Ähnlichkeit feststellen, daß zwischen ihnen keine noch größere Unähnlichkeit festzustellen wäre." In: DH, 806.

[334] So betont Tommasi vor dem Hintergrund der Positionen Przywaras und Barths: „L'impostazione di Stein […], che rimarca anche lo scarto che intercorre tra la filosofia

auf, wie zurückhaltend Edith Stein die traditionellen Argumente für die
Existenz Gottes diskutiert.[335] Dies gilt sowohl für die erwähnten *aposteriorischen* als auch die relevanten *apriorischen* Argumentationsmuster.[336] Hatte Edith Stein das Sein des Menschen zunächst als ein empfan-
genes und das Sein Gottes als sein Wesen thematisiert und im Anschluss
an den Aquinaten von den Wirkungen her auf die Existenz Gottes geschlossen, so greift sie nun den ontologischen Gottesbeweis Anselms
von Canterbury auf. Walter Redmond hat die Struktur der Argumentation Edith Steins in dieser Sache analytisch brillant in Termen freier und
modaler Logik rekonstruiert. Im Folgenden kann der Gedankengang
Edith Steins allerdings nur sehr knapp nachgezeichnet werden.

Ihre Überlegungen heben nicht mit Anselms bekannter Definition
Gottes als *ens quo nihil maius cogitari possit* an,[337] sondern der These,
„die noch tiefer läge und noch einleuchtender wäre",[338] dass nämlich
Gott als erstes Seiendes das Sein zum Wesen habe. Das Prinzip von Anselms Argument beruht bekanntermaßen auf der Ansicht, dass ein Seiendes, über das hinaus nichts Größeres gedacht werden kann, auch faktisch
existieren müsse, da ansonsten ein Größeres *ens* gedacht werden könne –
eben eines, das auch über Existenz verfüge. Unabhängig von der an diesem Punkt einsetzenden Kritik John Lockes, David Humes oder Immanuel Kants[339] postuliert Edith Stein auf der Basis ihres „verbesserten" Arguments, dass auch ein Seiendes, das sein Sein zum Wesen habe,
unmöglich ohne sein Sein gedacht werden könne, da in diesem Fall nichts
übrigbliebe – „kein Was, als das man das Nicht-Seiende denken könn-

---

e il piano della fede, e coinvolge quindi l'integralità della persona, sembra tener conto
delle esigenze di entrambe le posizioni." *F. V. Tommasi*, L'Analogia della Persona in
Edith Stein, 77.

[335] Vgl. hierzu *S. Borden*, Edith Stein, 99.

[336] Zu Edith Steins Diskussion der *apriorischen* Argumente vgl. Kap. III, § 12. *Wesenhaftes und ewiges Sein*, in: EES, 99–112, bes. 102–104.

[337] Vgl. *Anselm v. Canterbury*, Proslogion. Untersuchungen, lat.-dt. Ausgabe, hg. v. *F.
S. Schmitt* (Stuttgart–Bad Cannstatt ³1995) cap. II.

[338] EES, 103.

[339] Anzumerken bleibt, dass die Diskussion des anselmischen Arguments bis heute
kontrovers verläuft. So waren Johannes Duns Scotus, René Descartes oder Gottfried
Wilhelm Leibniz von der Schlüssigkeit bestimmter Versionen des ontologischen Bewei-
ses überzeugt. Seit Beginn der neunzehnhundertvierziger Jahre erlebte das Argument
eine Renaissance in der analytischen Philosophie, etwa bei Charles Hartshorne, Kurt
Gödel, Norman Malcolm, Alvin Plantinga, Clement Dore oder Garrel Pottinger, aber
auch dem Phänomenologen Josef Seifert. Vgl. *W. Redmond*, Edith Stein's Ontological
Argument, 250.

te."[340] Allerdings formuliert sie diese These im Konjunktiv. Ihrer Auffassung nach beruht der ontologische Gottesbeweis nämlich *nicht* auf einer Schlussfolgerung im logischen Sinn, sondern auf einer *Umformung*, und somit könne er die Existenz Gottes zwar hypothetisch in den Raum stellen, nicht aber seine Notwendigkeit begründen. Zudem greift Edith Stein die Kritik des Thomas von Aquin an Anselms Argument auf. Demnach ist der Satz „Es gibt einen Gott." zwar für sich genommen einleuchtend, nicht jedoch im Vollsinn für den Menschen begreifbar. Diesem sei, so Thomas, mit einer Beweisführung *a posteriori* besser gedient. Allerdings wendet Edith Stein auch hier – also im Blick auf die Gottesbeweise *a priori und a posteriori* – mit Augustinus ein: „[K]önnen wir diesen Gedanken wirklich fassen? ‚Si comprehendis, non est Deus'".[341] Gottes Sein entziehe sich, so Edith Stein, der menschlichen Anschauung: „So oft wir uns hier seiner zu bemächtigen suchen, bekommen wir immer nur ein endliches Gleichnis zu fassen".[342]

Diese Erkenntnis mündet bei Edith Stein jedoch nicht im völligen Schweigen oder dem Verzicht auf alle nicht-mystische Gottesrede. Das Verhältnis des Menschen zu Gott gibt ihr bei aller intrinsischen Begrenztheit Anlass zur analogen Rede. Der Menschengeist sei, so Edith Stein, ausgespannt „zwischen Endlichkeit und Unendlichkeit".[343] Auf dieser Grundlage interpretiert sie die menschliche Sehnsucht nach Gott, den Versuch, Gott zu denken, aber auch das Scheitern dieses Ansinnens:

> „Wer bis zu dem Gedanken des göttlichen Seins – des Ersten, Ewigen, Unendlichen, des ‚reinen Aktes' – vorgedrungen ist, der kann sich der Seinsnotwendigkeit, die darin eingeschlossen ist, nicht entziehen. Sucht er es aber zu fassen, wie man erkenntnismäßig etwas zu fassen pflegt, so weicht es vor ihm zurück [...]. Dem Gläubigen, der im Glauben seines Gottes gewiß ist, erscheint es so unmöglich, Gott als nichtseiend zu denken, daß er es zuversichtlich unternimmt, selbst den ‚insipiens' vom Dasein Gottes zu überzeugen. Der Denker [*hingegen*], der den Maßstab der natürlichen Erkenntnis anlegt, schrickt immer wieder vor dem Sprung über den Abgrund zurück."[344]

Provokant legt Edith Stein nach: „Wieviel Ungläubige sind denn schon durch die thomistischen Gottesbeweise gläubig geworden? Auch sie sind ein Sprung über den Abgrund: der Gläubige schwingt sich leicht hinüber,

---

[340] EES, 103.
[341] „Wenn Du es begreifst, ist es nicht Gott." Ebd.
[342] Ebd., 104.
[343] Ebd.
[344] Ebd. Eigene Hervorhebung „insipiens" (*der Tor*).

der Ungläubige macht davor Halt."[345] Damit wird deutlich, dass das hier
diskutierte Fallbeispiel nicht nur Auskunft darüber gibt, wie sich der methodische Rahmen der Christlichen Philosophie füllen lässt, sondern
auch darüber, warum Edith Stein kein großes Interesse an einer *analysis
fidei* an den Tag legt und wenig unternimmt, um die Glaubwürdigkeit
einzelner *articuli fidei* zu überprüfen. Jenseits ihrer Auffassung von der
Plausibilität und rationalen Redlichkeit des Gottesglaubens scheinen ihr
weitergehende philosophische Prüfungen und Beweise weder möglich
noch notwendig zu sein. Als Phänomenologin untersucht sie die Dinge
so, wie sie dem Bewusstsein kenntlich werden, als Gläubige setzt sie dabei den Glauben voraus.[346]

2.2.4. Christliche Philosophie in der Diskussion

Das Modell der Christlichen Philosophie Edith Steins wird in der Literatur aus unterschiedlichen Blickwinkeln diskutiert. Im Folgenden sollen
einige dieser Wortmeldungen aufgegriffen werden – nicht, um die
Debatte als solche abzubilden, sondern um einige Inhalte vertieft oder
auch ganz neu zu thematisieren.

Eine regelrechte Polemik der Christlichen Philosophie stammt aus der
Feder von Rainer Marten, der dem späten Schülerkreis Heideggers angehörte und die Kritik seines Lehrers aufgreift, die Verbindung von Glaube

---

[345] Ebd. Walter Redmond weist darauf hin, dass die klassischen Argumente für die
Existenz Gottes durchaus triftige Gründe für die Rationalität des Glaubens ins Feld
führen. So habe C. S. Lewis durch das ontologische Argument zum Glauben gefunden
und der Mathematiker Kurt Gödel Jahrzehnte seines Lebens auf die Formulierung einer solchen Beweisführung verwendet. Hinsichtlich der Stichhaltigkeit des reformulier-
ten ontologischen Arguments Edith Steins ist Redmond daher auch optimistischer als
die Autorin selbst. (Vgl. *W. Redmond*, Edith Stein's Ontological Argument, 265–267.)
Erinnert sei auch an Richard Swinburnes These, dass den Argumenten für die Existenz
Gottes ein *demonstratio religiosa* auch weiterhin ein großer Stellenwert zukomme.
Vgl. *R. Swinburne*, Die Existenz Gottes (Stuttgart 1987).
[346] Nicht ohne Grund beschließt Walter Redmond daher seine Analyse des ontologischen Arguments bei Edith Stein mit den Worten: *„More than a brilliant philosopher,
Edith Stein is a Carmelite mystic."* W. Redmond, Edith Stein's Ontological Argument,
268. Zur philosophischen Problematik der Verbindung phänomenologischer und thomistischer Erwägungen im Kontext der hier diskutierten Fragen vgl. *J. G. Hart*, Notes
on Temporality, Contingency, and Eternal Being: Aspects of Edith Stein's Phenomenological Theology, in: *B. Beckmann-Zöller* u. *H.-B. Gerl-Falkovitz* (Hg.), Edith Stein.
Themen – Kontexte – Materialien (Dresden 2015) 105–114.

und Philosophie sei ein „hölzernes Eisen".[347] Wie genau das Verhältnis einzuordnen ist, das Heidegger zur christlichen Tradition und dem Anliegen einer religiös geprägten Philosophie hatte, kann hier nicht diskutiert werden.[348] Allerdings sei zumindest daran erinnert, dass er in seiner frühen Freiburger Vorlesung zur *Phänomenologie der Anschauung und des Ausdrucks* darauf hinweist, dass es notwendig sei, eine wahrhaft christliche Philosophie zu formulieren, die in dem Sinn radikal zu sein habe, dass sie sich von der Durchformung durch die griechische Philosophie löse:

> „Die Frage ist [...] [,] *ob überhaupt* mit Recht der Zugang zum Seelischen schon im Ansatz aus irgendeiner theoretischen Aufgabenbestimmung her [...] bestimmt sein darf oder ob nicht gerade hier erst die phänomenologische Destruktion eigentlich anzusetzen hat und nicht nur innerhalb verschiedener theoretischer Versuche der Vergegenständlichung seelischen Lebens. [...] Es besteht die Notwendigkeit einer prinzipiellen Auseinandersetzung mit der griechischen Philosophie und der Verunstaltung der christlichen Existenz durch sie. Die *wahrhafte Idee der christlichen Philosophie*; christlich keine Etikette für eine schlechte und epigonenhafte griechische. Der Weg zu einer ursprünglichen christlichen – griechentumfreien – Theologie."[349]

Rainer Marten jedenfalls liest Edith Steins Modell der Christlichen Philosophie vor dem Hintergrund der Überlegungen Heideggers ausgesprochen pejorativ. Die brachialen Parallelisierungen, die er in diesem Kon-

---

[347] Vgl. *R. Marten*, Christliche Philosophie: Holz und Eisen, in: ESJ, Bd. 4, Das Christentum. T. 1 (Würzburg 1998) 347–360. Vgl. auch *M. Heidegger*, Phänomenologie und Theologie, in: Wegmarken, HeiGA 9 (Frankfurt a. M. 1976) 45–78, hier 66: „Es gibt [...] nicht so etwas wie eine christliche Philosophie, das ist ein ‚hölzernes Eisen' schlechthin."

[348] Vgl. hierzu etwa die Beiträge in *N. Fischer* u. *F.-W. von Herrmann* (Hg.), Heidegger und die christliche Tradition (Hamburg 2007). Siehe auch *M. Fischer*, Religiöse Erfahrung in der Phänomenologie des frühen Heidegger (Göttingen 2013).

[349] *M. Heidegger*, Phänomenologie der Anschauung und des Ausdrucks. Theorie der philosophischen Begriffsbildung (Frankfurt a. M. 1993) = HeiGA 59, 91. Heidegger hielt es für einen ausgesprochenen Irrweg, wenn christliche Philosophen sich damit begnügten, das subjektorientierte transzendentalphilosophische Denken aus der Perspektive der mittelalterlichen Philosophie heraus zu kritisieren: „So unradikal es im Grunde ist, lediglich im Hinblick auf eine vorausgegangene Philosophie (Kant, Fichte oder Hegel) heute zu philosophieren, so verfehlt wäre es, eine Bekämpfung der von Descartes aus bestimmten Philosophie im Sinne einer Repristination des Mittelalters auszubeuten [...]. Das ist wohl das Höchstmaß an ungeistiger Würdelosigkeit und Frechheit, was wir heute erleben; und daß man solche geistigen Strömungen auf offizieller kirchlicher Seite noch als willkommene Annäherung bucht und apologetisch verwertet, läßt ahnen, was man da mit der sogenannten christlichen Philosophie anzufangen weiß." Ebd., 95.

text anführt, sind nicht wirklich diskutabel.[350] Allerdings muss seine Grundthese ernstgenommen werden, die christliche Metaphysik richte das Denken zugrunde, da sie höheres behaupte, als die Philosophie aus eigener Kraft zu denken imstande sei.[351] In der Tat ist beispielsweise das von Edith Stein zitierte Wort Pryzwaras, die Philosophie werde „‚durch Theologie, nicht als Theologie' vollendet",[352] geeignet, den Verdacht zu erwecken, dass es letztlich um die Überwindung der Philosophie durch Theologie gehe.[353] Etwas präziser formuliert Edith Stein allerdings an anderer Stelle, die Philosophie bedürfe, wenn sie das Ziel des *perfectum opus rationis* anstrebe, „der Ergänzung von der Theologie her, ohne dadurch Theologie zu werden."[354] Damit ist einerseits der für Edith Stein bedeutsame Spezialfall des *perfectum opus rationis* benannt, andererseits wird nicht mehr die *Vollendung,* sondern die *Ergänzung* der Philosophie apostrophiert. Beides ist insofern relevant, als Edith Stein, anders als von Marten unterstellt, auch in der Christlichen Philosophie klar zwischen Argumenten der reinen Vernunft und Glaubensinhalten unterscheidet. Man könnte meinen, es mit einer unmittelbaren Antwort Edith Steins auf Marten zu tun zu haben, wenn sie an Roman Ingarden schreibt:

> „Meine Stellung zur Metaphysik ist anders als Sie vermuten. D. h. ich glaube, daß sie sich nur aufbauen kann auf eine Philosophie, die so kritisch wie nur möglich sein soll – kritisch freilich auch gegen ihre eigenen Möglichkeiten –, *und* auf eine positive (d. h. auf Offenbarung gestützte) Glaubenslehre. Jede Metaphysik, die sich aus dem Geist des Philosophen heraus ein ‚System' zimmert, wird immer z. gr. T. ein Phantasiegebilde sein, und es ist sozusagen Glückssache, wenn auch ein Wahrheitskern darin ist."[355]

---

[350] So vergleicht er die Begriffskonstruktion *Christliche Philosophie* mit der des *dialektischen Materialismus* („logisches Monstrum", „geistiges Ungeheuer","Mißgeburt") und der *Theologie der Befreiung,* die ihm ein unannehmbares *res mixtum* von Christentum und Marxismus zu sein scheint. Vgl. *R. Marten,* Christliche Philosophie: Holz und Eisen, 347–349.

[351] Vgl. ebd., 354.

[352] EES, 32. Przywara ist überzeugt, die philosophische Metaphysik sei, „wenngleich ‚vorläufig' als Philosophie, so doch ‚endgültig' erst durch Theologie, freilich ‚durch' Theologie, nicht ‚als' Theologie (weil bestehen bleibt, daß ihr Formal-Objekt das ‚soweit als' des Geschöpfes ist)." *E. Przywara,* Analogia entis. Metaphysik. Ur-Struktur und All-Rhythmus, Erich Przywara Schriften, Bd. 3 (Einsiedeln 1962) 75.

[353] Vgl. hierzu die kritischen Anmerkungen in *A. Ales Bello,* Introduzione, 42.

[354] EES, 30. Vgl. Anm. 633.

[355] *E. Stein,* Brief an R. Ingarden v. 28. 11. 1926, in: Briefe III, Br. 102, 175. Unabhängig davon schlägt Marten in seinem Beitrag ein Verständnis von Metaphysik vor, das mit einiger Wahrscheinlichkeit nicht weit von dem entfernt ist, was Edith Stein hier ihrerseits kritisiert.

Dennoch sei Martens Kritik als Anlass genommen, die Frage nach dem Adressatenkreis der Christlichen Philosophie zu stellen. Der Hinweis Edith Steins, man könne ihr Modell als allgemeine Diskussionsplattform auffassen, bei der der Nicht-Gläubige die Glaubenssätze im Sinn von Hypothesen verstehe, ist formal berechtigt, dürfte aber in der Praxis auf wenig Gegenliebe stoßen. Letztlich handelt es sich wohl eher um ein Indiz für die Ernsthaftigkeit des Anspruchs, Philosophie und Offenbarung exakt zu unterscheiden, ohne darauf zu verzichten, den Erkenntnisprozess auf eine größtmögliche Grundlage zu stellen. Stellvertretend sei hier auf die entsprechende Analyse Sarah Bordens verwiesen:

> „Stein explicitly defends a notion of Christian Philosophy incorporating both natural reason and revelation. [...] Her project is [...] an unabashedly comprehensive one, attempting to understand all of being with the help of whatever truth is available. Thus, she draws from phenomenology and contemporary philosophy, the medieval tradition, revelation, and [...] even from the latest science."[356]

Im Grunde geht es Edith Stein darum, die Seinsfrage unter dem Vorzeichen des Christentums philosophisch konsequent durchzubuchstabieren, und zwar gerade nicht nur im Rückgriff auf antike und mittelalterliche Texte, sondern im Kontext all dessen, was in den neuesten philosophischen und naturwissenschaftlichen Debatten ihrer Zeit diskutiert wurde.

Diesen Anspruch Edith Steins hebt auch Marco Paolinelli hervor, der trotz eines gelegentlich etwas kulturkritischen Untertons wichtige Hinweise zum Verständnis der Christlichen Philosophie beisteuert. So deutet er an, dass das Anliegen Edith Steins über die Fragen hinausgeht, die in der oben skizzierten Debatte der zwanziger und dreißiger Jahre thematisiert worden sind. Zwar kann seine These, dieser Rahmen sei für Edith Stein nur von marginaler Bedeutung gewesen („tutto sommato marginale"[357]), nicht wirklich überzeugen – ihre Teilnahme in Juvisy, ihre Rezeption der einschlägigen Arbeiten Maritains und Gilsons, ihre akribische

---

[356] *S. Borden*, Edith Stein, 101. „Stein verteidigt ausdrücklich ein Verständnis von Christlicher Philosophie, das die natürliche Vernunft *und* die Offenbarung in sich vereint. [...] Ihr Projekt ist außerordentlich weit gefasst und strebt einen verstehenden Zugang zum gesamten Sein auf der Grundlage jedweder greifbaren Wahrheit an. Daher bezieht sie sich sowohl auf die Phänomenologie und zeitgenössische Philosophie, die Tradition des Mittelalters, die Offenbarung als auch auf neueste Erkenntnisse der Naturwissenschaften."

[357] *M. Paolinelli*, Note sulla ‚filosofia cristiana' di Edith Stein, in: *J. Sleimann* (Hg.), Edith Stein. Testimone per oggi. Profeta per domani. Atti del simposio internazionale: Roma, Teresianum, 7–9 ottobre 1998 (Rom 1999) 87–128, hier 95.

Literaturarbeit und ihr Interesse am Austausch mit anderen Wissen-
schaftlern, den sie selbst noch vom Karmel Echt aus pflegte, belegen ja,
welchen Wert sie dem philosophischen Diskurs beimaß. Dennoch ist es
richtig, dass die Christliche Philosophie für Edith Stein schon vor ihrem
Einstieg in die Diskussion und unbhängig davon ein ihr ureigenes Grundthema war.

Hier schließt eine weitere These Paolinellis an. Demnach bestehe die
Originalität Edith Steins nicht zuletzt darin, das Problem der Christlichen Philosophie aus einer primär an erkenntnistheoretischen Aspekten
interessierten Diskussion herausgeführt und in dem Kontext verortet zu
haben, in den es *eigentlich* gehöre: das konkrete Leben des Gläubigen, ja
des Menschen schlechthin („l'uomo *tout court*").[358] Vor dem Hintergrund ihrer erkenntnistheoretisch motivierten Lektüre der *Quaestiones
disputatae de veritate* und exakter Komparatistik Husserl'scher und thomasischer Methodik mag es zunächst verwundern, wenn Paolinelli behauptet:

> „Edith Stein non è interessata innanzitutto alla delimitazione epistemologica
> tra due discipline, la filosofia e la teologia; ha invece presente con molta chia-
> rezza la vocazione originaria della filosofia, che è sapienza, che cioè [...] è
> chiamata a dare risposta al problema della vita."[359]

Dennoch bringt Paolinelli auf diese Weise einen wichtigen Gedanken auf
den Punkt. Vom systematischen Anliegen her ist Edith Stein immer eine
Phänomenologin der ersten Stunde geblieben, und zwar in dem Sinn,
dass die in ausgiebiger Schulung eingeübte Methodik der philosophischen Analyse für sie kein Selbstzweck war, sondern dem Ziel diente,
dem Denken den Zugang *zu den Sachen selbst* zu ermöglichen.[360] Die

---

[358] Die Lösungsvorschläge Edith Steins, so Paolinelli, seien wertvoll (*preziose*): „Preziose soprattutto perché sottraggono il ‚problema' della ‚filosofia cristiana' ad una trat-
tazione di carattere troppo marcatamente epistemologico, e la restituisce al vero con-
testo a ciu appartiene, nel concreto della vita del credente; anzi, dell'uomo *tout court*."
Ebd., 96.

[359] Ebd., 98. „Edith Stein ist nicht primär an der erkenntnistheoretischen Abgrenzung
zweier Disziplinen, Philosophie und Theologie, interessiert; stattdessen hat sie sehr
deutlich die eigentliche Berufung der Philosophie im Blick, die Weisheit, die berufen
ist, [...] Antwort auf das Problem des Lebens zu geben."

[360] Vgl. hierzu den Hinweis Sarah Bordens: „Thus, rather than reading her as a phenomenologist turned Thomist, it is more accurate so see her as a thinker trained in the
phenomenological method who began seriously studying and integrating scholastic
thought into her work, using it to supplement the shortcomings she found in phenomenology." S. *Borden*, Edith Stein, 94.

„Sache", um die es Edith Stein ging, war das Leben, das Sein Gottes, die Existenz des Menschen und der gesamten Schöpfung. Zur Erkenntnis des Geschaffenen war ihrer Auffassung nach die Beachtung des Transzendenten vonnöten.[361]

Damit wird deutlich, warum die Erkenntnistheorie, obwohl sie, um das alte Bildwort zu variieren, eine Magd der *ontologischen* Erkenntnis ist, im Werk Edith Steins auch jenseits der genuin phänomenologischen Perspektiven immer wieder Raum greift. Das Verhältnis von Philosophie und Glaube bleibt ein komplexes, gerade wenn beide Disziplinen im Blick auf das *perfectum opus rationis* eng zusammengedacht werden müssen. Noch einmal sei hier daher die Position des Thomas von Aquin thematisiert. Maritain definiert sie wie folgt:

> „Die Lehre von der wesensnotwendigen Natürlichkeit und Rationalität der Philosophie ist beim heiligen Thomas grundlegend. [...] Durch die [...] Herausarbeitung des Unterschiedes [...] sowie durch die strenge Trennung beider Ordnungen ist diese Lehre als ein großer Gewinn zu betrachten [...]. Wenn wir diese Lehre um keinen Preis in Vergessenheit geraten lassen wollen, so deswegen, weil wir das besondere Wesen des Glaubens und der Vernunft beschützen [...] wollen [...]."[362]

Die Entschiedenheit dieses Ansatzes war seinerzeit von enormer Bedeutung für die Ausbildung des wissenschaftlichen Selbstverständnisses der Theologie – nicht zuletzt im Umfeld der Gründung von Universitäten im Verlauf des dreizehnten Jahrhunderts. Thomas favorisierte hinsichtlich der Philosophie und Theologie eindeutig ein Differenzierungs- statt eines Integrationsmodells.[363] Bei genauer Betrachtung hält er diese Unterscheidung allerdings nicht absolut durch. So erinnert Albert Zimmermann daran, aus welchem Grund der *Doctor Angelicus* nicht wirklich an einer

---

[361] In den Worten Albert Zimmermanns: „Der Sinn des Personseins erschließt sich nur, wenn das Verhältnis des Menschen zu seinem Schöpfer in den Blick gerät." *A. Zimmermann*, Begriff und Aufgabe einer christlichen Philosophie bei Edith Stein, in: *W. Herbstrith* (Hg.), Denken im Dialog. Zur Philosophie Edith Steins (Tübingen 1991) 133–140, hier 140.

[362] *J. Maritain*, Von der christlichen Philosophie, 60 f.

[363] Vgl. *A. Speer*, Die *Summa theologiae* lesen – eine Einführung, in: *Ders.,* Thomas von Aquin: Die *Summa theologiae*. Werkinterpretationen (Berlin 2005) 7–10. Thomas unterscheidet „eine zweifache göttliche Wissenschaft (*scientia divina*): zum einen eine Theologie der Hl. Schrift (*theologia sacrae Scripturae*), deren Gegenstand Gott ist [...]; eine solche Theologie [...] ist nur als Offenbarungstheologie möglich. Zum anderen eine philosophische Theologie (*theologia philosophica*), in der Gott betrachtet wird, sofern wir ihn erkennen können, das heißt in den Grenzen der natürlichen Vernunft [...]." Ebd., 9.

grundlegenden Erkenntniskritik interessiert war: weil nämlich seiner
Auffassung nach das natürliche Licht „des menschlichen Geistes [...] die
feste Zustimmung zum Wahrsein der obersten Prinzipien verbürgt."[364]
Dieses Licht jedoch könne, so der Aquinat, nur *einer* Quelle entstammen:
„[Q]uod aliquid per certitudinem sciatur, est ex lumini rationis divinitus
interius indito, quo in nobis loquitur Deus."[365]

Neben dieser sehr basalen Verbindung von Philosophie und Glaube,
die *pars pro toto* für die Christliche Philosophie des Mittelalters steht,
haben die Forschungen des neunzehnten Jahrhunderts eindrücklich gezeigt, wie eng der Zusammenhang zwischen der Philosophie und dem
weltanschaulichen Kontext einer Gesellschaft sowie den Überzeugungen
einzelner Denker tatsächlich ist. Das Ziel, eine wirklich ideale und von
allen äußeren Einflüssen freie Philosophie zu formulieren, bleibt demnach notwendigerweise eine Illusion. Schon der eingangs erwähnte Heinrich Ritter hatte betont, dass das Wesen und die Geschichte der Philosophie „in sehr enger Verbindung"[366] zueinander stehen:

> „Wenn wir eine Philosophie annehmen dürfen, welche um die Meinungen
> der Menschen sich nicht zu kümmern hätte, der gemeinen Vorstellungsweise
> ganz abgesagt hätte, weil sie über den stolzen Bau ihres Systems aller Ge-
> meinschaft mit den schwankenden Überlegungen der übrigen Menschen
> sich entschlagen könne, so würden wir ihr zugestehn müssen, daß sie dem
> Einflusse der Religion entzogen wäre. Eine solche Philosophie aber finden
> wir in der Geschichte nirgends. Diese zeigt uns nur philosophische Systeme,
> welche unter den Meinungen der Menschen sich bilden."[367]

In diesem Zusammenhang sei auf Wilhelm Diltheys These der Unmög-
lichkeit einer voraussetzungslosen Wissenschaft des Wirklichen verwiesen. Selbst die abstrakteste Wissenschaft postuliere, so Dilthey, wenn sie
sich auf die Wirklichkeit beziehe, zumindest eine wahrnehmungsunab-
hängige Existenz der Welt und deren räumlich-zeitliche Anordnung.[368]
Sogar für die Mathematik gelte: „Verdünnt man den Sinn [...] in ihrer

---

[364] *A. Zimmermann*, Glaube und Wissen, 296.

[365] *Thomas v. Aquin*, Quaestiones disputatae de veritate, hg. v. *P. Mandonnet* (Paris
1925) q 11 a 1 ad 13: „[W]enn also etwas mit Gewißheit gewußt wird, so kommt das
von dem Licht der Vernunft, das von Gott in unserm Innern entzündet ist (*divinitus
interius inditum*) und durch das Gott in uns spricht [...]" De veritate I, 313.

[366] *H. Ritter*, Die christliche Philosophie nach ihrem Begriff, ihren äußern Verhältnis-
sen und in ihrer Geschichte bis auf die neuesten Zeiten, 3.

[367] Ebd., 51 f.

[368] *W. Dilthey*, Grundlegung der Wissenschaften vom Menschen, der Gesellschaft und
der Geschichte. Ausarbeitungen und Entwürfe zum zweiten Band der Einleitung in die

Beziehung zur Wirklichkeit, so wird man mit den Voraussetzungen selbst schrittweise die Beziehung zur Wirklichkeit los."[369] Auch die historische Realität der Wissenschaften belege diese These. Und so war Dilthey überzeugt: „Die Philosophie beginnt im Glauben und endet in ihm.",[370] wobei der Glaube hier nicht im religiösen Sinn, sondern in der Bedeutung des Für-wahr-Haltens von Annahmen zu verstehen ist. Dilthey macht damit klar, dass es nicht möglich ist, mittels wissenschaftlicher Analyse Erkenntnisse zu gewinnen, die jenseits der Annahmen liegen, die die jeweilige Wissenschaft von vornherein als gegeben voraussetzt.

Vor dem Hintergrund der Thesen Diltheys, Ritters und Gilsons ist die Auffassung Maritains, dass es gelte, zwischen Natur und Zustand der Philosophie zu unterscheiden, in erkenntnistheoretischer Hinsicht mehr als nur plausibel. Man könnte sogar so weit gehen, dass die Christliche Philosophie, indem sie ihre weltanschaulichen Voraussetzungen deutlich benennt, einen Zusammenhang transparent macht, dem sich die menschliche Erkenntnis ohnehin nicht in Gänze entziehen kann. Damit soll nicht einem Relativismus das Wort geredet, wohl aber der Tatsache Rechnung getragen werden, dass „die Natur der Philosophie und ihre geschichtliche Verwirklichung im Philosophen [...] viel schärfer geschieden [sind,] als das bei den exakten Wiss[enschaften] der Fall ist."[371] Dabei ist Edith Stein davon überzeugt, dass die transparente Verbindung philosophischen Fragens und christlichen Glaubens und Denkens einen entscheidenden Beitrag zur *Entgrenzung* des menschlichen Erkenntnisvermögens leistet. Die Klarheit, die dem zugrunde liegt, und die daraus resultierende Freiheit ist es, die *Endliches und ewiges Sein* zu einem „großen Buch" macht.[372]

Hinzu kommt, dass Edith Stein der Philosophie des Thomas von Aquin und der Phänomenologie Husserls aus guten Gründen eine so hohe Wertschätzung gegenüberbringt: Den Aquinaten schätzt sie als Bei-

Geisteswissenschaften (ca. 1870–1895), hg. v. K. *Gründer* u. *F. Rodi,* Ges. Schriften, Bd. 19 (Göttingen ²1997) 13.

[369] Ebd.

[370] Ebd.

[371] MTh, 265.

[372] Vgl. etwa A. *Ales Bello,* Introduzione, 39: „[È] un libro importante. E lascia perplessi, in verità, coloro che si trincerano dietro l'*aut-aut* fra la tradizione metafisica e la speculazione contemporanea." An anderer Stelle resümiert Ales Bello, ebenfalls im Blick auf Edith Steins *opus magnum:* „[È] [...] una nuova, raffinata *Summa,* contenente accanto alle soluzioni più rilevanti dell'indagine del passato, gli aspetti più convincenti del pensiero contemporaneo." Ebd., 52.

spiel eines vorurteilsfreien Denkers, der sich der aristotelischen Tradition einschließlich ihrer arabischen Kommentatoren zugewandt hat. Und als Schülerin Husserls gehörte es zu den Grundprinzipien ihres Philosophierens, um die eigenen Vorurteile zu wissen, diese Schicht für Schicht von dem zu untersuchenden Gegenstand abzuschälen und das Wesen der Dinge mit größtmöglicher Klarheit in den Blick zu nehmen.[373]

Fazit

Die Hinwendung Edith Steins zum Christentum war von Anfang an in hohem Maße intellektueller Natur und ging früh mit einem Interesse an katholischer Philosophie und Theologie einher. Gleichwohl war diese Begegnung auch mit Irritationen verbunden. Während Edith Stein sich bis dato als Phänomenologin einer philosophischen Avantgarde zugehörig fühlte, bekam sie es auf katholischer Seite mit einer in sich geschlossenen, am Dialog mit der modernen Philosophie vielfach weder interessierten noch dazu befähigten Schulphilosophie neuthomistischer Prägung zu tun. Dem Einfluss Erich Przywaras und auch Raphael Walzers ist es zuzuschreiben, dass sie sich sehr bald in einem vom *ver sacrum catholicum* geprägten Umfeld bewegte, die Liturgie der Kirche für sich entdeckte und am intellektuellen Aufbruch des Katholizismus in Deutschland Anteil hatte. Ihre „Initiation" erfolgte dabei vermittels der Übersetzungtätigkeit von Schriften John Henry Newmans und des Aquinaten. Insbesondere letzteren lernte Edith Stein nach anfänglichen Mühen als vielseitigen und nüchternen Denker kennen, der durchaus satisfaktions- und anschlussfähig an die Philosophie war, die Edith Stein bei Husserl kennengelernt hatte. Umgekehrt war es kein Zufall, dass mit Léon Noël gerade ein neuscholastischer Denker Husserls *Logische Untersuchungen* für den französischen Sprachraum entdeckt hatte. Wissenschaftliche Strenge, die Ablehnung des skeptischen Relativismus und nicht zuletzt einige wichtige methodische Leitbegriffe hatten über Husserls scholastisch gebildeten Lehrer Brentano Eingang in die Phänomenologie gefunden. Als Edith Stein im Jahr 1929 ihren Beitrag zur Festschrift anlässlich des siebzigsten Geburtstags Edmund Husserls verfasste, arbeitete sie pointiert die Gemeinsamkeiten, aber auch Differenzen zwischen Husserl, der inzwischen seine idealistische Wende vollzogen hatte, und Thomas heraus: hier eine

---

[373] Vgl. ebd., 40.

kritische, erkenntnistheoretisch fundierte Philosophie, die Edith Stein vor allem im Blick auf die transzendentalphänomenologische Konstitution als *egozentrisch* bezeichnete, dort ein ontologisch orientiertes, theozentrisch ausgerichtetes Denken. Unübersehbar war vor allem die Kongruenz zwischen dem phänomenologischen Ansatz der eidetischen Reduktion und intuitiven Wesensschau einerseits sowie der thomasischen Unterscheidung von Essenz und Akzidenz andererseits. Nicht zuletzt die Position Edith Steins in der Idealismus-Realismus-Debatte ermöglichte es ihr, eine Brücke von Husserl zu Thomas – und umgekehrt – zu schlagen. Sie folgte Husserl in der Auffassung, dass alle menschliche Erkenntnis ihren Ausgang vom je eigenen Bewusstsein aus nehme, stellte aber die Daseinsthese der dabei in den Fokus rückenden Welt nie infrage. Ausgehend vom Akt-Potenz-Prinzip des Aquinaten gewann auf diese Weise das Prinzip der *analogia entis,* über das Przywara gearbeitet hatte, an Bedeutung. Dabei verfiel Edith Stein nicht der Versuchung, den Analogiegedanken rationalistisch fortzuschreiben und den Gottesbegriff in kontingenten Kategorien einzuschnüren. Dem stand nicht zuletzt ihre Augustinusrezeption und ihre Kenntnis des *Corpus Dionysiacum* entgegen. Letztlich war Edith Stein sowohl als Phänomenologin als auch als Mystikerin davor gefeit, das in der katholischen Philosophie verbreitete Streben der Formulierung geschlossener Systematiken und der Rationalisierung des Transzendenten zu adaptieren.

Parallel zu Edith Steins „Husserl-und-Thomas-Studien" gewann die Debatte um den Begriff der Christlichen Philosophie an Dynamik. Edith Stein, die im Zusammenhang mit der Tagung der *Société Thomiste* vom September 1932 in Juvisy mehrere der Protagonisten des seinerzeitigen Diskurses kennengelernt hatte, machte in *Endliches und ewiges Sein* ihren eigenen Standpunkt in dieser Sache deutlich. Die feinen Unterschiede, mit denen sie sich dabei von Jacques Maritian und Étienne Gilson abgrenzte, sprechen für sich. Während sie Gilsons Vorliebe für eine geschlossene Systematik und die Begrenzung philosophischer Überlegungen auf den engen Bereich des religionsphilosophisch Relevanten gar nicht rezipierte, geht sie über Maritains klassisch-thomistische Lösung hinaus, nur solche Glaubenssätze im philosophischen Diskurs zuzulassen, die mittels der natürlichen Vernunft einholbar sind. Edith Stein stellt hingegen das Ideal des *perfectum opus rationis* ins Zentrum ihrer Überlegungen und ist bereit, alle zur Verfügung stehenden Erkenntnisquellen in Anspruch zu nehmen, insofern diese in der Lage sind, neue Aspekte oder Fragestellungen in den Diskurs einzubringen. Folgerichtig diskutiert sie in *Endliches und ewiges Sein* auch Fragen, die mit dem trinitarischen Gottesbild, der Inkarnation Jesu Christi oder der Engellehre in Verbindung stehen. Ihre Offenheit für sämtliche sinnvolle Fragestellungen ist zweifellos ein Erbe ihrer phänomenologischen Ausbildung.

Anhand eines konkreten Fallbeispiels, der Diskussion der Gottesbeweise, die im Blick auf die *aposteriorischen* Argumente mit einer Phänomenologie des inneren Zeitbewusstseins anheben, konnte gezeigt werden, dass Edith Stein die Bandbreite der philosophischen und theologischen Klaviatur bespielt und auch neueste Thesen diskutiert. Hier deutet sich an, dass sie nicht nur auf philosophischem, sondern auch auf theologischem Gebiet konstruktiv argumentiert. Beispielhaft sei auf ihr sich wandelndes Offenbarungsverständnis und eben die Interpretation der klassischen Gottesbeweise verwiesen. Dabei ist nicht zu übersehen, dass die christliche Philosophin Edith Stein nur dann zu verstehen ist, wenn sie auch als Mystikerin begriffen wird. Es geht ihr um eine Lebensphilosophie im eigentlichen Wortsinn, die das Sein der Schöpfung und des Schöpfers in einer philosophischen Synthese zusammendenkt.

*„Daß es möglich sei, Wissenschaft als Gottesdienst zu
betreiben, ist mir zuerst so recht am hl. Thomas aufgegangen."*[1]

Edith Stein an Callista Kopf, 1928

3. Theologischer Gehalt zentraler Schriften

Freiheit, Glaube und Gemeinschaft spielen in einer Reihe von Werken
Edith Steins eine herausgehobene Rolle. Zwei Texte sind jedoch besonders geeignet, die drei Leitbegriffe in ihrer religionsphilosophischen Tragweite und ihrer wechselseitigen Verwiesenheit zu entfalten: Die frühe
Schrift *Freiheit und Gnade* und Edith Steins Hauptwerk *Endliches und
ewiges Sein*. Die beiden Arbeiten spannen aufgrund ihrer Entstehungs-
daten einen Bogen vom Jahr 1921, in dem Edith Steins Entscheidung
zur Taufe fiel, bis in das Jahr 1937. Inhaltlich erweist Edith Stein sich
hier als Autorin, die Philosophie und Glaube zusammendenkt, um dem
Ziel des *perfectum opus rationis* nahe zu kommen.

Die Schrift *Freiheit und Gnade* führt schon im Titel die beiden grundlegenden Konstituenten des Glaubens an und kann als erster Spiegel der
religionsphilosophischen Überlegungen Edith Steins gelesen werden.
Nachdem sie noch fünf Jahre zuvor in ihrer Dissertation die Relevanz
von Fragen des Glaubens zwar angedeutet, dann aber mit einem *non liquet* offengelassen hatte, handelt es sich hier um eine wichtige Wegmarke
ihres Denkens.[2] Erstmals schreibt sie als *christliche* Autorin über Fragen
des Glaubens.

---

[1] *E. Stein*, Brief an C. Kopf v. 12. 2. 1928, in: Briefe I, Br. 60, 86.

[2] Vgl. hierzu den letzten Absatz (der publizierten Fassung) der Dissertationsschrift
Edith Steins: „Wie steht es nun aber mit rein geistigen Personen, deren Vorstellung ja
keinen Widerspruch in sich schließt? [...] Es hat Menschen gegeben, die in einem plötz-
lichen Wandel ihrer Person das Einwirken göttlicher Gnade zu erfahren meinten, andere, die sich in ihrem Handeln von einem Schutzgeist geleitet fühlten [...]. Ob hier echte
Erfahrung vorliegt [...], wer will es entscheiden? [...] Jedenfalls scheint mir das Studium des religiösen Bewußtseins als geeignetstes Mittel zur Beantwortung unserer Frage, wie andrerseits ihre Beantwortung von höchstem Interesse für das religiöse Gebiet
ist. Indessen überlasse ich die Beantwortung der aufgeworfenen Frage weiteren Forschungen und bescheide mich hier mit einem *non liquet*." PE, 135 f.

Anders als dieser frühe Text liest sich das Hauptwerk Edith Steins als gereiftes und elaboriertes Opus. Dennoch ist es für die theologische Rezeption aus verschiedenen Gründen nicht einfach zu greifen. Als sperrig erweist sich vor allem, dass Edith Stein einen großen Teil des Werkes darauf verwendet, mittels der thomasischen und aristotelischen Terminologie eine philosophische Matrix aufzuspannen, die in der heutigen Theologie ihre Zentralstellung verloren hat. Gleichwohl hält Edith Stein die Klärung ontologischer Fragen wie der nach der Bedeutung wesenhaften und wirklichen Seins, den Begriffen Wesen und Substanz, Form und Stoff oder den Transzendentalien für notwendig, um von diesem Fundament aus, das ihr einen systematischen Zugang zur Seinsfrage eröffnet, die Verwiesenheit alles Seienden auf ein reines Sein aufzeigen zu können. Da die vorliegende Arbeit die *theologische* Perspektive der Christlichen Philosophie ins Zentrum rückt, muss es jedoch genügen, auf der Basis der bisher geleisteten erkenntnistheoretischen Grundierung unmittelbar die religionsphilosophischen Ausführungen Edith Steins in den Blick zu nehmen. Hierfür sind vor allem die Kapitel VI, VII und VIII, die *Endliches und ewiges Sein* abschließen, relevant.

Die Jahre nach der Abfassung ihres Hauptwerkes waren für Edith Stein stark von negativen äußeren Einflüssen wie der Erfahrung der Bedrängnis ihrer Angehörigen durch den NS-Terror, dem Tod ihrer Mutter, der eigenen Emigration in die Niederlande und der Sorge um die Zukunft ihrer Schwester Rosa und ihrer selbst geprägt. Diese Entwicklung schlägt sich in ihren späten Texten, vor allem der *Kreuzeswissenschaft,* deutlich nieder. Zwar vollzieht sich hier kein Abbruch und auch keine völlige Neuorientierung, wohl aber eine deutliche Akzentverschiebung im Denken Edith Steins. Ihre Religionsphilosophie hatte schon früh eine mystische, auf die Innerlichkeit des Menschen hin ausgerichtete Tendenz, die die Begrenztheit aller Erkenntnis *in statu viae* ernst nimmt. Auf Edith Steins Rezeption des Augustinus und des Dionysius Areopagita ist bereits hingewiesen worden. In der Kreuzeswissenschaft geht sie dann den Texten des Johannes vom Kreuz nach, in denen das Bild der Nacht des Glaubens dafür steht, dass die Theologie ebenso wie die religiösen Heilszeichen außer Kraft gesetzt werden, um in einem Prozess der *annihilatio* und κένωσις dem Gekreuzigten nahe zu sein.[3] Diese späte Entwicklung wird im Folgenden nicht ausgeblendet, steht aber nicht im Zentrum der Überlegungen. Die Christliche Philosophie Edith Steins mit ihren Leit-

---

[3] Vgl. etwa *H.-B. Gerl-Falkovitz*, Unerbittliches Licht, 237–241.

begriffen Freiheit, Glaube und Gemeinschaft erschließt sich vorwiegend durch die Untersuchung jener Werke, die *vor* dem Jahr 1938 entstanden sind.

Obwohl *Endliches und ewiges Sein* sowie *Freiheit und Gnade* zentrale Texte Edith Steins sind, haben sie bisher über den Bereich der spezifischen Edith Stein-Forschung hinaus nur eine begrenzte Verbreitung erfahren. Um die Rezeption der beiden Werke zu erleichtern, aber auch, um einen besseren Zugang zu den Diskussionen im abschließenden vierten Kapitel der vorliegenden Arbeit zu ermöglichen, sollen hier nun die religionsphilosophisch und theologisch relevanten Inhalte der beiden Edith Stein-Texte nicht nur im Ergebnis, sondern im Detail nachvollzogen und vorgestellt werden.

„Ich habe jetzt zu Hause eine religionsphilosophische
Abhandlung angefangen. [...] Voraussichtlich werde ich
künftig nur noch auf diesem Gebiet arbeiten."[4]

Edith Stein an Roman Ingarden, 1921

3.1. Freiheit und Gnade

Die Schrift *Freiheit und Gnade* ist trotz ihres religionsphilosophischen
Sonderstatus' im Werk Edith Steins in der Vergangenheit nur wenig zur
Kenntnis genommen worden. Hierfür gibt es im Wesentlichen zwei
Gründe:

(1) Im Jahr 1962 wurde der Text, der im Kölner Edith Stein-Archiv
über Jahre hinweg irrigerweise in einer Mappe mit der Aufschrift *Die on-*
tische Struktur der Person und ihre erkenntnistheoretische Problematik
aufbewahrt worden war, unter eben diesem Titel im sechsten Band der
ESW veröffentlicht und auf das Jahr 1932 datiert. Von außen betrachtet
schien es damit, als ginge es in der Arbeit um Fragen der konstitutiven
Phänomenologie. Auch der biographische Hintergrund der Entstehung
kurz vor der Taufe Edith Steins war damit nicht zu erkennen. Erst im
Jahr 2003 haben graphologische und inhaltliche Untersuchungen Claudia Mariéle Wulfs jene Zweifel an der Zuordnung des Werkes bestätigt,
die bereits in den neunziger Jahren laut geworden waren.[5] Von da an
wurde der Aufsatz mit *Natur, Freiheit und Gnade* zitiert. Erst mit Erscheinen des neunten Bandes der ESGA im Jahr 2014 trägt er den von
Edith Stein ursprünglich vorgesehenen Titel *Freiheit und Gnade.*[6]

(2) Edith Stein selbst hat die 212 handschriftliche Seiten umfassende
Arbeit nie veröffentlicht und auch ansonsten kein besonderes Aufheben
darum gemacht. Nur eine einzige kurze Anmerkung in einem Brief an
Roman Ingarden deutete lange Zeit überhaupt auf die Existenz des Manuskripts hin.[7] Es kann nicht mit Sicherheit gesagt werden, warum die

---

[4] *E. Stein,* Brief an R. Ingarden v. 30. 8. 1921, in: Briefe III, Br. 76, 140.
[5] Vgl. *C. M. Wulf,* Rekonstruktion und Neudatierung einiger früher Werke Edith
Steins, in: *B. Beckmann-Zöller* u. *H.-B. Gerl-Falkovitz* (Hg.), Edith Stein. Themen –
Kontexte – Materialien (Dresden 2015) 249–266.
[6] Vgl. *B. Beckmann-Zöller,* Einführung der Bearbeiter, in: ESGA 9, XXIII f.
[7] Vgl. das Zitat, mit dem dieses Kapitel überschrieben ist.

Autorin den Text nicht in Druck gegeben hat. Möglicherweise hat dies mit philosophischen Schwächen der Abhandlung zu tun. So deutet Beate Beckmann-Zöller an, Edith Stein habe die Ergebnisse von Husserls Korrelationsforschung ohne nähere Reflexion übernommen und ignoriere den transzendentalen Freiheitsbegriff Kants. Letztlich sei der Aufsatz, so die These, „nicht bis ins Letzte druckreif durchkomponiert".[8] Hinzuzufügen ist, dass die Arbeit auch theologisch durchaus holzschnittartig bleibt und ganz unterschiedliche Aspekte in sich vereint. Andererseits macht gerade der Charakter des Laboratoriums, der aus diesen partiellen Unzulänglichkeiten in Verbindung mit der biographisch-religiös dichten Entstehungszeit abgeleitet werden kann, den Reiz der Schrift aus. Aller Wahrscheinlichkeit nach war *Freiheit und Gnade* für Edith Stein „eine Selbstvergewisserung ihrer existenziellen Suche und ihres Vorhabens, sich kategorisch an die Kirche zu binden".[9]

3.1.1. Natur, Freiheit und Gnade

Der Mensch, so Edith Stein, ist ein Naturwesen, das als freiheitliches Subjekt den Bereich des Natürlichen transzendieren, eine ethisch fundierte Haltung einnehmen und sich dem Gnadenanruf Gottes öffnen kann. Am Beginn dieser Entwicklung stehe immer das *„natürlich-naive seelische Leben"*, ein ständiger Wechsel von Impression und Reaktion, bei dem die Seele externe Eindrücke empfange, die sie zu Stellungnahmen wie „Schreck oder Staunen, Bewunderung oder Verachtung, Liebe oder Haß" veranlassten.[10] Dieses „Getriebe der natürlichen Stellungnahmen"[11] sei ein passiver Prozess und markiere die, wie sie es nennt, *„tierische* Stufe des Seelenlebens."[12] Allerdings sei der Mensch frei und in der Lage, seine Bewegungen selbst zu inszenieren. Als vollends befreites Subjekt könne er gar in Freiheit auf den Gebrauch derselben verzichten und sich an ein geistiges Reich binden – eine Person oder eine Sphäre:

---

[8] *B. Beckmann-Zöller,* Einführung der Bearbeiter, in: ESGA 9, XXIX. Vgl. auch ebd., XXIX f.
[9] Ebd., XXIX.
[10] Beide Zitate FG, 10.
[11] Ebd.
[12] Ebd., 11.

„Man müßte frei sein, um befreit sein zu können. Man müßte sich in der Hand haben, um sich loslassen zu können. Man könnte nicht naiv im ‚Reich der Gnade' (= von der Höhe her) leben."[13]

Edith Stein beschreibt die Freiheit also als konstitutiv für den Prozess der individuellen Entwicklung des Menschen. Ein *ursprüngliches* „Aufgehobensein im Reich der Gnade", in dem die Freiheit keine Rolle spielt, hält sie hingegen für undenkbar. Eine von Gott gelenkte ideale Welt habe nur „vor dem Fall"[14] (vgl. Gen 2) existieren können – in *dieser* Welt gelte jedoch: „Zwischen das Reich der Natur und das der Gnade schiebt sich das Reich der Freiheit."[15]

Was spricht nun dagegen, dass der Mensch einfach frei und auf sich selbst gestellt lebt? Immerhin ist er in der Lage, unmittelbare Reaktionen auf äußere Eindrücke zu unterbinden. Der Geist ist ja, wie Edith Stein betont, „nicht stumpf betroffen", sondern offen „für eine Welt, die sich ihm sichtbar darbietet".[16] Sie unterscheidet drei Ansätze, mittels derer der Mensch die Gesetze des natürlich-naiven Lebens zu durchbrechen suche:

(1) Er zieht sich auf sich selbst zurück und strebt ein *selbstherrliches Leben* an. Dieser Rückzug biete jedoch, so Edith Stein, auf Dauer keinen Halt. Er weise letztlich in die innere Leere der zwar freien, aber nicht positiv geprägten Person.[17]

(2) Er dringt, „zu freier Geistigkeit erwachend", in ein „zweites Reich der Natur" vor, nämlich das „der natürlichen Vernunft".[18] Deren Gebote – hier wäre an den Kategorischen Imperativ zu denken – binden den Menschen allerdings nicht unmittelbar. Die *ratio* gewähre zudem keinen Raum, in dem sich das Subjekt aufgehoben fühlen kann. Eine geistige Spähre, die dies ermögliche, müsse, so Edith Stein, von einem personalen Zentrum ausgehen.[19]

(3) Wenn er den Bereich ausschöpfen möchte, der ihm vermittels seiner Freiheit offen steht, müsse er dieselbe *in Freiheit* aufgeben und sich an ein geistiges Reich binden. Dies sei der einzige Weg zu echter Erkenntnis. Allerdings: Die Freiheit befähige den Menschen zwar, „den Blick auf

---

[13] Ebd., 12.
[14] Beide Zitate ebd.
[15] Ebd., 13.
[16] Beide Zitate ebd., 20.
[17] Vgl. ebd., 14.
[18] Alle Zitate ebd., 22.
[19] Vgl. ebd., 23.

fremde Sphären hinzuwenden oder ihn vor ihnen zu schließen. Aber nur, soweit sie sich ihm von sich aus *darbieten*."[20] Dann aber finde die Seele „sich selbst und ihren Frieden":[21]

> „Wenn die Gnade in die Seele einströmt, dann wird sie von dem erfüllt, was ihr selbst ganz angemessen und allein angemessen ist. Diese Fülle stellt sie still. Was fortan von außen heranstürmt, kann nicht – wie im Naturzustande – hemmungslos in sie einströmen. Es wird wohl aufgenommen, aber ihm wird geantwortet aus der Fülle der Seele heraus."[22]

Edith Stein ist überzeugt, dass neben dem so genannten Reich der Höhe auch ein Reich des Bösen existiert, und zwar in dem Sinn, dass die Versuchungen und Anfechtungen des Menschen „eine ursprüngliche Stätte"[23] im Innern der Seele hätten. Allerdings sei einzig die Versuchung, „sich auf sich selbst zu stellen, sich selbst zum Herrn zu machen", schon „ihrer Natur nach [*eine*] Auflehnung gegen Gott".[24] Auf Dauer könne man sich diesen Herausforderungen nur stellen, wenn man einen eigenen festen Standpunkt gewinne, und zwar in einem Leben vom Geist der Höhe her, mit der von Gott erfüllten Seele in „Liebe, Erbarmung, Vergebung, Seligkeit, Frieden."[25]

Angesichts dieses Widerspiels der Reiche stellt sich die Frage der bleibenden Individualität. Ist das Subjekt, das frei die Freiheit aufgibt, auf Dauer mehr als nur ein Spiegel der geistigen Sphäre, an die es sich bindet? Edith Stein ist überzeugt, dass die individuelle Freiheit in jedem Fall bestehen bleibt:

> „[D]as, was wir ‚Individualität' nannten, das Eigenste der Seele, [*wird*] nicht ausgelöscht. Diese Individualität ist ja keine Disposition zu bestimmten Reaktionen, keine psychische Fähigkeit, die sich zurückbildet [...]. Diese Individualität ist *intangibilis*."[26]

Dies gelte auch im religiösen Kontext. Edith Stein betont, „daß Gottes Freiheit, die wir Allmacht nennen, an der menschlichen Freiheit eine Grenze findet." Immer sei die Freiheitsentscheidung des Individuums maßgebend. Allerdings sei die Entwicklung des Menschen nie eine völlig autonome. Vollendung, Erlösung oder der Gewinn der eigenen Seele

---

[20] Ebd., 21.
[21] Ebd., 20.
[22] Ebd.
[23] Ebd., 24. Vgl. auch ebd., 22.
[24] Beide Zitate ebd., 24.
[25] Ebd., 25.
[26] Ebd., 26.

seien immer Geschenk und Gabe, bedürften also neben der eigenen Entscheidung auch der Bejahung vonseiten der geistig-personalen Sphäre, an
die sich der Einzelne zu binden sucht. Der Bezug auf *den Anderen* ist
demnach eine notwendige Bedingung der Vollendung des eigenen Selbst.
Umgekehrt gelte: „Wer seine Seele bewahren will, der wird sie verlieren."[27] Vor diesem Hintergrund zeigt Edith Stein nochmals die Alternati-
ven auf, mittels derer der Mensch nach Freiheit strebt:

(1) Er kann versuchen, sich von der Welt freizumachen, indem er
seine Reaktionen auf äußere Impulse unterbindet. Dies aber führe, so
Edith Stein, zum Tod und nicht zum Leben, da die Seele sich auf diese
Weise von der Außenwelt absondere.[28]

(2) Das Individuum kann der Welt sein eigenes Sein entgegenstellen
und ganz auf die eigene Individualität setzen. Hier wäre allerdings zu fragen, ob der Mensch nicht am Ende doch ein Reagierender bleibt, auch
wenn die Zusammenhänge subtiler und nicht mehr unmittelbar zu
durchschauen sind.[29]

(3) Schließlich kann der Mensch anstreben, „die Gnade zu gewinnen", um „sich selbst zu finden."[30] Das Motiv dieses Strebens, so Edith
Stein, sei eine *metaphysische Angst,* die ihre Wurzeln in der Sündhaftig-
keit des Menschen habe. Allerdings bleibe der Weg in jedem Fall eine
dauerhafte Herausforderung. Die Hingabe an Gott, so Edith Stein, sei
ein lebenslanger Weg, der auch „Zeiten der inneren ‚Trockenheit'"[31] mit
einschließe.

Und wenn der Mensch aus freiem Entschluss sein *Ja* zum Glauben
verweigert? Auch in diesem Fall gelte: „Die menschliche Freiheit kann
von der göttlichen nicht gebrochen und nicht ausgeschaltet werden".[32]
Und dennoch rechtfertige „der Glaube an die Schrankenlosigkeit der
göttlichen Liebe und Gnade auch die Hoffnung auf eine Universalität
der Erlösung".[33]

---

[27] Ebd., 27. Vgl. Lk 17,33.
[28] Vgl. FG, 27.
[29] Vgl. ebd., 28.
[30] Ebd.
[31] Ebd., 32.
[32] Ebd., 33.
[33] Ebd. Edith Stein greift die in diesem Kapitel aufgezeigte Möglichkeit der Entwicklung des Menschen zwanzig Jahre später in der *Kreuzeswissenschaft* wieder auf. Dort
betont sie, dass es notwendig sei, dass „der Sinnenmensch seine Haltung *als* Sinnenmensch aufgibt und in die *ethische* Haltung übergeht, d. h. in die Einstellung, die das
erkennen und tun will, was sittlich recht ist. Dazu muß er aber sehr tief in sich selbst

3.1.2. „Einer für alle und alle für einen"

An dieser Stelle wendet Edith Stein sich dem Gedanken der *„vermitteln-den Heilstätigkeit"*[34] zu. Dabei geht es nicht, wie man vielleicht meinen könnte, um Überlegungen, die in Konkurrenz zur Auffassung stehen, dass Christus allein der Mittler zum Vater ist,[35] sondern um einen schöpfungstheologisch und ekklesiologisch begründeten Begriff der Verantwortung der Gläubigen füreinander. Edith Stein räumt diesem Gedanken eine Zentralposition ein. Aus theologischer Perspektive formuliert sie damit einen starken und eindrücklichen Ansatz. Gleichzeitig wirken jene Abschnitte, in denen sie Fragen der stellvertretenden Sühne, der Übertragung von Verdiensten und der Gewichtung von Gnadengaben diskutiert, ausgesprochen formal-juridisch. Hier ist sie stark der Theologie ihrer Zeit verhaftet.

Entscheidend aber ist, dass Edith Stein keinen Zweifel daran aufkommen lässt, dass das Subjekt, das den Weg zum Heil beschreitet, nicht isoliert betrachtet werden kann, sondern immer in seiner gemeinschaftlichen Dimension gesehen werden muss. War *der Andere* bisher nur in Gestalt der personalen geistigen Sphäre, an die sich das Individuum bindet, in Erscheinung getreten, geht es nun um die Überzeugung, dass „ein Mensch [...] auf verschiedene Weise dem Heil anderer Menschen dienen"[36] kann. Damit ist nicht nur gemeint, dass man einander im Glauben erziehen, belehren oder – in der damaligen Theologie und Predigt nicht unüblich – durch den Aufbau von Drohkulissen beeinflussen kann.[37] Religiöse Mittlerschaft im eigentlichen Sinn bedeutet für Edith Stein, das Heil als *gemeinsame* Angelegenheit aller Menschen aufzufassen:

> „Jeder ist für sein eigenes Heil *verantwortlich,* sofern es durch Mitwirkung seiner Freiheit und nicht ohne sie erwirkt werden kann. Und jeder ist zugleich für das Heil aller andern verantwortlich, sofern er die Möglichkeit hat, durch

---

Stellung nehmen: so tief, daß der Übergang einer förmlichen Umwandlung des Menschen gleichkommt und vielleicht natürlicherweise gar nicht möglich ist, sondern nur auf Grund einer außerordentlichen ‚Erweckung'. Ja, wir dürfen wohl sagen: eine *letztlich* sachgemäße Entscheidung ist nur aus der letzten Tiefe möglich." KW, 137.

[34] FG, 34.

[35] Vgl. Dogmatische Konstitution über die Kirche „Lumen gentium", in: *K. Rahner* u. *H. Vorgrimler* (Hg.), Kleines Konzilskompendium. Sämtliche Texte des Zweiten Vatikanums (Freiburg i. Br. [25]1994) = Sigel LG, Art. 8.

[36] FG, 34.

[37] Vgl. 35.

sein Gebet für jeden andern die Gnade zu erflehen. Durch sein Gebet, das seine *freie Tat* ist."[38]

Offensichtlich handelt es sich hier um einen besonderen Akzent des Kirchenbilds der Katechumena Edith Stein, die die Gemeinschaft der Gläubigen als *communio* betrachtet, in der die Christen wechselseitig Verantwortung füreinander übernehmen:

> „Auf ihr beruht die *Kirche*. [...] [D]ieses: ‚Einer für alle und alle für einen‘ macht die Kirche aus. [...] Je mehr einer von der göttlichen Liebe erfüllt ist, desto mehr ist er geeignet, die für jeden prinzipiell mögliche Stellvertretung faktisch zu leisten. Denn der freie Akt des Gebets ist echt und wirkungskräftig nur, soweit er auf Liebe gegründet ist – auf Liebe zu Gott [...]; im Falle der Fürbitte für einen andern aber außerdem auf der Liebe zu diesem andern [...]."[39]

Die Fülle der göttlichen Liebe verkörpere Jesus Christus, der der „Stellvertreter *aller* vor Gott und das wahre ‚Haupt der Gemeinde‘ [ist], das die eine Kirche zusammenhält."[40] Im Blick auf die Gemeinschaft der Gläubigen hebt Edith Stein die Bedeutung des fürbittenden Gebets hervor, betont aber auch spezielle geistliche Patronatsverhältnisse im Zusammenhang von „Schuld und Strafe, Verdienst und Lohn".[41] So ist sie der Auffassung, dass ein Gläubiger die Strafe eines anderen durch eigene Sühneleistung stellvertretend übernehmen kann. Dabei ist es aus der Sicht heutiger Theologie geradezu irritierend, wie differenziert sie die Rollen des (göttlichen) Richters, der Schuldigen und der stellvertretend Leidenden diskutiert, notwendige Zustimmungspflichten und Kenntnisnahmen abklärt sowie die Voraussetzungen für die Übertragung erworbener Verdienste und Gott wohlgefälliger Werke definiert.[42] Zwar betont Edith Stein, es könne nicht darum gehen, mit Gott Geschäfte zu machen, doch ändert dies wenig an dem Eindruck, dass phänomenologische Genauigkeit und analytische Präzision in diesem Fall keinen tragfähigen Zugang zum Gegenstand der Diskussion ermöglichen. Hier gilt es, Edith Steins wichtige Akzentuierung der ekklesialen Gemeinschaft von jenen Überlegungen zu unterscheiden, die wenig wegweisend sind. Umso bedeutsamer ist der Kerngedanke der Mittlerschaft:

---

[38] Ebd., 36.
[39] Ebd., 37 f. Vgl. Anm. 354.
[40] Ebd., 38.
[41] Ebd.
[42] Vgl. hierzu ebd., 38–42.

„Auch der Ärmste und von der eigenen Sündenlast Niedergebeugte kann und darf vor den Herrn hintreten und für einen andern beten. [...] Eben hier liegt der Schlüssel zum Verständnis der Möglichkeit einer Stellvertretung in Schuld und Verdienst. [...] Bedenkt man [...], daß jeder die Möglichkeit hat, durch sein Gebet dem andern die Gnade zu erwirken, so erscheint er mitverantwortlich für jeden, der noch nicht im Stande der Gnade ist, und mitschuldig an jeder Schuld, die ein anderer auf sich ladet."[43]

Eindrucksvoll ist, wie Edith Stein den Gedanken der Verantwortlichkeit des Menschen weiterführt und als Verpflichtung zur Sorge für die gesamte Schöpfung interpretiert. Ausgehend von dem Pauluswort, dass die Schöpfung sehnsüchtig auf das Offenbarwerden der Kinder Gottes warte (vgl. Röm 8,19), konstatiert sie, dass anders als beim Menschen die Rettung der *Tierwelt* „von außen kommen" müsse. Dies habe zur Konsequenz, dass der Mensch aufgerufen sei, „der Heiland aller Kreatur zu sein".[44] Als Naturgeschöpf sei er der Tierwelt unmittelbar verbunden und als zur Freiheit befähigtes Subjekt zur Liebe und Sorge der Schöpfung gegenüber berufen. Mehr noch, der Mensch stehe in einer Verantwortung der Tierwelt gegenüber, der er sich nicht entziehen könne:

„Die Verantwortung für die Erlösung der Tierwelt ist keine *Mit*verantwortung wie die für den Mitmenschen. Es besteht hier nicht die prinzipielle Möglichkeit eines unvermittelten Zugangs zur Gnade, und so hängt das Schicksal der unfreien Geschöpfe ganz von der Mittlertätigkeit des Menschen ab."[45]

Von hier aus ist es nicht weit zur Betonung einer grundlegenden ökologischen Verantwortung des Menschen, die die gesamte belebte Natur umfasst:

„Die unbeseelte Kreatur also vermag nicht *sich* zu bewahren, sondern muß bewahrt *werden* [...]. Es muß ein *Herr* über die Schöpfung gesetzt sein, ein freies und vernunftbegabtes Wesen."[46]

Der Mensch steht demnach in der Pflicht, Mitverantwortung für seinen Nächsten sowie Verantwortung für die beseelte und unbeseelte Kreatur zu übernehmen. Edith Stein etabliert hier einen weitreichenden schöpfungsethischen Ansatz. Über die Kluft, die zwischen dem Anspruch dieses religiös begründeten Ideals und der Lebenswirklichkeit liegt, ist sie sich im Klaren. Insbesondere der technische Fortschritt führe zu immer umfangreicheren Eingriffen des Menschen in seine Umwelt. Umso ener-

---

[43] Ebd., 42.
[44] Beide Zitate ebd., 43.
[45] Ebd., 44.
[46] Ebd., 45.

gischer fordert Edith Stein, die Verantwortung zur Bewahrung der
Schöpfung ernstzunehmen. Die Kenntnisse und Fähigkeiten des Menschen müssten zum Schutz der Schöpfung eingesetzt werden:

> „Die Wirkungszusammenhänge in der Natur fortschreitend rational zu be-
> greifen und damit eine Grundlage zu schaffen für eine Vorausbestimmung
> künftiger Geschehensmöglichkeiten und ein regelndes Eingreifen – das ist
> die ursprüngliche Aufgabe der Naturwissenschaft. […] Die moderne Tech-
> nik, soweit sie ihre Aufgabe darin sieht, die Natur dem Menschen zu unter-
> werfen und in den Dienst seiner natürlichen Begierden zu stellen, unbeküm-
> mert um den Schöpfungsgedanken und evtl. im schroffsten Gegensatz dazu,
> stellt den radikalen Abfall von dem ihr ursprünglich vorgezeichneten Dienst
> dar. Für alles, was in der Natur nicht so ist, wie es sein sollte, ist der Mensch
> verantwortlich, ihre Entfernung vom Schöpfungsplane ist seine Schuld."[47]

3.1.3. Glaube

Bisher war der Mensch vor allem als geistig-seelisches Wesen in den Blick
gekommen, nun wendet Edith Stein sich seiner psychophysischen Konstitution zu.[48] Hierfür unterscheidet sie ähnlich wie Husserl den „puren
materiellen Körper"[49] vom Leib: „Alles Leibliche hat eine ‚Innenseite',
wo Leib ist, da ist auch ein inneres Leben."[50] Letzteres sei in einer

> „Quelle in sich geeint und nach außen abgegrenzt. Wir nennen eine solche in
> sich geschlossene Monade eine *Psyche* und unterscheiden von ihr die als das
> Innerste der gesamten Innerlichkeit charakterisierte *Seele*."[51]

Die Verbindung von Leib und Geist thematisiert Edith Stein ohne Remi-
niszenz an jene Traditionen, die die leibliche Existenz für inferior halten.
Im Gegenteil: Der Leib, so betont sie, sei ein „*Spiegel* der Seele" und
„eine der Kraftstationen, aus denen die Psyche ihre Zufuhr bezieht".[52]
Nur wenn das Leib-Seele-Gleichgewicht in Schieflage gerate, liege eine
problematische Situation vor; das Subjekt versinke dann im Leib, die
Psyche sei kaum mehr als ein Annex des Leibes, ein Epiphänomen. Allerdings warnt Edith Stein auch vor dem entgegengesetzten Fall, etwa wenn
der Weg zum Heil in der Ablösung vom Leib, in strenger Askese, gesucht

---

[47] Ebd.
[48] Vgl. ebd., 46–60.
[49] Ebd., 46.
[50] Ebd. Vgl. hierzu auch *Einführung der Bearbeiter,* in: Ebd., XXXIX.
[51] FG, 48.
[52] Ebd., 53 u. 49.

werde. Diese sei „nur dann sinnvoll, wenn sie nicht Selbstzweck ist, sondern geschieht, um das Leben der Seele unabhängig zu machen."[53] Umgekehrt könne wahre Heiligung *positiv* am Leib ansetzen, wie das Beispiel der Sakramente belege. An dieser Stelle hebt Edith Stein zu einer kurzen Analyse der leibseelischen Dimension sakramentaler Vollzüge an und fragt nach deren grundsätzlicher Bedeutung. Nüchtern bilanziert sie:

> Es ist „nicht gesagt, daß sie unerläßlich zur Erlösung sind. Die Gnade *kann* sich ihrer bedienen, aber sie ist nicht daran gebunden. Prinzipiell kann sie auch allein auf dem Weg, den wir den inneren nannten, ihr Ziel erreichen. Zwischen beiden Wegen zu wählen, ist lediglich Gottes Sache und nicht Sache des Menschen."[54]

Damit kommt Edith Stein zur letzten der großen Fragen, die sie in *Freiheit und Gnade* behandelt: Was ist der Glaube? Hier unterscheidet sie zunächst vier Varianten der außerreligiösen Verwendung des Begriffs:

(1) Auf einer ersten Ebene steht der Glaube für eine erkenntnistheoretisch realistische Position, die Edith Stein als Phänomenologin auch für sich selbst reklamiert. Demnach ist der Glaube ein „Korrelat der Existenz", nämlich „die Gewißheit, die der Erfassung eines realiter oder idealiter Existierenden [...] innewohnt", das *Für-wirklich-Nehmen* eines Seienden, der so genannte *belief*.[55]

(2) Davon zu unterscheiden ist die *Überzeugung,* dass ein Sachverhalt a = b wahr ist. Dabei geht es nur um den formalen Aspekt und nicht die Erkenntnis des b-Seins von a als solchem, das eher ein *belief*-Moment ist. Die Überzeugung bezieht sich ausschließlich auf das Bestehen des Sachverhalts.[56]

(3) Außerdem steht der Begriff des Glaubens für eine Modifikation der Gewissheit: „Ich glaube, daß etwas so und so ist, weiß es aber nicht [...]."[57] Diesen Glauben bezeichnet Edith Stein als *opinio,* als bloße Meinung.

(4) Schließlich kann Glaube auch im Sinn der δόξα, des *blinden* Glaubens, verstanden werden. Dieser hat zwar die innere Festigkeit der Überzeugung, ist aber unempfänglich gegenüber rationalen und logischen Argumenten.[58]

---

[53] Ebd., 52.
[54] Ebd., 59.
[55] Vgl. ebd., 60 f.
[56] Vgl. ebd., 61 f.
[57] Ebd., 62.
[58] Vgl. ebd. Der Begriff δόξα steht im Griechischen für die *Meinung,* und zwar vor allem in Abgrenzung zum *Wissen.*

In welcher Beziehung stehen diese vier Glaubensbegriffe zur *fides*, dem Glauben an Gott? Edith Stein betont, dass es bei diesem um weit mehr als ein bloßes Für-wahr-Halten oder Meinen gehe, dass also die kognitive Dimension nur einen kleinen Teil des Glaubens abbilde. Stattdessen versteht sie den Glauben, wie bereits erwähnt, als *Erkenntnis, Liebe und Tat*, wobei Erkenntnis ein Berührtwerden von der Hand Gottes meint. Ob der Mensch auf diese Berührung reagiere, sei ganz seiner Freiheit überlassen. Nur der, der die dargebotene Hand ergreife, erfahre „die absolute Geborgenheit"[59] eines Lebens im Glauben. Gott zeige sich ihm als der Allgütige. Dieser Akt der Erkenntnis sei dem des Glaubens an einen anderen Menschen, und damit der Liebe, ähnlich. Auch der Liebende werde in der „absoluten Beziehung zu einem Menschen […] innerlich berührt wie von der Hand Gottes."[60] Entsprechend liegt es nahe, dass sich die *fides* auch im *Handeln* des Menschen realisiert.[61]

Edith Stein entfaltet hier also ein existenzielles, das Menschsein durchformende Verständnis des Glaubens. Wie aber positioniert sie sich zur Bedeutung objektiver Glaubenssätze? Dabei greift sie auf die thomistische Unterscheidung von natürlicher und übernatürlicher Gotteserkenntnis zurück, deutet diese Termini aber völlig eigenständig. Traditionellerweise, so betont sie an anderer Stelle, stehe die natürliche Theologie für

> „eine Gotteslehre, die durch den natürlichen Verstand aus der natürlichen Erfahrung gewonnen ist. Ihr Kernbestand sind die Beweise für das Dasein Gottes und die Lehre von Gottes Wesen und Eigenschaften, die sich aus der Erkenntnis der geschaffenen Welt ableiten läßt."[62]

Dies entspricht aber keineswegs der Vorstellung der Katechumena Edith Stein. Unter natürlicher Gotteserkenntnis versteht sie vielmehr die „Erkenntnis, die aus dem Glauben zu schöpfen ist, die sachverhaltsmäßige Explikation dessen, was einem als Gegenstand des Glaubens schlicht gegenwärtig ist".[63] Diese Erkenntnis aber ist nicht natürlichen, sondern transzendenten Ursprungs – sie *bezieht* sich lediglich auf die natürliche Welt. Dieser Ansatz ist kongruent mit dem Grundgedanken der Christlichen Philosophie, dass das Verständnis der Welt nur unter Einschluss von Erkenntnissen vollständig sei, die aus dem Transzendenten gewonnen

---

[59] Ebd., 66.
[60] Ebd., 65.
[61] Vgl. hierzu ebd., 69.
[62] WGE, 39.
[63] FG, 67.

werden. Die Bezeichnung *natürliche* Erkenntnis ist hier jedenfalls – wie Edith Stein selbst andeutet – „nicht ganz glücklich" gewählt. Da wundert es wenig, dass sie die *übernatürliche* Erkenntnis nicht in Abgrenzung zur natürlichen definiert, sondern darin „eine andere und höhere Form des Eindringens in das transzendente Reich" erkennt.[64]

Damit kommt Edith Stein auf die Offenbarung zu sprechen. Wie bereits gezeigt, versteht sie darunter keine äußerliche oder formale Vermittlung von Glaubenswissen, sondern ist im Gegenteil der Auffassung, dass der Schlüssel zur Offenbarung der Glaube selbst sei, dass also die Offenbarung nur von jenen überhaupt als solche erkannt werden könne, die „Ohren haben zu hören".[65]

Welche Bedeutung kommt dabei dem Dogma zu, der satzhaft gefassten Glaubenserkenntnis? Angesichts des lebendigen Offenbarungsbegriffs liegt es nahe, dass Edith Stein die Zahl der Dogmen für offen und die Formulierung neuer Glaubenssätze für möglich hält. Bemerkenswert ist ihre These, „daß von verschiedenen Kirchen jede einen andern Bestand von wahren Dogmen hat." Dies gelte zumindest für solche Glaubenssätze, die „sich gegenseitig nicht tangieren". Entscheidend für den Begriff des Dogmas sei, dass dieses nach dem Glauben verlange, und zwar in seiner ganzen existenziellen Tiefe. Ein Dogma, das nur kognitiv verstanden und bejaht werde, sei ein „trügerisches Scheinbild":[66]

> „Man ‚glaubt', weil man es ‚so gelernt hat'. So ein Mensch kann dogmenfest sein, ohne gläubig zu sein, d. h. ohne den religiösen Grundakt einmal vollzogen zu haben, geschweige denn, darin zu leben."[67]

Der eigentliche Glaubensakt, so Edith Stein, gründe hingegen auf der Einheit von Gnade und Freiheit. Die Gnade sei „der Geist Gottes, der zu uns kommt, die zu uns herabsteigende göttliche Liebe", die der Mensch erhoffe und in Freiheit bejahe: „Gnade und Freiheit sind für den Glauben konstitutiv."[68] Nur im Glauben, so Edith Stein, sei das Fortschreiten auf dem Weg zur Vollkommenheit möglich. Denn es gelte: „Alle Wahrheit ist von Gott."[69]

---

[64] Beide Zitate ebd.
[65] Ebd., 69. Vgl. Mt 11,15.
[66] Alle Zitate FG, 69.
[67] Ebd.
[68] Beide Zitate ebd., 71.
[69] Ebd., 68.

„Dieses Buch ist von einer Lernenden für Mitlernende geschrieben."[70]

Edith Stein, Endliches und ewiges Sein, Vorwort,
September 1936

3.2. Endliches und ewiges Sein

Noch vor der Kreuzeswissenschaft gilt *Endliches und ewiges Sein* als Edith Steins *opus magnum*.[71] Über Jahrzehnte gewachsene philosophische und theologische Überzeugungen verschmelzen in diesem „Grundriß einer Seinslehre",[72] der in Gänze im Kölner Karmel entstanden ist, zu einer Synthese. Edith Stein folgt in weiten Teilen ihres Werkes der im Untertitel, *Versuch eines Aufstiegs zum Sinn des Seins,* angedeuteten Programmatik, aus der Phänomenologie des Seienden, das ein kontingentes ist, einen Aufstieg zu dem *einen* Sein zu wagen, das allem Sein den Sinn verleiht. Wie bereits erwähnt, hatte Theodor Rauch, Provinzial der Unbeschuhten Karmeliten, Edith Stein im Mai 1935 beauftragt, die Jahre zuvor entstandene ursprünglich als Habilitationsschrift gedachte Arbeit *Potenz und Akt* zur Drucklegung vorzubereiten.[73] Nach kurzer Durchsicht ihres Manuskripts entschied Edith Stein, „nur wenige Blätter"[74]

---

[70] EES, 3.

[71] Vgl. hierzu F. *Kaufmann*, Rez. Edith Stein, Endliches und ewiges Sein, 572: „A new *Summa,* this posthumous work is the carefully executed philosophical testament of the Jewish nun and martyr [*Edith Stein*], [...] her *opus maius* as a Phenomenological and Christian thinker." Siehe auch A. U. *Müller,* Einführung, in: EES, XIII. Auch für Edith Stein selbst war *Endliches und ewiges Sein,* wie Maria Amata Neyer unterstreicht, „die wichtigste aller ihrer Arbeiten". M. A. *Neyer,* Edith Steins Werk „Endliches und ewiges Sein". Eine Dokumentation, in: ESJ, Bd. 1, Die menschliche Gewalt (1995) 311–343, hier 311.

[72] EES, 5.

[73] Vgl. Kap. 1.1.7. Siehe auch EES, 4, sowie E. *Stein,* Brief an H. Conrad-Martius v. 21. 5. 1935, in: Briefe II, Br. 391, 116, und *dies.,* Brief an H. Conrad-Martius v. 9. 7. 1935, in: Briefe II, Br. 401, 130. Edith Stein hat seinerzeit nicht gezögert, dem Wunsch ihrer Oberen, die wissenschaftliche Arbeit wieder aufzunehmen, nachzukommen: „Ich habe sie [*die Schrift Potenz und Akt*] natürlich sofort hervorgeholt und mit der Durchsicht begonnen." *Dies.,* Brief an H. Conrad-Martius v. 21. 5. 1935, in: Briefe II, Br. 391, 116.

[74] EES, 4.

des ursprünglichen Textes zu übernehmen, und so entstand – wenn man die Phase der Überarbeitung und der Erstellung der Anhänge zur Existenzialphilosophie Heideggers und der Seelenburg Teresas von Ávila mitrechnet – in der Zeit bis Januar 1937 ein völlig neues Opus.[75] Zur problematischen Geschichte der Veröffentlichung wurde schon einiges gesagt. In NS-Deutschland waren alle Anläufe zum Druck der Arbeit zum Scheitern verurteilt, und im Ausland war es als deutschsprachiges Werk nicht durchsetzbar. Erst im Jahr 1950, nach dreijähriger Vorarbeit der Editoren, konnte *Endliches und ewiges Sein* posthum erscheinen.[76] Die Beachtung, die das Werk dann fand, spiegelt sich in den hymnischen Lobreden einiger Rezensenten wider. Stellvertretend sei hier Fritz Kaufmann zitiert, der *Endliches und ewiges Sein* als Höhepunkt und Abschluss der Philosophie Edith Steins interpretiert:

> „It brings to consummation in a monumental metaphysical system an intellectual life of unusual clarity and directness. Highly valuable to Phenomenology proper by a wealth of patient analyses [...] the book may prove invaluable in the process of rehabilitation of Catholic thought, renewing as it does the *philosophia perennis* through the impetus and the contents of the Phenomenological method and intuition."[77]

---

[75] Das Vorwort der Arbeit datiert vom 1. September 1936. Im Anschluss daran nahm Edith Stein noch Korrekturen vor und verfasste die genannten umfangreichen Anhänge. Vgl. ebd., 8, sowie *A. U. Müller,* Einführung, in: EES, XIV.

[76] Vgl. Kap. 1.1.7.

[77] *F. Kaufmann,* Rez. Edith Stein, Endliches und ewiges Sein, 572. „Es vollendet durch sein monumentales metaphysisches System ein intellektuelles Leben von außerordentlicher Klarheit und Direktheit. Gut möglich, dass sich das Werk, das in phänomenologischer Hinsicht wegen seines Reichtums an ausgewogenen Analysen sehr wertvoll ist, im Prozess der Rehabilitierung des katholischen Denkens als unbezahlbar erweisen wird, da es die *philosophia perennis* mit dem Schwung und den Inhalten der phänomenologischen Methode und Intuition erneuert." Vgl. auch die Besprechung Josef Höfers, der Edith Steins Opus als die „umfassendste, gründlichste und selbständigste Leistung der Philosophia perennis der Gegenwart" bezeichnete. (*J. Höfer,* Rez. Edith Stein, Endliches und ewiges Sein, in: Theologie und Glaube, Bd. 41 [1951] 170.) Für Franz Rüsche war die Schrift ein „bedeutsamer Beitrag zur Gründung der Metaphysik, ein kraftvoll synthetisches Werk". (*F. Rüsche,* Rez. Edith Stein, Endliches und ewiges Sein, in: Theologie und Glaube, Bd. 41 [1951] 438.) Im Jahr 1958 kommentierte Hedwig Conrad-Martius: „Die Klarheit, die Blickschärfe, die Sachlichkeit und vorurteilslose Kühnheit ihrer Ausführungen sind höchst eindrucksvoll. Ja, auch die vorurteilslose Kühnheit. Sie kritisierte den heiligen Thomas, wenn es ihr nötig erschien. [...] Überall steht die Sache selbst, um die es ihr thematisch gerade geht, im Vordergrunde." *H. Conrad-Martius,* Edith Stein, in: *E. Stein,* Briefe an Hedwig Conrad-Martius, 68 f. (ursprünglich in: Hochland, 51, Oktober 1958).

Nach Teresia Renata Posselts früher Edith Stein-Biographie, die das Leben der Philosophin bekannt gemacht hatte, rückte nun auch deren Werk
in den Fokus des öffentlichen Interesses.[78] Dennoch ist nicht von der
Hand zu weisen, dass die theologische Diskussion zum Zeitpunkt der
Veröffentlichung eine andere war als dreizehn Jahre zuvor – wenn auch
die theologische Erneuerungsbewegung, für die in Frankreich die *Nouvelle Théologie* oder in Deutschland die Theologie Karl Rahners und anderer steht, ihre Wurzeln ebenfalls in jener Dynamik hatte, die auch für
Edith Stein prägend gewesen war. Durch ihre Begegnungen mit Joseph
Schwind, Raphael Walzer oder Erich Przywara hatte sie den *ver sacrum
catholicum* und damit eine intellektuelle Weite im Katholizismus kennengelernt und als Ermutigung zu einem der modernen Philosophie gegenüber aufgeschlossenen Denken aufgefasst. Mit *Endliches und ewiges
Sein* wollte sie ausdrücklich einen eigenen Beitrag leisten, um „den Mut
zu solchem lebendigen philosophischen und theologischen Denken zu
wecken."[79]

Es wurde schon mehrfach betont, dass hinter dem persönlichen
Thema Edith Steins, der wechselseitigen Öffnung der scholastischen Phi-
losophie und der Phänomenologie, mehr als nur das Anliegen steht, einen
Beitrag zu einer akademischen Debatte zu liefern und zwei Denksysteme
zu synthetisieren, die vielen Beobachtern – zumindest im Blick auf die
späte Phänomenologie – als inkommensurabel galten. Vielmehr ging es
Edith Stein um die Sache selbst, die Suche nach Wahrheit, das Streben
nach einem *perfectum opus rationis*.[80] Dabei lässt sich die Anthropologie
Edith Steins, die den Fokus auf die im Glauben begründete Freiheit des
Einzelnen und zugleich die Gemeinschaftlichkeit des Lebens im Respekt
vor und der Verantwortung für den jeweils anderen legt, bei zeit-
geschichtlicher Lektüre durchaus – ohne freilich im eigentlichen Sinn *politisch* zu sein – als christliche Alternative zu den Ideologien ihrer Zeit
und früher schon des Militarismus lesen. Wie sehr Edith Stein die freiheitliche Individualität des Einzelnen und nicht die uniforme Einheit der

---

[78] Vgl. die Angaben in F. *Alfieri*, Die Rezeption Edith Steins, bes. 102–108. Für die
Jahre 1951 bis 1953 führt die Bibliographie zwölf Rezensionen von *Endliches und ewiges Sein* sowie neun der *Kreuzeswissenschaft* an.

[79] EES, 4.

[80] So deutet Edith Stein im Vorwort von *Endliches und ewiges Sein* an, „daß es über
alle Zeiten und Schranken der Völker und der Schulen hinweg etwas gibt, was allen
gemeinsam ist, die ehrlich nach der Wahrheit suchen", und unterstreicht so ihr Interesse an Fragen, die über die Grenzen systemimmanenter Debatten hinausreichen. Ebd.

Masse für maßgeblich hielt, deutet sie in *Endliches und ewiges Sein* eindrücklich anhand eines Bildes an:

> „Wenn die Truppen, die in Reih und Glied durch die Straßen marschierten, sich auflösen, dann wird jeder, der da in gleichem Schritt und Tritt mittrottete und vielleicht selbst kaum noch etwas von sich wußte, wieder zu einer kleinen, in sich geschlossenen Welt. Und wenn die Neugierigen am Weg nur eine ununterscheidbare Masse sahen – für die Mutter oder für die Braut ist der, den sie erwartete, doch der einzige, dem kein anderer gleicht [...]. "[81]

Einige Inhalte der beiden ersten Kapitel von *Endliches und ewiges Sein* sind hier bereits vorgestellt und disktutiert worden, vor allem die Christliche Philosophie und die Frage der Gottesbeweise betreffend. In der Begründung der Methode der Christlichen Philosophie hatte Edith Stein dargelegt, warum sie auch Glaubenssätze des *corpus fidei* im Rahmen philosophischer Argumentation für zulässig hält. Den religionsphilosophischen und theologischen Erwägungen, die sie auf dieser Grundlage anstellt, gilt das Interesse der vorliegenden Arbeit. Auf die Kapitel II bis V des Werkes,[82] in denen Edith Stein den Versuch unternimmt, „den Grenzbegriff des Denkens" philosophisch „einzukreisen" und „das Denken für die Idee des unendlichen, erfüllten, einfachen und reinen Seins zu öffnen",[83] kann dabei nur insofern eingegangen werden, als die Autorin im VI. Kapitel die religionsphilosophischen Schlussfolgerungen, die sich aus den vielfältigen Einzelanalysen ergeben, selbst präsentiert.[84]

3.2.1. Sinn des Seins

Zu Beginn des sechsten Kapitels von *Endliches und ewiges Sein,* das mit *Der Sinn des Seins* überschrieben ist,[85] knüpft Edith Stein an ihre Diskussion der Transzendentalien an. Diese galten der scholastischen Philosophie als probater Zugang zur Bestimmung des Seienden, da sie dieses

---

[81] Ebd., 425 f.

[82] Diese Kapitel machen knapp die Hälfte des Gesamtumfangs von *Endliches und ewiges Sein* aus.

[83] Beide Zitate A. U. Müller, Einführung, in: EES, XIX.

[84] Auf das philosophische Koordinatensystem, das Edith Stein in den Kapiteln II bis V entwickelt, ist bereits hingewiesen worden. Unter anderem untersucht Edith Stein die Position des Duns Scotus im Universalienproblem (Kap. III), die Lehre des Aristoteles über das Seiende, das τὸ τί ἦν εἶναι (Kap. IV), und die Transzendentalienlehre (Kap. V).

[85] EES, 280–302.

„*als solches* und unabhängig von seiner Scheidung nach verschiedenen
Formen und Seinsweisen" charakterisieren.[86] Das Interesse Edith Steins
gilt dabei vor allem der Tatsache, dass sich hier ein Weg eröffnet, der
vom Seienden zum Sein weist, also einen Blick in Richtung des *reinen
Seins* freigibt. So benennt Thomas in den *Quaestiones disputatae de veritate* insgesamt sieben Transzendentalien, von denen einige das Seiende
„wie es in sich ist […] und in seinem rein formalen Aufbau" bezeichnen
(nämlich *ens, res, unum* und *aliquid*), während andere es „in Beziehung
zu einem inhaltlich bestimmten engeren Seinsgebiet setzen und selbst einen entsprechenden inhaltlichen Sinn haben"(*bonum* und *verum* sowie
pulchrum als besondere Ausformung des *bonum*).[87] Mit anderen Worten: Mit dem Wahrsein und Gutsein wird dem Seienden ein inhaltlicher
Sinn zugesprochen, der es mit dem reinen Sein in Beziehung setzt. Die
Frage, auf die alle Transzendentalien zurückverweisen, wäre demnach
die nach dem *Sinn des Seins*.[88] Wie grundlegend dieser Gedanke ist,
macht Edith Stein deutlich, wenn sie an anderer Stelle den Beginn des Johannesprologs mit Goethe übersetzt: Ἐν ἀρχῇ ἦν ὁ Λόγος. – „Im Anfang
war der *Sinn*."[89]

3.2.1.1. Sinn-Entfaltung

Zur Annäherung an die Frage nach dem Sinn des Seins knüpft Edith Stein
an ihre Überlegungen zum Wesen des *endlichen Seins* an. So erweise sich
auf einer ersten Ebene das *wesenhafte Sein* als „unaufhebbarer Bestandteil allen Seins",[90] wobei sie als wesenhaft die Entfaltung dessen bezeichnet, „was in der Einheit des Sinnes enthalten ist".[91] Zu diesem Grund-
modus des Seins komme „bei jedem Etwas, das nicht bloß reines
Sinngebilde ist, […] etwas hinzu", nämlich die Existenz.[92] Diese sieht
Edith Stein sowohl (1) im *wirklichen Sein* als auch (2) im *Sein idealer Ge-*

---

[86] Ebd., 245. In Anlehnung an Joseph Gredt unterscheidet Edith Stein insofern zwischen Transzendentalien und Kategorien, als „die Kategorien das Seiende nach Gattun-
gen teilen, die Transzendentalien dagegen das ganze Seiende ‚entfalten‘." Ebd., 249.
[87] Beide Zitate ebd., 280.
[88] Vgl. ebd., 275.
[89] Ebd., 101. Vgl. *J. W. v. Goethe*, Faust. Der Tragödie erster und zweiter Teil. Urfaust,
hg. u. kommentiert v. *E. Trunz* (München 1999) Faust I, Vers 1229.
[90] EES, 281.
[91] Ebd., 280. „Entfaltung" ist hier nicht im temporalen, sondern ontologischen Sinn
zu verstehen.
[92] Ebd., 281.

genstände realisiert, etwa in Zahlen oder geometrischen Gebilden. Für
das wirkliche Sein gelte, dass „zur zeitlosen Entfaltung des Was der
Dinge eine völlig neue Weise der Entfaltung hinzu[*kommt*]: das Hinein-
gestelltwerden und Sichhineingestalten der Dinge in eine zeitliche und
räumliche Welt; und [...] in sich selbst." Es geht hier um ein „fortschrei-
tendes Sicherschließen eines in sich Verschlossenen: Übergang von Potenzialität zu Aktualität."[93] Das Sein idealer Gegenstände hingegen sei „eine
besondere Art des wesenhaften Seins".[94] Es habe keinen Beginn in der
Zeit und entfalte sich auf streng gesetzmäßige Art zeitlos.[95] Zusammenfassend bestimmt Edith Stein den Sinnbestand allen endlichen Seins:

> „Endliches Sein ist Entfaltung eines Sinnes; wesenhaftes Sein ist zeitlose Entfal-
> tung jenseits des Gegensatzes von Potenz und Akt; wirkliches Sein Entfaltung
> aus einer Wesensform heraus, von der Potenz zum Akt, in Zeit und Raum. Ge-
> dankliches [*ideales*] Sein ist Entfaltung in mehrfachem Sinn [...]."[96]

Endliches Sein ist demnach immer Entfaltung eines Sinns. Welche Konsequenzen lassen sich daraus im Blick auf die transzendentalen Bestimmungen ableiten? Könnte die Vollendung der Transzendentalien, der
Sinn des Seins, in der Entfaltung des gemeinsamen Sinnbestands allen
Seins bestehen?[97] Edith Stein erhebt Einspruch:

> „Der ‚volle Sinn' des Seins [...] ist mehr als die Gesamtheit der transzenden-
> talen Bestimmungen [...]. Das Sein ist *eines,* und alles, was ist, hat daran teil.
> Sein ‚voller Sinn' entspricht der Fülle alles Seienden. [...] Aber ein endlicher
> Geist vermag diese Fülle niemals in die Einheit einer erfüllenden Anschauung
> zu fassen. Sie ist die unendliche Aufgabe unseres Erkennens."[98]

Dennoch gelte es nachzufragen, was die Rede von dem *einen* Sein bedeutet, „das einem jeden Seienden als *sein* Sein zugehört".[99] Denn zunächst
erscheine es paradox, dass „die Vielheit des Seienden und seine Einheit,
das eigene Sein jedes einzelnen Seienden und *das eine* Sein nebeneinander
bestehen können."[100] Vor dem Hintergrund ihrer realistischen Grund-

---

[93] Beide Zitate ebd.
[94] Ebd., 282.
[95] Vgl. ebd.
[96] Ebd., 284 f. Das gesamte Zitat ist im Original kursiv gesetzt.
[97] Vgl. Kap. VI, § 2. *Die transzendentalen Bestimmungen und der ‚volle Sinn' des
Seins,* in: Ebd., 285 f.
[98] Ebd., 286. Vgl. hierzu Kap. VI, § 3. *Einheit des Seins und Vielheit des Seienden –
Eigensein des einzelnen Seienden,* in: Ebd., 286–288.
[99] Ebd., 286.
[100] Ebd., 287.

position ist Edith Stein nicht bereit, dieses Problem zu lösen, indem sie die erfahrungsmäßig gegebene Vielheit des Seienden infrage stellt. Die Phänomenologie stehe ebenso wie Thomas in der Tradition des Aristoteles und erkenne „in der natürlichen Erfahrung den Ausgangspunkt für alles darüber hinausführende Denken". Die Antwort Edith Steins auf die Frage nach dem Verhältnis von Vielheit und Einheit hat hingegen mit der Auffassung zu tun, dass „jedes Seiende für anderes die Bedeutung eines Vollkommenheitgebenden" hat. Demnach ist „alles Seiende ein einheitlich geordnetes *Ganzes, also Eines*". Außerdem sei die sinnlich wahrnehmbare Welt nicht gleichbedeutend mit „der ‚wirklichen Welt‘ schlechthin".[101] Auch *die geistige Welt* sei Teil des einen Wirkungs- und Wirklichkeitszusammenhangs der Schöpfung. Insofern weise die geschaffene Welt in ihrer Gesamtheit

> „zurück auf die ewigen und ungewordenen Urbilder alles Geschaffenen, die Wesenheiten oder reinen Formen, die wir als göttliche Ideen aufgefaßt haben. In ihrem wesenhaften Sein ist alles wirkliche Sein, das ein Werden und Vergehen ist, verankert. […] Ihre Mannigfaltigkeit aber ist geeint in dem *einen* unendlichen göttlichen Sein, das sich in ihnen zum Urbild der geschaffenen Welt begrenzt und gliedert. In diesem letzten und letztbegründeten Einen ist alle Fülle des Seins beschlossen."[102]

Edith Stein führt also, das wird hier deutlich, die Wesenheiten letztlich auf die göttlichen Ideen zurück. Dieser Aspekt ist entscheidend für ihren Ansatz des Verwiesenseins alles Seienden auf das eine Sein. Sarah Borden bringt es auf den Punkt:

> „Stein ultimately identifies essences and essential being with the divine ideas. Ideal objects are grounded and have unity and order in the divine intellect (and, since essential being is rooted in God, all search for meaning is implicitly a search for God)."[103]

Für Edith Stein steht damit fest: „Jedes endliche Mittelglied muß schließlich auf diesen anfangs- und endlosen Urgrund führen: das erste Sein, die πρώτη οὐσία."[104]

---

[101] Alle Zitate ebd.

[102] Ebd.

[103] *S. Borden*, Edith Stein, 108 f. „Stein identifiziert letztlich die Wesenheiten und das wesenhafte Sein mit den göttlichen Ideen. Die idealen Objekte sind im Geist Gottes begründet und finden dort ihre Einheit und Ordnung (darüber hinaus gilt, da ja alles wesenhafte Sein in Gott verwurzelt ist, dass jedes philosophische Fragen nach dem Sinn zugleich auch ein Fragen nach Gott selbst ist)."

[104] EES, 288. Zugleich wird hier deutlich, dass die Auffassung Edith Steins in der Frage

3.2.1.2. Der Name Gottes: „Ich bin"

Das erste Sein ist *reines* Sein. In ihm sei, so Edith Stein, „nichts von Nichtsein [...] wie bei dem *zeitlich* Begrenzten, das einmal war und einmal nicht sein wird, und bei dem *sachlich* Begrenzten, das etwas und nicht alles ist", es sei *actus purus,* kenne keinen Gegensatz von Akt und Potenz. Damit unterscheidet es sich grundlegend vom endlichen Sein. Dennoch sei es möglich, „hier und dort von ‚Sein' zu sprechen",[105] nämlich mittels des Prinzips der *analogia entis.* Die Analogie sei, so die Überzeugung Edith Steins, „das Grundgesetz, nach dem die Heilige Schrift zu lesen und die natürliche Welt zu betrachten ist."[106] Thomas versteht die *analogia entis* als Verhältnisgleichheit (*analogia proportionalitatis*), die keine Übereinstimmung zwischen den Gegenständen selbst („[K]ein Geschöpf hat ein solches Verhältnis zu Gott, daß die göttliche Vollkommenheit dadurch bestimmt werden könnte."[107]), sondern „eine wechselseitige Ähnlichkeit zweier Verhältnisse"[108] meint. Dabei „hebt der unendliche Abstand zwischen Gott und Geschöpf die [...] Art der Ähnlichkeit nicht auf."[109] Eine „erfüllende Anschauung" Gottes bleibt aber natürlich auch im Kontext der *analogia entis* unmöglich. Gleichzeitig liegt in diesem Zusammenhang die Annahme nahe, „daß alles Endliche [...] in Gott vorgebildet sein

---

des überzeitlichen Seins wesenhafter Strukturen – die sie hier ja nur rekapituliert, aber nicht begründet – über den moderaten Realismus des Thomas von Aquin (und damit auch von Aristoteles, Boethius oder Anselm) hinausgeht. Sarah Borden verortet den Wesensrealismus Edith Steins in gewisser Weise „zwischen" dem des Plato einerseits sowie dem der genannten Denker andererseits, und damit bei Johannes Duns Scotus: „While Stein agrees with the distinction the moderate realists make between the content and mode of the universal, she insists that thoughts of universals or essences are in some significant way different from other thoughts. [...] My consideration of joy itself, the structure of joy, is different from my consideration of a particular joyful experience." S. Borden, Edith Stein, 110. Vgl. auch den hilfreichen Überblick ebd., 108–110.

[105] Beide Zitate EES, 288.

[106] Ebd., 328. Vgl. Kap. VI, § 4. *Das erste Sein und die ‚analogia entis',* in: Ebd., 288–302.

[107] Ebd., 289. Vgl. hierzu auch *Thomas v. Aquin,* De veritate q 2 a 11 corp: „Nulla creatura habet talem habitudinem ad Deum per quam possit divina perfectio determinari.", sowie Edith Steins Übersetzung in De veritate I, 83.

[108] EES, 289. Thomas spricht hier von einer „similitudo duarum ad invicem proportionum". *Thomas v. Aquin,* De veritate q 2 a 11 corp. Siehe auch De veritate I, 83 (dort: „eine Ähnlichkeit zweier Verhältnisse").

[109] EES, 289. Vgl. *Thomas v. Aquin,* De veritate q 2 a 11 ad 4: „Infinita distantia creaturae ad Deum similitudinem praedictam non tollit." Vgl. De veritate I, 84.

muß."[110] Gott ist, so Edith Stein, die allererste Wirkursache, „das letzte Wirkliche, auf das alles Wirkliche zurückweist".[111] Mit diesem Hinweis geht es ihr, wie bereits diskutiert, nicht um die Begründung eines Gottesbeweises *a posteriori*. Ihr Interesse gilt ausschließlich der Möglichkeit, eine spezifische Beziehung zwischen dem Seienden und dem reinen Sein zu postulieren.

Zu diesem Zweck greift sie nun auch ein biblisches Motiv auf, den alttestamentlichen Gottesnamen *Ich bin der Ich bin* (Ex 3,14). Edith Stein hält es für „höchst bedeutsam", dass die biblische Perikope, die von der Selbstoffenbarung Gottes im brennenden Dornbusch berichtet, kein abstraktes Wort wie „‚Ich bin *das Sein*' oder ‚Ich bin *der Seiende*', sondern ‚Ich bin der *Ich bin*'" überliefert. Dies sei mit Augustinus zu lesen, der darin die Offenbarung Gottes als „*das Sein in Person*" erkennt.[112] Von Gott werde auf diese Weise viel mehr ausgesagt, als es allein auf der Grundlage einer philosophischen Methodik möglich wäre. Gott wird als Schöpfer verstanden, der die Welt in freier Tat erschafft und sich „seines eigenen Seins inne ist und zugleich seines Unterschiedenseins von jedem anderen Seienden."[113]

Erst das Personsein Gottes, so Edith Stein, mache es möglich, in analoger Weise von Gott und Mensch zu sprechen:

> „Ein unendlicher Abstand unterscheidet es [*das menschliche Sein*] offenbar vom göttlichen Sein, und doch gleicht es ihm mehr als irgend etwas anderes, was im Bereich unserer Erfahrung liegt: [...] Das ‚Ich bin' heißt: Ich lebe, Ich weiß, Ich will, Ich liebe – all das nicht als ein Nacheinander oder Nebeneinander zeitlicher ‚Akte', sondern von Ewigkeit her völlig eins in der Einheit des *einen* göttlichen ‚Aktes' [...]."[114]

Noch klarer als im *Ich bin* komme die vollendete Einheit Gottes im lateinischen *sum* zum Ausdruck; dieses bezeichne „*die Fülle des Seins persönlich geformt*".[115] Allerdings, so Edith Stein, bleibe auch im Hinblick auf den personalen biblischen Gottesbegriff die Spannung zwischen der Einheit des Seins und der Vielfalt des Seienden bestehen:

---

[110] Beide Zitate EES, 290.
[111] Ebd., 291.
[112] Alle Zitate ebd., 293.
[113] Ebd., 294.
[114] Ebd., 295.
[115] Ebd.

„Wir stehen hier wiederum vor dem großen Geheimnis der Schöpfung: daß
Gott ein von dem seinen verschiedenes Sein hervorgerufen hat; eine Mannig-
faltigeit des Seienden, in der alles das gesondert ist, was in Gott eins ist."[116]

Das Verhältnis von göttlichem Sein und der Vielfalt des Seienden sei daher „die ursprünglichste *analogia entis.*"[117] Auch wenn im göttlichen *Ich
bin* das Urbild allen geschöpflichen Seins enthalten ist, das göttliche Sein
sich also in gewisser Weise „in der Schöpfung ‚teilt'", sei dies „nicht als
eine Aufteilung zu verstehen." Der Schöpfer verliere sich nicht in die Geschöpfe. Der „Sinn der Schöpfung als eines Ins-Dasein-rufens [*sic*] verlangt den Beginn eines Seins, das einmal nicht war."[118] Dennoch werde
die Einheit des Seins in der Schöpfung nicht aufgehoben, denn es gebe
nichts, „was nicht von Gott hervorgerufen, was nicht in ihm vorgebildet
wäre und was nicht durch ihn im Sein erhalten würde."[119]

3.2.1.3. Ich und Du

Nach dem Gottesnamen *Ich bin der ich bin* wendet Edith Stein sich dem
christlich-trinitarischen Gottesverständnis zu, wobei es im Kern auch
hier um die Frage geht, wie das Verhältnis der Vielfalt des Seienden und
des einen göttlichen Seins zu denken ist. Konkret steht die These im
Raum, dass das Verhältnis des Schöpfers zur Schöpfung in gewisser
Weise dem des Vaters zu Jesus Christus und dem Heiligen Geist gleiche.[120] Am Beginn der Überlegungen stehen die klassischen Kernfragen
der Christologie, etwa wie die Aussage des athanasianischen Glaubensbekenntnisses[121] über das Verhältnis des Sohnes zum Vater – „gezeugt,
nicht erschaffen […,] gleich ewig mit dem Vater"[122] – unter der Maßgabe
zu verstehen ist, dass Vater und Sohn völlig eins sind, „*ein* Gott und
Herr",[123] und gleichzeitig zwei Personen, der Sohn das Ebenbild des Vaters. Dann aber hebt Edith Stein zu einer bemerkenswerten phänomenologischen Analyse der *Bedeutung* des Gedankens der Trinität an:

---

[116] Ebd., 296.
[117] Ebd.
[118] Ebd.
[119] Ebd., 297.
[120] Vgl. ebd.
[121] Heute wird bezweifelt, dass Athanasius von Alexandrien der authentische Autor
dieser *Hermeneia* des Glaubensbekenntnisses ist. Vgl. DH, 46.
[122] EES, 297. Die Charakterisierung Jesu als „gleich ewig mit dem Vater" geht auf den
Terminus ὁμοούσιον τῷ πατρί *(wesensgleich dem Vater)* zurück. Vgl. DH, 46.
[123] EES, 298.

„Das göttliche Personsein ist Urbild alles endlichen Personseins. Dem endlichen Ich aber steht ein Du gegenüber – als ein ‚anderes Ich‘, […] mit dem
es, auf Grund der Gemeinsamkeit des Ichseins, in der Einheit eines ‚Wir‘ lebt.
Das ‚Wir‘ ist die Form, in der wir das Einssein einer Mehrheit von Personen
erleben. Das Einssein hebt die Vielheit und Verschiedenheit der Personen
nicht auf. Die Verschiedenheit ist einmal eine Verschiedenheit des *Seins* […].
Es ist aber auch eine Verschiedenheit des *Wesens* […], läßt Raum für eine
‚*persönliche Eigenart*‘, die das Ich mit keinem anderen teilt. Eine solche We-
sensverschiedenheit kommt für die göttlichen Personen nicht in Betracht. […]
Das ganze Wesen ist allen drei Personen gemeinsam. So bleibt nur die Verschiedenheit der Personen als solcher: Eine vollkommene Einheit des Wir,
wie sie von keiner Gemeinschaft endlicher Personen erreicht werden kann.
Und doch in dieser Einheit die Geschiedenheit des Ich und Du, ohne die
kein Wir möglich ist."[124]

Hier schließt Edith Stein die kurze Analyse zweier biblischer Verse an,[125]
um dann zur entscheidenden Schlussfolgerung anzuheben. Dabei wird
vollends deutlich, dass die Einführung des trinitarischen Dogmas in die Argumentation nicht nur aus formalen Gründen erfolgt ist – also im Sinn eines weiteren Hinweises auf die Analogie göttlichen und menschlichen
Seins –, sondern dass Edith Stein auf diese Weise einen wichtigen inhaltlichen Punkt setzt, der den theologischen Topos der Gemeinschaft betrifft:

„Das Wir als die Einheit aus Ich und Du ist eine höhere Einheit als die des
Ich. Es ist – in seinem vollkommensten Sinn – eine Einheit der Liebe. Liebe
[…] ist Selbsthingabe an ein Du und in ihrer Vollendung – auf Grund wech-
selseitiger Selbsthingabe – Einssein. Weil Gott die Liebe ist, muß das göttliche
Sein Einssein einer Mehrheit von Personen sein und sein Name ‚Ich bin‘
gleichbedeutend mit einem ‚Ich gebe mich ganz hin an ein Du‘, ‚bin eins mit
einem Du‘ und darum auch mit einem ‚Wir sind‘."[126]

In Gottes Existenz realisiert sich demnach „die völlig freie, von allem Geschaffenen unabhängige, wandellose ewige Wechselliebe der göttlichen
Personen." Und: „Gottes Sein ist *Leben,* das heißt eine Bewegung aus
dem eigenen Innern heraus, letztlich ein zeugendes Sein." Mit der dritten
göttlichen Person, dem Heiligen Geist, schließe sich, so Edith Stein, „der
Ring des innergöttlichen Lebens." Der Heilige Geist ist „Gabe, Liebe und
Leben".[127]

---

124 Ebd., 299.
125 Vgl. Gen 1,26: „Lasst uns Menschen machen als unser Abbild, uns ähnlich.", sowie Joh 10,30: „Ich und der Vater sind eins."
126 EES, 299.
127 Alle Zitate ebd., 300.

Damit ist am Beispiel der konstitutiven Gemeinschaftlichkeit allen Lebens deutlich geworden, wie sich der Zusammenhang zwischen dem göttlichen Λόγος und der Vielheit des geschaffenen Seienden darstellen kann. Da Edith Stein hier von neuem das Prinzip der *analogia entis* in Stellung bringt, erinnert sie zugleich auch an die grundlegende Differenz zwischen Schöpfer und Schöpfung. Nur im Plan des Schöpfers selbst gehörten Logos und Schöpfung „von Ewigkeit her zusammen".[128]

3.2.2. Dreifaltiger Gott: Abbild und Urbild der Schöpfung

Der Aufstieg zum Sinn des Seins, so die Grundthese Edith Steins, findet sein Ziel in jenem Sein, „das Urheber und Urbild allen endlichen Seins ist",[129] dem dreieinen Gott. Damit wird die trinitätstheologische Reflexion über den genuinen Bereich der Gottesfrage hinaus für die theologische Anthropologie, die Soteriologie und die Frage der Ordnung der Schöpfung als solche relevant. All diese Themen kommen im siebten Kapitel von *Endliches und ewiges Sein* zur Sprache – *Das Abbild der Dreifaltigkeit in der Schöpfung.*[130]

3.2.2.1. Person und Geist: Freibewusstes Leben

„Zur ‚Ordnung' der Schöpfung gehört die *Zeit* als das, wodurch sich ganz eigentlich das Endliche vom Ewigen scheidet."[131] Endliches Sein ist immer auf zeitliche Verwirklichung hingeordnet, niemals vollendet und gleichzeitig ein „*auf sich selbst Gestelltes und Wesensbestimmtes* (οὐσία = Substanz)".[132]

Nach aristotelisch-thomistischem Verständnis gehört zur Begrenztheit des zeitlich-wirklichen Seins auch die Unterscheidung von Form und Inhalt, wobei die *Leerform* des Seienden die des „*Trägers* von Was und Sein (Hypostase = subsistens)" ist.[133] Damit ist ein entscheidender

---

[128] Ebd., 301.
[129] Ebd., 303.
[130] Vgl. ebd., 303–394.
[131] Ebd., 302.
[132] Ebd.
[133] Ebd. Vgl. hierzu Kap. VII, § 1. *Person und Hypostase*, in: Ebd., 303–307. Edith Stein hatte bei den folgenden Überlegungen vor allem *Aurelius Augustinus*, De Trinitate, und *Thomas v. Aquin*, Summa theologiae I q 29, im Blick.

Begriff der klassischen Trinitätstheologie eingeführt. Augustinus unterscheidet das eine göttliche Wesen (essentia, οὐσία) von einer Dreiheit von Trägern, Hypostasen. Seiner Auffassung nach *kann* man diese Träger als Personen bezeichnen – allerdings nur unter Vorbehalt und dem Wunsch geschuldet, dem Unsagbaren Ausdruck zu verleihen.[134] Auch Thomas geht auf diese Problematik ein. *Person (rationalis naturae individua substantia,* Einzelwesen von vernünftiger Natur) ist für ihn ein Subjekt, das im Kern *unmitteilbar* ist – während die drei göttlichen Personen im Wesen eins seien.[135] Andererseits bezeichne Person

> „das Vollkommenste in der ganzen Natur, nämlich etwas, was in sich selbst Bestand hat, und eine vernunftbegabte Natur [...]. Da nun alles, was zur Vollkommenheit gehört, Gott zugeschrieben werden muß, weil sein Wesen alle Vollkommenheit in sich enthält, ist es angemessen, Gott den Namen *Person* zu geben, aber nicht im selben Sinne wie bei den Geschöpfen, sondern in einem vorzüglichen Sinn [...].“[136]

Damit ist es an der Zeit, den Begriff der Person näher zu bestimmen. Edith Stein setzt hierzu bei der Verbindung von Person und Geist an.[137] *Geistig* sei dasjenige,

> „was ein ‚Inneres‘ [...] hat und ‚in sich‘ bleibt, indem es aus sich herausgeht. [...] In der restlosen Selbsthingabe der göttlichen Personen [...] haben wir den Geist in seiner reinsten und vollkommensten Verwirklichung vor uns.“[138]

Zum geistigen Leben gehöre „ein Innesein seiner selbst“[139] und gleichzeitig das „Aus-sich-herausgehen“.[140] Jede Person verfüge über ein Ich, auch wenn umgekehrt das Ich nicht unmittelbar die Person konstituiere, da Ichleben auch dort vorstellbar ist, wo es „kein Begreifen und kein Verstehen seiner selbst“[141] gibt, etwa in der Tierwelt. Bei Personen erweise sich die Vernunftbegabtheit in der Gabe des Verstehens und der Gabe,

---

134 Vgl. ebd., 304, sowie *Aurelius Augustinus*, De trinitate V, 9: „Dictum est tamen tres personae non ut illud diceretur sed ne taceretur.“
135 Vgl. *Thomas v. Aquin*, Summa theologie I q 29 a 1, 1.
136 Ebd. I q 29 a 3 corp, Übers. Edith Stein in EES, 304 f. Edith Stein diskutiert im weiteren Verlauf ausführlich die Unterschiede des augustinischen und thomasischen Verständnisses der Person, vor allem hinsichtlich des Begriffs der Hypostase.
137 Vgl. hierzu Kap. VII, § 2. *Person und Geist*, in: Ebd., 307–310.
138 Ebd., 307 f.
139 Ebd., 309.
140 Ebd., 307.
141 Ebd., 309.

das eigene Verhalten aus sich selbst heraus, in Freiheit, zu gestalten. Damit gelte, so Edith Stein, bei näherer Betrachtung,

> „daß Gott, der in vollkommener Freiheit sein Leben selbst gestaltet und der durch und durch Licht ist (dem nichts verborgen ist), im höchsten Sinne Person sein muß."[142]

Das menschliche Sein hingegen verbinde Geist und Stoff miteinander, hier sei exemplarisch „die ganze Schöpfung zusammengefaßt".[143] Aus diesem Grund sei es auch legitim, die Anthropologie in den Mittelpunkt der Untersuchung über das Verhältnis von Seiendem und reinem Sein, Schöpfung und Schöpfer, zu stellen.

Was also sind die unhintergehbaren Wesensmerkmale des Menschen?[144] Die erste Antwort Edith Steins lautet: „Das menschliche Sein ist leiblich-seelisch-geistiges Sein."[145] Dabei sei der menschliche Geist „von oben und von unten bedingt".[146] Eingesenkt in das Stoffgebilde des Leibes, das er beseele und forme, sei er zu erheblichen geistigen Leistungen befähigt, unterliege aber auch klaren Grenzen. Edith Stein spricht hier vom „doppelten Jenseits" der äußeren und der inneren Welt: „Über beide hinaus führen die Wege in das ‚höhere' Jenseits des göttlichen Seins."[147]

Damit stellt sich die Kernfrage nach dem Verhältnis von Leib und Seele, die schon in *Freiheit und Gnade* kurz angesprochen wurde. Den Leib versteht Edith Stein als beseelten, mit Leben erfüllten Körper, die Seele hingegen – ganz thomistisch – als Wesensform und Seinsmitte alles Lebendigen, also der Pflanzen, Tiere und Menschen.[148] Die Seele trage „die Macht zur Selbstgestaltung in sich",[149] ihre Erfüllung finde sie dort,

> „wo das Seiende nach innen aufgebrochen ist, wo ‚Leben' nicht mehr bloß Stoffgestaltung ist, sondern ein Sein in sich selbst, jede Seele eine in sich geschlossene, wenn auch nicht aus dem Zusammenhang mit dem Leib und mit der gesamten wirklichen Welt gelöste ‚innere Welt'."[150]

---

[142] Ebd.

[143] Ebd., 310.

[144] Vgl. hierzu Kap. VII, § 3. *Das menschliche Personsein*, in: Ebd., 310–323.

[145] Ebd., 310.

[146] Ebd.

[147] Beide Zitate ebd., 311.

[148] Lebens-, Empfindungs- und Vernunftseele: *anima vegetativa, anima sensitiva* und *anima rationalis*.

[149] EES, 315.

[150] Ebd.

Edith Stein geht hier auch auf die Umstände des seelischen Lebens von
Tieren ein. Auf diese Weise unterstreicht sie das Anliegen, von der An-
thropologie aus die gesamte Schöpfungsordnung in den Blick zu nehmen.
Für das Tier gelte:

> „Es herrscht hier Gleichgewicht zwischen Innerem und Äußerem [...]. Das
> Tier ist eine leiblich-seelische Gestalteinheit, seine Eigenart ist auf doppelte
> Weise ausgeprägt, in leiblichen und seelischen Eigenschaften, und bekundet
> sich in leiblichem und seelischem Verhalten. Es steht als dieses Ganze in sei-
> ner Umwelt und setzt sich als Ganzes in der ihm eigenen Weise damit aus-
> einander."[151]

Die Seele sei der „lebendige Mittelpunkt" des tierischen Lebens, „in dem
alles zusammenströmt und von dem alles ausgeht"; „das Spiel von ‚Ge-
reiztwerden' und Antworten" sei echtes Ichleben.[152] Jedoch:

> „[E]s ist kein bewußtes Erleben und kein freies Stellungnehmen: dieses Ich ist
> dem ‚Getriebe' seines Lebens ausgeliefert und hingegeben, es steht nicht per-
> sönlich aufgerichtet dahinter und darüber."[153]

Anders die menschliche Seele. Das innere Leben des Menschen ist bewusstes Sein und befähigt, in Freiheit auf äußere Impulse zu reagieren.
Die Freiheit konstituiere den Menschen als „geistige Person, Träger seines Lebens in dem ausgezeichneten Sinn des persönlichen ‚In-der-Hand-
habens'".[154] Zwar könne der Mensch nicht durchgängig von seiner Freiheit Gebrauch machen, doch sei festzuhalten:

> „Der geschaffene reine Geist ist nur dadurch in seiner Freiheit beschränkt,
> daß er sein Sein nicht aus sich hat, sondern empfängt und während der gan-
> zen Dauer seines Seins als immer neue Gabe empfängt. Alle geschöpfliche
> Freiheit ist bedingte Freiheit. Dennoch ist das Sein des reinen Geistes im vol-
> len Umfang persönliches Leben, freier Einsatz seiner selbst. Sein Erkennen,
> Lieben und Dienen [...], das alles ist Empfangen und Annehmen zugleich,
> freie Hingabe seiner selbst in dies geschenkte Leben hinein."[155]

Als Ursache und Ausgangspunkt der Freiheit identifiziert Edith Stein das
geistig-seelische Leben des Menschen:

> „Das geistige Leben ist das eigentlichste Gebiet der Freiheit: hier vermag das
> Ich wirklich aus sich heraus etwas zu erzeugen. Das, was wir ‚freie Akte' nen-
> nen [...] – all das sind ‚Taten' des Ich, mannigfach in ihrem Sinn und inneren

---

151 Ebd.
152 Alle Zitate ebd.
153 Ebd.
154 Ebd., 316.
155 Ebd.

Aufbau, aber alle darin einig, daß das Ich damit seinem Sein Inhalt und Richtung bestimmt und, indem es sich selbst in bestimmter Richtung einsetzt und an einen erwählten Erlebnisgehalt hingibt, in einem gewissen Sinn sein eigenes Leben ‚erzeugt‘."[156]

Damit besteht kein Zweifel, dass Edith Stein in *Endliches und ewiges Sein* ebenso wie schon in *Freiheit und Gnade* einen Schwerpunkt auf die Frage der Freiheit legt. Sie schränkt lediglich ein, dass der Mensch weder sein eigener Schöpfer sei noch über *unbedingte* Freiheit verfüge. Das Leben des Menschen höre „niemals auf, ‚dunkler Grund‘ zu sein."[157]

An dieser Stelle seien noch einmal abschließend die zentralen Begriffe Ich, Seele, Person und Geist bestimmt, wie Edith Stein sie *in Endliches und ewiges Sein* verwendet:

(1) Das *Ich* ist „das Seiende, dessen Sein Leben ist […] und das in diesem Sein seiner selbst inne ist". Das Ich „‚wohnt‘ im Leib und in der Seele",[158] doch vollzieht sich nicht alles leibliche Leben als Ichleben; viele Prozesse und Vorgänge – auch seelischer Art – bewegen sich außerhalb des bewussten Ich.

(2) Die *Seele* markiert eine Tiefendimension des Ich, die keines reflektierten, bewussten Wahrnehmens bedarf. „Alles, was ich erlebe, kommt aus meiner Seele, ist Begegnung der Seele mit etwas, was ihr ‚Eindruck‘ macht."[159] Die Seele ist ein ursprüngliches Bewusstsein des Menschen, das erst dann Bestandteil der Selbstwahrnehmung wird, „wenn das Ich aus dem ursprünglichen Erleben herausgeht und es zum Gegenstand macht."[160]

(3) Als *Person* bezeichnet Edith Stein das bewusste und freie Ich. „‚Frei‘ ist es, weil es […] aus sich heraus – in der Form ‚freier Akte‘ – sein Leben bestimmt."[161] Eine Person hat mittels ihrer Fähigkeit zu freien Akten Einfluss auf ihren eigenen Leib und ihre Seele, aber auch auf die Welt, die sie umgibt.

Damit wird der Zusammenhang von Ich, Seele und Person deutlich: Das Ich ist für Edith Stein der geistige Ort, von dem aus das freie Tun in Angriff genommen wird, das seine Wurzeln aber im Grund der Seele hat. Es ist „gleichsam die Durchbruchstelle aus der dunklen Tiefe [*der Seele*]

---

[156] Ebd., 317.
[157] Ebd.
[158] Beide Zitate ebd., 318.
[159] Ebd., 319.
[160] Ebd., 319 f.
[161] Ebd., 320.

zur Helligkeit des bewußten Lebens."[162] Die Person hingegen ist das Leib
und Seele verbindende freie und bewusste Ich.

(4) Die Seele ist ein *geistiges* Geschöpf, also weder raumfüllend noch
sinnenfällig, aber sehr wohl „naturhaft stoffgebunden".[163] Die thomasische Formel der *anima forma corporis* bringt das zum Ausdruck. Die
Stoff- und Leibgebundenheit von Geist und Seele sind der Grund, warum
der Mensch nicht in der Lage ist, mittels geistiger Entscheidungen sein
„ganzes ‚Selbst' [...] zu durchformen, zu erleuchten und zu beherr-
schen".[164] Dennoch ist geistiges Sein „freibewußtes persönliches Leben".
Im allgemeinen Sprachgebrauch ist unabhängig davon gelegentlich im
Blick auf unpersönliche Dinge die Rede von *Geist,* etwa bei einem geist-
vollen Buch, Gedicht oder einer Melodie. Dies alles seien, so Edith Stein,
„Sinngebilde besonderer Art", die erst in einer Seele Leben gewinnen.[165]
So wird vollends deutlich, was Geist bedeutet: „*Geist ist Sinn und
Leben – in voller Wirklichkeit: sinnerfülltes Leben.*"[166]

3.2.2.2. Freiheit und Gemeinschaft: Die Lehre von den Engeln

Eine – zudem ausführliche – Diskussion der *Lehre über die Engel* ist
nicht gerade das, was man von einem Werk erwartet, das einen Beitrag
zur Öffnung des christlichen Denkens hin zur zeitgenössischen Philosophie leisten möchte.[167] Edith Stein ist sich dessen bewusst. Schon in ihrer
Vorbemerkung zur ersten der thomasischen *Quaestiones disputatae de
veritate* hatte sie angedeutet, dass die Engellehre zu jenem Teilbereich
des scholastischen Denkens gehöre, der der modernen Philosophie völlig
fremd sei und für die Beantwortung der wirklich wichtigen Fragen be-
langlos zu sein scheine.[168] Wenn sie sich in ihrem Hauptwerk nun *selbst*
der Angelologie zuwendet, sieht sie sich genötigt, vorab klarzustellen,
dass die Frage nach der Existenz oder Nichtexistenz *geschaffener reiner
Geister* tatsächlich außerhalb des Gesichtsfelds der Philosophie liege,
und dass es ihr

---

[162] Ebd.
[163] Ebd.
[164] Ebd., 321.
[165] Beide Zitate ebd., 322.
[166] Ebd., 323.
[167] Vgl. Kap. VII, § 5. *Die geschaffenen reinen Geister,* in: Ebd., 323–352.
[168] De veritate I, 3. Vgl. Anm. 421.

„gar nicht um die Frage geht, ob es wirklich Engel gibt, sondern darum, was reine Geister wesenhaft sind und wie ihr Sein sich zum göttlichen verhält. Eine solche Untersuchung ist als reine Möglichkeitsbetrachtung durchzuführen."[169]

Damit nimmt Edith Stein hier die klassische phänomenologische Position ein und greift ein Thema der scholastischen Philosophie – in diesem Fall die Lehre der Engel – als bloßes Möglichkeitsproblem auf, um so einen besseren Zugriff auf „die Variationsbreite der Erkenntnis als solcher"[170] zu gewinnen. Nach thomistischer Auffassung müsste hingegen auch in der Frage der Engel die Daseinsthesis vorausgesetzt und entsprechende Überlegungen als Wirklichkeitsaussagen aufgefasst werden.[171] Thomas war überzeugt, dass die Geistwesen den „Stufenbau der geschaffenen Dinge" vervollständigten und ihre Existenz daher notwendig sei.[172] Zudem interpretiert Edith Stein ihn recht forsch, wenn sie andeutet, er rechne die Engel zu jenem „Teil der Schöpfung, in dem wir das reinste Abbild Gottes vor uns haben."[173] In schöpfungstheologischer Hinsicht wirft diese Bemerkung einige Fragen auf. Unabhängig davon bleibt zu klären, welcher Erkenntnismehrwert zu erwarten ist, wenn Edith Stein sich – im Stile eines Gedankenexperiments – der Engelwelt zuwendet. Sie selbst jedenfalls setzt darauf, mittels der Angelologie tiefere Einsicht in einen „Bezirk des geistigen Seins"[174] zu erhalten, der substanzielle Beiträge zur Wesenserkenntnis des Geistes liefert.

Zunächst gilt es zu definieren, auf welcher inhaltlichen Grundlage die Diskussion erfolgen kann. Edith Stein verweist hierfür auf Dionysius

---

[169] EES, 325.

[170] HTh, 132 f.

[171] Vgl. ebd. Hervorzuheben ist, dass Edtih Stein in ihrem Beitrag in der Husserlfestschrift des Jahres 1929 die „Erkenntnis der Engel" (ebd., 132) ausdrücklich als Beispiel zur Unterscheidung von thomistischer Ontologie und phänomenologischer Eidetik ins Feld führt.

[172] EES, 324. Vgl. hierzu *Thomas v. Aquin, Summa contra gentiles* II 91: „Omnes autem naturae possibiles in rerum ordine inveniuntur: aliter enim esset universum imperfectum." – „Alle Naturen aber, die es geben kann, gibt es in der Ordnung der Dinge: sonst wäre nämlich das All unvollkommen." Schon vorher heißt es: „Sunt [...] aliquae substantiae intellectuales corporibus non unitae." – „Es gibt [...] geistige Substanzen, die nicht mit Körpern vereinigt sind." Lat.-dt. Ausgabe, Bd. 2, hg. v. *K. Albert* u. *P. Engelhardt* (Stuttgart 2001) 466 f.

[173] EES, 324. Aus der Belegstelle, die Edith Stein hier angibt (*Thomas v. Aquin, Summa theologiae* I q 50 a 1; vgl. EES, 324, Anm. 39), lässt sich dies nicht unmittelbar ableiten; eher schon aus dem Kommentar der Herausgeber in *Thomas v. Aquin, Summa theologiae*, Bd. 4, 560 f.

[174] EES, 327.

Areopagita, vor allem dessen Schriften *Über die himmlische Hierarchie* und *Über die kirchliche Hierarchie*.[175] Der Areopagit verfolgt in diesen Arbeiten theologische, genauer: exegetische, Absichten, indem er die „Fülle der Schriftworte, die von den Engeln handeln",[176] mit dem begrifflichen Instrumentarium der griechischen Philosophie ausdeutet.[177] Dabei gelangt er zu der Überzeugung, dass Engel die „Gott am nächsten stehenden Geschöpfe"[178] seien und eine hierarchische Stufenordnung bildeten. Ziel dieser Ordnung sei „die möglichste Angleichung und Vereinigung mit Gott".[179] Edith Stein kommentiert dies mit dem bezeichnenden Hinweis, Dionysius assoziiere keine statische Hierarchie, wie man sie aus der „Stufenordnung der kirchlichen Stände" kenne, sondern eine „vorwiegend *dynamische*" Bewegung, die Himmel und Erde miteinander verbinde.[180]

Als erster Schlüssel zum Wesen der Engel bieten sich demnach deren biblische Namen an: Seraphim und Cherubim, Throne und Herrschaften, Kräfte, Mächte und Fürstentümer. Edith Stein diskutiert diese Bezeichnungen jeweils kurz und formuliert auf dieser Grundlage eine erste Zusammenfassung der areopagitischen Lehre:

> „Die Engel sind *reine* Geister, ihre Geistigkeit ist eine *höhere* als die menschliche, sie sind *persönlich freie, dienende* Geister und stehen miteinander und mit allen anderen geistig-persönlichen Wesen in Gemeinschaft, in einem *Reich schenkender und empfangender Liebe*, dessen Anfang und Ende die dreifaltige Gottheit ist."[181]

Im Gegensatz zum Geistesleben der Engel sei dasjenige des Menschen wegen dessen Leiblichkeit ein gebundenes. Dabei präzisiert Edith Stein, die leibseelische Konstitution sei nicht *per se* pejorativ und der Leib

---

[175] Vgl. hierzu die ausführliche Anmerkung 42 in ebd., 326. Siehe auch *Dionysius Areopagita*, Himmlische Hierarchie, und *ders.*, Kirchliche Hierarchie, in: WGE, 160–244.

[176] EES, 325.

[177] Zu Edith Steins Dionysius-Rezeption in *Endliches und ewiges Sein* vgl. *V. Ranff*, Pseudo-Dionysius Areopagita im Werk Edith Steins, 28–32. Ranff arbeitet heraus, dass die Dionysius-spezifischen Zitate und Reflexionen Edith Steins als „Lesefrüchte" zu werten sind, „die aus der Theologie- oder Dogmengeschichte in die philosophische Ontologie übernommen werden im Sinne des Erweiterns der Erkenntnisse aus Quellen, welche die natürlichen Erkenntnismöglichkeiten der Philosophie übersteigen, um das Ganze des Seienden in den Blick zu bekommen." Ebd., 32.

[178] EES, 327.

[179] Ebd., 328.

[180] Vgl. ebd., Anm. 46.

[181] Ebd., 332.

„nur im ‚gefallenen' Zustand"[182] ein Hemmnis des Geistes; die Über-
legenheit der reinen Geister habe ihren Grund nicht in der „Leiblosigkeit
als solcher, sondern der Freiheit von einer Leiblichkeit, wie sie die unsere
tatsächlich ist."[183] So vollziehe sich die menschliche Erkenntnis immer
nur schrittweise; geisterfüllte Anschauung sei zwar möglich, bleibe aber
bruchstückhaft. Geistige Wesen hingegen seien „der Mühe des Weges
enthoben" und ruhten von Anbeginn an dort, „wo für uns das Ziel ist:
im Anschauen der Fülle des Seienden."[184] Auch vergegenwärtigten die
reinen Geister eine *Einheit des Lebens,* die der Mensch nicht kenne, da
in seinem Leben Erkennen, Fühlen, Wollen und Handeln bisweilen in
Konkurrenz zueinander stehen. Die Einheit der „immer lebendig-wirk-
samen"[185] Kraft der Engel stehe daher für eine besondere Einheitlichkeit
des Lebens: „die untrennbare Einheit von Erkenntnis, Liebe, Dienst."[186]

Eine weitere Frage, die der näheren Bestimmung des Wesens der Engel dient, wirkt zunächst spekulativ: Besteht bei reinen Geistern „noch
der Unterschied von Wirklichkeit und Möglichkeit"?[187] Letztlich geht es
hier darum, ob die Dynamik von Natur, Freiheit und Gnade, die für das
Menschsein so wichtig ist, auch für Engel Geltung hat. Dabei folgt Edith
Stein der Auffassung des Aquinaten, dass die genannte Dynamik auch bei
Engeln existiere, obwohl die reinen Geister grundsätzlich keiner Entwicklung mehr bedürften: „Es gibt […] bei den freien Geschöpfen, bei
Engeln und Menschen, auch ein Ja oder Nein zur eigenen Natur, das
gleichbedeutend ist mit einem Ja oder Nein zum Schöpfer."[188] Demnach
wird die Einheit von Erkenntnis, Liebe und Dienst im Wesen der Engel
durch die Freiheit ergänzt. Auch das Böse sei daher möglich.[189] Die Vollendung der *Erkenntnis* hingegen wäre ein inneres „Jasagen zu Gott, zu
allem Geschaffenen, damit auch zum eigenen Sein. Dieser Einklang ist
Liebe, Freude und Dienstbereitschaft."[190]

Bei genauer Betrachtung entspricht den rein geistigen Wesen daher
sogar „eine ungehemmtere Freiheit und ein uneingeschränkteres Per-

---

[182] Ebd., 333.
[183] Ebd., 334.
[184] Beide Zitate ebd., 335.
[185] Ebd., 337.
[186] Ebd., 338.
[187] Ebd.
[188] Ebd., 339.
[189] Vgl. ebd., 343.
[190] Ebd., 341.

sonsein"[191] als dem in seiner körperlichen Existenz gebundenen Menschen:

> „[I]hr gesamtes Sein ist ihnen in die Hand gegeben, um frei darüber zu verfügen und es restlos einzusetzen in dem Leben, für das sie geschaffen sind. Es gibt hier kein ‚naturhaftes Geschehen' nach starrer Gesetzlichkeit wie in der Körperwelt, ohne Spielraum für freie Tat. Das ganze Leben ist freie Tat [...]. So gibt es für sie nur ein ‚für oder wider Gott', kein Abgleiten in eine nicht eigentlich gewollte Gottferne."[192]

Damit lichten sich die Nebel um die bisher nur andeutungsweise beantwortete Frage, warum Edith Stein die Angelologie des Areopagiten rezipiert. Es geht ihr um die *Freiheit* der Engel, die weder von sozialen oder ökonomischen noch von kulturellen Vorbedingungen begrenzt wird. Edith Stein präsentiert dieses Ideal als vorbildhaft. Im Letzten – so darf dieser Exkurs interpretiert werden – ist es der Verantwortung des Einzelnen übertragen, welche Entscheidungen er trifft, ob Konventionen und gesellschaftliche Standards unhinterfragt akzeptiert oder eigenverantwortlich geprüft werden. Diese aus dem Glauben heraus begründete Freiheitslehre, die die Zwänge des kontingenten Seins keineswegs naiv leugnet, hat vor dem Hintergrund der verbreiteten Glaubensferne und politischen Lage im Deutschland der neunzehnhundertdreißiger Jahre einen besonderen Klang.

Neben der Freiheit hebt Edith Stein ein weiteres Wesensattribut der rein geistigen Naturen hervor: Das „ideale Urbild" aller menschlichen „Gemeinschaft und Gesellschaftsordnung",[193] das Dionysius in seiner Darstellung des *Gottesstaates,* des Reichs der Engel, zeichnet. Dabei geht Edith Stein von neuem auf die Konstitution der Kirche ein, die Dionysius in enger Anlehnung an das Bild der himmlischen Hierarchie interpretiert. Die irdische Kirche, so Edith Stein, sei als rechtlich verfasstes Gebilde „in der Freiheit der Personen begründet, die ihr angehören".[194] Allerdings repräsentiere der juridisch-hierarchische Aufbau der Kirche – mit Papst, Bischöfen, Priestern und, von Edith Stein ausdrücklich in Anführungszeichen gesetzt, „Laien" – nicht deren „eigentlichen Wesenskern". Zwar habe man die Kirche „lange Jahre hindurch vorwiegend von dieser Seite her gesehen",[195] doch erweise sich das paulinische Bild

---

[191] Ebd., 345.
[192] Ebd.
[193] Beide Zitate ebd., 348.
[194] Ebd., 349.
[195] Beide Zitate ebd.

Christi als des Hauptes und der Kirche als Leib bei weitem als angemessener. Die Kirche sei keine „willkürlich, künstlich, von außen her gestaltete ‚Einrichtung' [...], sondern ein lebendiges Ganzes."[196] Das Ideal der himmlischen Hierarchie beschreibe die Engel als Wesen, die das Leben in sich aufnähmen, zu Gott hin und füreinander offen seien und einander das mitteilten, was sie von Gott empfangen. Hier gebe es

> „keine falsche Selbstbehauptung, kein Zurückhalten mit der empfangenen Gnadenfülle um der eigenen *Geltung* willen [...]. Die höheren teilen sich neidlos mit [...]. Das Reich der himmlischen Geister ist ein vollendetes, jedes Glied steht darin am rechten Platz und verlangt nach keinem anderen, jedes ist mit seinem ganzen Wesen geborgen, ungehemmt entfaltet und fruchtbar, gespeist aus dem Urquell der Liebe [...]."[197]

Edith Stein beschreibt hier ein Ideal, das das Sein der Menschheit und besonders der Kirche prägen und leiten könnte. Die Weitergabe dessen, was der Mensch empfange und was sein Leben ausmache, sei allerdings der Entscheidungsfreiheit des Einzelnen anheimgestellt. Wo dies gelinge, werde echtes geistiges Leben realisiert: „Miteinanderleben geistiger Personen, geistiges Wachstum und geistige Formung der einzelnen, Bildung geistiger Gemeinschaft."[198] Kritischer sieht sie hingegen das von Dionysius gezeichnete Verständnis der *Vermittlung* von Gnade durch die (himmlische) Hierarchie:

> „Müssen wirklich die niederen Geister alles Gnadenleben von den höheren empfangen und die Menschen von den Engeln? Gibt es keinen unmittelbaren Zugang zu Gott?"[199]

---

[196] Ebd.

[197] Ebd., 351.

[198] Ebd.

[199] Ebd. Die hier angedeutete Sehnsucht nach einem unmittelbaren Zugang zu Gott erinnert an die Diskussion im Spanien des 16. Jahrhunderts, an der sich Teresa von Ávila maßgeblich beteiligt hatte. Damals gab es eine breite Hinwendung vor allem des so genannten *Recogimiento* und des (strengeren) *Dejamiento* zum inneren, freien Gebet, in dem sich der Gläubige unmittelbar dem Willen und der Liebe Gottes anvertraut. Das (gemeinschaftlich) gesprochene Gebet, Frömmigkeitsübungen und Werke der Barmherzigkeit wurden dabei teilweise eher hintangestellt. Vgl. *M. Delgado*, „Teresa bin ich getauft". Zum 500. Geburtstag der Mystikerin und Kirchenlehrerin Teresa von Ávila (1515–1582), in: Stimmen der Zeit 3/140 (2015) 147–160. Vgl. auch *ders.*, „Richte deine Augen allein auf ihn". Mystik und Kirchenkritik bei Teresa von Ávila und Johannes vom Kreuz, in: *Ders.* u. *G. Fuchs* (Hg.), Die Kirchenkritik der Mystiker, Bd. 2, Frühe Neuzeit (Stuttgart 2005) 183–206. Delgado weist hier insbesondere auf die Kritik der geistlichen Reformer an bestimmten kirchlichen Verhältnissen hin.

3.2.2.3. Gegensatz und Abbild: Zum Verhältnis von Schöpfer und Schöpfung

Es wirkt paradox, dass Schöpfer und Schöpfung einerseits in größtmöglicher Weise verschieden sind – hier unendliche Fülle und reine Form, dort begrenzte Fülle und geformtes Seiendes –, und andererseits in jedem „selbständigen Wirklichen – der πρώτη οὐσία – ein Bild des Vaters als des ersten, unbedingten Anfangs"[200] vermutet wird. Allerdings begründet gerade diese scheinbare Widersprüchlichkeit das Analogieverhältnis Gottes und des geschaffenen Kosmos, einer Relationalität, bei der alle positiven Zuschreibungen unter dem Vorbehalt der größeren Unähnlichkeit stehen. Edith Stein hat dies bisher eher grundsätzlich diskutiert. Nun stellt sie die Frage, was es *bedeutet*, wenn die Schöpfung den Sinn und die Fülle Gottes abbildhaft spiegelt.[201] Dabei gilt es in einem ersten Schritt, „das Unfaßbare faßbar zu machen"[202] und bestimmte Wesenseigenschaften Gottes zu unterscheiden. Edith Stein unternimmt diesen Versuch, indem sie feststellt: „Das *eine* Wesen, das allen göttlichen Personen eigen ist, ist Leben und Liebe, Weisheit und Macht."[203] Von da aus deduziert sie:

> „[D]ie Liebe aber [*ist*] freie Selbsthingabe des Ich an ein Du und Einssein beider im Wir. […] Weil aber die Liebe das Freieste ist, was es gibt, Sichselbstverschenken als Tat eines Sichselbstbesitzenden, d. h. einer *Person* […], darum muß die göttliche Liebe selbst Person sein: die *Person der Liebe*."[204]

Gleichzeitig kommt die Schöpfung als Ganzes in den Blick. Das Bild Gottes sei nicht nur in der belebten Natur, sondern auch in den „leblosen Körperdingen"[205] zu finden. Die Raumfülle des materiellen Seins lasse sich als Anklang an die Fülle Gottes, die stoffliche Formung als „‚Heraussetzung' der Ideenwelt aus dem göttlichen Geist" und als „Sichabbilden des Geistes im räumlichen ‚Gebilde'"[206] verstehen. Selbst die Grundbegriffe des lebendigen Seins – Seele, Leib und Geist – sieht Edith Stein in der unbelebten Materie verwirklicht. Demnach wäre „seelisches Sein die fließende Bewegtheit, die zur Gestaltung drängt, leibliches Sein der Besitz

---

200 EES, 355. Vgl. Kap. VII, § 6. *Sinn und Fülle, Form und Stoff. Gegensatz und Abbildverhältnis zwischen Schöpfer und Schöpfung*, in: Ebd., 352–355.
201 Vgl. ebd., 353. Vgl. auch Kap. 7, §§ 6–11, in: Ebd., 352–394.
202 Ebd., 354.
203 Ebd.
204 Ebd., 355.
205 Vgl. ebd., 356. Siehe auch Kap. VII, § 7. *Das Abbild der Dreifaltigkeit in den leblosen Körperdingen*, in: Ebd., 356–358.
206 Beide Zitate ebd., 356.

des ausgestalteten Wesens, geistiges Sein das freie Herausgehen aus sich selbst, das Sichaussprechen oder –ausatmen des Wesens.“[207]

Im eigentlichen Sinn jedoch ist es die Seele, die auf das *lebendige* Sein verweist, da sie das „*Leben* als *Eigen*bewegung“ repräsentiert und so unmittelbar Abbild Gottes ist. Selbst ein *unpersönliches* Lebewesen sei ein „in sich selbst Anfangendes“ und verweise auf den Vater. In seiner Existenz als in sich geschlossene Sinneinheit bilde es zugleich den Logos (Christus) nach, und mit seiner „Kraft zur Entfaltung des eigenen Wesens und zur Zeugung neuer Gebilde“ stehe es für den Heiligen Geist.[208] Allerdings unterscheidet Edith Stein deutlich zwischen dem Sein von Pflanzen und Tieren:

> „Bei den Pflanzen ist die Formung noch reine Stoffgestaltung. Sie sind noch nicht ‚zu sich selbst‘ und damit zu innerer Gestaltung gekommen. In der *Tierseele* ist dieser Durchbruch erfolgt. Sie leistet noch, wie die niederen Formen, die räumliche Stoffgestaltung, aber darüber hinaus ist ihr *Leben innere Bewegung* und *Formung einer seelischen Gestalt*.“[209]

Eindrucksvoll beschreibt Edith Stein das Fühlen, Spüren und Erleben der Tiere einschließlich spezifischer emotionaler Ausdrucksformen wie Furcht oder Zorn. Doch seien diese „Stellungnahmen dem Begegnenden gegenüber“ immer nur „‚Antworten‘ auf die erlittenen Eindrücke“. Das seelische Leben sei ein „leibgebundenes und bedingtes. Es widerfährt der Seele nichts, was ihr nicht durch den Leib widerführe und Leib und Seele gemeinsam beträfe.“ Demnach sind Tiere leibseelisch konstituiert, ihr Leben aber ist gleichwohl „unfrei, nicht persönliche Tat des freien Geistes.“[210]

Der Mensch hingegen sei zu Eigeninitiative und Gestaltungsmacht fähig, seine Seele „nicht nur Gebilde des Geistes, sondern *bildender Geist*.“[211] Zur geistig-stofflichen Natur des Menschen gehöre nicht nur die persönliche Formung im Sinn der Gewöhnung oder Einübung bestimmter Verhaltensweisen, sondern vor allem die Selbstgestaltung der Seele und die Herausbildung eines *erwachten* Ich, das dem eigenen Tun

---

[207] Ebd., 357.

[208] Beide Zitate ebd., 358. Vgl. auch Kap. VII, § 8. *Das Abbild der Dreifaltigkeit in den unpersönlichen Lebewesen*, in: Ebd., 358–360.

[209] Ebd., 358.

[210] Alle Zitate ebd., 359 f. Edith Stein betont „die Doppelnatur des Leibes, der zugleich ein Körper in der Körperwelt und ein von der Seele geformtes lebendiges Gebilde ist, und die Doppelnatur der Seele, deren Leben zugleich innere Bewegung und äußere Stoffgestaltung ist: so ergibt sich die Umformung von seelischer zu leiblicher und von leiblicher zu körperlicher Bewegung.“ Ebd.

[211] Ebd., 360. Vgl. Kap. VII, § 9. *Das Gottesbild im Menschen*, in: Ebd., 360–391.

die Richtung zu geben vermag. Dieser Prozess erfolge auf der Grundlage von Freiheit und der Fähigkeit zu tieferer Einsicht:[212] „Die Seele muß in einem doppelten Sinn ‚zu sich selbst kommen': sich selbst *erkennen* und *werden,* was sie sein soll. An beidem hat ihre Freiheit Anteil."[213]

Mittels eines Stufenmodells verdeutlicht Edith Stein ihr Verständnis dieses Prozesses der vertieften Erfahrung des je eigenen Menschseins. Als „die ursprünglichste Form der Selbsterkenntnis" bezeichnet sie das „Bewußtsein, von dem das Leben des Ich begleitet ist." Auf der nächsthöheren Ebene verortet sie jene „Erkenntnis*tätigkeit, die als* Tätigkeit frei ist". Das Subjekt reagiere hier nicht mehr nur auf Eindrücke und Anforderungen, sondern reflektiere das „Gegenüber von Erkenntnis und Erkanntem"[214] und nutze die Gabe seines Geistes, um die eigene Aufmerksamkeit bewusst in eine bestimmte Richtung zu lenken, etwa „den Blick auf die zuvor verborgene Tiefe der Seele"[215] zu richten, deren Wesen wahrzunehmen und zu gestalten. Diese freie Hinwendung hält Edith Stein für entscheidend:

> „Das Ichleben ist [...] Auseinandersetzung der Seele mit etwas, was nicht sie selbst ist: mit der geschaffenen Welt und zuletzt mit Gott; es ist Empfangen von Eindrücken, innere Verarbeitung und Antwort darauf [...]."[216]

Dies erfolge in *gedächtnismäßiger* Weise, worunter Edith Stein nicht nur unmittelbar präsente Erinnerungen versteht: „Was aus dem Bewußtsein entschwindet, geht der Seele nicht verloren; sie bewahrt es und holt es gelegentlich wieder ‚ans Tageslicht' [...]."[217] Gerade in der Tiefe der Seele vollziehe sich das eigentliche Verstehen und Sein des Menschen.

Für den Weg der Selbsterkenntnis folge daraus die Notwendigkeit, den Blick des Ich nach innen zu lenken und von dort her zu leben.[218] Zwar gebe es Menschen, die kaum je zur Tiefe ihres Seins vordrängen, denen es an „einem – wenigstens dunkel ahnenden – Wissen um den Sinn ihres Seins

---

[212] Vgl. ebd., 361.

[213] Ebd., 362.

[214] Alle Zitate ebd., 363.

[215] Ebd., 364. Auch in diesem Kontext sind die Beispiele Edith Steins ihrer eigenen Erfahrung entlehnt. So thematisiert sie hier die Bildung und Artikulation vorschneller Urteile.

[216] Ebd., 366.

[217] Ebd., 368.

[218] Diese geistliche Innenwendung erinnert, und zwar nicht zufällig, an die berühmte Formel des Augustinus: „Noli foras ire, in te ipsum redi. In interiore homine habitat veritas." *Aurelius Augustinus,* De vera religione XXXIX, 72 (Turnhout 2014) = CPL 264.

und um die Kraft, von sich aus auf das Ziel hinzuarbeiten, sowie um die Verpflichtung dazu"[219] mangele, doch verspüre der, dem es gelinge, den Weg nach innen zu gehen, „etwas vom Sinn seines Seins".[220]

Was aber meint die Rede vom *Inneren*? Edith Stein geht es hier *gerade nicht* um eine weltabgewandte, von der *ratio* entkoppelte Geisteshaltung:

> „Das bewußte Leben der Seele [...] ist natürlich erst möglich, wenn sie zur Vernunft erwacht ist. [...] Überdies ist ihr natürliches Leben auf Auseinandersetzung mit der Welt und Betätigung in ihr angelegt. Darum ist ihre natürliche Lebensrichtung das Hinausgehen aus sich selbst und nicht die Einkehr ins Innere und das Verweilen ‚bei sich'."[221]

Führt also der Weg ins Innere auf die Spur des *bewussten Lebens* der Seele? Geht es um die Wahrnehmung von Eindrücken und Erinnerungen, die Reflexion des Hineingestelltseins in eine spezifische Umwelt? Das würde zu kurz greifen; der Weg ins *eigentliche* Innere, so Edith Stein, führt über den „Niederschlag des ursprünglichen seelischen Lebens" und die „Krusten" hinaus, die sich im Lauf des Lebens um das Innere der Seele herumlegen. Der Mensch müsse sich von aller Sinnlichkeit und Leiblichkeit lösen und einen Zustand anstreben, der im wahrsten Sinn des Wortes *ekstatisch* sei. Es gehe um jene höchst seltenen Augenblicke, in denen „die Sinne ohne Empfänglichkeit für äußere Eindrücke, der Leib wie tot, der Geist aber im Schauen zur höchsten Lebendigkeit, zur Fülle des Seins gelangt. [...] Hier ist der wahre Mittelpunkt des leiblich-seelisch-geistigen Seins."[222] Nur dieser mystische Weg, so Edith Stein, ermögliche echte Selbsterkenntnis und einen tiefen geistig-geistlichen Hinzugewinn:

> „Das ist es [...], was die Kenner des ‚inneren Lebens' zu allen Zeiten erfahren haben: sie wurden in ihr Innerstes hineingezogen durch etwas, was stärker zog als die ganze äußere Welt; sie erfuhren dort den Einbruch eines neuen, mächtigen, höheren Lebens, des übernatürlichen, göttlichen. [...] Die mystische Begnadung gibt als Erfahrung, was der Glaube lehrt: die Einwohnung Gottes in der Seele. Wer [...] Gott sucht, der wird sich in freiem Bemühen eben dahin aufmachen, wohin der mystisch Begnadete gezogen wird: sich aus den Sinnen und den ‚Bildern' des Gedächtnisses [...] zurückziehen in die leere Einsamkeit seines Inneren, um dort zu verweilen im dunklen Glauben – in einem schlichten liebenden Aufblick des Geistes zu dem verborgenen Gott, der verhüllt gegenwärtig ist."[223]

---

[219] EES, 371.
[220] Ebd., 369.
[221] Ebd., 372.
[222] Ebd., 371.
[223] Ebd., 373 f. Edith Stein fügt hier ein Zitat aus Augustins Traktat zum Johannes-

Damit bringt Edith Stein einen Kerngedanken ihres Verständnisses von Spiritualität auf den Punkt: Das Ziel der Suche des Menschen nach dem Sinn ist letztlich nur auf dem Weg der mystischen Versenkung in die Tiefe der Seele zu erreichen. Der Weg ins Innere der eigenen Person weist über das eigene Sein hinaus auf den verborgenen Gott. Die äußere Welt, der andere Mensch, auch die eigene Vernunft, Talente und Fähigkeiten werden dabei nicht geringgeachtet. Sie markieren die natürliche Richtung des Lebens und sind die Voraussetzung für den Beginn des geistlichen Weges. Zugleich wird die Seele erst durch die Gottesbegegnung wirklich hin zu einem bewussten Leben befreit, das es ihr möglich macht, von neuem und in echter Freiheit aus sich selbst hinauszugehen.[224]

Damit öffnet sich der Blick auf die besondere Relation von Mensch und Gott, die schon die biblische Genesis eindrücklich ins Wort bringt: „Gott schuf also den Menschen als sein Abbild; als Abbild Gottes schuf er ihn." (Gen 1,27) Bei dem nicht-lebendigen und unpersönlich-lebendigen Seienden hatte Edith Stein die Ähnlichkeit mit Gott vor allem in der *Form* gesehen und diese als Abbild des Geistes in Raum und Zeit gedeutet. Nun ließe sich unter der Maßgabe des thomasischen *anima forma corporis* wiederum auf diese Weise begründen, dass auch der Mensch, und zwar als Ganzer, Abbild Gottes ist. Edith Stein wendet sich hier jedoch der Argumentation des Augustinus in *De Trinitate* zu. Demnach ist das Wesen des Menschen gleich in mehrfacher Hinsicht ein Abbild des dreieinen Gottes:

Evangelium in der Übersetzung Erich Przywaras ein: „…Suchst du wohl einen hohen Ort, einen heiligen Ort, so biete dich innen als Tempel Gottes. ‚Denn der Tempel Gottes ist heilig, und der seid ihr'. [*1 Kor 3,17*] Im Tempel willst du beten? In dir bete. Aber zuvor sollst du Tempel Gottes sein, weil er in seinem Tempel hört auf den Beter." Ebd., 373. Vgl. *Aurelius Augustinus,* In Iohannis evangelium tractatus XV, 25 (Turnhout 2014) = CPL 278: „Et si forte quaeris aliquem locum altum, aliquem locum sanctum, intus exhibe te templum deo. Templum enim dei sanctum est, quod estis vos. In templo vis orare? In te ora. Sed prius esto templum dei, quia ille in templo suo exaudiet orantem." Übers. *E. Przywara,* Augustinus. Die Gestalt als Gefüge (Leipzig 1934) 135.
[224] Dass dieser geistliche Weg die äußere Welt mit einschließt, wird auch deutlich, wenn Edith Stein die innere Erfahrung des Subjekts als Zugang „zum Einwohnen Gottes in der Seele" beschreibt: Der Mensch erlebe das eigene Können und Sollen sowie das „Verhältnis der Freiheit des Ich zu der ihm zu Gebote stehenden Kraft" (EES, 374). Er mache die Erfahrung, eine außerhalb seiner selbst liegende, von Gott her stammende Kraftquelle in Anspruch nehmen zu können. Daher sei auch der Weg der persönlichen Hingabe, so er in Freiheit und Liebe gegangen werde, ein Weg zu Gott. „Denn indem er mit innerster Hingabe tut, was Gott von ihm verlangt, wird das göttliche Leben *sein* inneres Leben: er findet Gott in sich, wenn er bei sich einkehrt." Ebd., 376.

(1) Zunächst geht Augustinus von der einfachen Aussage *Gott ist die Liebe* aus, und deutet sie trinitarisch:[225] „Denn zur Liebe gehört ein Liebender und ein Geliebtes, schließlich die Liebe selbst".[226] Gleichzeitig erweise sich diese Dreiheit, so Edith Stein, als Drei-Einheit. Wenn der geschaffene Geist sich selbst liebe, seien Liebender und Geliebtes eins, und insofern die Liebe dem Geist und Willen angehörig ist, sei auch sie eins mit dem Liebenden. Der geschaffene, sich selbst liebende Geist sei also ein Abbild des dreifaltigen Gottes.

(2) Daraus ergibt sich die Überlegung, dass auch *Geist, Liebe und (Selbst-)Erkenntnis* zugleich *drei* und *eins* seien.[227] „Sie sind eins, weil Erkenntnis und Liebe im Geist sind, drei, weil Liebe und Erkenntnis in sich verschieden und aufeinander bezogen sind."[228] So sei auch der menschliche Geist, der sich selbst erkenne und liebe, ein Abbild der Dreieinigkeit.

(3) Die dritte Variation, *Gedächtnis, Verstand und Wille,* ist für Augustinus besonders relevant, und auch Edith Stein diskutiert sie ausführlich.[229] Demnach sei es nicht möglich, die eigene Liebe auf etwas völlig Unbekanntes zu richten; auch der Geist, der sich selbst liebe, verfüge schon immer über eine gewisse Erkenntnis seiner selbst:

> „Er weiß, daß er *ist, lebt* und *erkennt* und daß das Erkennen sein eigentümliches Sein und Leben ist. Es sind darin Gedächtnis-, Verstandes- und Willensleistung vereint, sie sind drei und eins zugleich und dadurch ein Abbild der Dreieinigkeit."[230]

Hier zeigt sich, dass Edith Stein den Ansatz Augustins nicht nur wegen dessen Analysen des trinitarischen Musters im Menschsein schätzt. Die eigentliche Triebfeder seines Denkens sei die Liebe: „Er versenkt sich denkend in sie, weil er überzeugt ist, daß sie für uns der Weg zur Erkenntnis der Trinität sei."[231] Inhaltlich sei es Augustinus gelungen zu belegen,

---

[225] Vgl. *Aurelius Augustinus,* De trinitate VIII, 10 und IX, 2.

[226] EES, 377. Vgl. *Aurelius Augustinus,* De trinitate VIII, 10: „Ecce tria sunt, amans, et quod amatur et amor."

[227] Vgl. *Aurelius Augustinus,* De trinitate IX, 4: „Mens et amor et notitia eius tria quaedam sunt, et haec tria unum sunt." Vgl. auch die Diskussion in ebd., IX, 1–5, 10 und 12.

[228] EES, 378.

[229] Vgl. *Aurelius Augustinus,* De trinitate X; XII, 4; XIII und XIV. Edith Stein geht hier ihrerseits unter anderem auf Überlegungen Theodor Haeckers zur sogenannten *analogia trinitatis* ein. Vgl. EES, 379, und *T. Haecker,* Schöpfer und Schöpfung (Leipzig 1934).

[230] EES, 379.

[231] Ebd., 379 f. Vgl. auch *Aurelius Augustinus,* De trinitate X, 8–12.

dass das, was im Wesen Gottes noch eins ist, Liebe, Erkenntnis und Wille, im endlichen Abbild aufgespalten werde. Zugleich erweise sich, so Edith Stein, im Bereich des Kontingenten die Liebe als „das Freieste, was es gibt",[232] in ihr erreiche der endliche Geist seine höchste Lebensfülle, sie sei Grund und Ziel der dreifachen geistigen Leistung *Gedächtnis, Verstand und Wille*.

Welche Konsequenz hat die Drei-Einheit des Geistes in der Frage der Erkenntnis des Wesens Gottes? Der Schöpfer bleibt ja auch für den liebenden Menschen der ganz Andere, Verborgene, Unbegreifliche. Der Mensch bleibt darauf angewiesen, dass Gott sich selbst als Liebender zu erkennen gibt. Edith Stein interpretiert die liebende Zuwendung der Seele daher als Antwort und gläubige Annahme der Selbstoffenbarung Gottes. Die Seele – und mit ihr der ganze Mensch – erfahre hier eine grundlegende Umwandlung: „Gott und die Seele aber sind *Geist* und durchdringen sich, wie nur Geist und Geist sich durchdringen können".[233]

Die Seele entfalte sich einerseits als Form des Leibes, dem Endlichen und Begrenzten verhaftet, und andererseits geistig und Gott zugewandt, offen für dessen Anruf und Offenbarung. Dabei werde die Unermesslichkeit Gottes durch die Hinwendung zum geschaffenen Geist nicht verändert oder gar begrenzt. „Der Geist Gottes [...] bindet sich, wenn er sich schenkt, nicht an das Maß dessen, dem er sich schenkt."[234] In einem zweiten Schritt unterscheidet Edith Stein eine *drei*fache Entfaltung der Seele: als „Gestaltung des Leibes, Gestaltung der Seele, Entfaltung im geistigen Leben."[235] Damit sei die Seele das natürliche Abbild des dreifaltigen Gottes:

> „Öffnet sie sich [...] in ihrem Innersten dem Einstrom des göttlichen Lebens, dann wird sie selbst und durch sie der Leib zum Bilde des Sohnes Gottes geformt, und es gehen von ihr ‚Ströme lebendigen Wassers' aus, die dahin wirken, das Angesicht der Erde aus dem Geist zu erneuern."[236]

Damit schließt Edith Stein ihre Diskussion des Gottesbildes im Menschen ab. Die Ergebnisse fasst sie, auch im Hinblick auf die Verschiedenheit der Gottesbildhaftigkeit bei Engeln und der übrigen Schöpfung, noch einmal zusammen.[237] Dabei betont sie, dass der Mensch in seinem Sein als Per-

---

[232] EES, 382.
[233] Ebd., 387.
[234] Ebd., 389.
[235] Ebd., 390.
[236] Ebd., 390 f. Vgl. Joh 7,38.
[237] Vgl. EES, Kap. VII, § 10. *Unterschied des Gottesbildes in den vernunftbegabten Geschöpfen (Engeln und Menschen) und in der übrigen Schöpfung*, in: Ebd., 391–393,

son „in viel eigentlicherem Sinn Gottesbild als die anderen Geschöpfe"
sei. Der kritischen thomasischen Interpretation der übrigen Schöpfung
schließt sie sich nicht an und leitet stattdessen aus der Überzeugung,
dass alles kontingent Seiende sein Urbild in Gott hat, die Annahme ab,
dass auch in der unbelebten Schöpfung „eine gewisse Abbildlichkeit"[238]
mit dem Schöpfer bestehe.

Zuletzt wendet sie sich der in der Scholastik vieldiskutierten Frage zu,
warum in der Schöpfung kein Wesen existiere, das *unmittelbar* die Trinität Gottes widerspiegele. Dabei zeigt sich ein weiteres Mal, welches Gewicht Edith Stein der Gemeinschaftlichkeit allen Lebens beimisst. Abwei-
chend von Thomas und Augustinus ist sie der Überzeugung, dass die
Dreipersönlichkeit Gottes im Bereich des Kontingenten durch eine Drei-
oder Mehrzahl geistiger Personen – etwa eine Familie oder eine Gemeinschaft von Glaubenden – repräsentiert werden könne.[239] Dabei realisiere
sich die Abbildhaftigkeit

> „in der liebenden Vereinigung der Geister, die sich einander ganz erschließen
> und in ihrer Wesenseinigung fruchtbar sind: durch die Atmosphäre, die von
> ihnen auf ihre Umgebung ausstrahlt, vielleicht auch durch Werke, die sie ge-
> meinschaftlich schaffen und durch die sie ihren Geist ‚fortpflanzen'. Man
> wird sagen dürfen, daß alle Gemeinschaft endlicher Personen ihr Urbild in
> der göttlichen Dreieinigkeit hat [...]."[240]

Auch wenn Edith Stein dieses Abbild-Gottes-Sein als „unendlich fern
und unvollkommen"[241] charakterisiert, bleibt die These eindrücklich.
Nicht nur der Einzelne, der den Weg der Selbst- und Gotteserkenntnis
geht, sondern auch die Gemeinschaft, so sie sich auf die Hingabe eines
jeden gründet, sei ein Abbild des dreifaltigen Gottes.[242]

---

sowie Kap. VII, § 11. *Unterschied des Gottesbildes in Engeln und Menschen,* in: Ebd.,
393 f.

[238] Beide Zitate ebd., 391.

[239] Vgl. ebd. sowie *Thomas v. Aquin,* Summa theologiae I q 93 a 6 ad 2, sowie *Aurelius
Augustinus,* De trinitate XII 5 und 6.

[240] EES, 392.

[241] Ebd.

[242] Abschließend diskutiert Edith Stein noch das Verhältnis der Abbildhaftigkeit Gottes bei Engeln und beim Menschen. Einerseits sei der „Abstand" zwischen Gott und
Mensch größer als der zwischen Gott und der Engelwelt, andererseits ließe sich gerade
in der „Verborgenheit und Quellhaftigkeit" des menschlichen Seins ein Abbild des un-
ergründlichen Wesens Gottes entdecken. Darauf deute auch die liebende Tat der
Menschwerdung hin. Vgl. ebd., 393 f.

3.2.3. Individuum und Gemeinschaft

Damit sind einige wichtige Bausteine der theologischen Systematik, die *Endliches und ewiges Sein* prägen, benannt. Im achten und letzten Kapitel des Werkes schließt Edith Stein nun eine entscheidende Lücke in der Untersuchung des Personseins, indem sie der Frage nach der Individualität des Seienden im Allgemeinen und des Menschen im Besonderen nachgeht.[243] Dies ist insofern relevant, als damit die Stellung des Menschen in der Ordnung der Schöpfung und sein Verhältnis zum göttlichen Sein noch genauer herausgearbeitet werden kann. Dabei knüpft Edith Stein an Überlegungen aus den ersten Kapiteln ihres Werkes an, die sie zunächst durch einen Abgleich mit dem Thomismus weiterführt.[244] Der Ziel- und Höhepunkt ihrer Argumentation ist dann beispielhaft für das Modell der Christlichen Philosophie; Edith Stein nimmt hier christologische und ekklesiologische Glaubensinhalte in den Fokus.

3.2.3.1. Sinn und Begründung des Einzelseins

Das Individuum – oder *Einzelding* – wird gewöhnlich, so betont Edith Stein, mit dem aristotelischen τόδε τι *(ein Diesda)* identifiziert, also einem „Ding, das man nicht mehr mit einem Namen nennen kann (weil alle Namen einen allgemeinen Sinn haben), auf das man nur noch mit dem Finger zeigen kann.“[245] Mit anderen Worten: Es geht um ein Seiendes, das „in sich ungeschieden, von allem anderen aber geschieden ist“.[246] Die Bedeutung des τόδε τι wird auch dadurch deutlich, dass Aristoteles darin, wie Edith Stein an anderer Stelle aufzeigen konnte, die πρώτη οὐσία, das erste Seiende, verwirklicht sah.[247] Die entscheidende Frage lautet, worin beim τόδε τι das Prinzip der Individuation besteht. Zwar hat das Individuum durchaus „ein allgemein faßbares Wesen, das

---

[243] Edith Stein hat diese Frage über einen Zeitraum von 25 Jahren hinweg immer wieder aufgegriffen. In *Endliches und ewiges Sein* setzt sie sich ein letztes Mal systematisch damit auseinander. Vgl. hierzu C. *Betschart*, Unwiederholbares Gottessiegel. Personale Individualität nach Edith Stein (Basel 2013) 333.

[244] Dabei orientiert Edith Stein sich vor allem an J. *Gredt*, Elementa philosophiae Aristotelico-Thomisticae (Freiburg i. Br. [5]1929).

[245] EES, 395. Vgl. hierzu Kap. VIII, § 1. *Einzelding, Einzelheit und Einheit (Einzelsein und Einssein)*, in: Ebd., 395–397.

[246] Ebd., 395. Vgl. *Thomas v. Aquin*, Summa theologiae q 29 a 4 corp.: „Individuum autem est quod est in se indistinctum, ab aliis vero distinctum.“

[247] Vgl. ausführlich EES, Kap. IV.

sich begrifflich ausdrücken läßt – dieser Mensch ist ‚Mensch‘, und das Menschsein ist allgemein faßbar“,[248] aber das erklärt eben noch nicht, was die Individualität dieses Menschen begründet, die ja als solche *unmitteilbar* ist.[249]

Joseph Gredt, auf den Edith Stein sich hier vornehmlich bezieht, nennt folgende Bestandteile, die das Ding als solches aufbauen: „den Stoff, die Form, den Selbstand und das Dasein“.[250] Dabei ist klar, dass Selbstand und Dasein nicht der Grund der Individuation sein können, „da sie das Wesen als Einzelwesen schon voraussetzen“.[251] Wie sieht es mit dem *Stoff* aus? Nach thomistischer Auffassung eignet sich dieser nicht nur zur Unterscheidung der Einzeldinge, sondern ist auch deren Seinsgrund.[252] Diese letztere These hält Edith Stein nicht ohne weiteres für stichhaltig – unter anderem, weil der Stoff, also etwa Gold oder Eisen, zwar ein Ganzes bilde, aber nicht unteilbar und darum auch kein Einzelding sei. „[E]in ‚Stück Stoff‘ kann zerschlagen oder durchschnitten oder auf andere Weise ‚geteilt‘ werden.“[253] Ein Einzelding, so Edith Stein, müsse hingegen aufgrund seiner Form eine *geschlossene Gestalteinheit* bilden. Dabei ist der Gedanke der Individuation von der naturwissenschaftlichen Frage der kleinsten Bausteine der Materie oder der größtmöglichen Zerteilung eines Gegenstands zu unterscheiden, die ja auch nach dem Stand der Physik der dreißiger Jahre des vergangenen Jahrhunderts irgendwo im subatomaren Bereich zu verorten wäre. Ein Beispiel für „ein Einzelding (Individuum) im vollen Sinn des Wortes“[254] wäre etwa ein einzelner Kristall. Dieser ist *als solcher* nicht mehr teilbar; wird er zerstört, ist er nicht mehr dasselbe Ding. Ebenso wird hier deutlich, dass „der ungeformte Stoff“ nicht als Grund der Individuation infrage kommt: Räumliches Stoffsein bedeutet immer Geformtsein. Jedes Ding ist ein räumliches, und das, was es zum Einzelding macht, kann nicht ungeformt sein.[255]

---

[248] Ebd., 395.

[249] Vgl. ebd., sowie Kap. VIII, § 2. *Auseinandersetzung mit der thomistischen Lehre vom Grund des Einzelseins*, in: Ebd., 397–422. Edith Steins Diskussion der thomistischen Auffassung des Einzelseins wird im Folgenden nur kursorisch angedeutet.

[250] Ebd., 399.

[251] Ebd.

[252] Vgl. ebd., 403.

[253] Ebd., 405.

[254] Ebd.

[255] Vgl. ebd. Form und Stoff bedingen einander gegenseitig und können „nicht ohne einander sein [...]: das Sein der Form ist Stoffgestaltung; das Werden des Stoffes fällt zusammen mit dem Sichhineingestalten der Form in den Raum.“ Ebd., 408.

Weiter wäre es denkbar, die *Artbestimmtheit,* durch die sich die Stoffe voneinander unterscheiden, als Grund der Individuation anzunehmen. Das wäre beispielsweise das Gold-Sein eines Dinges. Allerdings würde die Artbestimmtheit wohl nur dann mit der Wesensform des Seienden in eins fallen, wenn man von der skurrilen kosmogenetischen Vorstellung ausginge, dass zunächst die chemischen Elemente, „das Ganze eines art-bestimmten Stoffes (z. B. ‚alles Gold‘)", als ein „in sich geschlossenes Ding in die Welt gesetzt"[256] worden sei. Dieses „ursprünglich gestaltein-heitliche Stoffganze"[257] könnte dann quasi als großes primordiales Indi-viduum betrachtet werden, und es wäre nicht mehr nötig, den Begriff der Form auf die Einzeldinge anzuwenden, die sich im Lauf der Zeit aus den Elementen heraus entwickelt haben. Dieses Szenario ist jedoch offenkun-dig wenig plausibel.[258]

Neben den bisher angedeuteten Antwortversuchen in der Frage der Individuation wendet Edith Stein sich nun der Analyse von Spezialfällen zu – dem Verhältnis von Selbstand, Einzelsein und Dasein bei idealen Ge-genständen wie etwa Dreiecken sowie ähnlichen Fragen im Blick auf ge-schaffene reine Geister.[259] Das Ergebnis der Untersuchungen ist eindeu-tig. Der „Wurzelpunkt des Einzelseins", so Edith Stein, ist im *formalen* Bau der Gegenstände begründet, und zwar „darin, daß der als Leerform ihr Wesen abschließende Träger unmitteilbar ist."[260] Der Seinssinn des *Stoffs* hingegen sei, den Aufbau von Raumgebilden überhaupt erst zu er-möglichen. Der Geist schaffe sich in den Raumgebilden ein Ausdrucks-mittel. „Die ausgeformten Gebilde sind seine Sprache."[261]

---

[256] Ebd., 406.

[257] Ebd.

[258] Dabei ist es etwas irritierend, dass Edith Stein die Bedeutung der Artbestimmtheit für die Individuation nicht nur philosophisch, sondern auch mit einem biblisch-exege-tischen Argument hinterfragt, indem sie auf das in der Genesis beschriebene *Tohuwa-bohu* (Gen 1,2) der Frühzeit der Schöpfung verweist. Sachlich-naturwissenschaftlich ist dieser Hinweis zwar richtig, doch hätte die unmittelbare naturwissenschaftliche Aus-deutung des biblischen Begriffs des *Chaos* zumindest einer weitergehenden Begrün-dung bedurft. Immerhin hatte selbst die päpstliche Bibelkommission bereits im Jahr 1909 erklärt, dass es „nicht die Absicht" der Genesis sei, die Beschaffenheit und Rei-henfolge der Schöpfung auf wissenschaftliche Weise zu lehren. Vgl. DH 3518: „Non fuerit sacri auctoris mens intimam adspectabilium rerum constitutionem ordinemque creationis completum scientifico more docere."

[259] Vgl. EES, 409–413, sowie 413–416.

[260] Ebd., 416.

[261] Ebd., 407.

Vor diesem Hintergrund kann nun weitergedacht werden. Die Unterscheidung zwischen Form und Stoff ist innerhalb eines Einzeldings nur dann möglich, wenn es um *stoffüberlegene* Formen geht, also um Formen, die über das Stofflich-Materielle hinausgehen – also bei Lebewesen. Bei der Entstehung und Ausgestaltung nicht-menschlicher Lebewesen geht es, anders als bei den bloß materiellen Dingen, nicht um ein äußerliches „‚Zerfallen‘ und ‚Zusammengeraten‘ von Stoffmengen",[262] sondern um

> „eine Gestaltung von einer Lebensmitte her [...] und darüber hinausgehende Zeugung von Einzelwesen durch Einzelwesen. Das Artganze ist hier nicht ein Stoffganzes (räumlich zusammenhängend oder zerstückt), sondern ein Abstammungszusammenhang."[263]

Dieser biologische Kontext habe zur Konsequenz, dass die Einzelwesen einer Art jeweils Träger der Arteigentümlichkeit seien. Auch die Fortentwicklung und Umgestaltung der Art vollziehe sich

> „*in* den Einzelwesen und *durch* sie: durch die ‚Schicksale‘, die sie erleiden und die für ihre Ausgestaltung von Bedeutung sind, und durch die Verbindung verschiedener ‚Erbanlagen‘ in Einzelwesen, die auf dem Wege geschlechtlicher Zeugung entstehen."[264]

Anders als bei den leblosen Stoffgebilden kommt dem einzelnen Lebewesen also eine größere Bedeutung gegenüber dem Artganzen zu, da sein Sein mehr als nur die Entfaltung einer Arteigentümlichkeit ist. Gleichzeitig *verkörpert* das Einzelwesen die Art und erhält sie durch Fortpflanzung im Sein. Dabei muss das Einzelwesen nicht notwendig *einzigartig* sein. „Der Reichtum des Lebens", so Edith Stein, „kann sich nicht nur in der Mannigfaltigkeit verschiedener Gestalten, sondern auch in der wachsenden Fülle gleicher Gebilde offenbaren."[265]

Beim Menschen liegen die Dinge anders. Der Thomismus geht davon aus, dass der Mensch einerseits eine Art der Gattung *Lebewesen* ist und am stoffgestaltenden Leben ebenso Anteil hat wie die Tiere oder Pflanzen, andererseits aber durch sein „geistig-persönliches, innerliches, in sich geschlossenes und doch wieder über sich selbst hinaussteigendes [...], schließlich durch das Ich frei bestimmtes"[266] Leben darüber hinausgeht. Das Leben ist dem Ich „in die Hand gegeben", wird aber gleichzei-

---

[262] Ebd., 418.
[263] Ebd.
[264] Ebd.
[265] Ebd., 419.
[266] Ebd., 419 f.

tig vom Innersten der Seele her geprägt. Dabei stellt sich wiederum die Frage, ob eine vollkommene Gleichheit, nun zwischen Menschen, denkbar sei. Klar ist, dass jeder Mensch „sich in seinem innersten Wesen als etwas ‚Eigenes‘"[267] fühlt. Dieses *Fühlen*, so Edith Stein, habe echten „Erkenntniswert, es erschließt uns etwas" und trägt „als eine besondere Weise ursprünglicher Erfahrung ihren [*sic*] eigenen Rechtsgrund in sich", der in „der Einzigkeit des seiner selbst bewußten Ich" begründet ist.[268]

Was diese Einzigartigkeit *inhaltlich* ausmacht, ist damit noch nicht gesagt. Dem geht Edith Stein nach, indem sie die Seele in ihrem Verhältnis zu Gott thematisiert.

3.2.3.2. Menschliches Einzelsein und mystischer Leib Christi

Der Sinn des menschlichen Einzelseins ergibt sich für Edith Stein aus dessen Beziehung zum göttlichen Sein, genauer aus der Berufung der Seele zum ewigen Leben.[269] Die Seele sei eben nicht nur dazu bestimmt, für eine begrenzte Zeit die Arteigentümlichkeit des Menschen in sich auszuprägen. Sie gehe aus Gottes Hand hervor und sei berufen, Gottes Geist in sich aufzunehmen, *Wohnung Gottes* zu sein.[270] Obschon Gott überall, auch in den Seelen, gegenwärtig sei, gehe es hier um ein aktives Tun, die liebende Vereinigung des Menschen, der sich Gott „frei öffnet und hingibt".[271]

Auf den ersten Blick scheint sich dieses Geschehen exklusiv zwischen dem einzelnen Menschen und Gott zu ereignen. Die Relevanz der menschlichen Gemeinschaft ist hier nicht von vornherein offensichtlich. Um diesen Aspekt zu klären, greift Edith Stein auf das inzwischen bewährte Muster zurück, mittels der Angelologie Aussagen über das Sein des Menschen zu erarbeiten. In diesem Fall geht es um die These, jeder Engel bilde in gewisser Weise „eine ‚eigene Art‘", da er schon für sich genommen „den ganzen Reichtum seiner Art zur Entfaltung" bringe.[272] Gilt dies auch für den Menschen? Für Edith Stein ist klar, dass das Sein der Engel ausschließlich den Sinn der Entfaltung des je eigenen Seins habe, und dass die Engel dieses Sein von Beginn ihrer Existenz an bereits in

---

[267] Ebd., 421.
[268] Alle Zitate ebd.
[269] Vgl. Kap. VIII, § 3. *Erwägungen über den Sinn des menschlichen Einzelseins auf Grund seines Verhältnisses zum göttlichen Sein*, in: Ebd., 422–441.
[270] Vgl. ebd., 422.
[271] Ebd., 423.
[272] Beide Zitate ebd., 424.

vollem Umfang *verwirklichen.* Der Mensch hingegen sei aufgrund seiner geistigen und leibseelischen Konstitution niemals im Stande, alle in seinem Wesen grundgelegten Möglichkeiten voll zu entwickeln: „Seine Kraft ist so begrenzt, daß er Höchstleistungen auf dem einen Gebiet mit Mängeln auf einem andern erkaufen muß."[273] Damit wird deutlich, warum es zum Wesen des Menschen gehört, nicht in absoluter Autonomie zu leben, sondern *Glied* zu sein; der Mensch verwirklicht sich in der Menschheit, „in der die Einzelnen ‚Glied zu Glied' sind."[274]

> „Dabei spielen nicht nur die Lebensgesetze der Fortpflanzung, Pflege und Arbeitsteilung [...] eine Rolle, sondern auch die Gesetze des geistigen Lebens, wonach alle Erzeugnisse des Menschengeistes zum Gemeingut der Menschheit werden [...]: durch ihre Geistnatur ist die Menschheit zu einem Gemeinschaftsleben berufen, das die Schranken von Zeit und Raum aufhebt [...]."[275]

Die Einbettung des Individuums in eine soziale, wirtschaftliche, kulturelle und historische Situation ist demnach ein entscheidendes Merkmal menschlicher Existenz. Allerdings sieht Edith Stein auch die Ambivalenz, die mit den sozialen Bindungen einhergeht:

> „Es besteht die Möglichkeit, mehr oder weniger ‚zu sich selbst zu kommen'. Und es besteht auch die Gefahr, sich selbst zu verlieren. Denn wer nicht zu sich selbst gelangt, der findet auch Gott nicht und kommt nicht zum ewigen Leben. Oder richtiger noch: wer Gott nicht findet, der gelangt auch nicht zu sich selbst [...]."[276]

Schon diese knappe Andeutung verdeutlicht die Relevanz der intellektuellen Reflexion der Gemeinschaftlichkeit des Menschen, vor allem insofern sie über den Bereich des unmittelbar Erfahrbaren – wie der Familie, der jeweiligen Erziehungsgemeinschaft oder anderer naheliegender sozialer Strukturen – hinausgeht. Pointiert arbeitet Edith Stein heraus, welche Konsequenzen es hat, wenn es dem Menschen an Bewusstsein fehlt, Teil der *einen Menschheit* zu sein. Dabei nimmt sie ausdrücklich die Realität der Nationalismen und Internationalismen des frühen zwanzigsten Jahrhunderts zum Anlass, davor zu warnen, die eigene Identität vor allem in der Abgrenzung zu anderen zu definieren, „die uns als *fremd-artig* berühren".[277] Wichtig sei hingegen „das Erfassen der Menschheit als des uns

---

[273] Ebd.
[274] Ebd., 425.
[275] Ebd.
[276] Ebd., 426.
[277] Ebd., 427.

umschließenden und tragenden Ganzen" und „die Erfahrung des Gemeinsamen, das uns mit den Menschen aller Zeiten und Himmelsstriche"
verbinde. Dies gelte umso mehr, als es sich hier um eine „immer bruch-
stückhafte, oft mißdeutete oder ganz unverstandene Erfahrung" handele.[278] Das Modell, das Edith Stein vor diesem Hintergrund vorschlägt,
ist religiös fundiert. Ihrer Überzeugung nach findet das Verständnis des
Eins-Seins der Menschheit ihre

> „feste Grundlage und Sinnesklärung durch die Schöpfungs- und Erlösungs-
> lehre, die den Ursprung aller Menschen von einem Stammvater herleitet
> und das Ziel der ganzen Menschheitsentwicklung im Zusammenschluß unter
> dem *einen* gottmenschlichen Haupt, in dem *einen* ‚mystischen Leib' Jesu
> Christi sieht."[279]

Zur Erläuterung dieses Begründungszusammenhangs geht Edith Stein näher auf einzelne Aspekte der biblischen Schöpfungsdarstellung in Gen
1,4b–24 ein. Die anhaltende Vereinzelung des Menschen, seine Ressenti-
ments, sein Nicht-Verständnis der Einheit des Menschengeschlechts und
seine Abwendung von Gott diskutiert sie dabei im Kontext der Begriffe
Sünde und Erbsünde.[280] Ihre Interpretation des *peccatum originale* ist insofern bezeichnend, als sie die Vorstellung, dass „das Tun des Stammvaters
der ganzen Menschheit zugerechnet würde, […] ohne daß ein persönlicher
Anteil an der Schuld vorläge",[281] zurückweist, da dies mit der Freiheit und
Verantwortlichkeit des Einzelnen sowie der Gerechtigkeit Gottes nicht in
Einklang zu bringen sei. Den Begriff der Erbsünde interpretiert sie daher
so, dass Gott „in der ersten Sünde alle künftigen Sünden voraussah und
in den ersten Menschen uns alle, die wir ‚alle unter der Sünde sind'."[282]
Damit wird wiederum deutlich, welchen Stellenwert Edith Stein der individuellen *Freiheit* einräumt. Die Verstrickung in Sünde und Schuld kann
ihrer Auffassung nach nur dem Einzelnen angelastet werden, selbst wenn
sie *jeden Menschen* und damit auch die Menschheit als Ganzes betrifft.

Darüber hinaus ist bedeutsam, wie Edith Stein anhand der Schöp-
fungserzählung die zweifache Prägung des Menschen als leibliches und
seelisches Wesen interpretiert. Dabei geht sie ausgesprochen differenziert
vor und vermeidet jede pejorative Deutung der Leiblichkeit.[283] Den bib-

---

[278] Alle Zitate ebd.
[279] Ebd.
[280] Vgl. ebd., 427–433.
[281] Ebd., 433.
[282] Ebd. Vgl. Röm 3,9.
[283] So fasst sie die Fruchtbarkeit des Menschen als Teil seiner Gottebenbildlichkeit auf,

lischen Hinweis, Mann und Frau würden *ein Fleisch*,[284] versteht sie nicht nur als „Urbild der Fortpflanzung",[285] sondern auch als Ausdruck eines Ineinandergreifens „der Lebensvorgänge, die aus beiden eine Einheit des Seins erwachsen läßt".[286] Dabei zeige sich im Blick auf das geistig-seelische Leben:

> „[D]ie Menschenseelen können sich kraft ihrer freien Geistigkeit füreinander öffnen und in liebender Hingabe eine die andere in sich aufnehmen [...]. Und so dürfen wir den Schöpfungsbericht in dem Sinn deuten, daß das Weib dem Manne an die Seite gestellt wurde, damit eines des anderen Sein zur Vollendung führen helfe."[287]

In diesem Kontext beantwortet Edith Stein nun auch endgültig die Frage nach der Einzigartigkeit des menschlichen Individuums, die ja bisher nur unter Verweis auf ein – wenn auch als begründet verstandenes – *Gefühl* behauptet wurde. Die Abstammung des Menschen von menschlichen Erzeugern mache ihn, so Edith Stein, einerseits an Leib und Seele zu ihresgleichen, andererseits dürfe er sich rühmen, „unmittelbar ein Gotteskind zu sein und ein eigenes unwiederholbares Gottessiegel in seiner Seele zu tragen."[288]

Nachdem bisher vornehmlich das paradigmatisch erste Menschenpaar in den Blick gekommen ist, thematisiert Edith Stein nun den *neuen* Adam und die *neue* Eva, Jesus Christus und Maria, als

> „die wahren Stammeltern und Urbilder der gottgeeinten Menschheit. Christus – nicht Adam – ist der ‚Erstgeborene' Gottes, und das Haupt der Menschheit. [...] Christus der Auferstandene, der König der Herrlichkeit, ist Urbild und Haupt der Menschheit – die Zielgestalt, auf die alles menschliche Sein hingeordnet ist und von der es seinen Sinn bekommt."[289]

Edith Stein versteht die Person Jesu Christi und die Marias wie schon die menschlichen Protagonisten des zweiten Schöpfungsberichts keineswegs als bloß formale Sinnbilder der Einheit der Menschheit, sondern setzt zu einer explizit theologischen Ausdeutung an, in der der alte Adam – zumindest mit einer bestimmten Facette seines Seins – für die Sündhaftig-

---

als Bild des *bonum effusivum sui,* und die körperliche Vereinigung zweier Menschen als Ausdruck ihrer seelischen Vereinigung. Vgl. EES, 431.
[284] Vgl. ebd., 429, sowie Gen 2,24.
[285] EES, 429.
[286] Ebd., 430.
[287] Ebd.
[288] Ebd., 433.
[289] Ebd., 434.

keit und der neue Adam für die Rechtfertigung des Menschen steht. Dabei ist es ihr wichtig, dass *Rechtfertigung* nicht nur ein sozusagen sachlich notwendiger, für den einzelnen Menschen mehr oder weniger äußerlich bleibender Vorgang ist, wie es etwa die Satisfaktionstheorie
impliziert. Hierfür zitiert und diskutiert sie die entsprechenden Lehraus-
sagen des *Konzils von Trient.* Demnach bedeutet Rechtfertigung sowohl
die Vergebung der Sünden als auch „Heiligung und *Erneuerung* des inneren Menschen durch die freiwillige Annahme der Gnade und der Gaben, wodurch der Mensch aus einem Ungerechten ein Gerechter wird
und aus einem Feinde ein Freund [...]'.“[290] Damit, so Edith Stein, werde
deutlich, dass die Rechtfertigung des Menschen, die ein freies Geschenk
der göttlichen Barmherzigkeit sei, nicht *nur* Geschenk ist, sondern dass
der Mensch *selbst* aufgerufen sei, in freier Zustimmung auf die Gnade
zu antworten. Der Mensch, so zitiert sie den Konzilstext, müsse „,*den
Glauben* vom Hören (Röm 10,17) *in sich aufnehmen, sich frei* zu Gott
hinbewegen [...].'“[291]

Damit deutet sich an, wie umfassend Edith Stein das Verhältnis Jesu
Christi, des Hauptes, zur Menschheit, den Gliedern des mystischen Leibes,
versteht. Anknüpfend an ihre schon in *Freiheit und Gnade* formulierten
Überlegungen erkennt sie hier die dreifache Dimension von Natur, Freiheit
und Gnade wieder. Christus repräsentiere die Fülle der Menschheit. „In
ihm war das ganze Artwesen der Menschheit voll verwirklicht, nicht nur
einem Teilbestand nach wie in den andern Menschen.“[292] Insofern empfange jeder Mensch tatsächlich seine Natur von Christus, dem Urbild.
Dies gelte von Beginn der Zeiten an und sei keineswegs an die temporale
Verwirklichung der Inkarnation gebunden. Schon die Stammeltern gehörten „zu den Gliedern des mystischen Leibes“, sie seien „,Erlöste', von der
Sünde Losgekaufte *durch* das Leiden Christi, aber *vor* seiner zeitlichen
Verwirklichung“, ja in gewisser Weise sei „die Erschaffung des ersten
Menschen schon als ein Beginn der Menschwerdung Christi anzuse-
hen“.[293] Bei all dem bleibe das Moment der Freiheit zentral: Zwar sei der
Mensch ein ohne sein Mittun ins Dasein geworfener, doch vollziehe sich
seine Vollendung und Erlösung immer nur mit und nicht ohne ihn.[294] Den-
noch: Alle menschliche Existenz vor und nach dem Erdenleben Christi sei

---

[290] Ebd., 435, vgl. DH 1528.
[291] Vgl. EES, 437, vgl. DH 1526.
[292] EES, 438.
[293] Alle Zitate ebd.
[294] Vgl. ebd., 440.

auf diesen hingeordnet und gleichzeitig durch ihn hervorgerufen. Die gesamte Menschheit – und keineswegs nur die juridisch verfasste Ekklesía – bilde den mystischen Leib Christi.

Damit scheint ein weiteres Mal der *Sinn* des menschlichen Einzelseins auf, das Edith Stein eingangs so ausführlich diskutiert hat: „Jeder einzelne Mensch ist dazu erschaffen, ein Glied dieses Leibes zu sein: darum ist schon von Natur aus keiner dem andern gleich […], sondern jeder eine Abwandlung des allen gemeinsamen Wesens […] und zugleich aufbauender Teil einer Gesamtgestalt.“[295] Innerhalb des mystischen Leibes komme dem Volk des Alten Bundes eine außerordentliche Bedeutung zu:

> „Gott […] hat […] nicht nur den Empfang der heiligmachenden Gnade in jedem einzelnen von seiner freien Zustimmung und Mitwirkung abhängig gemacht, sondern auch die Menschwerdung des Erlösers, von dem uns die Gnade zuströmt. Diese Mitwirkung bestand im Alten Bunde in der gläubigen Erwartung des verheißenen Messias, in dem Bedachtsein auf Nachkommenschaft um dieser Verheißung willen und in der Bereitung der Wege des Herrn durch treue Beobachtung seiner Gebote und Eifer in seinem Dienst: alles dies findet seine Krönung und seinen vollkommensten Ausdruck im *Fiat!* der Jungfrau und seine Fortsetzung in allem Wirken zur Ausbreitung des Gottesreiches durch Arbeit am eigenen Heil und für das Heil anderer. So wird durch das Zusammenwirken von Natur, Freiheit und Gnade der Leib Christi aufgebaut.“[296]

Dieser heilsgeschichtliche Abriss, der sich wie eine Ausformulierung des johanneischen Diktums liest, dass das Heil von den Juden komme (Joh 4,22b), darf als echtes Bekenntnis Edith Steins zu einer im Kern judenchristlichen Theologie aufgefasst werden – in einer Zeit, in der nicht nur in Deutschland vielfach Enterbungstheorien Konjunktur hatten und die heilsgeschichtliche Relevanz des Alten Bundes quasi-marcionitisch geringgeschätzt wurde. Indem Edith Stein von der Person Adams ausgeht und im *Ja* Marias die Krönung der alttestamentlich-jüdischen Messiaserwartung sieht, zeichnet sie ein Bild des Heilswillens Gottes, das die gesamte Menschheit umfasst. Die Entfaltung des Menschseins vom naturhaften Leben hin zum Empfang der Gnade und zum Glauben versteht sie dabei als ein gleichermaßen individuelles wie gemeinschaftliches Geschehen. Der gesamte Prozess sei „an das freie Mitwirken jedes einzelnen und das Zusammenwirken aller gebunden“.[297]

---

[295] Ebd.
[296] Ebd.
[297] Ebd.

Auf Edith Steins sowohl in soteriologischer als auch in ekklesiologischer Hinsicht bemerkenswerte These, der Begriff des mystischen Leibes Christi sei auf die gesamte Menschheit anzuwenden, wurde bereits hingewiesen. Sie geht aber noch einen Schritt weiter und fasst die ganze *Schöpfung* unter diesem Begriff, von den unbelebten Dingen über die Lebewesen bis hin zur Welt der Engel. Ihre Begründung ist dabei vor allem christologischer Natur. Die gesamte natürliche Ordnung sei nach dem Bild der Inkarnation Gottes in Jesus Christus geschaffen, und von diesem ausgehend ströme *allen* Gliedern des Leibes die Gnade Gottes zu. Gleichzeitig spielt für Edith Stein auch eine anthropologische Überlegung eine Rolle, nämlich die Verantwortung, die der Mensch aufgrund seiner herausgehobenen Position für die (Bewahrung der) Schöpfung trage: „Wie in den Fall des Menschen die ganze untermenschliche Natur verstrickt wurde, so soll sie auch mit dem Menschen durch die Erlösung erneuert werden."[298]

Dabei lässt Edith Stein keinen Zweifel daran, dass es die *Menschheit* ist, die im engeren Sinn den mystischen Leib Christi bilde. Sie sei „die Pforte, durch die das Wort Gottes in die Schöpfung eingegangen ist".[299] Mit den letzten Worten ihres *opus magnum,* die einem Glaubensbekenntnis gleichkommen, benennt sie dann noch einmal den Angelpunkt des *perfectum opus rationis,* das Ziel des Aufstiegs zum Sinn des Seins: „Als Haupt der Menschheit, die selbst Höheres und Niederes in sich verbindet, ist Christus das Haupt der ganzen Schöpfung."[300]

Fazit

Zur Annäherung an die Leitbegriffe Freiheit, Glaube und Gemeinschaft im Schrifttum Edith Steins eignen sich in besonderer Weise zwei Texte, die einen Bogen vom Jahr 1921 – und damit den Monaten unmittelbar vor ihrer Taufe – bis ins Jahr 1937 schlagen.

In der frühen religionsphilosophischen Arbeit *Freiheit und Gnade* beschreibt Edith Stein den Menschen einerseits als Naturwesen, dessen Leben sich im Wechselspiel von Impression und Reaktion realisiert, und andererseits als Subjekt, das befähigt ist, seine natürliche Einbindung zu

---

[298] Ebd., 441.
[299] Ebd.
[300] Ebd.

transzendieren, indem es sich in Freiheit an eine geistige Sphäre bindet. Von dort her, dem Reich der Höhe und des Glaubens, sei die Seele befähigt, sich selbst zu finden. Edith Stein sieht das menschliche Individuum nicht *alleine* auf diesem Weg zum Heil unterwegs, sondern erkennt im Glauben ein gemeinschaftliches und auf wechselseitige Verantwortung gegründetes Prinzip. Dieses „Einer für alle und alle für einen" mache die Kirche aus. Dabei erstrecke sich die Verantwortung nicht nur auf den Nächsten, sondern auf alle belebte und unbelebte Natur. Dies spiegelt sich auch in Edith Steins Verständnis des Begriffs des religiösen Glaubens – *fides* – wider, den sie in dreifacher Weise als Erkenntnis, Liebe und Tat charakterisiert. Eine weitere These Edith Steins in *Freiheit und Gnade* erinnert schließlich an das berühmte Wort, mit dem sie ihren Lehrer Husserl als einen letztlich Glaubenden beschreibt: „Alle Wahrheit ist von Gott."[301]

Endliches und ewiges Sein ist das Hauptwerk Edith Steins. In methodischer Hinsicht folgt das Opus der als *Christliche Philosophie* apostrophierten Maxime, theologische Aussagen gleichermaßen wie rein philosophische Argumente im Diskurs zu akzeptieren, um dem erklärten Ziel des *perfectum opus rationis* nahezukommen. Die epistemologische Divergenz von natürlicher Wissenschaft und Theologie wird dabei nicht verwischt. Um dem Aufweis der Verwiesenheit alles Seienden auf ein reines, unendliches Sein gerecht zu werden, diskutiert Edith Stein zunächst grundständig zentrale Aspekte der griechischen und scholastischen Ontologie und entwickelt darauf aufbauend die religionsphilosophischen Grundzüge einer Ordnung der Schöpfung. Dabei formuliert sie, ausgehend von der Lehre der transzendentalen Bestimmungen sowie der *analogia entis,* ein Verständnis des kontingent Seienden, das auf Urbilder, göttliche Ideen, verwiesen ist. Als Zielpunkt allen Seins erweist sich der sich selbst offenbarende biblische Gott, *Ich bin der Ich bin* (Ex 3,14), und daran anschließend das christlich-trinitarische Gottesverständnis.

Im weiteren Verlauf entfaltet Edith Stein die Überzeugung, dass Gott Abbild und Urbild der Schöpfung ist. Ausgehend vom Begriff der Hypostase bestimmt sie die Person als Subjekt, das über ein bewusstes und freies Ich verfügt. Als zentrale Kennzeichen des leiblich-seelisch-geistigen Lebens des Menschen führt sie dessen doppelte Verwiesenheit auf die äußere und innere Welt an. Von zentraler Bedeutung ist dabei die Seele als verbindendes Konstitutivum alles Lebendigen. Unerwartet sind die

---

[301] FG, 68. Vgl. Anm. 832.

an Dionysius Areopagita orientierten Überlegungen zur Angelologie. Am Beispiel der reinen Geister stellt Edith Stein das Ideal eines in hohem Maße freien und zugleich gemeinschaftlich-verantwortlichen Seins vor, an dem sich das Menschsein zu orientieren habe. Vor diesem Hintergrund wird das Abbildverhältnis von Schöpfer und Schöpfung nochmals vertieft. Dabei zeigt Edith Stein, nicht zuletzt in Anlehnung an Augustinus, die trinitarischen Dimensionen der Existenz der unbelebten Materie, des lebendigen unpersönlichen Seins und schließlich des Menschen samt der seinem Wesen eigenen Möglichkeit der progredienten Entwicklung hin zur mystisch-liebenden Versenkung in Gott auf.

Im abschließenden Kapitel ihres Hauptwerkes fragt Edith Stein nach dem Sinn und der Begründung des Einzelseins, von der unbelebten Materie bis hin zum Menschen. Ihrer Auffassung nach wird die Individualität durch die Form und nicht den Stoff der Dinge konstituiert. Indem sie daran erinnert, dass das Leben des Menschen seinem Ich *entquillt* und in der Tiefe durch seine Seele geprägt wird, deutet sie an, dass der Mensch nicht als Monade existiert, sondern sich in der Menschheit verwirklicht, in der die Einzelnen Glied zu Glied sind. Dabei postuliert sie eine Einheit des Menschengeschlechts, die über die unmittelbaren sozialen Kontexte hinausreicht und schöpfungstheologisch begründet ist. Die Stammeltern, vor allem aber der neue Adam, Jesus Christus, markierten die Paradigmen der Heilsgeschichte, die sich in Natur, Freiheit und Gnade realisiere. Besonders betont Edith Stein die heilsgeschichtliche Relevanz des auserwählten Volkes. Letztlich entscheidend ist ihre Auffassung, dass Christus das Haupt *aller* Menschen ist, und sein mystischer Leib die gesamte Menschheit, ja, die gesamte Schöpfung umfasst. Hier wird deutlich: Jeder Mensch ist dazu erschaffen, Glied des Leibes Christi zu sein – dies ist der Sinn seines Einzelseins. Der Aufstieg zum Sinn des Seins, so die Überzeugung Edith Steins, gelangt bei Christus, dem Haupt der Schöpfung, an sein Ziel, von ihm bekommt alles Sein den Sinn.

„[D]adurch, daß der einzelne vor Gott steht, vermöge des Ge-
geneinander und Zueinander von göttlicher und menschlicher
Freiheit, ist ihm die Kraft gegeben, für alle da zu stehen [...].“[1]

Edith Stein, Freiheit und Gnade, 1921

4. Freiheit, Glaube und Gemeinschaft als theologische Topoi

Dass die Begriffe Freiheit, Glaube und Gemeinschaft im Denken Edith
Steins von grundlegender Bedeutung sind, geht aus beinahe allen größeren
Werken hervor, die sie seit der Zeit ihrer Taufe verfasst hat. Weit weniger
klar ist, ob hinter diesen Topoi eine eigene Theologie steht, die zu untersuchen lohnenswert wäre. Edith Stein selbst jedenfalls hat sich nicht als
Fachtheologin im eigentlichen Sinn verstanden, und in der Literatur wird
bisweilen rundum angezweifelt, dass sie an einem reflektierten theologischen Denken interessiert war. So vertritt der Augsburger Philosoph Josef
Möller die These, Edith Stein sei „zu fromm“ gewesen, „um noch Theologie zu betreiben.“ Letztlich sei es nur der Tatsache, dass sie sich ganz allgemein „wenig mit Theologie beschäftigte“, zu verdanken, dass diese Diskrepanz nicht allzu augenfällig geworden sei.[2] Karl-Heinz Menke
hingegen deutet lediglich diskret an, dass Edith Stein, die in der Frage der
Rechtfertigung nicht vollends von der Theologie ihrer Zeit abgerückt ist,
eben „mehr Fachphilosophin als Theologin“[3] gewesen sei. Um einiges
pointierter, wenn auch nicht so scharf wie Möller, äußert sich Beate Beckmann-Zöller. Edith Stein, so ihre These, sei „auch nach ihrer Hinwendung
zu religiösen und religionsphilosophischen Fragen methodologisch der
Philosophie treu[geblieben]“.[4] Die Thomas-Studien Edith Steins etwa
seien zuvorderst philosophisch motiviert. Zudem gelte: „Ein Interesse an
theologischen Problemen und ein glaubwürdiges Lebenszeugnis bedeuten
noch nicht, dass ein Philosoph die wissenschaftliche Fachrichtung wech-
selt.“[5] An anderer Stelle legt Beckmann-Zöller nach: „Wenn ein bewußter

---

[1] FG, 37.
[2] Vgl. *J. Möller,* Edith Stein – Persönlichkeit und Vermächtnis, in: *W. Herbstrith* (Hg.),
Edith Stein – eine große Glaubenszeugin. Leben. Neue Dokumente. Philosophie (Annweiler 1986) 249–261, hier 259.
[3] *K.-H. Menke,* Stellvertretung oder: Die versöhnende Macht der gekreuzigten Liebe.
Edith Stein als Wegweiserin Europas, in: ESJ, Bd. 19 (2013) 61–92, hier 77.
[4] *B. Beckmann-Zöller,* Einführung der Bearbeiter, in: ESGA 9, LVI.
[5] Ebd., LVII.

Schritt vom Nicht-Glauben zum Glauben" vollzogen werde, mache dies den Philosophen noch nicht „zum Theologen".[6]

Bei genauerem Hinsehen zeigt sich allerdings, dass diese Argumentation gerade im Blick auf Edith Stein wenig hilfreich ist, und zwar weniger im Blick auf deren Selbstverständnis als Philosophin als bei objektiver Würdigung ihrer Schriften. Dies hat vor allem mit ihrem Verständnis von Christlicher Philosophie und dem Zielbegriff des *perfectum opus rationis* zu tun. Hierfür sei an einige Schlaglichter der Diskussion erinnert, die oben geführt wurde.[7] Dabei wird schnell deutlich, dass Josef Möllers Hinweis, Edith Stein habe sich nur am Rande mit Theologie beschäftigt, nicht aufrecht erhalten werden kann. Im Gegenteil hat sie sich unter Anleitung von Raphael Walzer und Erich Przywara nach ihrer Taufe sehr konsequent der katholischen Philosophie und auch Theologie zugewandt. Die Auseinandersetzung mit Newman und Thomas und die Teilhabe an der Bewegung des *ver sacrum catholicum* haben dazu beigetragen, dass sie ein Bewusstsein für Theologie und theologische Fragestellungen entwickeln konnte. Nicht zuletzt betrieb sie für ihre theologische Vorlesung *Was ist der Mensch?*, die sie für das Sommersemester 1933 als Anschlussveranstaltung an ihre philosophische Anthropologie projektiert hatte, ein Dogmenstudium, für das sie ausgiebig das Kompendium von Heinrich Denzinger konsultierte und darüber hinaus etwa die Schriften Augustins zur Frage von Freiheit und Gnade analysierte.[8] „Es war mir [...] von vornherein klar", schreibt sie im Vorwort ihres Manuskripts, „daß eine [...] ‚philosophische Anthropologie' [...] eine theologische Ergänzung fordere."[9] In dem zeitgleich entstandenen Aufsatz *Theoretische Begründung der Frauenbildung* präzisiert Edith Stein diese Programmatik, indem sie betont, dass Grundlagenfragen der Anthropologie – und auch der Pädagogik – weder rein empirisch noch allein auf der Basis philosophischer Betrachtung zu klären seien. Stattdessen stellt sie fest: „Was die natürlichen Möglichkeiten des menschlichen Verstandes übersteigt, das kann ihm das übernatürliche Licht der Offenbarung enthüllen."[10] Allerdings seien die Phi-

---

[6] Ebd., LXXX.

[7] Vgl. hierzu insbes. Kap. 2.2.

[8] Vgl. *E. Stein*, Was ist der Mensch? Theologische Anthropologie, bearbeitet u. eingeleitet v. *B. Beckmann-Zöller* (Freiburg i. Br. 2005) = ESGA 15. Sigel: WM. Da das Vorlesungsprojekt wegen der politischen Umstände nicht realisiert werden konnte, hat Edith Stein stattdessen eine literarische Ausarbeitung des Stoffes vorgelegt.

[9] Ebd., 3.

[10] *Dies.*, Theoretische Begründung der Frauenbildung, in: F, 225 f., hier 225.

losophie und Theologie ihrer Zeit derart im Umbruch, dass es schlechterdings unmöglich sei, unbesehen auf vorliegende Konzepte zurückzugreifen:

> „Unsere katholische Philosophie und Theologie hat erst seit einigen Jahrzehnten begonnen, sich aus einer jahrhundertelangen Erstarrung und Verfälschung durch rationalistische und naturalistische Einflüsse herauszuarbeiten […]. Die historisch-kritische Erschließung der Quellen hat nicht ein starres und unabänderliches Lehrsystem zutage gefördert, sondern ein höchst bewegtes Geistesleben mit Spannungen, Gegensätzen und Kämpfen."[11]

Edith Stein hat also, wie sich hier andeutet, auch in Fragen der Theologie nicht einfach unterschiedslos das Überlieferte rezipiert, sondern einen eigenen Standpunkt eingenommen, der an der katholischen Aufbruchbewegung ihrer Zeit orientiert war. Es wäre verwunderlich, wenn sich diese Grundhaltung nicht in ihren Schriften spiegeln würde. Zudem war sie überzeugt, dass sich bei der „engen Zusammenarbeit von Philosophie und Theologie", die für die Hochphasen christlichen Denkens und auch ihren eigenen Ansatz maßgeblich war, „im praktischen Wissenschaftsbetrieb eine völlige Trennung [*der beiden Disziplinen*] nicht durchführen" lasse.[12] Es wäre ein hoffnungsloses Unterfangen, einerseits sauber zwischen Philosophie und Theologie differenzieren und andererseits eine derart systematische wechselseitige Verwiesenheit konstatieren zu wollen. Im Grunde ist nicht zuletzt die schillernde Historie des Begriffs der Christlichen Philosophie geeignet, diese These zu bestätigen.[13] Überdies sei daran erinnert, dass Edith Stein ihrerseits den Aquinaten von einem Standpunkt her interpretierte, den dieser als *Theologie* bezeichnet hätte – nämlich einer theozentrischen Philosophie, die die Existenz Gottes als Basisaxiom versteht und den philosophischen Diskurs durch den Einbezug von *articuli fidei* ergänzt. Wo Edith Stein auf die *Integration* von Philosophie und Theologie setzt, bevorzugte Thomas die *Differenzierung*. Selbst die katholischen Protagonisten der Debatte der neunzehnhundertdreißiger Jahre waren sich hier uneins. Während Gilson etwa die Maxime der *révélation génératrice de raison* als legitimen Kernsatz eines Modells christlicher Philosophie deutete, lokalisierte Maritain den genuinen Ort dieses Motivs in der Theologie. Was lässt sich nun angesichts dieser Gemengelage festhalten? (1) Edith Stein sah sich selbst – auch wenn sie sich religiösen Fragen zuwandte – als

---

[11] Ebd., 226.
[12] Beide Zitate WM, 4.
[13] Vgl. hierzu EES, 20, Anm. 28.

Philosophin. (2) Dennoch besteht kein Zweifel, dass ihr Modell von Christlicher Philosophie auf dem personalen Glaubensakt gründet und ein *perfectum opus rationis* anstrebt, das Glaubensdinge einschließt. (3) Ihre theologischen Lehrer und ihr katholisches Umfeld befähigten sie zu einer eigenständigen theologischen Positionierung. (4) Ihre jüdische Herkunft und die im Lauf der Zeit zunehmende Bindung an diese Wurzeln haben sie für entsprechende Fragen sensibilisiert. Es liegt nahe, dass sie gerade auf diesem Feld eigene Positionen vertritt. (5) Edith Stein definiert die Theologie formell als Disziplin zur Feststellung und Interpretation von Offenbarungstatsachen. Die *Feststellung* von Glaubenssätzen liegt ihr in der Tat fern; an die *Interpretation* derselben wagt sie sich hingegen durchaus, etwa in der Frage der heilsgeschichtlichen Einordnung des Alten Bundes. Zudem ist nicht von der Hand zu weisen, dass die Christliche Philosophie so ausgeprägte theologische Anteile hat, dass sich *in ihr* eine Theologie verbirgt, die thematisch befragt und systematisch durchleuchtet werden kann.

Dies sei auch insofern unterstrichen, als das Anliegen, das Edith Stein in *Endliches und ewiges Sein* verfolgt, durchaus der Zielvorgabe entspricht, die Karl Rahner als Antwort auf die Frage nach der *Aufgabe der Theologie* formuliert hat. Rahner geht von der scheinbar evidenten Feststellung aus, dass die Theologie „es mit Gott zu tun"[14] hat. Erst auf den zweiten Blick wird der Anspruch und die Problematik dieses Programms deutlich:

> „Es mag schrecklich schwer sein, genauer zu deuten, wie man als endlicher Mensch von Gott reden könne, ohne daß verschwindet, worüber man reden will, wenn man anfängt, über Gott zu reden. […] Aber man kann von Gott in der Theologie reden. Der Mut zu diesem Anspruch ist für die Theologie konstitutiv. Wenn und wo sie nicht mehr von Gott in irgendeiner Weise so redet und reden kann, daß damit Gott an sich selber gemeint ist, auch wenn diese Rede stammelt und mit unzähligen Vorbehalten versehen werden muß, wenn die Rede über Gott für uns nicht eben doch im letzten eine Rede über Gott *an sich* sein wollte, oder wenn nicht wenigstens eine Rede möglich wäre über ein Dasein Gottes an sich für uns, wo immer auch diese Daseinserfahrung gemacht würde, dann wäre die Theologie durch Selbstmord gestorben."[15]

Der harte Schlusssatz Rahners erinnert nicht zufällig an die Reaktion Edith Steins auf einen Einwand gegen ihren Salzburger Vortrag *Das Ethos der Frauenberufe,* in dem sie unter anderem über religiöse Fragen, nämlich die

---

[14] *K. Rahner,* Theologie heute, in: *Ders.,* Sämtliche Werke, Bd. 30, Anstöße systematischer Theologie, bearbeitet v. *K. Kreutzer* u. *A. Raffelt* (Freiburg i. Br. 2009) 90–100, hier 93.
[15] Ebd.

übernatürliche Berufung in den Ordensstand, gesprochen hatte. Auf die Kritik von Adelgundis Jaegerschmid hin antwortete sie: „Aber dann scheint es, daß Sie das Übernatürliche überhaupt nicht einbezogen haben wollten? Doch wenn ich darüber nicht sprechen sollte, würde ich wohl überhaupt auf kein Rednerpult hinaufgehen."[16] Damit beschreibt Edith Stein einen Grundimpuls ihrer *Philosophie*, den Rahner als Maxime der *Theologie* bezeichnet hätte. Ähnliches lässt sich zumindest anteilig für *Endliches und ewiges Sein* nachweisen. Edith Stein analysiert hier, um mit Rahner zu sprechen, die Daseinserfahrung Gottes *an sich für uns* – indem sie die Welt und besonders das Wesen des Menschen phänomenologisch darstellt und mittels der *analogia entis* in Bezug zum Dasein Gottes setzt. Da sie zudem die menschliche Existenz von der Universalität des *Corpus Christi mysticum* her interpretiert und auf Zusammenhänge der Trinitätstheologie eingeht, entwickelt sie ein Modell des Sprechens von Gott, das sich seiner Vorläufigkeit bewusst ist und dennoch an *Gott an sich* ausgerichtet ist. Damit wird nicht behauptet, *Endliches und ewiges Sein* sei ein genuin theologisches Werk. Doch ist zu bedenken, dass die Übergänge von einer theologisch motivierten Philosophie hin zu einer philosophisch verantworteten Theologie fließend sein können. Jedenfalls gilt für derartige Schriften, dass sie nur dann wirklich zu entschlüsseln sind, wenn man sich ihnen *von zwei Seiten* nähert – der philosophischen *und* der theologischen.

Darüber hinaus eröffnet sich ein Zugang zur Theologin Edith Stein über ihre Rezeption des Dionysius Areopagita.[17] Dessen Schriften interpretiert sie als einen einzigen „Lobgesang auf die Größe und Liebe Gottes, durchweht und bis in den sprachlichen Ausdruck hinein geprägt vom Geist heiliger Ehrfurcht."[18] Während ihrer Exerzitien im Frühjahr 1937 notiert sie:

> „Ich war so betroffen davon, wie er das Wort ‚Theologe' gebraucht. Die Propheten nennt er so. Und sind das nicht die ursprünglichsten Theologen? Die, von Gottes Geist erfüllt und getrieben, von Gott reden. [...] Die ursprünglichste Theologie ist also *das Wort Gottes von Gott*."[19]

Theologie wird damit zu einer charismatischen, geisterfüllten, sich direkt von Gott her begründenden Rede von Gott. Dabei versteht Edith Stein den dionysischen Grundgedanken der *Hierarchie* nicht im Sinn der ver-

---

[16] Vgl. *E. Stein*, Brief an A. Jaegerschmid v. 28. 4. 1931, in: Briefe I, Br. 150, 167. (Der Brief von Adelgundis Jaegerschmid, auf den Edith Stein hier antwortet, ist nicht überliefert.) Vgl. auch *dies.*, Das Ethos der Frauenberufe, in: F, 16–29, hier 24–29.

[17] Vgl. Kap. 2.2.2.

[18] EES, 326, Anm. 42.

[19] GT II, 38.

fassungsmäßigen Hierarchie der geistlichen Dienste, sondern einer „Erleuchtung, die von Gott ausgehend das ganze Reich der geschaffenen Geister durchdringt, um sie zu Gott hinzukehren, mit Gotteserkenntnis und –liebe zu durchdringen und eben damit Gott ähnlich zu machen."[20] Die Hierarchie als solche wird demnach durch die mystische Gottesbegegnung überhaupt erst begründet. Es besteht hier also keine Spannung zwischen Amt und Charisma; der Dienst gründet auf dem Geist. Damit wird nun auch klar, warum Edith Stein von diesem Ansatz *betroffen* war – weil Dionysius einen lebendigen Begriff von Theologie vorlegt, der ihrer eigenen Spiritualität, aber auch ihrem Verständnis von Philosophie sehr nahe kommt. Wie bereits erläutert, ist der Areopagit überzeugt, dass eine positive Theologie nur am Fuße des Berges der Gotteserkenntnis möglich ist, und dass der Mensch, je höher er den Berg emporsteigt, seine Erkenntnis umso weniger in sprachliche Gestalt formen kann. Die unmittelbare Rede von Gott muss dann einer negativen und schließlich einer mystischen Theologie weichen, „die in völligem Verstummen in die Vereinigung mit dem Unaussprechlichen eingeht."[21]

Edith Stein ist überzeugt, dass dieser Ansatz „die Grundlage für jegliche menschliche Theologie" bildet.[22] Gott selbst ist demnach der Ur-Theologe, und jedes menschliche Wort über Gott muss letztlich von ihm selbst her entgegengenommen werden. Was bedeutet das für die *Symbolische Theologie,* jene erste Stufe der Selbstoffenbarung Gottes, in der der Unfassbare sich „im sichtbaren Bild und in Menschenworten kundgibt"?[23] Am Ende wohl, dass die Symbolische Theologie des Ur-Theologen gleichbedeutend mit der *ganzen Schöpfung* ist.[24]

Wenn Edith Stein in *Endliches und ewiges Sein* unter Zuhilfenahme der griechischen und scholastischen Philosophie die Verwiesenheit alles Seienden auf das eine Sein hin nachzeichnet, die Kontingenz der Schöpfung von Gott her begründet und mit der *analogia entis* den Bogen vom Endlichen zum Ewigen schlägt, folgt sie exakt dem theologischen Weg des Dionysius, dem Gesetz des „Ausgehens und Zurückkehrens". Ebenso wie dem Areo-

---

[20] Ebd. Vgl. hierzu auch WGE, 25.
[21] Ebd., 29.
[22] *V. Ranff,* Pseudo-Dionysius Areopagita im Werk Edith Steins, 27.
[23] WGE, 45.
[24] Vgl. hierzu *V. Ranff,* Pseudo-Dionysius Areopagita im Werk Edith Steins, 35: „Die heiligen Schriftsteller haben ein ursprüngliches Verständnis für diese ‚natürliche Offenbarung'. Äußere Bilder werden durch innere erläutert. Auf dem geistigen Aufstiegsweg folgt der Glaube."

pagiten geht es auch ihr darum, „alles Geschaffene zum Schöpfer zurückzuführen."[25] Ganz in diesem Duktus definiert sie in den *Wegen der Gotteserkenntnis* „das Ziel aller Theologie: den Weg zu Gott selbst freizumachen."[26] Damit wird klar, dass sie den Untertitel ihres *opus magnum, Versuch eines Aufstiegs zum Sinn des Seins,* mit Bedacht gewählt hat. Denn am Ende kann die Erkenntnis Gottes nicht mehr über das geschriebene oder gesprochene Wort vermittelt werden. Zwar machen die Bilder und Worte der Symbolischen Theologie das Unsagbare sagbar –

> „[a]ber wichtiger noch ist das innere Berührtwerden von Gott ohne Wort und Bild. Denn in dieser persönlichen Begegnung findet das intime Kennenlernen Gottes statt, das erst die Möglichkeit gibt, ‚das Bild nach dem Original zu gestalten'."[27]

Was also darf man sich davon erwarten, wenn die Begriffe Freiheit, Glaube und Gemeinschaft als *theologische Topoi* aufgefasst und untersucht werden? Immerhin hat Edith Stein ja trotz aller Nähe zur Theologie, und hier besonders dem Modell des Dionysius, weder theologische Traktate verfasst noch Fragestellungen der Soteriologie, Ekklesiologie oder Religionstheologie gezielt und systematisch entwickelt. Dennoch besteht kein Zweifel, dass auf der Grundlage ihres Schrifttums theologisch relevante Überlegungen zusammengeführt und einer näheren Analyse unterzogen werden können. Dabei geht es weniger um den Nachweis und die ausgiebige Diskussion der von Edith Stein zu Rate gezogenen Quellen als um die Herausarbeitung der Intention und des Kerns ihres theologischen Fragens. Dies allerdings wird nicht mit einem Anspruch auf Vollständigkeit verbunden; es kann hier lediglich darum gehen, erste Perspektiven zu eröffnen, Zusammenhänge aufzuzeigen und Querverbindungen anzudeuten. Doch schon anhand der angeführten Beispiele entsteht das Bild einer auch theologisch versierten Denkerin, die originäre Lösungswege anstrebte – und formulierte.

---

[25] WGE, 25.
[26] Ebd., 51.
[27] Ebd., 49.

> *„Das freie Subjekt muß [...], um mit seiner Freiheit etwas*
> *anfangen zu können, sie – jedenfalls teilweise – aufgeben*
> *[...]."*[28]*„Dennoch wird das, was wir ‚Individualität'*
> *nannten, das Eigenste der Seele, nicht ausgelöscht. [...].*
> *Diese Individualität ist intangibilis."*[29]

Edith Stein, Freiheit und Gnade, 1921

4.1. Freiheit

Die kürzeste Definition, mit der Edith Stein die Freiheit des menschlichen Geistes beschreibt, findet sich in ihrer Münsteraner Vorlesung zur philosophischen Anthropologie und lautet: „‚Er kann' – d. h. er ist *frei."*[30] Damit weist sie auf gleich zwei Varianten freien Handelns hin, nämlich einerseits das menschliche Vermögen, die eigenen *intellektuellen Fähigkeiten* willentlich und gezielt einzusetzen, und andererseits die Freiheit, bestimmte *Gefühle* zuzulassen oder zu unterbinden. Dabei ist die Freiheit im Sinn Edith Steins keine Option, die dem Menschen uneingeschränkt offenstünde. Die Freiheit des Einzelnen realisiert sich immer unter der Maßgabe eines vorgegebenen Rahmens innerer und äußerer Bedingungen, die die individuelle Existenz des Menschen prägen. Wenn Edith Stein vom freien Menschen spricht, postuliert sie also keine absolute Autonomie des Individuums, sondern geht von einem „Zusammenspiel von Passivität und Aktivität, von Ergriffenwerden und Freiheit"[31] aus.

Dabei ist entscheidend, dass Edith Stein die Freiheit sowohl als Thema der philosophischen Lehre vom Menschen wie auch der Theologie versteht. Das Sein des Menschen hat seinen Sinn darin, so ist sie überzeugt, Glied des *einen* mystischen Leibes Christi zu sein. Mittels der Freiheit verfüge der Mensch über die Fähigkeit, sein natürliches Sein zu transzendieren und auf den Anruf der Gnade zu antworten.[32] Dabei geht

---

[28] FG, 13.

[29] Ebd., 26. Vgl. Anm. 789.

[30] *E. Stein*, Der Aufbau der menschlichen Person. Vorlesung zur philosophischen Anthropologie, bearbeitet u. eingeleitet v. *B. Beckmann-Zöller* (Freiburg i. Br. [2]2010) = ESGA 14. Sigel: AMP, 81. Ganz ähnlich heißt es an anderer Stelle in diesem Text: „Was besagt Freiheit? Es besagt dasselbe wie das: Ich *kann."* Ebd., 79.

[31] Ebd., 82.

[32] Vgl. hierzu Kap. 3.1.1.

es, wie Edith Stein in *Potenz und Akt* hervorhebt, zunächst darum, dass das Subjekt die Möglichkeit, von sich aus zu einem höheren Seinsmodus überzugehen, nicht durch sich selbst, sondern *empfangen* hat. Das Sein des Menschen und seine Freiheit sind ihm vom Schöpfer gegeben.[33] In diesem Sinn soll hier die theologische Bedeutung des Freiheitsbegriffs diskutiert werden. Dabei wird sich zeigen, dass es sich um einen Schlüsselbegriff der theologischen Anthropologie und damit auch der Soteriologie Edith Steins handelt.

Zuvor sei aber grundsätzlich gefragt, was Edith Stein unter menschlicher Freiheit versteht. Einen wichtigen Hinweis hierzu liefert sie in *Potenz und Akt,* wo sie drei Dimensionen der Freiheit definiert. Dass sie sich dabei der thomistischen Terminologie bedient, ändert nichts daran, dass die Bedeutungsvarianten schon jeweils für sich genommen, umso mehr aber in Summe, die Rede von der freien Selbstgestaltung menschlichen Lebens rechtfertigen – auch wenn die konkreten Wahl-Entscheidungen der Individuen im Kontext von Vorgaben erfolgen, die der Einzelne nur mittelbar beeinflussen kann: „Jeder Akt hat einen Gehalt [...], und die Gehalte kann sich das Subjekt nicht selbst geben, es kann sich nur mit seinem Sein diesem oder jenem evtl. in freier Wahl hingeben."[34] Unter der Voraussetzung dieser Bedingung führt Edith Stein aus:

(1) Freiheit bezeichnet die Fähigkeit des Menschen, unter gewissen Umständen „von sich aus vom niederen zum höheren Seinsmodus überzugehen",[35] also die natürliche Seinsweise des Wechselspiels von Impression und Reaktion, den von außen gesetzten Rahmen, den Edith Stein in *Freiheit und Gnade* darstellt, aufzubrechen und das Leben selbst in die Hand zu nehmen.

(2) In einem weiteren Sinn ist Freiheit die Möglichkeit, „von der ursprünglichen Form des Bewußtseins, in der es zum momentanen Sein der Person gehört, zu einer andern überzugehen, zu einem eigenen Akt der Reflexion, in dem die Person sich selbst und ihrem Akt gegenübertritt."[36] Hier geht es um das Vermögen des Menschen, seine Umgebung und Bedürfnisse nicht nur sinnlich wahrzunehmen, sondern das eigene Sein und dessen freiheitliche Konstitution im Kontext verschiedener Relationen zu reflektieren. Der Mensch, der sich der Gabe der Freiheit bewusst ist,

---

[33] Vgl. hierzu PA, 228.
[34] Ebd.
[35] Ebd., 229. Vgl. hier auch die Angaben zu allen drei Varianten des Freiheitsbegriffs.
[36] Ebd.

kann gezielt eine Entwicklung anstreben und Schritte einleiten, die ihm einen noch höheren Grad an Freiheitlichkeit ermöglichen.

(3) Schließlich vermag es der Mensch, mittels seiner freien Willensentscheidung „mit einem Mehr oder Minder der eigenen Substanz in die wechselnde Aktualität einzutreten und diese Aktualität durch eine Wahl zwischen den möglichen akzidentiellen Spezies selbst zu bestimmen."[37] Hinter dieser – zugegeben thomistisch verklausulierten – Formulierung verbirgt sich die Befähigung, bestimmte in der Seele grundgelegte Anlagen und Talente aufgrund eigener freier Entscheidung von der Potenzialiät zur Aktualität zu überführen und gleichzeitig die Realisierung anderer Eigenschaften einzugrenzen. Dies kann beispielsweise durch die bewusste Formung der je eigenen Lebensrealität gelingen, die Entscheidung für oder gegen die Realisierung von Akten im Rahmen der Möglichkeiten, die dem Subjekt offenstehen. Auf lange Sicht haben diese Entscheidungen signifikante Konsequenzen für die Frage, welche Potenzen des Subjekts tatsächlich und dauerhaft realisiert werden und ob eine Entwicklung der Person hin zu neuen Seinsformen, einem neuen *Habitus,* stattfindet oder nicht. So hat etwa die freie Hinwendung des Menschen zu Akten des Gebets, die bewusste Auseinandersetzung mit dem Mitmenschen, der Musik oder vielem anderen nicht nur Konsequenzen für die unmittelbare Aktualität seines Tuns, sondern auch die Formung seines Charakters und seiner ganzen Existenz.[38]

Hintergrund all dieser Überlegungen ist der scholastische Grundsatz der *anima forma corporis.* Zunächst ist damit nichts anderes gesagt, als dass der menschliche Körper durch die Seele, seine innere Form, zum Organismus gestaltet wird; der Leib wird „geformt als Schauplatz seelischen Geschehens und Organ zur Entgegennahme der äußeren Welt."[39] Hinzu kommt aber, dass der Mensch in einem anderen Sinn als etwa das Tier *frei* über seinen Leib verfügt. Seine Seele ist „Form des Leibes und Akt für seine Potenz";[40] er ist den Reaktionen seines Leibes nicht einfach ausgeliefert, sondern innerhalb bestimmter Grenzen Herr darüber. Er kann in frei-bewusster Tätigkeit seine Umwelt gestalten, wodurch „wiederum rückwirkend [sein] Leib und [seine] Seele Gestaltung erfahren."[41]

Bezeichnenderweise spielt in diesem Freiheitsdiskurs der Gedanke der

---

[37] Ebd.
[38] Vgl. hierzu ebd.
[39] Ebd., 230.
[40] Ebd.
[41] Ebd., 231. Vgl. ausführlich ebd., 229–235.

Autonomie keine Rolle. Edith Stein geht hier also weder auf die Moral-philosophie Kants ein, noch zeigt sie ein Interesse an dessen kritischer Rezeption durch die Neuscholastik, die der Autonomie *der Person* eine Autonomie *der Werte* gegenübergestellt hat.[42] Stattdessen legt Edith Stein, wie gesagt, besonderes Gewicht darauf, dass die menschliche Freiheit sowohl hochpotent als auch bedingt und gebunden ist. Zugleich zeigt sie sich überzeugt, dass die richtig zur Anwendung gebrachte Freiheit weder in die Willkür noch – um mit Heidegger zu sprechen – in die Verlorenheit des Man führe, sondern auf die *Grundbeziehungen* des Menschen hingeordnet sei: zu sich selbst, der Welt, anderen Personen und der Transzendenz Gottes.[43] Umso wichtiger ist es, wie das Subjekt das ihm gegebene Vermögen der Freiheit einsetzt:

> „Was es von seiner Freiheit opfert und was es davon bewahrt, wofür es das Geopferte hingibt und welchen Gebrauch es von dem Bewahrten macht, das entscheidet über das Schicksal der Person.“[44]

Wenn der Mensch zu echter Freiheit gelangen möchte, ist er demnach gehalten, den Wunsch nach Verwirklichung einer möglichst weitgehenden Individualität und eines selbstherrlichen *Seins aus sich selbst* zu überwinden und sich für *eine* der Optionen zu entscheiden, die ihm offenstehen. Aus der Betonung der Freiheit im Sinn eines essentiellen Kerns der Anthropologie folgt im Umkehrschluss also keineswegs, dass der Mensch eine letztlich monadische Existenz sei. Im Gegenteil ist Edith Stein überzeugt, dass das Subjekt seine Freiheit gerade dann in einem Höchstmaß realisiert, wenn es sich an eine personale Sphäre, im Idealfall das Reich der Höhe, bindet.[45] Dies hat zur Konsequenz, dass das frei handelnde Subjekt *Verantwortung* übernimmt: sich selbst, der Gemeinschaft – vom sozialen Kontext bis hin zur globalen Dimension, auch über die Generationen und Zeiten hinweg – und der gesamten belebten und unbelebten Schöpfung gegenüber.

---

[42] Gleichwohl wäre es lohnend, die Position Edith Steins in der Frage der Autonomie im Kontext der Kantischen Philosophie einerseits und der nachkonziliaren (vgl. GS 36) theologisch-ethischen Debatte zu Autonomie und Theonomie andererseits zu diskutieren.

[43] Vgl. *C. M. Wulf*, Frei in Beziehung – in Würde frei. Zur originellen existentiellen Anthropologie Edith Steins, in: ESJ, Bd. 22 (Würzburg 2016) 157–174. Vgl. auch ausführlich *dies.*, Freiheit und Grenze. Edith Steins Anthropologie und ihre erkenntnistheoretischen Implikationen (Vallendar 2002), bes. 339–356.

[44] FG, 13.

[45] Vgl. *C. M. Wulf*, Frei in Beziehung – in Würde frei, 171–173.

Ohne die Freiheit wäre der Mensch nicht in der Lage, sich aktiv am Geschehen des Aufstiegs zum Sinn des Seins zu beteiligen. Sie steht mit dafür Pate, wenn die Menschheit „Höheres und Niederes in sich verbindet".[46] Gleichzeitig erlebt sich das Subjekt in der Erfahrung des eigenen Freiseins als verwiesen auf das reine, göttliche Sein. Es verfügt zwar über die „Freiheit, sein gegenwärtiges und künftiges Leben zu bestimmen, aber diese Freiheit erhebt sich auf einem Grund von Unfreiheit: Es findet sich ‚ins Dasein gesetzt', nicht durch sich selbst daseiend". Durch diese Begrenztheit und Gebundenheit an Vorgegebenes weist das Subjekt auf ein absolutes Sein hin, das nicht mehr begrenzt und „ein Prinzip im Sinne des Ursprünglichen und Unbedingten" ist.[47]

4.1.1. Christliche Freiheitstheorie bei Delp, Maritain und Stein

Der hohe Stellenwert, den Edith Stein der Freiheit einräumt, hat mit einer doppelten Dynamik zu tun: der Entfaltung des Menschseins und der Relation von Mensch und Gott. Dabei geht es ihr um eine Darstellung, die sowohl phänomenologisch präzise als auch christlich fundiert ist. Nicht zuletzt ist sie überzeugt, dass dem Menschen als mit Selbstbewusstsein und Freiheit ausgestatteter Person eine besondere Verantwortung im Kontext der Schöpfung zukommt. Erst die Freiheit macht den Menschen im eigentlichen Sinn zum *imago Dei*.[48] Gleichzeitig ist die Realisierung der Freiheit in hohem Maße an vorgegebene kontingente Gegebenheiten und – aus theologischer Perspektive – an die Gnade Gottes gebunden. Beide Aspekte sind für den Aufstieg zum Sinn des Seins relevant. In gewisser Weise steht die Freiheit also für die Befähigung, *frei auf etwas Gegebenes zu antworten.*

---

[46] EES, 441. Vgl. Anm. 1063.

[47] Beide Zitate PA, 244. Der zuletzt angesprochene Aspekt ist nicht nur für die religionsphilosophische Diskussion, sondern auch die Verdeutlichung des Standpunkts Edith Steins in der Idealismus-Realismus-Debatte relevant. Das Nicht-aus-sich-selbst-heraus-Sein des Menschen, die Vorgaben, in die er sich hineingestellt sieht, werden von Edith Stein als Indizien gedeutet, dass nicht die „objektive Gesetzlichkeit des Bewußtseinslebens" allein „für die Unabhängigkeit der Dingwelt" ursächlich ist. Vgl. hierzu *H. R. Sepp*, Edith Steins Position in der Idealismus-Realismus-Debatte, 26.

[48] Damit kann man auch umgekehrt die Frage des *imago Dei* als hermeneutischen Schlüssel zum Begriff der menschlichen Person bei Edith Stein lesen. Vgl. *C. Betschart*, Unwiederholbares Gottessiegel, 345. Vgl. hierzu ausführlich ebd., 124–131.

Neben der phänomenologischen Analyse konzentriert sich Edith
Stein auf die Rezeption der Protagonisten der christlichen Freiheitstheorie, allen voran Augustinus und Thomas von Aquin, die sie im Laufe
der Zeit zunehmend aus der Perspektive der teresianischen Spiritualität
heraus interpretiert. Damit bewegt sie sich ganz auf der Linie ihres
Konzepts von Christlicher Philosophie, wobei in der Dynamik von Natur, Freiheit und Gnade immer auch der aristotelisch-thomistische
Grundsatz von Potenz und Akt mitzudenken ist. Edith Stein fragt nach
den Bedingungen, unter denen die im Menschsein angelegte Freiheit
von einer potenziellen zu einer aktuellen werden kann. Es zeigt sich,
dass der Mensch nicht von Beginn an im eigentlichen Sinn frei, dass er
aber sehr wohl dazu befähigt ist, einen intellektuell und geistlich anspruchsvollen Weg zu gehen, der es ihm erlaubt, seine Freiheit in zu-
nehmendem Maße zu realisieren. Dieser Gedanke wird auch von anderen zeitgenössischen christlichen Denkern betont, etwa von Jacques
Maritain oder Alfred Delp, deren Freiheitstheorien hier insofern relevant sind, als sie vor demselben kulturhistorischen Hintergrund wie
die Überlegungen Edith Steins entwickelt wurden: Beide argumentieren
im Rahmen eines klassischen christlichen Freiheitsverständnisses, setzen
sich aber auch mit neuerer Philosophie und den gesellschaftlichen und
politischen Gegebenheiten im Europa ihrer Tage auseinander. Für die
Herausarbeitung und Betonung einiger Spezifika des Stein'schen Modells sind sie daher gut geeignet.[49]

Maritain skizziert in einem Beitrag aus dem Jahr 1940, den er pro-
grammatisch mit *The Conquest of Freedom* überschreibt, die Grundzüge
der Freiheit im Sinn der paulinisch verstandenen Autonomie der Entfaltung der menschlichen Person (Röm 2,14).[50] Maritains Nähe zum Ansatz
Edith Steins liegt unter anderem in der Betonung der natürlichen Gebundenheit des Menschen, die gleichzeitig die entscheidende Herausforderung der Freiheit markiert:

---

[49] Von den Werken Alfred Delps hat Edith Stein, soweit bekannt, nur die Schrift *Tra-
gische Existenz* (1935) über die Philosophie Martin Heideggers zur Kenntnis genommen, zu der sie einige – kritische – Anmerkungen zu Papier gebracht hat. Vgl. EES,
463 und 483.

[50] *J. Maritain*, The Conquest of Freedom, in: *R. N. Anshen*, Freedom its Meaning
(New York 1940) 631–652. Im Folgenden werden nur einzelne Aspekte der Freiheitstheorie Maritains aufgegriffen. Einen kompakten systematischen Überblick bietet *Joseph de Finance* in dem Beitrag *La philosophie de la liberté chez Maritain*, in: Recherches et débats, Bd. 19 (1957) 95–116.

„[H]uman free will does not exclude but presupposes the vast and complex dynamism of instincts, tendencies, psycho-physical dispositions, acquired habits, and hereditary traits, and it is at the top point where this dynamism emerges in the world of spirit that freedom of choice is exercised, to give or withhold decisive efficacy to the inclinations and urges of nature."[51]

Das Eingebundensein des Individuums ist demnach mehr als nur eine Einschränkung des Raums der Freiheit, denn gerade an diesen Begrenzungen und Beeinflussungen des Menschseins setzt die Freiheit an. Auch im Blick auf den Freiheitsbegriff Edith Steins liegt es nahe, von einer *bedingten* und *inhaltlich ausgerichteten* Freiheit zu sprechen, bei der es um ein Wählen im Kontext klarer Vorgaben geht.[52]

Dabei bezieht sich die Kontextualität der Freiheit nicht nur auf einen äußeren Handlungsrahmen, sondern auch auf den konkreten Menschen selbst, der sich jeweils unter Maßgabe seiner psychischen Konstitution und individuellen Geschichte vor die Wahl gestellt sieht. Jeder freie Akt ist in eine spezifische Motivationslage eingebettet. Allerdings ist Edith Stein überzeugt – und dies ist eine notwendige Voraussetzung der Möglichkeit echter Freiheit –, dass die gegebenen Bedingungen, anders als es die neuzeitlichen Verfechter eines mechanistischen physikalischen Modells diskutieren, nicht als geschlossenes Netz von Kausalzusammenhängen zu verstehen sind.[53]

Eine ähnliche Analyse wie Edith Stein und Jacques Maritain liefert Alfred Delp in seiner posthum veröffentlichten Schrift *Der Mensch vor sich selbst*. Deren Genese in den Jahren des Zweiten Weltkriegs ist zwar etwas unklar, doch handelt es sich jedenfalls um Überlegungen, die für Delp während seiner letzten Lebensjahre hochbedeutsam waren.[54] Wie Edith Stein war auch er Konvertit und zeitlebens an Fragen der Gemein-

---

[51] *J. Maritain*, The Conquest of Freedom, 633. „Der freie Wille des Menschen schließt die enorme und komplexe Dynamik der Instinkte, Tendenzen, psycho-sozialen Dispositionen, erworbenen Angewohnheiten und ererbten Eigenschaften nicht aus, sondern setzt diese im Gegenteil voraus; und genau dort, wo diese Dynamik in der Welt des Geistes hervortritt, ist es die Sache der Freiheit, den Dispositionen und dem Drängen der Natur entweder nachzugeben oder sie in ihrem Fortgang zu hindern."

[52] Vgl. *C. Betschart*, Liberté et union mystique, in: *Ders*. (Hg.), La liberté chez Edith Stein (Toulouse 2014) 161–185, hier 170: „la liberté conditionnée et orientée". Vgl. auch ebd.: „[T]out choix implique une détermination et par conséquent une limitation [...]." Siehe ausführlich ebd., 170–175.

[53] Vgl. hierzu die Abhandlung Psychische Kausalität, in: Beiträge, 5–109, bes. 29–53. Diesen Aspekt unterstreicht auch Christof Betschart: „[J]e suis motivé, mais non pas déterminé, dans mon agir." *C. Betschart*, Liberté et union mystique, 173.

[54] *A. Delp*, Der Mensch vor sich selbst, in: *Ders*., Gesammelte Schriften, hg. v. R. Blei-

samkeit seiner Herkunftskonfession – in seinem Fall: des Protestan-
tismus – mit dem Katholizismus interessiert. Zugleich war er sensibel
für die gesellschaftlichen Entwicklungen seiner Zeit.[55] Dies spiegelt sich
in dem genannten Manuskript wider, in dem er die Grundzüge einer
theologischen Anthropologie entfaltet. Dabei steht für ihn außer Frage,
dass der Mensch über Freiheit und Entscheidungsmacht verfügt, sein Leben aktiv zu gestalten. Jedoch:

> „[E]r kann sich im allgemeinen Raum aber auch entdecken als wertloses
> Glied, als Stück der Masse, als Mittel zu einem Zweck, als Nummer einer
> Kolonne, einer Apparatur, als Funktion der großen Maschine, als die das Le-
> ben sich manchmal maskiert und in die es entartet."[56]

Delp spricht – mit Heidegger – vom Menschen „im Wirbel", der von
fremdem Geschehen, fremden Ordnungen und Entscheidungen bestimmt
wird und dessen geistiges Leben sich im „Man sagt" vorgefertiger Mei-
nungen und Urteile erschöpft.[57] Dieser „Verschüttung des Lebens",[58]
die das Individuum zum Spielball äußerer und für sich genommen sinn-
leerer Maßstäbe der Organisation, des Tempos oder der Präzision mache,
müsse der Mensch, so Delp, mit aller Kraft entgegenwirken.

Die Parallele der Ausgangsbedingungen menschlichen Seins bei Maritain, Delp und Edith Stein liegt auf der Hand. Wenn letztere von der Passivität und Unfreiheit des Getriebes des natürlich-naiven seelischen
Lebens spricht, das, obwohl menschlich, einer tierischen Seinsstufe
gleichkomme,[59] betont Maritain, dass der Mensch,

> „though a person and therefore independent because he is a spirit, is, how-
> ever, by nature at the lowest degree of perfection and independence because he
> is a spirit united substantially with matter and implacably subject to a bodily
> condition."[60]

---

stein, Bd. 2, Philosophische Schriften (Frankfurt a. M. 1983) 475–556. Vgl. bes. die
editorische Notiz in ebd., 475.

[55] In diesem Sinn bezeichnet Bertsch Delps Engagement für den Menschen und die Gesellschaft als dessen Grundthema: „[D]as, was in anderem Kontext ‚die soziale Frage'
genannt wird und dies unter dem Stichwort [...] ‚nach Gottes Ordnung und in Gottes
Freiheit'." *L. Bertsch*, „Nach Gottes Ordnung und in Gottes Freiheit". Lebenszeugnis
und Glaubensvision von Alfred Delp, in: *G. Fuchs* (Hg.), Glaube als Widerstandskraft.
Edith Stein, Alfred Delp, Dietrich Bonhoeffer (Frankfurt a. M. 1986) 92–119, hier 93.

[56] *A. Delp*, Der Mensch vor sich selbst, 478.

[57] Vgl. ebd., 479. Siehe auch HeiGA 2, § 38.

[58] *A. Delp*, Der Mensch vor sich selbst, 479.

[59] Vgl. FG, 10 f.

[60] *J. Maritain*, The Conquest of Freedom, 637. Der Mensch befindet sich, so Maritain,

Bei Maritain und Delp lassen sich auch spezifische Nuancierungen erkennen. Vergleichsweise deutlich betont vor allem Maritain die Notwendigkeit, die je eigene Freiheit aktiv und auf der Grundlage menschlichen
Vermögens zu erlangen, während Edith Stein stärker auf die karmeli-
tisch-teresianische Spiritualität und damit das *Empfangen* der Freiheit
im Sinne eines Resultats der inneren Verbindung des Menschen mit
Gott setzt.[61] Zudem ist der Zugang Maritains ausgesprochen diskursiv
angelegt; sowohl zeitgenössische Philosophien als auch politisch-gesellschaftliche Ideologien thematisiert und kritisiert er unmittelbar („[p]le-
beian totalitarianism, either under the Soviet Communist or German
Nazi form"[62]). Delp wiederum diskutiert den Freiheitsgedanken ganz
im Blick auf die Anthropologie; er zeigt auf, was es bedeutet, wenn der
Mensch zu sich selbst kommt, sich nicht mehr treiben und von außen be-
stimmen lässt, sondern zu seinem eigentlichen Sein und Sinn vorstößt.
Der Ansatz Edith Steins geht darüber insofern hinaus, als es ihr schon in
Freiheit und Gnade nicht nur um den Menschen allein, sondern um die
Ordnung der Schöpfung *als Ganzes* geht. Zudem verdeutlicht sie die
Freiheitsthematik am Beispiel rein geistiger Wesen; die Vollendung und
zugleich das Urbild allen Freiseins sieht sie in der Freiheit Gottes gegeben. Hier wird deutlich, dass ihre Perspektive, wie die Maritains und
Delps, von vornherein eine gläubige ist. Die Freiheit des Menschen markiert bei Edith Stein eine Art Scharnier im Zueinander von kontingentem
menschlichen Sein und dem Absoluten. Der Mensch sieht sich angesichts
seiner begrenzten Kräfte vor die Notwendigkeit gestellt, eine Wahl zwischen den Möglichkeiten zu treffen, die sich ihm darbieten, um seinem
Leben eine Richtung zu geben.[63]

„obwohl er als Person und insofern als Geist unabhängig ist, seiner Natur nach zunächst einmal auf dem niedrigsten Stand der Vollkommenheit und Unabhängigkeit,
da er als Geist mit der Materie verbunden und unversöhntes Subjekt einer körperlichen
Existenz ist."

[61] Vgl. hierzu Maritain: „The true conquest of supreme and absolute freedom is to be
made free by Subsistent Freedom and to consent freely to it." Ebd., 647. Edith Stein
hingegen betont konsequenter als Maritain, dass der höchste Grad der Freiheit nicht
unmittelbar durch die freie Zustimmung des Menschen zur Freiheit, sondern erst durch
dessen Bindung an Gott möglich wird.

[62] Ebd., 646.

[63] Vgl. *C. Betschart,* Liberté et union mystique, 173: „Des choix sont nécessaires pour
donner une direction à ma vie et pour éviter de disperser les forces limitées à ma dis-
position."

Dabei liegt es unabhängig von allen religiösen Erwägungen nahe, grundlegende Entscheidungen unter Beachtung der individuellen Fähigkeiten und Situiertheit zu treffen. Das anzustrebende Ziel wäre ein Standpunkt, von dem aus der Mensch sein Leben *aus eigenem Antrieb heraus* und nicht fremdgeleitet zu lenken imstande ist. Die Voraussetzung hierfür ist jedoch, wie Christof Betschart betont, „une obéissance à son propre être",[64] der Gehorsam dem eigenen Sein gegenüber. Zwar liegt es in der Natur der freien Wahlmöglichkeit, dass der Mensch sich für eine Lebensweise entscheiden kann, die seinem Sein, etwa dem körperlichen Wohlergehen, *nicht* angemessen ist – etwa durch exzessiven Konsum von Rausch- und Genussmitteln oder die Vernachlässigung privater oder geistlicher Bedürfnisse –, doch führen derartige Wahlentscheidungen am Ende eben nicht zu einem befreiten, sondern zu einem sich verengenden Leben.[65] Das Verhältnis von scheinbar einschränkendem Gehorsam und echter Freiheit stellt sich bei näherem Hinsehen also anders dar als möglicherweise vermutet: Bei der Wahl des richtigen Ziels kann ausgerechnet der Gehorsam zu einem Zustand des Befreitseins und umgekehrt ein scheinbar freies, individuelles Verhalten zur Unfreiheit führen. Von hier aus liegt es *für den Gläubigen* nahe, den Gehorsam gegenüber dem Willen Gottes als entscheidende Wegmarke in Richtung eines befreiten Lebens zu betrachten:

> „[D]ans la fois, je suis certain que Dieu veut mon bien et qu'en voulant Dieu et en lui obéissant, je veux en même temps, indirectement, le bien de ma propre vie. Cette obéissance à Dieu deviendra obéissance à l'Église, comme Henri de Lubac le montre dans sa méditation sur l'Église. [...] Mais pour que l'obéissance à Dieu et à l'Église ne soient pas une abdication à la liberté, la foi est nécessaire."[66]

Der Gedanke, dass der Mensch zu höchster Freiheit gelangt, wenn er sich an das Reich Gottes bindet, findet sich im Grundsatz aber auch bei Maritain und Delp. Gerade letzterer formuliert pointiert: „Die Geburtsstunde der menschlichen Freiheit ist die Stunde der Begegnung mit

---

[64] Ebd., 174.
[65] Vgl. ebd.
[66] Ebd.: „Im Glauben bin ich überzeugt, dass Gott mein Bestes will, und dass ich, indem ich Gott anstrebe und ihm gehorsam sein möchte, zugleich das Beste für mich selbst will. Dieser Gehorsam Gott gegenüber wird, wie Henri de Lubac in seiner Meditation über die Kirche zeigt, zu einem Gehorsam gegenüber der Kirche. [...] Damit dieser Gehorsam Gott und der Kirche gegenüber keinen Verzicht auf die Freiheit bedeutet, bedarf es des Glaubens."

Gott."[67] Die christliche Maxime, dass der Mensch nicht nur auf sich selbst und das eigene Leistungsvermögen, sondern auf Gott vertraut und sich an dessen All-Güte und Liebe orientiert, birgt für Delp ein entscheidendes Potential zur Humanisierung des Menschseins. Alle drei Denker sind sich darin einig, dass es gilt, ein scheinbares Paradoxon zu realisieren. Die Menschwerdung ist *dann* im höchsten Maße möglich, wenn der Mensch darauf verzichtet, sich selbst zum Maßstab des Seins zu machen. So heißt es bei Maritain:

> „The mystery [...] is that the supreme freedom and independence of man are won by the supreme spiritual realization of his dependence, his dependence on a Being who being life itself vivifies, and being freedom itself liberates, all who participate in His essence."[68]

Das ändert nichts daran, dass die Geschichte des Menschseins eine ist, in der an zentraler Stelle „die Freiheit des Menschen zu stehen und zu bestehen hat".[69] Dabei betont Delp die *doppelte* Verwiesenheit des Menschen, der, um zu sich selbst zu kommen, einerseits den Gang durch den dunklen Weg der Welt auf sich nehmen muss und andererseits der Anbindung an das Absolute bedarf. Dem Menschen geht, so Delp,

> „gerade im Weg-von-sich-selbst in die Welt das Seinsganze auf, der innerweltliche Kosmos als Ordnung und Fügung und die Transzendenz, der Überstieg ins Absolute. [...] Zweifach muß der Mensch von sich weg: in die Welt, aber vollziehend, entscheidend, aus der eigenen Mitte; und in die Transzendenz, den endgültigen Raum, aber wieder nachvollziehend, bewußt bejahend und entscheidend; und nur in diesem doppelten Abschied findet er sich selbst echt und unverkürzt."[70]

Im Zentrum dieses *theonomen Humanismus* steht die Idee, dass die (Mit-)Menschlichkeit gerade dann realisiert werden kann, wenn sich der Mensch dem Willen und Gesetz Gottes annähert. Der Mensch ist demnach menschlich, „weil er an Gott und seine Ordnung gebunden ist und nur so der Welt als Gottes Schöpfung in Freiheit begegnen kann [...]."[71]

---

[67] A. *Delp*, Meditation: Epiphanie 1945, in: *Ders.*, Gesammelte Schriften, hg. v. R. *Bleistein*, Bd. 4, Aus dem Gefängnis (Frankfurt a. M. 1984) 215–224, hier 217.

[68] *J. Maritain*, The Conquest of Freedom, 647: „Das Geheimnis besteht darin, dass der Mensch seine höchste Freiheit und Unabhängigkeit gerade durch die größtmögliche geistliche Realisierung seiner Abhängigkeit gewinnt, der Abhängigkeit von einem Sein, dessen Leben alle lebendig macht und dessen Freiheit alle befreit, die an Seinem Wesen teilhaben."

[69] A. *Delp*, Der Mensch vor sich selbst, 507.

[70] Ebd., 553.

[71] L. *Bertsch*, „Nach Gottes Ordnung und in Gottes Freiheit", 117.

Zum Abschluss von *Der Mensch vor sich selbst* greift Delp einen Vers des Evangelisten Lukas auf: „Wer sein Leben zu bewahren sucht, wird es verlieren; wer es dagegen verliert, wird es gewinnen." (Lk 17,33) Hierbei handele es sich um „ein Wort und ein Gesetz der Wirklichkeit als solcher, […] wer es vollzieht, wird sich und das Ganze besitzen."[72] Edith Stein ruft bezeichnenderweise dasselbe Bibelwort auf, um zu verdeutlichen, dass der Mensch nur dann zur vollen Freiheit gelangt, wenn er sich in Freiheit an ein personales Reich bindet.[73] Die scheinbare Paradoxie, die das Bibelwort illustriert, ist von Anfang an im Begriff der Freiheit verankert: Selbst wenn das Ich auf dem Gebiet des geistigen Lebens mittels seiner Freiheit „wirklich aus sich heraus etwas zu erzeugen"[74] vermag, ist die Freiheit dem Menschen von außen *„gegeben"* – „und jede Tat [*der Freiheit*] ist Antwort auf eine Anregung und Ergreifen eines Dargebotenen."[75] Die Freiheit, so Edith Stein, ist dem Menschen von Gott geschenkt, und nur wenn sich der Mensch seinerseits in Freiheit an den Schöpfer bindet, kann er ein Höchstmaß an Freiheitlichkeit realisieren.

4.1.2. Freiheit als geistlich-elitäres Privileg?

Das Freiheitsverständnis Edith Steins ist also keine fromme Ummäntelung eines ansonsten auf Autonomie und rein philosophische Argumente setzenden Konzepts. Edith Stein legt großen Wert auf die Individualität des Menschen, leitet daraus aber nicht ab, dass das Individuum seine Freiheit vollständig aus eigener Kraft realisieren oder aus eigenen Prinzipien heraus letztgültig begründen kann. Stattdessen setzt sie *vor* den Status des Befreitseins einen anspruchsvollen geistlichen und intellektuellen Weg.[76] Was aber heißt es in letzter Konsequenz, wenn die Begegnung mit Gott zur Geburtsstunde der Freiheit wird respektive die Bindung an Gott den Menschen erst zur freien Begegnung mit der Welt befähigt? Ist diese Programmatik nicht geistlich-elitär und kann nur von wenigen Menschen verwirklicht werden? Immerhin vertritt Edith Stein die These, dass es nur dem Mystiker, der im Sinn Teresas von Ávila eine geistliche

---

[72] A. *Delp,* Der Mensch vor sich selbst, 556.
[73] Vgl. hierzu FG, 27. Siehe auch Anm. 790.
[74] EES, 317.
[75] Ebd.
[76] Betschart spricht daher von der „liberté progressivement libérée". C. *Betschart,* Liberté et union mystique, 183. Vgl. auch FG, 20.

Vermählung mit Gott eingeht und so in die Tiefe seiner Seele vordringt, der die Bedeutung des eigenen Seins erkennt und in der Lage ist, die Folgen seiner Entscheidungen abzuschätzen, möglich ist, zu einer Existenz in echter Freiheit vorzustoßen. Und dies gilt zudem unter dem doppelten Vorbehalt des freien Geschenks der göttlichen Gnade einerseits und der *in via* beschränkten Erkenntnisfähigkeit des Menschen andererseits. Da scheint es in der Tat angezeigt, nachzuhaken.[77]

Bei genauerem Hinsehen zeigt sich nun, dass der Freiheitsdiskurs Edith Steins zwar zunächst tatsächlich auf eine Hochform befreiten Lebens abzielt, die nur dem Mystiker offensteht, dass freie Entscheidungen aber auch jenseits dieses geistlichen Zugangs getroffen werden können.[78] Um dies zu verstehen, muss hier etwas näher auf die Anthropologie Edith Steins eingegangen werden. Mit Teresa von Ávila ist sie – wie oben in den Ausführungen zu *Freiheit und Gnade* gezeigt wurde – überzeugt, dass der Status des Befreitseins in der Tiefe der Seele wurzelt. Allerdings ist sie zudem der Auffassung, dass die bewusste Ebene des menschlichen Ich unmittelbar mit diesem Kern der Seele in Beziehung steht. Das aber bedeutet, dass auch dann, wenn das Individuum auf der scheinbar oberflächlichen Ebene des Ich freie Akte vollzieht, diese ihre Wurzeln im Mittelpunkt der Seele haben. Oder umgekehrt: Es besteht die Möglichkeit, dass der Mensch vom Mittelpunkt der Seele aus lebt und sich selbst und sein Leben gestaltet, auch „ohne mystisch begnadet zu sein."[79]

Diese These gilt es zu prüfen, und zwar auch deshalb, weil sich an diesem Beispiel gut verdeutlichen lässt, wie Edith Stein auf verschiedene Stränge der philosophisch-theologischen Tradition zugreift und diese interpretiert. Dabei sei zunächst an die Komplexität des Seelenbegriffs erinnert, den Edith Stein in *Endliches und ewiges Sein* aufzeigt. Die Seele definiert sie hier als „‚Raum' in der Mitte des leiblich-seelisch-geistigen Ganzen".[80] Als *Sinnenseele* wohnt sie im Leib, empfängt von ihm Impulse und gestaltet ihn zugleich; als *Geistseele* steigt sie über das eigene Selbst hinaus und erkennt und kommuniziert mit Dingen, Personen und Ereignissen, die außerhalb des eigenen Seins liegen; und als *Seele im eigentlichen Sinn* wohnt sie bei sich selbst und bildet das Haus des persönlichen Ich.

---

[77] Die folgende Argumentation knüpft inhaltlich an Betscharts Überlegungen in *Liberté et union mystique*, 177–180, an.
[78] Vgl. ebd., 177.
[79] EES, 525.
[80] Ebd., 317.

Hier sammelt sich, was an Sinnlichem und Geistigem von außen auf den Menschen kommt, hier erfolgt die innere Auseinandersetzung.[81] Christof Betschart interpretiert diesen dreifachen Ansatz als Synthese sowohl des aristotelisch-thomistischen Verständnisses der Seele (vor allem im Blick auf die Sinnen- und die Geistseele) als auch eines eher augustinisch-teresianischen Ansatzes, der die Innerlichkeit der Seele betont.[82] Den Bezug zu Teresa von Ávila macht Edith Stein dabei insofern transparent, als sie deren Bild der *Seelenburg* aufgreift, das sie allerdings erst andernorts, in dem entsprechenden Anhang zu *Endliches und ewiges Sein,* genauer untersucht.[83]

Dort macht sie klar, dass der Seelenbegriff Teresas, der die Grundlage des karmelitischen Verständnisses der mystischen Vereinigung von Mensch und Gott bildet, weiter als ihr, Edith Steins, eigener Begriff von *Seele* gefasst ist. Wenn Teresa von der Seele spricht, meint sie einen geistigen Bereich, der in der Diktion Edith Steins *sowohl* die Seele *als auch* das Ich umgreift.[84] Wenn also bei Edith Stein von einem *Band* die Rede ist, das das bewusste Ich des Menschen mit dem Mittelpunkt der Seele verbindet, ist damit keine bloß äußerliche Relation zweier für sich stehender geistiger Räume gemeint, sondern im Gegenteil ein Bereich, den Teresa als *einen einzigen* charakterisiert. Die auf den ersten Blick etwas irritierend formell wirkende Differenzierung von Seelenkern, bewusstem Ich und der Verbindung dieser beiden entspricht also lediglich dem Versuch, die Bedeutung und Relation geistig-seelischer Vorgänge möglichst genau aufzuschlüsseln und bildlich zu fassen.[85] Dabei ist im Blick auf

---

[81] Vgl. ebd. Siehe hierzu auch *C. Betschart,* Liberté et union mystique, 178.

[82] Vgl. ebd., sowie ausführlich *F. J. Sancho Fermín,* Loslassen, 129–134.

[83] Vgl. EES, 318, sowie Anhang II. Die Seelenburg, in: EES, 501–525.

[84] Vgl. hierzu ebd., 524: „Der seltsame Gang, den die Seele bei ihrer Einkehr nach der Beschreibung der Heiligen zurücklegt – daß sie gleichsam sich selbst von den Ringmauern bis zum Innersten durchmißt –, wird vielleicht ein wenig verständlicher durch unsere Scheidung von *Seele* und *Ich.* Das Ich erscheint als ein beweglicher ‚Punkt' im ‚Raum' der Seele; wo es jeweils seinen Standort nimmt, da leuchtet das Licht des Bewußtseins auf […]."

[85] Vgl. *C. Betschart,* Unwiederholbares Gottessiegel, 338 f. Betschart arbeitet heraus, dass Edith Steins Unterscheidung von Ich und Seele eine passgenaue Hermeneutik der teresianischen Lehre der verschiedenen Formen von Gebet und Mystik ermöglicht. Teresa spricht in diesem Zusammenhang metaphorisch von Garten und Gärtner sowie Schloss und Schlossbewohner. Edith Stein deutet diese Bildworte im Blick auf die Anthropologie. Dabei ist es besonders wichtig, „dass das Ich im Innersten der Seele sein eigentliches Zuhause hat und vom Innersten her die ganze Person umfasst und kennt." (Ebd., 339.) Jenseits der unmittelbaren Zusammenhänge ist es bemerkenswert, dass

die Frage, ob auch Nicht-Mystikern der Zugang zur Freiheit offensteht, zu bedenken, dass Edith Stein den Mittelpunkt der Seele in dreifacher Weise beschreibt, und zwar zunächst als Ort der „höchsten mystischen Begnadung, der geistlichen Vermählung mit Gott",[86] dann als Ort, von dem aus der Mensch als freie Person die letzten Entscheidungen trifft, und schließlich als „Ort, von dem aus die Stimme des Gewissens sich vernehmen läßt."[87] Umso bedeutsamer ist das genannte Band, das Ich und Seele verbindet. Es ist der Grund, warum *jeder Mensch* zu freien Entscheidungen befähigt ist; jeder kann durch freie Akte seinem Personsein und Leben eine spezifische Richtung geben.[88]

Damit stellt sich die Situation völlig anders dar als zunächst angenommen. Schien die Freiheitstheorie Edith Steins auf den ersten Blick geistlich-elitär zu sein, könnte man nun den Eindruck gewinnen, ihr Vertrauen in die Befähigung eines jeden Einzelnen, grundlegende Entscheidungen in echter Freiheit zu treffen, sei geradezu überbordend. Sieht die Realität vieler Menschen nicht *so* aus, dass die Grundlinien des Lebens weniger durch ur-eigene Entscheidungen als durch familiäre, sozio-kulturelle und ökonomische Konditionen geprägt sind? Die Analyse, die diesem neuerlichen Einwand zugrunde liegt, ist zutreffend; die Position Edith Steins wird dadurch im Kern jedoch nicht tangiert. Denn diese verliert das Maß weder in die eine noch in die andere Richtung.[89]

4.1.3. Freiheit und Verantwortung

Gerade weil Edith Stein der Freiheit einen hohen Stellenwert einräumt, darf nicht übersehen werden, wie vehement sie sich umgekehrt gegen eine Verabsolutierung derselben wendet. Einen ähnlichen Standpunkt vertritt auch Jacques Maritain. Wer ohne Korrektiv auf die Freiheit setzt, betreibt, so seine Überzeugung, die Vergöttlichung des Menschen ("deifi-

---

Edith Stein die Unterscheidung von Ich und Seele, wenn auch in modifizierter Terminologie, schon in ihrem Frühwerk vornimmt und konsequent bis zu *Endliches und ewiges Sein* beibehält. Vgl. ebd., 334.

[86] EES, 524.

[87] Ebd.

[88] Vgl. *C. Betschart*, Liberté et union mystique, 184.

[89] Vgl. hierzu ebd.: „À vrai dire, il ne s'agit pas de nier ces limites de l'extérieur et de l'intérieur de la personne, mais d'affirmer la conviction que la liberté enchaînée peut en principe être redressée et libérée."

cation of man"[90]) und somit radikale Leugnung Gottes. In den gewalttätigen Regimen des zwanzigsten Jahrhunderts – Maritain hat *The Conquest of Freedom*, wie gesagt, im Jahr 1940 verfasst – werde dieser Atheismus auf ungeahnte Weise Wirklichkeit („which appears in our days in
an amazingly barbarous light"[91]). Nach christlichem Verständnis folge
aus der herausgehobenen Position, die der Mensch als freies Subjekt innerhalb der Schöpfung einnimmt, hingegen eine besondere *Verantwortung* für das eigene Handeln.

Dies arbeitet auch Edith Stein heraus, und zwar vor dem Hintergrund
der Personalität des Menschen. Als Wesen der Freiheit sei der Mensch
zunächst für sich selbst verantwortlich: *„Er kann und soll sich selbst formen."*[92] Zugleich sei der Mensch, über den man gewöhnlich ganz unreflektiert in der dritten Person spricht, „jemand, der von sich *Ich* sagt",[93]
und der auch im anderen Menschen einer Person begegnet, die sich selbst
als Subjekt, als *Ich* erfahre:

> „Ich schaue in die Augen eines Menschen und sein Blick antwortet mir. Er
> läßt mich eindringen in sein Inneres oder wehrt mich ab. […] Wenn zwei
> Menschen einander anblicken, dann stehen ein Ich und ein anderes Ich einan-
> der gegenüber Es kann eine Begegnung vor den Toren sein oder eine Begeg-
> nung im Innern. Wenn es eine Begegnung im Innern ist, dann ist das andere
> Ich ein Du. Der Blick des Menschen spricht. Ein *selbstherrliches, waches Ich*
> sieht mich daraus [*an*]. Wir sagen dafür auch: eine *freie geistige Person.*"[94]

Dieser Teilbereich der Freiheitstheorie lässt sich besonders anhand von
Edith Steins Münsteraner Vorlesungen über den Menschen gut untersuchen und darstellen – also ihrer *philosophischen* und ihrer *theologischen* Anthropologie. Edith Stein betont hier von neuem, dass die Individuen in verschiedenste Kontexte eingebunden sind und dass das Wesen
des Menschen in seinem Kern nicht monadischer, sondern mit-mensch-
licher Natur ist.[95] Da das je-eigene Wohlergehen zu einem guten Teil
vom Wohlergehen der Mitmenschen – und im übrigen auch einer intak-

---

[90] *J. Maritain*, The Conquest of Freedom, 644.
[91] Ebd., 645.
[92] AMP, 78.
[93] Ebd.
[94] Ebd.
[95] Vgl. hierzu etwa *A. Calcagno*, The Philosophy of Edith Stein (Pittsburgh [2]2013) 91:
„We are bound by our bodies, time, space, economic and historical circumstances, the
people we know and do not know, and so on. […] Because our well-being is intimately
connected with the well-being of others, we cannot act without the well-being of the
other in mind."

ten Schöpfung, also gesunden Ökosystemen, – abhängig ist, folgt aus der Fähigkeit des Menschen, aus eigenem Antrieb heraus und frei zu handeln, unmittelbar auch ein *Sollen,* die Verantwortung für die, mit denen das Individuum in Beziehung steht.[96] Dabei denkt Edith Stein nicht an utilitaristische oder kontraktualistische Konzepte, sondern betont stattdessen, dass der Impuls des Sollens vom Menschen „unmittelbar als ein innerer Appell vernommen" werde, „etwas zu tun oder zu unterlassen".[97] Damit spielt sie auf das *Gewissen* an. Zugleich erinnert die Rede vom *inneren Appell* an Heideggers Formulierung vom „Ruf des Gewissens", der „das Man und die öffentliche Ausgelegtheit des Daseins übergeht" und das Selbst „zu ihm selbst" bringt.[98] Edith Stein betont, dass der innere Appell, anders als etwa der *Wille,* nicht unmittelbar dem Ich, sondern der Tiefe der Seele entspringt und vom Ich als etwas Äußerliches erfahren wird. Er sei nicht notwendigerweise einer bewussten Reflexion zugänglich, dränge sich dem Ich aber auf. Wenn zunächst die Rede davon war, dass die freie Tat des Menschen eine *Antwort* auf vorgegebene Bedingungen ist, geht es nun um die *Ver-Antwortung* des freien und zugleich gebundenen Subjekts: den Impuls des Sollens, das Gewissen. Es nötigt den Menschen von neuem zur freien Tat, nämlich der Entscheidung, dem Ruf des Gewissens zu folgen oder sich ihm zu verweigern.[99]

Dieser Zusammenhang von Freiheit und Gewissen ist nur dann schlüssig, wenn eine Reihe von Voraussetzungen als gegeben betrachtet wird. Dabei geht es unter anderem um die Unterscheidbarkeit und Zuschreibbarkeit der moralischen Qualifikationen *gut* und *böse* sowie darum, dass der Mensch intuitiv weiß, dass er *Gutes zu tun und Böses zu unterlassen* habe, und schließlich, dass Gott in vollendeter Weise gut ist und der Mensch vermittels seiner in Freiheit vollzogenen Annäherung an Gott befähigt wird, Anteil an dessen Gutsein zu erlangen. Diese ausgesprochen traditionelle Interpretation der Begriffe Gewissen und Verantwortung hängt offensichtlich mit Edith Steins Rezeption der augustinischen Freiheitslehre zusammen.[100] So findet sich in ihrer theologischen Anthropologie *Was ist der Mensch?* ein ausführlicher Exkurs, der dem Freiheitsbegriff des Augustinus gewidmet ist. Ausführlich dis-

---

[96]   Vgl. AMP, 91 f.
[97]   Ebd., 91.
[98]   HeiGA 2, 362 f. Vgl. hierzu auch A. *Calcagno,* The Philosophy of Edith Stein, 91.
[99]   Vgl. AMP, 91 f.
[100]   Vgl. hierzu ebd., 92.

kutiert sie die Schriften *De libero arbitrio* und *De gratia et libero arbitrio*.[101] Die Freiheit, so Edith Stein im Anschluss an Augustinus, sei die „Selbstbestimmung des Willens",[102] mithin ein hohes Gut, das dem Menschen von Gott gegeben sei. Im Blick auf Sünde und Schuld gelte hingegen: „Der Ursprung des Bösen ist die Abwendung von Gott."[103]

Aufschlussreich ist vor allem, welche Abwägungen Edith Stein angesichts des späteren und weniger umfangreichen der beiden genannten Texte, *De gratia et libero arbitrio*, vornimmt. Augustinus hatte diesen vor dem Hintergrund der pelagianischen Überbetonung des freien Willens im Verhältnis zur göttlichen Gnade verfasst und in diesem Kontext seine Prädestinationslehre entfaltet. Dabei hob er, um mit Edith Stein zu sprechen, hervor, dass „[s]owohl um etwas Gutes zu vollbringen als um das Böse zu überwinden [...] Freiheit und Gnade notwendig"[104] seien. Allerdings habe er, so Edith Stein, „keineswegs" die Absicht gehabt, „seine alte Willenslehre preiszugeben",[105] sondern sei im Gegenteil weiterhin der Auffassung gewesen: „Immer ist aber in uns der Wille frei, doch nicht immer ist er gut."[106] Ganz bewusst setzt Edith Stein den ersten Teil dieses Augustinuswortes in Sperrdruck – und unterstreicht damit die bleibende Eigenständigkeit der menschlichen Freiheit, deren Bedeutung auch durch das Zusammenwirken mit der Gnade Gottes nicht angetastet werde. Vor diesem Hintergrund ist es nur konsequent, wenn sie zusammenfassend klarstellt:

> „1. Der Willensakt [*des Menschen*] wird von einem Angelpunkt her gelenkt, der in ihm selbst liegt. Das ist die Tatsache des *liberum arbitrium*. 2. Die Willensbewegung setzt einen Anreiz voraus, auf den sie antwortet."[107]

Damit deutet sich an, auf welche Weise Edith Stein nunmehr die augustinische Position interpretiert, dass der göttlichen Gnade im Zusammenspiel mit der Freiheit des Menschen ein hoher Stellenwert einzuräumen sei:

---

[101] Vgl. hierzu WM, 44–61. Siehe auch Edith Steins Exzerpte der genannten Schriften. Die Transkriptionen finden sich in *T. Bahne*, Person und Kommunikation, Anstöße zur Erneuerung einer christlichen Tugendethik bei Edith Stein (Paderborn 2014) 451–470.
[102] WM, 47.
[103] Ebd., 53.
[104] Ebd., 55.
[105] Ebd., 57.
[106] Ebd., 56. Vgl. *Aurelius Augustinus*, De gratia et libero arbitrio col. 899, lin. 49 (Turnhout 2014) = CPL 352: „Semper est autem in nobis voluntas libera, sed non semper est bona."
[107] WM, 58. Eigene Hervorhebung

„Das *freie* Wollen ist kein *voraussetzungsloses* Wollen. Der Wille schafft sich nicht selbst, sondern ist – als Potenz, als Fähigkeit zu wollen – in die Menschennatur gelegte Gabe des Schöpfers; und als einzelner Akt verstanden, ist er nicht motivlos, sondern setzt gegebene Erkenntnisgrundlagen und Triebfedern voraus. Das freie Wollen ist ferner kein *allmächtiges* Wollen, von dem allein das Gelingen abhinge: Es kann eine Handlung einleiten, aber ob sie zum Ziel führt, das ist mitbedingt durch Umstände, die nicht in seiner Macht stehen. Gottes Gnade kann sie so fügen, wie es zur Erreichung des Ziels notwendig ist."[108]

Edith Stein ergänzt hier die These aus *Freiheit und Gnade*, dass die menschliche Freiheit von der göttlichen weder gebrochen noch ausgeschaltet werden könne.[109] Sie nimmt ihre frühere Auffassung nicht zurück, interpretiert den Menschen nun aber konsequenter von seiner Geschöpflichkeit her. Dies hat Konsequenzen für ihre Analyse der Begriffe Freiheit, Verantwortung und Gewissen. Unter anderem zeigt sich dies im zweifachen Schwerpunkt ihrer Anthropologie: einerseits der Betonung des Ich, der unantastbaren Individualität der Seele und herausragenden Bedeutung der Freiheit, und andererseits der Überzeugung, „daß die Menschen von Natur aus *zur Gemeinschaft geboren* sind".[110] Während die erste These für sich allein genommen solipsistischen Interpretationen Tür und Tor zu öffnen scheint, wird in der Gesamtschau deutlich, dass Edith Stein Individualität und Gemeinschaft gerade in ihrer wechselseitigen Verschränktheit als zentrale Merkmale der ontischen Struktur des Menschseins betrachtet.[111] Gleichzeitig deutet sie das Gege-

---

[108] Ebd., 59 f.

[109] Vgl. hierzu FG, 33.

[110] WM, 13. Vgl. *A. Calcagno*, The Philosophy of Edith Stein, 92 f.

[111] Vgl. ebd., 93: „It is natural for persons to be open to all beings in the world, but we must also be open to being for another, that is, we ought to help in the building of community (*füreinandersein*); it is our very nature to do so." An dieser Stelle sei an Karl Marx' Kritik des Begriffs des Menschenrechts auf Freiheit erinnert, wie es etwa in der Konstitution der französischen Republik im Jahr 1793 formuliert worden ist. Dieses Freiheitsverständnis, so sein Einwand, sei unvereinbar mit echter Verantwortung und Solidarität, da es davon ausgehe, dass sich der Mensch als Monade empfinde und das Individuum „im anderen Menschen nicht die Verwirklichung, sondern vielmehr die Schranke seiner Freiheit" sehe. (*K. Marx*, Zur Judenfrage, hg. u. eingeleitet v. *S. Großmann* [Berlin 1919]; Reprint [Burg – Dithmarschen 2005], 32). Vor dieser Negativfolie wird deutlich, wie sehr der Freiheitsbegriff Edith Steins einen Kontrapunkt zum Modell des Individualismus setzt. Gleichwohl würde Marx natürlich auch im theologisch begründeten Ansatz Edith Steins keine Alternative sehen. Weder die Relevanz Gottes für die Begründung der Freiheit noch der – jeder innerweltlichen Utopie entgegenstehende – Vorbehalt, dass das letzte Ideal menschlicher Freiheit ein

bensein der menschlichen Existenz als *Geschaffensein*. Das Leben des Menschen sei eine Gabe Gottes, sein Wesen mit dem Sein Gottes verknüpft, der ja selbst, wie auch der Mensch, Person ist. Ebenso wie die Existenz des Menschen knüpft Edith Stein auch sein Sollen und seine Verantwortlichkeit eng an die Beziehung zu Gott.[112]

Dabei wird erneut deutlich: Die Christliche Philosophie Edith Steins setzt den Glauben *voraus,* sie sucht ihn nicht zu begründen. Edith Stein stellt die Existenz Gottes ebensowenig infrage wie die Freiheitlichkeit des Menschen – sie sieht vor dem Hintergrund ihrer persönlichen religiösen Erfahrung gar keine Notwendigkeit, anders zu argumentieren –, obgleich sie betont, dass der Beweis des Daseins Gottes *in via* nicht zu erbringen sei:

> „Ich glaube, daß man von *religiöser Erfahrung* sprechen darf und muß; es handelt sich dabei aber nicht um eine ‚unmittelbare Anschauung' Gottes. So etwas kann es nur in ganz ausnahmsweisen Fällen geben [...], wobei aber nie ein strenger Nachweis möglich ist, daß es sich um *echte* Offenbarung handelt."[113]

Vor diesem Hintergrund versteht Edith Stein die Freiheit des Menschen wie selbstverständlich als zentralen Baustein einer theologisch orientierten Anthropologie. Antonio Calcagno bringt ihre These auf den Punkt:

> „The self is given to itself in a mediated fashion through the world (creation) and in and through a personal relationship with God. If the person is to remain free and become fuller in his or her humanity, the specifically human, then, must make room for this original Being."[114]

Die Existenz des endlichen Seins ist demnach grundlegend auf jene des ewigen Seins bezogen und kann im Letzten nur in dieser Gesamtperspektive wirklich verstanden werden. Genau das aber ist das Anliegen des *perfectum opus rationis*. Vor dem Hintergrund der augustinischen Frei-

---

jenseitiges Ziel sei, an „dem der Mensch wohl mitwirken kann und muß, das er aber nicht allein durch seine natürlichen Kräfte erreichen kann.", wäre für ihn diskutabel gewesen. Vgl. AMP, 10.

[112] A. *Calcagno*, The Philosophy of Edith Stein, 94: „The closer we come to God, the fuller our beings become."

[113] E. *Stein*, Brief an R. Ingarden v. 20. 11. 1927, in: Briefe III, Br. 117, 191.

[114] A. *Calcagno*, The Philosophy of Edith Stein, 94: „Das Ich ist sich selbst durch die Welt (die Schöpfung) gegeben – und in und durch seine personale Beziehung zu Gott. Wenn also der Mensch frei sein möchte und anstrebt, seine Humanität, das spezifisch Menschliche, in immer höherem Maß zu realisieren, muss er dem ursprünglichen [*göttlichen*] Wesen Raum geben."

heitslehre und der sich daran anschließenden, über Jahrhunderte andauernden theologischen Debatte formuliert Edith Stein noch einen grundsätzlichen Ausblick:

> „Letztlich führen [uns] aber doch die Rätselfragen des menschlichen Wollens auf das Geheimnis des göttlichen Willens zurück."[115]

4.1.4. Freiheit und Gnade: eine theologische Anthropologie

Vor diesem Hintergrund ist es wenig verwunderlich, dass Edith Stein zum Abschluss ihrer *philosophischen* Anthropologie auf „Offenbarungswahrheiten über den Menschen"[116] zu sprechen kommt: „Der Mensch ist als Gottes Ebenbild erschaffen. Der Mensch ist frei und verantwortlich für das, was aus ihm wird. Der Mensch kann und soll seinen Willen mit dem göttlichen Willen in Übereinstimmung bringen."[117] Schon die für Edith Steins Wissenschaftsprosa ungewohnte Syntax – kurze Sätze, der als Anapher wiederholte Hinweis auf *den Menschen* – deutet auf den Stellenwert hin, den die Autorin diesen Glaubensthesen einräumt. Die philosophische Literatur, die sich die Analyse des Denkens Edith Steins zur Aufgabe gemacht hat, hat diesen Aspekt gerade im Blick auf den Freiheitsgedanken immer wieder prominent thematisiert.[118] Dabei geht es allerdings vielfach darum, das gezeichnete Bild durch den Verweis auf die religiöse Implikation zu vervollständigen und abzurunden. Bei genauerem Hinsehen erfordert der Freiheitsdiskurs Edith Steins aber neben der philosophischen auch eine *konsequent* theologische Interpretation.[119]

---

[115] WM, 60.

[116] AMP, 160.

[117] Ebd., 160 f.

[118] Vgl. etwa C. M. *Wulf*, Frei in Beziehung – in Würde frei, 173, und *dies.*, Freiheit und Grenze, 364–381. Hingewiesen sei auch auf einen Beitrag Beate Beckmann-Zöllers, die die Relevanz von *Gottes Einfall in das Denken* (Levinas) bei Edith Stein und Simone Weil diskutiert. Vgl. *B. Beckmann*, „An der Schwelle der Kirche". Freiheit und Bindung bei Edith Stein und Simone Weil, in: ESJ, Bd. 4. Das Christentum, T. 1 (Würzburg 1998) 531–547.

[119] Einen nachhaltigen Beitrag zu dieser Frage hat *Denis Chardonnens* mit seiner *relecture* von *Freiheit und Gnade* vorgelegt: „Liberté et grâce". La contribution d'Edith Stein à une réflexion d'anthropologie théologique, in: *C. Betschart* (Hg.), La Liberté chez Edith Stein (Toulouse 2014) 137–160. Im Folgenden werden einige der Thesen aufgegriffen, die Chardonnens formuliert hat.

Nicht zuletzt lässt sich unter dieser Maßgabe zeigen, wie sehr Edith Stein daran gelegen ist, das Zusammenspiel von menschlicher Freiheit und göttlicher Gnade auszutarieren, und zwar so, dass das Proprium des einen wie auch des anderen gewahrt bleibt. Der Gläubige, der sich an das Reich der Gnade bindet, bewahrt seine Individualität und hört nicht auf, er selbst zu sein. Im Gegenteil realisiert er im Glauben erst eigentlich die Möglichkeiten seines Personseins und weitet sein Gesichtsfeld über jenen Bereich hinaus, der ihn zunächst und unmittelbar tangiert. Wirklich frei ist Edith Stein zufolge nur der, der in unmittelbarer Beziehung zur Welt und zugleich zur Fülle Gottes steht. Wo sich wahrhaft freies Handeln ereignet, ist der Mensch mit Gott und der Welt verbunden.[120]

Die Anbindung an das Reich der Höhe markiert also keine *Flucht* aus der Welt, sondern steht für das Anliegen, das je eigene Leben selbst in der Hand zu haben – und zu begreifen, dass die Welt ihrerseits eine geschaffene ist und durch ihr Sein auf Gott verweist. Indem sich der Mensch Gott anvertraut, so die These Edith Steins in ihrem Modell des *befreiten Seelenlebens*,[121] gewinnt er ein Fundament, von dem aus er das rechte Maß zur Bestimmung seiner Bedürfnisse entwickelt und frei wird.[122] Zugleich steht für Edith Stein schon am Beginn des Weges zum befreiten Menschen eine freie Entscheidung – nämlich die des Individuums, das aus sich selbst heraus in der Lage ist, durch einen oder eine Mehrzahl freier Akte das natürlich-naive Leben hinter sich zu lassen und sich dem Reich der Höhe zu öffnen: „So ist das Befreitsein nur für freie Wesen möglich."[123]

An dieser Stelle rückt die Frage in den Blick, wie es um die Identität des Subjekts bestellt ist, das sich an das Reich der Gnade bindet.[124] Dabei

---

[120] Vgl. FG, 20–22. Zu dieser Analyse siehe auch *D. Chardonnens*, „Liberté et grâce"137: „Un tel ad-venir dans la liberté véritable, à partir du centre, signifie le déploiement d'une vie libérée, dans le royaume de la grâce, si bien que la personne, être-en-rapport–avec-le-monde dans le royaume de la nature, s'abandonne à la plénitude de la vie d'en haut et entre dans une relation nouvelle avec elle-même, avec les autres et avec le monde." – „Ein solches Geschehen in echter Freiheit, das seinen Ausgang vom Zentrum [*der Person*] aus nimmt, bedeutet die Entfaltung eines befreiten Lebens im Reich der Gnade, so dass sich die Person, die im Reich der Natur in Beziehung zur Welt steht, der Fülle des Lebens von oben hingibt und so in eine neue Beziehung zu sich selbst, den Mitmenschen und der Welt als Ganzes eintritt."

[121] Vgl. FG, 11 f.

[122] Chardonnens betont, dass genau dies gemeint ist, wenn es heißt, dass der Mensch mit *dem Siegel der Freiheit der Kinder Gottes bezeichnet* ist – „marqué du sceau de la liberté des enfants de Dieu".*D. Chardonnens*, „Liberté et grâce", 138.

[123] FG, 12.

[124] Vgl. hierzu ausführlich *D. Chardonnens*, „Liberté et grâce", 139–148.

ist zu bedenken, dass Edith Stein zwei Bedingungen anführt, die erfüllt sein müssen, damit das Sein des Menschen zur Vollendung gelangt, wenn auch nur in dem Maß, das *in via* möglich ist: einerseits die personale Hingabe des Individuums an das Reich der Höhe und das Ergriffenwerden von der Gnade Gottes, und andererseits die bleibende Individualität und Verankerung des Menschen in Raum und Zeit.

Was also bedeutet es, wenn Edith Stein klarmacht, dass sich der Mensch auf dem Weg zur Freiheit radikal transformieren und einer Herrschaft unterordnen müsse, die von der Gnade Christi herrührt („sous le régime de la nouveauté apportée par la grâce du Christ"[125]). Es liegt auf der Hand, dass sich hinter dieser Auffassung, die von Edith Stein aus der Perspektive der philosophischen Anthropologie hergeleitet wird, ein starkes biblisches Motiv steht, das sich durch die Evangelien und auch die paulinische Briefliteratur zieht. Erinnert sei nur an die Umkehrpredigt Johannes des Täufers (Mt 3,1–12 et al.), die Forderung des Paulus, den *alten* Menschen abzulegen und den *neuen*, nach Gottes Bild geschaffenen anzuziehen (Eph 4,20–24), das nächtliche Gespräch Jesu mit Nikodemus – „Wenn jemand nicht von neuem geboren wird, kann er das Reich Gottes nicht sehen." (Joh 3,3) – oder den Auftrag Jesu „Kehrt um, und glaubt an das Evangelium!" (Mk 1,15).[126]

Angesichts dieser sehr unzweideutigen Imperative ist es umso bedeutsamer, dass Edith Stein die Hingabe des Menschen nicht als dessen Selbstaufgabe und schon gar nicht im Sinn des Verlusts der personalen Individualität interpretiert. Stattdessen finde die Person, indem sie sich loslasse, erst im Vollsinn zu sich selbst. Mit den Worten Denis Chardonnens': „[L]'accueil de la grâce ouvre la personne à elle-même [...]."[127] In diesem Sinn klärt Edith Stein auch ihr Verständnis von Hingabe und damit ihren Begriff von Mystik. Demnach muss die Seele des Menschen, um sich überhaupt erst im Vollsinn loslassen zu können, „sich so fest er-

---

[125] Ebd., 139.
[126] Vgl. hierzu *D. Chardonnens*, „Liberté et grâce", 140–144. Chardonnens (141) betont mit Edith Stein, wie sehr „die entschlossenste Abkehr der Seele von sich selbst, das unbedingteste Sichloslassen" (FG 30) vonnöten sei, um zur Freiheit zu gelangen. Dabei verweist er auch auf die thomasische Interpretation des johanneischen Jesuswortes „Getrennt von mir könnt ihr nichts vollbringen." (Joh 15,5b). Vgl. *Thomas v. Aquin*, Summa theologiae IIa q 109 a 6 ad 2: „[N]ihil homo potest facere nisi a Deo moveatur; secundum illud Joan. 15: ‚Sine me nihil potestis facere.' Et ideo cum dicitur homo facere quod in se est, dicitur hoc esse in potestate hominis secundum quod est motus a Deo."
[127] *D. Chardonnens*, „Liberté et grâce", 142.

greifen, sich vom innersten Zentrum her so ganz umfassen, daß sie sich nicht mehr verlieren kann. Die Selbsthingabe ist die freieste Tat der Freiheit."[128] Ziel der Spiritualität Stein'scher Prägung ist es also nicht, ein schwaches Ich oder gar labiles Selbstbewusstsein an eine höhere Sphäre zu binden, um einen Selbstand zu gewinnen, dessen Kraft nur geliehen und extern bliebe. Vielmehr geht es um den bewussten Einsatz des eigenen Ich und das entschieden gesprochene *Fiat!* auf den Anruf der Gnade hin, um ganz zu sich zu finden. Das Subjekt „als solches" ist „ins Leere ausgesetzt";[129] hingegen findet die Seele in der Anbindung an das Reich der Gnade „sich selbst und ihren Frieden".[130]

Die Unantastbarkeit der Individualität – und in dieser Hinsicht auch *Autonomie* – korreliert zudem mit einem Spezifikum der theologischen Gnadenlehre. So erinnert Chardonnens daran, was es heißt, dass der Mensch die Gnade, die Gabe des Heiligen Geistes, erlangt; sie werde nicht gewährt, um im Gegenzug etwas von ihm zu verlangen, sondern sei echtes Geschenk:

> „[I]l n'est point de don véritable qui ne soit le fait de la gratuité et de la libéralité; l'attente de quelque rétribution ne saurait en effet y avoir de place. Or, la raison de la donation gratuite n'est autre que l'amour, parce que l'on veut du bien à autrui quel qu'il soit."[131]

Die Gabe entspringt demnach der Liebe Gottes und erweist sich *dann* als wirksam, wenn der Mensch sie in Freiheit annimmt. Das Geschenk der Gnade ist weder paternalistisch noch in anderer Weise fremdbestimmend oder funktional; es ereignet sich in vollem Respekt vor dem Beschenkten und dessen Würde als freier Person. Letztlich geht es, theologisch gesprochen, um eine objektive und freie *Teilhabe des Menschen an der Gemeinschaft der Liebe,* die ihren Ausgang vom Wesen des dreieinen Gottes nimmt.[132]

---

[128] FG, 30.

[129] Ebd., 13.

[130] Ebd., 20.

[131] D. *Chardonnens,* „Liberté et grâce", 143: „Es gibt keine wirkliche Gabe, die nicht aus einem Akt der Unentgeltlichkeit und Großzügigkeit heraus geschieht; die Erwartung irgendeiner Form von Rückerstattung hat hier keinen Raum. Und so ist der Grund für diese unentgeltliche Gabe letztlich kein anderer als die Liebe, denn es geht ja darum, jemand anderem etwas Gutes zu tun, wer auch immer er sei." Vgl. hierzu auch Lk 6,34: „Wenn ihr nur denen etwas leiht, von denen ihr es zurückzubekommen hofft, welchen Dank erwartet ihr dafür?"

[132] Vgl. D. *Chardonnens,* „Liberté et grâce", 145: „En d'autres termes, ils [*les hom-*

Diese Aussage ist nicht bloß metaphorisch-figurativ gemeint, sondern hat unmittelbare Konsequenzen für den Gemeinschaftsbegriff und die Ekklesiologie Edith Steins. Zugleich deutet sich hier an, dass das Zusammenspiel von Freiheit und Gnade nicht nur den Geist, sondern das ganze Wesen des Menschen in seiner leibseelischen Konstitution betrifft. Edith Stein ist überzeugt, dass der Leib, insofern er Spiegel der Seele ist, durch die Wirkung der Gnade ebenfalls gestärkt und geheilt sowie geheiligt wird.[133]

Die Verbindungslinie, die Edith Stein hier vom Gnadenbegriff zur Person Jesu Christi und schließlich der Eucharistie zieht, gerät etwas holzschnittartig.[134] Dies ist zweifellos mit dem Charakter des Laboratoriums zu erklären, den die Schrift *Freiheit und Gnade* hat. Es liegt jedenfalls nahe, dass die Frage der Sakramente – und hier besonders der Eucharistie – sowie der äußeren Kirche ein wichtiges Thema für die Katechumena des Jahres 1921 war.[135] Inhaltlich ist dieser Exkurs vor dem Hintergrund zu lesen, dass die Heiligung des Menschen, so Edith Stein, in einer Weise erfolgen müsse, die seiner leibseelischen Konstitution angemessen ist – und eben darum auch *an seinem Leib* ansetzt. Die Sakramente, Zeichen der Nähe und des Heils Gottes, machen die Gabe des Heiligen Geistes, das Geschenk der Gnade, auf eine Art erfahrbar, die dem Wesen des Menschen, so die Auffassung Edith Steins, angemessen ist. Demnach bedarf der Mensch

> „der Nahrung, um seinen Leib zu erhalten. Und nun besteht die Möglichkeit, ihm neben der irdischen Kost, die heilsam, aber auch verderblich sein kann, eine Speise zu reichen, die ihm zum Heile gereichen muß. Wer den Leib des Herrn in sich aufnimmt, dessen Leib ist selbst geheiligt. Freilich mag diese Gnadenwirkung zur Seele nur vorzudringen, wenn die Seele der Gnade geöffnet ist."[136]

Mit dem Gedanken der sakramentalen geistlichen Speise kommt zugleich die alte Unterscheidung von *Corpus Christi verum*, der Eucharistie, und *Corpus Christi mysticum*, der Kirche, in den Blick und damit das für die Theologie Edith Steins wichtige Bild der Kirche als Leib Christi und

---

mes] ont besoin d'être élevés à une participation objective de la communion d'amour de la Trinité, par la grâce créée, don de l'Esprit Saint."
[133] Vgl. FG, 53 f. Der Urheber dieser Heiligung ist Jesus Christus, „le Verbe fait chair, réellement présent dans l'Eucharistie". D. *Chardonnens*, „Liberté et grâce", 147.
[134] Siehe FG, 59 f.
[135] Vgl. FG, 54–60.
[136] Ebd., 55.

Christi als Haupt des Leibes. Die doppelte Bedeutung des *Corpus Christi* steht hier für die theologische Ausformung einer anthropologischen Grundeinsicht, nämlich, dass sich der Diskurs von Freiheit und Gnade nicht auf das einzelne leibseelische Subjekt beschränken kann, sondern den Menschen als gemeinschaftliches und für die Gemeinschaft Verantwortung tragendes Wesen thematisieren muss. Edith Steins theologische Rede vom Leib Christi weist zudem darauf hin, wie tief ihr anthropologischer Freiheitsbegriff theologisch verwurzelt ist und in seiner Beziehung zum christlichen Glauben interpretiert werden muss. Auch wenn Edith Stein die theologische Vorstellung der Begrenzung des mystischen Leibes auf die verfasste und in der Feier der Eucharistie sakramental verbundene Gemeinschaft aufbricht, steht für sie doch außer Frage, dass die ἐκκλησία im engeren Sinn durch die Feier der Eucharistie konstituiert wird. Daran knüpft sie an, wenn sie betont, dass das Zueinander von menschlicher Freiheit und göttlicher Gnade dauerhaft und sinnlich erfahrbar durch die Kirche, die lebendige Gemeinschaft der Gläubigen, abgebildet werde:

> „Die Idee der Kirche, des Altarsakraments und des Abendmahls gehören ganz eng zusammen miteinander und mit der Menschwerdung Christi: die Gottheit hat in Christus äußere Gestalt angenommen, um *für alle Zeit* unter den Menschen sichtbar zu wohnen."[137]

Von hier aus besteht eine unmittelbare Verbindung zur Frage der wechselseitigen Mittlerschaft der Menschen auf dem Weg zum Heil.[138] Edith Stein führt in diesem Zusammenhang zwei Aspekte an, die auch hinsichtlich der Freiheitsthematik relevant sind:

(1) Zum einen bezeichnet sie die Rede von der *gemeinschaftlichen Verantwortung* einer Gruppe von Menschen im strengen Wortsinn als irreführend, da echte Verantwortung die Freiheit von Individuen voraussetze, die ihre Entscheidungen jeweils *für sich* zu rechtfertigen hätten.[139] Dies steht nicht im Widerspruch zur Auffassung, dass die wechselseitige Wahrnehmung von Verantwortung für den christlichen Freiheitsbegriff konstitutiv ist und sich zudem, und zwar in hohem Maße, gemeinschaftsbildend auswirkt.[140]

---

[137] Ebd., 59. Vgl. auch D. *Chardonnens*, „Liberté et grâce", 148.
[138] Vgl. Kap. 3.1.2.
[139] Vgl. FG, 37.
[140] Vgl. hierzu D. *Chardonnens*, „Liberté et grâce", 150.

(2) Zudem ergänzt Edith Stein den Begriff der Verantwortung um den der *Liebe* und bewegt sich damit auf unmittelbar theologischem Terrain. Das Gebet, mit dem der Gläubige am Gebet Jesu teilhabe, sei der bevorzugte Ort des Füreinander-Einstehens im Glauben; wirklich frei, echt und wirkmächtig sei das Gebet aber nur, wenn es auf Liebe gegründet ist.[141]

Was sind nun die entscheidenden Ergebnisse, die der theologischen Lektüre von *Freiheit und Gnade* zu entnehmen sind? Zunächst ist hier die vertiefte Einsicht in die Bedeutung der Rede vom *Befreitsein* des Subjekts zu nennen, das vom Reich der Höhe her lebt. Das Subjekt, das sich der Sphäre Gottes angeschlossen hat, ist kein *von außen* bewegtes oder gesteuertes, sondern ein in gleicher Weise von innen wie von oben her lebendes:[142] Der Mensch nimmt Wohnstatt im Innersten seiner Seele, erfährt sich von Christus getragen und befreit und greift von dort her zur Welt aus. Edith Stein hat diesen Gedanken während ihres gesamten Christseins lebensweltlich ausbuchstabiert und geistlich und intellektuell vertieft – bis hin zur Kreuzeswissenschaft:

> „Das Ich ist das in der Seele, wodurch sie sich selbst besitzt […]. Der tiefste Punkt ist zugleich der Ort ihrer Freiheit: der Ort, an dem sie ihr ganzes Sein zusammfassen und darüber entscheiden kann. […] Der Mensch ist dazu berufen, in seinem Innersten zu leben und sich selbst so in die Hand zu nehmen, wie es nur von hier aus möglich ist; nur von hier aus ist auch die rechte Auseinandersetzung mit der Welt möglich; nur von hier aus kann er den Platz in der Welt finden, der ihm zugedacht ist. Bei all dem durch-‚schaut‘ er sein Innerstes niemals ganz. Es ist ein Geheimnis Gottes, das Er allein entschleiern kann, soweit es Ihm gefällt."[143]

Damit wird nun endgültig klar, was Edith Stein meint, wenn sie betont, dass der Glaube *Erkenntnis, Liebe* und *Tat* sei. Diese drei Aspekte verdichten den geistlichen Prozess, den sie aufzeigt, beginnend mit *Freiheit und Gnade* bis hin zu *Endliches und ewiges Sein* und schließlich der *Kreuzeswissenschaft*. Der menschliche Weg des Zu-sich-selbst-Kommens, die Auseinandersetzung mit dem eigenen Inneren, das Sich-Öffnen

---

[141] Vgl. FG, 38. Chardonnens betont daher, dass der tätige Dienst des Menschen am Heil anderer ein offenes Herz verlange, das vom Siegel des Glaubens in der Liebe Jesu gezeichnet sei. „Dans ce sens, Edith Stein met en lumière le mystère de la miséricorde de Dieu à l'égard du croyant appelé à coopérer à son œuvre." – „In diesem Sinn enthüllt Edith Stein das Geheimnis der Barmherzigkeit Gottes dem Gläubigen gegenüber, der seinerseits berufen ist, an Gottes Werk mitzuarbeiten." D. *Chardonnens*, „Liberté et grâce", 152.
[142] Vgl. ebd., 158.
[143] KW, 133.

für den Anruf der Gnade bedeutet demnach ein stetiges Voranschreiten in der *Erkenntnis* und erfordert immer neue Akte der Freiheit, die nur dann im eigentlichen Sinn wirkmächtig werden, wenn sie aus *Liebe* geschehen. Zugleich entdeckt der Mensch, so Edith Stein, das Geschenk der Gnade als eindrücklichstes Zeichen der Liebe des Heiligen Geistes. Ausgehend von diesem geistig-geistlichen Geschehen, das nie statisch ist, sondern nach ständiger Vertiefung verlangt, werde der Mensch zur *Tat* befähigt, der Auseinandersetzung mit der Welt und der Bestimmung seines Platzes in derselben.[144]

Es ist eindrücklich, wie Edith Stein ihre theologischen und geistlich-mystischen Erwägungen mit der phänomenologischen Erkenntnis des menschlichen Wesens abgleicht. Auf diese Weise rückt der Mensch in seiner leibseelischen Verfasstheit in den Fokus. Zugleich wird klar, dass der Freiheitsdiskurs Edith Steins, der allzu oft als ein primär philosophischer verstanden wird, konstitutiv mit dem Glauben, und hier besonders dem Begriff der Gnade, verbunden ist. Die Relevanz der Christologie ist dabei nicht zu unterschätzen, denn hier zeigt sich, wie sehr Edith Stein darum bemüht ist, keinen bloß intellektuellen Diskurs zu führen, sondern den realen, zur Freiheit berufenen Menschen in seiner unmittelbaren Gottesbeziehung in den Blick zu nehmen.[145] Die Christologie wird so zu einem hermeneutischen Schlüssel, der den Weg zur theologischen Anthropologie Edith Steins eröffnet.

---

[144] Vgl. hierzu FG, 69: „[D]as Kennzeichen der *fides* und alles dessen, was auf ihr beruht, ist, daß sie sich im gesamten Leben auswirkt. Je fester einer im Glauben steht, desto mehr wird sein Leben bis in die äußersten Konsequenzen hinein vom Glauben durchdrungen und gestaltet, desto mehr ‚Früchte der Liebe' werden an ihm sichtbar." Vgl. hierzu auch Gal 5,22.

[145] Chardonnens bringt vor diesem Hintergrund den Begriff des *Christus totus* ins Spiel; darin erweise sich die geistliche Dimension des Befreitseins der menschlichen Person. Vgl. *D. Chardonnens,* „Liberté et grâce", 160.

> *„In jeder Philosophie großen Stils, so will uns scheinen,*
> *steckt eine mystische Sehnsucht, und diese Sehnsucht ist*
> *sogar imstande, das eigentlich Philosophische aus dem*
> *Mittelpunkt zu drängen."*[146]

Jacques Maritain, De la philosophie chrétienne, 1933

4.2. Glaube

Adelgundis Jaegerschmid, Schülerin Edmund Husserls und Benediktine-
rin, die als Studentin an einem philosophischen Einführungskurs Edith
Steins teilgenommen hatte und später über Jahre hinweg mit ihr korres-
pondierte, führte vom Frühjahr 1931 an regelmäßig Gespräche mit ihrem Lehrer, deren Inhalte sie tagebuchartig aufnotierte. Vom ersten dieser Treffen ist eine Notiz über einen bemerkenswerten Hinweis Husserls
zu einer Reihe junger Phänomenologen erhalten, die bei ihm studiert und
eine besondere Affinität zu Religion und Glaube hatten:

> „Eine Anzahl meiner Schüler hat sich merkwürdigerweise radikal religiös
> entschieden, und zwar sind die einen tiefgläubige evangelische Christen ge-
> wesen oder geworden, andere haben zur katholischen Kirche konvertiert. In
> ihrem Verhältnis zu mir hat sich dadurch nichts geändert [...]. Außerdem
> stehe ich immer zur Verfügung, um die Wahrheit durchzustreiten."[147]

Über die Nähe von Phänomenologie und Glaube, die sich hier zeigt, ist
bereits ergiebig gearbeitet worden, nicht zuletzt im Blick auf prominente
Vertreter wie Adolf Reinach oder Max Scheler, die ihrerseits Einfluss auf
die Entwicklung Edith Steins gehabt haben.[148] Auch innerhalb der phänomenologischen Bewegung wurde die vielfach belegte Koinzidenz der
eigenen philosophischen Methode und einer bewussten Glaubensent-
scheidung diskutiert. So äußerte sich etwa Hedwig Conrad-Martius
noch um einiges pointierter als Edmund Husserl; ihrer Einschätzung

---

[146] *J. Maritain*, Von der christlichen Philosophie, 80.

[147] *E. Husserl*, zitiert nach einem Gedächtnisprotokoll in *A. Jaegerschmid*, Gespräche
mit Edmund Husserl (1931–1936), in: *W. Herbstrith* (Hg.), Edith Stein. Wege zur inneren Stille (Aschaffenburg 1987) 205–222, hier 209.

[148] Bezüglich des Einflusses dieser beiden auf das Denken und den Glauben Edith
Steins vgl. z. B. *A. U. Müller*, Grundzüge der Religionsphilosophie Edith Steins (Frei-
burg i. Br. – München 1993) 115–157 (zu Reinach) und 169–188 (zu Scheler), *C. M.
Wulf*, Freiheit und Grenze, 96–138 (zu Scheler) u. *B. Beckmann*, Phänomenologie des
religiösen Erlebnisses. Religionsphilosophische Überlegungen im Anschluß an Adolf
Reinach und Edith Stein (Würzburg 2003).

nach stießen „so gut wie alle Phänomenologen in irgendeinem persönlichen Sinn in den Bereich des konkret Christlichen"[149] vor.

Einige eher allgemeine Gründe für dieses Phänomen liegen vergleichsweise nahe, etwa das Bedürfnis nach einem tragfähigen Wertefundament, das viele Intellektuelle nach der Katastrophe des Ersten Weltkriegs deutlich verspürten, und das sich ja nicht zuletzt in der Bewegung des *ver sacrum catholicum* Bahn brach. Hinzu kommt die naturgemäß unter Phänomenologen verbreitete Bereitschaft, rationalistische und idealistische Stereotype, die sich nicht nur denkerisch als Sackgasse erwiesen hatten, hinter sich zu lassen und nach Denk- und Lebenssystemen Ausschau zu halten, die ihnen von der damals älteren Generation nicht (mehr) an die Hand gegeben worden waren.

Zudem weist die phänomenologische Methode auch von ihrem Grundansatz her ein Spezifikum auf, das hier relevant ist, und zwar die vorbehaltlose Offenheit, mit der der Phänomenologe die Daseinsthesis einer jeden Sachlage betrachtet. Indem Hedwig Conrad-Martius an diesen Aspekt erinnert, weist sie auf eine signifikante Differenz zum Vorgehen beispielsweise eines nicht-religiösen Wissenschaftlers hin, der sich dem Glauben vermittels einer anderen, etwa analytischen, historischen, soziologischen, kulturgeschichtlichen oder biologisch-evolutionären Methodik nähert. Für diesen besteht – von den methodischen Rahmenvorgaben her – keine Veranlassung, sich auf einer existenziellen Ebene mit seinem Untersuchungsgegenstand auseinanderzusetzen. Der Phänomenologe hingegen verzichtet nicht nur auf ein Präjudiz in der Wahrheitsfrage, sondern ist zudem gehalten, dem Phänomen des Religiösen sehr unmittelbar zu begegnen, um dem *Wesen* desselben auf den Grund gehen zu können. Dies hat zur Konsequenz, so Conrad-Martius, dass der Unglaube des Phänomenologen, so dies denn seine initiale Haltung war, „eine erste Erschütterung" erfährt.[150]

---

[149] *H. Conrad-Martius*, Edith Stein, 65 f.

[150] Ebd., 66. Ähnlich wie Conrad-Martius erinnert auch Peter Wust an die Besonderheit der *Objektgeöffnetheit* der Phänomenologie. Dieser Gedanke scheint ihm unmittelbar mit einer Sehnsucht nach der Heiligkeit des Seins verbunden zu sein: „Von Anfang an muß wohl in der Intention jener neuen philosophischen Richtung etwas ganz Geheimnisvolles verborgen gewesen sein, eine Sehnsucht zurück zum Objektiven, zur Heiligkeit des Seins, zur Reinheit und Keuschheit der Dinge, der ‚Sachen selbst'. Denn wenn auch bei Husserl selbst, dem Vater dieser neuen Denkrichtung, der neuzeitliche Fluch des Subjektivismus nicht ganz überwunden werden konnte, so trieb doch viele seiner Schüler die der ursprünglichen Intention dieser Schule eigene Objektgeöffnetheit weiter auf dem Wege zu den Dingen, zu den Sachverhalten, zum Sein selbst, ja, sogar zum Habitus des katholischen Menschen, dem eben nichts gemäßer ist als das ewige

Diese Analyse korrespondiert ganz unmittelbar mit der zuletzt von Charles Taylor formulierten These, dass sich die vom Glauben erfüllte Welt des Mittelalters und der Renaissance von den säkularen Bedingungen der Gegenwart nicht zuletzt dadurch unterscheide, dass man früher wie selbstverständlich *äußeren Dingen* einen Sinn zugesprochen habe, der unabhängig vom Menschen Bestand hat, während man von Beginn der Neuzeit an verstärkt der Auffassung war, dass der Sinn nicht im äußeren Ding an sich, sondern in der Reaktion, die die Erfahrung der Dinge *im menschlichen Geist* auslöst, liege. Umgekehrt gelte damit, so Taylor:

> „Sobald der Sinn nicht ausschließlich dem Geist vorbehalten ist – sobald wir dem Zauber erliegen und den Machtbereich des exogenen Sinns betreten können –, begreifen wir diesen Sinn als etwas, das uns umfaßt oder vielleicht durchdringt. Wir befinden uns gleichsam in einem Raum, der durch diesen Einfluß bestimmt ist."[151]

Dass die Phänomenologie gerade im Blick auf die Wesensanalyse des Untersuchungsgegenstands eine radikale Offenheit verlangt, lässt sich anhand der Einführung in die phänomenologische Methode illustrieren, die Martin Heidegger in *Sein und Zeit* liefert. Heidegger konzentriert sich hier zunächst auf die Bestimmung der Wortbestandteile *Phänomen* und *Logos*, φαινόμενον und λόγος: Der Begriff des Phänomens stehe dabei zunächst für „das *Sich-an-ihm-selbst-zeigende*, das Offenbare", während die Funktion des λόγος „im schlichten Sehenlassen von etwas liegt, im *Vernehmenlassen* des Seienden".[152] Zugleich komme der λόγος nicht nur in seiner ureigenen Bedeutung von λῖγειν, sondern auch von λεγόμενον, dem Aufgezeigten als solchem, zur Geltung. Die Phänomenologie sei damit an dasjenige gebunden, „was für jedes zugehende Ansprechen und Besprechen je schon als vorhanden zum *Grunde* liegt",[153] nämlich die Ratio:

> „Und weil schließlich λόγος qua λεγόμενον auch bedeuten kann: das als etwas Angesprochene, was in seiner Beziehung zu etwas sichtbar geworden ist, in seiner ,Bezogenheit', erhält λόγος die Bedeutung von *Beziehung* und *Verhältnis*."[154]

Maßnehmen des erkennenden Geistes an den maßgebenden Dingen." *P. Wust*, Von Husserl zum Karmel, ursprüngl. erschienen in Münsterischer Anzeiger v. 15. 5. 1934 und Kölnische Volkszeitung v. 24. 5. 1934, in: *Ders.*, Gesammelte Werke, Bd. 7, Aufsätze und Briefe (Münster 1966) 298–301, hier 298 f.

[151] *C. Taylor*, Ein säkulares Zeitalter (Frankfurt a. M. 2009) 68.

[152] HeiGA 2, 38 und 45.

[153] Ebd., 46.

[154] Ebd.

Die Begriffsanalyse von φαινόμενον und λέγειν – oder genauer ἀποφαίνεσθαι – ermögliche es daher, so Heidegger, den formalen Sinn der phänomenologischen Forschung zu definieren als „ἀποφαίνεσθαι τὰ φαινόμενα: Das, was sich zeigt, so wie es sich von ihm selbst her zeigt, von ihm selbst her sehen lassen."[155] Genau dies bringe auch die Maxime *Zu den Sachen selbst!* zum Ausdruck.

Vor dem Hintergrund dieser Programmatik, die vom einzelnen Philosophen mehr und anderes verlangt als ein bloß sachlich-logisches Analysieren, und die zudem die Idee eines originären und intuitiven Erfassens der Phänomene in sich trägt,[156] wird deutlich, wie weitgehend sich der Phänomenologe dem zu untersuchenden Gegenstand gegenüber öffnet. Eine ernsthaft betriebene religionsphänomenologische Untersuchung lässt nicht nur das religiöse Phänomen *aus sich heraus* sprechen, sondern berührt und fragt auch den Phänomenologen selbst an, zumindest in intellektueller Hinsicht. Auch wenn Martin Heidegger *als Person* kaum als Beleg für die These Hedwig Conrad-Martius' herhalten kann, liegt es nahe, der Auffassung zuzustimmen, dass die Phänomenologie geeignet ist, den Boden zu bereiten „für die Erkenntnis von Transzendenzen und Offenbarungen, von Göttlichem und Gott selber, für letzte religiöse Entscheidungen, für Bekehrungen und Konversionen."[157]

Auch der Weg Edith Steins hin zu einem personal gelebten Glauben wurde durch diesen philosophischen Zugang geebnet – und durch ganz persönliche Erfahrungen und innere und äußere Impulse. Auf die persönlichen Krisen, die sie im Verlauf des Ersten Weltkriegs und danach durchlebt hatte, folgte eine Zeit der zunehmenden Öffnung hin zu einem unmittelbaren Glauben, der ihr Leben durchformt hat und seinen Widerhall in den philosophisch-theologischen Reflexionen fand, die ihr Opus von da an prägten. Hedwig Conrad-Martius beschrieb ihre Freundin daher retrospektiv als „einen so gut wie ausschießlich religiös bestimmten Menschen".[158] Im Folgenden soll der Frage nachgegangen werden, wie es zu verstehen ist, wenn von Edith Stein als einer *Mystikerin* gesprochen wird. Zudem soll anhand einiger ausgewählter Themen gezeigt werden, wie sie sich zu wichtigen theologischen und religionsphilosophischen Fragen positioniert hat.

---

[155] Ebd.
[156] Ebd., 49.
[157] *H. Conrad-Martius*, Edith Stein, 66.
[158] Ebd., 61.

Eine Reihe der hier relevanten Aspekte wurde im Verlauf dieser Arbeit bereits angesprochen und diskutiert. Einiges konnte im biographischen Kapitel abgebildet werden, auch bezüglich der Spiritualität Edith Steins bis hin zu ihrer Verehrung der biblischen Königin Esther. An anderer Stelle wurde ihr Offenbarungsverständnis analysiert, ihre Definition religiösen Glaubens herausgearbeitet und zudem nachgezeichnet, wie Edith Stein in *Endliches und ewiges Sein* darlegt, dass sich der dreieine Gott dem Menschen als personales Gegenüber offenbart und die Schöpfung als Einheit, die Geschichte als Heilsgeschichte und die gesamte Menschheit als mystischer Leib Christi verstanden werden kann. All dies fügt sich zu einem Bild zusammen, das im Folgenden noch ergänzt und im Blick auf einige wichtige Motive stärker systematisch angegangen werden soll. Besonders hingewiesen sei auf die Frage nach dem Verhältnis von Altem und Neuem Bund und die Problematik der Möglichkeit der Erlangung von Heil außerhalb der Kirche. Die bis heute kontrovers diskutierten Themen Hingabe, Sühne, Opfer und Stellvertretung, die unter dem Oberbegriff der Kreuzestheologie in den Fokus rücken, stehen zwar ebenfalls für ein zentrales Charakteristikum des Glaubens Edith Steins, sollen aber der systematischen Zuordnung wegen erst im nachfolgenden Kapitel thematisiert werden.[159]

Die lebensweltliche Relevanz, die diese Themen für Edith Stein hatten, lässt erahnen, wie wenig sie auch in *theologischen* Dingen an rein akademischen Debatten interessiert war; vielmehr ging es ihr um ihren persönlichen Glauben und darum, Leben und Denken mittels philosophisch-theologischer Reflexion zu durchdringen und konsistent darzustellen. Es ging um die Suche nach der Wahrheit. Ralph McInerny zeichnet dies nach:

> „[W]hat is certain in the case of Edith Stein [...] is that she studied philosophy, not to win the plaudits of Husserl, not to gain a reputation, to publish, to dazzle, to have a successful career. She wanted the truth and a truth she could live and die for. When this truth was presented to her in the form of a person, as Christ, her whole life had to be reoriented. Now she knew that the point of life is to become holy, to allow Christ to live in her, to live his life. Her philosophical training provided a prelude to the life of prayer. [...] God did not become man in order that men might become theologians, but theology is one response to the truth that has been revealed."[160]

---

[159] Vgl. Kap. 4.3.2.
[160] R. *McInerny*, Edith Stein and Thomism, 82: „Im Fall Edith Steins kann es als sicher gelten, dass sie *nicht* Philosophie studierte, um den Beifall Husserls zu gewinnen, um

4.2.1. Edith Stein als Mystikerin

Edith Stein hat die Texte großer Mystiker, von Teresa von Ávila und Johannes vom Kreuz bis hin zu Dionysius Areopagita rezipiert und interpretiert, doch ist damit natürlich noch nicht gesagt, dass sie sich selbst als Mystikerin verstanden hat. In der Tat liegen ihrerseits nur vergleichsweise wenige Selbstzeugnisse über tiefgehende geistliche oder gar mystisch-ekstatische Erfahrungen vor.[161] Es ist daher in gewisser Weise folgerichtig, dass sie in der Literatur eher in ihrer Rolle als Rezipientin bedeutender Schriften der Mystik wahrgenommen wird denn als Mystikerin im eigentlichen Sinn. Und tatsächlich war sie ja an der *Reflexion* dieser geistlichen Tradition interessiert und brachte die Erkenntnisse, die sie auf diesem Feld gewann, in einen größeren philosophisch-theologischen Rahmen ein.[162] Dennoch gibt es gute Gründe, Edith Steins intellektuelles Nachdenken über die christliche Mystik und ihr persönliches geistliches Erleben als zwei Geisteshaltungen zu interpretieren, die – ähnlich der scholastischen Unterscheidung von *fides qua* und *fides quae creditur* – in wechselseitigem Bezug zueinander stehen. Es geht um eine Innen- und eine Außenperspektive, die beide dasselbe Thema haben: die personale Begegnung des Menschen mit Gott. Edith Stein *hat* die Erfahrung eines lebendigen Glaubens gemacht, diese mit den Schriften der Mystiker in Be-

---

Reputation zu erlangen, um zu veröffentlichen, andere zu beeindrucken oder eine erfolgreiche Karriere zu starten. Sie war auf der Suche nach der Wahrheit, einer Wahrheit, für die sie leben und sterben konnte. Als sie dieser Wahrheit in Gestalt einer Person begegnete, der Person Christi, erhielt ihr gesamtes Leben eine neue Richtung. Jetzt wusste sie, dass es im Leben darauf ankommt, heilig zu werden, Christus zu erlauben, in ihr zu leben, um sein Leben zu leben. [...] Gott wurde nicht Mensch, damit Menschen Theologen werden, aber die Theologie ist eine Form, auf die Wahrheit zu antworten, die offenbar geworden ist."

[161] So schreibt Edith Stein in der *Einführung in die Philosophie* (ca. 1920) über ein Gefühl der Geborgenheit, das in scheinbar ausweglosen Situationen Halt geben könne: „[I]ndem wir zu stürzen meinen, fühlen wir uns ‚in Gottes Hand', die uns trägt und nicht fallen läßt. Und nicht nur seine *Existenz* wird uns in solchem Erleben offenbar, auch *was* er ist, sein Wesen, wird in seinen letzten Ausstrahlungen sichtbar: die Kraft, die uns stützt, wo alle Menschenkräfte versagen [...]." E. *Stein*, Einführung in die Philosophie, bearbeitet v. *C. M. Wulf* (Freiburg i. Br. ²2010) = ESGA 8. Sigel: PE, 171 f. Vgl. auch, mit deutlich autobiographischem Bezug, Beiträge, 73.

[162] Vgl. etwa *H.-B. Gerl-Falkovitz*, Unerbittliches Licht, 220–246 (zur Frage der Stein'schen „Theorie von Mystik"). Auch in *F. J. Sancho Fermín*, Loslassen, ist primär von der mystischen Philosophie Edith Steins die Rede und weniger von ihr selbst als christlicher Mystikerin.

ziehung gesetzt und daraus Konsequenzen für ihre eigenen philosophischen Grundüberzeugungen abgeleitet.[163] In einem Brief an Roman Ingarden verleiht sie dem Gefühl Ausdruck, der Verbindung von innerem Erleben und philosophischer Reflexion nicht ausweichen zu dürfen:

> „[D]er Glaube, dessen schaffende und umgestaltende Kraft ich in mir selbst
> und andern höchst realiter erfahre, der Glaube, der die Dome des Mittel-
> alters aufgetürmt hat und den nicht minder wunderbaren Bau der kirchlichen
> Liturgie, der Glaube, den der hl. Thomas ‚den Anfang des ewigen Lebens in
> uns' nennt – an dem zerbricht mir jede Skepsis. – Damit machen Sie nun, was
> Sie wollen!"[164]

Spätestens hier muss gefragt werden, was überhaupt damit gemeint ist,
wenn von *mystischem Erleben* die Rede ist. Mit Reinhard Körner wäre
zu betonen, dass dieser Begriff als solcher gerade nicht in einem exzeptio-
nellen und exklusiven Sinn zu verstehen ist. Stattdessen liegt es nahe, einen Gläubigen immer dann als Mystiker zu bezeichnen, wenn er seinen
Glauben nicht nur als Weltanschauung bekennt, sondern danach strebt,
in einer persönlichen und innerlich vollzogenen Beziehung zu Gott zu leben: „Der Mystiker macht sich bewußt – ‚vergegenwärtigt' sich […] –[,]
daß Gott verborgen anwesend ist; daß sich hinter der Vokabel ‚Gott'
Wirklichkeit verbirgt."[165]

In eine ähnliche Richtung weisen Karl Rahners berühmte Worte, dass
„die Frömmigkeit von morgen"[166] auf einem persönlichen, unmittel-

---

[163] So weist Betschart darauf hin, dass Edith Steins Verständnis der personalen Individualität durch religiöse Erlebnisse beeinflusst wurde, die sie in den Jahren nach der Fertigstellung ihrer Dissertation gemacht habe. Insofern sei zu konstatieren: „Die übernatürliche Gotteserfahrung steht also nicht nur am Ende des Steinschen Weges von
der Phänomenologie zur Metaphysik, zur Theologie und schliesslich zur Mystik im
Sinne der Gotteserfahrung. Vielmehr steht die Mystik auch am Anfang dieses Wegs
[…]." C. *Betschart*, Unwiederholbares Gottessiegel, 337. Vgl. hierzu auch ebd., 335
u. 341. Zur Frage, ob für Edith Stein die religiöse Ekstase auch liebende Hingabe mit
einschließe, vgl. ebd., 335 f. Hanna-Barbara Gerl-Falkovitz geht davon aus, dass man
Edith Stein vor allem vor dem Hintergrund ihrer *Spiritualität der Sühne* als Mystikerin
betrachten könne. Vgl. *H.-B. Gerl-Falkovitz*, „Im Dunkel wohl geborgen." Edith
Steins mystische Theorie der „Kreuzeswissenschaft" (1942), in: Una Sancta, Bd. 61
(2006) 327–342, bes. 337–342.
[164] *E. Stein*, Brief an R. Ingarden v. 28. 11. 1926, in: Briefe III, Br. 102, 176.
[165] *R. Körner*, „Leben an Gottes Hand und aus Gottes Hand". Mystik und Kirchenkritik bei Edith Stein, in: *M. Delgado* u. *G. Fuchs* (Hg.), Die Kirchenkritik der Mystiker.
Prophetie aus Gotteserfahrung, Bd. III: Von der Aufklärung bis zur Gegenwart
(Fribourg – Stuttgart 2005) 119–131, hier 120.
[166] *K. Rahner*, Frömmigkeit früher und heute, in: *Ders.*, Sämtliche Werke, Bd. 23,

baren Gottesverhältnis gründen und der Christ der Zukunft ein Mystiker sein müsse – einer, der im religiösen Sinn „etwas ‚erfahren' hat".[167] Nicht das Erklimmen höchster Stufen geistlicher Vollkommenheit ist demnach das Kennzeichen des Mystikers, sondern ein Leben in der persönlichen Beziehung zu Gott, das in Höhen und Tiefen eine Vertrautheit zwischen Mensch und Schöpfer real werden lässt.[168] Die im einleitenden Kapitel dieser Arbeit beschriebene Episode vom Sommer 1916, als Edith Stein sich während eines Besuchs im Frankfurter Dom vom Verhalten einer Frau beeindruckt gezeigt hatte, die ihre Alltagsgeschäfte unterbrach, um in der Kirche wie zum Gespräch mit Gott im Gebet niederzuknien, steht für genau diese Erkenntnis. An der Bedeutung, die Edith Stein dieser kleinen Begebenheit beimaß, lässt sich die Tragweite der Einsicht erahnen, dass der Glaube nicht primär äußerlicher Kult, sondern innerliche, mystische Gottesbegegnung ist.[169] Wenige Jahre darauf, in der Zeit der Vorbereitung auf die Taufe, verstärkte sich dann bei Edith Stein der Wunsch nach einer Lebensweise, deren Tagesrhythmus den Rahmen für eine solche regelmäßige Begegnung mit Gott in besonderer Weise eröffnet. Wenn sie im Mai 1934, kurz nach ihrer Einkleidung im Kölner Karmel, an Fritz Kaufmann schreibt, dass es der Beruf der Schwestern sei, für alle Menschen vor Gott zu stehen, dann spricht daraus die Überzeugung, dass es ihr nun möglich war, ein Leben als Mystikerin zu führen, wie sie es sich seit Jahren erhofft hatte.[170]

An dieser Stelle sei auch an die Bedeutung des Alten und Neuen Testaments für die Religiosität Edith Steins erinnert. Sowohl ihre systematischen als auch ihre geistlichen Texte lassen erkennen, wie wichtig ihr die

---

Glaube im Alltag. Schriften zur Spiritualität und zum christlichen Lebensvollzug, bearbeitet v. *A. Raffelt* (Freiburg i. Br. 2006) 31–46, hier 37.

[167] Ebd., 39. Vgl. ebd., 39 f.: „[D]er Fromme von morgen wird ein ‚Mystiker' sein, einer, der etwas ‚erfahren' hat, oder er wird nicht mehr sein, weil die Frömmigkeit von morgen nicht mehr durch die im voraus zu einer personalen Erfahrung und Entscheidung einstimmige, selbstverständliche öffentliche Überzeugung und religiöse Sitte aller mitgetragen wird, die bisher übliche religiöse Erziehung also nur noch eine sehr sekundäre Dressur für das religiöse Institutionelle sein kann. Die Mystagogie muß von der angenommenen Erfahrung der Verwiesenheit des Menschen auf Gott hin das richtige ‚Gottesbild' vermitteln, die Erfahrung, daß des Menschen Grund der Abgrund ist: daß Gott wesentlich der Unbegreifliche; daß seine Unbegreiflichkeit wächst und nicht abnimmt, je richtiger Gott verstanden wird, je näher uns seine ihn selbst mitteilende Liebe kommt […]."
[168] Vgl. *R. Körner*, „Leben an Gottes Hand und aus Gottes Hand", 120.
[169] Vgl. Kap. 1.2.2.
[170] Vgl. Anm. 353.

lebendige Begegnung der Gläubigen mit dem Wort Gottes war. Edith Stein hatte nicht nur auf der Sachebene ein Interesse am „wörtlichen Sinn gewisser Passagen der Hl. Schrift", sondern darüber hinaus auch „ein tiefes (mystisches) Gespür" für deren geistlichen Sinn.[171] Dies zeigt sich unter anderem daran, dass sie die Heilige Schrift konsequent vom Ansatz des mehrfachen Schriftsinns her interpretiert. Ihre Bibelrezeption war keineswegs naiv, sondern – wie Sophie Binggeli hervorhebt – „gläubig und kritisch", mit einem „ausgeprägten Verständnis für die tiefe Einheit der ganzen Schrift".[172] Insofern sind die Schrift-Kommentierungen und -Interpretationen Edith Steins ebenso wie ihre geistlichen Texte „nur im Zusammenhang mit ihrem ,Leben im Heiligen Geiste'" zu verstehen, also vor dem Hintergrund „ihrer persönlichen Begegnung mit der Schrift."[173] Edith Stein verwirklichte „ein Lesen der Hl. Schrift unter der Leitung des Hl. Geistes",[174] wie es in der Praxis katholischer Frömmigkeit über lange Zeit kaum mehr eine Rolle gespielt hatte und erst wieder durch das Zweite Vatikanum in den Fokus gekommen ist.[175]

Die Schriftrezeption Edith Steins lässt also erkennen, dass das Vertrautsein mit Gott einen maßgeblichen Aspekt ihrer Spiritualität ausmacht. Ganz in diesem Sinn erinnert sie in einem Brief an Adelgundis Jaegerschmid, der aus der Zeit ihrer intensiven Vortragstätigkeit der späten zwanziger und frühen dreißiger Jahre stammt, an den Kern der Botschaft, die sie ihren Zuhörern zu vermitteln gedenke: „Es ist im Grunde nur eine kleine, einfache Wahrheit, die ich zu sagen habe: wie man es anfangen kann, an der Hand des Herrn zu leben."[176] In gleicher Weise liest und interpretiert sie eine Dekade später die *Symbolische Theologie* Dionysius Areopagitas und auch das Werk des Johannes vom Kreuz. In

---

[171] Alle Zitate *S. Binggeli,* Die Bedeutung der Hl. Schrift für Edith Stein, 215.

[172] Beide Zitate ebd., 221.

[173] Ebd., 224.

[174] Ebd., 215.

[175] Vgl. hierzu die Dogmatische Konstitution über die göttliche Offenbarung „Dei Verbum", in: *K. Rahner* u. *H. Vorgrimler* (Hg.), Kleines Konzilskompendium. Sämtliche Texte des Zweiten Vatikanums (Freiburg i. Br. [25]1994) = Sigel DV, Art. 25: „Ebenso ermahnt die Heilige Synode alle an Christus Glaubenden, zumal die Glieder religiöser Gemeinschaften, besonders eindringlich, durch häufige Lesung der Heiligen Schrift sich die ,alles übertreffende Erkenntnis Jesu Christi' (Phil 3,8) anzueignen. [...] Sie sollen deshalb gern an den heiligen Text selbst herantreten [...]. Sie sollen daran denken, daß Gebet die Lesung der Heiligen Schrift begleiten muß, damit sie zu einem Gespräch werde zwischen Gott und Mensch; denn ,ihn reden wir an, wenn wir beten; ihn hören wir, wenn wir Gottes Weisungen lesen'."

[176] *E. Stein,* Brief an A. Jaegerschmid v. 28. 4. 1931, in: Briefe I, Br. 150, 167.

beidem, so betont sie, gehe es um die χειραγωγία, das *An-der-Hand-Führen* des Menschen im Glauben.[177]

Edith Stein gründet diese Erkenntnis auf ein philosophisch-theologisches Fundament, dessen Grundgedanke schon in *Freiheit und Gnade* anklingt, nämlich die Überzeugung, dass der Mensch, der sich ja zunächst durch sein natürliches Sein gebunden und geprägt sieht, seine Existenz, sein Ins-Dasein-gesetzt-Sein, letztlich *von oben her* empfängt. Besonders gut lässt sich dies, wie Edith Stein unter Verweis auf die *Metaphysischen Gespräche* Hedwig Conrad-Martius' hervorhebt, anhand der *Freiheit* darstellen:

> „Der Mensch qua Mensch ist ‚naturgeborenes, *nicht* geistgeborenes Wesen', ‚*nimmt* sich ganz und gar von unten her; aber damit er sich von unten her als Person nehmen kann, muß er seine Freiheit im Geist von oben her nehmen. [...]'".[178]

Vor dem Hintergrund der Eigenschaften, die Edith Stein der gläubigen Existenz – oder besser gesagt: dem Menschen als solchen – zuschreibt, rückt von neuem die Gestalt Teresas von Ávila in den Blick. Diese war ihr eine „geistliche Lehrmeisterin", die ihr ein Verständnis von Mystik aufzeigte, in der es gerade nicht um eine „Spezial- oder Sonderform der christlichen Frömmigkeit" geht, sondern um „deren innersten Kern."[179] Dabei sei auch an den teresianischen Gedanken der *Freundschaft mit Gott* erinnert, des persönlichen Bundes von Schöpfer und Geschöpf.[180] Wenn man diese geistliche Grundhaltung mit der Dreifaltigkeitsmystik in Beziehung setzt, die Edith Stein in *Endliches und ewiges Sein* entwickelt, wird offenkundig, wie sehr sie der Spiritualität ihrer geistlichen Lehrerin verbunden war:

> „Weil Gott die Liebe ist, muß das göttliche Sein Einssein einer Mehrheit von Personen sein und sein Name ‚Ich bin' gleichbedeutend mit einem ‚Ich gebe

---

[177] Vgl. hierzu WGE, 72. Siehe auch KW, 28: „Johannes vom Kreuz [*hat*] keine systematische Darstellung der Mystik gegeben. Seine Absicht beim Schreiben war keine theoretische [...]. Was er eigentlich sagen wollte, war: ‚bei der Hand führen' (wie es der Areopagit von sich sagt), durch die Schriften seine Arbeit als Seelenführer ergänzen."

[178] PA, 162. Edith Stein zitiert hier *H. Conrad-Martius,* Metaphysische Gespräche (Halle 1921) 237. Vgl. auch PA, 268: „Der Mensch ist ins Dasein gesetzt und damit aus dem göttlichen Sein als ein eigenes Seiendes herausgesetzt wie alle Geschöpfe: Durch seinen Ursprung hat er, wie alle Geschöpfe, sein Sein ‚von oben' [...]."

[179] Alle Zitate *R. Körner,* „Leben an Gottes Hand und aus Gottes Hand", 121.

[180] Körner zitiert in diesem Zusammenhang das populäre, Teresa zugeschriebene, Diktum: „Du, Gott, und ich, wir sind immer in der Mehrheit!" Ebd., 123.

mich ganz hin an ein Du', ,bin eins mit einem Du' und darum auch mit einem ,Wir sind'."[181]

Ein weiterer, für die teresianische Frömmigkeit relevanter Aspekt ist die Sehnsucht nach einem freien, inneren Gebet, das nicht durch äußere Vorgaben eingeschränkt oder reglementiert wird. Teresa verfolgte diesen Ansatz nicht allein, vielmehr gab es im zeitgenössischen Spanien eine ganze Bewegung der geistlichen Erneuerung, der dies ein Anliegen war, und deren Verfechter teilweise so weit gingen, den gemeinschaftlichen Vollzug feststehender Gebetstexte *grundsätzlich* geringzuschätzen und abzulehnen. Für Edith Stein stellte sich die Sachlage anders dar. Dennoch ist es aufschlussreich, ihrer persönlichen Haltung in dieser Frage nachzugehen. Hierfür eignet sich besonders der an anderer Stelle bereits erwähnte Text *Das Gebet der Kirche*.[182]

Darin bezieht Edith Stein nicht nur Stellung zum Verhältnis von innerlichem und offiziellem liturgischen Gebet, sondern deckt auch die geistlichen Wurzeln dieser Gebetsformen auf, die sie in der Theologie und Praxis des Alten Bundes verortet. So betont sie etwa, dass das liturgische, und hier besonders das eucharistische (Hoch-)Gebet, ausdrücklich an das Gebet Jesu anknüpft, der selbst „wie ein gläubiger und gesetzestreuer Jude betete",[183] also die Gebetsformen des Alten Bundes – Psalmen, Prophetentexte, Segenssprüche und andere geistliche Ausdrucksformen – aufgegriffen und vollzogen hat.

Die von Teresa gesehene Not, dass vorgegebene Gebete und Gottesdienste allzu oft schematisch absolviert werden und daher äußerliche Übungen bleiben, taucht bei Edith Stein in der modernen Wendung des Wunsches nach einer *participatio actuosa* des gläubigen Volkes an der offiziellen Liturgie auf, wie es die Liturgische Bewegung forderte und die Konstitution *Sacrosanctum Concilium* des Zweiten Vatikanischen Konzils später zur Norm erhob.[184] Sie hielt es für unerlässlich, dass nicht

---

[181] EES, 299. Vgl. Anm. 889.

[182] Vgl. hierzu Kap. 1.3.5. Zur Bedeutung des Gebets bei Edith Stein vgl. auch *S. Borden*, Edith Stein, 117–128, und *V. Aucante*, Le Discernement selon Edith Stein. Que faire de sa vie? (Paris 2003) 47–62, sowie – zur Frage von innerlichem Gebet und Freiheit – *C. Betschart*, Liberté et union mystique, bes. 161–169.

[183] GT I, 45.

[184] Vgl. Konstitution über die heilige Liturgie „Sacrosanctum Concilium", in: *K. Rahner* u. *H. Vorgrimler* (Hg.), Kleines Konzilskompendium. Sämtliche Texte des Zweiten Vatikanums (Freiburg i. Br. ^{25}1994) = Sigel SC, Art. 21: „Damit das christliche Volk in der heiligen Liturgie die Fülle der Gnaden mit größerer Sicherheit erlange, ist es der Wunsch der heiligen Mutter Kirche, eine allgemeine Erneuerung der Liturgie sorgfältig

nur Kleriker und Ordensleute, „deren Beruf das feierliche Gotteslob ist, sondern das ganze christliche Volk"[185] durch die Liturgie zum ewigen Gotteslob verbunden wird, und zwar in einer Weise, in der die Gläubigen die Gemeinschaft wirklich als eine solche empfinden können. Wenn das Volk „voll Freude tätigen Anteil am Gottesdienst nimmt, dann zeigt es, daß es sich seiner Berufung zum Gotteslob bewußt ist."[186] Die Prägung Edith Steins durch die Liturgische Bewegung, aber auch ihre Rezeption zeitgenössischer Studien zur Liturgie der Kirche, etwa Erik Petersons *Buch von den Engeln,* hatte unverkennbar dazu geführt, dass sie in diesen Fragen eine Sensibilität entwickelt hatte.[187]

Zugleich betont Edith Stein – ganz teresianisch – die „einsame Zwiesprache mit Gott".[188] Das innerliche, im besten Sinn mystische Gebet sei ebenso *Gebet der Kirche* wie der öffentliche Gottesdienst. Ebenso wie die offizielle Liturgie habe auch das einsame Sprechen mit Gott sein Vorbild im Alten Bund, nämlich dem hohepriesterlichen Gebet im Allerheiligsten des Tempels von Jerusalem. Immer wieder, und besonders nach dem Abschluss des Letzten Abendmahls und vor dem Aufbruch zum Ölberg, habe Jesus durch sein eigenes hohepriesterliche Gebet aufgezeigt, dass es nicht mehr notwendig sei, „die gesetzlich vorgeschriebene Stunde abzuwarten und […] das Allerheiligste des Tempels aufzusuchen".[189] Der stellvertretende Gebetsakt des Hohen Priesters verliert seine singuläre Notwendigkeit, wenn jeder Mensch „immer und überall vor Gottes Angesicht"[190] steht. Mit dieser Lehre, so Edith Stein, habe Jesus das Geheimnis des Hohepriestertums entsiegelt:

> „[A]lle die Seinen dürfen es hören, wie er im Allerheiligsten seines Herzens mit dem Vater spricht; sie sollen erfahren, worum es geht, und sollen lernen, in ihrem Herzen mit dem Vater zu sprechen."[191]

---

in die Wege zu leiten. […] Bei dieser Erneuerung sollen Texte und Riten so geordnet werden, daß sie das Heilige, dem sie als Zeichen dienen, deutlicher zum Ausdruck bringen, und so, daß das christliche Volk sie möglichst leicht erfassen und in voller, tätiger und gemeinschaftlicher Teilnahme mitfeiern kann."

[185] GT I, 48.
[186] Ebd.
[187] Vgl. ebd., sowie *E. Peterson,* Von den Engeln.
[188] GT I, 49.
[189] Ebd., 51.
[190] Ebd.
[191] Ebd.

Edith Stein schließt ihre Überlegungen zum Gebet der Kirche mit einer dreifachen These:

(1) Der mystische Strom der Gebete, der stillen Zwiesprache der Gläubigen mit Gott, „ist kein verirrter Seitenarm, der sich vom Gebetsleben der Kirche abgesondert hat – er ist ihr innerstes Leben."[192]

(2) Das innere Gebet ist die Wurzel der öffentlichen Liturgie und der Kirche als solcher. Seien es die Psalmen oder die Hymnen des *Magnificat*, *Benedictus* oder *Nunc dimittis:* sie alle entspringen geisterfüllten Herzen. Die Aufgabe heutiger Generationen ist es, sie weiterzugeben. Das innere Gebet steht daher nicht für eine *subjektive* Frömmigkeit, die der *objektiven* Liturgie entgegenstünde. Stattdessen gilt: „Jedes echte Gebet ist Gebet der Kirche: Durch jedes echte Gebet geschieht etwas in der Kirche, und es ist die Kirche selbst, die darin betet [...]."[193]

(3) Zum inneren Leben und der äußeren Form muss, und dies ist ein für Edith Stein typischer Gedanke, die *Tat* hinzukommen. Echtes Gebet ist immer Hingabe eines Liebenden an Gott, der selbst die Liebe ist. Für die Gläubigen, die sich Gott in Hingabe anvertrauen, gilt zugleich:

> „Mit Christus verborgen in Gott, können sie nicht anders, als die göttliche Liebe, von der sie erfüllt sind, ausstrahlen in andere Herzen und so mitwirken an der Vollendung aller zur Einheit in Gott, die das große Anliegen Jesu war und ist."[194]

4.2.2. „Provokant und unzureichend": Edith Stein als Brückenbauerin?

„In ihrem Bestreben, ein besseres Einvernehmen zwischen Christen und Juden herbeizuführen, war Edith Stein ihrer Zeit voraus."[195] Mit diesen Worten beschreibt Susanne Batzdorff, die jeder hagiographischen Verklärung ihrer Tante unverdächtig ist, ein Motiv, das im Leben und Denken Edith Steins vor allem seit ihrer Taufe präsent war und in den Jahren des zunehmenden Antisemitismus in Deutschland, spätestens aber ab 1933, noch einmal deutlich an Bedeutung gewonnen hat.[196] Zugleich sind immer wieder, nicht zuletzt auch von jüdischer Seite, Stimmen laut geworden, die kritisieren, dass Edith Stein in entscheidenden Punkten eben

---

[192] Ebd., 55.
[193] Ebd.
[194] Ebd., 56.
[195] *S. Batzdorff*, Edith Stein – meine Tante, 169.
[196] Vgl. hierzu ausführlich Kap. 1.2.4.

doch der Theologie ihrer Zeit verhaftet gewesen, wenn nicht gar hinter
diese zurückgefallen sei.[197] Diese Vorwürfe können nicht einfach beiseite
geschoben werden, sondern bedürfen der Prüfung, und zwar nicht nur,
weil dies die Voraussetzung für eine adäquate theologische Historiographie Edith Steins ist, sondern auch, weil es hier um das christlich-jüdische
Gespräch *unserer Tage* geht. Die Frage ist, ob die Person Edith Steins,
ihre theologische Positionierung und schließlich ihre kirchliche Rezeption als Märtyrin geeignet sind, diesen Dialog zu befördern – oder ob
das christliche Gedenken und die Verehrung der „Convertitin ex Judais-
mo"[198] nicht umgekehrt ein Hindernis für ein gedeihliches Miteinander
der Religionen ist.

Im Blick auf die These Susanne Batzdorffs stellt sich damit die Frage:
Handelt es sich hier um einen Schlüssel, der die Überlegungen Edith
Steins zum Verhältnis von Altem und Neuem Bund aufschließt? Oder
gilt das Gegenteil? Wie und wo äußert sich das genannte „Bestreben"
Edith Steins? Klar ist, dass für eine entsprechende Analyse nicht heutige,
sondern die *zeitgenössische* Religionstheologie, Ekklesiologie und Soteriologie den Referenzpunkt bilden muss. Zugleich lassen sich die hier
aufgeworfenen Fragen nicht bloß analytisch, quasi in einer klinisch reinen Schutzatmosphäre untersuchen, als ginge es um Aspekte der formalen Logik oder der Mathematik. Das Drama der Shoa, aber auch die
theologischen Fortschritte, die in den vergangenen Jahrzehnten im christlich-jüdischen Gespräch zu verzeichnen waren, lassen sich nicht völlig
ausblenden, sondern haben – obwohl *ex post* – unweigerlich Einfluss
auf die Bewertung der seinerzeitigen Theologie und Religionsphilosophie. Dem gilt es Rechnung zu tragen.

In den folgenden Unterkapiteln werden nun einige Grundlinien der
Position Edith Steins in der Frage des Verhältnisses von Juden und Christen nachgezeichnet. Dabei sei zunächst an die nachdenklichen und
zugleich analytisch präzisen Äußerungen Aron Jean-Marie Lustigers erinnert, des langjährigen Erzbischofs von Paris und Sohnes polnisch-jüdi-
scher Emigranten, dessen Mutter im Jahr 1943 in Auschwitz ermordet

---

[197] So argumentiert etwa der jüdisch-stämmige Beuroner Benediktiner Paulus Gordan,
ein Verwandter Edith Steins, dass deren kreuzestheologische Interpretation des NS-Terrors auf eine „nicht durchgeklärte [...] und von vorgeprägten, aber nicht selbständig
angeeigneten Formeln" bestimmte Theologie rückschließen lasse. *P. Gordan*, in: W.
Herbstrith (Hg.), Edith Stein – eine große Glaubenszeugin. Leben. Neue Dokumente.
Philosophie (Annweiler 1986) 149–151, hier 151.
[198] *E. Breitling*, Brief v. 20. 10. 1922, unbekannter Adressat, in: Briefe I, Br. 37, 64.

worden war, und der Edith Stein in hohem Maße verehrt hat – auf seinem Schreibtisch, so wird überliefert, habe stets eine Photographie von ihr gestanden.[199] Lustiger hatte die in kirchlichen Kreisen gerne vertretene Auffassung kritisiert, Edith Stein sei „eine Brückenbauerin zwischen Juden und Christen" gewesen. Diese Behauptung, so Lustiger, sei ebenso „provokant wie auch unzureichend":[200]

(1) *Provokant* sei die These vor dem Hintergrund der kritischen Reaktionen, mit denen viele jüdische Beobachter seinerzeit die Selig- und Heiligsprechung Edith Steins begleitet hatten.[201] Für viele habe sich damals die Frage gestellt, ob „dieses Unterfangen der Kirche nicht eine mißbräuchliche Aneignung der jüdischen Identität sowie eine christliche Sublimierung des Schreckens der Shoa"[202] bedeutet.

(2) *Unzureichend* sei sie wegen der Verwendung der Brücken-Metapher. Diese suggeriere nämlich im Blick auf das Verhältnis von Judentum und Christentum die Realität zweier voneinander getrennter Gebilde, deren wechselseitige Fremdheit selbst durch die Errichtung einer punktuellen Verbindung nicht wirklich aufgehoben werden könne. Diese Vorstellung entspreche aber weder der Beziehung der beiden Religionen zueinander noch dem Versöhnungsbeitrag, den Edith Stein durch ihr Œuvre und ihr Leben tatsächlich geleistet habe.

Lustiger ersetzt das Bild der *Brückenbauerin* daher durch eine andere Formulierung: Edith Stein habe „Israel innerhalb des christlichen Bewußtseins *wiederverankert.*"[203] Die Frage, ob sie auch Erfolg mit dem umgekehrten Anliegen gehabt habe, eine neue Offenheit der Juden für das Christentum zu etablieren, lasse sich hingegen derzeit nicht abschließend beantworten. Für was aber steht nun der Begriff der Wiederver-

---

[199] Vgl. hierzu *S. Binggeli*, Edith Steins Beiträge zur Theologie Israels, in: *A. Speer* u. *S. Regh* (Hg.), „Alles Wesentliche lässt sich nicht schreiben". Leben und Denken Edith Steins im Spiegel ihres Gesamtwerkes (Freiburg i. Br. 2016) 445–462, hier 445.

[200] Beide Zitate *J.-M. Lustiger*, Einführung zum Runden Tisch über Edith Stein beim Katholikentag 2006 in Saarbrücken, in: ESJ, Bd. 13 (2007) 116–123, hier 119.

[201] Vgl. etwa *J. Baaden*, A question of martyrdom, in: The Tablet. The international Catholic news weekly (31. Januar 1987) 107 f. Siehe unter den schon genannten Veröffentlichungen bes. den von *S. Batzdorff* übersetzten Band *W. Herbstrith* (Hg.), Never forget. Christian and Jewish Perspectives on Edith Stein.

[202] *J.-M. Lustiger*, Einführung zum Runden Tisch über Edith Stein beim Katholikentag 2006 in Saarbrücken, 119.

[203] Ebd., 120. Eigene Hervorhebung. Vgl. auch die ähnliche These von *M. Deselaers* in dessen Beitrag „Edith Stein bringt die Erinnerung an die Schoah ins Herz der Kirche", in: ESJ, Bd. 21 (2015) 11–18.

ankerung? Indem Lustiger diesen Terminus verwendet, deutet er an, dass
die Verbindung von Christentum und Judentum sowohl in historischer
als auch theologischer Perspektive eine im eigentlichen Wortsinn fundamentale ist. Die jesuanische Jerusalemer Urgemeinde war nicht durch
einen *Abgrund* von den übrigen Juden getrennt, sondern durch die Frage
der Erfüllung oder Enttäuschung der messianischen Hoffnung.[204] Das
Selbstverständnis der Jünger Jesu und der Befund der neutestamentlichen
Schriften macht die Nähe der beiden Religionen zueinander in einer
Weise evident, dass es, so Lustiger, „bereits an sich ein Paradox"[205] ist,
dass die Wiederverankerung Israels im christlichen Bewusstsein unserer
Zeit überhaupt notwendig wurde. Umso tragischer ist die Geschichte
der zweitausendjährigen Entfremdung, die theologischerseits in einer
„verqueren Interpretation der Heiligen Schriften"[206] und der Propagie-
rung der Substitutionstheorie gipfelt.

Diesem „Abgrund von Feindseligkeit und Mißtrauen"[207] steht inzwischen eine Entwicklung gegenüber, die katholischerseits den Geist der
Konzilserklärung *Nostra aetate* atmet. Dabei hat sich das Konzil nicht
auf äußerliche Symptome des Religionsdiskurses – etwa den Abbau von
Vorurteilen oder die Entschuldigung für zugefügte Wunden – beschränkt,
sondern das bleibende Erwähltsein des jüdischen Volkes herausgearbeitet. So heißt es in *Nostra aetate,* dass die Juden aus Sicht der Kirche trotz
aller Differenzen über die Anerkennung des Evangeliums „nach dem
Zeugnis der Apostel immer noch von Gott geliebt um der Väter willen"
seien – „sind doch seine Gnadengaben und seine Berufung unwiderruflich".[208] Vor diesem Hintergrund betont Lustiger, dass Edith Stein als
aus dem Judentum kommende und sich weiterhin als Jüdin empfindende

---

[204] Vgl. *J.-M. Lustiger,* Einführung zum Runden Tisch über Edith Stein beim Katholikentag 2006 in Saarbrücken, 120. Damit deutet Lustiger an, was Papst Johannes
Paul II. bei seiner Rede in der Großen Synagoge von Rom im Jahr 1986 betont hatte:
„La religione ebraica non ci è ,estrinseca', ma in un certo qual modo, è ,intrinseca' alla
nostra religione. Siete i nostri fratelli prediletti e, in un certo modo, si potrebbe dire i
nostri fratelli maggiori." *Johannes Paul II.,* Summo Pontifice habita in templo seu synagoga Iudaeorum Urbis, in: Acta Apostolicae Sedis, Bd. 78 (1986) 1117–1123, hier
1120.
[205] *J.-M. Lustiger,* Einführung zum Runden Tisch über Edith Stein beim Katholikentag
2006 in Saarbrücken, 120.
[206] Ebd.
[207] Ebd.
[208] Erklärung über das Verhältnis der Kirche zu den nichtchristlichen Religionen
„Nostra aetate", in: *K. Rahner* u. *H. Vorgrimler* (Hg.), Kleines Konzilskompendium.
Sämtliche Texte des Zweiten Vatikanums (Freiburg i. Br. [25]1994) = Sigel NA, Art. 4.

Christin die Grundintention der Konzilserklärung „auf das Vollständigste" verkörpere.[209] Dabei liegt es angesichts seiner eigenen Biographie nahe, dass er in der religiösen Identität Edith Steins ein Thema realisiert sah, das auch für ihn selbst prägend war.[210] Unabhängig davon bewährt sich seine These, Edith Stein stehe für die Wiederverankerung des Judentums im christlichen Bewusstsein, inzwischen auch im Blick auf deren Rezeptionsgeschichte. Für die Erinnerungskultur an Edith Stein ist die christlich-jüdische Offenheit vielfach prägend. Beispielhaft lässt sich dies am Wirken der Institutionen und Gesellschaften ablesen, die sich auf nationaler und internationaler Ebene geistlich und wissenschaftlich der Pflege ihres Erbes verpflichtet wissen. Einige dieser Gruppierungen haben sich als ausgewiesene Orte des Dialogs und der Begegnung von Christen und Juden etabliert.[211]

Dessen ungeachtet bietet die Person Edith Steins und die mit ihr verbundene Erinnerungskultur auch Anlass für Kontroversen. Ein besonders umstrittenes Thema, das auch Lustiger anspricht, betrifft die kirchliche Verehrung Edith Steins als Märtyrin. Dem soll hier etwas näher nachgegangen werden, da die von Missverständnissen geprägte Gemengelage in dieser Sache auch systematisch relevant ist. Es zeigt sich nämlich, dass die Narrative, die das Bild Edith Steins einerseits auf christlicher und andererseits auf jüdischer Seite prägen, in nicht geringem Maße von der Frage des Martyriums bestimmt sind. Insofern sei hier ein Blick auf die bis heute nicht abgeschlossene Debatte geworfen. Vor allem geht es um die Frage nach dem *fundamentum in re* der ins Feld geführten Argumente: In welchem Bezug stehen sie zu den originären Motiven Edith Steins?

Die kirchenrechtliche Causa mit dem Ziel der Beatifikation war im Jahr 1962 eröffnet worden und hatte sich lange Zeit um die Feststellung des sogenannten *heroischen Tugendgrades* und des Zeugnisses Edith Steins als *Bekennerin* des Glaubens gedreht. Erst im Jahr 1983 änderte sich dies. Auf Betreiben des Kölner Erzbischofs Joseph Höffner und des polnischen Primas' Józef Glemp wurde der Prozess nun mit dem Ziel ge-

---

[209] *J.-M. Lustiger*, Einführung zum Runden Tisch über Edith Stein beim Katholikentag 2006 in Saarbrücken, 121.

[210] Erinnert sei nur an die ersten Sätze von Lustigers Grabinschrift in der Pariser Kathedrale *Notre Dame*: „Je suis né juif. J'ai reçu le nom de mon grand-père paternel, Aron. Devenu chrétien par la foi et le baptême, je suis demeuré juif comme le demeuraient les Apôtres. J'ai pour saints patrons Aron le Grand Prêtre, saint Jean l'Apôtre, sainte Marie pleine de grâce."

[211] Vgl. hierzu auch *S. Batzdorff*, Edith Stein – meine Tante, 176–179.

führt, Edith Stein als Märtyrin anzuerkennen. Den Grund hierfür lieferten formal die näheren Umstände der Verhaftung und Deportation im August 1942. Edith Stein war damals, ebenso wie dreihundert weitere katholisch getaufte Bürger, die im Sinn der Nürnberger Rassegesetze als Juden galten, im Rahmen einer Vergeltungsaktion der niederländischen NS-Autoritäten verhaftet worden, weil die katholischen Bischöfe überall im Land ein Protestschreiben gegen die antisemitische Praxis der Machthaber von den Kanzeln hatten verlesen lassen.[212] Der Zusammenhang zwischen dem Bischofswort und den Internierungen ist insofern ein unmittelbarer, als die Angehörigen anderer Konfessionen, deren Oberhirten dem Druck der Nationalsozialisten nachgegeben und auf die Veröffentlichung des ursprünglich auf breiter ökumenischer Basis geplanten Protests verzichtet hatten, von der Verhaftungswelle des 2. August 1942 nicht betroffen waren.

Davon unbenommen ist der Einwand zutreffend, dass das Hirtenwort zwar für den Zeitpunkt, nicht aber die Verhaftung und Eliminierung der katholischen Juden an sich ursächlich gewesen ist. Schon lange vor der Strafaktion gegen die Kirche waren die Namen der Opfer in den entsprechenden Listen aufgeführt.[213]

Ein weiterer Kritikpunkt am Begriff des Martyriums hatte mit der Dynamik des Seligsprechungsprozesses als solchem und den Motiven der verantwortlichen kirchlichen Stellen zu tun. Diesen, so die Kritiker, sei es zunächst gar nicht um das Glaubenszeugnis Edith Steins an sich, sondern die Problematik des Fehlens eines kirchlich anerkannten Wunders gegangen.[214] Da letzteres, außer bei Märtyrern, entsprechend der kirchenrechtlichen Normen als Voraussetzung für die Erhebung zu Ehren der Altäre gilt, hatte die Möglichkeit im Raum gestanden, dass sich der Prozess Edith Steins auf unabsehbare Zeit hinziehen würde. Dennoch ist dieser Einwand nicht wirklich stichhaltig – wenn auch nicht auszuschließen ist, dass einzelne der am Prozess Beteiligten in diese Richtung gedacht haben. Wichtiger aber sind die Argumente, die sich von der Sache her ins Feld führen lassen: Angesichts des gewaltsamen Todes Edith Steins und ihres kreuzestheologischen Ansatzes, der hier im Blick auf ihre Verehrung der Königin Esther bereits andiskutiert wurde,[215] war es

---

[212] Vgl. ausführlich *J. Köhler*, Edith Stein, 91–94. Siehe auch die zahlreichen im Faksimile abgedruckten Schriftstücke in: *E. Stein*, Wie ich in den Kölner Karmel kam. Mit Erläuterungen und Ergänzungen v. *M. A. Neyer* (Würzburg 1994), bes. 103–138.
[213] Vgl. *J. Baaden*, A question of martyrdom, 108.
[214] Vgl. z. B. ebd., und *K. L. Woodward*, Making Saints, 138 f.
[215] Vgl. Kap. 1.3.5. Siehe auch weiter unten Kap. 4.2.4.

im Grunde geboten, ihr Glaubenszeugnis im Tod auch im Seligspre-
chungsverfahren – in welcher Form auch immer – zu berücksichtigen.
Edith Stein hat ihren Tod nicht gesucht, sondern bis zuletzt alles für
eine mögliche Rettung getan. Zugleich war sie bereit, den letzten Gang
als Christin im Vertrauen auf Kreuz und Auferstehung Jesu zu gehen.
Dies konnte im Rahmen des Seligsprechungsprozesses nur mit dem Begriff des Martyriums abgebildet werden – obwohl dies bedeutete, denselben *auf andere Weise als bis dahin üblich* zu interpretieren. Im Folgenden
wird dies genauer zu diskutieren sein.

Schließlich, und damit sei eine letzte Kritik am Beatifikationsverfah-
ren benannt, verkomplizierte sich die Lage zusätzlich durch die unglück-
liche Rolle des römischen Relators der Causa, Ambrosius Eßer. Auf eine
Anfrage des amerikanisch-britischen Rabbiners und Edith Stein-For-
schers James Baaden hin hatte er während des laufenden Verfahrens in
einem ausführlichen, im Ton wenig freundlichen und in der Sache problematischen Schreiben geantwortet.[216] Baaden publizierte diesen Brief
und zitierte Eßer mit der Behauptung, es sei unrichtig, Edith Stein auch
nach ihrer Taufe noch als „Tochter Israels" zu bezeichnen; stattdessen
habe sie ihr Leben „für die Konversion der Juden zur katholischen Kirche
hingegeben". Andernorts habe sie zudem von einem „Verschulden" der
Juden gesprochen und damit auf die „Schuld" angespielt, Christus nicht
als Messias angenommen zu haben. Und dies, so Eßer, sei noch „die
freundlichere der möglichen Interpretationen".[217] Dieser erratische
Nachsatz ist insofern brisant, als Eßer damit insinuiert, Edith Stein habe
den Juden möglicherweise eine (Mit-)Schuld am Verbrechen der Shoa gegeben. Dies aber steht, das belegen die Forschungen zweifelsfrei, ebenso
wie die beiden erstgenannten Thesen Eßers im Widerspruch zu allen
schriftlichen Zeugnissen Edith Steins und zahlreichen Aussagen von Personen, die ihr nahegestanden haben.

Die Behauptungen Eßers waren allerdings nicht neu. James Baaden
selbst hatte früher auf dieses Interpretationsmuster hingewiesen, seine

---

[216] Entsprechend harsch fiel Baadens Fazit aus: „I think it reasonable to say that Fr
Eßer's tone is hardly friendly (and quite out of touch with the Church's own guidelines
on Catholic-Jewish dialogue), his account of the origins of Nazi thinking adventurous,
his representation of official Catholic theology curious, and his understanding of Edith
Stein gravely confused." *J. Baaden*, A question of martyrdom, 108. Vgl. auch *K. L.
Woodward*, Making Saints, 142 f.
[217] Sämtliche Zitate *J. Baaden*, A question of martyrdom, 108.

damaligen Überlegungen aber mit dem versöhnlichen Nachsatz abgeschlossen:

> „Fortunately such claims have not been quite so bald in the more enlightened atmosphere of post-Vatican II Christian-Jewish dialogue, but they surface often enough."[218]

Neu war die Erkenntnis, dass ausgerechnet der römische Relator diese Thesen vertrat. Dass Eßer das ihm vorliegende Datenmaterial auf diese Weise interpretierte und irreführende Erinnerungen einzelner Zeugen für bare Münze nahm, offenbart eine weitreichende Fehldeutung des Selbstverständnisses Edith Steins. Für jene Kritiker, die den Verdacht hegten, die Kirche wolle die Person Edith Steins zum Anlass nehmen, sich stärker als Opfer des NS-Terrors zu präsentieren und zugleich ein Zeichen für die Judenmission zu setzen, war dies Wasser auf die Mühlen. Umso mehr kam es darauf an, nachdem schließlich die Entscheidung gefallen war, Edith Stein tatsächlich als Märtyrin selig zu sprechen, wie Papst Johannes Paul II. den Sachverhalt einordnen und interpretieren würde.

Der Papst nun fühlte sich Edith Stein in mehrfacher Hinsicht verbunden. Erinnert sei an seine Nähe zur Phänomenologie, seine Sensibilität für das jüdisch-christliche Gespräch und die persönliche Bekanntschaft mit Roman Ingarden.[219] Mit seiner Würdigung Edith Steins in der Homilie anlässlich ihrer Seligsprechung erteilte er allen Deutungen, die in Richtung der von Eßer angeführten Argumente gingen, eine Absage. Stattdessen betonte er:

> „*Wir verneigen uns tief vor dem Zeugnis des Lebens und Sterbens von Edith Stein*, der herausragenden Tochter Israels und zugleich Tochter des Karmels, Schwester Teresia Benedicta vom Kreuz, einer Persönlichkeit, die eine dramatische Synthese unseres Jahrhunderts in ihrem reichen Leben vereint."[220]

Johannes Paul II. verzichtet hier darauf, das Bild eines theologisch überlegenen Christentums zu zeichnen und wählt stattdessen eine Formulierung, bei der er die geistliche Nähe von Christentum und Judentum voraussetzt und die beiden Traditionen nebeneinanderstellt. Dabei geht

---

[218] *J. Baaden*, Witness to the Cross, in: The Tablet. The international Catholic news weekly (14. April 1984) 355–357, hier 355. „Glücklicherweise werden derartige Behauptungen in der eher aufgeklärten nachkonziliaren Atmosphäre des christlich-jüdischen Dialogs nicht ganz so unverblümt formuliert; dennoch tauchen sie oft genug auf."

[219] Vgl. *K. L. Woodward*, Making Saints, 139.

[220] *Johannes Paul II.*, Homilie bei der Seligsprechung von Edith Stein im Stadion Köln-Müngersdorf, 32. Vgl. auch Anm. 248.

es ihm offenkundig weder um eine subtile Dialektik noch um eine bloß
rhetorische Harmonisierung. Dies lässt sich anhand dreier Thesen verdeutlichen, die er im Verlauf der Homilie anführt, und mit denen er sowohl die Interpretation Ambrosius Eßers zurückweist als auch die Vorwürfe aufgreift, die Kirche wolle Edith Stein für ihre eigenen und gegen
die jüdischen Interessen in Stellung bringen: (1) „Der Empfang der Taufe
bedeutete für Edith Stein *keineswegs* den *Bruch mit ihrem jüdischen
Volk*. Sie sagt im Gegenteil: ‚Ich [...] fühlte mich erst nach meiner Rückkehr zu Gott wieder jüdisch.‘"[221] (2) „Edith Stein ist im Vernichtungslager von *Auschwitz* als Tochter ihres gemarterten Volkes umgekom-
men."[222] (3) „Mit ihrem Volk und ‚für‘ ihr Volk ging Schwester Teresia
Benedicta vom Kreuz zusammen mit ihrer Schwester Rosa den Weg in
die Vernichtung."[223]

Damit bekräftigt der Papst, was auch die Edith-Stein-Forschung belegt: Dass ein valider Zugang zum Leben und Denken Edith Steins nur
möglich ist, wenn man die (Denk-)Traditionen und den Glauben der jüdischen und der christlich-teresianischen Lebenswelt nicht voneinander
trennt, sondern als ineinander verwoben und aufeinander aufbauend betrachtet. Jede einseitige Vereinnahmung würde das Bild in eine Schieflage
bringen. Wenn man in Rechnung stellt, welchen Einfluss die Kanonisierung auch auf die fachwissenschaftliche Rezeption Edith Steins hatte, ist
die Relevanz dieser päpstlichen Diktion kaum zu überschätzen.[224]

Dennoch gilt es, hinsichtlich des Begriffs des Martyriums genauer
nachzufragen. Gemäß der klassischen Definition ist nur derjenige ein
Märtyrer, der *in odium fidei* – in Hass auf den Glauben – zu Tode gebracht wird. Nun bezog sich aber der Hass der Nationalsozialisten, der
zum Tode Edith Steins geführt hatte, offensichtlich nicht auf ihr Christsein, sondern auf ihre jüdische Abstammung. Aus diesem Grund hat
Jean-Marie Lustiger den Papst nach der Feier der Seligsprechung Edith
Steins auf diese Kernfrage hin angesprochen. Darauf, so Lustiger, habe
Johannes Paul II. geantwortet, „daß er sie eben dewegen als Märtyrerin
betrachtete, umgebracht zur ‚Heiligung des Namens – Kiddush haS-
hem‘."[225] Damit griff der Papst auf, was er schon in der Homilie ange-

---

[221] Ebd., 29.
[222] Ebd., 27.
[223] Ebd., 31.
[224] Vgl. hierzu Anm. 8.
[225] *J.-M. Lustiger*, Einführung zum Runden Tisch über Edith Stein beim Katholikentag
2006 in Saarbrücken, 122.

deutet hatte und später noch mehrfach betonte: „Im Vernichtungslager ist sie [*Edith Stein*] als Tochter Israels ‚zur Verherrlichung des heiligsten Namens (Gottes)‘ und zugleich als *Schwester Teresia Benedicta vom Kreuz* – als vom Kreuz Gesegnete – gestorben."[226] Mit dem wiederholten Hinweis auf Kiddush haShem bezieht Johannes Paul II. sich ausdrücklich auf den *jüdischen* Martyriumsbegriff, für den wie im Christentum die Motive des Täters – Mord *in odium fidei* – und eben des Bekenners, der bis zuletzt seinen Glauben bezeugt – *Kiddush haShem* – ausschlaggebend ist. Die Frage, ob dieser Begriff auch für die Opfer der Shoa zu verwenden ist, wurde im Judentum kontrovers diskutiert, waren doch die Motive der NS-Täter „rassischer" Natur, so dass sie ihre Opfer nicht vor die Wahl stellten, dem Glauben abzuschwören, um ihr Leben zu retten. Letztlich aber herrscht im Judentum die Überzeugung vor, dass alle sechs Millionen jüdischen Opfer der Shoa *Kiddush haShem,* und somit als Märtyrer, gestorben seien.[227] Dieser Deutung schloss sich Johannes Paul II. bei der Seligsprechung Edith Steins vom Grundsatz her an und erweiterte so das klassische Bild der christlichen Märtyrin: Zu Tode gebracht *als Jüdin und Opfer der Shoa,* war Edith Stein bis zuletzt eine Zeugin ihres christlichen Glaubens, eine an den gekreuzigten Christus Glaubende, und starb insofern *Kiddush haShem.* Sie war überzeugt, dass „das Geheimnis des Kreuzes nicht vom Leiden Israels"[228] getrennt werden kann und ist ihren Weg in Solidarität mit ihrem Volk gegangen.

Unter Maßgabe des traditionellen Martyriumsbegriffs wäre es nicht zu rechtfertigen gewesen, Edith Stein als Märtyrin zu kanonisieren. Allerdings ist sie ausdrücklich als Glaubenszeugin in den Tod gegangen. Vor diesem Hintergrund und angesichts der entsprechenden Diskussionen, die auch im Judentum geführt wurden, scheint es legitim, in ihr eine Märtyrin zu sehen – so wie in *allen* Opfern der Shoa.[229] Auch Lustiger betont:

---

[226] *Johannes Paul II.,* Homilie bei der Seligsprechung von Edith Stein im Stadion Köln-Müngersdorf, 28.

[227] Vgl. hierzu etwa P. *Schindler,* Hasidic Responses to the Holocaust. In the Light of Hasidic Thought (Hoboken 1990), bes. 59–70. Siehe auch J.-M. *Lustiger,* Einführung zum Runden Tisch über Edith Stein beim Katholikentag 2006 in Saarbrücken, 122.

[228] Ebd., 121.

[229] Auch das von James Baaden im Jahr 1986 – also vor der Seligsprechung und deren theologischer Einordnung durch Johannes Paul II. – formulierte Argument, die kirchliche Anerkennung Edith Steins als Märtyrin werde ernste Konsequenzen für die jüdisch-katholischen Beziehungen haben, darf damit als entkräftet gelten: „The question of Edith Stein's status as a martyr has as serious implications for Jewish-Catholic relations as the issue of her conversion. If she is proclaimed a martyr, then this clearly must

„Indem die Kirche [...] ihr Martyrium erkennt, eignet sie sich bestimmt nicht mißbräuchlich ihren Tod an, sondern die Kirche achtet bis zuletzt ihre jüdische Identität, so wie Edith dies gewünscht hat."[230]

Zugleich bewegen wir uns hier weiterhin in einem Spannungsfeld religionstheologischer, historischer und kultureller Natur, das eine besondere Sensibilität verlangt.[231] So bleibt zu konstatieren, dass anstelle der hier diskutierten – und alles in allem für stichhaltig erachteten – religiösen Deutung des Todes Edith Steins legitimerweise auch eine nüchternere Bilanz gezogen werden kann. Susanne Batzdorff etwa bevorzugt eine solche:

„[M]eine Tante Edith [wurde] zusammen mit Millionen anderer Juden getötet. Ihr Leiden und Tod konnten die anderen nicht retten. Es war ein Tod, den sie nicht gewählt hatte, den sie nicht wählen und den sie nicht vermeiden konnte. Es war ein Tod, der dem Morden weder ein Ende setzen noch eine religiöse Bedeutung verleihen konnte. Tatsache ist, daß Edith Stein in Solidarität mit ‚ihrem' Volk starb."[232]

4.2.3. Die *eine* Heilsgeschichte: Alter und Neuer Bund

Dass die Glaubensgeschichte Edith Steins, ihre Konversion vom Judentum zum Christentum und ihre spätere kirchliche Verehrung als Märtyrin über Jahrzehnte hinweg auch kontroverse Reaktionen hervorgerufen haben, war im Grunde zu erwarten. Hinzu kam, dass die biographische Literatur der Nachkriegszeit vermutlich aus hagiographischen Gründen daran interessiert war, den Kontrast zwischen dem jüdischen Elternhaus Edith Steins, ihrer späteren Zeit als frauenbewegter Atheistin und Phi-

---

occur within the context of the Church's definition of what a martyr is: namely, one who has suffered death on account of his or her Christian convictions. But there is no way at all that the death of Edith Stein can be presented as a case of Christian martyrdom – whether or not she happens to be looked upon by some Catholics and other Christians as a martyr." *J. Baaden*, A question of martyrdom, 108.

[230] *J.-M. Lustiger*, Einführung zum Runden Tisch über Edith Stein beim Katholikentag 2006 in Saarbrücken, 122.

[231] Vgl. hierzu etwa *E. Fisher*, Vorwort für die amerikanische Ausgabe, in: *S. Batzdorff*, Edith Stein – meine Tante, 187: „Viele in der jüdischen Gemeinschaft mögen, wie ich gut verstehen kann, nicht mit dem Papst übereinstimmen, daß Edith Stein zugleich vollkommen Jüdin und vollkommen Katholikin ist. Doch sein sehr feinfühliger Versuch, sicherzustellen, daß ihr Andenken von Katholiken nicht mißbraucht werden kann, um einen christlichen Triumphalismus oder eine organisierte Bekehrung der Juden zu fördern, sollte meiner Meinung nach gerade wegen seiner Einbindung in das katholische Glaubensgefüge respektiert werden."

[232] *S. Batzdorff*, Edith Stein – meine Tante, 174.

losophin sowie der Spiritualität der Christusnachfolge, die für die Karmelitin Teresia Benedicta vom Kreuz prägend war, hervorzuheben und zu überzeichnen.[233] Nicht zuletzt trug die Tatsache, dass einige wichtige Schriften Edith Steins und ein großer Teil ihrer heute vorliegenden Korrespondenz lange weder wissenschaftlich ediert noch überhaupt zugänglich waren, dazu bei, dass die Erinnerungen einzelner Augen- oder Ohrenzeugen maßgeblichen Anteil am Zustandekommen eines weit verbreiteten Bildes hatten, das nach heutiger Kenntnis nicht immer in Einklang mit der historischen Realität stand oder diese gar signifikant verzerrte. So hatte etwa Teresia Renata Posselt in ihrem einflussreichen Edith Stein-Buch davon berichtet, dass ihre damalige Mitschwester angesichts der reichsweiten Judenprogrome des 9. November 1938 theatralisch ausgerufen habe:

> „Das ist der Schatten des Kreuzes, der auf mein Volk fällt. O wenn es doch zur Einsicht käme! Das ist die Erfüllung des Fluches, den mein Volk auf sich herabgerufen hat! Kain muß verfolgt werden, aber wehe, wer Kain anrührt. Wehe, wenn die Rache Gottes für das, was heute an den Juden geschieht, über diese Stadt und dieses Land kommt!"[234]

Ähnlich wie auch andere Beobachter von jüdischer Seite hat Daniel Krochmalnik diese angebliche Aussage Edith Steins zu Recht als „höchst bedauerlich und für einen Juden sehr verletzend"[235] bezeichnet. Allerdings fällt auf, dass weder die Wortwahl noch die ziemlich haarsträubende Theologie („Erfüllung des Fluches") der kurzen Passage anschlussfähig an die auf uns gekommenen *Textzeugnisse* Edith Steins sind. Lediglich die These des einleitenden Satzes findet sich dort abgewandelt wieder; alles Weitere steht im Widerspruch dazu. Da Posselt das Zitat offensichtlich aus dem Gedächtnis heraus rekonstruiert hat, liegt die Vermutung nahe, dass es sich um eine stark interpretierte und verfremdete, aber keineswegs authentisch überlieferte Aussage Edith Steins handelt. Dies bestätigt auch Waltraud Herbstrith in einem privaten Schreiben an Friedrich Georg Friedmann: „[D]er Satz [...] stammt nicht direkt von Edith Stein, sondern von ihrer ersten Biographin S. Teresia Renata Posselt. Er ist auch im Stil ganz Posselt."[236] Umso tragischer ist, dass genau

---

[233] Vgl. hierzu Kap. 1.2.1.
[234] *T. R. Posselt*, Edith Stein, 159 f.
[235] *D. Krochmalnik*, Edith Stein, 95.
[236] Zitiert nach *F. G. Friedmann*, So nicht! Zur Seligsprechung Edith Steins, in: *W. Herbstrith* (Hg.), Erinnere dich – vergiß es nicht. Edith Stein – christlich-jüdische Perspektiven (Annweiler 1990) 137–152, hier 140.

dieser Text bis heute viel Aufmerksamkeit findet und zu einer Schieflage in der Bewertung des Standpunkts Edith Steins geführt hat. Einigen Rezipienten gibt das Posselt-Zitat Anlass zu aufrichtiger Sorge, andere sind geneigt, es für ihre jeweiligen Zwecke zu instrumentalisieren.[237] Dem ist entgegenzuhalten, und zwar im Blick auf den hier beschriebenen gravierenden Einzelfall wie auch eine Reihe analoger Sachverhalte, dass die Aussagekraft der Erinnerungen von Zeugen, die sich teils auf Jahrzehnte zurückliegende mündliche Äußerungen Edith Steins beziehen, begrenzt ist und grundsätzlich der Prüfung im Kontext dessen bedarf, was sich zweifelsfrei belegen lässt.[238]

Angesichts der Gesamtkonstellation liegt es jedenfalls nahe, der Analyse James Baadens in dieser Sache zuzustimmen – und zwar im Sinn einer Statusanzeige des Jahres 1987:

> „The Catholic literature on Edith Stein tends to suggest that she herself on occasion indicated a negative attitude towards Judaism. Upon examination, however, it emerges that this has no basis in her writings or letters, but can be traced to certain old and unreliable memories of things she may have uttered on occasions of profound emotional agitation."[239]

---

[237] Vgl. ebd., 139. Siehe auch *D. Krochmalnik,* Edith Stein, 95–97, oder *H. Stehle,* Schatten der Vergangenheit, in: Die Zeit, Nr. 17 (1987). Richard Faber bezichtigt Edith Stein vor dem Hintergrund des Posselt-Diktums gar des „äußersten Extremismus". Sie stehe „in der Tradition des christ-katholischen Antijudaismus", ihre Erlösungslehre sei „ungeheuerlich". *R. Faber,* Libertäre Katholizität statt traditioneller Katholizismus, in: *Ders.* (Hg.) Katholizismus in Geschichte und Gegenwart (Würzburg 2005) 9–28, hier 20 f.

[238] Problematisch ist auch die extensive Exegese des Satzes „Komm, wir gehen für unser Volk.", den Edith Stein während der Verhaftung zu ihrer Schwester Rosa gesagt haben soll, und an den sich lediglich eine einzige Zeugin, eine Nachbarin, erinnerte. Spätestens seit Johannes Paul II. diesen Satz öffentlich zitiert hat, wird er weithin rezipiert und vielfach im Blick auf den Opferdiskurs ins Feld geführt. (Vgl. Anm. 196 sowie *Johannes Paul II.,* Homilie bei der Seligsprechung von Edith Stein im Stadion Köln-Müngersdorf, 27.) Ähnliches gilt für Erinnerungen an letzte Begegnungen am 7. August 1942 auf dem Bahnhof in Schifferstadt, wo Edith Stein aus dem Güterwaggon heraus mit verschiedenen Personen Kontakt aufgenommen hat. Vgl. hierzu ausführlich *J. Feldes,* Edith Stein und Schifferstadt (Schifferstadt 1998) 57–75.

[239] *J. Baaden,* A question of martyrdom, 108. „Die katholische Literatur neigt zu der These, dass Edith Stein selbst gelegentlich eine negative Einstellung zum Judentum anklingen ließ. Bei näherer Prüfung zeigt sich jedoch, dass es hierfür keine Grundlage in den Schriften und Briefen gibt, wohl aber eine Spur, die zu einigen älteren und wenig glaubwürdigen Erinnerungen führt, in denen es um Dinge geht, die Edith Stein bei Gelegenheiten, die emotional sehr aufwühlend waren, gesagt haben könnte."

Was aber lässt sich aufgrund der validen Quellen über das Verständnis Edith Steins zum Zueinander von Christentum und Judentum sagen? Als erstes Stichwort sei hier auf eine Grundhaltung verwiesen, die man als „‚Einfühlung' in fremde Religiosität"[240] bezeichnen kann. Dabei geht es zunächst um eine Frage, der Edith Stein in ihrer Dissertation nachgegangen ist, nämlich, mit welcher Haltung man angemessenerweise dem Glauben anderer Menschen zu begegnen habe. Die Antwort der damals jungen und religiös ungebundenen Philosophin lautete:

> „Ich kann selbst ungläubig sein und doch verstehen, daß ein anderer alles, was er an irdischen Gütern besitzt, seinem Glauben opfert. Ich sehe, daß er so handelt und fühle ihm als Motiv seines Handelns ein Wertnehmen ein, dessen Korrelat mir nicht zugänglich ist, und schreibe ihm eine personale Schicht zu, die ich selbst nicht besitze. So gewinne ich einfühlend den Typ des *homo religiosus*, der mir wesensfremd ist, und ich verstehe ihn, obwohl das, was mir dort neu entgegentritt, immer unerfüllt bleiben wird."[241]

Hier wird deutlich, wie die phänomenologische Haltung der Unvoreingenommenheit mit einer Art grundständigem Respekt vor dem Glauben anderer korreliert. Edith Stein hat sich diese Haltung auch in späteren Jahren bewahrt, als sie längst überzeugte Christin war. Für die Mutmaßungen jener, die insinuieren, dass Edith Stein ihre eigene Glaubensgeschichte zum Anlass genommen habe, um missionarisch unter Juden zu wirken, gibt es hingegen keine Belege. Zwar lieferte sie durch ihr Lebenszeugnis ein Beispiel lebendigen Glaubens und wurde im Lauf der Zeit zur Ratgeberin für eine Reihe junger Frauen, unter denen auch einige waren, die aus dem Judentum kamen,[242] doch lag ihr eine aktive Werbung für die Konversion sehr fern. Dies lässt sich auch an ihrem Auftreten innerhalb der Familie ablesen. Susanne Batzdorff erinnert sich:

> „An dieser Stelle muß ich einer der ‚Legenden' über Edith, wonach sie angeblich ein katholisches Brevier benutzte, um bei Synagogenbesuchen mit ihrer Mutter Gebete zu sprechen, aufs nachdrücklichste widersprechen. Meine Mutter sagte immer: ‚Edith hätte das niemals getan. Dafür war sie viel zu anständig und respektvoll.'"[243]

Auch James Baaden ist dieser Frage nachgegangen. In seinem Resümee dokumentiert er die Bereitschaft Edith Steins, der Religiosität Anderer,

---

[240] Vgl. etwa *F. Schandl*, „Ich sah aus meinem Volk die Kirche wachsen!", 29–32.
[241] PE, 133 f.
[242] Hier wären etwa Ruth Kantorowicz und Alice Reis zu nennen, in gewisser Weise natürlich auch Edith Steins Schwester Rosa.
[243] *S. Batzdorff*, Edith Stein – meine Tante, 169.

oder in diesem Fall besser: dem Jüdischsein Anderer, achtsam und mit
wertschätzender Einfühlung zu begegnen:

> „She made no effort to encourage her own relatives or any other Jews to become
> Catholics and eschewed any involvement with the Church's own missionary en-
> deavours among the Jewish people. Her life – both outside of and within the
> Carmelite order – abounds high examples of her steadfast loyalty to her Jewish-
> ness and her bitter opposition to the slightest manifestation of antisemitism.
> This includes not only her attempt in 1933 to petition Pius XI to condemn
> Nazi antisemitism (at the time when the Church was negotiating a concordat
> with Hitler) but numerous less prominent instances in her everyday life."[244]

In einem weiteren Schritt ist zu fragen, wie Edith Stein über ihr persönliches Verhalten hinaus inhaltlich-theologisch zum Verhältnis von Judentum und Christentum Stellung bezogen hat. Dazu ist hier schon einiges
gesagt worden. Die bisher gewonnenen Erkenntnisse lassen sich am besten mit dem Begriff der *Kontinuität* auf den Punkt bringen. Dieser liefert
im Grunde auch die Voraussetzung für die Wiederverankerung Israels im
christlichen Bewusstsein, auf die Jean-Marie Lustiger hingewiesen hatte.
Edith Stein hat vor allem in *Endliches und ewiges Sein* klargemacht, dass
es ihr bei dem Gedanken der Kontinuität von Juden- und Christentum
um mehr geht als nur ein religiöses Gefühl oder eine Art existenzielle
Grundstimmung. Stattdessen zeichnet sie, wie oben dargestellt, die
theologisch begründete Einheit des Menschengeschlechts nach, die in
Verbindung mit der Individualität des Einzelnen ein anthropologisches
Gesamtbild ergibt, in dem Freiheitlichkeit und Gemeinschaftlichkeit die
Brennpunkte menschlichen Lebens bilden.[245]

Die Einheit der Menschen wird dabei, theologisch gesprochen,
durch das Bild des Stammelternpaares begründet und kulminiert in der
Person Jesu Christi, dessen Kommen durch die Glaubenstreue des jüdischen Volkes, und hier besonders des *Fiat!* Marias, geebnet worden

---

[244] *J. Baaden*, A question of martyrdom, 108. „Sie zeigte keinerlei Bestreben, ihre Verwandten oder auch andere Juden zu ermutigen, katholisch zu werden, und vermied jede
Beteiligung an den kirchlichen Bemühungen zur Missionierung des jüdischen Volkes. Ihr
Leben weist sowohl außerhalb als auch innerhalb des Karmel eine große Zahl von Bei-
spielen standhafter Loyalität zum Judentum und erbitterten Widerstands gegenüber den
leisesten Anzeichen von Antisemitismus auf. Dabei geht es nicht nur um ihr Vorhaben des
Jahres 1933, eine Verurteilung des NS-Antisemitismus durch Pius XI. zu erwirken (in einer Zeit, in der die Kirche gerade dabei war, ein Konkordat mit Hitler auszuhandeln),
sondern vor allem um eine Vielzahl weit weniger prominenter Begebenheiten des alltäglichen Lebens." Vgl. hierzu auch Kap. 1.1.6., Kap. 1.2.1. und Kap. 1.2.4.
[245] Vgl. Kap. 3.2.3.2.

sind. In Jesus Christus wird die Heilszusage Gottes in unüberbietbarer
Weise realisiert. Christus und Maria sind der neue Adam und die neue
Eva.[246] Mit dieser Diktion, die zunächst *irritiert,* da sie die Heilsrele-
vanz Christi und Marias scheinbar auf ein und derselben Ebene verhandelt, deutet Edith Stein an, dass sie das Kommen des Messias weder als
ein Ereignis versteht, das heilsgeschichtlich wie ein Fremdkörper ganz
für sich steht, noch dass es sich um ein Geschehen handelt, das die Vergangenheit abschließt und ausschließlich und radikal auf Zukunft hin
gerichtet ist. Stattdessen interpretiert sie das Christusereignis als integral in die Heilsgeschichte Gottes und seiner Schöpfung verwoben.
Der Hinweis auf Maria steht für die unabdingbare Notwendigkeit der
Beteiligung des Menschen an seiner eigenen Erlösung; der Mensch ist
frei, ohne sein *Ja* kann er nicht erlöst werden. Seine Rechtfertigung
kann nie bloß mechanisch-äußerlich bleiben, sondern erfordert sein zustimmendes Mittun. Zugleich macht Edith Stein, indem sie das Bild des
Neuen Adam verwendet, klar, dass die Bedeutung der Erlösungstat Jesu
Christi eine wirklich universale ist:

> „Die ganze Menschheit ist die Menschheit Christi – wenn auch der Person
> des göttlichen Wortes in anderer Weise verbunden als die Einzelnatur, die es
> durch die Geburt aus der Jungfrau annahm –, und sie beginnt ihr Dasein in
> dem ersten Menschen.“[247]

An anderer Stelle wird Edith Stein noch deutlicher: „[A]lles menschliche
Sein vor und nach seinem [*Christi*] Erdenleben ist auf das seine hingeordnet und durch das seine als die Zielursache hervorgerufen.“[248] Diese Auffassung hat einschneidende Konsequenzen für die Ekklesiologie, und zwar
vor allem im Blick auf die Frage nach den Gliedern des mystischen Leibes
Christi. Edith Stein ist überzeugt, dass das *Corpus Christi mysticum* weit
über den Bereich der juridisch verfassten Kirche hinausgeht und die ganze
Menschheit, ja die gesamte Schöpfung, umgreift. Ohne es ins Wort zu
bringen, knüpft sie damit an die Vorstellung der *ecclesia ab Abel* an, die
bei den Kirchenvätern verbreitet war.[249] Allerdings besteht angesichts des

---

[246] Vgl. hierzu auch *F. J. Sancho Fermín,* Loslassen, 121 f.
[247] EES, 438.
[248] Ebd., 440.
[249] Vgl. hierzu die Definition Medard Kehls: „Als von Anfang an in der Schöpfung an-
wesende und wirkende ‚Exemplar‘- und ‚Zielursache‘ alles Geschaffenen ermöglicht
Christus auch vor und außerhalb seines geschichtlich manifesten Wirkens eine heil-
schaffende Teilhabe an seiner Gerechtigkeit [...].“ *M. Kehl,* Die Kirche. Eine katholische Ekklesiologie (Würzburg 1992) 90 f. Auch das Zweite Vatikanum greift diesen

bisher Gesagten kein Zweifel, dass sie damit, anders als mancher Protagonist der frühen Kirche, keine andijüdischen Motive verband, sondern es ihr im Gegenteil um die Kontinuität der einen Heilsgeschichte ging. Auch dieser Gedanke war schon zu patristischer Zeit mit der *ecclesia ab Abel* verbunden.[250] Für Edith Stein steht fest, dass das auserwählte Volk des Alten Bundes mit dem Kommen des Messias nicht einfach durch die Kirche als neue Heilsgemeinschaft ersetzt wird. Die besondere Beziehung des Judentums zu Gott werde nicht beendet, Gott bleibe seinem Bund treu. Und so interpretiert sie auch die nach-neutestamentliche Existenz des jüdischen Volkes vor dem Hintergrund seiner herausgehobenen heilsgeschichtlichen Rolle.[251] Alter und Neuer Bund stehen in Kontinuität zueinander – *wegen,* nicht *trotz* des Christusereignisses –, der Neue Bund kann ohne den Alten nicht gedacht werden.

Die Programmatik der Kontinuität ist für Edith Stein mehr als nur das theoretische Modell einer theologischen Historiographie. Vielmehr erkennt sie hier eine Realität, die auf vielfache Weise, auch in ihrer eigenen judenchristlichen Existenz, Ausdruck findet. So sei hier an die alttestamentliche Gestalt des Propheten Elias erinnert, den Edith Stein den ursprünglichen „Führer und Vater"[252] der Karmeliten genannt hat. In einer Abhandlung über die Geschichte und Spiritualität ihres Ordens – im Jahr

---

Gedanken auf, wenn es betont, dass die Kirche schon „in der Geschichte des Volkes Israel und im Alten Bund [...] auf wunderbare Weise vorbereitet" (lat. *praefigurata*) war. LG, Art. 2.

[250] Vgl. hierzu (u. a. in Bezug auf die Verwendung des Begriffs der *ecclesia ab Abel* bei Justin dem Märtyrer) Y. *Congar,* Ecclesia ab Abel, in: M. *Reding* (Hg.), Abhandlungen über Theologie und Kirche (Düsseldorf 1952) 79–108, hier 80: „L'idée que l'Eglise – et donc le Christ – avait compté des membres avant la venue historique du Christ fut sans doute gênée d'abord, dans son développement, par la polémique antijuive: tel texte de Justin l'eût sans doute exprimée s'il n'avait pas été, précisément, une argumentation antijuive [...]. D'autre part, l'affirmation d'une continuité d'Israël avec les chrétiens devait être favorisée par la triple réaction antimarcionite, antimontaniste puis antimanichéenne."

[251] Vgl. hierzu etwa Sophie Binggelis Interpretation des Dialogs *Nächtliche Zwiesprache,* in dem „die Auserwählung des jüdischen Volkes rätselhaft angedeutet [*wird*]. Das erwählte Volk bleibt lebendig mitten in der dramatischen Weltgeschichte, mitten im Geschehen der noch nicht abgeschlossenen Heilsgeschichte, weil Gott es erwählt und es nicht verworfen hat." S. *Binggeli,* Edith Steins Beiträge zur Theologie Israels, 457.

[252] GT I, 128. Edith Stein betont, dass die Karmeliten sich dem Propheten – unbenommen der dürftigen historischen Quellenlage – im täglichen Gebet verbunden wüssten, so „daß er für uns keine schattenhafte Gestalt aus grauer Vorzeit ist. Sein Geist ist durch eine lebendige Überlieferung unter uns wirksam und bestimmt unser Leben." Ebd.

1935 und damit zeitgleich mit *Endliches und ewiges Sein* verfasst – deutet sie an, wie sehr der Prophet die verbindende Kraft der Heilsgeschichte symbolisiert:

> „An seinem Fest, das wir am 20. Juli feiern, geht der Priester in rotem Gewand zum Altar. An diesem Tage ist das Kloster unserer Patres auf dem Berge Karmel, das die Elias-Höhle birgt, das Ziel gewaltiger Pilgerscharen. Juden, Mohammedaner u[nd] Christen aller Konfessionen wetteifern in der Verehrung des großen Propheten."[253]

Bisher wurde hier in erster Linie der Begriff der *Kontinuität* diskutiert. Einen weiteren Schlüsselbegriff zur Charakterisierung des Ansatzes Edith Steins hat Sophie Binggeli in die Debatte eingebracht: die *Typologie*.[254] Diese Methode, die schon in den neutestamentlichen Schriften Anwendung findet, verbindet Exegese und Geschichtsschreibung. Für die christliche Schriftauslegung war sie zur Zeit der Kirchenväter und bis ins Mittelalter hinein prägend; auch die rabbinische Tradition hat sich ihrer bedient, allerdings ist ihr Status dort ein anderer und nicht immer unproblematischer.[255] Klassischerweise steht die christliche Typologie für eine Auslegung des Alten Testaments auf das Neue hin, bei der es um die exemplarische Verdeutlichung des Prinzips von Verheißung und Erfüllung geht. Grundlage der typologischen Interpretation ist die Auffassung, dass das Evangelium Jesu Christi fundamental in den Schriften des Alten Testaments wurzelt – womit abermals Jean-Marie Lustigers Bild der *Wiederverankerung* in den Blick gerät. Zugleich verweist Binggeli auf die jüdische Interpretation des Typologiegedankens, die Marc Saperstein verwendet. Demnach geht es, anders als in der christlichen Deutung, nicht um Prophezeiungen, die Erfüllung finden, sondern um in sich abgeschlossene Ereignisse, von denen die Bibel berichtet, die den Rahmen für tieferliegende Einsichten bilden. Vor diesem Hintergrund können spätere historische Ereignisse retrospektiv typologisch ausgedeutet werden.[256]

---

[253] Ebd., 131.
[254] S. *Binggeli*, Edith Steins Beiträge zur Theologie Israels, bes. 450–453. Analog zum Begriff der Kontinuität spricht Binggeli zudem von einem *genetischen Kontinuum,* das Israel und die Kirche verbinde. Vgl. ebd., 457.
[255] Vgl. M. *Saperstein*, Jewish Typological Exegesis after Nahmanides, in: Jewish Studies Quarterly 1/2 (1993/94) 158–170, hier 158.
[256] „Typological interpretation requires that events recounted in the Bible, which look like unique occurrences consigned to the past, be shown to prefigure analogous events that would subsequently occur on the stage of history." Ebd., 159.

Wenn nun Edith Stein typologisch argumentiert, deutet sie den alttestamentlichen Typos im Blick auf die Person Jesu Christi hin. Damit legt sie Widerspruch gegen eine Theologie ein, die geneigt ist, christliche und jüdische Motive grundlegend separiert voneinander zu betrachten.[257] Das wohl bekannteste Beispiel typologischer Deutung, auf das Edith Stein in ihren Schriften immer wieder zu sprechen kommt, knüpft biographisch gesehen an den Tag ihrer Geburt an, den 12. Oktober 1891, an dem in diesem Jahr zugleich der Versöhnungstag Jom Kippur gefeiert wurde,

> „der Tag, an dem einst der Hohepriester ins Allerheiligste eintrat und das Versöhnungsopfer für sich und das ganze Volk darbrachte, nachdem der ‚Sündenbock‘, auf den alle Vergehen des Volkes geladen wurden, in die Wüste hinausgetrieben war."[258]

Auguste Stein hatte es als Zeichen empfunden, dass ihre jüngste Tochter am höchsten Feiertag des jüdischen Jahresfestkreises zur Welt gekommen war, und auch Edith selbst legte großen Wert darauf. Später zog sie mehrfach die Parallele vom Versöhnungstag hin zum Karfreitag und ihrem Ordensnamen „vom Kreuz". So kommentierte sie das alttestamentliche Ritual des Versöhnungstages in Levitikus 16 im Hinblick auf die Theologie des Hebräerbriefs, in der Christus als wahrer und endgültiger Hohepriester des Neuen Bundes bezeichnet wird, der die Versöhnung mit Gott vollendet. Edith Stein entwickelt hier, so die Einschätzung Binggelis, „eine sehr präzise Typologie", die „keine Trennung zwischen beiden Einrichtungen, keine Herabwürdigung des alttestamentlichen Hohepriesters dem Ewigen [*Hohen Priester Christus*] gegenüber" enthält.[259]

Dabei zeigt Binggeli, wie eigenständig Edith Stein die Typologie entwickelt, und wie sehr sie sich damit – ohne dies ausdrücklich ins Wort zu bringen – einer antijudaistischen Auffassung entgegenstellt, die seinerzeit auch in der katholischen Kirche verbreitet war. Als Gewährsmann verweist Binggeli auf Jules Isaacs These, dass Katechese und Liturgie der Kirche sich dem Judentum gegenüber lange Zeit durch eine „Lehre der Verachtung" ausgezeichnet hätten. Erinnert sei etwa an die Karfreitagsfürbitte *pro perfidis Iudaeis* und vor allem die zugehörigen Rubriken des damals gültigen Rituales.[260]

---

[257] Vgl. *S. Binggeli*, Edith Steins Beiträge zur Theologie Israels, 451 f.
[258] LJF, 45.
[259] Alle Zitate *S. Binggeli*, Edith Steins Beiträge zur Theologie Israels, 452. Vgl. hierzu die Ausführungen Edith Steins in „Das Gebet der Kirche" (1936) und „Hochzeit des Lammes" (1940), bes. GT I, 51, und GT II, 136 f.
[260] Dies gilt besonders hinsichtlich der liturgischen Form, die bis zum Jahr 1948 üblich

Es liegt nahe, in der Herkunft Edith Steins den entscheidenden Grund ihrer Offenheit für diese typologische Herangehensweise zu vermuten.[261] Immerhin hatte sie in ihrer Kindheit und Jugend neben der fortschreitenden Assimilation und Emanzipation vieler Juden auch das Glaubens- und Lebenszeugnis ihrer Mutter als prägend erlebt und so „die Fruchtbarkeit eines treuen jüdischen Lebens"[262] erfahren. Dieser Hintergrund ermöglichte es ihr später, ihre eigene christliche Existenz als eine judenchristliche wahrzunehmen. Entgegen des gesellschaftlichen und kirchlichen Trends war es ihr ein Bedürfnis, „die Beständigkeit Israels in Gottes Plan zu erforschen und zu erleben".[263] Die Typologie war dafür insofern geeignet, als sie einen Rahmen bietet, innerhalb dessen die Wertschätzung des alttestamentlichen Typos ebenso zur Geltung kommen kann wie eine lebendige Christusfrömmigkeit. Die Rezeption von jüdischer Tradition und Spiritualität, die für Edith Stein immer wichtiger geworden war, stand damit nicht im Widerspruch zum Glauben an Jesus Christus im Sinne des Erlösers aller Menschen.[264]

Edith Stein hatte die Hoffnung, dass jeder Mensch, somit auch jeder Jude, in Christus den Messias erkennt – und zugleich konnte sie liebevoll auf das nachjesuanische Judentum schauen. Ihrer Hoffnung auf Begeg-

---

gewesen ist. Neben der Wortwahl des Gebets war vor allem problematisch, dass – ausschließlich bei dieser einen der *Großen Fürbitten* – die Kniebeuge und das stille Gebet entfielen, da die Juden Jesus Christus durch Kniebeugung verhöhnt hätten. Vgl. hierzu die dt. Übersetzung des Missale im „Messbuch von Anselm Schott" (1913): „Lasset uns auch beten für die treulosen Juden, daß Gott, unser Herr, wegnehme den Schleier von ihren Herzen, auf daß auch sie erkennen unsern Herrn Jesus Christus. *Hier unterläßt der Diakon die Aufforderung zur Kniebeugung, um nicht das Andenken an die Schmach zu erneuern, mit welcher die Juden durch Kniebeugungen um diese Stunde den Heiland verhöhnten.* Allmächtiger, ewiger Gott, der du sogar die treulosen Juden von deiner Erbarmung nicht ausschließest, erhöre unser Flehen, das wir ob jenes Volkes Verblendung dir darbringen: auf daß es das Licht deiner Wahrheit, welche Christus ist, erkenne und seinen Finsternissen entrissen werde. Durch denselben." Zitiert nach W. *Sanders*, Die Karfreitagsfürbitte für die Juden vom Missale Pius' V. zum Missale Pauls VI., in: Freiburger Rundbrief, Bd. 24, Nr. 89/92 (1972) 26–30, hier 27. Vgl. auch A. *Gerhards*, Ego exaltavi te magna virtute. Die latente Präsenz des Anderen in jüdischer und christlicher Liturgie, in: H. *Frankemölle* u. J. *Wohlmuth* (Hg.), Das Heil der Anderen. Problemfeld „Judenmission" (Freiburg i. Br. 2010) 542–555, bes. 542–544.

[261] Vgl. hierzu ausführlich A. *Lévy*, Lien de chair, in: Revue Théologique des Bernardins, Bd. 14: Edith Stein co-patronne de l'Europe (2015) 43–66. Siehe auch S. *Binggeli*, Edith Steins Beiträge zur Theologie Israels, 453–455.

[262] Ebd., 455.

[263] Ebd.

[264] Vgl. hierzu etwa EES, 438–441.

nung der Juden mit Jesus Christus verlieh sie in der *Nächtlichen Zwie-sprache* Ausdruck, dem Theaterstück, in dem sie die Königin Esther zu Wort kommen ließ:

> „Er breitete die Arme weit und sprach
> Mit einer Stimme voller Himmelsklang:
> Kommt zu mir alle, die ihr treu gedient
> Dem Vater und in Hoffnung lebtet
> Auf den Erlöser; seht, er ist bei Euch,
> Er holt euch heim, in seines Vaters Reich.
> Was nun geschah, vermag kein Wort zu sagen.
> Wir alle, die die Seligkeit erharrten,
> Wir waren nun am Ziel – in Jesu Herz."[265]

Für Edith Stein, die im Karmel ein kontemplatives Leben in ausdrück-licher Christusliebe führte, und für die der Glaube zum Anker in einer gewalttätigen Welt geworden war, bringen diese Worte vor allem die Liebe und Sanftmut Jesu im Angesicht seines Volkes zum Ausdruck. Er ist und bleibt den Juden, so die Überzeugung Edith Steins, der Herr und Hirte, dessen Ruf „die Treue und Liebe Gottes seinem Volk gegen-über"[266] lebendig werden lässt. Dieser Intention zum Trotz ist klar, dass die christozentrierte Soteriologie Edith Steins aus jüdischer Sicht pro-vokant und herausfordernd bleibt. So sei hier an Franz Rosenzweig erin-nert, der *im Judentum* zum Glauben fand und sein ursprüngliches Vor-haben der Konversion bewusst aufgab:

> „Was Christus und seine Kirche in der Welt bedeuten, darüber sind wir einig: es kommt niemand zum Vater denn durch ihn. Es *kommt* niemand zum Vater – anders aber wenn einer nicht mehr zum Vater zu kommen braucht, weil er schon bei ihm *ist*. Und dies ist nun der Fall des Volkes Israel (nicht des einzel-nen Juden). Das Volk Israel, erwählt von seinem Vater, blickt starr über Welt und Geschichte hinüber auf jenen letzten fernsten Punkt, wo dieser sein Vater, dieser selbe, der Eine und Einzige – ‚Alles in Allem'! – sein wird."[267]

Dennoch ist der Ansatz Edith Steins in seiner Verbindung von Christus-nachfolge und Loyalität zum Judentum folgerichtig, und zwar vor dem Hintergrund ihrer karmelitischen Spiritualität. Auch der Glaube Teresas

---

[265] GT II, 242.
[266] *S. Binggeli*, Edith Steins Beiträge zur Theologie Israels, 458.
[267] *F. Rosenzweig*, Brief an R. Ehrenberg v. 1. 11. 1913, in: *Ders.*, Der Mensch und sein Werk. Gesammelte Schriften, Bd. 1, Briefe und Tagebücher, T. 1, hg. v. *R. Rosen-zweig* u. *E. Rosenzweig-Scheinmann* (Haag 1979) = Sigel: FR Briefe, 134 f. Vgl. auch *L. Trepp*, Die spirituelle Biografie von Franz Rosenzweig, in: *Ders.*, Lebendiges Juden-tum. Texte aus den Jahren 1943 bis 2010, hg. v. *G. Trepp* (Stuttgart 2013) 93–99.

von Ávila war durch drei starke Charakteristika geprägt: die Christozentrik, den Wunsch nach einem inneren Beten als Weg der Vollkommenheit und den Drang zur Evangelisierung.[268] Michael Sievernich kommentiert dies so:

> „Papst Franziskus bezeichnete Teresa [...] als ‚Lehrmeisterin des Gebets' und als ‚unermüdliche Verkünderin des Evangeliums'. Das ist die natürliche Folge der erlebten Christusförmigkeit. Wer Christus anverwandelt wurde, möchte auch, dass Kirche und Welt christusförmig werden."[269]

Edith Stein hat sich in die Religiosität der Juden ihrer Zeit *eingefühlt,* sie hat die *Kontinuität* des Alten und Neuen Bundes betont und mittels der *Typologie* exemplarisch herausgearbeitet – dem Empfinden ihrer Zeit zum Trotz, die das Christusereignis als Geschehen der Diskontinuität interpretierte. Bei aller bleibenden Verschiedenheit der Religionen hat Edith Stein damit einen bedeutenden Beitrag dazu geleistet, Israel im christlichen Bewusstsein wiederzuverankern. In der *Nächtlichen Zwiesprache* beschreibt sie die *eine* Heilsgeschichte als einen Prozess des Wachsens:

> „Ich sah aus meinem Volk die Kirche wachsen,
> Ein zart erblühend Reis, sah als ihr Herz
> Die Unbefleckte, Reine, Davids Sproß.
> Ich sah aus Jesu Herz herniederfließen
> Die Gnadenfülle in der Jungfrau Herz,
> Von da fließt zu den Gliedern des Lebens Strom."[270]

Dem auserwählten Volk wird hier der Rang in Gottes Heilsplan zugestanden, der ihm gemäß den Schriften des Alten und Neuen Testaments zukommt. Indem Edith Stein von der Kirche spricht, die aus dem Volk wächst, knüpft sie an die Vision des Jesaja an, dass aus dem Baumstumpf Isais ein Reis hervorwachsen werde. Zugleich erinnert diese Metapher an das paulinische Bildwort des *edlen* Ölbaums, Israel, in den Zweige des *wilden* Ölbaums eingepfropft werden, damit diese Anteil an der Kraft der Wurzeln erhalten. Die Zweige des wilden Baums stehen hier für die aus dem Heidentum kommenden Christen. Paulus verwendet das Bild, um die Heidenchristen zu ermahnen, nicht überheblich zu sein und zu bedenken, dass es die *Wurzel* sei, die den Baum trage und lebendig mache.[271]

---

[268] Vgl. M. *Sievernich*, Teresa von Ávila: Mystikerin und Schriftstellerin. Zur neuen deutschen Gesamtausgabe, in: Stimmen der Zeit, Bd. 234, Jg. 141 (2016) 413–415, hier 414.

[269] Ebd., 415.

[270] GT II, 243.

[271] Vgl. Röm 11,17–18: „Wenn aber einige Zweige herausgebrochen wurden und

Hedwig Conrad-Martius hat dieses Bild in ihren Reflexionen über Edith Stein aufgegriffen (1958). Damit macht sie deutlich, dass die Heidenchristen „in den berufenen Urstamm, den Ölbaum, eingepfropfte Zweige" sind – und es auch „bleiben".[272] Ganz ähnlich heißt es in *Nostra aetate*:

> „Deshalb kann die Kirche auch nicht vergessen, daß sie [...] genährt wird von der Wurzel des guten Ölbaums, in den die Heiden als wilde Schößlinge eingepfropft sind. Denn die Kirche glaubt, daß Christus, unser Friede, Juden und Heiden durch das Kreuz versöhnt und beide in sich vereinigt hat."[273]

4.2.4. Nulla salus extra ecclesiam?

Wahrheit und *Einfühlung* gehören „zu den häufig wiederkehrenden Begriffen in den Werken Edith Steins". In gewisser Weise, so die These, stehen sie für „das schriftliche Vermächtnis dieser Lehrmeisterin".[274] Wenn dem so ist, muss allerdings gefragt werden, wie Edith Stein diese beiden Prinzipien gegeneinander abwägt. Die Frage ist alles andere als rhetorisch, denn gerade im Bereich der Religion ist hier, scheinbar unausweichlich, eine Entscheidung gefordert. Ist es nicht ein Gebot der intellektuellen Redlichkeit, dass am Ende die Wahrheitsfrage maßgeblich ist? Dient die Einfühlung dann nur noch dazu, die Härte der Wahrheit auf menschlicher Ebene abzufedern?[275]

---

wenn du als Zweig vom wilden Ölbaum in den edlen Ölbaum eingepfropft wurdest und damit Anteil erhieltest an der Kraft seiner Wurzel, so erhebe dich nicht über die anderen Zweige. Wenn du es aber tust, sollst du wissen: Nicht du trägst die Wurzel, sondern die Wurzel trägt dich."

[272] *H. Conrad-Martius*, Edith Stein, 71.

[273] NA, Art. 4. Roman Siebenrock erkennt hierin das entscheidende Strukturmerkmal des vierten Artikels von *Nostra aetate*. Nach den nichtchristlichen Religionen im Allgemeinen, dem Buddhismus, Hinduismus sowie dem Islam macht die Erklärung hier nun ausdrücklich das Judentum zum Thema: „Der deskriptive Ton der ersten Nummern ändert sich. Jetzt geht es um die Kirche, in ihrer im Judentum wurzelnden Identität." *R. Siebenrock*, Theologischer Kommentar zur Erklärung über die Haltung der Kirche zu den nichtchristlichen Religionen *Nostra aetate*, in: *P. Hünermann* u. *B. J. Hilberath* (Hg.), Herders Theologischer Kommentar zum Zweiten Vatikanischen Konzil, Bd. 3 (Freiburg i. Br. 2005) 591–693, hier 661.

[274] Beide Zitate *R. Körner*, „Leben an Gottes Hand und aus Gottes Hand", 125.

[275] Vgl. hierzu *T. Dennebaum*, Nulla salus extra ecclesiam? Edith Steins Soteriologie als Vorgriff auf die heilstheologische Wende des II. Vatikanums, in: H.-B. Gerl-Falkovitz u. M. Lebech (Hg.), Edith Steins Herausforderung heutiger Anthropologie. Akten der Internationalen Konferenz 23.–25. Oktober 2015 in Wien und Heiligenkreuz (Heiligenkreuz 2017) 402–420.

Edmund Husserl ist oben mit den Worten zitiert worden, er sei stets bereit, die Wahrheit in Glaubensdingen „durchzustreiten".[276] Ein solches Streitgespräch hatte er mit Adelgundis Jaegerschmid geführt. Diese wiederum berichtete Edith Stein davon, die schon Jahre zuvor Erfahrungen in gleicher Sache gemacht hatte – und sich ernüchtert daran erinnert:

> „Ein analoges Gespräch mit H[usserl] hatte ich, als ich ihn zum erstenmal nach meiner Konversion sprach – ich hatte ihn auch 8 J[ahre] dazwischen nicht gesehen. [...] [I]ch konnte ganz rückhaltlos offen sein. Aber ich glaube, man muß sich vor Illusionen hüten. Es ist gut, wenn wir frei über diese letzten Dinge mit ihm sprechen können. Aber es verschärft die Verantwortung für ihn und damit *unsere* Verantwortung für ihn. Gebet und Opfer sind sicher viel wichtiger als alles, was wir ihm sagen können [...]. Es ist ein anderes: ein auserlesenes Werkzeug sein und: in der Gnade stehen. Wir haben nicht zu urteilen und dürfen auf Gottes unergründliche Barmherzigkeit vertrauen."[277]

Aus diesen Zeilen lassen sich drei Erkenntnisse ableiten: (1) Die Gespräche der beiden Katholikinnen Edith Stein und Adelgundis Jaegerschmid mit Husserl über Fragen des Glaubens sind offensichtlich ohne greifbares Ergebnis verlaufen; im Blick auf letzte Wahrheiten wurde keine Einigung erzielt. (2) Edith Stein hat die Maxime ernst genommen, dass die Gläubigen füreinander und für Nicht- und Andersgläubige Verantwortung übernehmen sollen. Gemäß des Leitwortes aus *Freiheit und Gnade,* „Einer für alle und alle für einen", hat sie mit ihrem Lehrer über den Glauben *gesprochen* und sich in Gebet und Opfer geistlich mit ihm verbunden. (3) Der Glaube oder Nichtglaube eines Menschen begründet kein Präjudiz in der Frage des ewigen Heils. Am Ende ist die Gnade und Barmherzigkeit Gottes entscheidend.

Damit positioniert Edith Stein sich zunächst einmal ziemlich traditionell – und zugleich rücken Fragen in den Blick, die in dieser Arbeit noch zu untersuchen sein werden, etwa nach der Bedeutung des Opfers oder dem ewigen Heil. Ein wichtiges Motiv Edith Steins ist hier jedenfalls noch die religiös begründete Sorge um ihren Meister. Acht Jahre später, im März 1938, hatte sich die Perspektive Edith Steins in dieser Sache offensichtlich gewandelt. Husserl war zum damaligen Zeit-

---

[276] E. *Husserl,* in: W. *Herbstrith* (Hg.), Edith Stein. Wege zur inneren Stille, 209. Vgl. Anm. 1211.
[277] E. *Stein,* Brief an A. Jaegerschmid v. 16. 2. 1930, in: Briefe I, Br. 83, 110.

punkt todkrank; seinen Standpunkt in Glaubensdingen hatte er aber nie geändert. Dennoch betont Edith Stein nun:

> „Um meinen lieben Meister habe ich keine Sorge. Es hat mir immer sehr fern gelegen zu denken, daß Gottes Barmherzigkeit sich an die Grenzen der sichtbaren Kirche binde. Gott ist die Wahrheit. Wer die Wahrheit sucht, der sucht Gott, ob es ihm klar ist oder nicht."[278]

Die Sorge um das Heil und die Hoffnung auf Gottes „unergründliche" Barmherzigkeit, die im Brief des Jahres 1930 noch im Vordergrund gestanden hatte, ist nun einer Heilszuversicht gewichen, die in Zusammenhang mit dem Nachsatz steht, dass Gott die Wahrheit und Husserl ein die Wahrheit Suchender sei. Dennoch muss nachgefragt werden, ob sich hier tatsächlich eine systematisch begründete Perspektive Edith Steins in Fragen der Soteriologie andeutet. Schließlich wäre es ohne weiteres denkbar, dass der Hintergrund dieser Äußerung eher emotionaler Natur ist.

Deutlicher noch als im Fall des evangelisch getauften Husserl lassen sich diese Fragen im Blick auf die Andeutungen Edith Steins zum Seelenheil ihrer im September 1936 verstorbenen Mutter studieren. Wenige Monate vor deren Tod hatte Petra Brüning geschrieben, der Herr werde der Jüdin Auguste Stein „ihre Messiashoffnung anrechnen" – worauf Edith nüchtern geantwortet hatte: „Wenn sie die nur hätte! Der Messiasglaube ist bei den heutigen Juden, auch bei den gläubigen, fast verschwunden. Und fast ebenso sehr der Glaube an ein ewiges Leben."[279] Auch in anderer Sache bleibt Edith Stein realistisch. Im Oktober 1936 weist sie innerhalb weniger Tage gleich zwei Mal unmissverständlich Gerüchte zurück, die an sie herangetragen wurden – einmal die angebliche Taufe ihrer Mutter auf dem Sterbebett und das andere Mal die Konversion Husserls zum Katholizismus betreffend.[280] Umso bemerkenswerter ist es, dass sie nach dem Tod ihrer Mutter – ähnlich wie zwei Jahre später bei Husserl – weniger von Sorge um deren Heil, als wiederum von *Heilsgewissheit* erfüllt war:

> „[W]eil ihr Glaube und das feste Vertrauen auf ihren Gott von der frühesten Kinderzeit bis in ihr 87. Jahr standgehalten hat und das Letzte war, was noch in ihrem schweren Todeskampf in ihr lebendig blieb, darum habe ich die Zu-

---

[278] *Dies.*, Brief an A. Jaegerschmid v. 23. 3. 1938, in: Briefe II, Br. 542, 285. Vgl. Anm. 259.

[279] Beide Zitate *dies.*, Brief an P. Brüning v. 19. 7. 1936, in: Briefe II, Br. 467, 199.

[280] Vgl. *dies.*, Brief an C. Kopf v. 4. 10. 1936, in: Briefe II, Br. 482, 215, sowie *dies.*, Brief an H. Conrad-Martius v. 10. 10. 1936, in: Briefe II, Br. 483, 217.

versicht, daß sie einen sehr gnädigen Richter gefunden hat und jetzt meine treueste Helferin ist, damit auch ich ans Ziel komme."[281]

Damit wird nun vollends deutlich, dass die Abwägung von Wahrheit und Einfühlung den Kernbereich der Theologie berührt, und zwar in diesem Fall der Soteriologie, Christologie, Ekklesiologie und der Theologie der Religionen. Es geht um die Frage der Erlangung ewigen Heils jenseits der *Grenzen der sichtbaren Kirche*. Unter welchen Umständen kann ein Lebensweg außerhalb der Kirche als legitimer Pfad zum Heil verstanden werden? Heute wird dieses Thema unter ganz anderen Gesichtspunkten diskutiert als noch in der ersten Hälfte des vergangenen Jahrhunderts.[282] Umso wichtiger ist, ob und inwiefern Edith Stein Teile einer Theologie antizipiert, die katholischerseits erst durch das Konzil eingeholt worden ist, namentlich die dogmatische Konstitution über die Kirche *Lumen Gentium* und die Erklärung über das Verhältnis der Kirche zu den nicht-christlichen Religionen *Nostra aetate*. Ein Vordenken Edith Steins in dieser Sache wäre nicht zuletzt insofern relevant, als es ihre eigene Rolle im heutigen christlich-jüdischen Gespräch in neuem Licht erscheinen ließe.

Um diesen Fragen auf den Grund zu gehen, muss im Folgenden der Fokus auf den zeitgenössischen Stand der Theologie gerichtet werden. Immerhin begegnete die Kirche dem Judentum seinerzeit nicht unter der Maßgabe der „anhaltend erwählenden Treue Gottes",[283] sondern vielmehr des *nulla salus extra ecclesiam* – wie hier unter Verweis auf Jules Isaac bereits angedeutet wurde. Die „entscheidende Wende im Verhältnis der katholischen Kirche zum Judentum und zu den einzelnen Juden", wie Papst Johannes Paul II. es später formulieren sollte, war damals noch nicht in Sicht.[284] In diesem Kontext ist auch das Gerede

---

[281] *Dies.*, Brief an C. Kopf v. 4. 10. 1936, in: Briefe II, Br. 482, 215. Vgl. hierzu auch Kap. 1.2.4.

[282] Vgl. etwa die Beiträge in ZMR, Bd. 91 (2007) oder *H. Frankemölle* u. *J. Wohlmuth* (Hg.), Das Heil der Anderen. Problemfeld „Judenmission" (Freiburg i. Br. 2010).

[283] Vgl. *Kommission für die religiösen Beziehungen zum Judentum*, „Denn unwiderruflich sind Gnade und Berufung, die Gott gewährt" (Röm 11,29). Reflexionen zu theologischen Fragestellungen in den katholisch-jüdischen Beziehungen aus Anlass des 50jährigen Jubiläums von *Nostra aetate* (Nr. 4) (Bonn 2016) = Verlautbarungen des Apostolischen Stuhls 203, Nr. 27: „Der Bund, den Gott Israel angeboten hat, ist unwiderruflich. [...] Die anhaltend erwählende Treue Gottes, die in früheren Bünden ausgedrückt wurde, ist niemals aufgehoben worden."

[284] „La svolta decisiva nei rapporti della Chiesa cattolica con l'Ebraismo, e con i singoli ebrei, si è avuta con questo breve ma lapidario paragrafo." *Johannes Paul II.*, Summo Pontifice habita in templo seu synagoga Iudaeorum Urbis, 1120.

über die angebliche Konversion Husserls und die Taufe Auguste Steins zu verorten.

Insofern seien hier zumindest andeutungsweise einige Grundlinien der Soteriologie nachgezeichnet, der Lehre von der Erlösung (σωτηρία) der Menschen. Mit Karl Rahner ist zu sagen, dass die Soteriologie aus christlicher Perspektive immer auch Christologie ist: „Erlösung des Menschen ist für den Christen Erlösung durch Jesus Christus. Durch seinen Tod und seine Auferstehung. Daran kann der Christ nicht zweifeln. Dieser Satz gehört in die Mitte seines Glaubens."[285] Bei aller Klarheit dieses Hinweises ist es notwendig, jeder theologischen Verkürzung des eschatologischen Heilsgeschehens entgegenzutreten. Die Erlösung kann sich nach christlicher Vorstellung nur unter der Bedingung der freien Zustimmung des Menschen ereignen: „Die Erlösung von Jesus Christus her hebt die Selbsterlösung des Menschen nicht auf, sondern konstituiert sie."[286] Ebenso ist zu bedenken, dass sich die Rede vom ewigen Heil auf ein Geschehen „der endgültigen Selbstmitteilung Gottes" bezieht, das alles menschliche Reden übersteigt.[287]

Am Zusammenhang von Soteriologie und Christologie ändert dies freilich nichts – wie auch immer dieser enge Konnex im Detail zu deuten ist.[288] Zugleich steht auch „die Kirche immer in unlösbarer Einheit mit Jesus Christus",[289] so dass es naheliegt, die Lehre vom Heil auch in ihrer Relation zur Kirche zu diskutieren. Rahner erinnert in diesem Zusammenhang daran, dass die Kirche in den Jahren nach dem Zweiten Vatikanischen Konzil vielfach als „Grundsakrament des Heiles der Welt" verstanden wurde; *vor* und auch während des Konzils hingegen war der Begriff „Ursakrament" geläufiger. Dieser ältere Terminus impliziert allerdings einen so weitreichenden Anspruch, dass er im Grunde nicht adäquat auf die Kirche angewendet werden kann, sondern allein *Jesus Christus* zugestanden werden sollte.[290] Jedenfalls deutet diese terminologische Verschiebung – von der Kirche als Ur- zur Kirche als Grundsakrament –

---

[285] *K. Rahner*, Das christliche Verständnis der Erlösung, in: *Ders.*, Sämtliche Werke, Bd. 30, Anstöße systematischer Theologie, bearbeitet v. *K. Kreutzer* u. *A. Raffelt* (Freiburg i. Br. 2009) 346–358, hier 352 f.

[286] Ebd., 353.

[287] Ebd., 349.

[288] Vgl. hierzu z. B. *D. Sattler*, Erlösung? Lehrbuch der Soteriologie (Freiburg i. Br. 2011), bes. 126–336.

[289] Vgl. *K. Rahner*, Kirche ist Verheißung: Das Grundsakrament des Heils, in: *Ders.*, Sämtliche Werke, Bd. 30, Anstöße systematischer Theologie, bearbeitet v. *K. Kreutzer* u. *A. Raffelt* (Freiburg i. Br. 2009) 595 f., hier 595.

[290] Ebd.

auf einen grundsätzlichen Wandel in der theologischen Einschätzung des Zusammenhangs von Kirche und Heil hin. War die Religionstheologie früherer Zeiten exklusivistisch geprägt, also davon, dass das Heil zumindest prinzipiell nur den getauften Gliedern der Kirche vorbehalten sei, betonte das Konzil ein inklusivistisches Verständnis.

Gerade auch die alten ekklesiologischen Metaphern transportieren den Gedanken der Exklusion. So insinuiert das Bild der *Kirche als Schiff des Heils,* das den stürmischen Wogen der Geschichte trotzt, nicht nur einen Gegensatz von Kirche und Welt, sondern auch, dass nur für „die wenigen, die sich sichtbar und greifbar auf diesem Schiff befinden",[291] Hoffnung auf Heil und Rettung besteht. Auch das paulinische Bild der *Kirche als Leib Christi,* das von Edith Stein favorisiert wird, generiert eine Innen- und eine Außenperspektive. Der Blick auf die Historie der Leib Christi-Metapher belegt dies nachdrücklich. So entwickelte sich vor dem Hintergrund dieses Bildes schon in der alten Kirche eine „Dynamik der Identifikation", die in den ersten Jahrhunderten des Christentums „zum bestimmenden Merkmal ekklesialer Identität" geworden ist.[292] Neben dem Gedanken des Zusammengehörens und Zusammenwirkens der vielen Glieder des einen Leibes wird auch die „Leib-Umwelt-Differenz als Innen-Außen-Differenz nachdrücklich markiert".[293] Wie also ging man in früheren Zeiten mit der Frage nach der Möglichkeit der Erlangung von Heil außerhalb der Kirche um? Die Antwort hatte klassischerweise eine doppelte Zielrichtung:

(1) An erster Stelle steht das altkirchlich dokumentierte Wort des *nulla salus extra ecclesiam,* etwa bei Origenes oder Cyprian von Karthago. In seiner inhaltlich harten Version aus der Bulle *Cantate Domino* (1442) des Konzils von Florenz lautet es:

„Firmiter credit, profitetur et praedicat, ‚nullos extra catholicam Ecclesiam exsistentes, non solum paganos', sed nec Iudaeos aut haereticos atque schismaticos, aeternae vitae fieri posse participes, sed in ignem aeternum ituros [...]."[294]

[291] Ebd., 596.
[292] *J. Werbick,* Grundfragen der Ekklesiologie (Freiburg i. Br. 2009) 73. Siehe hierzu auch ebd., 71–82.
[293] Ebd., 71.
[294] „Sie [*die Kirche*] glaubt fest, bekennt und verkündet, daß ‚niemand, der sich außerhalb der katholischen Kirche befindet, nicht nur [*keine*] Heiden', sondern auch keine Juden oder Häretiker und Schismatiker, des ewigen Lebens teilhaft werden können, sondern daß sie in das ewige Feuer wandern werden [...]." DH 1351.

(2) Diese Lehraussage darf allerdings nicht für sich allein gelesen werden. Alternativ zur Härte des *nulla salus* vertraten Irenaeus von Lyon oder Justin der Märtyrer, der hier bereits in Verbindung mit dem Modell der *ecclesia ab Abel* genannt worden ist, eine ausdrücklich heilsoptimistische Sicht der Dinge. In diesem Sinn *verurteilte* etwa Papst Clemens IX. im frühen achtzehnten Jahrhundert die jansenistische These, dass Gott „außerhalb der Kirche [...] keine Gnade gewährt".[295] Bei aller Sorge um das Heil, die das Leben vieler Christen prägte, galt es also, den Heilswillen Gottes mitzudenken, der auch außerhalb der sichtbaren Kirche wirksam werden kann. Wie genau dies zu verstehen ist, wurde zu allen Zeiten diskutiert. Die Antworten bewegten sich grundsätzlich zwischen eher heilspessimistischen Ansätzen wie bei Augustinus und optimistischeren Positionen etwa bei Thomas von Aquin.[296] Zur Zeit Edith Steins stellte sich die Heilsthematik eher enger dar als in früheren Epochen. Schon im Zuge der gegenreformatorischen Theologie hatte sich das Kirchenbild stark auf die sichtbare und verfasste Kirche verengt, im neunzehnten Jahrhundert wurde dieser Ansatz fortgeschrieben.[297] So hatte Papst Pius IX. bekundet:

> „Auf Grund des Glaubens ist festzuhalten, daß außerhalb der apostolischen, römischen Kirche niemand das Heil erlangen kann. Diese ist die einzige Arche des Heiles. Wer nicht in sie eintritt, wird in der Flut umkommen."[298]

Noch 1949 – sieben Jahre nach dem Tod Edith Steins – bezeichnete das Hl. Offizium das *nulla salus extra ecclesiam* als ein „strengstes Gebot Jesu Christi"[299] (*severissimum praeceptum Iesu Christi*). Allerdings hätten Ungetaufte Aussicht auf Heil und Gnade, wenn bei ihnen der Wunsch (*votum*) oder das Verlangen (*desiderium*) bestünde, der Kirche anzugehören, ja selbst, wenn dieser Wunsch nicht ausdrücklich, sondern nur

---

[295] „Extra Ecclesiam nulla conceditur gratia." *Clemens XI.*, Konstitution *Unigenitus Dei Filius*, in: DH 2429.

[296] Vgl. *P. Hünermann*, Theologischer Kommentar zur dogmatischen Konstitution über die Kirche *Lumen Gentium*, in: *Ders.* u. *B. J. Hilberath* (Hg.), Herders Theologischer Kommentar zum Zweiten Vatikanischen Konzil, Bd. 2 (Freiburg i. Br. 2004) 363–563, hier 391.

[297] Vgl. ebd., 392.

[298] Allocutio *Singulari quadam* (1854), zitiert nach *L. Ott*, Grundriss der katholischen Dogmatik (Freiburg i. Br. ⁶1963) 376. Eine Ausnahme von dieser Regel galt nur jenen, denen die Botschaft des Evangeliums in unüberwindlicher Weise unbekannt ist (*ignorantia invincibilis*). Damit wurde unter anderem auf die Bewohner der neuzeitlichen Kolonialgebiete angespielt. Vgl. *P. Hünermann*, Theologischer Kommentar zur dogmatischen Konstitution über die Kirche *Lumen Gentium*, 392.

[299] DH 3867.

einschlussweise vorhanden sei (*implicitum votum*). Dieser letzte Aspekt lässt sich als Scharnier hin zu einer Öffnung des *nulla salus*-Gedankens interpretieren.

Wie ist der Glaube Edith Steins vor dem Hintergrund dieser Lehre zu beurteilen? Zunächst einmal steht außer Frage, dass die Sorge um das Heil der Menschen, und hier besonders der Juden, ein echtes Motiv ihrer Religiosität gewesen ist. Nicht zuletzt ihr geistliches Testament aus dem Jahre 1939 spricht deutlich die Sprache der inneren Not, die sie empfand, weil „ihr Volk" Jesus Christus nicht als Messias erkannte:

> „Ich bitte den Herrn, daß Er mein Leben und Sterben annehmen möchte zu Seiner Ehre und Verherrlichung, [...] zur Sühne für den Unglauben des jüdischen Volkes und damit der Herr von den Seinen aufgenommen werde und Sein Reich komme in Herrlichkeit [...]."[300]

Die Innigkeit dieses Gebetsanliegens ist angesichts des gerade skizzierten theologischen Rahmens allzu verständlich. Zugleich wird deutlich, welche Distanz zwischen dieser Sorge und der ausdrücklichen Heilszuversicht liegt, die Edith Stein für ihre verstorbene Mutter hegte. Wie konnte sie überzeugt sein, dass ihre Mutter nicht nur das ewige Heil erlangt habe, sondern von nun an ihre „treueste Helferin" auf ihrem eigenen Weg zum Heil sei? Und dies, obwohl Edith Stein andernorts klargestellt hatte, dass ihre Mutter weder an die Messianität Jesu Christi glaubte noch das Kommen des Messias erwartete?

Es ist klar, dass die Antwort auf diese Frage unterschiedlich ausfallen kann. So könnte man geneigt sein, die Äußerungen, die Edith Stein in ihrem geistlichen Testament macht, unmittelbar jenen gegenüberzustellen, in denen sie das Seelenheil ihrer Mutter thematisiert. In diesem Fall wäre ein Gegensatz zwischen den Aussageintentionen der verschiedenen Zeugnisse zu konstatieren, und der Verdacht läge nahe, es hier mit dem Ausweis einer wenig kongruenten Theologie zu tun zu haben. Dies wäre allerdings zu kurz gegriffen. Stattdessen deutet sich an, dass Edith Stein in der Tat die Soteriologie ihrer Zeit übersteigt, die in der Zugehörigkeit zur Kirche oder zumindest der Sehnsucht nach dem Christusbekenntnis die *conditio sine qua non* auf dem Weg zum Heil sah. Die Begründung dieser These erfordert den Blick in verschiedene theologisch relevante Texte Edith Steins.[301]

---

[300] *E. Stein*, Testament, in: LJF, 374 f., hier 375.
[301] Zudem sei hier auf die Analyse der Zielrichtung und des *Sitzes im Leben* des geistlichen Testaments Edith Steins in Kap. 4.3.1. verwiesen.

Zunächst aber sei festgehalten, dass sie in dem oben zitierten Schreiben an Callista Kopf vom Oktober 1936 ausdrücklich einen eigenständigen Wert und die heilsmäßige Relevanz des jüdischen Glaubens und Gottvertrauens ihrer Mutter anerkennt. Dies ist umso eindrücklicher, als sie diese Auffassung zwei Jahre später in einem weiteren Schreiben bekräftigt.[302] Auch James Baaden unterstreicht die Exzeptionalität dieses Bekenntnisses:

> „[W]hen her mother died, Edith Stein expressed the conviction that she had achieved salvation through her goodness and devotion as a believer who had faithfully practised the Jewish religion. She rebutted rumours that her mother had been received into the Church on her deathbed, and went so far as to add that she would be hoping for her mother's intercession in heaven. These are not the words of a woman who felt that the only path to salvation open to Jews was in becoming Roman Catholics."[303]

Dieser Befund muss nun anhand des Schrifttums Edith Steins überprüft werden. Dabei kommt es angesichts der zeitgenössischen Betonung der *nulla salus*-Formel besonders darauf an, wie Edith Stein *den Begriff der Kirche* versteht und definiert. Da in dieser Arbeit schon einiges zu diesem Aspekt gesagt wurde, mag es hier genügen, die diesbezüglich relevanten Texte kurz zu befragen und zu resümieren. Was also macht der Überzeugung Edith Steins nach die Kirche aus? Was sind die biblisch-theologischen Grundlagen derselben, und warum und inwiefern bedarf der Mensch überhaupt einer derartigen Institution?

(1) In *Freiheit und Gnade* deutet Edith Stein, ausgehend von der Leib Christi-Metapher (σῶμα Χριστοῦ) des Apostels Paulus, eine grundlegend christologisch geprägte Ekklesiologie an: Jesus Christus ist der Stellvertreter aller Menschen vor Gott und das wahre Haupt der Gemeinde, der Glaube an ihn konstituiert die Kirche und hält sie zusammen.[304] Das pau-

---

[302] Dabei betont Edith Stein, dass ihre Mutter ihr selbst und auch ihren Geschwistern, die seinerzeit in unterschiedlichen Notlagen waren, eine Helferin und Fürsprecherin bei Gott sei: „Ich habe das feste Vertrauen, daß meine Mutter jetzt Macht hat, ihren Kindern in der großen Bedrängnis zu helfen." E. *Stein*, Brief an H. Dülberg v. 31. 10. 1938, in: Briefe II, Br. 572, 317.

[303] *J. Baaden*, Witness to the Cross, 357. „Edith Stein war, als ihre Mutter starb, überzeugt, dass sie aufgrund ihrer Güte und Hingabe als Gläubige, die treu die Gebote des Judentums beachtete, das Heil erlangt habe. Sie wies alle Gerüchte zurück, ihre Mutter sei auf dem Sterbebett in die Kirche aufgenommen worden, und vertraute gar auf deren himmlische Fürsprache. Dies aber sind wohl kaum die Worte einer Frau, die der Auffassung ist, dass der einzige den Juden offenstehende Weg zum Heil darin besteht, römisch-katholisch zu werden."

[304] Vgl. hierzu vor allem 1 Kor 10,16 f.; 1 Kor 12,12 f. und Röm 12,4 f. Im Blick auf die biblischen Belegstellen muss zwischen der Verwendung der Metapher bei Paulus

linische Bildwort – die Kirche als Leib, Christus als deren Haupt – war für die patristische und mittelalterliche Theologie ekklesiologisch prägend, wurde aber in der Gegenreformation von einem stärker körperschaftlich-juridischen Ansatz verdrängt. Damit rückte auch die doppelte Bedeutung der Leib Christi-Metaphorik in den Hintergrund, nach der die Kirche auf die Herrschaft des auferweckten Gekreuzigten gegründet und in ihrer Existenz zugleich eine lebendige Gemeinschaft von Gläubigen mit vielfältigen Charismen ist.[305] Edith Stein zeichnet diese beiden Säulen der Ekklesiologie nach. Sie führt aus, inwiefern die Entwicklung des Menschen auf der Freiheit und Gottesbeziehung des Einzelnen gründet, und betont gleichzeitig die *Communio*-Struktur der Kirche. Eine *prinzipielle* Notwendigkeit der Existenz einer äußeren Kirche im Sinn einer objektiven Anstalt des Heils kann sie hingegen nicht erkennen. Vielmehr sei die Institution Kirche eine „Anpassung an die sinnliche Natur des Menschen".[306] Allerdings gelte:

> „Wenn der Herr diesen Weg gewählt hat, so ist es wiederum nicht Sache des Menschen, ihn anzunehmen oder abzulehnen. Der Herr *kann* seine Gnade auch denen verleihen, die außerhalb der Kirche stehen. Aber kein Mensch hat das als sein Recht zu fordern, und keiner darf sich selbst mit Berufung auf diese Möglichkeit willentlich aus der Kirche ausschließen."[307]

Edith Steins Ekklesiologie ist also sowohl christozentrisch als auch anthropologisch begründet. Der Einzelne bedarf der Kirche, weil das Wesen des Menschen auf Gemeinschaft hin orientiert ist. Als Phänomenologin führt für Edith Stein kein Weg an der Akzeptanz dieser Erkenntnis vorbei, geht es ihr doch darum, einen gangbaren Weg zum Reich der Höhe und zu einem Leben in Freiheit aufzuzeigen. Darum gibt sie auch zu bedenken:

> „Wenn es Sakramente gibt […], so hat der Mensch nicht das Recht, sie abzulehnen. Die Gnade kann ihm auf dem Wege der inneren Erleuchtung zuteilwerden, aber es wäre sündhafter Hochmut, auf diesem Wege zu bestehen und den andern von sich zu weisen."[308]

---

und den Deuteropaulinen unterschieden werden. Vgl. ausführlich *J. Werbick*, Grundfragen der Ekklesiologie, 64–71. Zur Verwendung des Begriffs bei Edith Stein vgl. FG, 38, und Kap. 3.1.2.
[305] Vgl. *K. Kertelge*, Die Wirklichkeit der Kirche im Neuen Testament, in: *W. Kern, H. J. Pottmeyer* u. *M. Seckler* (Hg.), Handbuch der Fundamentaltheologie, Bd. 3, Traktat Kirche (Tübingen – Basel ²2000) 65–84, hier 75.
[306] FG, 59.
[307] Ebd., 60.
[308] Ebd., 59.

Streng logisch betrachtet ließe sich diese Erklärung als Außerkraftsetzung des *nulla salus extra ecclesiam* im Sinn der kategorischen Festschreibung eines einzigen Heilsweges interpretieren. Das allerdings entspräche nicht der Intention Edith Steins, die an anderer Stelle betont,
wie sehr Kirche, Eucharistie und die Menschwerdung Christi zusammengehören und die Voraussetzung dafür bilden, dass „die in der Kirche vereinte Gemeinschaft der Gläubigen im allerwörtlichsten Sinne
den Leib Christi darstellt."[309] Letztlich zeigt sich hier, dass Edith Stein
das *nulla salus extra ecclesiam* zwar nicht formal diskutiert, aber sehr
wohl an der inhaltlichen Begründung interessiert ist, warum die Teilhabe des Einzelnen an der Kirche aus anthropologischen wie auch aus
religiösen Gründen geboten ist. Die *äußere* Institution, so ihre Überzeugung, ist dem *inneren* Glauben zuträglich. Damit ist das Gegenteil einer
Kirchlichkeit intendiert, der es vor allem um die Erfüllung äußerer Parameter geht:

> „Es ist ein weiter Weg von der Selbstzufriedenheit eines ‚guten Katholiken',
> der ‚seine Pflichten erfüllt', eine ‚gute Zeitung' liest, ‚richtig wählt' usw., im
> übrigen aber tut, was ihm beliebt, bis zu einem Leben an Gottes Hand und
> aus Gottes Hand, in der Einfalt des Kindes und der Demut des Zöll
> ners."[310]

(2) Auch in *Das Gebet der Kirche* knüpft Edith Stein an das Bild des mystischen Leibes Christi an. Jeder Beter sei Glied dieses Leibes, aller Lobpreis Gottes geschehe durch, mit und in Christus.[311] Zentrales Thema
des Textes ist aber, wie schon angedeutet, die Herleitung kirchlicher Gebestraditionen aus der geistlichen Praxis des Volkes Israel.[312] Christus
sei als gläubiger Jude „zu den vorgeschriebenen Zeiten nach Jerusalem
gepilgert" und habe „die alten Segenssprüche […] über Brot, Wein und
Feldfrüchte" gesprochen.[313] In seinem Paschagebet erkennt Edith Stein
„den Schlüssel zum Verständnis des Gebetes der Kirche",[314] nämlich die
Überführung des Ostermahls des Alten zu dem des Neuen Bundes. Denn
schon im Bundeszelt, das als Wohnung Gottes dessen Vergegenwärtigung

---

[309] Ebd., 60.
[310] *E. Stein*, Das Weihnachtsgeheimnis. Menschwerdung und Menschheit, in: GT I,
2–14, hier 13. Vgl. hierzu auch *R. Körner*, „Leben an Gottes Hand und aus Gottes
Hand", 126 f.
[311] Vgl. GT I, 45.
[312] Vgl. Kap. 4.2.1.
[313] Alle Zitate GT I, 45.
[314] Ebd., 46.

repräsentiere und zugleich den Dank für die Schöpfung darstelle, deute sich die große Dankfeier der Eucharistie an. Weiter greift Edith Stein Überlegungen Erik Petersons auf: „Die Liturgie läßt [...] keinen Zweifel darüber, daß wir noch keine Vollbürger des himmlischen Jerusalem sind, sondern Pilger auf dem Wege zu unserer ewigen Heimat."[315] Damit deutet sie an, dass im jüdischen Gebet nicht nur der Urtypus des Betens Jesu und des christlichen Gebets als solchem grundgelegt ist, sondern die Pilgerschaft des Alten Bundes hin zu Gott von der Kirche fortgeführt wird – jetzt im Zeichen Christi. John Oesterreicher, der während des Konzils eine wichtige Rolle bei der Vorbereitung von *Nostra aetate* innehatte, fasst diesen Ansatz zusammen:

> „Through the whole of Edith Stein's essay there runs the theme of newness and oldness, and of her new link with the Israel of old. For baptism and Eucharist, faith and prayer, had made her a true Israelite, and Carmel in particular, which has Elias for its spiritual ancestor [...]."[316]

(3) Die judenchristliche Ekklesiologie, die Edith Stein in *Endliches und ewiges Sein* entwickelt, wurde hier vor allem unter Berücksichtigung des Gedankens der Kontinuität der *einen* jüdisch-christlichen Heilsgeschichte diskutiert.[317] Edith Stein denkt auf diese Weise ihren Ansatz aus *Freiheit und Gnade* zu Ende, der ja bereits für sich genommen eine eindrückliche Neuinterpretation des *Corpus Christi mysticum* bietet. Gleichzeitig greift sie die in *Das Gebet der Kirche* ausgeführte fundamentale geistliche Relation von Altem und Neuem Bund auf und verbindet die Geschichtlichkeit des Menschen und seines Glaubens mit dem Bild des mystischen Leibes Christi. Dabei stellt sie nie infrage, dass der Weg zum Heil konstitutiv ein Weg mit Jesus Christus sei: Er ist „der Mittler zwischen Gott und den Menschen, der ‚Weg', ohne den niemand zum Vater kommt."[318] Gleichzeitig bricht Edith Stein aber auch die Grenzen der neuzeitlichen Ekklesiologie auf, indem sie betont, dass schon „die Stammeltern" als Glieder des mystischen Leibes Christi im Besitz der Urstandsgnade gewesen seien. Den überkommenen Kirchenbegriff, der auf die körperschaftliche Ver-

---

[315] Ebd., 48.

[316] *J. Oesterreicher*, Walls are crumbling. Seven Jewish Philosophers Discover Christ (New York 1952) 351. „Der gesamte Essay Edith Steins spiegelt das Thema von alt und neu und der neuen Verbindung hin zum alten Israel. Taufe und Eucharistie, Glaube und Gebet, und besonders der Karmel mit Elias als seinem geistlichen Stammvater, haben sie [*Edith Stein*] zu einer wahren Israelitin werden lassen."

[317] Vgl. Kap. 3.2.3.2. und Kap. 4.2.3.

[318] EES, 435.

fasstheit fokussiert ist, lässt sie damit hinter sich; den universalen Heils-anspruch Jesu Christi hingegen nimmt sie ernst.

(4) In verdichteter Form macht Edith Stein dies auch in ihrer Weih-nachtsansprache *Verborgenes Leben und Epiphanie* vom Dreikönigstag 1940 deutlich, dem einzigen Text, in dem sie ausdrücklich zwischen *sichtbarer* und *unsichtbarer* Kirche unterscheidet.[319] Von der Zeit der Stammeltern an seien Menschen vom Strahl der Erkenntnis getroffen und als lebendige Bausteine „zu einer zunächst unsichtbaren Kirche zu-sammengefügt" worden, aus der später die sichtbare hervorgewachsen sei. „Das stille Wirken des Heiligen Geistes" habe die Heilsgeschichte von Beginn an geprägt, die biblischen Patriarchen konnten „zu Freunden Gottes gemacht" und das auserwählte Volk erweckt werden.[320] Und ob-wohl viele Glieder dieser unsichtbaren Kirche im Verborgenen lebten, sei es doch richtig, von einer *Kirche* zu sprechen – denn innerhalb der gött-lichen Ordnung stünden alle Berufenen in einem lebendigen Zusammen-hang. Eindrucksvoll sichtbar geworden sei das Wirken einiger Glieder der verborgenen Kirche im Umfeld der Menschwerdung Gottes – in Per-sonen wie Maria und Josef, Elisabeth und Zacharias, den Hirten und Kö-nigen, Hannah und Simeon. Bei all dem ist klar, dass es Edith Stein auf diese geisterfüllte Gliedschaft ankommt, denn „das letztlich Tragende ist das innere Leben". Dies gilt auch für die nachösterliche sichtbare Kir-che: „Bei denen, die zur Kirche gehören, kann ev[tl]. zeitlich die äußere Zugehörigkeit der inneren vorausgehen [...]."[321]

Wie passt diese Theologie, die sich von *Freiheit und Gnade* über *End-liches und ewiges Sein* bis hin zur Weihnachtsansprache 1939/1940 orga-nisch entwickelt, mit der zeitgenössischen Theologie und kirchlichen Lehre zusammen? Dass Edith Stein nicht die schultheologische, juridisch argumentierende Ekklesiologie, sondern das vitalere Bild des *Corpus Christi mysticum* favorisierte, bedeutet zunächst, dass sie theologisch auf der Höhe ihrer Zeit argumentiert und die ekklesiologischen Neujus-

---

[319] Vgl. GT II, 123–127.

[320] Alle Zitate ebd., 124.

[321] Ebd. So ist es am Ende nicht verwunderlich, dass Edith Stein die Sterndeuter (Mt 2,7) nicht nur als Wahrheitssucher beschreibt, die den „Heiden" (Röm 9,24), die auf der Suche nach Jesus Christus sind, als Vorbild dienen. Auch für die Ordensfrauen, an die sich der Vortrag Edith Steins richtete, hätten „die Könige eine besondere Bedeu-tung. Gehörten wir auch schon der äußeren Kirche an, so trieb doch auch uns ein inne-res Drängen hinaus aus dem Kreis der ererbten Anschauungen und Gewohnheiten. Wir kannten Gott, aber wir fühlten, daß Er von uns auf eine neue Art gesucht und gefunden werden wollte." Ebd., 125 f.

tierungen aufgreift, die in den Zwischenkriegsjahren diskutiert wurden. Zehn Monate nach dem Tod Edith Steins fanden diese ihren Niederschlag in der Enzyklika *Mystici corporis* Papst Pius' XII., der damit den Weg hin zur Theologie der Kirche als Volk Gottes ebnete.[322] Allerdings blieb Pius XII. dabei, den mystischen Leib Christi als klar umrissene Gemeinschaft der katholischen Christgläubigen zu definieren, denen allein das sichere Heil verheißen sei. Die katholische Kirche sei „der eine Schafstall Jesu Christi" (*unum ovile Iesu Christi*).[323]

Karl Rahner kritisierte bereits Ende der vierziger Jahre, dass die Enzyklika nur „eine eigentliche Gliedschaft"[324] des mystischen Leibes anerkenne, die selbst getauften Christen abgesprochen werde, insofern diese durch Schisma oder Häresie von der Kirche getrennt seien. Es greife jedoch zu kurz, so seine These, die Kirche nur als eine „durch die potestas ordinis und die potestas iurisdictionis organisierte äußere Gesellschaft" zu verstehen. Dies komme auch nach Maßgabe früherer lehramtlicher Äußerungen einem „ekklesiologischen Nestorianismus und Naturalismus" gleich.[325] Stattdessen unterscheidet er eine doppelte Schicht der Wirklichkeit der Kirche: „Kirche als durch die Menschwerdung geweihte Menschheit und Kirche als gestiftete rechtliche Organisation."[326] Die inhaltliche Nähe dieses Ansatzes mit dem von Edith Stein in *Endliches und ewiges Sein* vorgeschlagenen Modell liegt auf der Hand, denn beide unterscheiden zwischen der verfassten Kirche als Sakrament des Heils einerseits und der universalen, die gesamte Menschheitsgeschichte betreffende Bedeutung des Heilsgeschehens der Menschwerdung Gottes andererseits. Den mystischen Leib Christi versteht Edith Stein daher gerade nicht als deckungsgleich mit der Institution der sichtbaren Kirche. Diese Differenzierung ist von entscheidender Bedeutung für die Dialogfähigkeit dersel-

---

[322] Wie sehr *Mystici corporis* das bis dahin bestimmende Kirchenbild aufbrach, lässt sich an folgendem Hinweis der Enzyklika ablesen: „Man darf aber keineswegs meinen, dieser wohlgeordnete bzw. sogenannte ‚organische' Aufbau des Leibes der Kirche bestehe allein in den Stufen der Hierarchie und bestimme sich durch sie, oder – wie die entgegengesetzte Auffassung behauptet – er bestehe einzig aus Charismatikern [...]." DH 3801.

[323] DH 3822.

[324] *K. Rahner*, Die Zugehörigkeit zur Kirche nach „Mystici Corporis Christi", in: *Ders.*, Sämtliche Werke, Bd. 10, Kirche in den Herausforderungen der Zeit. Studien zur Ekklesiologie und zur kirchlichen Existenz, bearbeitet v. *J. Heislbetz* u. *A. Raffelt* (Freiburg i. Br. 2003) 72–81, hier 75.

[325] Beide Zitate ebd., 80.

[326] Ebd., 81.

ben. So betont etwa Walter Kasper, dass gerade dies „die Crux der ökumenischen Diskussion"[327] ausmache:

> „Die Problematik der kopernikanischen Wende der Rahnerschen Sakramentenlehre, die hier stellvertretend für seine gesamte Theologie steht, liegt [...] in der These, das Verhältnis zwischen Welt und Kirche sei nicht das Verhältnis zwischen gottlos und heilig, zwischen Sintflut und Arche, sondern wie zwischen verborgen Gegebenem, das seine volle geschichtliche Selbstaussage noch sucht, einerseits und dessen voller geschichtlicher Greifbarkeit andererseits, in der sich das verborgen, aber schon real in der Welt gegebene Wesen geschichtlich vollzieht, ausdrückt und so zu der Existenzweise kommt, auf die es von vornherein angelegt ist."[328]

Die theologischen Erwägungen, die Rahner und andere vorgelegt hatten, waren so stichhaltig, dass Jahre später auch die Väter des Konzils überzeugt waren, dass die Notwendigkeit einer „kreativen Fortschreibung"[329] der Lehre der Kirchengliedschaft bestehe. Diese Forderung wurde in der dogmatischen Konstitution *Lumen Gentium* eingelöst. An der Heilsnotwendigkeit der pilgernden Kirche hielt das Konzil fest,[330] verzichtete aber auf die – fast nur äußere Parameter berücksichtigende – Definition Papst Pius' XII. zur Kirchengliedschaft.[331] Das *nulla salus extra ecclesiam* wurde damit zwar fortgeschrieben, doch eröffneten sich ganz neue Antwortmöglichkeiten auf die Frage, wer sich als Glied der *ecclesia* verstehen darf respektive wie und warum er sich in Beziehung zum Heilsgeschehen in Christus befindet.[332] Der vorkonziliare Rückgriff auf die mannigfachen „Voten", die den außerhalb der Kirche Stehenden auf diese hinordnen, wurde damit obsolet.[333]

---

[327] W. *Kasper*, Theologie und Kirche (Mainz 1987) 238.
[328] Ebd., 252 f.
[329] P. *Hünermann*, Theologischer Kommentar zur dogmatischen Konstitution über die Kirche *Lumen gentium*, 393.
[330] „Gestützt auf die Heilige Schrift und die Tradition, lehrt sie [*die Heilige Synode*], daß diese pilgernde Kirche zum Heile notwendig sei. Christus allein ist Mittler und Weg zum Heil, der in seinem Leib, der Kirche, uns gegenwärtig wird [...]." LG, Art. 14.
[331] Die in *Mystici corporis* verwendete Formel zur Klärung der Gliedschaft lautete *reapse et simpliciter* – wirklich und einfachhin. In der Relatio, die die kritischen Voten der Konzilsväter zusammenfasst, wurde diese Terminologie als „dunkle, ja unrichtige" Ausdrucksweise bezeichnet. Vgl. P. *Hünermann*, Theologischer Kommentar zur dogmatischen Konstitution über die Kirche *Lumen gentium*, 395.
[332] Vgl. hierzu ausführlich W. *Kasper*, Theologie und Kirche, 237–320.
[333] Vgl. P. *Hünermann*, Theologischer Kommentar zur dogmatischen Konstitution über die Kirche *Lumen gentium*, 393. Josef Wohlmuth verdeutlicht den Weg, den *Lumen Gentium* hinsichtlich der Frage der Gliedschaft geht, anhand eines Bildes: „An

Mit der Öffnung des Konzils in der Frage der Ekklesiologie war auch die Voraussetzung für eine *religionstheologische* Neuausrichtung gegeben. Folgerichtig nimmt *Lumen Gentium* die Nicht-Christen – und darunter besonders die Juden – in den Blick und liefert ein tragfähiges theologisches Fundament für den weiteren Dialog. Das Konzil verweist auf die bleibende Heilsberufung des Volkes Israel und stärkt damit „bei aller Diskontinuität und Neuheit des Christusereignisses [...] auch die Kontinuität" der jüdisch-christlichen Heilsgeschichte.[334] Genau das ist es, was Edith Stein immer wieder hervorgehoben hatte. Indem das Konzil nun ebenfalls diesen Standpunkt einnimmt, vollzieht es „eine der tiefgreifendsten Wendungen der bisherigen Kirchengeschichte".[335]

Die Anwendung des bisher Gesagten auf die Erklärung *Nostra aetate* kann knapp gehalten werden. Zu den Kernaussagen des Dokuments, das das Anliegen verfolgt, „sowohl Menschen der unterschiedlichsten religiösen Traditionen anzusprechen als auch auf die Fragen und Probleme der Gegenwart positiv zu antworten",[336] gehört die Aussage, dass außerhalb der *Una Sancta* „nicht selten" ein „Strahl jener Wahrheit" zu erkennen sei, „die alle Menschen erleuchtet".[337] Damit äußert sich das Konzil wertschätzend über das Wahre und Heilige in der Lehre und der Praxis nichtchristlicher Religionen. Im Blick auf die Juden heißt es, wie bereits gesagt, sie seien nach dem Zeugnis der Apostel und um der Väter willen immer noch von Gott geliebt, da Gottes „Gnadengaben und seine Beru-

---

dieses Zentrum, in das die Katholiken im Vollsinn (*plene*) eingegliedert sind, schmiegen sich gleichsam die anderen christlichen Kirchen und kirchlichen Gemeinschaften, die nichtchristlichen Religionen und schließlich die nicht an Gott Glaubenden wie in konzentrischen Kreisen an." J. *Wohlmuth*, Das Heil der Juden in der Kirchenkonstitution des Zweiten Vatikanischen Konzils *Lumen Gentium*, in: *H. Frankemölle* u. *J. Wohlmuth* (Hg.), Das Heil der Anderen. Problemfeld „Judenmission" (Freiburg i. Br. 2010) 460–485, hier 468.

[334] *P. Hünermann*, Theologischer Kommentar zur dogmatischen Konstitution über die Kirche *Lumen Gentium*, 399. Vgl. auch LG, Art. 16: „Die Gaben und Berufung Gottes nämlich sind ohne Reue."

[335] *P. Hünermann*, Theologischer Kommentar zur dogmatischen Konstitution über die Kirche *Lumen Gentium*, 398. Vgl. auch *J. Wohlmuth*, Das Heil der Juden in der Kirchenkonstitution des Zweiten Vatikanischen Konzils *Lumen Gentium*, 470 f. Wohlmuth schließt sich der Interpretation Hünermanns an, bedauert aber, dass weder *Lumen Gentium* noch *Nostra aetate* „dem Judentum jene einzigartige Stellung" zubilligen, „die ihm offenbarungsgemäß aufgrund der einzigartigen Verheißungen Gottes" zukommen.

[336] *R. Siebenrock*, Theologischer Kommentar zur Erklärung über die Haltung der Kirche zu den nichtchristlichen Religionen *Nostra aetate*, 595 f.

[337] NA, Art. 2.

fung unwiderruflich" seien.[338] Diese Aussage markiert einen Meilenstein
des jüdisch-katholischen Dialogs, wenn auch die römische *Kommission
für die religiösen Beziehungen zum Judentum* zuletzt feststellte, dass damit noch nicht gesagt worden sei, „dass der Bund, den Gott mit seinem
Volk Israel geschlossen hat, bestehen bleibt und nie ungültig wird."[339]
Dieser Gedanke, der theologisch vollkommen richtig sei, gehe römischer-
seits erst auf eine Äußerung zurück, die Papst Johannes Paul II. im Jahr
1980 in Mainz machte – und in deren Kontext er auf das Glaubenszeugnis der „großen" Edith Stein verwiesen hat.[340]

Wie lässt sich nun abschließend der Standpunkt Edith Steins in der
Frage der Erlangung des Heils außerhalb der Kirche charakterisieren?
Dem heutigen Leser, für den der „konziliare Paradigmenwechsel", den
das Zweite Vatikanische Konzil vollzogen hat,[341] bereits Jahrzehnte zurück liegt, mögen die eingangs zitierten Äußerungen Edith Steins, in denen sie ihrer Heilshoffnung für ihre Mutter und Edmund Husserl Ausdruck verleiht, selbstverständlich erscheinen. Die genauere Analyse,
auch vor dem Hintergrund der zeitgenössischen Theologie, belegt das
Gegenteil. Edith Stein hat entgegen dem theologischen Trend ihrer
Zeit konsequent die theologische und geistliche Verbindung von Altem
und Neuem Bund herausgearbeitet und zudem den Begriff des mystischen Leibes Christi universal geweitet. Dabei steht außer Frage, dass
sie die Soteriologie immer als Christologie versteht. Der Weg zum Heil
ist ihrer Überzeugung nach notwendig mit Christus verbunden. An diesem Punkt könnte man zwei Einwände ins Feld führen und kritisch
nachfragen: Bedeutet die Auffassung Edith Steins, es gebe nur *eine*
Heilsgeschichte, eine *ecclesia ab Abel,* nicht letztlich eine christliche
Vereinnahmung des Judentums? Und welche Rolle spielt das *nachjesua-*

---

[338] Ebd., Art. 4.

[339] *Kommission für die religiösen Beziehungen zum Judentum,* „Denn unwiderruflich
sind Gnade und Berufung, die Gott gewährt" (Röm 11,29), Nr. 39.

[340] Johannes Paul II. betonte in seiner Ansprache, dass eine zentrale Dimension des jüdisch-christlichen Gesprächs darin bestehe, dass „die Begegnung zwischen dem Gottes-
volk des von Gott nie gekündigten (vgl. Röm 11,29) Alten Bundes und dem des Neuen
Bundes […] zugleich ein Dialog innerhalb unserer Kirche, gleichsam zwischen dem ersten und zweiten Teil ihrer Bibel" sei. *Johannes Paul II.,* Ansprache an die Vertreter der
Juden im Dommuseum in Mainz am 17. November 1980, in: *Sekretariat der Deutschen Bischofskonferenz* (Hg.), Papst Johannes Paul II. in Deutschland. 15. bis 19. November 1980 (Bonn 1980) = Verlautbarungen des Apostolischen Stuhls 25, 102–105,
hier 104. Die Anmerkung zu Edith Stein findet sich ebd., 103.

[341] Vgl. *M. Sievernich,* Konziliarer Paradigmenwechsel, in: ZMR, Bd. 89 (2005) 241 f.

nische Judentum? Bleibt für dieses, außer der Chiffre des „Unglaubens", überhaupt noch Platz?

Es zeigt sich, dass Edith Stein diese Fragen zu beantworten oder zumindest der Pointe der Einwände die Spitze zu nehmen vermag. So wird die Auffassung, dass auch jenseits der Grenzen der Kirche begründeter Anlass zur Hoffnung auf Heil besteht, überhaupt erst durch ihr Modell des *Corpus Christi mysticum* systematisch möglich und logisch konsistent. Der Gedanke, dass die Kirche als Sakrament des Heils jenseits der juridisch verfassten auch eine verborgene Gestalt hat und letztlich die gesamte Menschheit umfasst, weitet den Fokus grundlegend. Auch wenn Edith Stein dabei zunächst nur das vorjesuanische Judentum im Blick hat, spricht sie bald auch von der ganzen Menschheit und sogar der gesamten Schöpfung, die dem mystischen Leib angehöre. Es gibt keinerlei Anzeichen, dass sie aus diesem Leib das nachjesuanische Judentum ausnehmen und eine Grenze einziehen wollte, die durch die Menschwerdung Jesu Christi sozusagen historisch vorgegeben wäre. Im Gegenteil: offensichtlich liegt ihren Äußerungen ein konsequent inklusivistisches religionstheologisches Verständnis zugrunde. Sie setzt darauf, dass alles Heil von Christus kommt, dass aber eben auch ein frommer Jude durch seinen Glauben, oder ein Denker wie Edmund Husserl durch sein Fragen nach der Wahrheit auf die Spur des Heils gelangt. Um mit *Nostra aetate* zu sprechen: Edith Stein ist überzeugt, dass auch hier Strahlen der einen Wahrheit zu entdecken sind. Die weite Ekklesiologie Edith Steins macht das Bild der konzentrischen Kreise plausibel, die sich um die Wahrheit Jesu Christi legen.[342] Damit antizipiert sie zentrale Inhalte der Lehre des Konzils, insbesondere der Konstitution *Lumen Gentium* und der Erklärung *Nostra aetate*.[343]

Natürlich kann man diese inklusivistische Perspektive als vereinnahmend empfinden.[344] Vom Standpunkt einer lebendigen Christusfrömmig-

---

[342] So ist es auch zu verstehen, wenn Edith Stein betont, „daß von verschiedenen Kirchen jede einen andern Bestand von wahren Dogmen" haben kann, sofern diese einander nicht tangieren. Vgl. Anm. 829.

[343] Vor dem Hintergrund des persönlichen Verhaltens, das Edith Stein den Quellen zufolge in der Begegnung mit Nicht-Christen an den Tag gelegt hat, und in dem gerade *nicht* die zeitgenössische Form des Missionsstrebens zum Ausdruck kommt, liegt die Vermutung nicht fern, dass sie zumindest biographisch eine Art „Freiheits- bzw. Zeugnis-Missiologie" realisiert hat, wie sie Peter Walter als Beispiel einer heute zeitgemäßen postkonziliaren missionarischen Seinsweise vorschlägt. Vgl. hierzu *P. Walter,* Geistes-Gegenwart und Missio-Ekklesiologie. Perspektiven des II. Vaticanums, in: ZMR, Bd. 96 (2012) 64–74, hier 66 f.

[344] So ist Jürgen Werbick der Auffassung – vor dem Hintergrund des heutigen Standes

keit aus, der geistlichen Mitte der Mystikerin Edith Stein, und zudem vor dem Hintergrund der Theologie ihrer Zeit ergibt sich aber kaum eine andere Möglichkeit, das Heil aller Menschen systematisch zu fassen. Zudem ist zu beachten, wie sehr Edith Stein hervorhebt, dass der Herr seinem auserwählten Volk durch alle Zeiten hinweg treu geblieben ist. „Du hast Dein Volk trotz aller Untreue nicht verworfen, mein Gott.", schreibt sie während der Exerzitien vor der Ablegung der ewigen Gelübde im Frühjahr 1938.[345] Edith Stein ist dem Judentum mit echter Einfühlung, aber doch als Judenchristin begegnet. Zugleich hat sie das Bewusstsein der Kirche für ihre eigene Herkunft erneuert. Sophie Binggeli fasst diesen Ansatz mit wenigen Worten zusammen: „Ohne Israel kann die Kirche nicht überleben, und umgekehrt."[346]

---

der Theologie –, dass die konzentrische Gliedschaftslehre des Zweiten Vatikanums nicht ausreiche, um eine echte Würdigung jener christlichen Konfessionen zu gewährleisten, die von der katholischen Kirche getrennt sind. (Vgl. *J. Werbick*, Grundfragen der Ekklesiologie, 103.) Dies könnte auch im Blick auf das Verhältnis von katholischer Kirche und Judentum in Stellung gebracht werden. In der Tat spielt die Ekklesiologie in der gegenwärtigen religionstheologischen Debatte keine große Rolle mehr. Andererseits betont etwa *Benoît-Dominique de La Soujeole*, dass es sehr wohl notwendig sei, den Gedanken der ekklesialen Gradualität wieder stärker zu betonen. Vgl. *ders.*, Das ekklesiologische Problem im interreligiösen Dialog, in: ZMR, Bd. 91 (2007) 40–47. Siehe auch *J. Wohlmuth*, Das Heil der Juden in der Kirchenkonstitution des Zweiten Vatikanischen Konzils *Lumen Gentium*.

[345] *E. Stein*, Vorbereitungsexerzitien für die ewigen hl. Gelübde (10. IV.–21. IV. 1938), in: GT II, 54–64, hier 55. Vgl. auch *S. Binggeli*, Edith Steins Beiträge zur Theologie Israels, 455 f.

[346] Ebd., 459.

4.3. Gemeinschaft

Auf den ersten Blick liegt es nahe, die Frage der Gemeinschaft direkt im Anschluss an die Freiheitsthematik zu diskutieren – ist doch die Freiheit in gewisser Weise der Gegenspieler der Gemeinschaft, die den Individuen immer auch Ein- und Unterordnung abverlangt. Der Freiheitsbegriff bei Edith Stein ist zudem eng mit einem Ethos der Verantwortung verbunden, der als Bindeglied zwischen Freiheit und Gemeinschaft verstanden werden kann. Die Freiheit ist kein Wert, der singulär für sich steht, sondern ein wesenhaftes Konstitutivum der Person, das in Auseinandersetzung und Solidarität mit *dem Anderen* vollzogen wird. Dennoch geht es im Folgenden – unter dem Stichwort der Gemeinschaft – nicht darum, das Schrifttum Edith Steins auf die Bedeutung der Begriffe Freiheit, Individualität und Individuum auf der einen und Gemeinschaft, Solidarität und Verantwortung auf der anderen Seite zu untersuchen. Diese Spur würde in Richtung einer sozial- und religionsphilosophischen oder soziologischen Analyse weisen, zu der bereits valide Studien vorliegen.[347] Stattdessen liegt der Fokus hier auf der religiös-theologischen Dimension des Gemeinschaftsbegriffs bei Edith Stein. Dabei geht es um weit mehr als nur eine zusätzliche Facette dessen, was philosophisch bereits gesagt ist; der Begriff der Gemeinschaft nämlich ist bei Edith Stein in seinem Kern religiös grundiert. Dies gilt es auszuloten, und nur so kommt man dem *Seins*verständnis Edith Steins wirklich nahe, denn dieses ist, um mit Sarah Borden zu sprechen, „deeply trinitarian and deeply communal."[348]

Es hat also seinen Grund, dass das Thema der Gemeinschaft erst jetzt, im Anschluss an die beiden Kapitel „Freiheit" und „Glaube", in den Fo-

---

[347] So etwa A. *Ales Bello,* From Empathy to Solidarity: Intersubjective Connections according to Edith Stein, in: Analecta Husserliana, Bd. 48 (1996) 367–375; F. *Alfieri,* Auf dem Weg zu einer Lösung der Frage nach dem principium individuationis in den Untersuchungen von Edith Stein und Edmund Husserl. Das Problem der materia signata quantitate, in: A. *Speer* u. S. *Regh* (Hg.), „Alles Wesentliche lässt sich nicht schreiben". Leben und Denken Edith Steins im Spiegel ihres Gesamtwerkes (Freiburg i. Br. 2016) 81–110; *ders.,* La presenza di Duns Scoto nel pensiero di Edith Stein. La questione dell'individualità (Brescia 2014), auch engl. in Analecta Husserliana CXX: The Presence of Duns Scotus in the Thought of Edith Stein. The question of individuality (Cham u. a. 2015); B. *Beckmann-Zöller* u. H.-B. *Gerl-Falkovitz,* Die unbekannte Edith Stein: Phänomenologie und Sozialphilosophie (Frankfurt a. M. u. a. 2006); C. *Betschart,* Unwiederholbares Gottessiegel; S. *Borden Sharkey,* Thine own Self. Individuality in Edith Stein's Later Writings (Washington 2010); A. *Calcagno,* The Philosophy of Edith Stein (Pittsburgh 2007), und A. *MacIntyre,* Edith Stein, 109–132.
[348] S. *Borden,* Edith Stein, 100.

kus rückt. Dabei besteht kein Zweifel, dass Edith Stein der Frage der Intersubjektivität von Beginn ihrer philosophischen Tätigkeit an Priorität
einräumt. Schon in ihrer Dissertation betont sie, dass die Einfühlung des
Ich in ein anderes Subjekt nichts weniger als die „Bedingung der Möglichkeit der Konstitution des eigenen Individuums"[349] ist. Zugleich deutet sie, wie erwähnt, am Ende dieses Frühwerkes an, dass zur Klärung der
Einfühlungsfrage auch die Analyse des *religiösen* Bewusstseins von Bedeutung sei – und umgekehrt die genaue Untersuchung von Interaktionen, die auf rein geistiger Ebene stattfinden, „von höchstem Interesse
für das religiöse Gebiet"[350] wäre. Auch wenn Edith Stein sich dann, zumindest vorerst, mit dem berühmten *non liquet* bescheidet, hat sie damit
die Öffnung der Thematik zum Religiösen hin vollzogen. Von *Freiheit
und Gnade* an bis zu den Texten, die sie unmittelbar vor ihrem Tod verfasste, wendet sie sich der Frage der Gemeinschaft konsequent von dieser
Perspektive aus zu.

An dieser Stelle sei zunächst an die zeithistorischen Hintergründe erinnert. Edith Stein hatte nach ihrer Einfühlungsarbeit erstmals im Jahr
1919 in *Individuum und Gemeinschaft* den personalen Rahmen des
Ich, das mit einem fremden Subjekt wechselwirkt, erweitert und in
den größeren Zusammenhang der Gemeinschaft und Gesellschaft gestellt. Im Sommer 1924 legte sie dann die *Untersuchung über den Staat*
vor, an der sie jahrelang gearbeitet hatte. All dies erfolgte innerhalb eines einigermaßen prekären politisch-gesellschaftlichen Kontextes. Edith
Stein selbst hatte sich zwar nach ihrem kurzen parteipolitischen Engagement aus der aktiven Politik zurückgezogen, wusste aber sehr wohl
um die Anfeindungen, mit denen sich nicht nur die radikalen Kräfte
wechselseitig überzogen und die den politischen Stil der zwanziger
Jahre prägten. Widerstände und Angriffe gegen die junge Republik,
das Inflationsjahr 1923 und die Weltwirtschaftskrise 1929 bestimmten
vielfach die öffentliche Diskussion. Hanna-Barbara Gerl-Falkovitz be-

---

[349] PE, 80. Dabei geht es ihr zunächst um die Erfahrung, dass das Subjekt den eigenen
Leib „als einen Körper wie andre sehen" (ebd.) lernt, d. h. die eigene Objekthaftigkeit
zu reflektieren beginnt. Im Blick auf die Erfassung des eigenen *seelischen* Individuums
hingegen versteht Edith Stein „die Einfühlung nicht als ein *constituens,* sondern nur als
wichtiges Hilfsmittel" (ebd., 107). Dennoch: Die Einfühlung in fremde Personen dient
ihrer Auffassung nach der „Selbsterkenntnis" und der „Selbstbewertung", der Blick
auf „Werte der eigenen Person" wird eröffnet, die dem Bewusstsein bisher unbekannt
waren. Ebd., 134 f.
[350] Ebd., 136.

tont zu Recht, dass diese Folie ebenso wie die Aufgabenstellung Husserls an seine Schüler, phänomenologische Regionalontologien zu erstellen, und schließlich die persönliche Hinwendung Edith Steins zum Christentum für die Vollständigkeit des Bildes vonnöten sind.[351] Auch im Folgenden gilt es mitzudenken, dass die Hintergründe der Sozialphilosophie Edith Steins vielfältig sind. Auch wenn das Interesse hier dem Teilbereich der religiösen und theologischen Motive des Stein'schen Gemeinschaftsdiskurses gilt, lässt sich dieser nicht völlig isoliert betrachten. Immer wieder wird sich der Blick auf Biographie, Zeitgeschichte und Philosophie hin öffnen.

Hingewiesen sei auch auf den Beitrag, den Max Scheler zur zeitgenössischen Debatte geleistet hat. Während der Kriegs- und Nachkriegsjahre hatte er eindrucksvoll für die Anwendung christlicher Prinzipien bei der Lösung der drängenden Fragen der Zeit geworben und durch programmatische Vorträge und seine Aufsätze im *Hochland* die philosophische Meinungsführerschaft im deutschen Katholizismus inne.[352] Auch Edith Stein hatte sich von ihm beeindruckt gezeigt.[353] In einem Vortrag über *Die christliche Liebesidee und die gegenwärtige Welt* insistierte Scheler, dass ein Grundmangel „des außerchristlichen modernen Ethos und der ihm entsprechenden philosophischen Ethik" darin bestehe, bei der Ausbuchstabierung von Individualismus, Nationalismus und den Bedingungen der Ökonomie „das erhabene *Prinzip der Solidarität*" geringzuschätzen – und zwar „schon in seinen Vernunftwurzeln, im Fühlen, Wollen und der Theorie".[354] Während auf der einen Seite inhaltlich völlig gegensätzliche Theoretiker wie Marx oder Hegel die gottgegebene Ordnung „in das Meer ihrer Zweckgefüge hineintrinken", finde sich auf der anderen Seite ein *sola fide*-Glaube, dem es primär um die „einsame Seele und ihren Gott" gehe, und der auf den natürlichen, der Schöpfung eingeschriebenen Heilsweg verzichte, nämlich das „Miteinanderdenken, Miteinanderglauben, Miteinanderhoffen, Miteinanderlieben, Miteinandersichdienen und Miteinanderverantworten im Geistesbau einer echten

---

[351] Vgl. *H.-B. Gerl-Falkovitz*, Deutsche Geistesgeschichte 1910–1930, 73.

[352] Vgl. *A. Baumgartner*, Max Scheler und der deutsche Sozialkatholizismus (1916–1921), in: Jahrbuch für Christliche Sozialwissenschaften, Bd. 20 (1979) 39–57, hier 39 f.

[353] Vgl. hierzu bes. Kap. 1.2.2.

[354] Alle Zitate *M. Scheler*, Die christliche Liebesidee und die gegenwärtige Welt, in: *Ders.*, Gesammelte Werke, Bd. 5, Vom Ewigen im Menschen (Berlin ⁴1954) 355–401, hier 377.

Gemeinschaft."[355] Vor diesem Hintergrund formuliert Scheler folgende Aufgabenstellung:

> „Erst die Preisgabe dieses großen Prinzips ursprünglicher Gegenseitigkeit hat auch die richtige Idee von der Kirche zu Beginn der protestantischen Bewegungen entwurzelt. Ich sehe daher eine unserer wesentlichsten Missionen für die Zukunft darin, daß wir dieses erhabene Prinzip nach Kräften sowohl immer schärfer begründen und geistig verbreiten, als daß wir seine je besonderen Folgen [...] studieren, und es praktisch in eine fast völlig entfremdete Welt wieder einbauen."[356]

Dem soll nun nachgegangen werden – vor allem im Blick auf die religiöse und theologische Einbettung und Grundierung des Gemeinschaftsbegriffs bei Edith Stein.

4.3.1. Im Zeichen des Kreuzes: Hingabe – Sühne – Opfer – Stellvertretung

Nirgends bei Edith Stein wird die wechselseitige Bindung oder, stärker noch, die Einheit von Freiheit, Glaube und Gemeinschaft so deutlich wie im Zeichen des Kreuzes. Das Kreuz markiert einen entscheidenden Zugang zum Verständnis der Existenz der Ordensfrau Teresia Benedicta a Cruce, und es steht wie kein anderer Begriff für ihr Eingebettetsein in die Religiosität und gesellschaftlich-politische Wirklichkeit ihrer Zeit. Zugleich bietet die Kreuzestheologie Edith Steins Anlass für Kritik. In der Literatur wird das Thema kontrovers diskutiert. Klar ist: Mit der Frage des Kreuzes öffnet sich der Blick auf den gesamten Themenbereich von Hingabe, Sühne, Opfer und Stellvertretung, und damit auf gleich mehrere neuralgische Punkte. Dabei scheinen die vielstimmigen Reaktionen der Edith Stein-Rezeption dem Wort vom Kreuz, das vielen *eine Torheit und ein Ärgernis* ist, eine ganz neue Bedeutung zu geben.[357] Im Folgenden sollen nun sowohl Verstehenshorizonte eröffnet als auch Problemanzeigen skizziert werden. Eine genaue Analyse der Entwicklung und Ausgestaltung des Kreuzesglaubens Edith Steins in seinen verschiedenen Bezügen und Relationen würde allerdings eine eigene, breit angelegte Studie erfordern. Deren Realisierung steht bis heute aus.

---

[355] Ebd.
[356] Ebd.
[357] Vgl. 1 Kor 1,23 f.: „Wir dagegen verkündigen Christus als den Gekreuzigten: für Juden ein empörendes Ärgernis, für Heiden eine Torheit, für die Berufenen aber, Juden wie Griechen, Christus, Gottes Kraft und Gottes Weisheit."

Im Hinblick auf die Rolle, die der biblischen Esther in der Spiritualität Edith Steins zukommt, ist das Thema des Kreuzes schon auf sublime
Weise angeklungen.[358] Zum unmittelbaren Einstieg in die Thematik sei
hier nun an einen kurzen Aufsatz mit dem Titel *Kreuzesliebe* erinnert,
den Edith Stein im November 1933, wenige Wochen nach ihrem Eintritt
in den Karmel, anlässlich des Gedenktags des heiligen Johannes vom
Kreuz verfasst hat.[359] In diesem Text sucht sie nach einer Antwort auf
die Frage, warum Johannes „für sich nichts anderes begehrt hat als Leiden und Verachtetwerden".[360] Wenig schlüssig erschien es ihr, wenn es
ihm dabei lediglich um eine gefühlige Leidensmystik gegangen wäre, die
an einer äußerlichen *Imitatio Christi* anknüpft. Dem setzt sie das theologische Argument entgegen, dass es das Ziel des Erlösers gewesen sei,
die Gläubigen in ein Reich des Lichts und des Lebens zu führen, in dem
Sünde, Leiden und Tod überwunden sind. Kurzum, für Edith Stein stellt
sich die Frage, wie sich die Verkündigung der nahenden und bereits
hereinbrechenden βασιλεία τοῦ θεοῦ mit einer ausgeprägten religiösen
Leidensmystik verträgt.

Und genau hier setzt ihre Antwort an: „Der Anblick der Welt, in der
wir leben, Not und Elend und der Abgrund menschlicher Bosheit, ist geeignet, den Jubel über den Sieg des Lichts immer wieder zu dämpfen."[361]
Mit anderen Worten: Bis zur endgültigen Wiederkunft des Herrn besteht
eine bleibende Diskrepanz zwischen der Verheißung des Reiches Gottes
und der realen Situation der Menschheit. Zum Zeitpunkt der Abfassung
der *Kreuzesliebe* empfand Edith Stein sowohl die Lage der Juden als auch
das Verhalten vieler Christen als höchst bedrückend. Ein halbes Jahr zuvor
hatte sie dies in ihrem Brief an Papst Pius XI. ins Wort gebracht. Dabei
fällt auf, wie sehr sie die Ereignisse in einen religiösen Horizont einordnet:

> „Alles, was geschehen ist und noch täglich geschieht, geht von einer Regie-
> rung aus, die sich ‚christlich' nennt. [...] Ist nicht diese Vergötzung der Rasse
> und der Staatsgewalt, die täglich durch Rundfunk den Massen eingehämmert
> wird, eine offene Häresie? Ist nicht der Vernichtungskampf gegen das jüdi-
> sche Blut eine Schmähung der allerheiligsten Menschheit unseres Erlösers,
> der allerseligsten Jungfrau und der Apostel? Steht nicht dies alles im äussers-
> ten Gegensatz zum Verhalten unseres Herrn und Heilands, der noch am

---

[358] Vgl. Kap. 1.3.5.
[359] Vgl. *E. Stein*, Kreuzesliebe. Einige Gedanken zum Fest des hl. Vaters Johannes vom
Kreuz, in: GT II, 110–113.
[360] Ebd., 111.
[361] Ebd.

Kreuz für seine Verfolger betete? Und ist es nicht ein schwarzer Flecken in der Chronik dieses Heiligen Jahres, das ein Jahr des Friedens und der Versöhnung werden sollte?"[362]

Diese Interpretation der politisch-gesellschaftlichen Lage ist alles andere als selbstverständlich: Edith Stein spricht von Häresie, der Rassenhass verunglimpfe die menschliche Gestalt Jesu Christi, die Strahlkraft des Heiligen Jahres werde durch die staatlich legitimierten Untaten verdunkelt. Bei näherem Hinsehen wird deutlich, dass sie von der Warte einer ausgeprägt judenchristlichen Perspektive her argumentiert und die Profangeschichte dabei konsequent als – in diesem Fall: überschattete – *Heilsgeschichte* liest, also als Geschichte Gottes mit den Menschen.[363] Diesem Duktus folgt sie auch in der *Kreuzesliebe*. Obwohl sie dort nach den Motiven des Johannes vom Kreuz fragt, sucht sie die Antworten in ihrer eigenen Gegenwart. Und diese zeichnet sie in düsteren Farben: „Noch ringt die Menschheit mit einer Schlammflut […]. Noch ist der Kampf zwischen Christus und dem Antichristen nicht ausgefochten." Diesen Kampf zu führen, so ist sie überzeugt, seien die Christen aufgerufen – und „ihre Hauptwaffe" sei „das Kreuz".[364]

Wie ist das zu verstehen? Einen ersten Hinweis liefert die Aufschlüsselung der Chiffre der „Kreuzeslast, mit der sich Christus beladen hat". Edith Stein spielt damit auf die „Entartung der Menschennatur mit ihrem ganzen Gefolge an Sünde und Leid [an], womit die gefallene Menschheit geschlagen ist."[365] Diese Klarstellung ist wichtig. Wenn Edith Stein an anderer Stelle davon spricht, dass im Antisemitismus das Kreuz Jesu sichtbar werde, das auf ihrem Volk liege,[366] ist davon auszugehen, dass sie auch hier das Kreuz als Sinnbild der entarteten Menschennatur begreift, die sich nicht Gott, sondern dem eigenen Hang zur Bosheit hingibt. Edith Stein deutet die moderne Zeitgeschichte also nicht nur heilsgeschichtlich, sondern auch radikal christologisch, und subsummiert alle Sünde der Menschheit unter dem Oberbegriff des Kreuzes. Dabei deutet

---

[362] *Dies.*, Brief an Papst Pius XI., in: *M. A. Neyer*, Der Brief Edith Steins an Papst Pius XI., 19.

[363] Allerdings fällt auf, dass Edith Stein nicht auf das Schema des Tun-Ergehen-Zusammenhangs eingeht, das gerade von der Theologie ihrer Zeit in antijudaistischer Tendenz in Stellung gebracht wurde.

[364] Alle Zitate GT II, 111.

[365] Beide Zitate ebd.

[366] So etwa in ihren Erinnerungen an ein Gebet vom Frühjahr 1933: „Ich sprach mit dem Heiland und sagte ihm, ich wüßte, daß es Sein Kreuz sei, das jetzt auf das jüdische Volk gelegt würde." *E. Stein*, Ein Beitrag zur Chronik des Kölner Karmel, in: LJF, 348.

sie mit keinem Wort an, dass die Juden eine Mitschuld daran hätten, dass ihnen dieses Kreuz auferlegt sei, oder dass es sich hierbei um eine Art gerechte Strafe für die Ablehnung der Messianität Christi handele. Im Gegenteil betont sie in dem Schreiben an Pius XI., dass nicht derjenige entartet ist, auf dem das Kreuz liegt, sondern der, der in seinem Hass das Volk des Alten Bundes und mit ihm den Heiland selbst angreift.

Die *Rettung* aus diesem Sündenelend kann, so Edith Stein, nur von Jesus Christus kommen. Durch Menschwerdung, Kreuz und Auferstehung habe er das Erlösungswerk nicht nur begonnen, sondern vollendet; er bedürfe keiner menschlichen Hilfe. Dennoch sei es wichtig, dass Christen den Kreuzweg des Herrn mitgingen, um an seiner Seite und in seiner Nachfolge den Kampf gegen die Sünde aufzunehmen.[367] Der theologische Hintergrund dieses Ansatzes wirft einige Fragen auf und wird später noch näher zu klären sein. Davon unbenommen liegt es auf der Hand, dass die besondere Teilhabe am Kreuzweg Jesu den Glauben an Christus voraussetzt, also nur den *christifideles* möglich ist. Für sich selbst, als Judenchristin, die sich als Christgläubige zugleich auch dem Judentum existenziell verbunden wusste, hat Edith Stein hier ihre spezifische Berufung gesehen. So schreibt sie im Dezember 1938, nur Wochen nach der Reichspogromnacht, dass sie ihren Ordensnamen *a Cruce* bereits als Postulantin mit ins Kloster gebracht habe:

> „Ich erhielt ihn genau so, wie ich ihn erbat. Unter dem Kreuz verstand ich das Schicksal des Volkes Gottes, das sich damals schon anzukündigen begann. Ich dachte, die es verstünden, daß es das Kreuz Christi sei, die müßten es im Namen aller auf sich nehmen."[368]

Auch hier deutet Edith Stein keine Schuld der Juden an, sondern spricht im Gegenteil vom jüdischen Volk als dem *Volk Gottes*. Wie schon in der *Kreuzesliebe* versteht sie das Kreuz als Zeichen für die Leiden, die die verbrecherischen Machthaber dem Volk zufügen. Drei Monate später, im März 1939, Edith Stein ist inzwischen in die Niederlande emigriert und Hitler hat in Berlin die Vernichtung des Judentums in Europa angekündigt, macht sie von neuem klar, für was sie ihr Sühneopfer in die

---

[367] Diese Anteilnahme der Gläubigen am Kreuzweg tangiert nicht den Glauben, dass Jesus Christus allein der Erlöser der Welt, „der Karfreitag vorbei und das Erlösungswerk vollbracht ist." GT II, 113. Vgl. hierzu auch die Überlegungen Menkes zum Märtyrer als Mit-Stellvertreter in Christus, in *K.-H. Menke*, Stellvertretung. Schlüsselbegriff christlichen Lebens und theologische Grundkategorie (Einsiedeln ²1997) 402–405.

[368] *E. Stein*, Brief an P. Brüning v. 9. 12. 1938, in: Briefe II, Br. 580, 323.

Waagschale werfen möchte – nicht für die Bekehrung der Juden, sondern
für den Frieden und das Ende der nationalsozialistischen Herrschaft. In
einem Schreiben an ihre Priorin in Echt bittet sie um die Erlaubnis, sich

> „dem Herzen Jesu als Sühnopfer für den wahren Frieden anzubieten: daß die
> Herrschaft des Antichrist wenn möglich ohne einen neuen Weltkrieg zusam-
> menbricht und eine neue Ordnung aufgerichtet werden kann."[369]

Es ließen sich noch weitere Zeugnisse anführen, in denen Edith Stein die
Notwendigkeit des Kreuzwegs begründet, ohne eine geistliche Schuld der
Juden auch nur anzudeuten.[370] Stattdessen lässt sie keinen Zweifel daran,
dass die in Sünde entartete Menschheit die Ursache des Kreuzesleides ist,
die es zu sühnen gilt. Nur einmal erweitert sie den Sühnegedanken nach-
weislich auf die Nichtanerkennung der Messianität Jesu durch die Juden,
und zwar in dem bereits erwähnten Testament vom Sommer 1939. Es sei
hier ein weiteres Mal, nun in größerem Zusammenhang, zitiert:

> „Ich bitte den Herrn, daß Er mein Leben und Sterben annehmen möchte zu
> Seiner Ehre und Verherrlichung [...], insbesondere für die Erhaltung, Heili-
> gung und Vollendung unseres heiligen Ordens, namentlich des Kölner und
> des Echter Karmels, zur Sühne für den Unglauben des jüdischen Volkes und
> damit der Herr von den Seinen aufgenommen werde und Sein Reich komme
> in Herrlichkeit, für die Rettung Deutschlands und den Frieden der Welt,
> schließlich für meine Angehörigen, Lebende und Tote, und alle, die mir
> Gott gegeben hat: daß keines von ihnen verloren gehe."[371]

Wie ist dies zu bewerten? Versteht Edith Stein das Kreuz nun doch als
Leid, das *gerechterweise* über die Juden kommt, weil sie nicht an Christus glauben? Ist dies der Grund, warum sie ihr Leben in Solidarität mit
dem jüdischen Volk aufopfert? Wohl kaum. Denn zum einen sind auch

---

[369] *Dies.*, Brief an O. Thannisch v. 26. 3. 1939, in: Briefe II, Br. 608, 359.

[370] Am drastischsten macht Edith Stein dies in einem Brief an Peter Wust klar, der damals an Zungen- und Kehlkopfkrebs litt: „Es hat mich sehr ergriffen, daß das Leiden
bei Ihnen die Organe angriff, mit denen heute so viel gesündigt wird. Es erscheint mir
wie ein Ruf zu einer besonderen Sühneleistung. Ein solcher Ruf ist eine außerordentliche Gnade." (*Dies.*, Brief an P. Wust v. 28. 8. 1939, in: Briefe II, Br. 638, 395.) Die Unmittelbarkeit dieser Opferfrömmigkeit ist verstörend; zugleich wird hier umso deutlicher, dass Edith Stein unter „Entartung" die volksverhetzenden Lehren ihrer Zeit
versteht. So interpretieren es auch ihre Korrespondenzpartner, etwa Johannes Heinrich
Niekel: „Vor allem in dieser Zeit tut es einem gläubigen Herzen gut, wenn man noch
Zeichen von großer und heldenhafter Gottesliebe entdeckt. Es gibt so viel Verkehrtes
auf der Welt, daß es wirklich ein Bedürfnis gibt zur Sühne für all dies." *J. H. Niekel*,
Brief an E. Stein v. 10. 6. 1939, in: Briefe II, Br. 626, 381.

[371] *E. Stein*, Testament, in: LJF, 375. Vgl. Anm. 1364.

hier die Argumente zu bedenken, die oben im Blick auf die Soteriologie ins Feld geführt worden sind, dass sich an keiner Stelle des Œuvres Edith Steins ein belastbarer Hinweis auf eine ideologische Abgrenzung vom Judentum findet, der sich als religiöser Antijudaismus oder Antisemitismus deuten ließe. Im Gegenteil ist Edith Stein jedem in dieser Hinsicht einschlägigen Anzeichen entgegengetreten und hat durch die Unterscheidung von juridischer und geistlicher Dimension der Kirche zur Überwindung der exklusivistischen Interpretation des *nulla salus*-Gedankens beigetragen. Darüber hinaus ist es nicht unerheblich, dass sie die Rede vom „Unglauben des jüdischen Volkes" mit einer Reihe weiterer Sühnezwecke bis hin zur Rettung Deutschlands und des Friedens der Welt kontextualisiert.[372] Entsprechend darf auch der Hinweis auf den *Unglauben* nicht isoliert betrachtet werden. Zudem ist zweierlei in Rechnung zu stellen: Zum einen hat Edith Stein den hier zitierten Text während ihrer geistlichen Exerzitien verfasst, also in einer Phase intensiver Christusfrömmigkeit, in der sie *natürlich* auch darunter litt, dass die Juden nicht an die Messianität Jesu glaubten. Zum anderen hat sie an anderer Stelle darauf hingewiesen, dass sich ein großer Teil der jüdischen Bevölkerung weit von der jüdischen Frömmigkeit und Messiashoffnung entfernt hatte und ausgesprochen säkular orientiert war.[373] Dieser Eindruck lässt sich für das zeitgenössische westliche Judentum auch in religionssoziologischer Hinsicht validieren. Nicht zuletzt infolge des Assimilationsprozesses und der schwierigen Standortbestimmung (auch) der jüdischen Theologie im Konzert von Naturwissenschaft und neuzeitlicher Philosophie durchlebte das Judentum eine historisch einmalige Situation von religiöser Indifferenz und Schwäche.[374] Nur vor diesem Hintergrund ist zu ver-

---

[372] Nicht zuletzt Johannes Hirschmann hat daran erinnert, dies ernstzunehmen: „[S]ie war nicht nur eine ihrem Volk in Liebe verbundene Jüdin; sie war gleichzeitig eine dem deutschen Volk in Liebe verbundene Deutsche. Und als solche hat sie sich gefragt – sie hat es mir oft gesagt –: ‚Wer sühnt für das, was am jüdischen Volk im Namen des deutschen Volkes geschieht?' Sie hat gelitten darunter, was Deutsche dem jüdischen Volk antaten. Sie hat gelitten darunter, daß getaufte Christen wie Hitler und Himmler diese entsetzliche Schuld am jüdischen Volk auf sich nahmen." *J. Hirschmann,* Schwester Theresia Benedicta vom Heiligen Kreuz, 125.
[373] Vgl. *E. Stein,* Brief an P. Brüning v. 19. 7. 1936, in: Briefe II, Br. 467, 199.
[374] Gershom Scholem sprach daher im Jahr 1930 von einer „jüdischen Veródung und Dürre in Deutschland, von der das Wort Assimilation nur einen engen und begrenzten Begriff gibt". Vgl. *G. Scholem,* Franz Rosenzweig und sein Buch „Der Stern der Erlösung", in: *F. Rosenzweig,* Der Stern der Erlösung (Frankfurt a. M. 1980) 525–549, hier 526.

stehen, warum Reformbewegungen wie der Rekonstruktionismus das Ziel verfolgten, das Judentum als „lebendige Kraft" überhaupt erst wieder erlebbar zu machen.[375] James Baaden folgt daher einer richtigen Spur, wenn er die Andeutungen Edith Steins einordnet:

> „Within the text of her will, where she speaks of the possibility of her imminent death, it may be noted that she does indeed make a reference to Jewish ‚unbelief' – but she leaves it at that: unbelief. Significantly, she refrains from implying that lack of faith is the same thing as unwillingness to become a Catholic."[376]

Auf die problematische Überformung der Rezeptionsgeschichte Edith Steins durch Narrative, die von außen in diese hineingetragen wurden und die sich oft nur auf mündlich überlieferte Erinnerungen stützen, wurde bereits hingewiesen. Demgegenüber kann nun folgendes Zwischenergebnis als gut belegt gelten: Edith Stein liest die Zeitgeschichte als Heilsgeschichte. Sie interpretiert die düsteren Geschehnisse der dreißiger Jahre nicht einfach als profane Verbrechen, sondern als Versündigung am Auftrag Gottes und Entartung der zum Heil berufenen Menschheit. Damit meint sie nicht den fehlenden (Messias-)Glauben der Juden, der sie schmerzt und den sie in ihren geistlichen Texten und Gebeten zur Sprache bringt, sondern die Verfolgung des auserwählten Volkes und die Kriegstreiberei der Nationalsozialisten. Die Chiffre, die sie hierfür verwendet, ist *das Kreuz*.[377]

---

[375] Vgl. L. *Trepp*, Die spirituelle Biografie von Franz Rosenzweig, 95, sowie ausführlich *ders.*, Das Aktionsprogramm von Rosenzweig und das des Rekonstruktionismus, in: *Ders.*, Lebendiges Judentum. Texte aus den Jahren 1943 bis 2010, hg. v. G. *Trepp* (Stuttgart 2013) 116–127.

[376] J. *Baaden*, A question of martyrdom, 108. „Es sei angemerkt, dass sie in ihrem Letzten Willen, in dem sie auf die Möglichkeit ihres bevorstehenden Todes zu sprechen kommt, in der Tat vom jüdischen ‚Unglauben' spricht – aber sie belässt es bei diesem Ausdruck: Unglaube. Es ist bezeichnend, dass sie nirgends andeutet, dass das Fehlen des Glaubens gleichbedeutend mit der Weigerung sei, katholisch zu werden." In eine ähnliche Richtung geht Baadens Interpretation des Wortes „Komm, wir gehen für unser Volk.": „When arrested, she said to her sister ‚Come, Rosa, we are going for our people'. The remark has a certain ambiguity. Some see it as an admission of belief in some sort of ancient Jewish ‚guilt' for which she had to die. But that is not actually what she said, and her previous words and actions do not point to this conclusion. It makes far more sense to see here a supreme acknowledgment of her ultimate, cherished and complete loyalty to ‚our people'. She was not going for the Fatherland, or for the Church or for Europe. She went for her people." *Ders.*, Witness to the Cross, 357.

[377] Edith Steins ausgesprochen zutreffende Charakterisierung der nationalsozialistischen Ideologie als *entartet* entlarvt zudem den verqueren Sprachgebrauch der NS-Propaganda, die ihrerseits die zeitgenössische Kunst mit diesem Begriff belegte.

Von hier aus muss ein Schritt weiter gegangen und der Begriff der *Sühne* thematisiert werden. Auch hierzu liefert Edith Stein in der *Kreuzesliebe* einige Anhaltspunkte. Dabei knüpft sie einerseits in traditioneller Form an die scholastische Satisfaktionstheorie an, die auf ein vollständiges *do ut des* von Sündenlast und Entsühnung durch das Handeln Jesu setzt: *„Die ganze Summe menschlicher Verfehlungen vom ersten Fall bis zum Tage des Gerichts muß getilgt werden durch ein entsprechendes Maß an Sühneleistungen.“*[378] Dieser Hinweis entspricht ganz jenem inzwischen überkommenen Verständnis von Rechtfertigung und Vorbedingung der Erlösung, das etwa Dorothea Sattler unter dem Stichwort des „fiskalischen Paradigmas“ diskutiert.[379] Andererseits betont Edith Stein, dass es sich hierbei nur um *einen* Teil des Geschehens zwischen Schöpfer und Geschöpf handele, nämlich den, der die Frage der Gerechtigkeit betreffe. Unabhängig davon sei die Rückkehr des Menschen zu Gott immer ein „freies Geschenk der Gnade, der allerbarmenden Liebe“.[380] Zudem habe es – und hier klingt wieder unmittelbar die Theologie Edith Steins durch – von der *ecclesia ab Abel* bis in die Gegenwart hinein Menschen gegeben, die sich als Mitstreiter Jesu im Kampf zur Überwindung der Sünde erwiesen hätten: von den „Gerechten des Alten Bundes“ über die „Jünger und Jüngerinnen, die sich während seines Erdenlebens um ihn scharten“ bis hin zu denen, die Christus später in der Geschichte der Kirche und bis in die Gegenwart hinein beruft, das Kreuz zu lieben. Den Urtypos dieser „Kreuzesnachfolger aller Zeiten“ verkörpere die Gottesmutter.[381] Ihnen allen aber sei gemeinsam, dass sie, bildlich gesprochen, an der Seite derjenigen stünden, die Jesus bei seinem Weg zur Kreuzigung auf Golgotha begleitet hatten und ihm aufhalfen, als er stürzte. Ihr frei-

---

[378] GT II, 111 f.

[379] Vgl. *D. Sattler, Erlösung?*, 111–115. Karl Rahner hat in diesem Zusammenhang die vielfache Fehlinterpretation der Rede vom *stellvertretenden* Leiden Jesu kritisiert: „Dieses falsche Verständnis […] setzt stillschweigend voraus, daß Jesus anstelle der anderen Menschen etwas getan hat, was für die Erlösung der Menschen von Sünde an sich unbedingt erforderlich ist, was die Menschen selber nicht leisten können, wozu aber Christus imstande ist. […] Eine Konzeption der stellvertretenden Erlösung, in der Jesus an meiner Stelle etwas tut, was ich eigentlich tun sollte, aber nicht kann und was dann mir ‚angerechnet‘ wird, halte ich für falsch oder mindestens für eine mißverständliche Formulierung der dogmatischen Wahrheit, daß meine Erlösung von Jesus und seinem Kreuz abhängig ist.“ *K. Rahner*, Das christliche Verständnis von Erlösung, in: *Ders.*, Sämtliche Werke, Bd. 30, Anstöße systematischer Theologie, bearbeitet v. *K. Kreutzer* u. *A. Raffelt* (Freiburg i. Br. 2009) 346–358, hier 353.

[380] GT II, 111.

[381] Alle Zitate ebd., 112.

williges Sühneleiden sei mithin „keine bloße pietätvolle Erinnerung an
das Leiden des Herrn", sondern verbinde die Gläubigen *wahrhaft und
wirklich am tiefsten"* mit Jesus Christus.[382] Obwohl das Erlösungswerk
als solches von diesem allein vollbracht werde, trage jeder Kreuzträger
dazu bei, einen Teil der Schuldenlast der Menschheit zu tilgen. Dabei
stehe die bereitwillige Liebe zum Kreuz nicht in Opposition zum österlichen Jubel der Gotteskindschaft, denn gerade für „die Bauleute an Gottes Reich"[383] gelte, dass für sie die Freude nicht nur Verheißung, sondern – selbst im Tragen des Kreuzes – Gegenwart sei.

Neben der *Kreuzesliebe* vom November 1933 gibt es einen zweiten
Schlüsseltext Edith Steins über das Kreuz, der bezeichnenderweise wiederum kurz nach einer zeitgeschichtlichen Zäsur entstanden ist: die emo-
tionale Meditation *Ave Crux, Spes unica!*, die Edith Stein aus Anlass des
Festes Kreuzerhöhung des Jahres 1939 verfasst hat, also wenige Tage
nach Beginn des Zweiten Weltkriegs.[384] Stärker noch als in der *Kreuzesliebe* betont Edith Stein hier, wie sehr das Kreuz und die Hoffnung auf
Auferstehung zusammengehörten: „Der Jubelruf des österlichen Alleluja
ließ den ernsten Kreuzgesang verstummen."[385] Zugleich aber nimmt sie
unmittelbar Bezug auf den Ausbruch des Krieges:

> „Mehr als je ist heute das Kreuz das Zeichen, dem widersprochen wird. [...]
> Willst du dem Gekreuzigten die Treue halten? Überlege es wohl! Die Welt
> steht in Flammen, der Kampf zwischen Christus und dem Antichrist ist offen
> aufgebrochen. Wenn du dich für Christus entscheidest, so kann es dein Leben
> kosten."[386]

Im weiteren Verlauf macht Edith Stein klar, dass am Beginn der Kreuzesnachfolge keine Leidenssehnsucht, sondern ein *Gehorsam in Liebe* stehe:
„Die Arme des Gekreuzigten sind ausgespannt, um dich an sein Herz zu
ziehen. Er will dein Leben, um dir das *Seine* zu schenken."[387]

Damit kann ein weiteres Zwischenfazit gezogen werden. Die Kreu-
zesmystik Edith Steins entspringt keiner frömmlerischen Überhöhung
des Leidens, sondern steht für eine religiöse Antwort auf die Entrechtung
und (zum damaligen Zeitpunkt) gezielte Exilierung der Juden sowie die
Entfesselung eines neuen Krieges, verantwortet von Menschen, die dem

---

[382] Beide Zitate ebd., 112 f.
[383] Ebd., 113.
[384] Vgl. die bibliographischen Angaben in Anm. 356.
[385] GT II, 118 f.
[386] Ebd., 119 f.
[387] Ebd., 121.

Namen nach Christen waren. Der Kreuzweg, der Kampf gegen das Böse, wird so zwangsläufig zu einem wichtigen Motiv des Glaubens von Edith Stein. Zwar lebte sie abgeschieden hinter den Mauern des Karmel und wusste sich dort lange in relativer Sicherheit, doch verfügte sie durch ihren privaten Schriftverkehr und den Austausch mit Philosophen und Theologen über eine Reihe authentischer Nachrichtenquellen, die ihr insgesamt ein realistisches Gesamtbild verschafften. Insofern ist es nicht zu weit hergeholt, ihre Kreuzestheologie als eine Art persönlicher *Theologie vor Auschwitz* zu charakterisieren. Dieses große Wort soll nicht dazu dienen, kritische Nachfragen als moralisch unstatthaft abzutun; es ist aber geeignet, nachdrücklich daran zu erinnern, warum Edith Stein der Frage der Entsühnung ein solches Gewicht beigemessen hat. Sie sah keinen anderen Weg, den Irrungen ihrer Zeit geistlich zu begegnen. Durch die bewusste Einreihung in die Tradition der Kreuzträger, ihrer Diktion nach beginnend bei den Gerechten des Alten Bundes, konnte sie die Rolle des passiven Opfers überwinden und auf geistliche Weise wieder Subjekt ihres Handelns werden.[388] In seiner letzten Konsequenz des Sühnetodes markiert der Kreuzweg also eine *ultima ratio*. Aber auch in einem allgemeineren Sinn war Edith Stein der Auffassung, dass die Botschaft Jesu *die* Antwort auf die zeitgenössischen Ideologien war. Johannes Hirschmann erinnert sich:

> „Wir sprachen gelegentlich zusammen über jene Zeit, in der Dostojewski überlegte, einen Roman zu schreiben über einen Menschen, in dem er sozusagen alle menschliche Verwerflichkeit zusammendichten wollte, dem er aber auch einen Christen begegnen lassen wollte, der ihm zeigte: stärker als aller Haß ist Er, ist – und gerade durch den Haß ausgelöst – die Liebe, die Christus in die Welt gebracht hat."[389]

Wie ist nun der Gedanke der Stellvertretung bei Edith Stein – jenseits des existenziell-religiösen Moments – theologisch einzuordnen? Es wurde bereits erwähnt, dass sie in *Freiheit und Gnade* ein vergleichsweise irritierendes formal-juristisches Prinzip der Stellvertretung in Schuld und Verdienst, Strafe und Lohn durchbuchstabiert, das ihr zur Exemplifizierung

---

[388] In eine ähnliche Richtung gehen die Überlegungen in *C. M. Wulf*, Dein Leben ist das meine wert – Stellvertretung und Mittlerschaft bei Edith Stein, in: ESJ, Bd. 19 (2013) 183–205; und *dies.*, Die Ethik des Opfers. Eine phänomenologische Annäherung an Edith Steins Grundhaltung angesichts des Unvermeidlichen, in: *M. Bogaczyk-Vormayr, E. Kapferer* u. *C. Sedmak* (Hg.), Leid und Mitleid bei Edith Stein (Salzburg 2013) 148–170.

[389] *J. Hirschmann*, Schwester Theresia Benedicta vom Heiligen Kreuz, 126.

der Maxime der *Gemeinschaftlichkeit im Glauben* dient.[390] Diese Maxime, ein echtes Proprium ihrer Philosophie und Theologie, findet ihren Niederschlag zugleich in der These der universellen und wechselseitigen Verantwortung der Menschen füreinander. Gemeinschaftlichkeit, Verantwortlichkeit und Freiheit menschlichen Tuns werden im Glauben zu *einem* System zusammengeführt. Der frühe Versuch Edith Steins allerdings, diesen Ansatz in einen formellen theologisch-rechtlichen Rahmen einzupassen, führte eher zu einer Verengung als zur Weitung des Horizonts im Sinn des „Einer für alle und alle für einen".[391] Wie äußert Edith Stein sich in ihren späteren Werken zu diesen Fragen? Gelingt es ihr, die Maxime der Gemeinschaftlichkeit theologisch adäquat mit dem Prinzip der Stellvertretung in Beziehung zu setzen? Zur Diskussion dieser Fragen sollen hier zunächst einige zielführende Hinweise Karl-Heinz Menkes rekapituliert werden.

Menke zieht eine Linie von der religiösen Grunderfahrung Edith Steins, „unbedingt gewollt und unbedingt geliebt"[392] zu sein, zum mystischen Empfinden Teresas von Ávila in der Seelenburg, und erkennt eine weitere Analogie zwischen dem Bild vom Weg durch die dunkle Nacht der Sinne und des Geistes, das Johannes vom Kreuz wählt, und Edith Steins Rede vom Kreuzweg des Verzichts auf das eigene Wahrnehmen, Verstehen und Suchen „zugunsten eines Empfangens, das nicht mehr ergreift, sondern sich ergreifen läßt".[393] Dieser, erst in der *Kreuzeswissenschaft* vollends ausgeformte Gedanke hat seine Wurzeln ebenfalls schon in *Freiheit und Gnade,* wo Edith Stein betont, dass die Vollendung menschlicher Freiheit nur in einem Leben vom Reich der Höhe her realisiert werden könne. Menschsein und Christsein bedeutet demnach schon hier, sich innerlich berühren zu lassen und zu liebender Hingabe fähig zu

---

[390] Vgl. ausführlich Kap. 3.1.2.

[391] So analysiert Edith Stein ausgesprochen rubrizistisch die freiwillige Annahme eines Leidens im Sinn einer Strafe: „Dieses Verhalten ist frei, und bei ihm ist eine Vertretung möglich. Damit dies Vertretungsverhältnis zustandekommen kann, muß der Vertreter die Vertretung in einem freien Akt übernehmen. [...] Aber das genügt nicht. Der Richter muß die Stellvertretung genehmigen. Es ist die Frage, ob auch die Mitwirkung des Schuldigen erforderlich ist. Möglich ist sie jedenfalls. [...] Wenn der Richter bereit ist, den Vertreter als solchen anzunehmen und über ihn die Strafe verhängt hat, so ist die Schuld durchstrichen und der Schuldige ihrer ledig, auch wenn er selbst mit diesem Verfahren nicht einverstanden ist." FG, 39.

[392] *K.-H. Menke*, Stellvertretung oder: Die versöhnende Macht der gekreuzigten Liebe, 73.

[393] Ebd.

werden.[394] In der *Kreuzeswissenschaft* bringt Edith Stein dies durch die Rede von der mystischen Beschauung ins Wort, die

> „kein bloßes Annehmen der gehörten Glaubensbotschaft, kein bloßes Sich-zuwenden zu dem Gott [*ist*], den man nur vom Hörensagen kennt, sondern ein inneres *Berührtwerden* und ein *Erfahren* Gottes [...]. Es ist die Hingabe der Seele durch den Willen [...] an das liebende Entgegenkommen des immer noch verborgenen Gottes; Liebe, die nicht Gefühl, sondern Tat- und Opferbereitschaft ist [...]."[395]

Edith Stein ist überzeugt, dass der Gläubige berufen ist, sich auf diese Weise unmittelbar in die Nachfolge Jesu zu begeben, der sich ebenfalls „in seiner Todesverlassenheit [...] in die Hände des unsichtbaren und unbegreiflichen Gottes"[396] gegeben hat. Zudem ist zu bedenken, dass Edith Stein hier keinen Unterschied zwischen dem gekreuzigten Jesus und Gott, dem Vater, macht, der sich *im* Gekreuzigten selbst offenbart.[397] Dies ist insofern relevant, als sie damit einen entscheidenden Schritt über die „unselige Vorstellung" der traditionellen Satisfaktionstheorie hinaus macht, die davon ausgeht, dass Gott der Vater „gleichsam vom Himmel her zugeschaut [hat], wie sein Sohn – durch das Ereignis der Inkarnation auf die Seite der Menschen getreten – ersatzweise die Sünden der Brüder und Schwestern am Kreuz gesühnt" hat.[398] In diesem Modell steht die „Allmacht des opfernden Vaters" der „Ohnmacht des geopferten Sohnes" gegenüber – was weder biblisch noch trinitätstheologisch begründbar ist.[399] Menke arbeitet heraus, dass Edith Stein die Satisfaktionslehre zwar nicht *grundsätzlich* hinterfragt, sie aber doch an entscheidender Stelle neu interpretiert:

---

[394] Zum Begriff der Hingabe vgl. bes. Kap. 1.2.5. und Kap. 3.2.2.3. Zur karmelitischen Mystik der Hingabe vgl. *F. J. Sancho Fermín,* Loslassen, 170–176.

[395] KW, 100 f.

[396] Ebd., 100.

[397] Vgl. *K.-H. Menke,* Stellvertretung oder: Die versöhnende Macht der gekreuzigten Liebe, 75 f.

[398] Beide Zitate ebd., 76.

[399] Vgl. ebd. Zur Bedeutung von Stellvertretung und stellvertretender Sühne im alt- wie neutestamentlichen Kontext vgl. auch *ders.,* Stellvertretung, 29–51. Siehe auch *A. Angenendt,* Die Revolution des geistigen Opfers. Blut – Sündenbock – Eucharistie (Freiburg i. Br. 2011), bes. 61–80. Angenendt geht auch auf alternative Lösungsvorschläge zum klassischen Sühnopfergedanken ein, z.B. bei Cohen, Moltmann, Berger oder Ratzinger, die z. T. in Richtung einer Solidaritäts- oder Beistands-Christologie tendieren.

„Aus ihrer Sicht *ist* das Kreuz *Jesu Christi* die Offenbarung der Liebe *des Vaters* mit dem Ziel, das freie Ja des sich bekehrenden Sünders zu ermöglichen. In der Menschwerdung und Kreuzigung des Sohnes setzt sich der Vater mit und in seinem Sohn dem Haß der Sünder aus."[400]

Damit macht Edith Stein sich zwei Einwände gegen die Satisfaktionstheorie zu eigen: (1) Vater und Sohn werden nicht getrennt voneinander, sondern trinitätstheologisch adäquat als *einer* aufgefasst; der „Sohn ist in seinem Leiden und Sterben nicht nur *Objekt* der ihn kreuzigenden Gewalt, sondern in der Selbsthingabe an den Vater auch *Subjekt* der Liebe des Vaters zu den Sündern."[401] (2) Ein entscheidendes Manko der Satisfaktionstheorie ist ihr formal-juristischer Charakter, der vor die Gnade die Notwendigkeit der – sozusagen passgenauen – Abgleichung der aufgelaufenen Sündenlast stellt. Edith Stein ergänzt und modifiziert dies durch den Gedanken, dass es am Ende darauf ankomme, dem Sünder den Weg zu eröffnen, wieder in Freiheit *Ja* zu Gott sagen zu können. Es geht ihr also nicht nur darum, dass der Gerechtigkeit in einem äußerlichen Akt Genüge getan wird, sondern auch, dass es dem Menschen, der bisher durch seine sündige Existenz gehindert wurde, ermöglicht wird, mit seinem ganzen Wesen von neuem in die Gegenwart Gottes einzutreten.

Dieser Ansatz lässt sich im Horizont der *Theologie der Stellvertretung* Hans Urs von Balthasars interpretieren.[402] Ausgangspunkt der Überlegungen Balthasars ist der unüberwindbare Abgrund, der sich nach alttestamentlich-jüdischer Vorstellung zwischen dem Gott der unbedingten Heiligkeit und der in pervertierter Freiheit geschaffenen Wirklichkeit des Menschen auftut. Menke hebt hervor, dass das Bild des *Scheol* zum Ausdruck bringt, dass die Menschen „getrennt sind von allem, was wirkliches Leben ist. Weil sie keine Beziehung zu Gott und zueinander haben, ist ihr Leben nur so etwas wie der Schatten des Wirklichen."[403] Erst mit dem Abstieg Jesu in den Scheol werde der Hiatus zwischen Leben und Tod „ein für allemal aufgehoben". Selbst die christliche Vorstellung der Hölle sei im Vergleich zum Scheol „ein Produkt der

---

[400] K.-H. *Menke*, Stellvertretung oder: Die versöhnende Macht der gekreuzigten Liebe, 77.

[401] Ebd., 78.

[402] Vgl. ebd., 79–92. Zum Ansatz Balthasars siehe H. U. v. *Balthasar*, Mysterium Paschale, in: *J. Feiner* u. *M. Löhrer*, Mysterium Salutis. Grundriß heilsgeschichtlicher Dogmatik, Bd. III/2: Das Christusereignis (Einsiedeln u. a. 1969) 133–326, sowie K.-H. *Menke*, Stellvertretung, 266–310.

[403] *Ders.*, Stellvertretung oder: Die versöhnende Macht der gekreuzigten Liebe, 79.

Erlösung", da sie nicht für die kategorische Verunmöglichung der Kommunikation zwischen Mensch und Gott stehe, sondern den Zustand derer beschreibe, die „die ausgestreckte Hand des Erlösers ablehnen".[404] Das aber bedeutet: „Seit Ostern hat keine Sünde, und mag sie in den Augen dieser Welt noch so abgründig erscheinen, mehr die Macht, den Sünder von Gott zu trennen – es sei denn, er würde die ihm hingehaltene Hand Christi verweigern."[405]

Edith Stein war von diesem *proprium christianum*, dem Glauben an die Universalität des Heilswirkens Jesu Christi, überzeugt.[406] Damit stellt sich aber von neuem die Frage, warum sie dem Mittragen des Kreuzes Jesu durch die Gläubigen eine so große Bedeutung einräumt. Wie verträgt sich dies mit dem Glauben an den *einen* Retter Jesus Christus? Ein erster Antwortversuch liegt in der historischen Notlage begründet, die, wie oben angedeutet, eine Art *Theologie vor Auschwitz* notwendig machte: Der Kampf zwischen Christus und dem Antichristen war voll entbrannt, und Edith Stein sah sich durch die Umstände genötigt, sich mit aller Kraft von Gebet und Opfer für die Seite Gottes einzusetzen. Menke ergänzt dies um einen weiteren Gedanken. Indem Edith Stein die *inklusive* Stellvertretung Israels und der Kirche, letztlich *aller* zur Nachfolge Berufenen beinahe stärker in den Vordergrund rücke als die *exklusive* Stellvertretung durch den Erlöser, verdeutliche sie,

> „daß die schon erfolgte Erlösung kein Automatismus ist. Christen glauben keineswegs, daß die bis in den Scheol reichende Hand des Erlösers gleichsam automatisch alle Sünder zum Vater zieht. Die Verweigerung der ausgestreckten Hand ist möglich, unendlich lange möglich; und auf eine Weise möglich, die den Namen Auschwitz trägt."[407]

---

[404] Alle Zitate ebd., 80.

[405] Ebd., 82.

[406] Dies geht nicht zuletzt aus ihrem geistlichen Testament hervor, und so kommt Menke in der Interpretation dieses Textes zu einem ähnlichen Schluss wie James Baaden. Edith Stein, so seine These, spreche nicht deshalb vom *Unglauben des jüdischen Volkes*, weil „die Gemeinschaft der Juden mit Gott an die ausdrückliche Anerkenntnis von Jesus als dem Christus gebunden ist, sondern weil das Christusereignis der Grund dafür ist, daß, wie Paulus verheißt (Röm 11,26), am Ende alle Juden zum ewigen Heil gelangen." Ebd., 83. Vgl. auch *J. Hirschmann*, Schwester Theresia Benedicta vom Heiligen Kreuz, 125: „Im Ja zum Kreuz, das Gott aus Liebe auch und gerade zu ihrem Volk auf sich genommen hat, bekennt sie [*Edith Stein*] sich zu diesem Kreuz als dem Zeichen des Heils für ihr Volk."

[407] *K.-H. Menke*, Stellvertretung oder: Die versöhnende Macht der gekreuzigten Liebe, 84.

Bei der Rede vom stellvertretenden Sühneleiden geht es Edith Stein also um zwei Dinge: (1) Sie sah sich und alle Christgläubigen für den Kampf gegen die Sünde des entarteten Menschen in die Pflicht genommen. Diesen Kampf führte sie als Karmelitin im Zeichen des Kreuzes. (2) Das Mittragen des Kreuzes Jesu, das Anerbieten, aktiv an der Entsühnung der Menschheit Anteil zu nehmen, lässt sich nicht unabhängig vom Grundprinzip der Satisfaktionstheorie, der von Gott angeblich verlangten Äquivalenzleistung für jede Sünde, lesen. In dieser Hinsicht muss der Ansatz Edith Steins kritisch gelesen werden.[408] Zugleich verschiebt sie hier die Gewichte; es geht ihr weniger um den formellen Schuld-Sühne-Ausgleich als die *sanatio* der von Gott gewollten Freiheit des Menschen. Dabei, so ist sie überzeugt, handelt es sich nicht um ein völlig individualisiertes Geschehen zwischen Gott und dem Einzelnen; es bedarf hier der *Gemeinschaft* der Gläubigen, die gemeinsam den mystischen Leib Christi bilden.[409]

Der Grundgedanke des Kreuzes – in der Theologie Edith Steins die liebende Hingabe, aber auch Sühne, Opfer und Stellvertretung – steht damit eindrücklich für das theologische Leitmotiv der Gemeinschaftlichkeit und existenziellen Solidarität im Glauben. Für Edith Stein ist das Bild des mystischen Leibes Christi mehr als nur eine Metapher; es birgt eine unbedingte Verpflichtung und Verantwortung *eines jeden für jeden* in sich.[410]

---

[408] Vgl. hierzu auch *U. Dobhan*, Ave Crux – Spes unica, in: Würzburger Diözesan-Geschichtsblätter, Bd. 74 (2012) 371–399, bes. 392 f. Gleich in doppelter Weise missverständlich ist es hingegen, wenn Hedwig Conrad-Martius den Kreuzesbegriff Edith Steins unter Verweis auf Kol 1,24 zu entschlüsseln versucht: „*Ihr* Kreuz, ihren Kreuzesanteil, an dem sie ihr Volk leiden sah, das aber bei ihr nun ein freiwilliges unschuldiges Sühnopfer darstellte und damit als ein Bestandteil des Kreuzes Christi bezeichnet werden kann. ‚Was an den Trübsalen Christi noch fehlt‘, sagt Paulus." (*H. Conrad-Martius,* Edith Stein, 77.) Hier wäre einzuwenden: (1) Edith Stein hatte keinen Zweifel daran, dass *alle* jüdischen Opfer der Nationalsozialisten „unschuldig" waren; die Besonderheit ihres eigenen Opfers besteht lediglich in seiner christologischen Intention. (2) Zudem insinuiert sie gerade *nicht,* dass sie etwas leistet, das über die Entsühnung hinausgeht, die Jesus Christus am Kreuz vollzogen hat.

[409] In den Worten Menkes: „Die exklusive Stellvertretung des für alle Menschen in den Scheol Herabgestiegenen bedingt die inklusive Stellvertretung der so von ihm Beschenkten. […] Keiner kann das Geschenk der gekreuzigten Liebe privatistisch für sich selbst empfangen: Christusgemeinschaft gibt es nur im Modus der Inklusion in sein Für-Leiden." *K.-H. Menke,* Stellvertretung oder: Die versöhnende Macht der gekreuzigten Liebe, 90. Zur inklusiven Stellvertretung vgl. auch *ders.,* Das Kriterium des Christseins. Grundriss der Gnadenlehre (Regensburg 2003) 213–215.

[410] Vgl. *S. Borden,* Edith Stein, 130: „If one understands human beings in an atomistic way, as isolated individuals, her claims will be unintelligible. She is convinced that the image of the Body is not merely a metaphor but, rather, reveals an important truth. The

Dabei ist sie überzeugt, dass der Typos des Kreuzes nicht erst mit dem Christusereignis Geltung bekommt. So, wie Edith Stein die Heilsgeschichte über die Zeiten hinweg als *eine* und die Menschheit von Adams Tagen an als mystischen Leib Christi versteht, erkennt sie im alttestamentlichen Begriff von Versöhnung und auch dem israelitischen Jom Kippur eine Vorprägung von Kreuz und Karfreitag.[411] Sie ist überzeugt, dass der letztendliche Versöhner der Menschen immer Jesus Christus ist, selbst am Versöhnungstag des Alten Bundes:

> „[W]enn am Abend alles vollbracht war, dann war Friede und Freude in den Herzen, weil Gott die Sündenlast hinweggenommen und Gnade geschenkt hatte. Aber was hatte denn die Versöhnung bewirkt? Nicht das Blut der geschlachteten Tiere und nicht der Hohepriester aus Aarons Geschlecht – das hat der hl. Paulus so eindringlich im Hebräerbrief klar gemacht –, sondern das wahre Versöhnungsopfer, das in all diesen gesetzlich vorgeschriebenen Opfern vorgebildet war, und der Hohepriester nach der Ordnung Melchisedeks, an dessen Stelle die Priester aus Aarons Geschlecht standen."[412]

Das Beispiel der Versöhnung macht zudem deutlich, wie Edith Stein die Kontinuität von Altem und Neuem Bund in ihrer eigenen Existenz exemplarisch realisiert sah, von der Geburt am Jom Kippur-Tag über den Ordensnamen *a Cruce* bis hin zur Bereitschaft, ihr Leben als Sühneopfer –

---

willingness to walk the path of Christ and to be united with Him requires that one, Stein claims, also be willing to suffer as He did. She does not mean that one should be willing to suffer in a way somewhat analogous to Him, but to suffer *with* Him, carrying His burden, walking His path, and allowing His life to flow through us."

[411] Siehe Kap. 4.2.3. Vgl. auch ausführlich *K.-H. Menke*, Stellvertretung oder: Die versöhnende Macht der gekreuzigten Liebe, 85–89, sowie *D. Krochmalnik*, Edith Stein, 88–97.

[412] *E. Stein*, Hochzeit des Lammes, in: GT II, 136. Es ist klar, dass Edith Stein hier keine religionswissenschaftliche Interpretation des jüdischen Verständnisses von Versöhnung liefert oder auch nur intendiert. Vielmehr geht es ihr um eine christologisch-inklusivistische Ausdeutung, die auf der Überzeugung ruht, dass die Juden *in ihrem Jüdischsein* den Weg zum Heil beschreiten können, welches ihnen durch Jesus Christus zuteilwerde. Im Blick auf Edith Steins religiöse Interpretation der Judenverfolgung („das Kreuz, das auf das jüdische Volk gelegt wird") merkt Daniel Krochmalnik daher zu Recht an: „Diese Deutung der religiösen Botschaft der Judenverfolgung ist für einen Juden auch religiös nicht nachvollziehbar. Er sieht ja den Jom Kippur nicht als die endgültige Versöhnung der Menschheit, sondern als die alljährliche Versöhnung des immer wieder rückfälligen Menschen mit dem Mit-Menschen und mit Gott, und Pessach nicht als Auferstehung von den Toten, sondern als Befreiung und Heimkehr. [...] Wie fern uns aber Edith Steins Leidensdeutung auch sein mag, vom christlichen Standpunkt aus ist sie nachvollziehbar und vom jüdischen Standpunkt als eine zugleich antiquierte und verfremdete Auffassung des Jom Kippur erkennbar." *D. Krochmalnik*, Edith Stein, 95.

für das jüdische und das christliche Volk – anzubieten und den Kreuzweg
Jesu mitzugehen. Damit erfährt auch der Begriff des Martyriums, den die
Kirche auf Edith Stein anwendet, eine neuerliche Differenzierung. Wurde
bisher betont, dass sie wie die anderen Opfer der Shoa *Kiddush haShem* –
zur Heiligung des Namens Gottes – gestorben ist und zudem in Treue zu
ihrem christlichen Glauben,[413] wird die Bedeutung dieses zweiten
Aspekts nun klarer. Edith Stein war bereit, ihr Leben als Sühne hinzuge-
ben und das Kreuz Jesu mitzutragen. Dahinter verbarg sich weder eine
schwärmerische Begeisterung für das Martyrium noch eine sonstwie religiös fehlgeleitete Todessehnsucht. Vielmehr war sie überzeugt, dass sie
ihr Leben, wenn alle Versuche der Rettung gescheitert wären, dem Vater
gehorsam anbieten müsse, um sich auf diese Weise dem Kampf gegen den
Antichristen anzuschließen. Schon in *Freiheit und Gnade* betont sie, dass
es keineswegs darum gehe, „sich durch frei gewählte Bußhandlungen
selbst zu erlösen. Alle Bußhandlungen sind notwendig durch den Willen
Gottes geleitete Handlungen, Werke des Gehorsams."[414] Ganz in diesem
Sinn gab sie später einer ehemaligen Schülerin den Rat, „daß vernünfti-
ges Maß besser ist als blinder Eifer und Gehorsam besser als Opfer."[415]
Dieser Hinweis spiegelt ihre eigenen Motive gut wider und erinnert ein
weiteres Mal daran, dass es die äußeren Umstände waren, die sie nötig-
ten, das Kreuz in den Mittelpunkt zu rücken. Und wenn sie über den Propheten Elias schreibt, er sei ein „Muster des *Gehorsams*",[416] liest sich
dies wie eine Beschreibung des Anspruchs, dem sie selbst gerecht werden
wollte: „Wenn Gott es will, dann weicht er vor der Gewalt aus dem Lande; er kehrt aber auch, ohne daß die Gefahr geschwunden wäre, zurück
auf Gottes Geheiß."[417]

Teil dieses Gehorsams war es, dass Edith Stein sich in der Pflicht sah,
ihre Taufe und die Ordensgelübde nicht „zum Anlass zu nehmen, um es
irgendwie besser zu haben als der Letzte und die Letzte ihres verfolgten
[…] Volkes."[418] Und so wird das Kreuz, weil es von ihr abgefordert wurde, zum „Siegel, das so vielen Texten Steins die charakteristische Prägung
gibt."[419] Dasselbe gilt für das zweite Hauptmotiv, das die Gedichte und

---

[413] Vgl. Kap. 4.2.2.

[414] FG, 58.

[415] *E. Stein*, Brief an E. Herrmann v. 20. 8. 1930, in: Briefe I, Br. 102, 128.

[416] *Dies.*, Über Geschichte und Geist des Karmel, in: GT I, 130.

[417] Ebd.

[418] *J. Hirschmann*, Schwester Theresia Benedicta vom Heiligen Kreuz, 125.

[419] *S. Binggeli*, Die Bedeutung der Hl. Schrift für Edith Stein, 220.

meditativen Texte Edith Steins kennzeichnet und hier anhand ihrer Rezeption der Königin Esther aufgezeigt wurde, den geistlichen *Kampf*.
Edith Stein behandelt diese Themen, wie Sophie Binggeli betont, „nicht
von außen, sondern wird selbst von ihnen erfaßt."[420] Eindringlich und
unmittelbar wird dies in den letzten Worten der *Kreuzesliebe* deutlich.
Edith Stein hebt hier zu einem persönlichen Bekenntnis an, dessen pro-
phetischem Charakter man sich angesichts ihres Schicksals in Auschwitz
kaum zu entziehen vermag:

> „Zu leiden und im Leiden selig zu sein, auf der Erde zu stehen, über die
> schmutzigen und rauen Wege dieser Erde zu gehen und doch mit Christus zur
> Rechten des Vaters zu thronen, mit den Kindern dieser Welt zu lachen und zu
> weinen und mit den Chören der Engel ohne Unterlaß Gottes Lob zu singen,
> das ist das Leben des Christen, bis der Morgen der Ewigkeit anbricht."[421]

4.3.2. Edith Stein und Martin Heidegger

Der Name Martin Heideggers ist in dieser Arbeit schon in sehr unterschiedlichen Zusammenhängen vorgekommen, etwa im Kontext biographischer Begebenheiten, der Kritik Edith Steins an Heideggers Verständnis von *Geworfenheit* oder der *Angst* und auch hinsichtlich der
phänomenologischen Methode als solcher.[422] Dabei ging es immer nur
um kurze Einwürfe und Impulse; eine systematische Auseinandersetzung
ist bisher ausgeblieben. Da es hier vor allem um die theologischen Leitlinien der Christlichen Philosophie Stein'scher Prägung geht, mag dies
auf den ersten Blick auch völlig genügen, hat Heidegger doch den Begriff
der Christlichen Philosophie abgelehnt und in seinen Schriften – zumal
denen, die Edith Stein zur Kenntnis nehmen konnte – eine Existenzphilosophie vorgelegt, die ausdrücklich ohne Gott auskommt.[423]

Bei genauerem Hinsehen zeigt sich allerdings, dass der Einfluss Heideggers auf Edith Stein, vor allem durch *Sein und Zeit*, weit über den ei-

---

[420] Ebd., 223.
[421] GT II, 113.
[422] Vgl. etwa Kap. 1.1.5, Kap. 2.2.3. und Kap. 4.2.
[423] Vgl. Kap. 2.2.4. Vgl. hierzu den bereits erwähnten Vortrag *Phänomenologie und
Theologie* (1927), in dem Heidegger die Christlichkeit der Philosophie ausschließt.
Zwar hatte Edith Stein nach bisherigem Stand der Forschung keine Kenntnis von dieser
Rede, doch deutete sie auch *Sein und Zeit* in diesem Sinn. Vgl. hierzu K. *Neugebauer*,
Dasein und ewiges Sein. Wie Edith Stein Martin Heidegger liest, in: Perspektiven der
Philosophie. Neues Jahrbuch, Bd. 37 (2011) 197–214, hier 210.

nes gelegentlichen Stichwortgebers hinausgeht. Schon in der Einleitung von *Potenz und Akt* sah Edith Stein sich genötigt, der Vermutung entgegenzutreten, ihr Werk stelle sowohl hinsichtlich der Fragestellung als auch einiger Lösungsversuche primär „eine Auseinandersetzung mit der Philosophie Martin Heideggers"[424] dar. Erklärend weist sie darauf hin, dass sie *Sein und Zeit* zwar durchgearbeitet habe und von dem Werk auch beeindruckt sei – was „in der vorliegenden Arbeit noch nachwirken"[425] mag –, dass von einer wirklichen Auseinandersetzung aber noch keine Rede sein könne. Fünf Jahre später äußert sie sich in *Endliches und ewiges Sein* von neuem zu Heidegger, dessen Existenzphilosophie sie in einem Atemzug mit dem Werk Hedwig Conrad-Martius' „zu den bedeutsamsten [*zeitgenössischen*] Versuchen einer Grundlegung der Metaphysik"[426] zählt. Zudem merkt sie, ähnlich wie schon in *Potenz und Akt,* an:

> „Heideggers ‚Sein und Zeit' hat die Verfasserin bald nach dem Erscheinen gelesen und davon einen starken Eindruck erhalten, ohne aber damals zu einer sachlichen Auseinandersetzung kommen zu können. Erinnerungen, die von dieser um Jahre zurückliegenden ersten Beschäftigung mit Heideggers großem Werk zurückgeblieben waren, sind wohl gelegentlich bei der Arbeit an dem vorliegenden Buch aufgetaucht. Aber erst nach seinem Abschluß ergab sich das Bedürfnis, diese beiden so verschiedenen Bemühungen um den Sinn des Seins gegenüberzustellen."[427]

Mit der abschließenden Bemerkung spielt Edith Stein auf den Anhang von *Endliches und ewiges Sein* an, in dem sie neben *Sein und Zeit* auch Heideggers *Kant und das Problem der Metaphysik* sowie zwei seiner kleineren Texte diskutiert.[428] Allerdings drängt sich entgegen ihres – an sich eindeutigen – Hinweises der Eindruck auf, dass sie zwar die explizite Heidegger-Rezeption in den genannten Anhang hinein verlagert, sehr wohl aber auch der Haupttext ihres *opus magnum* eine, wie es Gerl-Falkovitz formuliert, „ständig zwischen den Zeilen mitlaufende Auseinandersetzung mit Heideggers Seinslehre"[429] bietet. Schon mit dem Unter-

---

[424] PA, 5.

[425] Ebd.

[426] EES, 6 f.

[427] Ebd., 7.

[428] Vgl. *E. Stein,* Martin Heideggers Existenzphilosophie, in: EES, 445–499.

[429] *H.-B. Gerl-Falkovitz,* Unerbittliches Licht, 117. In dieselbe Richtung geht Klaus Neugebauers Einschätzung, „Steins Schrift sei durchzogen von einer direkten sowie indirekten Auseinandersetzung mit Heidegger". (*K. Neugebauer,* Dasein und ewiges Sein, 203.) Der Anhang zu *Endliches und ewiges Sein* sei „nicht als Appendix, sondern als Wink, der dieses Werk deutet", zu verstehen. Ebd., 198.

titel *Versuch eines Aufstiegs zum Sinn des Seins* greife sie die „Grundfrage von *Sein und Zeit*"[430] auf.

Nun ist klar, dass hier keine umfängliche Analyse dieser Zusammenhänge angegangen werden kann, zumal eine solche sowohl den Bereich der Theologie als auch den der Religionsphilosophie deutlich überschreiten würde. Auch sind zumindest einzelne Aspekte dieser Thematik in der Literatur bereits ausgiebig diskutiert worden.[431] Dennoch soll die Bedeutung Heideggers für die Christliche Philosophie Edith Steins hier noch einmal ausdrücklich zur Sprache kommen, nicht zuletzt, weil auf diese Weise auch Aspekte ihrer religiösen Weltsicht deutlicher als bisher herausgearbeitet werden können. Dabei zeigt sich schnell, dass Edith Stein in wichtigen Punkten nicht einfach einen *anderen*, von Heidegger ganz unabhängigen Weg einschlägt, sondern dass dessen Existenzphilosophie geradezu als *Negativfolie* einiger wichtiger Bereiche der Christlichen Philosophie zu verstehen ist. Diese Lesart wurde bereits im Jahr 1952, unmittelbar nach der vollendeten Drucklegung von *Endliches und ewiges Sein*, die damals noch ohne den erwähnten Heidegger-Anhang auskommen musste, erstmals angedeutet. Damals stellte Rudolf Allers in einer Rezension des Stein'schen Werkes fest: „A negative, but powerful, influence appears to be that of Heidegger." Zwar habe Edith Stein Heideggers spätere Überlegungen nicht rezipieren können, doch stehe fest: „[S]ome

---

[430] *H.-B. Gerl-Falkovitz*, Unerbittliches Licht, 117.

[431] Vgl. etwa *K. Casey,* Do We Die Alone? Edith Stein's Critique of Heidegger, in: *M. Lebech* u. *J. H. Gurmin* (Hg.), Intersubjectivity, Humanity, Being. Edith Stein's Phenomenology and Christian Philosophy (Bern 2015) 335–370; *A. Calcagno,* Die Fülle oder das Nichts? Edith Stein and Martin Heidegger on the Question of Being, in: American Philosophical Quarterly, Bd. 74 (2000) 269–285; *A. Jani,* Die Suche nach der modernen Metaphysik. Edith Steins Heidegger-Exzerpte, eine Kritik der Metaphysik des Daseins, in: ESJ, Bd. 18 (2012) 81–108; *J. Nota,* Edith Stein und Martin Heidegger, in: *W. Herbstrith* (Hg.), Denken im Dialog. Zur Philosophie Edith Steins (Tübingen 1991) 93–117; *L. Ripamonti,* Geborgenheit statt Geworfenheit. Bemerkungen zur Kritik Edith Steins an „Sein und Zeit", in: *H.-B. Gerl-Falkovitz, R. Kaufmann* u. *H. R. Sepp* (Hg.), Europa und seine Anderen. Emmanuel Levinas, Edith Stein, Józef Tischner (Dresden 2010) 167–177; *O. Rossi,* Sein und Zeit in the Works of Edith Stein. The Possibility and Forms of Existence, in: Analecta Husserliana, Bd. 83 (2004) 593–613; *V. Wargo,* Reading against the Grain: Edith Stein's Confrontation with Heidegger as an Encounter with Hermeneutical Phenomenology, in: Journal of the British Society for Phenomenology, Bd. 42 (2011) 125–138; *R. K. Wilk,* On Human Being. A Dispute between Edith Stein and Martin Heidegger, in: Logos. A Journal of Catholic Thought and Culture, Bd. 10 (2007) 104–119.

footnotes and certain remarks reveal the author's preoccupation with Heidegger's *Sein und Zeit.*"[432]

Die These, *Sein und Zeit* bilde die Negativfolie für *Endliches und ewiges Sein,* ist kongruent mit dem noch weitergehenden Ansatz Alasdair MacIntyres, die beiden Husserl-Schüler stünden nicht nur in philosophischer Hinsicht für konträre Positionen, sondern seien auch bei einer globaleren Betrachtung des Zusammenhangs von Philosophie, politischer Überzeugung und persönlichem Lebenszeugnis Protagonisten zweier gegenläufiger – und gerade darum vergleichbarer – Tendenzen.[433] Bruce W. Ballard bringt den Verdacht MacIntyres auf den Punkt: „The life and philosophy of Martin Heidegger serve as a foil to Edith Stein, a corresponding example of how to get the relation wrong."[434] Dem soll im Folgenden allerdings nicht näher nachgegangen werden. Stattdessen steht hier die Frage im Fokus, wie Edith Stein sich *in ihrem Schrifttum* von Heidegger abgrenzt. Dabei sind auch ihren biographischen Texten einige hilfreiche Informationen zu entnehmen.

So war Edith Stein dem damals 26-Jährigen Heidegger das erste Mal bei Husserl zu Hause begegnet, und zwar in größerem Kreis anlässlich einer Einladung im Sommer 1916.[435] Darüber hinaus berichtet sie von einem „– übrigens sehr hübschen – religionsphilosophischen Spaziergang"[436] mit Husserl und Heidegger im Juni 1918. Neben dieser und an-

---

[432] Beide Zitate *R. Allers,* Rez. Endliches und ewiges Sein, in: The New Scholasticism. The Journal of the American Catholic Philosophical Association, Bd. 26 (1952) 480–485, hier 481.

[433] Dabei wendet MacIntyre sich mit drastischen Worten gegen die These, Heideggers Philosophie lasse sich von dessen politischen Überzeugungen und Aktivitäten trennen, ohne dass dabei wechselseitige Bezüge bedacht werden müssten: „[T]he story of this division within Heidegger is a piece of mythology, mythology that enables those who teach Heidegger's philosophy in the classrooms of today to domesticate it and render it innocuous, while at the same time projecting onto Heidegger the type of compartmentalization that they take for granted in their own academic lives." (*A. MacIntyre,* Edith Stein, 5.) Vor diesem Hintergrund fragt MacIntyre weiter: „[W]hat would it have been in that period of German history in which Heidegger grew up, served his philosophical apprenticeship, and became the most influential of twentieth century German philosophers to have lived quite otherwise as a philosopher, to have consistently taken seriously both the implications for one's life outside philosophy of one's philosophical enquiries and the implications for one's philosophy of one's other activities? One answer to that question is supplied by the life of Edith Stein […]." Ebd., 6. Vgl. hierzu auch Anm. 23.

[434] *B. Ballard,* The Difference for Philosophy: Edith Stein and Martin Heidegger, 95.

[435] Vgl. LJF, 339.

[436] *E. Stein,* Brief an R. Ingarden v. 8. 6. 1918, in: Briefe III, Br. 36, 85.

deren freundlichen Erinnerungen deutet sich indes „von Anfang an" eine, wie es Gerl-Falkovitz umschreibt, „ungewisse Haltung" Edith Steins Heidegger gegenüber an.[437] Als sie im Frühjahr 1918 ihren Dienst bei Husserl quittierte, wurde Heidegger ihr Nachfolger, allerdings nicht als Privatassistent, sondern mit offizieller Anstellung durch die Universität und deutlich besserer Besoldung.[438] *Sein und Zeit* las Edith Stein gleich nach dem Erscheinen; eine erste Einschätzung liefert sie in einem Brief an Roman Ingarden:

> „Daß Heidegger etwas Großes ist und daß er uns alle in die Tasche stecken kann, glaube ich auf Grund seines Buches auch. [...]. Wie sich Husserl mit den großen Differenzen abfindet, weiß ich nicht. Klar sein muß er sich ja darüber."[439]

Welche Anfragen hat Edith Stein nun konkret an Heideggers Philosophie, und zwar nicht nur hinsichtlich der Positionierung zur Phänomenologie Husserls, sondern auch darüber hinaus? Um dieser Frage auf den Grund zu gehen, lohnt sich ein etwas ausführlicherer Blick in die *Sein und Zeit*-Rezension von Hedwig Conrad-Martius. Edith Stein hat diesen Aufsatz, in dem Conrad-Martius die Position Heideggers vor allem in religionsphilosophischer Hinsicht hinterfragt, unmittelbar nach Erscheinen zustimmend erwähnt und sich auch später, im Anhang von *Endliches und ewiges Sein*, ausdrücklich darauf bezogen.[440] Gleich zu Beginn des Textes fasst Conrad-Martius ihren Gesamteindruck von *Sein und Zeit* in eine Metapher. Es sei,

---

[437] *H.-B. Gerl-Falkovitz*, Unerbittliches Licht, 112. Diese Zurückhaltung ist auch acht Jahre später, als Edith Stein sich Roman Ingarden gegenüber zur bevorstehenden Veröffentlichung von Sein und Zeit äußert, spürbar: „Heidegger hat seit seiner Habilitationsschrift nichts veröffentlicht. Eine sehr große Arbeit über Sein und Zeit, die seinen prinzipiellen Standpunkt enthält, ist eben in Druck [...]. Husserl schätzt den ganzen Mann und diese Arbeit sehr hoch ein, trotzdem ihm eben erst aus den Druckbogen die Differenzen zwischen ihnen recht klar geworden sind. Soviel ich aus den Äußerungen von Hörern und besonders Kaufmann entnehmen kann, handelt es sich dabei im wesentlichen um die philosophische Bewältigung der Realität und des konkreten Lebens, d. h. alles dessen, was Husserl ausschaltet." *E. Stein*, Brief an R. Ingarden v. 24. 10. 1926, in: Briefe III, Br. 101, 173 f.
[438] Vgl. *H.-B. Gerl-Falkovitz*, Unerbittliches Licht, 113 f.
[439] *E. Stein*, Brief an R. Ingarden v. 2. 10. 1927, in: Briefe III, Br. 111, 185.
[440] Vgl. *dies.*, Brief an R. Ingarden v. 25. 1. 1933, in: Briefe III, Br. 157, 233, sowie EES, 481. Siehe auch *A. U. Müller*, Einführung, in: Ebd., XXIII f., sowie *H. Conrad-Martius*, Heideggers ‚Sein und Zeit', in: *Dies.*, Schriften zur Philosophie, Bd. 1 (München 1963) 185–193.

„wie wenn mit ungeheurer Wucht, weisheitsvoller Umsicht und nicht nachlassender Zähigkeit eine durch lange Zeiträume ungeöffnete und fast nicht mehr öffenbare Tür aufgesprengt und gleich darauf wieder zugeschlagen, verriegelt und so stark verbarrikadiert wird, daß ein Wiederöffnen unmöglich scheint. Nach dem verheißungsvollen Getöse des Aufbruchs die hoffnungslose Stille verschlossener und verlassener Zugänge!"[441]

Heidegger halte, so Conrad-Martius, „mit seiner in unnachahmlicher philosophischer Schärfe und Energie herausgearbeiteten Konzeption des menschlichen Ich" den Schlüssel zu einer Seinslehre in Händen, die unmittelbar „in eine wahre kosmologische und gottgetragene Welt" weise, *entwirkliche* diese aber, indem er sie ganz auf das Ich zurückwerfe und „die *Zeit,* dieses flüchtigste, dieses ewig von sich selber fortfliehende Gebilde zur Urkategorie allen und jeglichen Seins" erhebe. Bei aller Tiefe in der Beschreibung des Menschseins decke dies den „zutiefst nihilistischen Charakter" und das „bis auf den letzten Grund destruktive Wesen der Heidegger'schen Weltanschauung" auf.[442]

Was veranlasst Conrad-Martius zu diesem Urteil, das ebenso überschwenglich wie vernichtend ist? Zunächst ihre Überzeugung, dass Heidegger das menschliche Ich, in seiner Terminologie: das Dasein, „als eine letzte *Weise des Existierens* oder *Seins* gefasst und so mit einem Schlage und durch und durch *verständlich*" gemacht habe. Nie „in der ganzen Geschichte der Philosophie" sei die *res cogitans,* so Conrad-Martius, in ihrem „der Existenz aufs tiefste verflochtenen Wesen so rein, so geradeaus, so rücksichtslos unidealistisch ergriffen und begriffen" worden.[443] Heidegger zeige auf, dass das ichhaft Seiende nicht wie ein beliebig vorhandenes Seiendes existiere, sondern „dadurch und darin, *daß* es sich auf das Sein versteht, in ihm auskennt"; es sei „existentialiter darauf angewiesen, sein eigenes Sein zu ,*können*'."[444] Damit bahne er tatsächlich den Weg bis unmittelbar vor eine Tür, die einerseits „vorwärts in das mit der Existenz des Ich selbst aufgeschlossene volle Sein der Welt hinein" und andererseits „rückwärts, in das Ich hinab, in seine wunderbare, unergründliche existenzielle Tiefe" führe.[445]

Dort aber, *vor* dieser Tür, bleibe er stehen. Heideggers „heroische" und „siegreiche Offensive" der Durchdringung des Seins stocke am ent-

---

[441] Ebd., 185.
[442] Alle Zitate ebd.
[443] Ebd., 186.
[444] Ebd., 187.
[445] Ebd., 188.

scheidenen Punkt, und am Ende biete er kaum mehr als eine „im Grunde
höchst kümmerliche Defensive bloßer ‚Todesbereitschaft‘".[446] Der Weg
vom Ich in die Welt – in den für die Phänomenologie so zentralen Bereich
der Sachen selbst – bleibe verschlossen, da es Heidegger nicht gelinge, einen objektiven Seinsbegiff zu formulieren, der über die „Zuhandenheit"
und „Vorhandenheit" der Dingwelt hinausweist.[447] Conrad-Martius jedenfalls erkennt in Heideggers Fokussierung des Existenzbegriffs auf
das *Dasein* eine „scheinbar ontologisch begründete Frucht idealistischer
Weltentwirklichung", die der Tatsache entgegenstehe, dass „die Welt
existenzial weit mehr als eben nur ‚vorhanden‘" sei.[448] Zudem könne genau hier der Ort sein, um eine stimmige Metaphysik zu begründen:

> „*Genauso* wie Heidegger es für die eigentümliche Seinsart des Ich geleistet
> hat, kann und muß es für die eigentümliche Seinsart *nicht*ichhaften Seins ge-
> leistet werden. [...] Eine solche Seinslehre würde aber unmittelbar über sich
> hinaus zu einer Metaphysik führen, d. h. einer notwendigen Grundlegung der
> in sich selbst existenziell grundgelegten und hierin gerade begründungs-
> bedürftigen Welt."[449]

Während *Sein und Zeit* also auf der einen Seite „glänzende phänomenologische Analysen" des Menschseins liefere, etwa im Blick auf die Verlorenheit und Verfallenheit an das Man, „in das Unzuhause der Öffentlichkeit",[450] gelinge es dem Werk auf der anderen Seite gerade nicht, so
Conrad-Martius, die Tür zu öffnen, die vom Subjekt hin zur Welt führt.
Damit bleibe aber auch jene Tür verschlossen, die nach innen, über den
„letzten Ab- und Ungrund des in sich selbst *Nicht-Grund-haben-Kön-
nens*", den Weg zur Metaphysik hätte eröffnen können. Indem Heidegger
das Dasein als ein wesentlich zeitliches charakterisiert, das sich in „seiner
seinsmäßigen Geworfenheit auf das Sein [...] fort und fort selber nehmen, fort und fort selber finden"[451] muss, komme letztlich dem Tod,
jener „Möglichkeit der schlechthinnigen Daseinsunmöglichkeit",[452] die
alles entscheidende Bedeutung zu. Heidegger selbst macht klar: Wenn
der Tod die *„eigenste, unbezügliche, unüberholbare Möglichkeit"*[453] ich-

---

[446] Ebd., 189.
[447] Vgl. ebd., 190.
[448] Ebd.
[449] Ebd.
[450] Ebd., 191. Vgl. hierzu HeiGA 2, § 38.
[451] Beide Zitate *H. Conrad-Martius,* Heideggers ‚Sein und Zeit‘, 191.
[452] HeiGA 2, 333.
[453] Ebd.

haften Daseins markiert, wird notwendigerweise die Angst zur „Grund-
befindlichkeit des Daseins" – nicht etwa die einfache Furcht vor dem Ab-
leben, sondern die „Angst ‚vor' dem eigensten, unbezüglichen und un-
überholbaren Seinkönnen".[454]

Conrad-Martius hingegen ist überzeugt, dass die „Dialektik dieser
existenziellen Endlichkeit und Nichtigkeit" Zeugnis von einer ebenso
„existenziellen Ewigkeit" gibt. Sie hält es daher für völlig unzureichend,
dass *Sein und Zeit* nicht über die „Entschlossenheit eines freiwillig todes-
bereiten Menschen" hinausgehe.[455] In der Tat entwirft Heidegger die Rahmenbedingungen des Daseins im Sinn eines *eigentlichen Seins zum Tode:*

> „*Das Vorlaufen enthüllt dem Dasein die Verlorenheit in das Man-selbst und
> bringt es vor die Möglichkeit, […] es selbst zu sein, selbst aber in der leiden-
> schaftlichen, von den Illusionen des Man gelösten, faktischen, ihrer selbst ge-
> wissen und sich ängstenden Freiheit zum Tode.*"[456]

Für Conrad-Martius ist dies nichts anderes als eine Art „Todesheroismus",
eine „einzigartige Verherrlichung endgültiger Seinsnichtigkeit".[457] Zugleich ist sie von der Möglichkeit überzeugt, dass jene so lange verschollene
Spur, die erst in Heideggers Existenzphilosophie wieder sichtbar geworden
sei, nun von anderen weiterverfolgt und eine Metaphysik formuliert werden könnte, die an der Begründungsbedürftigkeit allen Seins ansetzt. Der
Weg dahin sei nicht mehr weit: „Eine ganz kleine (und doch so unendlich
große!) Grenzüberschreitung und dieser bis auf den Grund destruktive
Atheismus verwandelt sich in tiefgegründete Mystik."[458]

Diesen Schritt hat Edith Stein in *Endliches und ewiges Sein* vollzogen.
Allerdings – und diese Differenzierung ist wichtig – hat sie hierfür nicht
zu einem letzten und einfachen *plus ultra* angesetzt, sondern einen grund-
ständigen Neuansatz auf dem Fundament der griechischen und scholasti-

---

[454] Ebd., 334.

[455] *H. Conrad-Martius*, Heideggers ‚Sein und Zeit', 192.

[456] HeiGA 2, 353. Hervorhebungen M. H.

[457] *H. Conrad-Martius*, Heideggers ‚Sein und Zeit', 192.

[458] Ebd., 193. An dieser Stelle sei auch an die ganz anders gelagerte Kritik Erich Przywaras erinnert, Heideggers Existenzphilosophie sei geradezu theologisch grundiert, allerdings im Sinn eines entmythologisierten Bultmann'schen Verständnisses des Christentums. Beider Ansatz vereinige sich, so Przywara, „zu der Einen [*sic*] Botschaft von
der immanenten Christlichkeit des sorgend besorgenden Menschen, – radikal anstelle
der Botschaft des Evangeliums von unserer Erlösung durch Tod und Auferstehung
Christi." E. *Przywara*, Theologische Motive im philosophischen Werk Martin Heideggers, 1955, in: *Ders.*, In und gegen. Stellungnahmen zur Zeit (Nürnberg 1955) 55–60,
hier 59 f.

schen Ontologie, des Grundsatzes der *analogia entis* und unter Maßgabe der Prinzipien der Christlichen Philosophie vorgelegt. In der „Feinanalyse des Daseins" deckt sie, wie Gerl-Falkovitz analysiert, auf, dass das von Heidegger „fulminant Angedachte" wichtige Zusammenhänge des Personseins übersieht, indem es zwar die Geistigkeit, nicht aber die leibliche und seelische Dimension des Menschen in seiner Tiefe reflektiere.[459] Edith Stein ist überzeugt, dass Heidegger keine letzlich tragfähigen Antworten auf die Fragen der *„Selbsttranszendenz* (Selbstüberstieg) und *Selbstmanifestation* (Selbstbegründung)"[460] zu geben vermag. Umso stärker ist sie daran interessiert, die Verwiesenheit alles Seienden auf das eine reine Sein hin aufzuzeigen. Indem sie dabei transparent macht, dass und inwiefern ihre Philosophie eine gläubige ist, kann sie entscheidende Wegmarken in Richtung eines *perfectum opus rationis* setzen.

Mit Hedwig Conrad-Martius stimmt Edith Stein in der Analyse der Reichweite und Grenzen der Existenzphilosophie Heideggers überein.[461] Schon um das Jahr 1930/1931, also *vor* der Veröffentlichung der *Sein und Zeit*-Besprechung ihrer Freundin, hatte sie in einer kurzen Abhandlung Stellung zu Heideggers Werk bezogen und dabei insbesondere in religiöser Hinsicht ein kritisches Resümee formuliert.[462] Im Anhang zu

---

[459] Vgl. hierzu *H.-B. Gerl-Falkovitz*, Unerbittliches Licht, 118 f.

[460] Ebd., 118.

[461] Zur Kritik Edith Steins an „Sein und Zeit" vgl. EES, 462–484. Siehe hierzu auch den Überblick in *H.-B. Gerl-Falkovitz*, Unerbittliches Licht, 119–122. Was das Verhältnis der Philosophie Hedwig Conrad-Martius' und Edith Steins angeht, betont Eberhard Avé-Lallemant richtig, „daß für jede das Werk der anderen Anregung zur Weiterführung des eigenen war, nicht aber eine Übernahme der Grundintentionen einschloß." (*E. Avé-Lallemant*, Begegnung in Leben und Werk zwischen Edith Stein und Hedwig Conrad-Martius, in: *B. Beckmann-Zöller* u. *H.-B. Gerl-Falkovitz* [Hg.], Edith Stein. Themen – Kontexte – Materialien [Dresden 2015] 66–88, hier 82.) So hat Conrad-Martius etwa die Thomas-Übertragungen Edith Steins zur Kenntnis genommen, den Fokus aber auf die inhaltlichen und nicht die erkenntnistheoretischen Überlegungen gelegt. Umgekehrt verzichtet Edith Stein auf die Rezeption des zentralen Kapitels zur *Realität* in Conrad-Martius' „Realontologie". (Vgl. ebd., 82 f.) Auch der Ansatz der Christlichen Philosophie differiert deutlich von der Metaphysik Conrad-Martius'. Zu letzterer vgl. *A. E. Pfeiffer*, Hedwig Conrad-Martius. Eine phänomenologische Sicht auf Natur und Welt (Würzburg 2005), bes. Teil B: Das Verhältnis zwischen Theologie und Philosophie, 87–107.

[462] Vgl. WBP, 157: „Über die Art, wie *Heidegger* formal auf die Weltanschauung unserer Zeit wirkt, wage ich kaum heute schon ein Urteil abzugeben. [...] Sie *kann* zu tieferem *Lebensernst* hinführen [...]. Ich könnte mir aber denken, daß durch die Art, wie das bisher geschehen ist, durch die alleinige Betonung der Hinfälligkeit des Daseins, des Dunkels vor ihm und nach ihm, der Sorge, eine pessimistische, ja nihilistische

Endliches und ewiges Sein präzisiert sie ihre Vorbehalte vor allem am Beispiel des Problems der Zeitlichkeit:

> „Es ist augenscheinlich, daß die ganze Untersuchung bei Heidegger schon von einer bestimmten vorgefaßten Meinung über das Sein getragen ist [...]. Es ist von vornherein alles darauf angelegt, die Zeitlichkeit des Seins zu beweisen. Darum wird überall ein Riegel vorgeschoben, wo sich ein Ausblick zum Ewigen öffnet; darum darf es kein vom Dasein unterschiedenes *Wesen* geben, das sich im Dasein verwirklicht; darum keinen vom Verstehen unterschiedenen *Sinn,* der im Verstehen erfaßt wird; darum keine vom menschlichen Erkennen unbhängigen ‚ewigen Wahrheiten‘ – durch all das würde ja die Zeitlichkeit des Seins gesprengt, und das darf nicht sein, mögen auch Dasein, Verstehen und ‚Entdecken‘ noch so sehr zu ihrer eigenen Klärung nach etwas von ihnen selbst Unabhängigem, Zeitlosem verlangen, was durch sie und in ihnen in die Zeitlichkeit eingeht.“[463]

Die Perspektive Edith Steins ist also, das deutet sich hier an, nicht die einer religiös erweiterten, aber sonst epigonalen Rezeption von Heideggers Existenzphilosophie, sondern läuft auf einen methodisch eigenständigen Beitrag hinaus, der inhaltlich grundverschiedene Schwerpunkte setzt. So spielt in *Endliches und ewiges Sein,* wie bereits angedeutet, die existenzielle *Angst,* die für Heidegger so zentral ist, so gut wie keine Rolle, sondern taucht lediglich in einer knappen und phänomenologisch präzise durchgeführten Antithese auf:[464] Das menschliche Ich sehe sich, so Edith Stein, denkend nicht allein vor die Flüchtigkeit und Nichtigkeit des eigenen Seins gestellt, sondern erkenne zugleich in der Idee des reinen Aktes das „*Maß*“, die „*Quelle*“ und den „*Urheber*“ seiner selbst. Die Angst, „die den unerlösten Menschen in mancherlei Verkleidungen [...] durchs Leben begleitet, ihn ‚vor das Nichts bringt‘“, sei daher zu Recht „durchschnittlich nicht das beherrschende Lebensgefühl. Sie *wird* es in Fällen, die wir als krankhaft bezeichnen, aber normalerweise wandeln wir in einer großen Sicherheit, als sei unser Sein ein fester Besitz.“[465]

Auffassung gefördert und die Orientierung am absoluten Sein untergraben würde, mit der unser katholischer Glaube steht und fällt.“ Vgl. auch ebd., 153 f.

[463] EES, 482. Zu Edith Steins Kritik an Heideggers Verständnis der Temporalität des Seins vgl. *J. Orr,* „Being and Timelessness“: Edith Stein's Critique of Heideggerian Temporality, in: Modern Theology, Bd. 30 (2014) 114–131, sowie *M.-C. Teloni,* Time and the Formation of the Human Person: A Comparison of Edith Stein's and Martin Heidegger's Thoughts, in: *A.-T. Tymieniecka* (Hg.), Timing and Temporality in Islamic Philosophy and Phenomenology of Life (Dordrecht 2007) 225–266.

[464] Vgl. EES, 59 f.

[465] EES, 59.

Die philosophische Erkenntnis der Verwiesenheit des Seienden auf ein reines Sein und der – seinerseits philosophisch plausible – Glaube an den sich selbst offenbarenden Gott machen dieses Empfinden, so die These Edith Steins, zu einem im hohen Maße rationalen.[466]

In diesem Kontext sei darauf hingewiesen, dass Edith Stein die in der zeitgenössischen Theologie und der kirchlichen Praxis durchaus übliche Betonung der Angst vor der Strafe Gottes, einer Gottesfurcht im engeren Sinn, in ihren Schriften entweder gar nicht aufgreift oder nur am Rande zum Thema macht. In *Endliches und ewiges Sein* lässt sie diesen oft religiös missbrauchten Gedanken beinahe ganz außen vor. In *Freiheit und Gnade* sowie der Münsteraner *Theologischen Anthropologie* diskutiert sie ihn etwas ausführlicher, allerdings konsequent im übergeordneten Rahmen der beiden Maximen von menschlicher Freiheit und göttlicher Barmherzigkeit.[467]

Anders als den Begriff der Angst rückt Edith Stein hingegen die *Gemeinschaftlichkeit* des Menschseins deutlich stärker als Heidegger in

---

[466] Vgl. hierzu ausführlich Kap. 2.2.3.

[467] So spricht Edith Stein in „Freiheit und Gnade" von der *metaphysischen Angst*, „von der jede ungeborgene Seele" erfüllt sei (vgl. Kap. 3.1.2.): „Sie ist nicht Angst vor etwas, was ihr bestimmt vor Augen stünde. Sie heftet sich wohl bald an dies, bald an jenes, aber das, woran sie sich heftet ist nicht das, was sie eigentlich meint." Die Angst sei geeignet, den Menschen in ein peripheres Leben zu verstricken – „in Tätigkeiten, um dem zu entgehen, wovor man Angst hat, oder in eine Hingabe an die äußere Welt, um durch Emotionen, die von da kommen, die Angst zu übertäuben". Edith Stein ist überzeugt, dass diese metaphysische Angst theologisch einhol- und begründbar ist. Ihr Ursprung liege in der Sünde, dem *peccatum originis* wie auch dem *peccatum actuale*. (Vgl. FG, 29.) Der Gedanke der Gottesfurcht – hier nicht in seiner Bedeutung der menschlichen Ehrerbietung und Achtung der Größe Gottes, sondern im eher pejorativen Sinn der religiös begründeten Angst – ist ihr damit präsent, allerdings weniger im Sinn einer konkreten Straffurcht (*timor servilis*) als eben der metaphysischen Angst, die aber gerade kein Konstitutivum des Glaubens sei. Im Gegenteil: „Die Angst kann den Sünder in die Arme der Gnade treiben. Die Angst, die von hinten treibt. Aber indem er sich ganz dahin wendet, wird er die Angst los, denn die Gnade nimmt Sünde und Angst von ihm." (Ebd., 30. Vgl. auch ebd., 43 und 66.) In der *Theologischen Anthropologie* (WM), in der Edith Stein lehramtliche Texte zuletzt die augustinische Gnadenlehre thematisiert, nimmt sie die Begriffe Angst und Furcht etwas stärker in den Blick, allerdings konsequent unter Beachtung der Freiheit des Menschen und Barmherzigkeit Gottes. In *Endliches und ewiges Sein* spielt sie nur einmal auf den *timor Dei* an. Demnach wenden sich die Sünder „von der Furcht vor der göttlichen Gerechtigkeit, die sie heilsam erschüttert hat, zur *Betrachtung* der Barmherzigkeit Gottes, *richten sich* darin *auf zur Hoffnung*, im Vertrauen, daß Gott ihnen um Christi willen gnädig sein werde, und *beginnen* ihn als die Quelle aller Gerechtigkeit *zu lieben;* deshalb *nehmen* sie mit Haß und Abscheu *Stellung gegen die Sünde* [...]." EES, 437.

den Mittelpunkt. Das *Mitsein,* so betont sie, stehe nicht einfach für die Verfallenheit an ein das eigene Sein verfremdendes Man, sondern markiere – richtig verstanden – in einem positiven Sinn ein konstitutives Grundprinzip des menschlichen Personseins:

> „Das Mitsein als solches ist nicht unecht. Die Person ist ebensosehr zum Gliedsein wie zum Einzelsein berufen; aber um beides auf *ihre* ganz besondere Weise, ‚vom Innersten‘ her, sein zu können, muß sie erst einmal aus der Gefolgschaft heraustreten, in der sie zunächst lebt und leben muß. Ihr eigenstes Sein bedarf der Vorbereitung durch das Mitsein mit andern, wie es seinerseits für andere führend und fruchtbar sein soll. [...] Wird anerkannt, daß der Einzelne der tragenden Gemeinschaft bedarf – bis zum Erwachen seines eigensten Seins ‚schlechthin‘, ‚in gewisser Hinsicht‘ (als der Glieder nämlich) immer – [...], so geht es nicht mehr an, das ‚Man‘ als eine Verfallsform des Selbst und als gar nichts anderes zu fassen.“[468]

Bisher wurde die – quasi chiastisch verschobene – Gewichtung der Bedeutung von Angst und Gemeinschaft bei Heidegger und Edith Stein unabhängig voneinander betrachtet. Bei näherem Hinsehen lassen sich jedoch von der Warte beider Denker her Argumente ins Feld führen, die einen Zusammenhang der beiden Fragen herstellen. So betont Heidegger, dass es gerade die Angst sei, die das Dasein als ein *„solus ipse"* vereinzele und erschließe. Sie evoziere eine Art *existenzialen Solipsismus.* Damit spielt er zwar nicht auf einen vulgären Solipsismus im Sinn der „Leere eines weltlosen Vorkommens" isolierter Objektdinge an, da ja im Gegenteil die Angst das Selbst „vor sich selbst als In-der-Welt-sein bringt",[469] aber eben doch auf die Prägung des sich ängstenden Ich als Einzelsein. Edith Stein hingegen sieht die Dinge genau umgekehrt. Für sie ist der Mensch als Geschöpf Gottes von Anfang an vom Anderen, nämlich von Gott, her begründet und sieht sich selbst auf diesen Anderen hingeordnet. Der Glaube an die Existenz eines personalen Schöpfergottes ist also einerseits die Ursache dafür, dass die Angst nicht als existenziale Grundkategorie betrachtet wird, und zum anderen, dass das Menschsein als Geschöpfsein von Grund auf dialogisch zu denken ist. Zudem interpretiert Edith Stein die Beziehung von Schöpfer und Geschöpf nicht als eine

---

[468] Ebd., 468 f. Zu Edith Steins Kritik am schwachen Gemeinschaftsbegriff bei Heidegger vgl. A. *Calcagno,* Edith Stein's Philosophy of Community in Her Early Work and in Her Later Finite and Eternal Being: Martin Heidegger's Impact, in: Philosophy and Theology, Bd. 23 (2011) 231–256, und *J. Orr,* Edith Stein's Critique of Sociality in the Early Heidegger, in: Neue Zeitschrift für Systematische Theologie, Bd. 55 (2013) 379–396.

[469] HeiGA 2, 250.

exklusiv-individuelle, sondern bettet sie intersubjektiv ein, indem sie ausführt, dass das Sein des Menschen als ein konstitutiv Mit-Seiendes auf
den mystischen Leib Christi hingeordnet sei, der die Menschheit und die
gesamte Schöpfung umgreife. In diesem Sinn bedürfe der Einzelne immer
der ihn tragenden Gemeinschaft.

Der Glaube an Gott und die damit verbundene Überzeugung, dass der
Mensch kein zielos Geworfener, sondern ein in Liebe Erschaffener ist,
führt Edith Stein zu einem Verständnis des Menschseins, das sich grundlegend von dem Heideggers unterscheidet:

> „Dieses Sein *ist* nicht nur ein sich zeitlich streckendes und damit stets ,sich
> selbst voraus', der Mensch *verlangt* nach dem immer neuen Beschenktwer-
> den mit dem Sein, um das ausschöpfen zu können, was der Augenblick ihm
> zugleich gibt und nimmt. Was ihm Fülle gibt, das will er nicht lassen, und er
> möchte ohne Ende und ohne Grenzen *sein*, um es ganz und ohne Ende zu
> besitzen. Freude ohne Ende, Glück ohne Schatten, Liebe ohne Grenzen,
> höchst gesteigertes Leben ohne Erschlaffen, kraftvollste Tat, die zugleich
> vollendete Ruhe und Gelöstheit von allen Spannungen ist – das ist *ewige Se-
> ligkeit*. Das ist *das Sein, um das es dem Menschen* in seinem Dasein *geht*. Er
> greift nach dem Glauben, der es ihm verheißt, weil diese Verheißung seinem
> tiefsten Wesen entspricht, weil sie ihm erst den Sinn seines Seins erschließt
> [...]."[470]

Statt der Geworfenheit wird nun also die „Geschöpflichkeit"[471] und die
Ausrichtung allen Seins auf die Fülle des ewigen Seins zum Grundmuster
der Existenzphilosophie. Es liegt nahe, diesen Ansatz in einer Linie mit
anderen Vorschlägen zu sehen, die, ebenfalls ausgehend von Heidegger
und zugleich in Abgrenzung von ihm, grundlegende Begriffe einführen,
um den Bedingungen der menschlichen Existenz auf die Spur zu kommen. Erinnert sei hier nur an das Prinzip der *Natalität* bei Hannah
Arendt oder, stärker noch, das der *Alterität* bei Levinas.[472] Aus der auf

---

[470] EES, 479.

[471] Ebd., 465.

[472] Vgl. etwa *A. M. Pezzella*, Edith Stein e Hannah Arendt. Interpreti di Heidegger, in:
Aquinas, Bd. 42 (1999) 117–124, und *H.-B. Gerl-Falkovitz*, „Von andersher zu beziehende Fülle". Edith Stein und Emmanuel Levinas, in: *Dies., R. Kaufmann* u. *H. R.
Sepp* (Hg.), Europa und seine Anderen. Emmanuel Levinas, Edith Stein, Józef Tischner
(Dresden 2010) 215–227, sowie *H. Seubert*, Glauben und Wissen. „Negative" und
„positive" Philosophie als inneres Dialogverhältnis im Denken von Edith Stein und
Emmanuel Levinas, in: Ebd., 203–214. Bemerkenswert ist in diesem Kontext auch
die Klage Przywaras über „die geistige Mentalität der deutschen Nachkriegszeit", in
der „leider noch immer ein kritikloses Nachbeten der großen Phänomenologen (Husserl, Scheler, Heidegger) oder eine kritiklose, leichtherzige Umtaufung in eine soge-

die (Religions-)Philosophie und Theologie Edith Steins gerichteten Perspektive ist es jedenfalls lehrreich, die Relation zur Existenzphilosophie Heideggers im Blick zu behalten. Zentrale Motive Edith Steins lassen sich erst vor dem Hintergrund dieser (Negativ-)Folie von der Wurzel her begreifen. Davon unbenommen bleibt, dass Edith Stein mit *Endliches und ewiges Sein* einen grundständig eigenen Entwurf über die Seinsfrage vorlegt und von dort her den Aufstieg zum Sinn des Seins unternimmt.

4.3.3. Ich und Du: Analogien zur jüdischen Dialogphilosophie

Allen Untersuchungen und Thesen der vorliegenden Arbeit ist gemeinsam, dass sie unmittelbar von den Texten Edith Steins ausgehen; vieles kann zudem durch biographische Erkenntnisse ergänzt und gestützt werden. Nun aber gilt es, ein etwas unsichereres Terrain zu betreten. Es geht um die Frage, inwieweit es Analogien zwischen dem Denken Edith Steins – und dabei vor allem dem Topos der Gemeinschaftlichkeit – und der zeitgenössischen Dialogphilosophie gibt, die durch Martin Buber und Franz Rosenzweig geprägt wurde und in Ferdinand Ebner auch einen christlich-katholischen Denker als Gründungsgestalt hat.[473] Ähnlich wie im Blick auf Heidegger geht es auch hier um das Anliegen, den ideengeschichtlichen Horizont, vor dem Edith Stein gelesen werden muss, genauer zu bestimmen und die Motive ihrer Schwerpunktsetzungen in Philosophie und Glaube nachzuvollziehen. Auf den ersten Blick ist dieses Vorhaben allerdings tatsächlich und insofern ein unsicheres, als es nur wenige unmittelbare Querverbindungen zwischen Edith Stein und den Dialogdenkern gibt und zumindest die äußere Faktenlage dürftig ist. Dass etwa Martin Bubers *Chassidische Bücher* im Nachlass Edith Steins enthalten sind, liefert lediglich ein vages Indiz auf eine Verbindung der beiden Autoren, und auch ansonsten ist kaum mehr bekannt, als dass

---

nannte katholische Phänomenologie" an der Tagesordnung sei. Umso mehr wünsche er sich „eine wahre Leserschaft für das Werk Edith Steins". *E. Przywara*, Edith Stein. I. Zu ihrem zehnten Todestag, 66.

[473] Vgl. *B. Casper*, Das dialogische Denken. Franz Rosenzweig, Ferdinand Ebner und Martin Buber (Freiburg i. Br. – München ²2002). Zu Ebner und seinem Einfluss auf die katholische Theologie und Philosophie, etwa bei Romano Guardini, Gabriel Marcel, Karl Rahner und Hans Urs von Balthasar, vgl. *K. Skorulski*, Ferdinand Ebner und der Platz der Dialogphilosophie in dem katholischen Denken des zwanzigsten Jahrhunderts, in: Logos i Ethos, Bd. 32 (2012) 19–42.

Schalom Ben-Chorin berichtet, Buber habe „Edith Stein als Assistentin des Philosophen Husserl in Freiburg persönlich gekannt" und „voll Anerkennung" von ihr gesprochen. Zwar habe er ihre spätere Konversion aus allgemeinen religionstheoretischen Erwägungen heraus für „unzulässig" gehalten, ihre „philosophische Klarheit" jedoch habe er geschätzt.[474]

Dennoch deuten nicht wenige Interpreten eine Verwandtschaft Edith Steins zur Dialogphilosophie und ihren Hauptvertretern an, beschränken sich inhaltlich aber meist auf den ungefähren Hinweis, dass hier ein Forschungsdesiderat bestehe.[475] So fallen auf den ersten Blick die Ähnlichkeiten einiger biographischer Parameter bei Edith Stein und dem fünf Jahre älteren Franz Rosenzweig auf, die auf die zeitgenössische Situation von jüdischer Religiosität und der Philosophie zurückzuführen sind.[476] In die gleiche Richtung weist die Spur, die Friedrich Georg Friedmann legt, wenn er betont, dass mehrere Neuansätze der zeitgenössischen Philosophie, die teils deutlich religiös konnotiert waren, Antwort auf dieselben in der Luft liegenden Fragen zu geben suchten. Die Zeit Edith Steins, Martin Bubers, Franz Rosenzweigs, Edmund Husserls und anderer sei so bemerkenswert, weil

> „damals der letzte bedeutende Versuch gemacht wurde, sei es auf christlicher, sei es auf jüdischer Seite, den reinen Intellektualismus der späten Aufklärung zu überwinden und Kontakt aufzunehmen mit einer Wirklichkeit, die Buber in der Frömmigkeit der Chassidim, Rosenzweig in der Sprache der Bibel, Edith Stein bei Theresa [sic] von Avila [...] sahen [...]. Es handelt sich also für mich nicht darum, ob Rosenzweig gleichsam zum Judentum zurück konvertiert hat oder Edith Stein den Katholizismus angenommen hat, sondern um das, was diesen Menschen gemeinsam war, nämlich das geistig-religiöse Leben im Gegensatz zur modernen Barbarei."[477]

Was aber *war* das Anliegen der Dialogphilosophie und der Grund ihres Erfolgs? Hanna-Barbara Gerl-Falkovitz führt den großen Widerhall der

---

[474] Vgl. *S. Ben-Chorin*, Zwiesprache mit Martin Buber. Erinnerungen an einen großen Zeitgenossen (Gerlingen 1978) 142.

[475] Detailliertere Analysen finden sich hingegen bei *H.-B. Gerl-Falkovitz*, Unerbittliches Licht, 39–41, 51–53 und 222–224, und *M. Bogaczyk-Vormayr*, Die Ich-Du-Beziehung nach Edith Stein, in: *Dies., E. Kapferer* u. *C. Sedmak* (Hg.), Leid und Mitleid bei Edith Stein (Salzburg 2013) 84–95.

[476] Hinweise auf Rosenzweig finden sich etwa in *S. Batzdorff*, Edith Stein – meine Tante, 163; *dies.*, Aus dem Leben einer jüdischen Familie – Tante Ediths Vermächtnis an ihre Nachkommen, in: *W. Herbstrith* (Hg.), Erinnere dich – vergiß es nicht. Edith Stein – christlich-jüdische Perspektiven (Annweiler 1990) 41–64, hier 57; *A. MacIntyre*, Edith Stein, 148–153, und *N. Fuchs-Kreimer*, Sister Edith Stein. A Rabbi reacts, 176.

[477] *F. G. Friedmann*, So nicht! Zur Seligsprechung Edith Steins, 140 f.

Dialogik auf ihre „biblisch akzentuierte Neufassung der Anthropologie" zurück, „die keine biologischen Daten zu überhöhen versuchte, sondern aus dem Logos/Dialogos zum Personalismus vorstieß: Der Mensch werde Person durch Anruf und Wort."[478] Dabei ist der ideengeschichtliche Kontext zu beachten: So hatte der junge Buber die Erfahrung des Auseinanderfallens der Wissenschaften und der stetig wachsenden Popularität eines unreflektierten Positivismus gemacht. Zugleich erlebte er den Idealismus als hohl; der Platz einer sinngebenden Mitte blieb unbesetzt. Angesichts des Schocks des Weltkriegs war dann nicht mehr zu übersehen, dass diese philosophische Folie einer Kapitulation gleichkam, dem Eingeständnis, keine Antworten auf die Fragen der Menschheit zu haben. Es war kein Zufall, dass Buber erstmals mitten im Krieg skizzierte, was es bedeutet, wenn der andere Mensch *als* der Andere in den Blick kommt. Im Jahr 1919 schließlich schrieb er *Ich und Du* nieder, vier Jahre später wurde das Werk veröffentlicht. Schon während der Niederschrift hatte er einen Vorabdruck von Ebners *Das Wort und die geistigen Realitäten. Pneumatologische Fragmente* zur Kenntnis genommen; ebenso kannte er den *Stern der Erlösung*, den Rosenzweig gleich nach seiner Heimkehr aus dem Weltkrieg, in der Zeit von August 1918 bis März 1919, geschrieben und im Jahr 1921 publiziert hatte.[479]

Buber war überzeugt, dass es „kein Ich an sich" gebe, „sondern nur das Ich des Grundworts Ich-Du und das Ich des Grundworts Ich-Es."[480] Das Ich-Du aber könne nur „mit dem ganzen Wesen gesprochen werden", es stifte die Welt der Beziehung, und mehr noch: „Ich werde am Du; Ich werdend spreche ich Du. Alles wirkliche Leben ist Begegnung."[481] Dabei geht es nicht um eine mystische *Verschmelzung*, wie er noch in den *Ekstatischen Konfessionen* (1909) geglaubt hatte, in denen er die Upanischaden, Platon, Jesus, die Mystik von Helfta und das Judentum nebeneinandergestellt hatte. In *Ich und Du* setzt er statt auf Mystik auf die Dialogik. Nicht die *Aufgabe* des Ich sei das Ziel, sondern die *Dynamik der Beziehung*.[482]

---

[478] *H.-B. Gerl-Falkovitz*, Unerbittliches Licht, 53.

[479] Zu dieser Übersicht vgl. *B. Casper*, Nachwort, in: *M. Buber*, Ich und Du (Stuttgart 1995) 131–142, hier 133–135. Vgl. hierzu ausführlich *ders.*, Das dialogische Denken, bes. 328–339.

[480] *M. Buber*, Ich und Du, 4.

[481] Beide Zitate ebd., 11 f. Vgl. hierzu die Analyse der Grundworte *Ich – Es* und *Ich – Du* in *A. Anzenbacher*, Die Philosophie Martin Bubers (Wien 1965) 43–63.

[482] Vgl. *H.-B. Gerl-Falkovitz*, Unerbittliches Licht, 222 f. Vgl. auch die Kritik des spä-

Auch Edith Stein hat diese Differenz immer betont, und zwar im Blick auf das Verhältnis von Mensch zu Mensch *und* das von Mensch und Gott:

(1) So unterscheidet sie in ihrer Dissertation zwischen der *Einfühlung* und dem *Einssein* von Menschen. Im Fall der Einfühlung mache die Begegnung des Ich mit dem Du, dem *anderen Ich,* die Individualität des eigenen Ich erst erfahrbar: „[S]eine Selbstheit kommt zur Abhebung gegenüber der Andersheit des andern."[483] Aber auch für den Fall des Einsseins, „wenn dasselbe individuelle Gefühl in allen lebt und das ‚Wir' als sein Subjekt erlebt"[484] wird, stellt sie klar: „Dieses Einssein bedeutet [...] keine Auslöschung der Einzelsubjekte. ‚Ich' und ‚du' und ‚er' bleiben im ‚wir' erhalten."[485]

(2) Diese Klarheit in der Frage des Fortbestands der Individualität behält Edith Stein auch in Glaubensdingen bei. In *Freiheit und Gnade* lässt sie keinen Zweifel daran aufkommen, dass die Individualität der Seele auch dann in vollem Umfang gegeben sei, wenn sich der Mensch dem Reich der Höhe anschließt.[486] Und in ihrer Interpretation der Seelenburg Teresas von Ávila – in deren siebter und letzter Wohnung es um die dauernde Vereinigung der Seele mit Gott geht, aber auch die Erfahrung der „wonnevollen Entflammung"[487] und „Ekstase, in der die natürliche Tätigkeit der äußeren und inneren Sinne sowie der geistigen Kräfte aufgehoben ist"[488] – betont sie, dass die Menschenseele keineswegs nur der Einwohnung Gottes diene, sondern dass ihre Aufgabe darin bestehe, „die ganze geschaffene Welt erkennend und liebend aufzunehmen".[489] Mystik und Weltoffenheit gehören demnach zusammen. Das Eingehen der Seele

---

ten Buber an einer Mystik, die eine „Einheit ohne Zweiheit" (*M. Buber,* Ich und Du, 82.) propagiert, und hier vor allem an der buddhistischen Versenkungslehre: „Alle Versenkungslehre gründet in dem gigantischen Wahn des in sich zuückgebognen menschlichen Geistes: er geschehe im Menschen. In Wahrheit geschieht er vom Menschen aus – zwischen dem Menschen und Dem, was nicht er ist. Indem der zurückgebogne Geist diesem seinem Sinn, diesem seinem Beziehungssinn absagt, muß er Das, was nicht der Mensch ist, in den Menschen hereinziehen, er muß Welt und Gott verseelen. Dies ist der Seelenwahn des Geistes." Ebd., 89. Siehe ausführlich auch ebd., 85–91.

[483] PE, 54.

[484] PE, 29.

[485] Ebd. Dabei ist evident, dass sich die wahre Erfahrung des Anderen nicht im Einsfühlen, sondern in der Einfühlung vollzieht.

[486] Vgl. Kap. 3.1.1. und FG, 29.

[487] EES, 512.

[488] Ebd., 514.

[489] Ebd., 520.

in Gott sei die Voraussetzung des reifen Ausgehens der Seele in die Welt. „[N]ur von der letzten Tiefe der Seele aus, gleichsam vom Mittelpunkt des Schöpfers", sei „ein wirklich entsprechendes Bild der Schöpfung zu gewinnen". Und so sei auch die ekstatische Entrückung „nicht Ziel, sondern Weg", denn das, was zunächst sündhaft in die Welt verstrickt war, muss aus dem *verkehrten* Modus der Bindung gelöst werden, um sich in neuer Weise öffnen zu können.[490]

Vor diesem Hintergrund gelten die Worte, mit denen Gerl-Falkovitz den dialogischen Ansatz Martin Bubers würdigt, genauso auch für Edith Stein. Buber setze nämlich, so Gerl-Falkovitz, „auf die bleibende, ja beseligende Differenz zwischen Subjekt und Objekt der mystischen Erfahrung und wird so selbst ein Beispiel für eine Mystik-Theorie vor dem Hintergrund jüdischer und, man darf hinzufügen, christlicher Schriftauslegung."[491]

Mit Hilary Putnam seien an dieser Stelle zudem zwei Missverständnisse angesprochen, die in der Buber-Rezeption verbreitet sind und deren Auflösung auch im Blick auf Edith Stein aufschlussreich ist.

(1) So ist es nämlich keineswegs der Fall, dass Buber das Grundwort Ich-Du einfachhin als *gut* und das Grundwort Ich-Es als *schlecht* charakterisiert. Er kennt auch „das dämonische Du der Millionen, das nicht antwortende, das auf Du mit Es antwortende"[492] Du der Diktatoren. Als Beispiel nennt er, zehn Jahre vor der Machtergreifung der Nationalsozialisten, die Person Napoleon Bonapartes. Bei diesem habe an erster Stelle die Verbundenheit *mit einer Sache* gestanden, ein echtes Du sei von ihm nicht ausgegangen, obwohl die Massen ihn ganz unmittelbar verehrt hätten.

Wichtiger als dieser Spezialfall ist allerdings die Frage nach dem Ich-Es, das häufig nur pejorativ gelesen wird. Dazu Putnam: „This is not just a misreading of one or two passages; *it literally misses the point of the entire book.*"[493] Was meint er damit? Der *Telos* vollendeter menschlicher Existenz, so Putnam, besteht bei Buber gerade nicht darin, eine Ich-Du-Relation – sei es im Blick auf Gott oder eine oder mehrere menschliche Personen – anzustreben und darin zu verharren. In diesem Fall würde nämlich nicht zuletzt Bubers eigene Kritik am Buddhismus,

---

[490] Vgl. hierzu, einschl. der Zitate, ebd.
[491] *H.-B. Gerl-Falkovitz*, Unerbittliches Licht, 224.
[492] *M. Buber*, Ich und Du, 66. Vgl. *H. Putnam*, Jewish Philosophy as a Guide to Life. Rosenzweig, Buber, Levinas, Wittgenstein (Bloomington – Indianapolis 2008) 62–64.
[493] Ebd., 62.

der die Tendenz habe, das Ziel des Menschseins außerhalb der normalen Welt zu verorten, auf ihn selbst zurückfallen. Stattdessen gelte:

> „Buber's ‚I-You' relation is one that can only be of short duration, but its significance is that after one has had an ‚I-You' relation with the divine, the ‚It-World' is transformed. There are, so to speak, two sorts of ‚I-It' relations: *mere* ‚I-It' relations and *transformed* ‚I-It' relations."[494]

Die Parallele dieser Deutung zur oben aufgezeigten Teresa-Interpretation Edith Steins ist frappierend, geht es doch auch hier darum, dass die Ich-Du-Beziehung mit Gott die Wahrnehmung der Welt auf Dauer verändert. Obwohl die unmittelbaren Ansprachen Gottes an die Seele nach teresianischem Verständnis oftmals nur kurz und oft unerwartet sind, wirken sie doch „sehr lange" nach und entschwinden „manchmal gar nie mehr dem Gedächtnis".[495] Der Buber'sche Ansatz, die Welt jenseits des Ich nicht abzuwerten, sondern neu zu begreifen, hängt aber zweifellos auch mit seinem anti-idealistischen Grundverständnis zusammen. Demnach erfolgt die Entstehung und Aufhebung der *Welt* weder *in* noch *außerhalb* des Subjekts, sondern „immerdar, und ihr Geschehen hängt auch mit mir, mit meinem Leben […] zusammen". Dabei gehe es aber nicht darum, „ob ich die Welt in meiner Seele ‚bejahe' oder ‚verneine'", sondern darum, „wie ich meine Seelenhaltung zur Welt zu Leben, zu welteinwirkendem Leben, zu Wirklichem Leben werden lasse":[496]

> „Nur wer an die Welt glaubt, bekommt es mit ihr selbst zu tun; und gibt er sich dran, kann er auch nicht gottlos bleiben. […] Wer wahrhaft zur Welt ausgeht, geht zu Gott aus. Sammlung und Ausgehn, beide wahrhaft, das Ein-und-andre, welches das Eine ist, tut not. Gott umfaßt das All, und ist es nicht; so aber auch umfaßt Gott mein Selbst, und ist es nicht."[497]

(2) Hieran schließt das zweite populäre Missverständnis der Interpretation von *Ich und Du* an, nämlich die Auffassung, dass Buber in erster Linie Aussagen über das Menschsein in seiner zwischenmenschlichen Dimension mache und im Grunde keine Substanz verloren gehe, wenn man die Gottesfrage wegstreiche: „[A]ll that stuff about God can be

---

[494] Ebd., 63. „Bubers Ich-Du-Beziehung ist grundsätzlich nur von kurzer Dauer, aber ihre [*eigentliche*] Bedeutung liegt darin, dass die Ich-Du-Beziehung [*des Menschen*] zu Gott hin zugleich seine Es-Welt transformiert. Es gibt also im Grunde zwei Varianten von Ich-Es-Beziehungen: *bloße* Ich-Es-Beziehungen und *transformierte* Ich-Es-Beziehungen."

[495] *Teresa v. Ávila*, Seelenburg, 6. Whg., 3. Kap, zitiert nach EES, 513.

[496] M. *Buber*, Ich und Du, 90.

[497] Ebd., 90 f.

ignored."[498] Damit aber verfehle man, so Putnam, den Kern von Bubers Originalität, die vor allem eine *theologische* sei. Der Gedanke der Intersubjektivität *allein* werde auch bei anderen Denkern eindrucksvoll aufgezeigt; bei Buber aber weise die Ich-Du-Beziehung zweier Freunde weit über die Freundschaft als solche hinaus, und zwar idealerweise auf das göttliche Sein, auf das endgültige Du. Die theologische Kernaussage Bubers wäre dann, dass eine bloß theoretische Annäherung an das Wesen Gottes grundsätzlich zum Scheitern verurteilt ist und die einzige Möglichkeit, Gott angemessen ins Wort zu bringen, darin besteht, *mit* ihm zu sprechen – oder, anders formuliert, in eine Ich-Du-Beziehung einzutreten, die alle weiteren Ich-Du-Beziehungen mit einschließt und vollendet:

> „Die Beziehung zum Menschen ist das eigentliche Gleichnis der Beziehung zu Gott: darin wahrhafter Ansprache wahrhafte Antwort zuteilwird. Nur daß in Gottes Antwort sich alles, sich das All als Sprache offenbart."[499]

Dass sich von hier aus Parallelen zur Philosophie und Theologie Edith Steins ziehen lassen, liegt auf der Hand. Von der anti-idealistischen Grundhaltung, die jenseits der Phänomenologie des Ich auch die Welt als solche ernst nimmt, über die herausragende Bedeutung der Intersubjektivität bis zur Analogie zwischen der Relationalität des kontingenten Seins und *dem einen* Sein Gottes und schließlich der verwandelnden Kraft des als Ich-Du-Beziehung erfahrenen Glaubens für das Verständnis der Welt und die Entfaltung eines eigentlichen Menschseins könnte man vielem im Detail nachgehen. Besonders deutlich wird die Ähnlichkeit der beiden Ansätze angesichts der Nähe Edith Steins zum Theologieverständnis des Dionysius Areopagita. Die positive Rede über Gott, die an der Erfahrung der Schöpfung anknüpft, dem geheimnisvollen Buch der Symbolischen Theologie des Ur-Theologen, steht hier nur am Anfang der Erkenntnis. Die *echte* Erfahrung des Ewigen verlangt dann aber das in-

---

[498] H. *Putnam,* Jewish Philosophy as a Guide to Life, 64.
[499] M. *Buber,* Ich und Du, 99. Vgl. auch ebd., 65. Hieraus folgt auch Bubers Kritik an der „Religion" im Sinn des Es-Bereichs der Glaubensinhalte und Glaubensinstitutionen: „Das ewige Du kann seinem Wesen nach nicht zum Es werden; weil es seinem Wesen nach nicht in Maß und Grenze, auch nicht in das Maß des Unermeßlichen und die Grenze des Unbegrenzten gesetzt werden kann; weil es seinem Wesen nach nicht als eine Summe von Eigenschaften, auch nicht als eine unendliche Summe zur Transzendenz erhobener Eigenschaften gefaßt werden kann; weil es weder in noch außer der Welt vorgefunden werden kann; weil es nicht erfahren werden kann; weil es nicht gedacht werden kann; weil wir uns an ihm, dem Seienden verfehlen, wenn wir sagen: ‚Ich glaube, daß er ist' – auch ‚er' ist noch eine Metapher, ‚du' aber nicht." Ebd., 108. Vgl. hierzu ausführlich A. *Anzenbacher,* Die Philosophie Martin Bubers, 69–73.

nere Berührtwerden, die Begegnung, das intime Kennenlernen Gottes, ganz ohne Wort und ohne Bild.[500] In der Sprache Bubers: Die Begegnung von Ich und Du.

Bei all dem geht Edith Stein noch über die Dialogdenker hinaus, indem sie ihren Ansatz vor dem Hintergrund der griechischen und scholastischen Philosophie grundständig herleitet und den Versuch unternimmt, ein *perfectum opus rationis* zu formulieren. Aber schon in der Frage der Erkenntnistheorie kreuzen sich die Wege eindrucksvoll. So betont Francesco Tommasi zu Recht, dass „der entscheidende und wichtigste Schritt" des Denkens Edith Steins „im Aufweis der Notwendigkeit einer Ebene [*liegt*], die die natürliche Vernunft übersteigt, um außerhalb dieser die letzte Begründung zu finden."[501] An sich ist dies ein Gedanke, der im christlichen Denken weit verbreitet ist. Bei Edith Stein aber ist entscheidend, dass sie „diese Ebene als eine persönliche Beziehung, als eine Relation, die oft nach der teresianischen Tradition von ihr als Liebe und Freundschaft beschrieben wird",[502] begreift.

An dieser Stelle soll nun etwas detaillierter auf die genannten biographischen Parallelen zwischen Edith Stein und Franz Rosenzweig eingegangen und auch der *Stern der Erlösung* in den Blick genommen werden. Ausgangspunkt kann dabei der Begriff des *Baal Teschuwa* sein, des „Meisters der Umkehr", den Leo Trepp von Hermann Cohen übernimmt und auf Buber und Rosenzweig anwendet.[503] Trepp versteht unter *Teschuwa* „eine Art Pilgerreise", an deren Beginn der Zweifel, und an deren Ziel Sicherheit und Friede stehe, bei Rosenzweig ein Höchstmaß an „Selbstwahrnehmung des einzelnen Juden und des jüdischen Volkes unter Gott".[504] Von Kindheitstagen an habe Rosenzweig „nach dem inneren Zusammenhalt des Lebens"[505] gesucht, konnte ihn aber im jüdischen Glauben seiner Familie, den er als formal und äußerlich erlebte, nicht finden. Ähnlich war es Edith Stein ergangen, die in ihrem

---

[500] Vgl. WGE, 49. Siehe auch Kap. 4, Hinführung.

[501] F. V. Tommasi, „… verschiedene Sprachen redeten …", 135.

[502] Ebd.

[503] Vgl. L. Trepp, Die spirituelle Biografie von Franz Rosenzweig, 94: „Alle drei können als Baal Teschuwa bezeichnet werden. Hermann Cohen hat sich selbst als solcher bezeichnet. Martin Buber, der Mystiker, musste stets auf der Suche sein. Das Leben von Franz Rosenzweig zeigt ihn als jemanden, der sich von der Peripherie zum Kern des jüdischen Lebens – zu Gott – bewegt." Vgl. auch H.-B. Gerl-Falkovitz, Unerbittliches Licht, 53.

[504] L. Trepp, Die spirituelle Biografie von Franz Rosenzweig, 94.

[505] Ebd., 96.

Elternhaus neben dem Glauben der Mutter auch einer distanzierten Religiosität begegnet war. Wenn Rosenzweig, der als junger Student von der Medizin zur Philosophie umsattelte und sich dem Idealismus, und hier vor allem Hegel, zuwandte, „wenig Geduld mit seinen Professoren" zeigte, weil er sich, so Trepp, „den Philosophen" wünschte, „der zu denken verstand und nicht nur den Professor, der erklärte",[506] deutet sich eine ähnlich drängende Suchbewegung wie bei Edith Stein an, als diese von Breslau nach Göttingen wechselte, weil sie sich nur dort nahrhafte geistige Kost erwartete. Dies gilt umso mehr, als Rosenzweig später mehr und mehr an der Erklärungskraft des Idealismus zweifelte und einen „Hunger nach Religion" verspürte, „die allein zum Letztendlichen führen kann".[507]

Während des Weltkriegs, den er als Soldat zeitweise in Mazedonien verbrachte, traf er erstmals in seinem Leben auf jüdische Gemeinschaften, die ihren Glauben in einer Weise praktizierten, dass dieser ihnen äußerer und innerer Halt sein konnte. Von dieser Erfahrung beeindruckt formulierte er noch von der Front aus, während eines Einsatzes als Fliegerbeobachter auf dem Berg Dub nahe des Dojransees, die berühmte Denkschrift *Zeit ists* und machte sie in Form eines offenen Briefs an Cohen publik.[508] Angesichts der Tatsache, dass weite Teile der jüdischen Bevölkerung in Deutschland „den bewußt jüdischen Charakter *des Hauses* allermeist schon in einer der letzten drei Generationen preisgegeben haben",[509] benannte er hier die Eckpunkte einer Bildungsoffensive zur geistigen und geistlichen Erneuerung jüdischen Lebens: von der organisatorischen und inhaltlichen Restrukturierung des Religionsunterrichts an öffentlichen Schulen – für die er gleich die Skizze eines Lehrplans mitlieferte, der sich wieder an das genuin Jüdische heranwagte –, über die theologische Lehrerbildung, die Errichtung einer jüdisch-theologischen Fakultät an einer Universität bis hin zum Aufbau einer groß angelegten Akademie der Wissenschaft des Judentums. Die Lösung des Bildungsproblems „auf allen Stufen und in allen Formen" betrachtete er als *die* „jü-

---

[506] Ebd.
[507] Ebd.
[508] *F. Rosenzweig*, Zeit ists … (Ps. 119,126) Gedanken über das jüdische Bildungsproblem des Augenblicks, in: *Ders.*, Der Mensch und sein Werk. Gesammelte Schriften, Bd. 3, Zweistromland. Kleinere Schriften zu Glauben und Denken, hg. v. *R. u. A. Mayer* (Dordrecht 1984) 461–481. Vgl. hierzu auch das Begleitschreiben, *ders.*, Brief an H. Cohen v. 23. 3. 1917, in: FR Briefe, 371–373.
[509] *Ders.*, Zeit ists …, 462. Eigene Hervorhebung.

dische Lebensfrage des Augenblicks".[510] Dabei ging es ihm zuvorderst um eine „neue Lebendigkeit";[511] er erhoffte sich, dass die Juden wieder zu einem Glauben fänden, der ihnen Kraft gibt.[512] Ebenso wie später für Edith Stein, die nach der intellektuellen Initialzündung gestärkt durch das Glaubenszeugnis anderer *und* ihre Kriegs- und Krisenerfahrungen zum Glauben fand, stand, wie Trepp betont, für Rosenzweig fest: „Philosophie allein reicht nicht aus."[513]

Edith Stein hatte dem Kantianismus schon zu Beginn ihres Studiums misstraut; Rosenzweig vollzog eine analoge Absetzbewegung, weg von der idealistischen Geschichtsmetaphysik, erst nach Abschluss seiner Dissertation über *Hegel und der Staat* (1912).[514] Allerdings hatte er schon als junger Student ironisch angemerkt, die Vorlesungen seines späteren Doktorvaters Friedrich Meinecke seien „rasend schön" – nicht zuletzt, weil er die Geschichte behandele, „als wenn sie ein platonischer Dialog wäre und nicht Mord und Totschlag". Rosenzweigs einstweilige Begeisterung über den Hegelianismus – „Man schwebt!" – ist damit nicht weit von der *Kritik* Edith Steins an Richard Hönigswald und Eugen Kühnemann entfernt, deren Denken sie für schöngeistig und verführerisch hielt.[515] Jedenfalls haben sowohl Edith Stein als auch Rosenzweig die zeitgenössische Krise der europäischen Geisteswissenschaften, die der Desillusionierung einer ganzen Generation durch die Kriegserfahrung, dem mit Händen zu greifenden Wertevakuum und dem Siegeszug des Positivismus nichts entgegenzusetzen hatte, in existenzieller Unmittelbarkeit als eine solche erlebt.

Die Folge war die Hinwendung beider zu einem Denken, das konstitutiv auch Fragen der Theologie mit einschließt. Allerdings markiert die

---

[510] Ebd., 480.
[511] Ebd., 478.
[512] Vgl. *L. Trepp*, Die spirituelle Biografie von Franz Rosenzweig, 97.
[513] Ebd., 98.
[514] Vgl. *R. Mayer*, Einführung, in: *F. Rosenzweig*, Der Mensch und sein Werk. Gesammelte Schriften, Bd. 2, Der Stern der Erlösung (Haag [4]1976) = Sigel: Stern, IX–XXXVII, hier X f.
[515] Alle Zitate *F. Rosenzweig*, Brief an H. Ehrenberg v. Ende Oktober/Anfang November 1908, in: FR Briefe, 88. Vgl. auch Kap. 1.1.2. Zur intellektuellen Entwicklung Rosenzweigs vgl. *P. Mendes-Flohr*, Introduction: Franz Rosenzweig and the German Philosophical Tradition, in: *Ders.* (Hg.), The Philosophy of Franz Rosenzweig (Hanover, NH – London 1988) 1–19. Vgl. auch den knappen Überblick in *G. Scholem*, Franz Rosenzweig und sein Buch „Der Stern der Erlösung", 526–528. Rosenzweig sei, so Scholem, am Ende „heil und unbeschadet aus diesem Zauberkreis" (des Hegel'schen Idealismus) herausgekommen. Ebd., 527.

Christliche Philosophie Edith Steins im Spannungsfeld von Phänomenologie, Schulthomismus und zeitgenössischer Thomasforschung ebenso ein
Denkmodell *sui generis* wie der Ansatz Rosenzweigs im *Stern der Erlösung,*
der ja nicht nur vor dem Hintergrund der zeitgenössischen Philosophie und
Theologie im Allgemeinen, sondern besonders der Theologie, „von der Bedeutung her, die sie im Volk Israel in dieser Zeit besitzt",[516] zu verstehen ist.
Ein valider Vergleich würde daher weitreichende Untersuchungen zu den
jeweiligen religionsphilosophischen Traditionen, zum Offenbarungsbegriff
oder auch dem Sprachdenken voraussetzen. Dennoch ist es angesichts der
genannten Unterschiede nicht nur *prima facie* bemerkenswert, wie weit die
inhaltlichen Analogien und ideengeschichtlichen Verwandtschaften rei-
chen. Wenn Gershom Scholem betont, dass es Rosenzweig um eine „ver-
nichtende Kritik", einen „Krieg dem Idealismus, bis aufs Blut"[517] gegangen
sei, da nur so das „lebendig existierende Ich" in den Blick komme, worunter er gerade nicht das „Ich als transzendentales Subjekt der idealistischen
Deduktion" verstanden habe, liegt der Vergleich mit dem langjährigen
Dauerthema Edith Steins, der Idealismus-Realismus-Frage im Kontext der
phänomenologischen Debatte, auf der Hand. Ebenso wie den Göttinger
Phänomenologen ging es Rosenzweig um das „,Gegebene', das den Idealis-
ten sozusagen unangenehm berührt".[518]
Ähnlich sieht es mit der Auffassung aus, dass die Reichweite philosophischer Erkenntnis begrenzt ist. Scholem über den Standpunkt Rosenzweigs:

> „Die Philosophie beansprucht, das Wesen der Welt zu kennen, und gibt nicht
> zu, daß in der Allheit, welche sie denkt, etwas fehle. Kann wirklich alles ge-
> dacht werden? Ist dies der Trost der Philosophie für den Menschen von
> Fleisch und Blut, den die Angst vor dem Tode erschüttert, daß wir ihm sagen,
> wir hätten uns bereits auf den Tod vorbereitet und ihn dadurch überwunden,
> daß wir ihn denken?"[519]

Von hier aus ist es nicht weit zu Edith Steins Kritik an einer Philosophie,
die es für ihre Pflicht hält, „sich auf das ‚natürliche Licht' der Vernunft zu
beschränken" und „nicht über die Welt der natürlichen Erfahrung hi-
nauszugreifen".[520] Dieser Weg führe unweigerlich in ein „Versanden im
Materialismus". Selbst Immanuel Kant, und mit ihm die ganze Tradition,

---

[516] Ebd., 529.
[517] Ebd., 529 f.
[518] Alle Zitate ebd., 531.
[519] Ebd., 530.
[520] EES, 13.

die sich auf ihn berief, sei am Ende nicht in der Lage gewesen, dies zu verhindern.[521]

Gershom Scholem beschreibt die Theologie Rosenzweigs als eine Disziplin, „die sich mit den innersten und dunkelsten Wünschen des Menschen beschäftigt", und deren Ziel es sei, „den Pfad des Geschaffenen zum Schöpfer hin" aufzudecken, im Sinn einer „Wissenschaft von den ewigen Fragen, von Liebe und Willen, Weisheit und Kraft, [...] nach Gerechtigkeit und Tod, Schöpfung und Erlösung".[522] Dies entspricht zwar nicht dem kirchlich geprägten Theologiebegriff Edith Steins, findet sich aber dennoch spiegelbildlich in *Endliches und ewiges Sein* wieder, wenn dort die Verwiesenheit allen Seins auf das reine Sein ausführlich diskutiert und die *analogia entis* zur Grundmaxime des Verstehens erhoben wird. Darüber hinaus ist Edith Stein, wie gesehen, bereit, gegen die philosophische Tradition – und stärker noch als Thomas – unmittelbar religiöse Glaubenssätze in den Diskurs aufzunehmen. Damit beschreitet sie einen Weg, der zumindest dem Anliegen Rosenzweigs nahe ist, der sich gegen jene, so Scholem, *verwässerte Theologie* zur Wehr setzt, die sich „dazu hergab, der Philosophie als äußerste Grenze zu dienen, als eine Art Schmuckstein auf den Dächern mächtiger Bauten, anstatt sich auf ihre eigenen Maße und Elemente zu gründen".[523]

Rosenzweig beschreibt die Aufgabenverteilung von Philosophie und Theologie – im Blick auf die Ergründung des Seins und besonders die Hinordnung des Kontingenten auf das Ewige – in einer Weise, die sich wie eine Einführung in grundlegende Prinzipien liest, die Edith Stein in *Endliches und ewiges Sein* realisiert:

> „Die Philosophie also wird heute von der Theologie herbeigerufen, um, theologisch gesprochen, eine Brücke zu schlagen von der Schöpfung zur Offenbarung [...]. Von der Theologie aus gesehen, ist also das, was die Philosophie ihr leisten soll, nicht etwa die Nachkonstruktion des theologischen Inhalts, sondern seine Vorwegnahme oder vielmehr richtiger seine Grundlegung, das Aufzeigen der Vorbedingungen, auf denen er ruht."[524]

Insofern liegt es nahe, dass Rosenzweig zum Beginn des ersten Hauptteils des *Sterns* die Losung „in philosophos!" und für den zweiten Hauptteil „in theologos!" ausgibt.[525] Nur so, in der Verbindung philosophischen

[521] Vgl. ebd., 14.

[522] G. *Scholem*, Franz Rosenzweig und sein Buch „Der Stern der Erlösung", 532.

[523] Ebd.

[524] Stern, 119.

[525] Vgl. ebd., 3 und 103.

und theologischen Denkens, glaubt er, den Weg vom Tod zum Leben gehen zu können. Dabei sei an die ersten Sätze seines großen Werkes erinnert:

> „Vom Tode, von der Furcht des Todes, hebt alles Erkennen des All an. Die Angst des Irdischen abzuwerfen, dem Tod seinen Giftstachel, dem Hades seinen Pesthauch zu nehmen, des vermißt sich die Philosophie. Alles Sterbliche lebt in dieser Angst des Todes, jede neue Geburt mehrt die Angst um einen neuen Grund, denn sie mehrt das Sterbliche."[526]

Am Ende des *Sterns* aber stehen Glaube, Vertrauen und Leben: „Einfältig wandeln mit deinem Gott – nichts weiter wird da gefordert als ein ganz gegenwärtiges Vertrauen. Aber Vertrauen ist ein großes Wort. [...] Wohinaus [...] öffnen sich die Flügel des Tors? Du weißt es nicht? Ins Leben."[527] Dieser Schlussakkord philosophisch-theologischer Systematik korrespondiert mit jener *einfachen Wahrheit,* die Edith Stein als die zentrale Botschaft ihres öffentlichen Wirkens betrachtet hat, nämlich wie man es anfangen kann, sich der χειραγωγία Gottes anheimzugeben und an der Hand des Herrn zu leben.[528]

Zugleich erinnert Rosenzweigs Kampfansage an die Vorstellung einer fundamentalen Relevanz der Angst vor dem Tod, die weder durch Philosophie noch die Geburt neuen Lebens überwunden werden kann, an Edith Steins *Heidegger-Kritik.*[529] Damit stellt sich die Frage, ob auch der Ansatz Rosenzweigs sinnvollerweise in Relation zum frühen Heidegger zu lesen ist. Steht hier – ebenso wie bei Edith Stein – die Geschöpf-

---

[526] Ebd., 3.

[527] Ebd., 472.

[528] Vgl. Kap. 4.2.1.

[529] Zunächst allerdings wendet Rosenzweig sich gegen die Antwort, die der Idealismus in der Frage des Todes anbietet: „Die Angst des Irdischen soll von ihm genommen werden nur mit dem Irdischen selbst. Aber solang er auf der Erde lebt, soll er auch in der Angst des Irdischen bleiben. Und die Philosophie betrügt ihn um dieses Soll, indem sie den blauen Dunst ihres Allgedankens um das Irdische webt. Denn freilich: ein All würde nicht sterben und im All stürbe nichts. Sterben kann nur das Einzelne, und alles Sterbliche ist einsam. Dies, daß die Philosophie das Einzelne aus der Welt schaffen muß, diese Ab-schaffung [sic] des Etwas ist auch der Grund, weshalb sie idealistisch sein muß. Denn der ‚Idealismus‘ mit seiner Verleugnung alles dessen, was das Einzelne vom All scheidet, ist das Handwerkszeug, mit dem sich die Philosophie den widerspenstigen Stoff so lange bearbeitet, bis er der Umnebelung mit dem Ein- und Allbegriff keinen Widerstand mehr entgegensetzt. Einmal in diesen Nebel alles eingesponnen, wäre freilich der Tod verschlungen, wenn auch nicht in den ewigen Sieg, so doch in die eine und allgemeine Nacht des Nichts. Und es ist der letzte Schluß dieser Weisheit: der Tod sei – Nichts." Stern, 4.

lichkeit gegen die Geworfenheit, das Zugehen auf Erlösung gegen die Angst zum Tode? Die Antwort auf diese Frage könnte die These stützen, dass die Parallelen im Denken Edith Steins und Franz Rosenzweigs trotz ihrer so unterschiedlichen philosophischen Durchführung nicht nur äußerlicher Natur sind.

An dieser Stelle sei auf die inzwischen klassische komparative Studie verwiesen, die Karl Löwith Jahr 1942 zu Rosenzweig und Heidegger verfasst hat.[530] Löwith war in jungen Jahren von München aus nach Freiburg gekommen, um bei Husserl zu studieren. Damals, im Frühjahr 1919, war es gerade ein Jahr her, dass Edith Stein ihre Assistentenstelle gekündigt hatte. Löwiths „eigentlicher Lehrer",[531] bei dem er sich auch habilitierte, wurde dann aber Heidegger. Löwith jedenfalls zeigt auf, dass sowohl Rosenzweig als auch Heidegger vom selben Ausgangspunkt starten, indem sie auf allen – ihrer Auffassung nach überflüssigen – Ballast verzichten, der sich im Lauf der Ideengeschichte angesammelt hat, und der Zielvorgabe folgen, zur Wahrheit des menschlichen Seins vorzustoßen.[532] Dabei lässt auch Löwith keinen Zweifel an der Meisterschaft aufkommen, mit der Heidegger das alltägliche Leben des Menschen analysiert. Die entscheidende Divergenz zwischen Rosenzweig und Heidegger sieht er denn auch weniger in der Analyse des Ich als solchem als in der Bedeutung *des Anderen* begründet – welcher indirekt allerdings doch wieder entscheidend für das Verständnis des Ich ist. Heidegger verkenne, so Löwith, die konstitutive Reziprozität mensch-

---

[530] Vgl. *K. Löwith*, M. Heidegger und F. Rosenzweig. Ein Nachtrag zu *Sein und Zeit*, in: *Ders.*, Sämtliche Schriften, Bd. 8, Heidegger – Denker in dürftiger Zeit. Zur Stellung der Philosophie im 20. Jahrhundert, hg. v. *K. Stichweh* (Stuttgart 1984) 72–101. Orig.: M. Heidegger and F. Rosenzweig or Temporality and Eternity, in: Philosophy and Phenomenological Research, Bd. 3 (1942) 53–77. Vgl. hierzu auch *M. Heidegger* u. *K. Löwith*, Briefwechsel 1919–1973, hg. u. kommentiert v. *A. Denker* = Martin Heidegger Briefausgabe, Bd. 2 (Freiburg i. Br. 2017).

[531] *Ders.*, Mein Leben in Deutschland vor und nach 1933. Ein Bericht (Stuttgart – Weimar 2007) 29.

[532] Vgl. hierzu *ders.*, M. Heidegger und F. Rosenzweig, 74 f.: „Ihr Ausgangspunkt ist derselbe: der nackte Mensch in seiner endlichen Existenz, wie er allem Kulturbestande vorausgeht. In ihrem Willen zum Rückgang auf das Ursprüngliche und Wesentliche einer elementaren Erfahrung begegnen sich beide im selben Geiste der Zeit […]. Statt des Vielen wollten sie wieder das Eine, nämlich das ,Eine das not tut', in einer Zeit, die auf Entscheidungen drängte, weil die überkommen Inhalte der modernen Kultur überhaupt nicht mehr feststanden. Beide fragen zuerst und zuletzt nach der ,*Wahrheit*' der menschlichen Existenz, beide handeln vom *Menschen* und von der *Welt*, vom *Logos* als *Sprache* und von der *Zeit*."

lichen Seins.[533] Hinzu komme, dass Rosenzweig mit der *zweiten Person,*
dem Du – ebenso wie Buber –, nicht nur den Mitmenschen, sondern auch
und vor allem Gott meine:

> „Die prinzipielle Bedeutung des rechten Begriffes vom Du beschränkt sich
> nicht auf das Verhältnis des Menschen zum Mitmenschen und damit zur Mit-
> welt, sondern sie erweist sich erst recht im Hinblick auf Gott. Indem Gott
> Adam anruft: ‚Wo bist du?‘, erschließt sich dem Menschen von Gott her
> sein eigenes ‚Hier bin ich‘. Das Ich ist zunächst verschlossen und stumm, es
> wartet auf einen Anruf und Anspruch, der unmittelbar von Gott her und mit-
> telbar vom Nächsten ertönt."[534]

Es geht hier also um mehr als nur darum, dass das Mit-Sein grundlegend
für die menschliche Existenz ist. Löwith erkennt in Rosenzweigs Betonung der religiösen Dimension eine Art antizipierten Kommentar zu dessen späterer Bibelübersetzung. Dies erinnert ein weiteres Mal an Edith
Stein, die ja ebenfalls die Gemeinschaftlichkeit des Menschseins vom
Gottesbild aus erläutert – dem alttestamentlichen Gottesnamen *Ich bin
der Ich bin* und dem christlichen Gottesverständnis der Trinität. Während der Gottesname aus Exodus deutlich macht, dass Gott nicht nur erstes Sein oder *actus purus,* sondern *das Sein in Person* ist, arbeitet Edith
Stein anhand des Dreifaltigkeitsbekenntnisses heraus, dass und in welcher Weise dem endlichen Ich ein Du im Sinn eines anderen Ich gegen-
übersteht, mit dem das Ich ein Wir bildet. Diese Einheit aber sei

> „eine höhere Einheit als die des Ich. Es ist – in seinem vollkommensten Sinn –
> eine Einheit der Liebe. Liebe als Jasagen zu einem Gut ist auch als Selbstliebe
> eines Ich möglich. Aber Liebe ist mehr als solches Jasagen, als ‚Wertschät-
> zung‘. Sie ist Selbsthingabe an ein Du und in ihrer Vollendung – auf Grund
> wechselseitiger Selbsthingabe – Einssein."[535]

Wie bereits angedeutet, betont Edith Stein in diesem Zusammenhang
auch – und zwar ausdrücklich gegen die theologische Tradition –, dass
die Trinität das Urbild einer jeden echten Gemeinschaft ist.[536] Hier zeigt
sich einmal mehr, wie wichtig ihr der Topos der Gemeinschaftlichkeit
menschlichen Seins ist, die sich von Gott her denken und phänomenologisch beschreiben lässt. Dies ist insofern bemerkenswert, als Edith Stein
in ihrem trinitätstheologischen Diskurs ja zunächst durchaus an Augustinus anknüpft, dann aber keine historisch-kritische Interpretation von *De*

---

[533] Vgl. ebd., 81.
[534] Ebd., 82.
[535] EES, 299. Vgl. Anm. 889 sowie Kap. 3.2.1.3.
[536] Vgl. Kap. 3.2.2.3.

trinitate vorlegt – welches heute übrigens „eher von den Strukturen der Selbstreflexion und der Subjektivität her [...] als von der Intersubjektivität oder vom Dialogischen her"[537] gelesen wird. Edith Stein hingegen interpretiert den Kirchenlehrer ähnlich frei, wie sie es – zur Empörung einiger zeitgenössischer Thomisten – mit den *Quaestiones disputatae* des *Doctor Angelicus* vorexerziert hatte.[538]

Damit rückt von neuem Karl Löwiths Analyse des Verhältnisses von Rosenzweig und Heidegger in den Blick. Ein Differenzpunkt, der hier ebenfalls zu diskutieren wäre, hat seine Wurzel weniger in der Frage *des Anderen* als dem Unterschied von theozentrischem und egozentrischem Paradigma der Erkenntnistheorie.[539] Rosenzweig formuliert vor dem Hintergrund der biblischen Schöpfungsgeschichte die Überzeugung, dass *das Sein als solches* nicht zuerst *mein*, sondern *sein* Sein ist, nämlich „das Sein des ‚Ewigen', durch das alles Zeitliche da ist."[540] Heidegger hingegen folge, so Löwith, weiter einer idealistischen Spur und betrachte die Welt aus der Perspektive des Ich, obwohl er die idealistischen Schlüsselbegriffe wie *Grundlegung* oder *Erzeugung* existenzphilosophisch und mithin konkret interpretiere. Dabei stehe der Gedanke der *Erzeugung* in Konkurrenz zum Schöpfungsbegriff.[541] Hinzu kommt, dass Heideggers a-religiöse Daseinsanalyse auf die kontingente Geworfenheit des Ich und eine Potenzialität hinausläuft, die ihre Kraft als Freiheit zum Tode entwickelt. Rosenzweig hingegen setzt auf die Geschöpflichkeit und Hoffnung auf Erlösung. Nicht die Zeitlichkeit des Ich ist für ihn entscheidend, sondern „*die Zeit Gottes von Ewigkeit zu Ewigkeit* und also überhaupt ohne Zeit" – statt der „*jeweiligen Wahrheit*" der Individuen konstatiert er eine *ewige* Wahrheit.[542]

Damit formuliert er ein Gegenmodell zur Auffassung, dass die Frage des Todes ins Zentrum der Existenzphilosophie gehöre und den Schlüssel zum Verständnis des Zeitbegriffs und des menschlichen Seins bilde. Für

---

[537] R. *Kany*, Augustins Trinitätsdenken. Bilanz, Kritik und Weiterführung der modernen Forschung zu „De trinitate" (Tübingen 2007) 281.

[538] Dabei besteht ein Unterschied zum Vorgehen von Augustinus-Interpreten wie Rudolph Berlinger oder Johann Mader, die, wie Roland Kany kritisiert, „zuviel Ebner und Buber" in Augustinus hineinlesen. (Ebd.) Edith Stein strebt keine Augustinus-Interpretation im eigentlichen Sinn an, sondern wählt dessen Schriften lediglich als Ausgangspunkt für weiterführende Überlegungen.

[539] Vgl. hierzu HTh, 129–131. Siehe auch Kap. 2.1.3.

[540] K. *Löwith*, M. Heidegger und F. Rosenzweig, 82.

[541] Vgl. ebd., 83.

[542] Vgl. ebd., 85.

Rosenzweig ebenso wie für Edith Stein erscheint die Frage der Angst, des Todes und des Wissens um das eigene Geworfensein in neuem Licht, wenn sie im Glauben an den ewigen Gott diskutiert wird, der alles Seiende erschaffen hat und Erlösung verheißt. Statt auf Angst und Individualisierung – auch Löwith betont: „Das Sein-zum-Tode, und noch konkreter die Todes-Angst, vereinzeln den Menschen ganz auf sich selbst und sein eigenes In-der-Welt-sein."[543] – setzen beide darauf, dass, ausgehend von der Beziehung von Schöpfer und Geschöpf, Gott und Mensch, eine zwischenmenschliche *Communio* konstituiert und der Andere als Du für die Existenz des Ich maßgeblich wird. Dabei weicht die Angst der Hoffnung und der Tod dem Leben.

Der Evangelist Johannes bringt dies mit dem Wort *Die Wahrheit macht euch frei* (Joh 8,32) zum Ausdruck. Schon in *Freiheit und Gnade* hatte Edith Stein betont, dass echte Freiheit nur in einem Leben vom Reich der Gnade her möglich sei; in *Endliches und ewiges Sein* bekommt diese These vor dem Hintergrund der Philosophie Heideggers eine noch kräftigere Färbung. Die *Wahrheit* – bei Edith Stein wie bei Rosenzweig: die Wahrheit Gottes – steht für die Berufung des Menschen zu Freiheit, Leben und Hoffnung, die nicht erst im Angesicht des Todes und nicht allein aus eigener Kraft erkämpft werden muss. Die Wahrheit steht hier also *vor* und *über* allem. Darauf spielt auch Löwith an, wenn er das johanneische Wort mit Heideggers Freiheitsbegriff in *Vom Wesen der Wahrheit* kontrastiert, demnach der Mensch erst vermittels der Freiheit zu wahrem Sein vordringen könne. Hier steht nicht die Wahrheit Gottes am Anfang, sondern die Freiheit des *ek-sistierenden, entbergenden* Daseins.[544]

---

[543] Ebd., 86.

[544] Vgl. ebd., 99 f. Siehe auch HeiGA 9, 177–202, hier 190: „Der Mensch ‚besitzt' die Freiheit nicht als Eigenschaft, sondern höchstens gilt das Umgekehrte: die Freiheit, das ek-sistente, entbergende Da-sein besitzt den Menschen und das so ursprünglich, daß einzig sie einem Menschentum den alle Geschichte erst begründenden und auszeichnenden Bezug zu einem Seienden im Ganzen als einem solchen gewährt. Nur der ek-sistente Mensch ist geschichtlich." In diesem Kontext stellt Löwith – im Jahr 1942 –, ähnlich wie MacIntyre, die Verbindung zwischen Heideggers Philosophie und seinem Engagement für die nationalsozialistische Bewegung her: „This political commitment in the interest of the actual happenings of a ‚time' which is not quite so simply identical with our individual selfhood, though it might appear to approach it sometimes, was not – as naïve people thought – a deviation from the main path of his philosophy, but a consequence of his concept of historical existence which only recognizes truths that are relative to the actual and proper, thus – in view of Heidegger's own existence – ‚German being-in-posse' (*deutsches Sein-können*)." *K. Löwith*, M. Heidegger and F.

Abschließend wendet Löwith sich den eher religionstheologischen Überlegungen zu, die Rosenzweig im dritten Teil des *Sterns* entwickelt. Diese führen von der Heidegger-Debatte weg und sind zugleich geeignet, die Analyse des theologischen Gemeinschaftsbegriffs Edith Steins einen Schritt nach vorn zu bringen. Rosenzweig behauptet nämlich, dass dem Juden die *Communio* in gewisser Weise von Anfang an und anders eingeprägt sei als dem Christen, dessen Wesen und Natur stärker an die Geschichte des jeweiligen Individuums gebunden sei:

> „Des Juden [...] Wiedergeburt ist nicht seine persönliche, sondern die Umschaffung seines Volks zur Freiheit im Gottesbund der Offenbarung. Das Volk und er in ihm, nicht er persönlich als Einzelner, hat damals eine zweite Geburt erlebt. Abraham, der Stammvater, [...] hat den Ruf Gottes vernommen und ihm mit seinem ,Hier bin ich' geantwortet. Der Einzelne wird von nun an zum Juden geboren, braucht es nicht erst in irgend einem entscheidenden Augenblick seines Einzellebens zu werden. Der entscheidende Augenblick, das große Jetzt, das Wunder der Wiedergeburt liegt vor dem Einzelleben. [...] Grade umgekehrt geht es nun dem Christen. Ihm geschieht im eignen Leben eines Tags das Wunder der Wiedergeburt, ihm dem Einzelnen; dem von Naturwegen als ein Heide Geborenen kommt da Richtung in das Leben. Christianus fit, non nascitur."[545]

Rosenzweig diskutiert diesen Gedanken ausführlich und kommt zu dem Schluss, dass es den Juden – nicht zuletzt wegen der andauernden Diasporaerfahrung, des Verzichts auf eine eigene Geschichte, eine eigene Sprache, ein eigenes Land – unmöglich sei, die Erlösung *in* der Zeit anzustreben. Das jüdische Volk lebe auf Gottes Ewigkeit hin und bewege sich *zwischen* dem Irdischen und dem Ewigen.[546] Beim Christen hingegen sei die individuelle Aneignung des Christusereignisses entscheidend; dieses Geschehen erfolge *in der Zeit*. Dabei erinnert Rosenzweig an das bekannte Wort des Angelus Silesius:

Rosenzweig or Temporality and Eternity, 75 (nach dem englischen Original zitiert; der Text der Gesamtausgabe weicht hier ab).

[545] Stern, 440 f. Vgl. hierzu *K. Löwith*, M. Heidegger und F. Rosenzweig, 91 f. Die Erkenntnis, dass der Christ nicht in dem Sinn Christ ist, wie der Jude Teil des jüdischen Volkes, das Christentum also „außer" dem Christen ist, interpretiert Rosenzweig nicht unbedingt pejorativ; im Gegenteil fehle dem einzelnen Juden sogar „zumeist jene persönliche Lebendigkeit, die über den Menschen erst in der zweiten Geburt kommt, mit dem ,Überfall des Selbst'; denn so sehr das Volk das trotzig-dämonische Selbst hat, so wenig hat es der Einzelne, der vielmehr, was er als Jude ist, von der ersten Geburt her ist, gewissermaßen also von Persönlichkeits-, nicht von Charakterwegen." Stern, 441.

[546] Vgl. *K. Löwith*, M. Heidegger und F. Rosenzweig, 95.

„Das christliche Leben [...] muß die Geburt aus dem Stall von Bethlehem in sein eignes Herz verlegen. Wär' Christus tausendmal in Bethlehem geboren und wirds nicht auch in dir, so bist du doch verloren. Dies ganze Hier, das noch außerhalb ist, diese ganze Welt von Natürlichkeit, gilt es in die mit dem großen Jetzt der Wiedergeburt angehobene Reihe der Christwerdungen einzuziehen. Das christliche Leben führt den Christen ins Außen."[547]

Angesichts dieser These wirkt die Intensität, mit der Edith Stein in ihrer christlichen Seinslehre die Zentralstellung des Gemeinschaftsgedankens formuliert, wie eine unmittelbare Antwort oder wie der Versuch, den Topos des Mit-Seins und der *Communio* im Christentum ähnlich konstitutiv zu fassen, wie es der jüdische Volksbegriff von Anfang an nahelegt. Wo Rosenzweig vom Volk ausgeht, knüpft Edith Stein an das Urbild allen Seins an, das in der göttlichen Dreifaltigkeit verborgen ist:

„Es ist [...] eine ewige Bewegung in sich selbst, ein ewiges Sich-selbst-schöpfen aus der Tiefe des eigenen unendlichen Seins als schenkende Hingabe des ewigen Ich an ein ewiges Du und ein entsprechendes ewiges Sichempfangen und Sichwiederschenken."[548]

Es ist ausgesprochen eindrucksvoll, wie Edith Stein den Topos der Gemeinschaft durch die beiden Jahrzehnte ihres Christseins hinweg durchträgt und vertieft – vom „Einer für alle und alle für einen", mit dem sie vor ihrer Taufe den Wesenskern der Kirche beschreibt, bis zur immer tieferen Pro-Existenz der Hingabe und geistlichen Stellvertretung ihrer letzten Lebensjahre. Dass sie dabei konsequent religiös-heilsgeschichtlich *und* phänomenologisch-existenziell argumentiert, stellt ihren Ansatz eindrücklich neben jenen der großen jüdischen Dialogdenker. Ob es sich hier – was auf den ersten Blick nahezuliegen scheint – um ein ausdrücklich *jüdisches* Erbe handelt, das Edith Stein in ihre christliche Philosophie und Theologie übernommen hat, lässt sich kaum schlüssig beantworten. Letztlich aber ist das nicht entscheidend. Wichtiger ist, dass die Frage des Mit-Seins und dessen Bedeutung für die menschliche Existenz immer schon und durch alle Phasen hindurch in der *Biographie* Edith Steins von Bedeutung gewesen ist: von den engen familiären Bindungen über die Kriegs- und Krisenerfahrungen, das Leben in religiösen und klösterlichen Gemeinschaften bis hin zur Spiritualität der Hingabe und der – ausgerechnet in der Taufe – wiedergewonnenen Loyalität und Beziehung zum jüdischen Volk, die zuletzt ihren Ausdruck in der Wertschätzung der Königin Esther findet.

---

[547] Stern, 442.
[548] EES, 300.

Fazit

Am Beginn dieses Kapitels stand die Frage, ob Edith Stein jenseits der Philosophie auch dezidiert theologische Zusammenhänge aufzeigt und eigenständige Positionen vertritt. Klar ist, dass ihre Christliche Philosophie starke theologische Anteile hat. Hinzu kommt, dass Edith Stein im Zuge ihrer Taufe in ein intellektuelles katholisches Milieu sozialisiert wurde, dessen ausdrückliches Anliegen es war, die Enge der Schulphilosophie und -theologie zu überwinden. Erich Przywara und Raphael Walzer hatten sie ermutigt, einen eigenen Standpunkt auszubilden. Dieser Aufforderung ist sie nachgekommen – und zwar auch auf theologischem Gebiet.

(1) Unter der *Freiheit* des Menschen versteht Edith Stein die Befähigung, das eigene Leben zu formen und ihm eine bestimmte Richtung zu geben. Die Freiheit ist jedoch nie absolut, sondern an äußere und innere (psychische) Rahmenbedingungen geknüpft. In gewisser Weise gilt das, so die Überzeugung Edith Steins, auch auf religiösem Gebiet. Der Mensch könne nur dann in Freiheit *Ja* zum Glauben sagen, wenn Gott ihm dies durch die vorbereitende Gnade ermögliche. Freiheit ist demnach vor allem die Freiheit, auf bestimmte Vorgaben frei zu antworten. Zugleich impliziert die religiöse Einbettung des Begriffs – wirkliche Freiheit kann nur *der* realisieren, der sich an ein Reich der Höhe bindet –, dass der freie Mensch nie als Monade, sondern immer als Sozialwesen gedacht werden muss. Am Beginn der Freiheit steht das Du zum Schöpfer und zum Mitmenschen. Der Andere ist von Beginn an nicht nur als Objekt, sondern als Subjekt im Blick. Damit beinhaltet die Freiheit des Individuums konkludent die Verantwortung für den Nächsten. Der Vergleich mit den ebenfalls christlich geprägten Freiheitskonzepten Alfred Delps und Jacques Maritains macht deutlich, welches Potenzial dieser Ansatz birgt, nicht zuletzt im Kontrast zum Menschenbild von Nationalsozialismus und Kommunismus.

Dennoch muss kritisch nachgefragt werden, ob hinter Edith Steins Modell eines Lebens in Freiheit, das sich auf die mystische Begegnung mit Gott und zugleich ein hohes intellektuelles Reflexionsniveau gründet, ein letztlich elitärer Ansatz steht, der realiter kaum einzuholen ist. Die Analyse zeigt das Gegenteil. Das Anliegen Edith Steins besteht im Aufweis, dass die Freiheit, die im Menschsein angelegt, aber zunächst stark eingeschränkt und insofern gebunden ist, aufgerichtet und wirkmächtig werden kann, und zwar nicht nur bei einigen wenigen befähigten Personen, sondern grundsätzlich. Dies gelte trotz aller Grenzen und Beschränkungen des Menschen.

Ebenso deutlich bezieht Edith Stein Stellung zum Freiheitsdiskurs des Augustinus. Dessen Schrift *De gratia et libero arbitrio* liest sie in der Weise, dass die Möglichkeit echter Individualität und Freiheit auch im Zusammenspiel mit der göttlichen Gnade außer Frage steht. Und auch ihre eigene Schrift *Freiheit und Gnade* bietet eine theologische Anthropologie; dabei markiert die Anbindung des Menschen an das Reich der Höhe nicht die Aufgabe des eigenen Ich, sondern bildet im Gegenteil die Basis, von der aus das Subjekt sein Leben selbst in die Hand nehmen kann. Edith Stein setzt hier nicht nur auf den Zusammenhang von Freiheit und Verantwortung, sondern, ganz theologisch, auch auf den von Freiheit und Liebe. Das Geheimnis der Barmherzigkeit Gottes besteht demnach darin, dass der Mensch berufen ist, an Gottes Werk mitzuarbeiten. So wird die Christologie zu einem hermeneutischen Schlüssel der Anthropologie Edith Steins.

(2) Edmund Husserl hatte im Gespräch mit Adelgundis Jaegerschmid seine Verwunderung darüber zum Ausdruck gebracht, dass einige seiner Schüler aus einer religiös indifferenten Haltung heraus zu einem lebendigen *Glauben* gefunden hatten. Hedwig Conrad-Martius deutet diese Entwicklung vor dem Hintergrund, dass die Phänomenologie durch die vorbehaltlose Offenheit für die Daseinsthesis eines jeden Gegenstands den geeigneten Rahmen für die Auseinandersetzung mit dem Religiösen biete. Zudem liegt es nahe, dass die phänomenologische Wesensanalyse dem Philosophen eine Unmittelbarkeit der Anschauung eröffnet, die existenziell relevant sein kann. Auch bei Edith Stein war der Anstoß zur Auseinandersetzung mit dem Glauben philosophischer Natur. Später erwies sie sich umgekehrt als Mystikerin, deren Gottesbeziehung ihren philosophischen Standpunkt beeinflusste – etwa in der Frage der Skepsis oder des Widerspruchs gegen den „Egozentrismus" der neuzeitlichen Philosophie.

Insbesondere die Verbindung von Altem und Neuem Bund war für Edith Stein geistlich prägend. Theologisch macht sie dieses Anliegen unter anderem an der Überzeugung fest, dass die Heilsgeschichte universal und zugleich auf Christus hin ausgerichtet ist. Damit deutet sich an, dass die These Susanne Batzdorffs zutrifft, Edith Stein sei ihrer Zeit im Bestreben um ein besseres Einvernehmen von Christen und Juden voraus gewesen. Mit Jean-Marie Lustiger ist allerdings zu betonen, dass das Bild Edith Steins als einer *Brückenbauerin* zwischen den beiden Religionen unzutreffend ist. Sachlich richtig ist es hingegen, ihre Theologie als Beitrag zur theologischen *Wiederverankerung* Israels im christlichen Bewusstsein zu verstehen. Dabei liegt es nahe, dass ihre Rolle aus jüdischer Sicht auch zukünftig in Teilen kontrovers aufgefasst werden wird, und zwar unter anderem wegen ihrer Konversion und ihrer kirchlichen Verehrung als Märtyrin. Umso wichtiger ist es, dass Papst Johannes Paul II. bei der Beatifikation Edith Steins einen auf Aussöhnung bedachten Weg einschlug, indem er sie als *herausragende Tochter Israels und des Karmel* würdigte – also ihre bleibende jüdische Identität unterstrich – und zugleich klarstellte, dass sie wegen ihres Jüdischseins zu einem Opfer des Nationalsozialismus geworden ist. Edith Stein ist ihren letzten Weg in Verbundenheit mit dem jüdischen Volk gegangen, aber eben auch bewusst als Christin in der Kreuzesnachfolge. Im Blick auf den Begriff des Martyriums erweiterte Johannes Paul II. den traditionellen Gebrauch des Terminus, indem er betonte, dass Edith Stein *Kiddush haShem* – in Heiligung des Namens Gottes – gestorben und daher eine Märtyrin sei. Damit schloss er sich der jüdischen Interpretation an, dass alle Opfer der Shoa als Märtyrer zu bezeichnen seien, auch wenn die Täter offensichtlich nicht aus religiösen, sondern aus rassistischen Motiven heraus gehandelt hatten.

Um die Haltung Edith Steins in der Frage der Religionstheologie zu klären, mussten zunächst einige populäre und irreführende Narrative ausgeschaltet werden. Der originäre Standpunkt Edith Steins ließ sich dann anhand dreier Stichworte darstellen: der *Einfühlung* auch in fremde Religiosität, der *Kontinuität* zwischen Altem und Neuem Bund und dem Interpretationsmuster der *Typologie*. Dabei positioniert Edith Stein sich in der Ekklesiologie kritisch zum gegenreformatorischen formal-juridischen Kirchenbild und rückt mit der Theologie ihrer Zeit die paulinische Metapher der Kirche als Leib Christi in den Vordergrund. In der Frage nach den Gliedern dieses Leibes neigt sie einer universalen Deutung zu, greift der Sache nach das Bild der *ecclesia ab Abel* auf und unterscheidet zwischen sichtbarer und unsichtbarer Kirche. Das Christusereignis trennt die Heilsgeschichte demnach nicht primär in ein Davor und ein Danach, sondern ist der Garant ihrer Kontinuität, indem die Existenz der gesamten Schöpfung auf Christus hin und von Christus her gelesen wird. Die Sonderstellung Israels in Gottes Heilsplan steht dabei nie infrage.

Hier schließt die Diskussion über die Möglichkeit der Erlangung von Heil jenseits der Grenzen der Kirche an. In ihrer Korrespondenz zeigt Edith Stein sich überzeugt, dass ihr Lehrer Husserl und ihre Mutter bei

Gott ewiges Heil erlangt hätten, negiert aber die These, dass man bei den beiden von einem *votum ecclesiae* ausgehen könne. Ihre Mutter nennt sie gar eine Fürsprecherin bei Gott, und zwar weil sie ihrem jüdischen Glauben treu geblieben sei. Vor dem Hintergrund der kirchlichen Lehrtradition – von Origenes' und Cyprians *nulla salus extra ecclesiam* über die Bulle *Cantate Domino* bis hin zur Enzyklika *Mystici corporis* und der auch später noch verbrieften Auffassung des Heiligen Offiziums – wird die Tragweite dieser Andeutung sichtbar. Zwar war kirchlicherseits nicht intendiert zu dekretieren, dass Gott niemandem Heil gewähre, der außerhalb der Kirche stehe, wohl aber, dass der, der nicht an Christus glaubt, glaubensmäßig die Spur des Heils verfehlt und nur *entgegen,* nicht auch *wegen* seines Glaubens die Gnade Gottes erlangen könne. Davon unbenommen hat auch Edith Stein allein in Jesus Christus den Mittler des Heils gesehen. Die Lösung des Problems liegt in ihrem weit gefassten Kirchenbegriff, der die Voraussetzung für eine Neujustierung der Soteriologie enthält. Auch Karl Rahner hat früh in diese Richtung gedacht. Diese Linie lässt sich bis zum Konzil hin verlängern, das in der Konstitution *Lumen Gentium* und der Erklärung *Nostra aetate* eine religionstheologisch inklusivistische Haltung eingenommen hat. Vor dem Hintergrund der judenchristlichen Spiritualität Edith Steins und ihrer Betonung der rationalen Plausibilität des Glaubens ist es nur auf den ersten Blick erstaunlich, dass sie diese religionstheologische Wende schon früh antizipiert hat.

(3) Abschließend wurde die Frage der *Gemeinschaft* diskutiert. Anhand dreier sehr unterschiedlicher Kontexte, nämlich der Kreuzestheologie, der Existenzphilosophie Martin Heideggers und der jüdischen Dialogphilosophie, konnte gezeigt werden, dass Edith Stein diesen Begriff grundlegend religiös herleitet und ausformuliert.

So hatte sie schon in ihrem Schreiben an Papst Pius XI. die Historie dezidiert als überschattete Heilsgeschichte gedeutet. In späteren Texten wie der *Kreuzesliebe* oder *Ave Crux, Spes unica!* betont sie, dass es gelte, im Kampf zwischen Christus und dem Antichristen Partei für die Sache Gottes zu ergreifen. Auch wenn der Schöpfung die Erlösung allein durch Christus zukäme, sei der Gläubige berufen, Anteil am Kreuzweg Jesu zu nehmen – ähnlich jenen, die der biblischen Überlieferung zufolge dem Verurteilten aufhalfen, als er auf dem Weg nach Golgotha stürzte. Die *Kreuzeslast,* von der Edith Stein in diesem Zusammenhang spricht, ist eine Chiffre für die in Sünde entartete Menschheit. Das Kreuz, das nach ihrer Diktion auf den Juden liegt, ist also nicht die Strafe für die Nicht-

anerkennung der Messianität Jesu, sondern ein Leiden, das dem auserwählten Volk von Menschen zugefügt wird, die in Hass entartet sind.

Davon unabhängig hat Edith Stein auch vom „Unglauben" des jüdischen Volkes gesprochen. Wichtigstes Zeugnis in dieser Sache ist ihr
geistliches Testament vom Sommer 1939, mit dem sie möglicherweise –
hier besteht Spielraum für Interpretation – sowohl auf die im westeuro-
päischen Judentum verbreitete religiöse Indifferenz im Allgemeinen als
auch die Frage des Messiasbekenntnisses im Besonderen abzielt. Ihre spezifische Berufung als Judenchristin erkennt sie aber – darauf deutet eine
Vielzahl autobiographischer Zeugnisse hin – vor dem Hintergrund der
Verfolgung der Juden. Als Christgläubige interpretiert sie dieses Leid unter dem Oberbegriff des Kreuzes, und als Tochter Israels fühlt sie sich
dem Judentum von der Wurzel her verbunden. Ähnlich wie im Fall ihrer
Identifikation mit der Figur der Esther setzt sie auf eine geistliche Parteinahme für die Sache der Juden und den Frieden der Welt. Der Titel des
Vortrags *Ave Crux, Spes unica!* mit seiner sorgfältig gewählten affirmati-
ven Interpunktion spiegelt die Dringlichkeit dieser Programmatik wider.

In der Theologie der Sühne und Stellvertretung löst Edith Stein sich
nicht prinzipiell vom satisfaktionstheoretischen Grundprinzip, betont
aber, dass es letztlich darum gehe, dass der in Sünde gefangene Mensch
befähigt werde, in Freiheit auf das göttliche Angebot der Gnade antworten zu können. Diesen Ansatz unterstreicht sie durch den Hinweis, dass
Maria aufgrund ihres freien, von der Verkündigung an bis zum Kreuz
durchgetragenen *Fiat!* zum Urtypos der Kreuzesnachfolger geworden
sei. Daraus lässt sich zugleich ableiten, dass die Kreuzesnachfolge Edith
Steins keiner religiös verbrämten Leidenssehnsucht entspringt, sondern
auf einen frei gefassten Entschluss abzielt. Das Kreuz ist erst durch die
schwierige äußere Situation in die Mitte der Spiritualität Edith Steins gerückt. Es scheint daher adäquat, von einer *Theologie vor Auschwitz* zu
sprechen. Bei aller äußeren Düsternis gilt aber auch, dass der Gedanke
der Stellvertretung der durchbuchstabierten Maxime der Gemeinschaftlichkeit des Glaubens entspricht. Es geht – ganz teresianisch – um ein so-
lidarisches Tätigwerden in Liebe vor dem Hintergrund der Erfahrung des
Berührtwerdens von der Gegenwart Gottes.

Der Gedanke der konstitutiven Intersubjektivität des Menschseins
wird gerade auch vor dem Hintergrund von Edith Steins Heidegger-Lek-
türe sichtbar. Bei aller Übereinstimmung in der existenzialen Analyse des
Daseins markiert *Sein und Zeit* in religiöser Hinsicht eine Negativfolie zu
Edith Steins *Versuch des Aufstiegs zum Sinn des Seins*. Dies lässt sich un-

ter anderem am Phänomen der Angst verdeutlichen. Da Edith Stein das Sein der Schöpfung in ontologischer Verwiesenheit auf die Quelle allen Seins hin deutet und zugleich die Gemeinschaftlichkeit des Menschen trinitätstheologisch begründet, weist sie der Angst nur im Kontext des *ungeborgenen* Seins eine zentrale Rolle zu. Wenn der Mensch hingegen frei die Gnade Gottes bejahe, verliere die Angst für ihn an Bedeutung. Er erfahre sich dann im Angesicht des göttlichen Du in der Geborgenheit des Geschöpfes. Konträr zu Heidegger, der das Dasein in seiner Geworfenheit und im sich ängstenden Zugehen auf den Tod als ein primär Zeitliches beschreibt, das sich nur dann selbst entwerfen kann, wenn es durch die Angst zum eigentlichen Dasein vordringt, rückt Edith Stein die Kategorien der Geschöpflichkeit, des Vertrauens und der Gemeinschaftlichkeit in den Mittelpunkt.

Vollends deutlich wird die Verschränkung von Freiheit, Glaube und Gemeinschaft bei Edith Stein im Vergleich mit den jüdischen Dialogdenkern Martin Buber und Franz Rosenzweig. Ebenso wie Edith Stein haben diese eine Umbruchsituation wahrgenommen, die mit der Zergliederung der Wissenschaften, dem Erstarken des Positivismus, der Schwäche des Idealismus und der Werteproblematik im Zuge des Ersten Weltkriegs offensichtlich geworden war. Ihre Antworten sind denen Edith Steins insofern ähnlich, als alle drei eine biblisch begründete Anthropologie formulieren, in der die Dynamik der Beziehung des Menschen zu Gott und zu seinem Mitmenschen als grundlegend für den Prozess der Personwerdung erachtet wird. Es geht also um einen theologisch fundierten Personalismus. Dies äußert sich etwa in der Transformation der Ich-Es-Relation bei Buber oder auch der Interpretation der letzten Wohnung der Seelenburg Teresas von Ávila bei Edith Stein. Demnach besteht das Ziel des Weges nicht einfach in der dauerhaft tiefen Ich-Du-Beziehung oder dem Verharren in mystischer Gottesnähe, sondern der Personwerdung des Ich am göttlichen Du, die das Ich neu zur Welt ausgehen lässt. Wo Buber die Beziehung des Menschen zum Mitmenschen als *eigentliches Gleichnis* der Beziehung zu Gott interpretiert, deutet Edith Stein die göttliche Dreieinigkeit als Urbild der Gemeinschaft endlicher Personen. Dabei betonen beide, dass ein positives und satzhaftes Reden von Gott nur auf der untersten Stufe der Gotteserkenntnis möglich ist. Alle darüber hinausgehende Einsicht ereigne sich im unmittelbaren Beziehungsgeschehen zwischen Mensch und Gott.

Auch der Blick auf einige Grundlinien des *Stern der Erlösung* zeigt, dass die Antworten der Dialogdenker teils ähnliche Muster aufweisen, wie sie auch bei Edith Stein zu finden sind. Dies lässt sich nicht zuletzt anhand von Karl Löwiths Studie zu Rosenzweig und Heidegger belegen. Für sich selbst spricht Rosenzweigs religionstheologische Differenzierung. Demnach werde die Existenz des einzelnen Juden nicht primär religiös, sondern über den Gemeinschaftsgedanken und die Zugehörigkeit zum jüdischen Volk definiert, während die geistliche „Wiedergeburt" des Christen ein individuelles und sich in der Zeit ereignendes Geschehen sei. Umso eindrücklicher ist, dass Edith Stein auch das Christsein von Grund auf als ein Gemeinschaftliches deutet – von der ekklesiologischen Maxime des „Einer für alle und alle für einen" bis hin zum trinitarischen Gottesbild.

Epilog

Aus welchem Grund lohnt sich auch heute noch die Auseinandersetzung mit der *Christlichen Philosophie* Edith Steins? Der erste und entscheidende Punkt, der hier zu nennen wäre, ist, dass Edith Stein mit ihrem Modell einen eigenständigen Ansatz im Spannungsfeld von Philosophie, Theologie und Spiritualität vorlegt, der mitten in eine Zeit hineinführt, die von philosophischen und theologischen Kontroversen und epochalen Um- und Aufbrüchen gekennzeichnet war. Allerdings ist damit noch nicht gesagt, dass die Fragen, um die es hier geht, für unser heutiges Denken auch wirklich relevant wären. Könnte es nicht sein, dass die Position Edith Steins zwar historisch bedeutsam ist, dass sie aber der theologischen Systematik unserer Tage und den Fragen, die heute zu diskutieren sind, fremd bleibt?

Einige der Themen, die in dieser Arbeit angesprochen wurden, scheinen in diese Richtung zu deuten, so etwa die Debatte um die Christliche Philosophie als solche, die in den zwanziger und dreißiger Jahren des vergangenen Jahrhunderts aktuell gewesen ist, der Ansatz Edith Steins, auch Glaubenssätze im philosophischen Diskurs zu akzeptieren, das Gewicht, das sie der Philosophie des Thomas von Aquin beimisst, die Frage nach der Vereinbarkeit von Thomas und Husserl, die Betonung des Opfers und stellvertretenden Sühneleidens oder die Ausrichtung am Ideal der mittelalterlichen *Summa*, des *perfectum opus rationis*. Besteht angesichts dieser Stichworte überhaupt noch ein Zweifel, dass das Denken Edith Steins quer zu fast allem steht, was heute auf die Tagesordnung von Philosophie und Theologie gehört? Ist die Christliche Philosophie ein Relikt jener Zeit, in der man den *großen Erzählungen* nachgehen konnte, von der aber kaum eine Verbindung in unsere Gegenwart reicht, die plural, postmodern fragmentiert und in komplexe Untersysteme aufgesplittet ist? Dieser Eindruck verstärkt sich noch dadurch, dass wir es gewohnt sind, in linearen Fortschrittsszenarien zu denken und dem Narrativ der Entwicklung vom Mythos zum Logos allzuoft unhinterfragt Glauben schenken. Charles Taylor hat aufgezeigt, dass diese Matrix dazu verleitet, Ideen, Ansichten oder Theorien stark vereinfacht entweder als *progressiv* und *modern* oder als *gestrig* und *überholt* zu bewerten.[1] Es ist anzunehmen, dass die Aussichten eher schlecht stehen, dass das Werk Edith

---

[1] Vgl. hierzu *C. Taylor*, Ein säkulares Zeitalter, 510.

Steins in diesem Rahmen angemessen diskutiert wird. Noch einmal sei daher die Frage gestellt: Führt die Auseinandersetzung mit ihrem Denken in eine Welt, die zwar lehrreich, aber doch *von gestern* ist?

Bei näherem Hinsehen zeigt sich, dass man auf eine vorschnelle Antwort in dieser Sache verzichten sollte – und zwar nicht zuletzt vor dem Hintergrund der Argumente, die die Debatte um Säkularität und Moderne zuletzt bestimmt haben. So ist etwa Taylor der Auffassung, dass die Zeit der großen Erzählungen weder unwiderruflich vorbei ist noch die endgültige Realisierung der Programmatik des erwähnten Narrativs bevorsteht.[2] Im Gegenteil, so seine These, verlaufe die Geschichte von Religiosität und Säkularität keineswegs linear. Die Kenntnis dieser Geschichte sei für die Hermeneutik der Gegenwart und der heute geführten Debatten zwingend notwendig. Vor allem aber bestehe die Säkularität der modernen westlichen Gesellschaften nicht einfach in einem Weniger an Religion und Glaube, und zwar im Privaten wie im Öffentlichen, sondern vor allem darin, dass für den Einzelnen der Glaube grundsätzlich nur noch „eine von mehreren Optionen neben anderen darstellt, und zwar häufig nicht die bequemste Option."[3] Diese Perspektive gilt es ernstzunehmen und vonseiten der Theologie aufzugreifen. Die Entscheidung für oder gegen eine praktizierte Religiosität hängt demnach zunehmend weniger von gesellschaftlichen, familiären oder kirchlichen Traditionen ab. Stattdessen wird immer wichtiger, ob und inwiefern der Einzelne den Glauben als lebendig und sinnstiftend erfährt. Analog zur Tendenz einer immer stärkeren Individualisierung der Kultur, deren Ethos Taylor unter dem Stichwort des *Zeitalters der Authentizität* fasst, nehme auch die Bedeutung der „expressivistischen" Interpretation religiöser Bindungen zu: „Das religiöse Leben, die religiöse Praxis, an der ich mich beteilige, muß nicht nur von mir gewählt worden sein, sondern sie muß mich auch ansprechen – sie muß im Sinne meiner spirituellen Entwicklung deutbar sein."[4]

---

[2] In die gleiche Richtung argumentiert auch Hans Joas. Demnach gibt es eine Alternative zum vorgeblichen Konflikt zwischen Christentum und Moderne; es gelte zu akzeptieren, dass der Glaube zur Option geworden ist. Die christlichen Kirchen könnten in diesem Rahmen eine konstruktive Rolle einnehmen, wenn es ihnen gelänge, in der Religiosität auch gegenwärtige Erfahrungen zum Ausdruck zu bringen. Vgl. *H. Joas*, Glaube als Option. Zukunftsmöglichkeiten des Christentums (Freiburg i. Br. 2012).
[3] *C. Taylor*, Ein säkulares Zeitalter, 14.
[4] Ebd., 811. Taylor bezeichnet diesen Ansatz in kritischer Fortführung der Thesen Émile Durkheims als „postdurkheimisch". Vgl. ebd, 813. Zum *Zeitalter der Authentizität* vgl. ebd., 788–842.

Nun spiegelt sich dieser moderne Zugang zu Religion und Glaube auch in der Lebensgeschichte Edith Steins wider, ausgehend von einer religiösen Familientradition, die sie in jungen Jahren als wenig überzeugend erlebt und daher abgelegt hatte, über die von jugendlichem Idealismus geprägten a-religiösen Suchbewegungen in Gymnasial- und Studienjahren bis zu dem langen Prozess, der in die Entscheidung mündete, sich taufen zu lassen. Der Glaube, zu dem Edith Stein sich damit bekannte, war sowohl intellektuell verantwortet als auch spirituell lebendig. Die Bedeutung der Expressivität des Glaubens war ihr durch die Lektüre der Autobiographie Teresas von Ávila aufgegangen. Dieser Aspekt war dann auch ausschlaggebend dafür, dass sie sich dem Katholizismus zuwandte.

Hinzu kommt, dass die philosophisch-theologische Schwerpunktsetzung auf die Bereiche Freiheit, Glaube und Gemeinschaft auch heute als attraktiv und im positiven Sinn herausfordernd empfunden werden kann. Gleiches gilt für die konstitutive und wechselseitige Relation von Glaube und Vernunft, die Edith Stein immer wieder betont, und die eine Art Meta-Narrativ von *Endliches und ewiges Sein* bildet. Beispielhaft sei an ihre Analyse der klassischen Argumente für die Existenz Gottes erinnert. Wie gesehen, hält sie diese einerseits für relevant und interpretiert sie als Hinweis auf die Plausibilität und rationale Verantwortbarkeit des Glaubens, andererseits aber setzt sie auf die Notwendigkeit, den existenziellen *Sprung in den Glauben* zu wagen. Dabei sorgt die philosophische Einbettung dieses Wagnisses dafür, dass Edith Stein nicht in Gefahr gerät, den Glauben primär emotional, als Flucht aus der Welt oder im Sinn eines geistig-geistlichen Exils zu verstehen.

Im Gegenteil konnte gezeigt werden, dass ihre Interpretation des geistlichen Weges Teresas von Ávila dem Personalismus Martin Bubers ähnlich ist. Demnach erfährt das Individuum erst in der Begegnung mit dem göttlichen Du die Weite, die es befähigt, frei zur Welt auszugreifen. Der Mensch, der sich – in der Terminologie Edith Steins – an das Reich der Höhe bindet, verliert seine Individualität nicht, sondern realisiert sie in dieser Bindung erst wirklich. Auch hier kommt es weniger auf Ererbtes oder Tradiertes als auf die eigene Erfahrung der Nähe Gottes an. Der moderne Wunsch nach Authentizität, Individualität, Expressivität, Freiheit und zugleich nach einem Sinnfundament, das einerseits dem *désir d'éternité* entspricht und andererseits intellektuell redlich und plausibel ist, kann hier unmittelbar anschließen. Auch andere Aspekte der Theologie Edith Steins deuten darauf hin, dass ihr Modell des Glaubens auch in der Gegenwart als schlüssig gelten kann. So liefert ihr christologischer Universalismus, der die gesamte Schöpfung als Teil des mystischen Leibes Christi interpretiert, einen letztlich irenischen Ansatz, der das Wesen des Menschen als grundlegend intersubjektiv interpretiert und zugleich den immer wichtiger werdenden Bereich der Bewahrung der Schöpfung im Blick hat. Edith Stein formuliert hier eine religiös begründete Antwort auf die Fragmentierung der Welt, wird der Pluralität der Weltanschauungen gerecht und weiß sich zugleich ihrem eigenen Glauben verpflichtet.

Hingegen verzichtet sie auf eine *systematische* Hermeneutik theologischer Sätze. Umso wichtiger ist es, ihr Verständnis von Kreuz, Leid und Sühne auch kritisch zu hinterfragen. Allerdings muss dabei stets in Rechnung gestellt werden, warum und in welcher Zeit diese Fragen prägend für ihre persönliche Frömmigkeit geworden sind. Außerdem gilt es, das Missverständnis auszuräumen, dass die Spiritualität des Kreuzes mitverantwortlich dafür sein könnte, dass Edith Stein zu einem Opfer der Shoa geworden ist. Im Gegenteil hatte sie sich bis zuletzt mit den ihr zur Verfügung stehenden Mitteln für ihre Freiheit eingesetzt. Die Bedeutung des Glaubens war in diesem Fall, wie am Beispiel der Esther gezeigt wurde, vor allem innerlicher und geistlicher Natur. Dabei bestand ein zentrales Moment in der Überwindung der passiven Opferrolle und der Gewinnung eines festen Standes, von dem aus sie zu einer aktiven Haltung finden konnte.

Jedenfalls war Edith Stein weit mehr als nur die Protagonistin einer vergangenen Wendezeit. Ihre Glaubensgeschichte ist eine moderne, ihre Bedeutung für das christlich-jüdische Gespräch der Gegenwart ist bei weitem noch nicht voll erschlossen, und in der Debatte um das Verhältnis von Glaube und Vernunft hat sie ebenso Maßstäbe gesetzt wie in der Religionstheologie. Vor allem aber hat sie mit der Betonung der bleibenden Individualität und Freiheit des Einzelnen bei gleichzeitiger Berufung zu einem Leben in Verantwortung und Gemeinschaft eine religiös begründete Maxime formuliert, die auch heute noch tragfähig sein kann. Ausgang und Ziel dieser Theologie ist der Glaube an den dreifaltigen Gott, der sich nach biblischer Überlieferung als der *Ich bin, der Ich bin* offenbart. Das schlussfolgernde Denken, so die Überzeugung Edith Steins, kann einen ersten Hinweis auf die Existenz Gottes geben. Allerdings vermag es

„den Unfaßlichen nicht zu fassen […]. Mehr als der Weg des philosophischen Erkennens gibt uns der Weg des Glaubens: den Gott der persönlichen Nähe, den Liebenden und Erbarmenden, und eine Gewißheit, wie sie keiner natürlichen Erkenntnis eigen ist."[5]

---

[5] EES, 61.

Literaturverzeichnis

Edith Stein Gesamtausgabe (ESGA)

ESGA 1: Aus dem Leben einer jüdischen Familie und weitere autobiographische Beiträge, bearbeitet u. eingeleitet v. *Maria Amata Neyer,* unter Mitarbeit v. *Hanna-Barbara Gerl-Falkovitz* (Freiburg i. Br. [3]2010).

ESGA 2: Selbstbildnis in Briefen I (1916–1933), eingeleitet v. *Hanna-Barbara Gerl-Falkovitz,* bearbeitet v. *Maria Amata Neyer* (Freiburg i. Br. [2]2005).

ESGA 3: Selbstbildnis in Briefen II (1933–1942), eingeleitet v. *Hanna-Barbara Gerl-Falkovitz,* bearbeitet v. *ders.* u. *Maria Amata Neyer* (Freiburg i. Br. [2]2006).

ESGA 4: Selbstbildnis in Briefen III. Briefe an Roman Ingarden, eingeleitet v. *Hanna-Barbara Gerl-Falkovitz,* unter Mitarbeit v. *Maria Amata Neyer* u. *Eberhard Avé-Lallemant* (Freiburg i. Br. [2]2005).

ESGA 5: Zum Problem der Einfühlung, eingeführt u. bearbeitet v. *Maria Antonia Sondermann* (Freiburg i. Br. [2]2010).

ESGA 6: Beiträge zur philosophischen Begründung der Psychologie und Geisteswissenschaften, eingeführt u. bearbeitet v. *Beate Beckmann-Zöller* (Freiburg i. Br. 2010).

ESGA 7: Eine Untersuchung über den Staat, eingeleitet u. bearbeitet v. *Ilona Riedel-Spangenberger* (Freiburg i. Br. 2006).

ESGA 8: Einführung in die Philosophie, eingeführt u. bearbeitet v. *Claudia Mariéle Wulf* (Freiburg i. Br. [2]2010).

ESGA 9: „Freiheit und Gnade" und weitere Beiträge zu Phänomenologie und Ontologie (1917–1937), bearbeitet u. eingeführt v. *Beate Beckmann-Zöller* u. *Hans Rainer Sepp* (Freiburg i. Br. 2014).

ESGA 10: Potenz und Akt. Studien zu einer Philosophie des Seins, eingeführt u. bearbeitet v. *Hans Rainer Sepp* (Freiburg i. Br. 2005).

ESGA 11/12: Endliches und ewiges Sein. Versuch eines Aufstiegs zum Sinn des Seins, eingeführt u. bearbeitet v. *Andreas Uwe Müller* (Freiburg i. Br. 2006).

ESGA 13: Die Frau. Fragestellungen und Reflexionen, eingeleitet v. *Sophie Binggeli,* bearbeitet v. *Maria Amata Neyer* (Freiburg i. Br. [4]2010).

ESGA 14: Der Aufbau der menschlichen Person. Vorlesung zur philosophischen Anthropologie, bearbeitet u. eingeleitet v. *Beate Beckmann-Zöller* (Freiburg i. Br. [2]2010).

ESGA 15: Was ist der Mensch? Theologische Anthropologie, bearbeitet u. eingeleitet v. *Beate Beckmann-Zöller* (Freiburg i. Br. 2005).

ESGA 16: Bildung und Entfaltung der Individualität. Beiträge zum christlichen Erziehungsauftrag, eingeleitet v. *Beate Beckmann-Zöller,* bearbeitet v. *ders.* u. *Maria Amata Neyer* (Freiburg i. Br. [2]2001).

ESGA 17: Wege der Gotteserkenntnis. Studie zu Dionysius Areopagita und Übersetzung seiner Werke, bearbeitet u. eingeleitet v. *Beate Beckmann* u. *Viki Ranff* (Freiburg i. Br. [2]2007).

ESGA 18: Kreuzeswissenschaft. Studie über Johannes vom Kreuz, bearbeitet u. eingeleitet v. *Ulrich Dobhan* (Freiburg i. Br. [3]2007).

ESGA 19: Geistliche Texte I, eingeführt u. bearbeitet v. *Ulrich Dobhan* (Freiburg i. Br. 2009).

ESGA 20: Geistliche Texte II, bearbeitet v. *Sophie Binggeli* unter Mitarbeit v. *Ulrich Dobhan* u. *Maria Amata Neyer* (Freiburg i. Br. 2007).

ESGA 21: Übersetzungen I. J. H. Newman, Die Idee der Universität, eingeführt u. bearbeitet v. *Hanna-Barbara Gerl-Falkovitz* (Freiburg i. Br. 2004).

ESGA 22: Übersetzungen II. J. H. Newman, Briefe und Texte zur ersten Lebenshälfte (1801–1846), eingeführt u. bearbeitet v. *Hanna-Barbara Gerl-Falkovitz* (Freiburg i. Br. ²2009).

ESGA 23: Übersetzungen III. Des Hl. Thomas von Aquino Untersuchungen über die Wahrheit. *Quaestiones disputatae de veritate*, Bd. 1, eingeführt u. bearbeitet v. *Andreas Speer* u. *Francesco Valerio Tommasi* (Freiburg i. Br. 2008).

ESGA 24: Übersetzungen IV. Des Hl. Thomas von Aquino Untersuchungen über die Wahrheit. *Quaestiones disputatae de veritate*, Bd. 2, eingeführt u. bearbeitet v. *Andreas Speer* u. *Francesco Valerio Tommasi* (Freiburg i. Br. 2008).

ESGA 25: Übersetzungen V. Alexandre Koyré, Descartes und die Scholastik, zus. mit *Hedwig Conrad-Martius*, eingeführt u. bearbeitet v. *Hanna-Barbara Gerl-Falkovitz* (Freiburg i. Br. 2005).

ESGA 26: Übersetzungen VI. Thomas von Aquin, Über das Seiende und das Wesen. *De ente et essentia*. Mit den Roland-Gosselin-Exzerpten, eingeführt u. bearbeitet v. *Andreas Speer* u. *Francesco Valerio Tommasi* (Freiburg i. Br. 2010).

ESGA 27: Miscellanea thomistica. Übersetzungen – Abbreviationen – Exzerpte aus Werken des Thomas von Aquin und der Forschungsliteratur, hg. v. *Andreas Speer* u. *Francesco Valerio Tommasi* unter Mitarbeit v. *Mareike Hauer* u. *Stephan Regh* (Freiburg i. Br. 2013).

Siglenverzeichnis der Werke Edith Steins

AMP	Der Aufbau der menschlichen Person. Vorlesung zur philosophischen Anthropologie = ESGA 14
BEI	Bildung und Entfaltung der Individualität = ESGA 16
Beiträge	Beiträge zur philosophischen Begründung der Psychologie und der Geisteswissenschaften = ESGA 6
Briefe I	Selbstbildnis in Briefen I (1916–1933) = ESGA 2
Briefe II	Selbstbildnis in Briefen II (1933–1942) = ESGA 3
Briefe III	Selbstbildnis in Briefen III. Briefe an Roman Ingarden = ESGA 4
De veritate I	Übersetzungen III. Thomas von Aquin, Über die Wahrheit I = ESGA 23
De veritate II	Übersetzungen IV. Thomas von Aquin, Über die Wahrheit II = ESGA 24
EES	Endliches und ewiges Sein. Versuch eines Aufstiegs zum Sinn des Seins = ESGA 11/12
EP	Einführung in die Philosophie = ESGA 8
ESGA	Edith Stein Gesamtausgabe, 27 Bände, erschienen 2000 bis 2014
ESW	Edith Stein Werke, 18 Bände, erschienen 1950–1998
F	Die Frau. Fragestellungen und Reflexionen = ESGA 13
FG	Freiheit und Gnade = ESGA 9, 8–72
GT I	Geistliche Texte I = ESGA 19

GT II	Geistliche Texte II = ESGA 20
HTh	Husserls Phänomenologie und die Philosophie des hl. Thomas von Aquino = ESGA 9, 119–142
HTPhän	Husserls transzendentale Phänomenologie = ESGA 9, 159–161
Juvisy	Diskussionsbeiträge anlässlich der „Journées d'Études de la Société Thomiste", Juvisy (1932) = ESGA 9, 162–167
KW	Kreuzeswissenschaft. Studie über Johannes vom Kreuz = ESGA 18
LJF	Aus dem Leben einer jüdischen Familie = ESGA 1
MTh	Miscellanea thomistica = ESGA 27
Newman I	Übersetzungen I. J. H. Newman. Die Idee der Universität = ESGA 21
Newman II	Übersetzungen II. J. H. Newman. Briefe und Texte zur ersten Lebenshälfte (1801–1846) = ESGA 22
PA	Potenz und Akt = ESGA 10
PE	Zum Problem der Einfühlung = ESGA 5
US	Eine Untersuchung über den Staat = ESGA 7
WBP	Die weltanschauliche Bedeutung der Phänomenologie = ESGA 9, 143–158
WGE	Wege der Gotteserkenntnis. Studie zu Dionysius Areopagita und Übersetzung seiner Werke = ESGA 17
WM	Was ist der Mensch? Theologische Anthropologie = ESGA 15
WPh	Was ist Philosophie? Ein Gespräch zwischen Edmund Husserl und Thomas von Aquino = ESGA 9, 91–118
WPhän	Was ist Phänomenologie? = ESGA 9, 85–90

Weitere Siglen

DH	*Heinrich Denzinger,* Enchiridion symbolorum definitionum et declarationum de rebus fidei et morum. Kompendium der Glaubensbekenntnisse und kirchlichen Lehrentscheidungen
DV	Dogmatische Konstitution über die göttliche Offenbarung „Dei Verbum", in: *Karl Rahner* u. *Herbert Vorgrimler* (Hg.), Kleines Konzilskompendium
ESJ	Edith Stein Jahrbuch
FR Briefe	*Franz Rosenzweig,* Der Mensch und sein Werk. Gesammelte Schriften, Bd. 1, Briefe und Tagebücher, T. 1
HeiGA 2	*Martin Heidegger,* Sein und Zeit
HeiGA 9 (45–78)	*Ders.,* Phänomenologie und Theologie, in: Wegmarken
HeiGA 9 (177–202)	*Ders.,* Vom Wesen der Wahrheit, in: Wegmarken
HeiGA 59	*Ders.,* Phänomenologie der Anschauung und des Ausdrucks
Hua I	*Edmund Husserl,* Cartesianische Meditationen und Pariser Vorträge
Hua III/1	*Ders.,* Ideen zu einer reinen Phänomenologie und phänomenologischen Philosophie. Erstes Buch. Allgemeine Einführung in die reine Phänomenologie. Siehe auch Hua III/2 u. V

Hua IV	*Ders.*, Ideen zu einer reinen Phänomenologie und phänomenologischen Philosophie. Zweites Buch. Phänomenologische Untersuchungen zur Konstitution
Hua X	*Ders.*, Zur Phänomenologie des inneren Zeitbewußtseins
Hua XVIII	*Ders.*, Logische Untersuchungen. Erster Band. Prolegomena zur reinen Logik
Hua XIX/1–2	*Ders.*, Logische Untersuchungen. Zweiter Band. Untersuchungen zur Phänomenologie und Theorie der Erkenntnis
JPPF	Jahrbuch für Philosophie und phänomenologische Forschung
LG	Dogmatische Konstitution über die Kirche „Lumen Gentium", in: *Karl Rahner* u. *Herbert Vorgrimler* (Hg.), Kleines Konzilskompendium
NA	Erklärung über das Verhältnis der Kirche zu den nichtchristlichen Religionen „Nostra aetate", in: *Karl Rahner* u. *Herbert Vorgrimler* (Hg.), Kleines Konzilskompendium
SC	Konstitution über die heilige Liturgie „Sacrosanctum Concilium", in: *Karl Rahner* u. *Herbert Vorgrimler* (Hg.), Kleines Konzilskompendium
Stern	*Franz Rosenzweig.*, Der Mensch und sein Werk. Gesammelte Schriften, Bd. 2, Der Stern der Erlösung
Summa theologiae	*Thomas von Aquin*, Die deutsche Thomas-Ausgabe. Vollständige, ungekürzte dt.-lat. Ausgabe der Summa theologica
ZMR	Zeitschrift für Missionswissenschaft und Religionswissenschaft

Sekundärliteratur

Albrecht, Dieter, Der Notenwechsel zwischen dem Heiligen Stuhl und der Deutschen Reichsregierung I. Von der Ratifizierung des Reichskonkordates bis zur Enzyklika ‚Mit brennender Sorge' (Mainz 1965).

Ales Bello, Angela, Edmund Husserl. Pensare Dio – Credere in Dio (Padova 2005).

Dies., From Empathy to Solidarity: Intersubjective Connections according to Edith Stein, in: Analecta Husserliana, Bd. 48 (1996) 367–375.

Dies., Introduzione, in: *Dies.* (Hg.), Edith Stein. La ricerca della verità. Dalla fenomenologia alla filosofia cristiana (Rom 1993) 7–52.

Dies., Philosophie und Offenbarung bei Edith Stein, in: ESJ, Bd. 22 (2016) 113–126.

Alfieri, Francesco, Auf dem Weg zu einer Lösung der Frage nach dem principium individuationis in den Untersuchungen von Edith Stein und Edmund Husserl. Das Problem der materia signata quantitate, in: *Andreas Speer* u. *Stephan Regh* (Hg.), „Alles Wesentliche lässt sich nicht schreiben". Leben und Denken Edith Steins im Spiegel ihres Gesamtwerkes (Freiburg i. Br. 2016) 81–110.

Ders., Die Rezeption Edith Steins. Internationale Edith-Stein-Bibliographie 1942–2012. FS *Maria Amata Neyer* OCD. Sondernummer des Edith Stein Jahrbuches (Würzburg 2012).

Ders., La presenza di Duns Scoto nel pensiero di Edith Stein. La questione dell'individualità (Brescia 2014). Engl. Ausgabe in Analecta Husserliana CXX: The Presence of Duns Scotus in the Thought of Edith Stein. The question of individuality (Cham u. a. 2015).

Allers, Rudolf, Rez. Endliches und ewiges Sein, in: The New Scholasticism. The Journal of the American Catholic Philosophical Association, Bd. 26 (1952) 480–485.

Andrews, Michael F., The Ethics of Keeping Secrets: Edith Stein and Philosophy as Autobiography, in: *Andreas Speer* u. *Stephan Regh* (Hg.), „Alles Wesentliche lässt sich nicht schreiben". Leben und Denken Edith Steins im Spiegel ihres Gesamtwerkes (Freiburg i. Br. 2016) 381–401.

Angenendt, Arnold, Die Revolution des geistigen Opfers. Blut – Sündenbock – Eucharistie (Freiburg i. Br. 2011).

Anselm v. Canterbury, Proslogion. Untersuchungen, lat.-dt. Ausgabe, hg. v. *Franz Salesius Schmitt* (Stuttgart–Bad Cannstatt ³1995).

Antonelli, Mauro, Seiendes, Bewußtsein, Intentionalität im Frühwerk von Franz Brentano (Freiburg i. Br. – München 2001) 363–417.

Antus, Elizabeth L., St. Edith Stein. What Kind of Jewish-Catholic Symbol?, in: eScholarship@BC (Boston 2008) 1–14.

Anzenbacher, Arno, Die Philosophie Martin Bubers (Wien 1965).

Ders., Die Intentionalität bei Thomas von Aquin und Edmund Husserl (Wien – München 1972).

Aubert, Roger, Die Enzyklika „Aeterni Patris" und die weiteren päpstlichen Stellungnahmen zur christlichen Philosophie, in: *Emerich Coreth, Walter Neidl* u. *Georg Pfligersdorffer* (Hg.), Christliche Philosophie im katholischen Denken des 19. und 20. Jahrhunderts, Bd. 2, Rückgriff auf scholastisches Erbe (Graz u.a. 1988) 310–332.

Aucante, Vincent, Le Discernement selon Edith Stein. Que faire de sa vie? (Paris 2003).

Aurelius Augustinus, De consensu evangelistarum (Turnhout 2014) = CPL 273.

Ders., De gratia et libero arbitrio (Turnhout 2014) = CPL 352.

Ders., De trinitate (Turnhout 2014) = CPL 329.

Ders., De vera religione (Turnhout 2014) = CPL 264.

Ders., In Iohannis evangelium tractatus (Turnhout 2014) = CPL 278.

Avé-Lallemant, Eberhard, Begegnung in Leben und Werk zwischen Edith Stein und Hedwig Conrad-Martius, in: *Beate Beckmann-Zöller* u. *Hanna-Barbara Gerl-Falkovitz* (Hg.), Edith Stein. Themen – Kontexte – Materialien (Dresden 2015) 66–88.

Azcuy, Virginia Raquel, „Sancta Discretio" und Virgo Benedicta. Der Einfluss der benediktinischen Spiritualität auf Edith Stein, in: *Beate Beckmann-Zöller* u. *Hanna-Barbara Gerl-Falkovitz* (Hg.), Edith Stein. Themen – Kontexte – Materialien (Dresden 2015) 205–214.

Baaden, James, A question of martyrdom, in: The Tablet. The international Catholic news weekly (31. Januar 1987) 107 f.

Ders., Witness to the Cross, in: The Tablet. The international Catholic news weekly (14. April 1984) 355–357.

Bahne, Thomas, Person und Kommunikation, Anstöße zur Erneuerung einer christlichen Tugendethik bei Edith Stein (Paderborn 2014).

Bahr, Hermann, Himmel auf Erden (München 1928).

Ballard, Bruce, The Difference for Philosophy: Edith Stein and Martin Heidegger, in: The Journal of Value Inquiry, Bd. 41 (2007) 95–105.

von Balthasar, Hans Urs, Mysterium Paschale, in: *Johannes Feiner* u. *Magnus Löhrer,* Mysterium Salutis. Grundriß heilsgeschichtlicher Dogmatik, Bd. III/2: Das Christusereignis (Einsiedeln u. a. 1969) 133–326.

Barth, Karl, Kirchliche Dogmatik, Bd. I, 1 (Zürich [8]1964).

Batzdorff, Susanne, Aus dem Leben einer jüdischen Familie – Tante Ediths Vermächtnis an ihre Nachkommen, in: *Waltraud Herbstrith* (Hg.), Erinnere dich – vergiß es nicht. Edith Stein – christlich-jüdische Perspektiven (Annweiler 1990) 41–64.

Dies., Edith Stein – meine Tante. Das jüdische Erbe einer katholischen Heiligen (Würzburg 2000) = Orig. engl.: Aunt Edith. The Jewish Heritage of a Catholic Saint (Springfield 1998).

Baumgartner, Alois, Max Scheler und der deutsche Sozialkatholizismus (1916–1921), in: Jahrbuch für Christliche Sozialwissenschaften, Bd. 20 (1979) 39–57.

Becker-Jákli, Barbara, Das jüdische Köln. Geschichte und Gegenwart (Köln 2012).

Beckmann-Zöller, Beate, „An der Schwelle der Kirche". Freiheit und Bindung bei Edith Stein und Simone Weil, in: ESJ, Bd. 4, Das Christentum, T. 1 (Würzburg 1998) 531–547.

Dies., Phänomenologie des religiösen Erlebnisses. Religionsphilosophische Überlegungen im Anschluß an Adolf Reinach und Edith Stein (Würzburg 2003).

Dies. u. *Hanna-Barbara Gerl-Falkovitz,* Die *unbekannte* Edith Stein: Phänomenologie und Sozialphilosophie (Frankfurt a. M. u. a. 2006).

Bell, Jason, Thomas von Aquin und die Anfänge der Phänomenologie, in: ESJ, Bd. 18 (2012) 62–80.

Ben-Chorin, Schalom, Zwiesprache mit Martin Buber. Erinnerungen an einen großen Zeitgenossen (Gerlingen 1978).

Berger, David, In der Schule des hl. Thomas von Aquin. Studien zur Geschichte des Thomismus (Bonn 2005).

Berkman, Joyce Avrech, The Blinking Eye/I: Edith Stein as Philosopher and Autobiographer, in: *Mette Lebech* u. *John Haydn Gurmin* (Hg.), Intersubjectivity, Humanity, Being. Edith Stein's Phenomenology and Christian Philosophy (Bern 2015) 21–55.

Dies., The German-Jewish Symbiosis in Flux. Edith Stein's Complex National/Ethnic Identity, in: Dies. (Hg.), Contemplating Edith Stein (Notre Dame 2006) 170–198.

Bertsch, Ludwig, „Nach Gottes Ordnung und in Gottes Freiheit". Lebenszeugnis und Glaubensvision von Alfred Delp, in: *Gotthard Fuchs* (Hg.), Glaube als Widerstandskraft. Edith Stein, Alfred Delp, Dietrich Bonhoeffer (Frankfurt a. M. 1986) 92–119.

Betschart, Christof, Liberté et union mystique, in: *Ders.* (Hg.), La liberté chez Edith Stein (Toulouse 2014) 161–185.

Ders., Unwiederholbares Gottessiegel. Personale Individualität nach Edith Stein (Basel 2013).

Biberstein, Ernst Ludwig, in: *Waltraud Herbstrith* (Hg.), Edith Stein – eine große Glaubenszeugin. Leben. Neue Dokumente. Philosophie (Annweiler 1986) 129–133.

Binggeli, Sophie, Die Bedeutung der Hl. Schrift für Edith Stein. Auch im Blick auf unveröffentlichte Texte, in: *Beate Beckmann-Zöller* u. *Hanna-Barbara Gerl-Falkovitz* (Hg.), Edith Stein. Themen – Kontexte – Materialien (Dresden 2015) 215–228.

Dies., Edith Steins Beiträge zur Theologie Israels, in: *Andreas Speer* u. *Stephan Regh* (Hg.), „Alles Wesentliche lässt sich nicht schreiben". Leben und Denken Edith Steins im Spiegel ihres Gesamtwerkes (Freiburg i. Br. 2016) 445–462.

Böckel, Matthias, Edith Stein und das Judentum (Ramstein [2]1991).

von Bodman, Uta, in: *Waltraud Herbstrith* (Hg.), Edith Stein – eine große Glaubenszeugin. Leben. Neue Dokumente. Philosophie (Annweiler 1986) 152–155.

Boedeker, Elisabeth, u. *Meyer-Plath, Maria*, 50 Jahre Habilitation von Frauen in Deutschland. Eine Dokumentation über den Zeitraum von 1920 bis 1970 (Göttingen 1974).

Bogaczyk-Vormayr, Malgorzata, Die Ich-Du-Beziehung nach Edith Stein, in: *Dies.*, *Elisabeth Kapferer* u. *Clemens Sedmak* (Hg.), Leid und Mitleid bei Edith Stein (Salzburg 2013) 84–95.

Borden, Sarah, Edith Stein (London – New York 2003).

Borden Sharkey, Sarah, Edith Stein and Thomas Aquinas on Being and Essence, in: American Catholic Philosophical Quarterly, Bd. 82 (2008) 87–103.

Dies., Thine own Self. Individuality in Edith Stein's Later Writings (Washington 2010).

Borsinger, Hildegard Vérène, Rechtsstellung der Frau in der katholischen Kirche (Leipzig 1930).

Boyer, Charles, Essais sur la doctrine de saint Augustin (Paris [2]1932).

Brechenmacher, Thomas, Die Enzyklika „Mit brennender Sorge" als Höhe- und Wendepunkt der päpstlichen Politik gegenüber dem nationalsozialistischen Deutschland, in: *Wolfram Pyta, Carsten Kretschmann, Giuseppe Ignesti* u. *Tiziana Di Maio* (Hg.), Die Herausforderung der Diktaturen. Katholizismus in Deutschland und Italien 1918–1943/1945 (Tübingen 2009) 271–300.

Bréhier, Émile, Histoire de la philosophie, Tome I: L'antiquité et le Moyen age, Fascicule 3: Le Moyen age et la Renaissance (Paris [6]1950).

Ders., Y a-t-il une Philosophie chrétienne?, in: Revue de Métaphysique et de Morale, Bd. 38 (1931) 133–162.

Brenner, Rachel Feldhay, Edith Stein's Concept of Empathy and the Problem of the Holocaust Witness: War Diaries of Polish Warsaw Writers, in: *Mette Lebech* u. *John Haydn Gurmin* (Hg.), Intersubjectivity, Humanity, Being. Edith Stein's Phenomenology and Christian Philosophy (Bern u. a. 2015) 57–82.

Dies., Writing as Resistance. Four Women Confronting the Holocaust. Edith Stein, Simone Weil, Anne Frank, Etty Hillesum (University Park, PA 1997).

Breuer, Thomas, Widerstand oder Milieubehauptung? Deutscher Katholizismus und NS-Staat, in: *Wolfram Pyta, Carsten Kretschmann, Giuseppe Ignesti* u. *Tiziana Di Maio* (Hg.), Die Herausforderung der Diktaturen. Katholizismus in Deutschland und Italien 1918–1943/1945 (Tübingen 2009) 223–231.

Buber, Martin, Ich und Du (Stuttgart 1995).

Calcagno, Antonio, Assistant and/or Collaborator? Edith Stein's Relationship to Edmund Husserl's Ideen II, in: *Joyce Avrech Berkman* (Hg.), Contemplating Edith Stein (Notre Dame 2006) 243–270.

Ders., Die Fülle oder das Nichts? Edith Stein and Martin Heidegger on the Question of Being, in: American Philosophical Quarterly, Bd. 74 (2000) 269–285.

Ders., Edith Stein's Philosophy of Community in Her Early Work and in Her Later Finite and Eternal Being: Martin Heidegger's Impact, in: Philosophy and Theology, Bd. 23 (2011) 231–256.

Ders., The Philosophy of Edith Stein (Pittsburgh [2]2013).

Casey, Ken, Do We Die Alone? Edith Stein's Critique of Heidegger, in: *Mette Lebech* u. *John Haydn Gurmin* (Hg.), Intersubjectivity, Humanity, Being. Edith Stein's Phenomenology and Christian Philosophy (Bern 2015) 335–370.

Casper, Bernhard, Das dialogische Denken. Franz Rosenzweig, Ferdinand Ebner und Martin Buber (Freiburg i. Br. – München ²2002).

Ders., Nachwort, in: *Martin Buber,* Ich und Du (Stuttgart 1995) 131–142.

Chardonnens, Denis, „Liberté et grâce". La contribution d'Edith Stein à une réflexion d'anthropologie théologique, in: *Christof Betschart* (Hg.), La Liberté chez Edith Stein (Toulouse 2014) 137–160.

Collins, John J., The Fate of Edith Stein, in: Thought. Fordham University Quarterly, Bd. 18 (1943) 384.

Congar, Yves, Ecclesia ab Abel, in: *Marcel Reding* (Hg.), Abhandlungen über Theologie und Kirche. FS *Karl Adam* (Düsseldorf 1952) 79–108.

Conrad-Martius, Hedwig, Die Zeit (München 1954).

Dies., Edith Stein, in: *Edith Stein,* Briefe an Hedwig Conrad-Martius (München 1960) 59–83. Erstmals veröffentlicht in: Hochland 51 (Oktober 1958).

Dies., Heideggers ‚Sein und Zeit', in: *Dies.,* Schriften zur Philosophie, Bd. 1 (München 1963) 185–193.

Dies., Metaphysische Gespräche (Halle 1921).

Courtois, René, Edith Stein (1891–1943) [*sic*]. Fille d'Israël, in: *Fernand Lelotte,* Convertis du XXe siècle, Bd. 1 (Paris u. a. 1958) 39–54.

Damböck, Christian, u. *Lessing, Hans-Ulrich,* (Hg.), Dilthey als Wissenschaftsphilosoph (Freiburg i. Br. 2016).

D'Ambra, Michele, Persona e comunità, in: *Angela Ales Bello* u. *Anna Maria Pezzella* (Hg.), Edith Stein. Comunità e mondo della vita. Società – Diritto – Religione (Rom 2008) 29–62.

Delgado, Mariano, „Teresa bin ich getauft". Zum 500. Geburtstag der Mystikerin und Kirchenlehrerin Teresa von Ávila (1515–1582), in: Stimmen der Zeit, Bd. 140 (2015) 147–160.

Ders., „Richte deine Augen allein auf ihn". Mystik und Kirchenkritik bei Teresa von Ávila und Johannes vom Kreuz, in: *Ders.* u. *Gotthard Fuchs* (Hg.), Die Kirchenkritik der Mystiker. Prophetie aus Gotteserfahrung, Bd. 2, Frühe Neuzeit (Stuttgart 2005) 183–206.

Delp, Alfred, Der Mensch vor sich selbst, in: *Ders.,* Gesammelte Schriften, hg. v. *Roman Bleistein,* Bd. 2, Philosophische Schriften (Frankfurt a. M. 1983) 475–556.

Ders., Meditation: Epiphanie 1945, in: *Ders.,* Gesammelte Schriften, hg. v. *Roman Bleistein,* Bd. 4, Aus dem Gefängnis (Frankfurt a. M. 1984) 215–224.

Dennebaum, Tonke, Gottes Heil und „die Grenzen der sichtbaren Kirche". Soteriologische Erwägungen Edith Steins als Antizipation von *Nostra aetate,* in: ESJ, Bd. 22 (2016) 94–111.

Ders., Nulla salus extra ecclesiam? Edith Steins Soteriologie als Vorgriff auf die heilstheologische Wende des II. Vatikanums, in: *Hanna-Barbara Gerl-Falkovitz* u. *Mette Lebech* (Hg.), Edith Steins Herausforderung heutiger Anthropologie. Akten der Internationalen Konferenz 23.–25. Oktober 2015 in Wien und Heiligenkreuz (Heiligenkreuz 2017) 402–420.

Denzinger, Heinrich, Enchiridion symbolorum definitionum et declarationum de rebus fidei et morum. Kompendium der Glaubensbekenntnisse und kirchlichen Lehrentscheidungen, lat.-dt., hg. v. *Peter Hünermann* (Freiburg i. Br. [37]1991). Sigel: DH.

Deselaers, Manfred, Edith Stein bringt die Erinnerung an die Schoah ins Herz der Kirche, in: ESJ, Bd. 21 (2015) 11–18.

Dilthey, Wilhelm, Grundlegung der Wissenschaften vom Menschen, der Gesellschaft und der Geschichte. Ausarbeitungen und Entwürfe zum zweiten Band der Einleitung in die Geisteswissenschaften (ca. 1870–1895), hg. v. *Karlfried Gründer* u. *Frithjof Rodi*, Ges. Schriften Bd. 19 (Göttingen [2]1997).

Dobhan, Ulrich, Ave Crux – Spes unica, in: Würzburger Diözesan-Geschichtsblätter, Bd. 74 (2012) 371–399.

Ders., Edith Stein – die Karmelitin, in: ESJ, Bd. 12 (2006) 75–123.

Ders., Vom „radikalen Unglauben" zum „wahren Glauben", in: ESJ, Bd. 15 (2009) 53–84.

Ehrmann, Elieser L., Von Trauer zur Freude. Leitfäden und Texte zu den jüdischen Festen, hg. v. *Peter von der Osten-Sacken* u. *Chaim Z. Rozwaski* (Berlin 2012).

Elders, Leo, Edith Stein und Thomas von Aquin, in: *Ders.* (Hg.), Edith Stein. Leben. Philosophie. Vollendung (Würzburg 1991) 253–271.

Enzyklika ‚Mit brennender Sorge': Entwurf Faulhabers und endgültiger Text, in: *Dieter Albrecht*, Der Notenwechsel zwischen dem Heiligen Stuhl und der Deutschen Reichsregierung I. Von der Ratifizierung des Reichskonkordats bis zur Enzyklika ‚Mit brennender Sorge' (Mainz 1965) 404–443.

Faber, Richard, Libertäre Katholizität statt traditioneller Katholizismus, in: *Ders.* (Hg.), Katholizismus in Geschichte und Gegenwart (Würzburg 2005) 9–28.

Feldes, Joachim, Der Beginn einer Karriere. Edith Steins Referat „Wahrheit und Klarheit" und seine Auswirkungen auf ihren Lebensweg nach 1926, in: ESJ, Bd. 10 (2004) 193–202.

Ders., Edith Stein und Schifferstadt (Schifferstadt 1998).

Feldmann, Christian, Edith Stein (Hamburg 2004).

Ferrer, Urbano, Von der Vernunft zum Glauben bei Edith Stein, in: ESJ, Bd. 8. Das Mönchtum (2002) 352–361.

Feuling, Daniel, Einige Erinnerungen an Sr. Benedikta Edith Stein, in: *Jakobus Kaffanke* u. *Katharina Oost* (Hg.), „Wie der Vorhof des Himmels". Edith Stein und Beuron (Beuron [2]2009) 234–238.

de Finance, Joseph, La philosophie de la liberté chez Maritain, in: Recherches et débats, Bd. 19 (1957) 95–116.

Fischer, Mario, Religiöse Erfahrung in der Phänomenologie des frühen Heidegger (Göttingen 2013).

Fischer, Norbert, u. *von Herrmann, Friedrich-Wilhelm*, (Hg.), Heidegger und die christliche Tradition (Hamburg 2007).

Flach, Werner, Kritizistische oder dialektische Methode. Analyse und Bewertung, in: *Detlev Pätzold* u. *Christian Krijnen* (Hg.), Der Neukantianismus und das Erbe des deutschen Idealismus: die philosophische Methode (Würzburg 2002) 9–20.

von le Fort, Gertrud, Zum 70. Geburtstag von *Karl Muth*, in: *Dies.*, Aufzeichnungen und Erinnerungen (Köln u. a. [3]1956) 87–91.

Frankemölle, Hubert, u. *Wohlmuth, Josef*, (Hg.), Das Heil der Anderen. Problemfeld „Judenmission" (Freiburg i. Br. 2010).

Freienstein, Peter, Sinn verstehen. Die Philosophie Edith Steins (London 2007).

Friedmann, Friedrich Georg, So nicht! Zur Seligsprechung Edith Steins, in: *Waltraud Herbstrith* (Hg.), Erinnere dich – vergiß es nicht. Edith Stein – christlich-jüdische Perspektiven (Annweiler 1990) 137–152.

Fuchs-Kreimer, Nancy, Sister Edith Stein. A Rabbi reacts, in: *Waltraud Herbstrith* (Hg.), Never Forget. Christian and Jewish Perspectives on Edith Stein (Wellesley 2012) 173–178. Ursprünglich in: Lilith Magazine 16 (4/1991).

Funke, Gerhard, Akzente der Neukantianismus-Diskussion, in: *Ernst Wolfgang Orth* u. *Helmut Holzhey* (Hg.), Neukantianismus. Perspektiven und Probleme (Würzburg 1994) 59–68.

Gaboriau, Florent, Thomas von Aquin im Gespräch mit Jacques Maritain. Überlegungen zu J. Maritains Philosophie im Licht seines Meisters, in: *Tobias Licht* u. *Benedikt Ritzler* (Hg.), Jacques Maritain. Philosophie und Politik aus katholischem Glauben (Karlsruhe 2002) 85–103.

Gerhards, Albert, Ego exaltavi te magna virtute. Die latente Präsenz des Anderen in jüdischer und christlicher Liturgie, in: *Hubert Frankemölle* u. *Josef Wohlmuth* (Hg.), Das Heil der Anderen. Problemfeld „Judenmission" (Freiburg i. Br. 2010) 542–555.

Gerl, Hanna-Barbara, Unerbittliches Licht. Edith Stein. Philosophie – Mystik – Leben (Mainz 1991). Zitiert als: Unerbittliches Licht (1991).

Gerl-Falkovitz, Hanna-Barbara, Deutsche Geistesgeschichte 1910–1930: der Hintergrund von Edith Stein, in: ESJ, Bd. 20 (2014) 67–91.

Dies., „His Whole Life Consisted of a Search for Religious Truth". Edith Stein in Conversation with John Henry Newman, in: *Joyce Avrech Berkman* (Hg.), Contemplating Edith Stein (Notre Dame 2006) 149–169.

Dies., „Im Dunkel wohl geborgen." Edith Steins mystische Theorie der „Kreuzeswissenschaft" (1942), in: Una Sancta, Bd. 61 (2006) 327–342.

Dies., Resonanzen auf die Internationale Edith-Stein-Bibliographie von Francesco Alfieri OFM, in: ESJ, Bd. 19 (2013) 15–18.

Dies., Unerbittliches Licht. Versuche zur Philosophie und Mystik Edith Steins (Dresden 2015).

Dies., „Von andersher zu beziehende Fülle". Edith Stein und Emmanuel Levinas, in: *Dies., René Kaufmann* u. *Hans Rainer Sepp* (Hg.), Europa und seine Anderen. Emmanuel Levinas, Edith Stein, Józef Tischner (Dresden 2010) 215–227.

Dies., Von der Werkausgabe zur Gesamtausgabe. Zur Entstehungsgeschichte der ESGA, in: ESJ, Bd. 16 (2010) 15–18.

Dies., Kaufmann, René, u. *Sepp, Hans Rainer*, (Hg.), Europa und seine Anderen: Emmanuel Levinas, Edith Stein, Józef Tischner (Dresden 2010).

Gethmann, Carl F., Art. Intentionalität, in: *Jürgen Mittelstraß* (Hg.), Enzyklopädie Philosophie und Wissenschaftstheorie, Bd. 2 (Stuttgart – Weimar ^{2}1995) 259–264.

Geyser, Joseph, Neue und alte Wege der Philosophie. Eine Erörterung der Grundlagen der Erkenntnis im Hinblick auf Edmund Husserls Versuch ihrer Neubegründung (Münster 1916).

Gilson, Étienne, Der Geist der mittelalterlichen Philosophie, übers. v. *Rainulf Schmücker* (Wien 1950).

Ders., La notion de philosophie chrétienne, in: Bulletin de la Société française de philosophie, Bd. 31 (1931) 37–93.

Ders., Le philosophe et la théologie (Paris 2005).

Ders., Le Thomisme. Introduction à la Philosophie de Saint Thomas d'Aquin (Paris [6]1965). Untertitel bis einschl. zur dritten Auflage: Introduction au Système de Saint Thomas d'Aquin.

Gleeson, Gerald, Exemplars and Essences. Thomas Aquinas and Edith Stein, in: *Mette Lebech* u. *John Haydn Gurmin* (Hg.), Intersubjectivity, Humanity, Being. Edith Stein's Phenomenology and Christian Philosophy (Bern u. a. 2015) 289–308.

von Goethe, Johann Wolfgang, Faust. Der Tragödie erster und zweiter Teil. Urfaust, hg. u. kommentiert v. *Erich Trunz* (München 1999).

Gordan, Paulus, in: *Waltraud Herbstrith* (Hg.), Edith Stein – eine große Glaubenszeugin. Leben. Neue Dokumente. Philosophie (Annweiler 1986) 149–151.

Gredt, Joseph, Elementa philosophiae Aristotelico-Thomisticae (Freiburg i. Br. [5]1929).

Greene, Dana K., In Search of Edith Stein. Beyond Hagiography, in: *Joyce Avrech Berkman* (Hg.), Contemplating Edith Stein (Notre Dame 2006) 48–58.

Haecker, Theodor, Schöpfer und Schöpfung (Leipzig 1934).

Häntzschel, Hiltrud, Zur Geschichte der Habilitation von Frauen in Deutschland, in: *Dies.* u. *Hadumod Bußmann* (Hg.), Bedrohlich gescheit. Ein Jahrhundert Frauen und Wissenschaft in Bayern (München 1997) 84–104.

Hart, James G., Notes on Temporality, Contingency, and Eternal Being: Aspects of Edith Stein's Phenomenological Theology, in: *Beate Beckmann-Zöller* u. *Hanna-Barbara Gerl-Falkovitz* (Hg.), Edith Stein. Themen – Kontexte – Materialien (Dresden 2015) 105–114.

Heidegger, Martin, Phänomenologie der Anschauung und des Ausdrucks. Theorie der philosophischen Begriffsbildung (Frankfurt a. M. 1993) = HeiGA 59.

Ders., Phänomenologie und Theologie, in: Wegmarken (Frankfurt a. M. 1976) = HeiGA 9, 45–78.

Ders., Sein und Zeit (Frankfurt a. M. 1976) = HeiGA 2.

Ders., Vom Wesen der Wahrheit, in: Wegmarken (Frankfurt a. M. 1976) = HeiGA 9, 177–202.

Ders. u. *Löwith, Karl*, Briefwechsel 1919–1973, hg. u. kommentiert v. *Alfred Denker* = Martin Heidegger Briefausgabe, Bd. 2 (Freiburg i. Br. 2017).

Heidhues, Mary, Edith Stein und das Buch Esther: Eine *jüdische* oder eine *katholische* Esther?, in: ESJ, Bd. 21 (2015) 74–85.

Heimbach-Steins, Marianne, Subjekt werden – Handlungsmacht gewinnen. Eine Glosse zu Est 4,13–14, in: *Stephanie Feder* u. *Aurica Nutt* (Hg.), Esters unbekannte Seiten. Theologische Perspektiven auf ein vergessenes biblisches Buch. FS *Marie-Theres Wacker* (Ostfildern 2012) 189–192.

Herbstrith, Waltraud, Der geistige Weg Edith Steins, in: *Dies.* (Hg.), Edith Stein – eine große Glaubenszeugin. Leben. Neue Dokumente. Philosophie (Annweiler 1986) 15–41.

Dies., Edith Stein als Glaubenszeugin des 20. Jahrhunderts, in: *Dies.* (Hg.), Edith Stein – eine große Glaubenszeugin. Leben. Neue Dokumente. Philosophie (Annweiler 1986) 57–70.

Dies., Edith Stein im Kölner und Echter Karmel in der Zeit der Judenverfolgung, in: ESJ, Bd. 3, Das Judentum (1997) 407–410.

Dies., Edith Stein (Sr. Teresia Benedicta a Cruce) und die Spiritualität des Karmel, in: *Leo Elders* (Hg.), Edith Stein. Leben. Philosophie. Vollendung (München 1991) 111–122.

Dies. (Hg.), Erinnere dich – vergiß es nicht. Edith Stein – Christlich-jüdische Perspektiven (Annweiler 1990).

Dies. (Hg.), Never forget. Christian and Jewish Perspectives on Edith Stein (Wellesley 2012). = Erweiterte englischsprachige Ausgabe von: Erinnere dich – vergiß es nicht.

Herrmann, Maria Adele, Edith Stein. Ihre Jahre in Speyer (Illertissen 2012).

Hirschmann, Johannes, Schwester Theresia Benedicta vom Heiligen Kreuz. Meditation auf dem 86. Katholikentag in Berlin 1980, in: Hirschberg. Monatsschrift des Bundes Neudeutschland, Bd. 34 (1981) 124–126.

Höfer, Josef, Rez. Edith Stein, Endliches und ewiges Sein. Versuch eines Aufstiegs zum Sinn des Seins, in: Theologie und Glaube, Bd. 41 (1951) 170.

Homolka, Walter, Edith Stein aus jüdischer Sicht. Überlegungen zu den Bedingungen des jüdisch-christlichen Dialogs, in: ESJ, Bd. 11 (2005) 143–148.

Hünermann, Peter, Theologischer Kommentar zur dogmatischen Konstitution über die Kirche *Lumen Gentium*, in: *Ders.* u. *Bernd Jochen Hilberath* (Hg.), Herders Theologischer Kommentar zum Zweiten Vatikanischen Konzil, Bd. 2 (Freiburg i. Br. 2004) 363–563.

Husserl, Edmund, Cartesianische Meditationen und Pariser Vorträge, hg. v. *Stephan Strasser* (Den Haag [2]1963) = Hua I.

Ders., Ideen zu einer reinen Phänomenologie und phänomenologischen Philosophie. Erstes Buch. Allgemeine Einführung in die reine Phänomenologie, hg. v. *Karl Schuhmann* (Den Haag 1976) = Hua III/1.

Ders., Ideen zu einer reinen Phänomenologie und phänomenologischen Philosophie. Zweites Buch. Phänomenologische Untersuchungen zur Konstitution, hg. v. *Marly Biemel* (Den Haag 1952) = Hua IV.

Ders., Logische Untersuchungen. Erster Band. Prolegomena zur reinen Logik, hg. v. *Elmar Holenstein* (Den Haag 1975) = Hua XVIII.

Ders., Logische Untersuchungen. Zweiter Band. Untersuchungen zur Phänomenologie und Theorie der Erkenntnis, hg. v. *Ursula Panzer* (Den Haag 1994) = Hua XIX/1–2.

Ders., Zur Phänomenologie des inneren Zeitbewußtseins, hg. v. *Rudolf Boehm* (Den Haag 1966) = Hua X. Siehe auch die Studienausgabe, hg. v. *Rudolf Bernet* (Hamburg 2013).

Ingarden, Roman, Über die philosophischen Forschungen Edith Steins, in: *Waltraud Herbstrith* (Hg.), Edith Stein – eine große Glaubenszeugin. Leben. Neue Dokumente. Philosophie (Annweiler 1986) 202–229.

Jaegerschmid, Adelgundis, Gespräche mit Edmund Husserl (1931–1936), in: *Waltraud Herbstrith* (Hg.), Edith Stein. Wege zur inneren Stille (Aschaffenburg 1987) 205–222.

Jani, Anna, Die Suche nach der modernen Metaphysik. Edith Steins Heidegger-Exzerpte, eine Kritik der Metaphysik des Daseins, in: ESJ, Bd. 18 (2012) 81–108.

Joas, Hans, Glaube als Option. Zukunftsmöglichkeiten des Christentums (Freiburg i. Br. 2012).

Johannes Paul II., Ansprache an die Vertreter der Juden im Dommuseum in Mainz am 17. November 1980, in: *Sekretariat der Deutschen Bischofskonferenz* (Hg.), Papst Johannes Paul II. in Deutschland. 15. bis 19. November 1980 (Bonn 1980) = Verlautbarungen des Apostolischen Stuhls 25, 102–105.

Ders., Homilie bei der Seligsprechung von Edith Stein im Stadion Köln-Müngersdorf am 1. Mai 1987, in: *Sekretariat der Deutschen Bischofskonferenz* (Hg.), Predigten und Ansprachen Papst Johannes Paul II. bei seinem zweiten Pastoralbesuch in Deutschland sowie Begrüßungsworte und Reden, die an den Heiligen Vater gerichtet wurden. 30. April bis 4. Mai 1987 (Bonn 1987) = Verlautbarungen des Apostolischen Stuhls 77, 25–32.

Ders., Summo Pontifice habita in templo seu synagoga Iudaeorum Urbis, in: Acta Apostolicae Sedis, Bd. 78 (1986) 1117–1123.

Kamitz, Reinhard, Franz Brentano (1838–1917), in: *Emerich Coreth, Walter M. Neidl* u. *Georg Pfligersdorffer* (Hg.), Christliche Philosophie im katholischen Denken des 19. und 20. Jahrhunderts, Bd. 1, Neue Ansätze im 19. Jahrhundert (Graz u. a. 1987) 384–408.

Kany, Roland, Augustins Trinitätsdenken. Bilanz, Kritik und Weiterführung der modernen Forschung zu „De trinitate" (Tübingen 2007).

Kasper, Walter, Theologie und Kirche (Mainz 1987).

Kaufmann, Fritz, Rez. Edith Stein, Endliches und ewiges Sein. Versuch eines Aufstiegs zum Sinn des Seins, in: Philosophy and Phenomenological Research, Bd. 12 (1952) 527–577.

Kehl, Medard, Die Kirche. Eine katholische Ekklesiologie (Würzburg 1992).

Kempner, Robert, Edith Stein und Anne Frank. Zwei von Hunderttausend. Die Enthüllungen über die NS-Verbrechen in Holland vor dem Schwurgericht in München (Freiburg i. Br. 1968).

Kertelge, Karl, Die Wirklichkeit der Kirche im Neuen Testament, in: *Walter Kern, Hermann Josef Pottmeyer* u. *Max Seckler* (Hg.), Handbuch der Fundamentaltheologie, Bd. 3, Traktat Kirche (Tübingen u. Basel ²2000) 65–84.

Koch, Hans-Albrecht, Die Universität. Geschichte einer europäischen Institution (Darmstadt 2008)

Köhler, Joachim, Edith Stein. Ein Opfer des Nationalsozialismus, in: *Waltraud Herbstrith* (Hg.), Edith Stein – eine große Glaubenszeugin. Leben. Neue Dokumente. Philosophie (Annweiler 1986) 85–107.

Kölner Selig- und Heiligsprechungsprozess der Dienerin Gottes Sr. Teresia Benedicta a Cruce (Edith Stein), Professe und Chorschwester des Ordens der Allerseligsten Jungfrau Maria vom Berge Karmel (Köln 1962).

Kommission für die religiösen Beziehungen zum Judentum, „Denn unwiderruflich sind Gnade und Berufung, die Gott gewährt" (Röm 11, 29). Reflexionen zu theologischen Fragestellungen in den katholisch-jüdischen Beziehungen aus Anlass des 50jährigen Jubiläums von *Nostra aetate* (Nr. 4). Verlautbarungen des Apostolischen Stuhls 203 (Bonn 2016).

Körner, Reinhard, „Leben an Gottes Hand und aus Gottes Hand". Mystik und Kirchenkritik bei Edith Stein, in: *Mariano Delgado* u. *Gotthard Fuchs* (Hg.), Die Kirchenkritik der Mystiker. Prophetie aus Gotteserfahrung. Bd. III: Von der Aufklärung bis zur Gegenwart (Fribourg – Stuttgart 2005) 119–131.

Koyré, Alexandre, Essai sur l'idée de Dieu et les preuves de son existence chez Descartes (Paris 1922). Dt. Übers. (*Edith Stein* mit *Hedwig Conrad-Martius*): Descartes und die Scholastik (Bonn 1923), heute in: ESGA 25.

Kremer, René, Gloses thomistes sur la phénoménologie, in: *Société Thomiste* (Hg.), La Phénoménologie, 59–70.

Krochmalnik, Daniel, Edith Stein. Der Weg einer Jüdin zum Katholizismus, in: *Waltraud Herbstrith* (Hg.), Erinnere dich – vergiß es nicht. Edith Stein – christlich-jüdische Perspektiven (Annweiler 1990).

La Notion de Philosophie Chrétienne. Comptes Rendus des Séances. Séance du 21 mars 1931, in: Bulletin de la Société française de Philosophie, Bd. 31 (1931) 37–93.

Lelotte, Fernand (Hg.), Convertis du XXe siècle, Bd. 1 (Paris u. a. 1958).

Leppin, Volker, Thomas von Aquin (Münster 2009).

Lepsius, Mario Rainer, Parteiensystem und Sozialstruktur: zum Problem der Demokratisierung der deutschen Gesellschaft, in: *Wilhelm Abel* u. a. (Hg.), Wirtschaft, Geschichte und Wirtschaftsgeschichte. FS *Friedrich Lütge* (Stuttgart 1966) 371–393.

Lévy, Antoine, Lien de chair, in: Revue Théologique des Bernardins, Bd. 14: Edith Stein co-patronne de l'Europe (2015) 43–66.

Locke, John, An Essay Concerning Human Understanding, Bd. 2, hg. v. *Alexander Campbell Fraser* (New York 1959).

Loichinger, Alexander, Ist der Glaube vernünftig? Zur Frage nach der Rationalität in Philosophie und Theologie, 2 Bde. (Neuried 1999).

Löwith, Karl, Mein Leben in Deutschland vor und nach 1933. Ein Bericht (Stuttgart – Weimar 2007).

Ders., M. Heidegger and F. Rosenzweig or Temporality and Eternity, in: Philosophy and Phenomenological Research, Bd. 3 (1942) 53–77.

Ders., M. Heidegger und F. Rosenzweig. Ein Nachtrag zu *Sein und Zeit,* in: *Ders.,* Sämtliche Schriften, Bd. 8, Heidegger – Denker in dürftiger Zeit. Zur Stellung der Philosophie im 20. Jahrhundert, hg. v. *Klaus Stichweh* (Stuttgart 1984) 72–101.

Lustiger, Jean-Marie, Einführung zum Runden Tisch über Edith Stein beim Katholikentag 2006 in Saarbrücken, in: ESJ, Bd. 13 (2007) 116–123.

MacIntyre, Alasdair, Edith Stein. A Philosophical prologue (London 2006).

Magonet, Jonathan, The God who Hides: Some Jewish Responses to the Book of Esther, in: European Judaism, Bd. 47 (1/2014) 109–116.

Malter, Rudolf, Grundlinien neukantianischer Kantinterpretation, in: *Ernst Wolfgang Orth* u. *Helmut Holzhey* (Hg.), Neukantianismus. Perspektiven und Probleme (Würzburg 1994) 44–58.

Marcel, Gabriel, L'Esprit de la Philosophie Médiévale, par E. Gilson, in: La Nouvelle Revue des Jeunes, Bd. 4 (1932) 308–314.

Maritain, Jacques, At the Edith Stein Guild, in: *Jacques* et *Raïssa Maritain,* Œuvres complètes, Vol. XII (Fribourg – Paris 1992) 1212–1215.

Ders., The Conquest of Freedom, in: *Ruth Nanda Anshen* (Hg.), Freedom its Meaning (New York 1940) 631–652.

Ders., Von der christlichen Philosophie, übers. u. eingeleitet v. *Balduin Schwarz* (Salzburg –Leipzig 1935).

Marten, Rainer, Christliche Philosophie: Holz und Eisen, in: ESJ, Bd. 4, Das Christentum, T. 1 (Würzburg 1998) 347–360.

Marx, Karl, Zur Judenfrage, hg. u. eingeleitet v. *Stefan Großmann* (Berlin 1919); Reprint (Burg – Dithmarschen 2005).

Maurer, Armand, Étienne Gilson (1884–1978), in: *Emerich Coreth, Walter Neidl* u. *Georg Pfligersdorffer* (Hg.), Christliche Philosophie im katholischen Denken des 19. und 20. Jahrhunderts, Bd. 2, Rückgriff auf scholastisches Erbe (Graz u. a. 1988) 519–545.

Mazzù, Antonino, The Development of Phenomenology in Belgium and the Netherlands, in: *Anna-Teresa Tymieniecka* (Hg.), Phenomenology World-Wide. Foundations, Expanding Dynamics, Life-Engagement: A Guide for Research and Study (Dordrecht 2002) 265–274.

McInerny, Ralph, Edith Stein and Thomism, in: *John Sullivan* (Hg.), Edith Stein. Teresian Culture (Washington 1987) 74–87.

Mechels, Eberhard, Analogie bei Erich Przywara und Karl Barth. Das Verhältnis von Offenbarungstheologie und Metaphysik (Neukirchen-Vluyn 1974).

Mendes-Flohr, Paul, Introduction: Franz Rosenzweig and the German Philosophical Tradition, in: *Ders.* (Hg.), The Philosophy of Franz Rosenzweig (Hanover, NH – London 1988) 1–19.

Menke, Karl-Heinz, Das Kriterium des Christseins. Grundriss der Gnadenlehre (Regensburg 2003).

Ders., Stellvertretung oder: Die versöhnende Macht der gekreuzigten Liebe. Edith Stein als Wegweiserin Europas, in: ESJ, Bd. 19 (2013) 61–92.

Ders., Stellvertretung. Schlüsselbegriff christlichen Lebens und theologische Grundkategorie (Einsiedeln ²1997).

Menzel, Josef, (Hg.), Breslauer Juden 1850–1945 (Sankt Augustin 1990).

Mohr, Anne, u. *Prégardier, Elisabeth*, Passion im August (2.–9. August 1942). Edith Stein und Gefährtinnen: Weg in Tod und Auferstehung (Annweiler 1995).

Möller, Josef, Edith Stein – Persönlichkeit und Vermächtnis, in: *Waltraud Herbstrith* (Hg.), Edith Stein – eine große Glaubenszeugin. Leben. Neue Dokumente. Philosophie (Annweiler 1986) 249–261.

Molter, Bernard, Edith Stein. Martyre juive de confession chrétienne (Paris 1998).

Müller, Andreas Uwe, Grundzüge der Religionsphilosophie Edith Steins (Freiburg i. Br. – München 1993).

Ders. u. *Neyer, Maria Amata*, Edith Stein. Das Leben einer ungewöhnlichen Frau (Düsseldorf 2002).

Müller, Gerhard Ludwig, John Henry Newman (Augsburg 2010).

Müller, Markus, Das Deutsche Institut für wissenschaftliche Pädagogik 1922–1980. Von der katholischen Pädagogik zur Pädagogik der Katholiken (Paderborn u. a. 2014).

Nastansky, Heinz-Ludwig, u. *Welter, Rüdiger*, Neukantianismus, in: *Jürgen Mittelstraß* (Hg.), Enzyklopädie Philosophie und Wissenschaftstheorie, Bd. 2 (Stuttgart – Weimar 1995) 989 f.

Neugebauer, Klaus, Dasein und ewiges Sein. Wie Edith Stein Martin Heidegger liest, in: Perspektiven der Philosophie. Neues Jahrbuch, Bd. 37 (2011) 197–214.

Newman, John Henry, Gesammelte Werke 1: Briefe und Tagebücher bis zum Übertritt zur Kirche. 1801–1845, übers. v. *Edith Stein* (München 1928). Heute in ESGA 22.

Neyer, Maria Amata, Der Brief Edith Steins an Pius XI., in: ESJ, Bd. 10 (2004) 11–29.

Dies., Der letzte Weg. „Decken … Kreuz und Rosenkranz", in: *Edith Stein*, Wie ich in den Kölner Karmel kam. Mit Erläuterungen u. Ergänzungen v. *Maria Amata Neyer* (Würzburg 1994) 103–138.

Dies., Edith Stein und das Beten der Kirche. Gedanken zu ihrer Seligsprechung am 1. Mai 1987, in: *Jakobus Kaffanke* u. *Katharina Oost* (Hg.), „Wie der Vorhof des Himmels". Edith Stein und Beuron (Beuron ²2009) 130–150.

Dies., Edith Steins Werk „Endliches und ewiges Sein". Eine Dokumentation, in: ESJ, Bd. 1, Die menschliche Gewalt (1995) 311–343.

Dies., Teresia Renata Posselt ocd. Ein Beitrag zur Chronik des Kölner Karmel (2. Teil), in: ESJ, Bd. 9. Menschen, die suchen (2003) 447–487.

Noël, Léon, Les frontières de la logique, in: Revue néo-scolastique de philosophie, Bd. 17 (1910) 211–233.

Nota, Jan. H., Edith Stein und der Entwurf für eine Enzyklika gegen Rassismus und Antisemitismus, in: *Waltraud Herbstrith* (Hg.), Edith Stein – eine große Glaubenszeugin. Leben. Neue Dokumente. Philosophie (Annweiler 1986) 108–125.

Ders., Edith Stein und Martin Heidegger, in: *Waltraud Herbstrith* (Hg.), Denken im Dialog. Zur Philosophie Edith Steins (Tübingen 1991) 93–117.

Oesterreicher, John, Walls are Crumbling. Seven Jewish Philosophers Discover Christ (New York 1952).

Oost, Katharina, „Die Verantwortung fällt auch auf die, die schweigen", in: *Jakobus Kaffanke* u. *Katharina Oost* (Hg.), „Wie der Vorhof des Himmels". Edith Stein in Beuron (Beuron ²2009) 181–191.

Dies., Edith Stein und Beuron, in: ESJ, Bd. 12 (2006) 57–74.

Dies., IN CARITATE DEI – Raphael Walzer und Edith Stein, in: *Jakobus Kaffanke* u. *Katharina Oost* (Hg.) „Wie der Vorhof des Himmels" Edith Stein in Beuron (Beuron ²2009) 19–44.

Orr, James, „Being and Timelessness": Edith Stein's Critique of Heideggerian Temporality, in: Modern Theology, Bd. 30 (2014) 114–131.

Ders., Edith Stein's Critique of Sociality in the Early Heidegger, in: Neue Zeitschrift für Systematische Theologie, Bd. 55 (2013) 379–396.

Orth, Ernst Wolfgang, Die Einheit des Neukantianismus, in: *Ders.* u. *Helmut Holzhey* (Hg.), Neukantianismus. Perspektiven und Probleme (Würzburg 1994) 13–30.

Ott, Ludwig, Grundriss der katholischen Dogmatik (Freiburg i. Br. ⁶1963).

Otto, Rudolf, Das Heilige. Über das Irrationale in der Idee des Göttlichen und sein Verhältnis zum Rationalen (Breslau 1917, erw. Neuausgabe München 2014).

Paolinelli, Marco, Antropologia e ‚metafisica cristiana' in Edith Stein, in: Rivista di filosofia neo-scolastica, Bd. 93 (2001) 580–615.

Ders., Note sulla ‚filosofia cristiana' di Edith Stein, in: *Jean Sleimann* (Hg.), Edith Stein. Testimone per oggi. Profeta per domani. Atti del simposio internazionale: Roma, Teresianum, 7–9 ottobre 1998 (Rom 1999) 87–128.

Petermeier, Maria, Die religiöse Entwicklung Edith Steins, in: *Beate Beckmann-Zöller* u. *Hanna-Barbara Gerl-Falkovitz* (Hg.), Edith Stein. Themen – Kontexte – Materialien (Dresden 2015) 176–192.

Peterson, Erik, Von den Engeln, in: *Ders.*, Ausgewählte Schriften, Bd. 1, Theologische Traktate, mit einer Einleitung von *Barbara Nichtweiß* (Würzburg 1994) 195–243.

Pezzella, Anna Maria, Edith Stein e Hannah Arendt. Interpreti di Heidegger, in: Aquinas, Bd. 42 (1999) 117–124.

Pfeiffer, Alexandra Elisabeth, Hedwig Conrad-Martius. Eine phänomenologische Sicht auf Natur und Welt (Würzburg 2005).

Pieper, Josef, Wahrheit der Dinge. Eine Untersuchung zur Anthropologie des Hochmittelalters (München 1947).

Posselt, Teresia Renata, Edith Stein. Eine große Frau unseres Jahrhunderts (Freiburg i. Br. 1957).

Przywara, Erich, Analogia entis. Metaphysik. Ur-Struktur und All-Rhythmus, Erich Przywara Schriften, Bd. 3 (Einsiedeln 1962).

Ders., Augustinus. Die Gestalt als Gefüge (Leipzig 1934).

Ders., Edith Stein. I. Zu ihrem zehnten Todestag, 1951, in: *Ders.,* In und gegen. Stellungnahmen zur Zeit (Nürnberg 1955) 61–67.

Ders., Gottgeheimnis der Welt. Drei Vorträge über die geistige Krisis der Gegenwart (München 1923).

Ders., Hermann Bahr, in: *Ders.,* Ringen der Gegenwart. Gesammelte Aufsätze 1922–1927, Bd. 1 (Augsburg 1929) 155–163.

Ders., Katholisches Schweigen, in: *Ders.,* Ringen der Gegenwart. Gesammelte Aufsätze 1922–1927, Bd. 1 (Augsburg 1929) 85–88.

Ders., Konvertiten, in: *Ders.,* Ringen der Gegenwart. Gesammelte Aufsätze 1922–1927, Bd. 1 (Augsburg 1929) 146–154.

Ders., Ringen der Gegenwart. Gesammelte Aufsätze 1922–1927, 2 Bde. (Augsburg 1929).

Ders., Theologische Motive im Werk Martin Heideggers, 1955, in: *Ders.,* In und gegen. Stellungnahmen zur Zeit (Nürnberg 1955) 55–60.

Ders., Thomas von Aquin deutsch, in: Stimmen der Zeit, Bd. 121 (1931) 385 f.

Putnam, Hilary, Jewish Philosophy as a Guide to Life. Rosenzweig, Buber, Levinas, Wittgenstein (Bloomington – Indianapolis 2008).

Rahner, Karl, Anthropologie und Theologie, in: *Ders.,* Sämtliche Werke, Bd. 30: Anstöße systematischer Theologie, bearbeitet v. *Karsten Kreutzer* u. *Albert Raffelt* (Freiburg i. Br. 2009) 433–470.

Ders., Das christliche Verständnis der Erlösung, in: *Ders.,* Sämtliche Werke, Bd. 30: Anstöße systematischer Theologie, bearbeitet v. *Karsten Kreutzer* u. *Albert Raffelt* (Freiburg i. Br. 2009) 346–358.

Ders., Die Zugehörigkeit zur Kirche nach „Mystici Corporis Christi", in: *Ders.,* Sämtliche Werke, Bd. 10, Kirche in den Herausforderungen der Zeit. Studien zur Ekklesiologie und zur kirchlichen Existenz, bearbeitet v. *Josef Heislbetz* u. *Albert Raffelt* (Freiburg i. Br. 2003) 72–81.

Ders., Frömmigkeit früher und heute, in: *Ders.,* Sämtliche Werke, Bd. 23, Glaube im Alltag. Schriften zur Spiritualität und zum christlichen Lebensvollzug, bearbeitet v. *Albert Raffelt* (Freiburg i. Br. 2006) 31–46.

Ders., Kirche ist Verheißung: Das Grundsakrament des Heils, in: *Ders.,* Sämtliche Werke, Bd. 30, Anstöße systematischer Theologie, bearbeitet v. *Karsten Kreutzer* u. *Albert Raffelt* (Freiburg i. Br. 2009) 595 f.

Ders., Theologie heute, in: *Ders.,* Sämtliche Werke, Bd. 30, Anstöße systematischer Theologie, bearbeitet v. *Karsten Kreutzer* u. *Albert Raffelt* (Freiburg i. Br. 2009) 90–100.

Ders. u. *Vorgrimler, Herbert,* (Hg.), Kleines Konzilskompendium. Sämtliche Texte des Zweiten Vatikanums (Freiburg i. Br. [25]1994).

Ranff, Viki, Pseudo-Dionysius Areopagita im Werk Edith Steins, in: *Andreas Speer* u. *Stephan Regh* (Hg.), „Alles Wesentliche lässt sich nicht schreiben". Leben und Denken Edith Steins im Spiegel ihres Gesamtwerkes (Freiburg i. Br. 2016) 19–39.

Rastoin, Cécile, Edith Stein et le Mystère d'Israël (Genf 1998).

Dies., Edith Stein (1891–1942). Enquête sur la Source (Paris 2007).

Rath, Matthias, Der Psychologismusstreit in der deutschen Philosophie (Freiburg i. Br. – München 1994).

Redmond, Walter, Edith Stein's Ontological Argument, in: *Mette Lebech* u. *John Haydn Gurmin* (Hg.), Intersubjectivity, Humanity, Being. Edith Stein's Phenomenology and Christian Philosophy (Bern u. a. 2015) 247–268.

von Renteln, Angelika, Moments in Edith Stein's Years of Crisis, 1918–1922, in: *Joyce Avrech Berkman* (Hg.), Contemplating Edith Stein (Notre Dame 2006) 134–148.

Repgen, Konrad, Hitlers „Machtergreifung", die christlichen Kirchen, die Judenfrage und Edith Steins Eingabe an Pius XI. vom [9.] April 1933, in: ESJ, Bd. 10 (2004) 31–68.

van Riet, Georges, L'épistémologie de Mgr Léon Noël, in: Revue Philosophique de Louvain, Troisième série, Bd. 52 (1954) 349–415.

Ripamonti, Lidia, Geborgenheit statt Geworfenheit. Bemerkungen zur Kritik Edith Steins an „Sein und Zeit", in: *Hanna-Barbara Gerl-Falkovitz, René Kaufmann* u. *Hans Rainer Sepp* (Hg.), Europa und seine Anderen. Emmanuel Levinas, Edith Stein, Józef Tischner (Dresden 2010) 167–177.

Ritter, Heinrich, Die christliche Philosophie nach ihrem Begriff, ihren äußern Verhältnissen und in ihrer Geschichte bis auf die neuesten Zeiten, Bd. 1 (Göttingen 1858).

Rolf, Thomas, Intuition, in: *Helmuth Vetter* (Hg.), Wörterbuch der phänomenologischen Begriffe, 299 f.

Rombold, Günter, John Henry Newman (1801–1890), in: *Emerich Coreth, Walter M. Neidl* u. *Georg Pfligersdorffer* (Hg.), Christliche Philosophie im katholischen Denken des 19. und 20. Jahrhunderts, Bd. 1, Neue Ansätze im 19. Jahrhundert (Graz u. a. 1987) 698–728.

Rosenzweig, Franz, Der Mensch und sein Werk. Gesammelte Schriften, Bd. 1, Briefe und Tagebücher, T. 1, hg. v. *Rachel Rosenzweig* u. *Edith Rosenzweig-Scheinmann* (Haag 1979).

Ders., Der Mensch und sein Werk. Gesammelte Schriften, Bd. 2, Der Stern der Erlösung, eingeführt v. *Reinhold Mayer* (Haag [4]1976).

Ders., Zeit ists … (Ps. 119,126) Gedanken über das jüdische Bildungsproblem des Augenblicks, in: *Ders.,* Der Mensch und sein Werk. Gesammelte Schriften, Bd. 3, Zweistromland. Kleinere Schriften zu Glauben und Denken, hg. v. *Reinhold* u. *Annemarie Mayer* (Dordrecht 1984) 461–481.

Rossi, Osvaldo, Sein und Zeit in the Works of Edith Stein. The Possibility and Forms of Existence, in: Analecta Husserliana, Bd. 83 (2004) 593–613.

Rüsche, Franz, Rez. Edith Stein, Endliches und ewiges Sein. Versuch eines Aufstiegs zum Sinn des Seins, in: Theologie und Glaube, Bd. 41 (1951) 437 f.

Sancho Fermín, Francisco Javier, Loslassen – Edith Steins Weg von der Philosophie zur karmelitischen Mystik. Eine historische Untersuchung (Stuttgart 2007).

Sanders, Wilm, Die Karfreitagsfürbitte für die Juden vom Missale Pius' V. zum Missale Pauls VI., in: Freiburger Rundbrief, Bd. 24, Nr. 89/92 (1972) 26–30.

Saperstein, Marc, Jewish Typological Exegesis after Nahmanides, in: Jewish Studies Quarterly 1/2 (1993/94) 158–170.

Sattler, Dorothea, Erlösung? Lehrbuch der Soteriologie (Freiburg i. Br. 2011).

Sauter, Johannes, Rez. Thomas von Aquino, Untersuchungen über die Wahrheit. Ins Deutsche übertragen von Edith Stein, in: Blätter für Deutsche Philosophie, Bd. 8 (Berlin 1934) 80–81.

Schandl, Felix, Die Begegnung mit Christus. Auf dem Weg zum Karmel, in: *Leo Elders* (Hg.), Edith Stein. Leben. Philosophie. Vollendung (München 1991) 55–93.

Ders., „Ich sah aus meinem Volk die Kirche wachsen!" Jüdische Bezüge und Strukturen in Leben und Werk Edith Steins (1891–1942) (Sinzig 1990).

Schatz, Klaus, Kirchenbild und päpstliche Infallibilität bei den deutschsprachigen Minoritätsbischöfen auf dem I. Vatikanum (Rom 1975).

Schindler, Pessach, Hasidic Responses to the Holocaust. In the Light of Hasidic Thought (Hoboken 1990).

Schmidinger, Heinrich, Der Streit um die christliche Philosophie in seinem Zusammenhang, in: *Emerich Coreth, Walter Neidl* u. *Georg Pfligersdorffer* (Hg.), Christliche Philosophie im katholischen Denken des 19. und 20. Jahrhunderts, Bd. 3, Moderne Strömungen im 20. Jahrhundert (Graz u. a. 1990) 23–48.

Scholem, Gershom, Franz Rosenzweig und sein Buch „Der Stern der Erlösung", in: *Franz Rosenzweig*, Der Stern der Erlösung (Frankfurt a. M. 1988) 525–549.

Schwarte, Johannes, Die katholische Kirche und der Rassismus der Nationalsozialisten – konkretisiert am Enzyklika-Projekt Pius' XI. gegen den Rassismus, in: ESJ, Bd. 10 (2004) 69–98.

Schwarz, Balduin, Erinnerungen an Edith Stein, in: *Waltraud Herbstrith* (Hg.), Edith Stein – eine große Glaubenszeugin. Leben. Neue Dokumente. Philosophie (Annweiler 1986) 165–170.

Seckler, Max, Der Begriff der Offenbarung, in: *Walter Kern, Hermann J. Pottmeyer, Max Seckler* (Hg.), Handbuch der Fundamentaltheologie, Bd. 2, Traktat Offenbarung (Tübingen – Basel [2]2000) 41–61.

Seifert, Katharina, Edith Stein – die ‚Virgo sapiens' von Beuron. 1928–1933, in: ESJ, Bd. 20 (2014) 14–26.

Sepp, Hans Rainer, Edith Steins Position in der Idealismus-Realismus-Debatte, in: *Beate Beckmann-Zöller* u. *Hanna-Barbara Gerl-Falkovitz* (Hg.), Edith Stein. Themen – Kontexte – Materialien (Dresden 2015) 17–27.

Ders., Art. Epoché, in: *Helmuth Vetter* (Hg.), Wörterbuch der phänomenologischen Grundbegriffe (Hamburg 2004) 145–151.

Seubert, Harald, Glauben und Wissen. „Negative" und „positive" Philosophie als inneres Dialogverhältnis im Denken von Edith Stein und Emmanuel Levinas, in: *Hanna-Barbara Gerl-Falkovitz, René Kaufmann* u. *Hans Rainer Sepp* (Hg.), Europa und seine Anderen. Emmanuel Levinas, Edith Stein, Józef Tischner (Dresden 2010) 203–214.

Siebenrock, Roman, Theologischer Kommentar zur Erklärung über die Haltung der Kirche zu den nichtchristlichen Religionen *Nostra aetate*, in: *Peter Hünermann* u. *Bernd Jochen Hilberath* (Hg.), Herders Theologischer Kommentar zum Zweiten Vatikanischen Konzil, Bd. 3 (Freiburg i. Br. 2005) 591–693.

Sieg, Ulrich, Aufstieg und Niedergang des Marburger Neukantianismus. Die Geschichte einer philosophischen Schulgemeinschaft (Würzburg 1994).

Sierp, Constant, Avant-propos du traducteur, in: *Joseph Kleutgen*, La philosophie scolastique exposée et défendue, Bd. 1 (Paris 1868) I-XVI.

Sievernich, Michael, Konziliarer Paradigmenwechsel, in: ZMR, Bd. 89 (2005) 241 f.

Ders., Teresa von Ávila: Mystikerin und Schriftstellerin. Zur neuen deutschen Gesamtausgabe, in: Stimmen der Zeit, Bd. 234, Jg. 141 (2016) 413–415.

Skorulski, Krzysztof, Ferdinand Ebner und der Platz der Dialogphilosophie in dem katholischen Denken des zwanzigsten Jahrhunderts, in: Logos i Ethos, Bd. 32 (2012) 19–42.

Société Thomiste (Hg.), La Phénoménologie. Juvisy, 12 septembre 1932 (Tournai 1932) = Journées d'Études de la Société Thomiste, Bd. I.

de La Soujeole, Benoît-Dominique, Das ekklesiologische Problem im interreligiösen Dialog, in: ZMR, Bd. 91 (2007) 40–47.

Speer, Andreas, Die *Summa theologiae* lesen – eine Einführung, in: *Ders.,* Thomas von Aquin: Die *Summa theologiae.* Werkinterpretationen (Berlin 2005) 1–28.

Ders., Edith Steins Thomas-Lektüren, in: *Ders.* u. *Stephan Regh* (Hg.), „Alles Wesentliche lässt sich nicht schreiben". Leben und Denken Edith Steins im Spiegel ihres Gesamtwerkes (Freiburg i. Br. 2016) 40–62.

Ders., Edith Stein und Thomas von Aquin: ‚meeting of the minds', in: ESJ, Bd. 14 (2008) 111–125.

Spiegelberg, Herbert, „Intention" und „Intentionalität" in der Scholastik, bei Brentano und Husserl, in: Studia Philosophica. Jahrbuch der Schweizerischen Philosophischen Gesellschaft, Bd. 19 (1969) 189–216.

Stallmach, Josef, Edith Stein – von Husserl zu Thomas von Aquin, in: *Waltraud Herbstrith* (Hg.), Denken im Dialog. Zur Philosophie Edith Steins (Tübingen 1991) 42–56.

Stegmüller, Wolfgang, Hauptströmungen der Gegenwartsphilosophie, Bd. 1 (Stuttgart [4]1969).

Stehle, Hansjakob, Schatten der Vergangenheit, in: Die Zeit, Nr. 17 (1987).

Suchla, Beate Regina, Dionysius Areopagita. Leben – Werk – Wirkung (Freiburg i. Br. 2008).

Swinburne, Richard, Die Existenz Gottes (Stuttgart 1987).

Taylor, Charles, Ein säkulares Zeitalter (Frankfurt a. M. 2009).

Teloni, Maria-Chiara, Time and the Formation of the Human Person: A Comparison of Edith Stein's and Martin Heidegger's Thoughts, in: *Anna-Teresa Tymieniecka* (Hg.), Timing and Temporality in Islamic Philosophy and Phenomenology of Life (Dordrecht 2007) 225–266.

Thomas, Jean-François, Simone Weil et Edith Stein. Malheur et souffrance (Namur 1992).

Thomas von Aquin, Quaestiones disputatae de veritate, hg. v. *Pierre Mandonnet* (Paris 1925).

Ders., Summa contra gentiles, lat.-dt., hg. u. übers. v. *Karl Albert, Karl Allgaier, Paulus Engelhardt* u. *Markus Wörner* (Darmstadt 2001).

Ders., Die deutsche Thomas-Ausgabe. Vollständige, ungekürzte dt.-lat. Ausgabe der Summa theologica, übers. u. kommentiert v. Dominikanern u. Benediktinern Deutschlands und Österreichs, hg. v. Katholischen Akademikerverband (Salzburg – Leipzig / Graz – Wien – Köln 1934 ff.).

Tiefensee, Eberhard, Philosophie und Religion bei Franz Brentano (1838–1917) (Tübingen – Basel 1998).

Tommasi, Francesco Valerio, „… verschiedene Sprachen redeten …" Ein Dialog zwischen Phänomenologie und mittelalterlicher Scholastik im Werk Edith Steins, in: *Beate Beckmann-Zöller* u. *Hanna-Barbara Gerl-Falkovitz* (Hg.), Edith Stein. Themen – Kontexte – Materialien (Dresden 2015) 115–140.

Ders., L'Analogia della Persona in Edith Stein (Pisa – Rom 2012).

Trepp, Leo, Das Aktionsprogramm von Rosenzweig und das des Rekonstruktionismus, in: *Ders.*, Lebendiges Judentum. Texte aus den Jahren 1943 bis 2010, hg. v. *Gunda Trepp* (Stuttgart 2013) 116–127.

Ders., Die spirituelle Biografie von Franz Rosenzweig, in: *Ders.*, Lebendiges Judentum. Texte aus den Jahren 1943 bis 2010, hg. v. *Gunda Trepp* (Stuttgart 2013) 93–99.

Turolo Garcia, Jacinta, Comunità religiosa e formazione della persona, in: *Angela Ales Bello* u. *Anna Maria Pezzella* (Hg.), Edith Stein. Comunità e mondo della vita. Società – Diritto – Religione (Rom 2008) 119–130.

Varga, Peter Andras, Edith Stein als Assistentin von Edmund Husserl: Versuch einer Bilanz im Spiegel von Husserls Verhältnis zu seinen Assistenten. Mit einem unveröffentlichten Brief Edmund Husserls über Edith Stein im Anhang, in: *Andreas Speer* u. *Stephan Regh*, „Alles Wesentliche lässt sich nicht schreiben". Leben und Denken Edith Steins im Spiegel ihres Gesamtwerkes (Freiburg i. Br. 2016) 111–133.

te Velde, Rudi, Die Gottesnamen. Thomas' Analyse des Sprechens über Gott unter besonderer Berücksichtigung der Analogie (S.th. I, q. 13), in: *Andreas Speer* (Hg.), Thomas von Aquin: Die *Summa theologiae*. Werkinterpretationen (Berlin 2005) 51–76.

Die Verfassung des Deutschen Reichs vom 11. August 1919, in: *Ernst Rudolf Huber* (Hg.), Dokumente zur deutschen Verfassungsgeschichte, Bd. 4, Deutsche Verfassungsdokumente 1919–1933 (Stuttgart u. a. 1991) 151–179.

Wahl, Harald Martin, Das Buch Esther. Übersetzung und Kommentar (Berlin 2009).

Walter, Peter, Geistes-Gegenwart und Missio-Ekklesiologie. Perspektiven des II. Vaticanums, in: ZMR, Bd. 96 (2012) 64–74.

Walzer, Raphael, Stellungnahme zu Edith Stein, in: *Jakobus Kaffanke* u. *Katharina Oost* (Hg.), „Wie der Vorhof des Himmels". Edith Stein und Beuron (Beuron [2]2009) 228–233.

Wargo, Vincent, Reading against the Grain: Edith Stein's Confrontation with Heidegger as an Encounter with Hermeneutical Phenomenology, in: Journal of the British Society for Phenomenology, Bd. 42 (2011) 125–138.

Weber, Max, Die ,Objektivität' sozialwissenschaftlicher und sozialpolitischer Erkenntnis, in: *Ders.*, Gesammelte Aufsätze zur Wissenschaftslehre (Tübingen [7]1988) 146–214.

Werbick, Jürgen, Grundfragen der Ekklesiologie (Freiburg i. Br. 2009).

Wilk, Rafal Kazimierz, On Human Being. A Dispute between Edith Stein and Martin Heidegger, in: Logos. A Journal of Catholic Thought and Culture, Bd. 10 (2007) 104–119.

Wimmer, Reiner, Vier jüdische Philosophinnen. Rosa Luxemburg, Simone Weil, Edith Stein, Hannah Arendt (Tübingen [3]1995).

Wittig, Anca, in: *Waltraud Herbstrith* (Hg.), Edith Stein – eine große Glaubenszeugin. Leben. Neue Dokumente. Philosophie (Annweiler 1986) 175 f.

Wobbe, Theresa, „Sollte die akademische Laufbahn für Damen geöffnet werden [...]" Edmund Husserl und Edith Stein, in: ESJ, Bd. 2, Das Weibliche (1996) 361–374.

Wohlmuth, Josef, Das Heil der Juden in der Kirchenkonstitution des Zweiten Vatikanischen Konzils *Lumen Gentium*, in: *Hubert Frankemölle* u. *Josef Wohlmuth* (Hg.), Das Heil der Anderen. Problemfeld „Judenmission" (Freiburg i. Br. 2010) 460–485.

Wolf, Hubert, Papst und Teufel. Die Archive des Vatikan und das Dritte Reich (München 2008).

Woodward, Kenneth L., Making Saints. How the Catholic Church Determines Who Becomes a Saint, Who Doesn't, and Why (New York 1996).

Wulf, Claudia Mariéle, Dein Leben ist das meine wert – Stellvertretung und Mittlerschaft bei Edith Stein, in: ESJ, Bd. 19 (2013) 183–205.

Dies., Die Ethik des Opfers. Eine phänomenologische Annäherung an Edith Steins Grundhaltung angesichts des Unvermeidlichen, in: *Malgorzata Bogaczyk-Vormayr, Elisabeth Kapferer* u. *Clemens Sedmak* (Hg.), Leid und Mitleid bei Edith Stein (Salzburg 2013) 148–170.

Dies., Freiheit und Grenze. Edith Steins Anthropologie und ihre erkenntnistheoretischen Implikationen (Vallendar 2002).

Dies., Frei in Beziehung – in Würde frei. Zur originellen existentiellen Anthropologie Edith Steins, in: ESJ, Bd. 22 (Würzburg 2016) 157–174.

Dies., Rekonstruktion und Neudatierung einiger früher Werke Edith Steins, in: *Beate Beckmann-Zöller* u. *Hanna-Barbara Gerl-Falkovitz* (Hg.), Edith Stein – Themen – Kontexte. Materialien (Dresden 2015) 249–266.

Wust, Peter, Die Rückkehr des deutschen Katholizismus aus dem Exil, in: *Karl Hoeber* (Hg.), Die Rückkehr aus dem Exil. Dokumente der Beurteilung des deutschen Katholizismus der Gegenwart (Düsseldorf 1926) 16–35.

Ders., Von Husserl zum Karmel, ursprüngl. erschienen in Münsterischer Anzeiger v. 15. 5. 1934 u. Kölnische Volkszeitung v. 24. 5. 1934, in: *Ders.,* Gesammelte Werke, Bd. 7, Aufsätze und Briefe (Münster 1966) 298–301.

Zahavi, Dan, Husserls Phänomenologie (Tübingen 2009).

Zeidler, Kurt Walter, Das Problem der Psychologie im System Cohens (mit Blick auf P. Natorp), in: *Wolfgang Marx* u. *Ernst Wolfgang Orth* (Hg.), Hermann Cohen und die Erkenntnistheorie (Würzburg 2001) 135–146.

Zimmermann, Albert, Begriff und Aufgabe einer christlichen Philosophie bei Edith Stein, in: *Waltraud Herbstrith* (Hg.), Denken im Dialog. Zur Philosophie Edith Steins (Tübingen 1991) 133–140.

Ders., Glaube und Wissen (S.th. II-II, qq. 1–9), in: *Andreas Speer* (Hg.), Thomas von Aquin: Die *Summa theologiae.* Werkinterpretationen (Berlin 2005) 271–297.

Personenverzeichnis